Gesetzliche Regelungen für nichteheliche Lebensgemeinschaften
in Deutschland und Frankreich

Studien zum vergleichenden und internationalen Recht -
Comparative and International Law Studies

Herausgeber: Bernd von Hoffmann, Erik Jayme
und Heinz-Peter Mansel

Band 107

PETER LANG
Frankfurt am Main · Berlin · Bern · Bruxelles · New York · Oxford · Wien

Hanna-Maria Uhlenbrock

# Gesetzliche Regelungen für nichteheliche Lebensgemeinschaften in Deutschland und Frankreich

## Ein Vergleich des Unterhaltsrechts bei der eingetragenen Lebenspartnerschaft und beim Pacte civil de Solidarité

PETER LANG
Europäischer Verlag der Wissenschaften

**Bibliografische Information Der Deutschen Bibliothek**
Die Deutsche Bibliothek verzeichnet diese Publikation in der Deutschen Nationalbibliografie; detaillierte bibliografische Daten sind im Internet über <http://dnb.ddb.de> abrufbar.

Zugl.: Köln, Univ., Diss., 2004

D 38
ISSN 0930-4746
ISBN 3-631-53379-9



www.peterlang.de

Meinen Eltern

# Vorwort

Die vorliegende Arbeit wurde von der Rechtswissenschaftlichen Fakultät der Universität zu Köln im Sommersemester 2004 als Dissertation angenommen. Das Manuskript wurde im Mai 2003 abgeschlossen. Rechtsprechung und Literatur wurden weitestgehend bis Ende Juni 2004 nachgetragen.

Meinem Doktorvater, Herrn Professor Dr. Heinz-Peter Mansel, danke ich ganz herzlich für die hervorragende und engagierte Betreuung. Ebenfalls danke ich Herrn Professor Dr. Heinz-Peter Mansel für die Aufnahme der Dissertation in die Schriftenreihe „Studien zum vergleichenden und internationalen Recht“. Mein Dank gilt auch Herrn Professor Dr. Ulrich Hübner, der das Zweitgutachten verfasst hat.

Mein fünfmonatiger Forschungsaufenthalt in Paris wurde gefördert durch die Wilhelm-Westhaus-Stiftung. Auch dafür bin ich sehr dankbar.

Schließlich und ganz besonders danke ich meinen Eltern Hedwig und Dr. Wilfried Uhlenbrock. Sie haben mich stets in jeglicher Hinsicht gefördert und unterstützt und meinen juristischen Werdegang mit großem Interesse begleitet. Ohne Ihre unermüdliche Hilfe und Aufmunterung hätte diese Untersuchung nicht entstehen können. Ihnen ist dieses Buch gewidmet.

Berlin, im September 2004

Hanna-Maria Uhlenbrock

## Inhaltsverzeichnis

**Abkürzungsverzeichnis**

| | |
|---|---|
| a.A. | anderer Ansicht |
| a.E. | am Ende |
| a.F. | alte Fassung |
| Abs. | Absatz |
| AJP/PJA | Aktuelle juristische Praxis |
| Allg. SchuldR | Allgemeines Schuldrecht |
| Alt. | Alternative |
| ancien C.pén. | Ancien code pénal |
| Anl. | Anlage |
| Anm. | Anmerkung |
| Art. | Artikel |
| Ass. Nat. | Assemblée nationale |
| Aufl. | Auflage |
| AuslG | Ausländergesetz |
| BayObLG | Entscheidungen des Bayerischen Obersten Landesgerichts |
| BbgVerf | Verfassung des Landes Brandenburg |
| Bd. | Band |
| Bearb. | Bearbeiter |
| Begr. | Begründer |
| BerGG | Bundeserziehungsgeldgesetz |
| BGB | Bürgerliches Gesetzbuch |
| BGBl. | Bundesgesetzblatt |
| BGH | Bundesgerichtshof |
| BGHZ | Entscheidungen des Bundesgerichtshofs in Zivilsachen |
| BR-Drucks. | Bundesratsdrucksache |
| BR-Prot. | Bundesratsprotokoll |
| BSHG | Bundessozialhilfegesetz |
| BT-Drucks. | Bundestagsdrucksache |
| Bull.civ. | Bulletin des arrêts de la Cour de cassation, chambres civiles |
| BVerfG | Bundesverfassungsgericht |
| BverfGE | Entscheidungen des Bundesverfassungsgerichts |
| BW | Burgerlijk Wetboek |
| BWNotZ | Zeitschrift für das Notariat in Baden-Württemberg |
| bzw. | beziehungsweise |
| C.civ. | Code civil |
| C.civ.-E-1 | durch den ersten Gesetzesenwurf zum PaCS vorgesehene Normen des Code civil |
| C.pén. | Code pénal |
| C.pr.civ. | Code de la procédure civile |
| C.trav. | Code du travail |

| | |
|---|---|
| CA | Cour d'Appel |
| Cass. 1re civ. | Cour de Cassation, première chambre civile |
| Cass. 2e civ. | Cour de Cassation, deuxième chambre civile |
| Cass. 3e civ. | Cour de Cassation, troisième civile |
| Cass.soc. | Chambre sociale de la Cour de Cassation |
| CC | Entscheidung des Conseil Constitutionnel |
| CDU | Christlich demokratische Union Deutschlands |
| CSU | Christlich soziale Union Deutschlands |
| CGI | Code général des impôts |
| chron. | chroniques |
| CSS | Code de la sécurité sociale |
| CUC | contrat d'union civile |
| CUC-E | Gesetzesentwurf zum „contrat d'union civile" |
| CUCS | contrat d'union civile et sociale |
| CUCS-E | Gesetzesentwurf zum „contrat d'union civile et sociale" |
| CUS | contrat d'union sociale |
| CUS-E | Gesetzesentwurf zum „contrat d´union sociale" |
| D. | Recueil Dalloz |
| d. | des |
| d.h. | das heißt |
| DänPartG | dänisches Partnerschaftsgesetz |
| déb. | débat |
| Defrénois | Répertoire du notariat Defrénois |
| ders. | derselbe |
| DEuFamR | Deutsches und europäisches Familienrecht |
| dies. | dieselbe |
| DiskrBG | Gesetz zur Beendigung der Diskriminierung gleichgeschlechtlicher Lebensgemeinschaften |
| DiskrBG-E | Entwurf des Gesetz zur Beendigung der Diskriminierung gleichgeschlechlicher Gemeinschaften vom 4.7.2000, BT-Drucks. 14/3751 |
| DJT | Deutscher Juristentag |
| DNotZ | Deutsche Notar-Zeitschrift |
| DOCG | Diario Oficial de la Generalitat de Catalunya |
| DÖV | Die Öffentliche Verwaltung |
| Dr. et patrimoine | Droit et patrimoine |
| Dr. Famille | Droit de la famille |
| DriZ | Deutsche Richterzeitung |
| Drucks. | Drucksache |
| DtZ | Deutsch-deutsche Rechts-Zeitschrift |
| EG | Europäische Gemeinschaft |
| ErbR | Erbrecht |
| EuGH | Europäischer Gerichtshof |
| f. | folgende (Seite) |

| | |
|---|---|
| FamR | Familienrecht |
| FamRZ | Familienrechtszeitung |
| FAZ | Frankfurter Allgemeine Zeitung |
| FDP | Freie demokratische Partei |
| FF | Forum Familien und Erbrecht |
| ff. | folgende (Seiten) |
| Fn. | Fußnote |
| FPR | Familie Partnerschaft und Recht |
| FrZR | Das französische Zivilrecht |
| FS | Festschrift |
| FuR | Familie und Recht |
| Gaz. Pal. | Gazette du Palais |
| GG | Grundgesetz |
| ggf. | gegebenenfalls |
| h.M. | herrschende Meinung |
| HausratsVO | Verordnung über die Behandlung der Ehewohnung und des Hausrats |
| Hdb. | Handbuch |
| HIV | Human immunodeficiency virus, humane Immunschwächeviren |
| Hk | Handkommentar |
| Hrsg. | Herausgeber |
| Hs. | Halbsatz |
| i.d.F. | in der Fassung |
| i.d.R. | in der Regel |
| i.S.d. | im Sinne des |
| i.S.v. | im Sinne von |
| i.V.m. | in Verbindung mit |
| InfAuslR | Informationsbrief Ausländerrecht |
| insbes. | insbesondere |
| INSEE | Institut National de la Statistique et des Etudes Economiques |
| IPrax | Praxis des internationalen Privat- und Verfahrensrechts |
| J.O. | Journal officiel |
| JCP | Juris-classeur périodique (La semaine juridique) |
| JCP éd. G | Juris-classeur périodique édition générale (La semaine juridique) |
| JCP éd. N | Juris-classeur périodique édition notariale et immobilière (La semaine juridique) |
| Jur. | Jurisprudence |
| JuS | Juristische Schulung |
| JZ | Juristenzeitung |
| KG | Kammergericht |
| KindPrax | Kindschaftsrechtliche Praxis |
| KJ | Kritische Justiz |

| | |
|---|---|
| KV | Kritische Vierteljahresschrift |
| LG | Landgericht |
| LpartErgG | Lebenspartnerschaftsergänzungsgesetz |
| LPartG | Lebenspartnerschaftsgesetz |
| LSVD | Lesben und Schwulenverband Deutschlands |
| m.w.N. | mit weiteren Nachweisen |
| MDC | Movement des citoyens |
| MDR | Monatsschrift des deutschen Rechts |
| MittBayNot | Mitteilungen des Bayerischen Notarvereins |
| MittRhNotK | Mitteilungen der Rheinischen Notarkammer |
| n.F. | neue Fassung |
| NCPC | Nouveau Code de la procédure civile |
| NJ | Neue Justiz |
| NJW | Neue Juristische Wochenschrift |
| NJW-RR | Neue juristische Wochenschau – Rechtsprechungsreport |
| nouveau C.pén. | Nouveau Code pénal |
| Nr. | Nummer |
| NZM | Neue Zeitschrift für Miet- und Wohnungsrecht |
| OLG | Oberlandesgericht |
| PACS-E-1 | erster Gesetzesentwurf zum PaCS |
| PaCS-G | Gesetz Nr. 99-944 zum PaCS und zur nichtehelichen Lebensgemeinschaft vom 15.11.1999 |
| Pal N | Partnerschaftsgesetz von Norwegen |
| PDS | Partei des demokratischen Sozialismus |
| PIC | pacte d'intérêt commun |
| PS | Parti Socialiste |
| RCV | Groupe radical, citoyen et vert |
| RD publ. | Revue de droit public |
| RG | Reichsgericht |
| RGZ | Entscheidungen des Reichsgerichts in Zivilsachen |
| RJPF | Revue juridique personnes & famille |
| Rn. | Randnummer |
| RnotZ | Rheinische Notar-Zeitschrift |
| RohE | Rohentwurf |
| Rpfleger | Der deutsche Rechtspfleger |
| RTD civ. | Revue trimestrielle de droit civil |
| S. | Satz, Seite |
| SächsVerf | Verfassung des Landes Sachsen |
| SGB | Sozialgesetzbuch |
| SPD | Sozialdemokratische Partei Deutschlands |
| st.Rspr | ständige Rechtsprechung |
| StAZ | Das Standesamt |
| StGB | Strafgesetzbuch |
| u.a. | unter anderem |

| | |
|---|---|
| u.U. | unter Umständen |
| UnterhaltsR | Unterhaltsrecht |
| v. | vom bzw. von |
| VerfLSA | Verfassung des Landes Sachsen-Anhalt |
| VerfThür | Verfassung des Freistaats Thüringen |
| vgl. | vergleiche |
| Vorbem. | Vorbemerkung |
| VvB | Verfassung von Berlin |
| VVDStRL | Veröffentlichungen der Vereinigung der Deutschen Staatsrechtslehrer |
| WRV | Weimarer Reichsverfassung |
| WuM | Wohnungswirtschaft und Mietrecht |
| z.B. | zum Beispiel |
| z.T. | zum Teil |
| ZEV | Zeitschrift für Erbrecht und Vermögensnachfolge |
| ZGB | Zivilgesetzbuch von Ungarn |
| Ziff. | Ziffer |
| ZPO | Zivilprozessordnung |
| ZRP | Zeitschrift für Rechtspolitik |

**Einleitung**

Die Zahl der nichtehelichen Lebensgemeinschaften ist in Europa in den letzten Jahrzehnten stark angestiegen.[1] Unter nichtehelichen Lebensgemeinschaften werden alle nicht durch eine Ehe verbundenen Lebensgemeinschaften – ganz gleich, ob homo- oder heterosexuell – gefasst. Bei einem sehr engen persönlichen, auf Dauer angelegten Zusammenleben von Menschen tauchen häufig rechtliche Probleme auf, z.B. im Sozialversicherungs-, Steuer-, Erb-, Unterhalts-, Ausländer- und Mietrecht ebenso wie im Hinblick auf Zeugnisverweigerungsrechte oder etwa im Besuchsrecht im Justizvollzug.[2]

Viele Länder Europas sind dem Bedürfnis nach Schaffung von Rechtsnormen außerhalb der traditionellen Form der Ehe nachgekommen und haben gesetzliche Regelungen für nichteheliche Lebensgemeinschaften geschaffen.

Die Rechtsordnungen von Deutschland und Frankreich wurden zum Gegenstand der Untersuchung ausgewählt, da sie – trotz der geographischen Nähe beider Staaten – gänzlich unterschiedliche Rechtsinstitute für nichteheliche Lebensgemeinschaften geschaffen haben – was den Vergleich als sehr aufschlussreich erscheinen lässt – das „Gesetz zur Beendigung der Diskriminierung gleichgeschlechtlicher Gemeinschaften: Lebenspartnerschaften“[3] in Deutschland und das „Gesetz Nr. 99-944 vom 15. November 1999 über den so genannten zivilrechtlichen Solidaritätspakt (Pacte Civil de Solidarité – PaCS)“ in Frankreich[4].

Da auf Grund des Umfangs des DiskrBG und des PaCS-G ein vollständiger Vergleich der beiden Gesetze den Rahmen einer Dissertation sprengen würde, werden die unterschiedlichen Herangehensweisen des deutschen und des französischen Gesetzgebers am Beispiel der jeweiligen Regelungen des LPartG und des PaCS-G zum Unterhaltsrecht verdeutlicht.

Das Unterhaltsrecht in der Lebenspartnerschaft und beim PaCS ist von sehr großer Praxisrelevanz. Insbesondere etwaige nachpartnerschaftliche Unterhaltspflichten sind für die beteiligten Menschen von großer ökonomische Wichtigkeit – vor allem deshalb, weil die jeweils hohe Scheidungsrate in Deutschland und Frank-reich darauf schließen lässt, dass auch die Lebenspartnerschaft oder der PaCS in den meisten Fällen nicht durch Tod eines oder beider Partner, sondern vielmehr durch Auflösung oder Beendigung enden werden. Dadurch, dass sowohl im DiskrBG als auch im PaCS-G von einem gemeinsamen Leben der Partner ausgegangen wird, tauchen häufig unterhaltsrechtliche Probleme auf.

Bevor als Schwerpunkt der Arbeit auf das Unterhaltsrecht in der Lebenspartnerschaft und beim PaCS näher eingegangen wird und die deutschen und die französischen gesetzlichen Regelungen zum Unterhaltsrecht miteinander ver-

---

[1] Zu den jüngsten soziologischen Erkenntnissen zum Eheschließungsverhalten in Europa: Sander, DEuFamR 1999, S. 16 ff. In Deutschland hat sich die Zahl der nichtehelichen Lebensgemeinschaften in den letzten zehn Jahren mehr als verdoppelt, siehe auch: Nave-Herz, FPR 2001, S. 3.

[2] Bruns/Beck, MDR 1991, S. 832, 833; Schlüter/Heckes/Stommel, DEuFamR 2000, S. 1, 2.

[3] In Kraft getreten am 1.8.2001. Im folgenden DiskrBG abgekürzt.

[4] In Kraft getreten am 16.11.1999. Im Folgenden PaCS-G abgekürzt.

glichen werden, ist es erfolderlich, die Grundlagen einer gesetzlichen Regelung für nichteheliche Lebensgemeinschaften in Deutschland und Frankreich aufzuzeigen. Es wird die rechtliche Entwicklung des DiskrBG in Deutschland und des PaCS-G in Frankreich beschrieben und das DiskrBG und das PaCS-G im Überblick dargestellt.

Ziel der Untersuchung ist die kritische Würdigung der in Deutschland und Frankreich geschaffenen Gesetze und deren Bewertung – unter Einbeziehung etwaiger verfassungsrechtlicher Vorgaben in beiden Staaten. Es soll überprüft werden, ob oder inwieweit der deutsche und der französische Gesetzgeber seine jeweiligen Ziele, die er mit der Schaffung des DiskrBG und des PaCS-G erreichen wollte, auch tatsächlich erreicht hat.

# 1. Teil: Grundlagen

## § 1 Lösungsmodelle

Ein Gesetzgeber, der nichtehelichen Lebensgemeinschaften eine rechtliche Anerkennung ermöglichen und ihnen einen rechtlichen Schutz zukommen lassen wollte, hatte theoretisch und – wie die ganz unterschiedliche Rechtslage in den vielen europäischen Ländern beweist – auch praktisch mehrere Wahlmöglich-keiten, eine gesetzliche Regelung für nichteheliche Lebensgemeinschaften zu schaffen.
Zunächst hatte er grundsätzlich die Möglichkeit, die einzutretenden Rechtsfolgen entweder an ein schon faktisches Zusammenleben der Partner zu knüpfen oder sie von einer Registrierung der Partnerschaft abhängig zu machen. Darüber hinaus konnte er die Regelung auf gleichgeschlechtliche Partner beschränken oder sowohl homo- als auch heterosexuelle Paare in die Regelung mit einbeziehen. Schließlich blieb die Möglichkeit, die Ehe auch für homosexuelle Paare zu öffnen.

### I. Die Lösungsmodelle in Deutschland und Frankreich

Der deutsche Bundestag hat am 10.11.2000 das „Gesetz zur Beendigung der Diskriminierung gleichgeschlechtlicher Gemeinschaften: Lebenspartnerschaften (Lebenspartnerschaftsgesetz – LPartG)“ verabschiedet, welches allein gleichgeschlechtlichen Paaren die Möglichkeit gibt, ihrer Beziehung einen rechtlichen Rahmen zu geben.[5] Der Gesetzgeber hat die Rechtswirkungen an eine Registrierung der Partnerschaft geknüpft.
Auf die Probleme aller nichtehelichen Lebensgemeinschaften ist der französische Gesetzgeber eingegangen: Die französische Nationalversammlung hat am 13.10.1999 das „Gesetz Nr. 99-944 vom 15. November 1999 über den so genannten zivilrechtlichen Solidaritätspakt (Pacte Civil de Solidarité)“ verabschiedet, durch das zum einen eine Registrierungsmöglichkeit für gleich- und verschiedengeschlechtliche Paare geschaffen wurde und zum anderen homo- und heterosexuelle faktische Lebensgemeinschaften (concubinage) umfassend gleichgestellt wurden.

### II. Die Rechtslage in den anderen europäischen Staaten

Die anderen Staaten in Europa haben ebenfalls auf ganz unterschiedliche Weise die rechtliche Anerkennung der nichtehelichen Lebensgemeinschaft zu erreichen versucht. Während manche Staaten sich – wie Deutschland – auf die Einführung eines der Ehe angenäherten Rechtsinstituts für gleichgeschlechtliche Paare beschränkt haben, wurden von anderen Ländern ganz unterschiedliche Ansätze gefunden. In den Niederlanden und Belgien ist die Eheschließung von homosexuellen Paaren gestattet.

---

[5] Röthel, ZRP 1999, S. 511, 513.

### 1. Regelungen für faktisches nichteheliches Zusammenleben

Schweden, Norwegen, Katalonien und Ungarn haben Gesetze für nichteheliche Lebensgemeinschaften geschaffen. Dabei werden die Rechtsfolgen allein an das faktische Zusammenleben der Partner geknüpft, ohne Rücksicht darauf, ob die betroffenen Partner eine entsprechende gemeinschaftliche Willenserklärung abgegeben haben, oder ob sie ihre Partnerschaft haben registrieren lassen. Vielmehr gelten diese Rechtsfolgen unmittelbar kraft Gesetzes, wenn feststeht, dass die Betroffenen in einer Lebens- oder Hausgemeinschaft zusammenleben.

#### a. Schweden

In Schweden sollte zunächst das Gesetz „über das gemeinsame Heim der nicht in ehelicher Lebensgemeinschaft Zusammenlebenden“[6] (Sambolag) Lösungen für praktische Probleme bei der Auflösung von Wohn- und Wirtschaftsgemeinschaften heterosexueller Paare bieten.[7] Nach diesem Gesetz kommt es ohne Rücksicht auf Eigentumsverhältnisse nach Beendigung der Gemeinschaft zu einer Aufteilung der gemeinsamen Wohnung und des gemeinsamen Hausrats nach Billigkeitsgesichtspunkten sowie zu einer gewissen Steuererleichterung in Erbschaftsangelegenheiten.[8] Voraussetzung ist allerdings, dass das Zusammenleben in eheähnlichen Verhältnissen mindestens sechs Monate bestanden hat.[9] Unterhalts- oder Erbschaftsansprüche räumt das Gesetz den Partnern aber nicht ein.[10]

Das schwedische Reformgesetz für homosexuell Zusammenlebende vom 18. Juni 1987 (lag om homosexuella sambor)[11], überträgt die rechtlichen Folgen, die bei heterosexuellen Paaren durch das Sambolag an ihr faktisches Zusammenleben geknüpft werden, auch auf homosexuelle Paare.[12]

---

[6] Lag (1987:232) om sambors gemensamma hem, v. 14.5.1987, in Kraft seit 1.1.1988; Jakob, Die eingetragene Lebenspartnerschaft im internationalen Privatrecht, S. 17; Schlüter, FF 2000, S. 76, 77; Verschraegen, FamRZ 2000, S. 65, 67.

[7] Olsen-Ring/Ring, KJ 1999, S. 366, 670; Theimer, ZRP 1995, S. 266; Ring/Olsen-Ring, ZRP 1999, S. 459 ff.; Dopffel/Scherpe, in: Basedow/Hopt/Kötz/Dopffel (Hrsg.), Die Rechtstellung gleichgeschlechtlicher Lebensgemeinschaften, S. 7, 33; Verschraegen, FamRZ 2000, S. 65, 67.

[8] Theimer, ZRP 1995, S. 266; Verschraegen, Gleichgeschlechtliche Ehen, S. 126, 127; dies. in: FamRZ 2000, S. 65, 67.

[9] Jakob, Die eingetragene Lebenspartnerschaft im internationalen Privatrecht, S. 17; Dopffel/Scherpe, in: Basedow/Hopt/Kötz/Dopffel (Hrsg.), Die Rechtstellung gleichgeschlechtlicher Lebensgemeinschaften, S. 7, 33; Schlüter, FF 2000, S. 76, 77.

[10] Verschraegen, Gleichgeschlechtliche Ehen, S. 126, 127.

[11] Lag (1987:813) om homosexuella Sambor, in Kraft getreten am 1.1.1988, zuletzt geändert durch das Gesetz 2001:02 mit Wirkung zum 1.7.2001; Muscheler, LPartG, Rn. 13; Dopffel/Scherpe, in: Basedow/Hopt/Kötz/Dopffel (Hrsg.), Die Rechtstellung gleichgeschlechtlicher Lebensgemeinschaften, S. 7, 32.

[12] Dopffel/Scherpe, in: Basedow/Hopt/Kötz/Dopffel (Hrsg.), Die Rechtstellung gleichgeschlechtlicher Lebensgemeinschaften, S. 7, 32.

### b. Norwegen

Im Unterschied zu den schwedischen „Sambor“-Gesetzen ist das norwegische Gesetz über gemeinsame Haushalte aus dem Jahr 1991[13] asexuell konzipiert.[14] Es ist auch nicht auf zwei Partner beschränkt, sondern kann auch mehrere Personen betreffen.[15] Es kommt zur Anwendung, wenn bestimmte Kategorien von Menschen – etwa Freunde, Studenten, Verwandte oder Paare, ganz gleich ob homo- oder heterosexuell – für mindestens zwei Jahre einen gemeinsamen Haushalt geführt haben und diesen auflösen wollen oder auf Grund eines Todesfalles auflösen müssen.[16] Die Auflösung erfolgt ebenfalls nach Billigkeitskriterien.[17]

### c. Katalonien

Im Rahmen seiner regionalen Autonomie hat die Provinz Catalunya (Katalonien) ein Gesetz über die gegenseitige Unterstützung insbesondere älterer Personen beschlossen, welches im Frühjahr 1999 in Kraft getreten ist.[18] Wer mit einem anderen Menschen zusammenwohnt, z.B. einem Verwandten oder Freund, und sich an den Lasten eines gemeinsamen Zusammenlebens beteiligt hat, kann bei Auflö-sung dieser Gemeinschaft noch eine bestimmte Zeit in der gemeinsamen Wohnung bleiben. Im Todesfall des anderen kann dem Überlebenden unter Umständen auch eine zeitlich begrenzte Entschädigung oder ein Unterhaltanspruch gegen die Erben zustehen.[19] Das Gesetz bezweckt insbesondere die Berücksichtigung der einem älteren Menschen gegenüber erbrachten Pflegeleistungen.[20] Der Überlebende hat einen gesetzlichen Erbanspruch über ein Viertel des Vermögens. Fehlt es an einem gesetzlichen Erben, so erfasst der Anspruch das gesamte Vermögen.[21] Es muss allerdings nachgewiesen werden, dass das Zusammenleben zwei Jahre angedauert hat.[22]

---

[13] Lov om rett til felles bolig og innbo nar hustandsfelleskap opphorer, Nr. 45 v. 4.7.1991.

[14] Dopffel/Scherpe, in: Basedow/Hopt/Kötz/Dopffel (Hrsg.), Die Rechtstellung gleichgeschlechtlicher Lebensgemeinschaften, S. 7, 35; Jakob, Die eingetragene Lebenspartnerschaft im internationalen Privatrecht, S. 18.

[15] Jakob, Die eingetragene Lebenspartnerschaft im internationalen Privatrecht, S. 18.

[16] Schlüter, FF 2000, S. 76, 77; Jakob, Die eingetragene Lebenspartnerschaft im internationalen Privatrecht, S. 18; Dopffel/Scherpe, in: Basedow/Hopt/Kötz/Dopffel (Hrsg.), Die Rechtstellung gleichgeschlechtlicher Lebensgemeinschaften, S. 7, 35; Verschraegen, FamRZ 2000, S. 65, 67.

[17] Verschraegen, Gleichgeschlechtliche Ehen, S. 118, 123; Schlüter, FF 2000, S. 76, 77.

[18] Ley 19/1998, v. 28.9.1998, DOCG v. 8.1.1999, Nr. 2801. Das Gesetz lautet: „Situacions conventionales de ayuda mutua y sobre la acogida de personas mayores“.

[19] Schlenker, in: Basedow/Hopt/Kötz/Dopffel (Hrsg.), Die Rechtstellung gleichgeschlechtlicher Lebensgemeinschaften, S. 145, 160.

[20] Schlenker, in: Basedow/Hopt/Kötz/Dopffel (Hrsg.), Die Rechtstellung gleichgeschlechtlicher Lebensgemeinschaften, S. 145, 160; Forder, National Report on Spain, S. 6 ff.

[21] Forder, National report on Spain, S. 6 ff.

[22] Schlenker, in: Basedow/Hopt/Kötz/Dopffel (Hrsg.), Die Rechtstellung gleichgeschlechtlicher Lebensgemeinschaften, S. 145, 160.

**d. Ungarn**

Auch Ungarn hat eine einzelne Norm für eine faktische nichteheliche Lebensgemeinschaft geschaffen, den § 578/G ZGB.[23] Diese Regelung befasst sich mit „den Vermögensverhältnissen der in einem gemeinsamen Haushalt lebenden Personen".[24] Geregelt werden zum einen (in Abs. 2) die Vermögensverhältnisse der im gemeinsamen Haushalt lebenden Angehörigen (ausgenommen sind Ehegatten, deren Vermögensverhältnisse im Gesetz über die Ehe, die Familie und die Vormundschaft geregelt werden), vor allem aber (in Abs. 1) die Vermögensbeziehungen der „Lebensgefährten".[25]

In der Fassung vom Jahre 1988 bezog sich der Begriff der Lebensgefährten nur auf heterosexuelle Paare. Als Reaktion auf die Gerichtsentscheidung des ungarischen Verfassungsgerichts Nr. 14 vom 13.3.1995[26], in der die Beschränkung der Regelung des § 578/G ZGB auf heterosexuelle Paare für verfassungswidrig erklärt wurde, hat das ungarische Parlament den Begriff des Lebensgefährten unabhängig vom Geschlecht der Partner in § 685/A ZGB definiert.[27] Unter Lebensgefährten werden danach „zwei Personen, die ohne Eheschließung in einem gemeinsamen Haushalt, in einer Gefühls- und Wirtschaftsgemeinschaft zusammenleben" betrachtet. Für die Anwendung der Regelung des § 578/G ZGB ist somit kein bloßes Zusammenleben wie etwa bei Freunden oder Verwandten ausreichend, sondern vielmehr eine Gefühls- und Geschlechtsgemeinschaft erforderlich.[28]

Die genannten Personen erwerben während der Dauer des Zusammenlebens gemeinschaftliches Eigentum und zwar im Verhältnis ihrer Mitwirkung beim Erwerb, die im Zweifel als gleich hoch betrachtet wird. Als Mitwirkung zum Erwerb gilt dabei auch die Hausarbeit.[29]

## 2. Registrierungsmöglichkeit für eine Partnerschaft

Einige Länder haben den Eintritt von Rechtsfolgen von einer Registrierung der Partnerschaft abhängig gemacht. Dabei werden zwei verschiedene Modelle angeboten: eine Registrierungsmöglichkeit allein für homosexuelle Paare oder aber eine Registrierungsmöglichkeit sowohl für hetero- als auch für homosexuelle Paare.

---

23 Jessel-Holst, in: Basedow/Hopt/Kötz/Dopffel (Hrsg.), Die Rechtstellung gleichgeschlechtlicher Lebensgemeinschaften, S. 167, 168.

24 Jessel-Holst, in: Basedow/Hopt/Kötz/Dopffel (Hrsg.), Die Rechtstellung gleichgeschlechtlicher Lebensgemeinschaften, S. 167, 168.

25 Jessel-Holst, in: Basedow/Hopt/Kötz/Dopffel (Hrsg.), Die Rechtstellung gleichgeschlechtlicher Lebensgemeinschaften, S. 167, 168.

26 Magyar Közlöny 1995, Nr. 20, S. 887; Az alkotmanybirosag hatarozatai (Verfassungsgerichtsentscheidungen) 1995 (Budapest 1996), S. 82.

27 Jessel-Holst, in: Basedow/Hopt/Kötz/Dopffel (Hrsg.), Die Rechtstellung gleichgeschlechtlicher Lebensgemeinschaften, S. 167, 169.

28 Jessel-Holst, in: Basedow/Hopt/Kötz/Dopffel (Hrsg.), Die Rechtstellung gleichgeschlechtlicher Lebensgemeinschaften, S. 167, 169.

29 Jessel-Holst, in: Basedow/Hopt/Kötz/Dopffel (Hrsg.), Die Rechtstellung gleichgeschlechtlicher Lebensgemeinschaften, S. 167, 170.

**a. Registrierungsmöglichkeit nur für homosexuelle Paare**

In Dänemark wurde mit dem Gesetz vom 7.6.1989[30] die weltweit erste Regelung einer registrierten Partnerschaft für zwei Personen gleichen Geschlechts geschaffen.[31] In Norwegen[32], Schweden[33] und Island[34] wurden daraufhin Anfang der Neunziger Jahre Gesetze erlassen, die der dänischen Regelung weitgehend entsprechen.[35] Da die Regelungen in den nordischen Ländern nahezu identisch sind, soll die Regelungsweise anhand des Gesetzes in Dänemark (im Folgenden DänPartG) aufgezeigt und nur auf Unterschiede hingewiesen werden.

Wesentlicher Inhalt des Gesetzes von 1989 in Dänemark ist, dass sich zwei Personen gleichen Geschlechts als Partner registrieren lassen können (gemäß § 1 DänPartG).[36] Im Unterschied zu Dänemark, wo keine sexuelle Beziehung Voraussetzung ist[37], enthält die Parallelvorschrift in Norwegen einen Hinweis auf die Homophilität der Partner.[38] Kernstück des Partnerschaftsgesetzes ist der Gesamtverweis des § 3 DänPartG auf sämtliche Vorschriften, welche die Ehe bzw. die Ehegatten betreffen.[39] Die Registrierung zeitigt grundsätzlich dieselben Rechtswirkungen wie die Eheschließung; die Vorschriften, die die Ehe oder Ehegatten betreffen, werden für entsprechend anwendbar erklärt (§ 3 DänPartG).[40] Daraus folgt, dass zwischen den Partnern eine gegenseitige gesetzliche Unterhaltspflicht[41] begründet wird und eheliches Güterrecht[42] Anwendung findet. Auch die Vorschriften über die Schuldenhaftung, die beidseitige Schlüsselgewalt sowie die Aus-

---

30 Lov om registreret partnerskab (Lov nr. 372 af 7/6/1989), in Kraft getreten am 1.10.1989; Schlüter, FF 2000, S. 76, 77.

31 Jakob, Die eingetragene Lebenspartnerschaft im internationalen Privatrecht, S. 16; Dopffel/Scherpe, in: Basedow/Hopt/Kötz/Dopffel (Hrsg.), Die Rechtstellung gleichgeschlechtlicher Lebensgemeinschaften, S. 7, 11.

32 Lov om registreret partnerskab, Nr. 40, v. 30.4.1993.

33 Lag om registrerat partnerskap, Nr. 1117, v. 23.6.1994.

34 Lög um staofesta samvist, Nr. 87, v. 12.6.1996.

35 Schlüter, FF 2000, S. 76, 77; Dopffel/Scherpe, in: Basedow/Hopt/Kötz/Dopffel (Hrsg.), Die Rechtstellung gleichgeschlechtlicher Lebensgemeinschaften, S. 7, 20.

36 Scherpe, DEuFamR 2000, S. 32, 33.

37 Grib, Die gleichgeschlechtliche Partnerschaft im nordischen und deutschen Recht, S. 19; Muscheler, LPartG, Rn. 46; Ring/Olsen-Ring, KJ 1999, S. 366, 369.

38 Ring/Olsen-Ring, KJ 1999, S. 368, 369; Grib, Die gleichgeschlechtliche Partnerschaft im nordischen und deutschen Recht, S. 239; Jakob, Die eingetragene Lebenspartnerschaft im internationalen Privatrecht, S. 21; § 1 Pal N bestimmt, dass zwei „homophile" Personen desselben Geschlechts ihre Partnerschaft nach Maßgabe des Pal N registrieren lassen können;

39 Jakob, Die eingetragene Lebenspartnerschaft im internationalen Privatrecht, S. 19; Wacke, FamRZ 1990, S. 347, 348; Schlüter, FF 2000, S. 76, 77; Verschraegen, Gleichgeschlechtliche Ehen, S. 107.

40 Grib, Die gleichgeschlechtliche Partnerschaft im nordischen und deutschen Recht, S. 17; Jakob, Die eingetragene Lebenspartnerschaft im internationalen Privatrecht, S. 20.

41 Dopffel/Scherpe, in: Basedow/Hopt/Kötz/Dopffel (Hrsg.), Die Rechtstellung gleichgeschlechtlicher Lebensgemeinschaften, S. 7, 23; Jakob, Die eingetragene Lebenspartnerschaft im internationalen Privatrecht, S. 25; Ring/Olsen-Ring, ZRP 1999, S. 459, 469.

42 Grib, Die gleichgeschlechtliche Partnerschaft im nordischen und deutschen Recht, S. 67; Dopffel/Scherpe, in: Basedow/Hopt/Kötz/Dopffel (Hrsg.), Die Rechtstellung gleichgeschlechtlicher Lebensgemeinschaften, S. 7, 21.

kunftspflicht hinsichtlich des Vermögens finden Anwendung.[43] Ebenso sind die Partner gesetzliche Erben.[44] Im Übrigen gelten sowohl die steuer- als auch die sozialrechtlichen Vorschriften zugunsten von Ehegatten auch für registrierte Partner.[45] Die Auflösung der registrierten Partnerschaft richtet sich ebenfalls nach den Vorschriften des Eherechts, so dass ein gesetzlich anerkannter Scheidungstatbestand vorliegen muss.[46] Der dänische Gesetzgeber hat sich ebenso wie der schwedische und der isländische darauf beschränkt, in § 4 Abs. 1 bis 4 DänPartG die Ausnahmen von der Gesamtverweisung festzustellen.[47] Dabei handelt es sich zum einen um geschlechtsspezifische Ehewirkungen, d.h. Rechtsfolgen, die auf das Geschlecht eines der Beteiligten abstellen (wie z.B. die Vaterschaftsvermutung oder besondere Witwenpensionen). Zum anderen wurde zunächst die Möglichkeit der Adoption und der Zubilligung eines gemeinsamen Sorgerechts ausgenommen.[48]

Mit dem Änderungsgesetz Nr. 360 vom 2.6.1999[49] hat der dänische Gesetzgeber eine Gesetzesänderung des Gesetzes von 1989 vorgenommen, wonach den registrierten Partnern nun die Möglichkeit eingeräumt wird, das Kind des jeweils anderen Partners zu adoptieren (§ 4 Abs. 1 S. 2 DänPartG).[50] Der schwedische Gesetzgeber hat Anfang Juni 2002 die Beschränkungen, dass eingetragene Lebenspartner weder gemeinschaftlich noch jeder für sich Kinder adoptieren dürfen und ihnen auch nicht die Sorge für einen Minderjährigen übertragen werden können, aufgehoben.[51] Der isländische Gesetzgeber hatte bei Erlass seines Partnerschaftsgesetzes 1996 die entsprechende Problematik bereits berücksichtigt. Schon mit der Registrierung der Partnerschaft erhält der eine Partner automatisch das Mit-Sorgerecht für das Kind des anderen Partners, sofern dieser Partner vorher das alleinige

---

[43] Wacke FamRZ 1990, S. 347, 348; Dopffel/Scherpe, in: Basedow/Hopt/Kötz/Dopffel (Hrsg.), Die Rechtstellung gleichgeschlechtlicher Lebensgemeinschaften, S. 7, 24.

[44] Grib, Die gleichgeschlechtliche Partnerschaft im nordischen und deutschen Recht, S. 108; Dopffel/Scherpe, in: Basedow/Hopt/Kötz/Dopffel (Hrsg.), Die Rechtstellung gleichgeschlechtlicher Lebensgemeinschaften, S. 7, 25.

[45] Schlüter/Heckes/Stommel, DEuFamR 2000, S. 1, 2; Jakob, Die eingetragene Lebenspartnerschaft im internationalen Privatrecht, S. 25.

[46] Dopffel/Scherpe, in: Basedow/Hopt/Kötz/Dopffel (Hrsg.), Die Rechtstellung gleichgeschlechtlicher Lebensgemeinschaften, S. 7, 31.

[47] Scherpe, DEuFamR 2000, S. 32, 33; Jakob, Die eingetragene Lebenspartnerschaft im internationalen Privatrecht, S. 19.

[48] Schlüter/Heckes/Stommel, DEuFamR 2000, S. 1, 2; Verschraegen, Gleichgeschlechtliche Ehen, S. 110; Dopffel/Scherpe, in: Basedow/Hopt/Kötz/Dopffel (Hrsg.), Die Rechtstellung gleichgeschlechtlicher Lebensgemeinschaften, S. 7, 27.

[49] In Kraft seit dem 1.7.1999; vgl. dazu Scherpe, DEuFamR 2000, S. 34 ff.

[50] Scherpe, DEuFamR 2000, S. 32, 34; Grib, Die gleichgeschlechtliche Partnerschaft im nordischen und deutschen Recht, S. 62; Schlüter, FF 2000, S. 76, 77; Dopffel/Scherpe, in: Basedow/Hopt/Kötz/Dopffel (Hrsg.), Die Rechtstellung gleichgeschlechtlicher Lebensgemeinschaften, S. 7, 28; Jakob, Die eingetragene Lebenspartnerschaft im internationalen Privatrecht, S. 24.

[51] Proposition 2001/02:123; Bogdan, IPrax 2002, S. 534, 534.

Sorgerecht innehatte.[52] Seit dem 8.5.2000 ist in Island die Stiefkindadoption zugelassen.[53]

In dem dänischen Änderungsgesetz Nr. 360 wurden ebenfalls Veränderungen bei den Registrierungsvoraussetzungen vorgenommen. Nunmehr ist eine Registrierung nicht nur von dänischen Staatsangehörigen, sondern auch dann möglich, wenn beide Partner während der letzten zwei Jahre ihren Wohnsitz in Dänemark gehabt haben (§ 2 Nr. 2 DänPartG).[54] Des Weiteren wurde die norwegische, schwedische und isländische Staatsangehörigkeit für die Zwecke des Gesetzes der dänischen gleichgestellt (§ 2 Abs. 3 DänPartG).[55] Das bedeutet, dass Angehörige dieser Länder mit Wohnsitz in Dänemark sich ohne Wartefrist registrieren lassen können. Darüber hinaus wurde der Justizminister ermächtigt, weitere Staatsangehörigkeiten der dänischen ebenfalls gleichzustellen, sofern diese Länder eine entsprechende Gesetzgebung zu der registrierten Partnerschaft eingeführt haben.[56]

**b. Registrierungsmöglichkeit sowohl für hetero- als auch für homosexuelle Paare**

Die Niederlande[57] und Belgien[58] haben ebenfalls eine Registrierungsmöglichkeit für nichteheliche Lebensgemeinschaften eingeführt. Diese steht jedoch nicht nur gleich-, sondern auch verschiedengeschlechtlichen Paaren offen.[59]

Anders als in den Niederlanden ist es in Belgien auch zwischen Verwandten und Verschwägerten möglich, dass ein Elternteil mit einem Kind eine Registrierung vornehmen lassen kann.[60] Eine Registrierung ist in Belgien nur dann nicht möglich, wenn eine Partei verheiratet oder durch ein anderes gesetzliches Zusammenleben gebunden ist.

Im niederländischen Recht hat die Registrierung einer Partnerschaft in vielfacher Hinsicht dieselben Rechtsfolgen wie eine Eheschließung.[61] Lediglich die Vorschriften über die Beziehung zu Kindern gelten nicht.[62] Das belgische Recht hat ein Statut für die Partnerschaft ausgearbeitet, in dem die Partnerschaft der Ehe

---

52 Jakob, Die eingetragene Lebenspartnerschaft im internationalen Privatrecht, S. 25; Scherpe, DEuFamR 2000, S. 32, 34; Verschraegen, FamRZ 2000, S. 65, 65.

53 Jakob, Die eingetragene Lebenspartnerschaft im internationalen Privatrecht, S. 25.

54 Muscheler, LPartG, Rn. 52; Jakob, Die eingetragene Lebenspartnerschaft im internationalen Privatrecht, S. 22; Scherpe, DEuFamR 2000, S. 32, 34; Ring/Olsen-Ring, KJ 1999, S. 366, 370; Verschraegen, Gleichgeschlechtliche Ehen, S. 112.

55 Jakob, Die eingetragene Lebenspartnerschaft im internationalen Privatrecht, S. 22

56 Scherpe, DEuFamR 2000, S. 32, 34.

57 „Wet op het geregistreerd partnerschap", Gesetz v. 5.7.1997 (Staatsblad 1997, S. 324), in Kraft getreten am 1.1.1998.

58 Gesetz v. 23.11.1998, (loi instaurant la cohabitation légale/wettelijke samenwoning), in Kraft getreten am 1.1.2000, Moniteur Belge/Belgisch Staatsblad v. 12.1.1999, S. 786.

59 Schlüter, FF 2000, S. 76, 77; Jakob, Die eingetragene Lebenspartnerschaft im internationalen Privatrecht, S. 71.

60 Becker, MittRhNotK 2000, S. 155, 158; Pintens, FamRZ 2000, S. 69, 71.

61 Baur/Mattijssen, AJP/PJA 2001, S. 292, 298; Post, StAZ 2002, S. 335.

62 Post, StAZ 2002, S. 335, 335; de Groot/Haase, StAZ 1998, S. 165, 168.

untergeordnet wird.[63] Die Regelungen des gesetzlichen Zusammenlebens in Belgien sind hauptsächlich vermögensrechtlicher Natur.[64] Nach dem belgischen Gesetz werden einige Bestimmungen des zwingenden Rechts für die registrierten Partner angewandt, doch die Bindungswirkung der Registrierung darf nicht allzu hoch eingeschätzt werden, denn die Auflösung des gesetzlichen Zusammenlebens ist einseitig ohne Einhaltung besonderer Formalitäten möglich.[65] Im niederländischen Recht finden für die Auflösung der registrierten Partnerschaft demgegenüber die meisten Bestimmungen des Scheidungsrechts Anwendung.[66] Sind die registrierten Partner sich darüber einig, dass sie die Partnerschaft beenden wollen, dann können sie die Beendigung recht einfach ohne gerichtliche Entscheidung mittels einer entsprechenden schriftlichen Erklärung erreichen, die von einem Anwalt oder Notar unterschieben wurde und die beim Standesamt eingereicht werden muss.[67]

### 3. Öffnung der Ehe für gleichgeschlechtliche Paare

Die Niederlande haben am 1.4.2001, als weltweit erstes Land, die Öffnung einer gleichgeschlechtlichen Ehe zugelassen.[68] Belgien hat als zweites Land die Ehe für gleichgeschlechtliche Paare geöffnet.[69]

In den Niederlanden erfolgte die Öffnung der Ehe für gleichgeschlechtliche Paare in der Weise, dass Art. 33 Buch 1 BW[70] nicht mehr lautet: „Der Mann kann zu gleicher Zeit nur mit einer Frau, die Frau nur mit einem Mann durch Heirat verbunden sein." Ab dem 1.4.2001 lautet dieser Text: „Diejenigen, die eine Ehe miteinander eingehen wollen, dürfen nicht gleichzeitig eine registrierte Partnerschaft eingegangen sein."

In Belgien hat man durch Abschaffung der traditionellen aber ungeschriebenen Regel, dass eine Ehe nur zwischen Mann und Frau erlaubt ist, gleichgeschlechtlichen Eheleuten die gleichen Rechte und Pflichten wie verschiedengeschlechtlichen Eheleuten zugebilligt.[71]

Sowohl im niederländischen als auch im belgischen Recht bleiben für gleichgeschlechtliche Ehegatten jedoch im Verhältnis zu Kindern Unterschiede im Vergleich zu verschiedengeschlechtlichen Ehegatten bestehen. Die gesetzliche Ver-

---

[63] Jakob, Die eingetragene Lebenspartnerschaft im internationalen Privatrecht, S. 71; Pintens, FamRZ 2000, S. 69, 70.

[64] Pintens, FamRZ 2000, S. 69, 74; Jakob, Die eingetragene Lebenspartnerschaft im internationalen Privatrecht, S. 71.

[65] Schlüter, FF 2000, S. 76, 77; Jakob, Die eingetragene Lebenspartnerschaft im internationalen Privatrecht, S. 76.

[66] Pintens, FamRZ 2000, S. 69, 76.

[67] Baur/Mattijssen, AJP/PJA 2001, S. 292, 296; Post, StAZ 2002, S. 335, 335.

[68] Post, StAZ 2002, S. 335, 336.

[69] Belgisch Staatsblatt v. 28.2.2003.
Exkurs: Das kanadische Kabinett hat am 17.6.2003 ebenfalls ein Gesetz auf den Weg gebracht, das gleichgeschlechtliche Ehen erlaubt. Das kanadische Parlament wird das Gesetz in den kommenden Monaten verabschieden (Taz v. 19.6.2003).

[70] Burgerlijk Wetboek.

[71] Siehe: http://www.famrz.de.

mutung der Vaterschaft des mit der Mutter verheirateten Mannes wird weder im niederländischen noch im belgischen Recht auf gleichgeschlechtliche Ehen übertragen. Dies ist darauf zurückzuführen, dass anderenfalls die Möglichkeit geschaffen worden wäre, dass ein Kind von zwei Müttern oder von zwei Vätern abstammt, obwohl dies naturgemäß unmöglich ist.[72] Mangels Vaterschaftsvermutung kommt die elterliche Sorge allein dem leiblichen Elternteil zu. Der gleichgeschlechtliche Partner kann keine elterliche Sorge ausüben, auch nicht nach dem Tod des leiblichen Elternteils.[73]

In den Niederlanden ist gleichgeschlechtlichen Paaren die Adoption niederländischer Kinder gestattet, also sowohl denen, die in einer registrieren Partnerschaft als auch in einer Ehe leben.[74] Die Adoption ausländischer Kinder ist gleichgeschlechtlichen Ehegatten oder registrierten Partnern allerdings verwehrt.[75] In Belgien bleibt die Adoption durch Gleichgeschlechtliche insgesamt ausgeschlossen.[76] In der nächsten Legislaturperiode ist allerdings mit einem entsprech-enden Gesetzesentwurf zu rechnen.[77]

### 4. Keine rechtliche Regelung

In anderen europäischen Ländern, z.B. in Großbritannien ist es noch zu keiner Regelung für nichteheliche Lebensgemeinschaften gekommen. Es wird auch höchstens eine punktuelle Verrechtlichung in Betracht gezogen.[78]

## § 2 Die Entstehungsgeschichte des Lebenspartnerschaftsgesetzes

### I. Rechtliche Entwicklung in Deutschland

Ursprünglich war es die Schaffung von Rechtsnormen für die nichteheliche Lebensgemeinschaft im allgemeinen, die die Diskussion in Deutschland beherrscht hat.[79] Der deutsche Gesetzgeber hat sich letztendlich aber mit dem „Gesetz zur Beendigung der Diskriminierung gleichgeschlechtlicher Gemeinschaften: Lebenspartnerschaften (Lebenspartnerschaftsgesetz – LPartG)“ für ein Gesetz ausschließlich für homosexuelle Paare entschieden. Dies hat seinen Grund darin, dass homosexuelle Paare im Gegensatz zu heterosexuellen Paaren nach der früheren Rechtslage in Deutschland gleich in doppelter Hinsicht benachteiligt waren: Zum einen blieb ihnen die Ehe verschlossen, zum anderen wurden sie aber auch gegenüber heterosexuellen nichtehelichen Lebenspartnerschaften insofern diskriminiert, da letztere ausdrücklich von vereinzelten Normen berücksichtigt wurden, bei denen es in der Regel um die Gleichstellung mit Eheleuten im Bereich staatlicher Leis-

---

[72] Baur/Mattijssen, AJP/PJA 2001, S. 292, 296.
[73] Siehe: http://www.famrz.de.
[74] Baur/Mattijssen, AJP/PJA 2001, S. 292, 297.
[75] Baur/Mattijssen, AJP/PJA 2001, S. 292, 298.
[76] Siehe: http://www.famrz.de.
[77] Siehe: http://www.famrz.de.
[78] Freeman, in: Basedow/Hopt/Kötz/Dopffel (Hrsg.), Die Rechtstellung gleichgeschlechtlicher Lebensgemeinschaften, S. 173, 184.
[79] Schlüter/Heckes/Stommel, DEuFamR 2000, S. 1; Röthel, ZRP 1999, S. 511.

tungen ging (z.B. § 122 BSHG, §§ 6 Abs. 3 S. 2, 12 Abs. 1 BerGG).[80] Weiterhin wurden auch einige Normen durch entsprechende Interpre-tation der Gerichte auf „eheähnliche Gemeinschaften" ausgedehnt (z.B. § 569 a Abs. 2 a.F., § 1093 Abs. 2, 1969 BGB)[81], wobei unter „eheähnlicher Gemein-schaft" von der herrschenden Meinung nur das dauerhafte faktische Zusammen-leben von Mann und Frau verstanden wurde.[82] An dieser Diskriminierung änderte auch nichts, dass in der Praxis in gewissen Bereichen, in denen es um bloße Wohngemeinschaften ging, homosexuelle und heterosexuelle Paare gleichgestellt wurden, denn hierbei handelte es sich nur um eine punktuelle Ausnahme von der Ungleichbehandlung.[83]

Mit der Einführung der eingetragenen Lebenspartnerschaft – als einem der Ehe angenäherten Institut für gleichgeschlechtliche Paare – sollten diese Diskriminierungen von homosexuellen Paaren aufgehoben werden.[84] Dass die Schaffung eines rechtlichen Rahmens für heterosexuelle Paare aus dem Blickwinkel des reformbereiten Gesetzgebers verschwand, lässt sich zum einen damit erklären, dass heterosexuellen Paaren eine Eheschließung offen steht. Zum anderen kann dies aber auch darauf zurückgeführt werden, dass es der Rechtsprechung nach überwiegender Ansicht in der juristischen Literatur weithin gelungen ist, auch ohne ausdrückliche gesetzliche Regelung zu einer konsistenten Beurteilung der aufgeworfenen Rechtsfragen zu finden.[85]

Bis zur Verabschiedung des Lebenspartnerschaftsgesetzes war es allerdings ein langer Weg. Lesben und Schwule können in Deutschland erst seit wenigen Jahren offen in Partnerschaften zusammenleben. Dies ist darauf zurückzuführen, dass Homosexualität nach christlich-abendländischer Tradition als unsittlich und strafwürdig gilt. Dementsprechend hatte das Bundesverfassungsgericht im Jahre 1957 die Strafverfolgung gleichgeschlechtlicher Handlungen zwischen erwachsenen Männern gebilligt, weil die gleichgeschlechtliche Betätigung eindeutig gegen das Sittengesetz verstoße.[86] Die rechtliche Behandlung der gleichgeschlechtlichen

[80] Zwißler, FPR 2001, S. 15; Schlüter/Heckes/Stommel, DEuFamR 2000, S. 1, 6; Muscheler, LPartG, Rn. 7; Hohloch, FamR, Rn. 1165.

[81] BVerfGE 87, S. 234, 264.

[82] BVerfGE 87, S. 234, 264; Muscheler, LPartG, Rn. 7.

[83] Muscheler, LPartG, Rn. 7.

[84] BT-Drucks. 14/3751, S. 33.

[85] Die Literatur hat sich ganz überwiegend gegen eine umfassende Regelung der nichtehelichen Lebensgemeinschaft ausgesprochen: Eyrich, ZRP 1990, S. 139 ff; Scholz, ZRP 1981, S. 227 ff.; Schumacher, FamRZ 1994, S. 857 ff.; Schwenzer, JZ 1988, S. 781; Röthel, ZRP 1999, S. 511; Muscheler, LPartG, Rn. 17. Auch auf dem 57. Deutschen Juristentag 1988 wurde besprochen, dass die weitere Rechtsentwicklung der nichtehelichen Lebensgemeinschaft weniger in die Hand des Reformgesetzgebers gelegt werden, sondern eher der richterlichen Rechtsfortbildung überlassen werden solle, da die Rechtsprechung von „ihren einzelfallbezogenen Erfassungs- und Regelungsmöglichkeiten her geeigneter erscheine, die den unterschiedlichen Intensitätsstufen nichtehelicher Lebensgemeinschaften angemessenen Rechtsfolgen zu bestimmen", so: Schmidt-Aßmann, Referat zum 57. DJT, Bd. II, 1988, I, S. 37; a.A. Schlüter/Heckes/Stommel, DEuFamR 2000, S. 1, 2; Muscheler, LPartG, Rn. 292 ff.; die beide zumindest auch für eine separate gesetzliche Reglung für alle nichtehelichen Lebensgemeinschaften – ganz gleich ob homo- oder heterosexuell – plädiert haben.

[86] BVerfGE 6, S. 389, 409 f.; Muscheler, LPartG, Rn. 3.

Partnerschaft erlebte dann aber in den letzten Jahrzehnten einen rasanten Wandel. Erster Schritt in Richtung einer Liberalisierung war 1969 die Abschaffung der Strafbarkeit der Erwachsenenhomosexualität in § 175 Abs. 1 StGB.[87] § 175 StGB wurde in eine Jugendschutzvorschrift umgewandelt, so dass sich nur noch volljährige Männer, die mit Männern unter 21 Jahren Unzucht trieben, strafbar machten.[88] 1994 erfolgte schließlich mit der ersatzlosen Streichung des § 175 StGB auch im Bereich des Jugendschutzes der endgültige Verzicht auf eine besondere Strafbarkeit gleichgeschlechtlicher sexueller Aktivität.[89]

Nachdem die Strafbarkeit beseitigt war, forderten Homosexuelle bald „gleiche Bürgerrechte", einschließlich der Öffnung der bürgerlichrechtlichen Ehe. Zur Durchsetzung ihrer Rechte initiierten der „Schwulenverband in Deutschland" (SVD) und der Verband „Schwule Juristen" (DSJ) 1992 die „Aktion Standesamt."[90] Bei dieser Aktion schritten etliche gleichgeschlechtliche Paare zum Standesamt, um dann erfolglos zu versuchen, das Recht auf Eheschließung vor dem Bundesverfassungsgericht zu erstreiten. Die Verfassungsbeschwerden der Betroffenen, die sich gegen die ablehnenden Bescheide der Standesamte richteten, wurden nicht zur Entscheidung angenommen.[91] Das Bundesverfassungsgericht maß der Frage keine grundsätzlich verfassungsrechtliche Bedeutung bei. Die Ehe im Sinne des Art. 6 Abs. 1 GG sei nach ständiger Rechtsprechung des BVerfG[92] nur die Vereinigung zwischen Mann und Frau zu einer Lebensgemeinschaft, so dass für Homosexuelle ein Recht auf Eheschließung aus der Verfassung nicht hergeleitet werden könne.[93] Hinreichende Anhaltspunkte für einen grundlegenden Wandel des Eheverständnisses in dem Sinne, dass der Geschlechtsverschiedenheit keine grundlegende Bedeutung mehr zukäme, seien nicht erkennbar.[94]

Trotz dieser Niederlage beim Bundesverfassungsgericht haben die Lesben- und Schwulenverbände durch gezielte Lobbyarbeit die Diskussion um die Rechte gleichgeschlechtlicher Paare weiter vorangetrieben.[95] Einen ersten politischen Erfolg konnten die gleichgeschlechtlichen Paare dann im Jahre 1999 verbuchen, als das „Gesetz über die Eintragung gleichgeschlechtlicher Partnerschaften" verabschiedet wurde, das eine symbolische Eheschließung zwischen Homosexuellen in

---

87 Gesetz v. 25.6.1969, BGBl, I, S. 645 ff.

88 Muscheler, LPartG, Rn. 3.

89 29. Strafrechtsänderungsgesetz v. 31.05.1994, BGBl., I, S. 1168; Risse, Der verfassungsrechtliche Schutz der Homosexualität, S. 39; Muscheler, LPartG, Rn. 5; Detloff, NJW 2001, S. 2598.

90 Heun, Gleichgeschlechtliche Ehen in rechtsvergleichender Sicht: USA, Kanada und Australien, S. 25; Hk-LPartG/Stüber, Einleitung, Rn. 2; Trimbach, NJ 2001, S. 399; Muscheler, LPartG, Rn. 6.

91 BVerfG NJW 1993, S. 3058.

92 BVerfGE 10, S. 59, 66 = NJW 1959, S. 1483; BVerfGE 49, S. 286, 300 = NJW 1979, S. 595; BVerfGE 53, S. 224, 245 = NJW 1980, S. 689; BVerfGE 62, S. 323, 330 = NJW 1983, S. 511; BVerfGE 87, S. 234, 264 = NJW 1993, S. 643; BVerfG NJW 1993, S. 3058.

93 BVerfGE 93, S. 3058; Hohloch, FamR, Rn. 1165.

94 BVerfGE 93, S. 3058.

95 Hohloch, FamR, S. 1165; Schlüter/Heckes/Stommel, DEuFamR 2000, S. 1; Klein, FRP 1995, S. 110.

Hamburg möglich machte.[96] Aus dieser Registrierung ergaben sich für die Partner jedoch keinerlei Rechte und Pflichten.[97]
Als nach der Bundestagswahl vom 27.9.1998 die Regierungskoalition gewechselt hatte, war ein Richtungswechsel abzusehen.[98] Die neuen Regierungsparteien SPD und Bündnis 90/ Die Grünen haben in ihrer Koalitionsvereinbarung vom 20.10.1998 die Schaffung eines Gesetzes gegen Diskriminierung und zur Förderung der Gleichbehandlung von Homosexuellen sowie die Einführung eines Rechtsinstituts der Eingetragenen Lebenspartnerschaft angekündigt.[99] Im Dezember 1999 hat das Bundesministerium der Justiz den „Rohentwurf eines Gesetzes zur Beendigung der Diskriminierung gleichgeschlechtlicher Sexualität" erarbeitet.[100] Aus diesem Rohentwurf ist nach Überarbeitung dann am 4.7.2000 ein endgültiger Gesetzesentwurf entstanden.[101] Dieser Gesetzesentwurf wurde aus politstrategischen Gründen zweigeteilt: in einen Teil, der nicht der Zustimmung des Bundesrates bedarf, das „Gesetz zur Beendigung der Diskriminierung gleichgeschlechtlicher Gemeinschaften: Lebenspartnerschaften (Lebenspartnerschaftsgesetz – LPartG)", und einen zustimmungspflichtigen Teil, das „Lebenspartnerschaftsergänzungsgesetz" (LPartErgG).[102]
Das „Gesetz zur Beendigung der Diskriminierung gleichgeschlechtlicher Gemeinschaften: Lebenspartnerschaften (Lebenspartnerschaftsgesetz – LPartG)"[103] wurde am 10.11.2000 vom Bundestag zusammen mit dem „Entwurf eines Gesetzes zur Ergänzung des Lebenspartnerschaftsgesetzes und anderer Gesetze (Lebenspartnerschaftsergänzungsgesetz-LPartErgG)"[104] verabschiedet.[105]
Das nicht zustimmungsbedürftige DiskrBG wurde am 22.2.2001 im Bundesgesetzblatt[106] veröffentlicht und ist am 1.8.2001 in Kraft getreten.[107] Das zustimmungspflichtige LPartErgG hingegen ist am 1.12.2000 im Bundesrat abgelehnt worden.[108] In dem vom Bundestag am 8.12.2000 angerufenen Vermittlungsausschuss konnte ebenfalls keine Einigung erzielt werden.[109]

---

96 „Gesetz über die Eintragung gleichgeschlechtlicher Partnerschaften" v. 14.4.1999, Hamburger Gesetz- und Verordnungsblatt 1999, S. 69; Hohloch, FamR, Rn. 1165.
97 § 1 Abs. 2 des Gesetzes; Schlüter, FF 2000, S. 76, 77.
98 Trimbach, NJ 2001, S. 399.
99 ZRP 1998, S. 485, 499.
100 Verschraegen, DEuFamR 2000, S. 71; Hk-LPartG/Stüber, Einleitung, Rn. 12; Diederichsen, NJW 2000, S. 1841.
101 BT-Drucks. 14/3751; Hk-LPartG/Stüber, Einleitung, Rn. 14.
102 Hk-LPartG/Stüber, Einleitung, Rn. 14; Weinreich, FuR 2001, S. 481; Battes, FuR 2002, S. 49.
103 Im folgenden DiskrBG abgekürzt.
104 Im folgenden LPartErgG abgekürzt; BR-Drucks. 14/4545 = Beschlussempfehlung; BR-Drucks. 14/4550 = Bericht.
105 Plenarprotokoll 14/131; Trimbach, NJ 2001, S. 399, 400; Muscheler, LPartG, Rn. 10.
106 BGBl 2001, I, Nr. 9, S. 266.
107 Grziwotz, DNotZ 2001, S. 280; Hk-LPartG/Stüber, Einleitung, Rn. 15; Weinreich, FuR 2001, S. 481.
108 Pressemitteilung des Bundesrates 198/2000 v. 1.12.2000; BT-Drucks. 14/4875; Finger, MDR 2001, S. 199, 200; Hk-LPartG/Stüber, Einleitung, Rn. 16; Muscheler, LPartG, Rn. 12.
109 BT-Drucks. 14/4878; Hk-LPartG/Stüber, Einleitung, Rn. 16.

Gegen das gesamte Gesetzeswerk haben die Freistaaten Bayern und Sachsen sowie das Land Thüringen beim BVerfG ein Normenkontrollverfahren angestrengt.[110] Außerdem haben diese Länder versucht, gegen das Inkrafttreten des nicht zustimmungsbedürftigen Gesetzes eine einstweilige Anordnung zu erreichen. Das Bundesverfassungsgericht hat mit Urteil vom 18.7.2001[111] die Anträge auf Erlass einer einstweiligen Anordnung gegen das Inkrafttreten abgelehnt.[112]
Auch im Hauptsacheverfahren hatten die Anträge keinen Erfolg. Das Bundesverfassungsgericht hat am 17. Juli 2002 entschieden, dass das DiskrBG mit der Verfassung im Einklang steht.[113]

### 1. Die deutschen Gesetzesentwürfe und Vorschläge bezüglich einer Regelung für nichteheliche Lebensgemeinschaften

Bei den deutschen Gesetzesentwürfen und Vorschlägen zur Schaffung einer rechtlichen Grundlage für nichteheliche Lebensgemeinschaften wurden von den politischen Parteien und Interessensverbänden im Prinzip zwei Lösungsansätze verfolgt. Einige stellten die Schaffung von Diskriminierungsverboten in den Vordergrund. Andere betonten eher die Notwendigkeit, Regelungen über die Beziehungen von nichtehelichen Lebensgemeinschaften zu schaffen, die dann im Ergebnis auch zum Abbau der Diskriminierung, insbesondere von gleichgeschlechtlichen Paaren, führen sollten. In den letzten Jahren hat es demzufolge mehrere ganz unterschiedliche Reformvorschläge gegeben.

#### a. Reformbestrebungen und Reformen auf Verfassungsebene

Unter anderem wurde vorgeschlagen, nichtehelichen Lebensgemeinschaften durch Änderungen auf Verfassungsebene rechtlichen Schutz zukommen zu lassen.[114]

#### aa. Reformbestrebungen auf Bundesebene

Die Fraktion Bündnis 90/Die Grünen forderte mit Antrag vom 3.10.1996[115] die Änderung des Art. 6 Abs. 1 GG. Dieser sollte wie folgt gefasst werden: „Die Ehe und andere Lebensgemeinschaften werden rechtlich anerkannt und geschützt. Die Familie, das solidarische Zusammenleben von Menschen mit Kindern oder hilfs- und pflegebedürftigen Personen, unterstehen dem besonderen Schutz der staatlichen Förderung."
Die SPD hatte bereits am 1.12.1993 den „Entwurf eines Gesetzes zur Änderung des Grundgesetzes"[116] vorgelegt, durch den in Art. 3 Abs. 3 GG ausdrücklich verankert werden sollte, dass niemand wegen seiner sexuellen Identität benachteiligt

---

[110] Battes, FuR 2002, S. 49; Hk-LPartG/Stüber, Einleitung, Rn. 17; Weinreich, FuR 2001, S. 481.
[111] Urteil v. 18.7.2001, 1 BvQ 23/01 und 26/01 mit abweichender Meinung der Richter Papier, Haas und Steiner zur Frage der Folgenabwägung; BVerfG, FamRZ 2001, S. 385, 389.
[112] Krause, FPR 2003, S. 11; Hk-LPartG/Stüber, Einleitung, Rn. 18; Trimbach, NJ 2001, S. 399, 400; Müller, DNotZ 2001, S. 581.
[113] BVerfGE 105, S. 313 ff.
[114] Schlüter/Heckes/Stommel, DEuFamR 2000, S. 1, 6; Dietlein, DtZ 1993, S. 136 ff.
[115] BT-Drucks. 13/3431, S. 2.
[116] BT-Drucks. 12/6326, S. 4.

oder bevorzugt werden dürfe. Zudem sollte Art. 6 Abs. 1 GG durch folgenden Satz 2 ergänzt werden: „Dieser Schutz umfasst auch andere auf Dauer angelegte Lebensgemeinschaften". Außerdem war in Art. 6 GG ein neuer Abs. 3 vorgesehen, wonach derjenige durch den Staat zu fördern war, der in familiärer Gemeinschaft Kinder erzieht oder für Hilfsbedürftige sorgt.[117] Die Ergänzungen wurden zwar von der Verfassungskommission diskutiert, aber letztlich mangels Mehrheit nicht empfohlen.[118]

**bb. Reformen auf Landesebene**

Umgesetzt wurden entsprechende Reformvorschläge bislang nur in manchen Landesverfassungen. So stellten beispielsweise die Verfassungen von Sachsen und Sachsen-Anhalt nicht nur die Ehe und die Familie unter den besonderen Schutz des Staates, sondern bestimmten darüber hinaus, dass „Förderung und Entlastung" auch verdient, „wer in häuslicher Gemeinschaft Kinder erzieht oder für Hilfsbedürftige sorgt."[119] In Thüringen verdienen alle Bürger „Förderung und Entlastung", die für andere Menschen sorgen.[120] Die Verfassung des Landes Brandenburg geht noch weiter, denn sie gewährleistet nicht nur den Schutz von Ehe und Familie, sondern erwähnt ausdrücklich die „Schutzbedürftigkeit anderer auf Dauer angelegter Lebensgemeinschaften"[121]. Diese landesverfassungsrechtliche Schutzklausel kann auf Grund ihres bloß durch den Aspekt der Dauerhaftigkeit eingeschränkten Wortlauts sowohl Zwei- als auch Mehrpersonenbeziehungen erfassen. Sie unterscheidet auch nicht danach, welchem Geschlecht die Partner dieser Lebensgemeinschaften angehören, und erfasst somit verschieden- und gleichgeschlechtliche Paare gleichermaßen.[122]

Während die verfassungsrechtlichen Regelungen in Sachsen, Sachsen-Anhalt und Thüringen im Hinblick auf Art. 6 Abs. 1 GG, Art. 3 Abs. 3 GG für unbedenklich gehalten werden, weil sie ausschließlich an ein bestimmtes Verhalten und nicht an einen Status anknüpfen,[123] wird die Erweiterung des Schutzes von Ehe und Familie auf andere auf Dauer angelegte Lebensgemeinschaften – wie in der Landesverfassung von Brandenburg – als unvereinbar mit Art. 6 Abs. 1 GG angesehen.[124]

Außerdem haben sich einige Landesverfassungen dazu veranlasst gesehen, Diskriminierung wegen sexueller Orientierung ausdrücklich zu verbieten. Die Verfassung von Berlin hat sich nicht auf die Unterschutzstellung von Ehe und Familie beschränkt, sondern außerdem bestimmt, dass auch „andere auf Dauer angelegte

[117] BT-Drucks. 12/6326, S. 4.

[118] Abschlußbericht der Verfassungskommission, DRiZ 1994, S. 65, 68; Schlüter/Heckes/Stommel, DEuFamR 2000, S. 1, 6.

[119] Art. 22 Abs. 2 SächsVerf; Art. 24 Abs. 2 S. 1 VerfLSA; Schlüter/Heckes/Stommel, DEuFamR 2000, S. 1, 6; Dietlein, DtZ 1993, S. 136, 139.

[120] Art. 17 Abs. 2 VerfThür.

[121] Art. 26 Abs. 2 BbgVerf.

[122] Verschraegen, StAZ 1995, S. 225, 228; Schlüter/Heckes/Stommel, DEuFamR 2000, S. 1, 6.

[123] Dietlein, DtZ 1993, S. 136, 141; Schlüter/Heckes/Stommel, DEuFamR 2000, S. 1, 6.

[124] Verschraegen, StAZ 1995, S. 225, 228; Dietlein, DtZ 1993, S. 136, 141.

Lebensgemeinschaften Anspruch auf Schutz vor Diskriminierungen" haben.[125] Auch in den Verfassungen der Länder Thüringen[126] und Brandenburg[127] finden sich vergleichbare Diskriminierungsverbote.

**b. Reformvorschläge im Hinblick auf das einfache Recht**

Auch im Hinblick auf das einfache Recht wurden von nahezu allen politischen Parteien Gesetzesentwürfe zur Regelung der nichtehelichen Lebensgemeinschaft eingebracht.

**aa. Entwurf eines Gesetzes zur Einführung des Rechts auf Eheschließung für Personen gleichen Geschlechts**

Im Oktober 1995 hat die Fraktion Bündnis 90/Die Grünen einen „Entwurf eines Gesetzes zur Einführung des Rechts auf Eheschließung für Personen gleichen Geschlechts" vorgelegt.[128] Damit sollte der bestehende Zustand der „Diskriminierung von Minderheiten auf Grund ihrer sexuellen Identität" beseitigt und der Entschließung des Europäischen Parlaments vom 8.2.1994[129] zur Gleichberechtigung von Schwulen und Lesben in der EG entsprochen werden, in der insbesondere bemängelt wurde, dass homosexuellen Paaren der Zugang zur Ehe verwehrt wird.[130]

Diese Gesetzesinitiative von Bündnis 90/Die Grünen, die gleich drei Mal[131] in die parlamentarische Debatte eingebracht und erst im dritten Anlauf behandelt wurde, sah vor, die Ehe auch für gleichgeschlechtliche Paare zu öffnen oder – als gleichwertige Alternative – eine registrierte Partnerschaft nach skandinavischem Vorbild zu schaffen.[132] Der Zugang zur Ehe sollte den gleichgeschlechtlichen Paaren durch Änderung des § 1353 BGB eröffnet werden.[133] Dieser sollte die Angabe enthalten, dass eine Ehe zwischen zwei Personen verschiedenen oder gleichen Geschlechts geschlossen wird.[134]

Nach der Gesetzesbegründung widerspricht die Öffnung des einfachrechtlichen Instituts der Ehe auch für gleichgeschlechtliche Paare nicht der Rechtsprechung

---

125 Art. 12 Abs. 2 VvB; Schlüter/Heckes/Stommel, DEuFamR 2000, S. 1, 6.

126 Art. 2 Abs. 3 ThürV.

127 Art. 12 Abs. 2 BdgVerf.

128 Entwurf v. 24.10.1995, BT-Drucks. 13/2728.

129 BT-Drucks. 12/7069; siehe auch EuGH, NJW 1998, S. 969; Dopffel/Kötz, in: Basedow/Hopt/Kötz/Dopffel (Hrsg.), Die Rechtstellung gleichgeschlechtlicher Lebensgemeinschaften, S. 1; Muscheler, LPartG, Rn. 8; Trimbach, NJ 2001, S. 399.

130 Dass die Kommission eine Empfehlung gem. Art. 249, 211 zweiter Spielgelstrich EG-Vertrag nur auf den im EG-Vertrag bezeichneten Gebieten abgeben kann, wozu das Eheschließungsrecht als genuines Familienrecht nicht gehört, und dass eine Entschließung des Europäischen Parlaments an sich nach dem EuGH keinen zwingenden Charakter hat, schien dabei jedoch nicht zu stören (Strick, DEuFamR 2000, S. 82, 86; Verschraegen, Gleichgeschlechtliche Ehen, S. 35).

131 BT-Drucks. 11/7197; BT-Drucks. 12/7885; BT-Drucks. 13/2728.

132 Verschraegen DEuFamR 2000, S. 64, 67.

133 Hk-LPartG/Stüber, Einleitung, Rn. 7.

134 BT-Drucks. 12/2728.

des Bundesverfassungsgerichts zu Art. 6 Abs. 1 GG. Das Bundesverfassungsgericht habe zwar eingeräumt, dass der Gesetzgeber den Zugang zur Ehe nur denen vorbehalten dürfe, die auf Grund der Rechtstradition unter den Schutz des Art. 6 Abs. 1 GG fallen, nämlich die Vereinigung von Mann und Frau.[135] Das Bundesverfassungsgericht habe jedoch durch das Wort „dürfe" darauf verzichtet, diese Beschränkung für zwingend zu erklären.[136] Das Verständnis der Ehe habe sich gewandelt. Sie sei nicht mehr nur Ort der Reproduktion von Kindern, sondern auch ein gegen die Welt und den Staat abgeschlossener Intim- und Autonomiebereich, der die Vielfalt rechtsstaatlicher Freiheit schütze[137], so dass der Geschlechtsverschiedenheit keine prägende Bedeutung mehr zukomme.[138]
Außerdem stelle die Nichtzulassung gleichgeschlechtlicher Paare zum Institut der Ehe einen Verstoß gegen Art. 3 Abs. 3 GG dar. Der Gleichbehandlungsgrundsatz sei vor allem dann verletzt, wenn eine Gruppe von Normadressaten im Vergleich zu anderen Normadressaten anders behandelt werde, obwohl zwischen beiden Gruppen keine Unterschiede von solchem Gewicht bestünden, dass eine ungleiche Behandlung gerechtfertigt sei. Gleichgeschlechtliche Paare seien insofern mit kinderlosen Ehepaaren vergleichbar, denn beide verstünden ihre Lebensgemeinschaft als „Verantwortungs- und Einstehensgemeinschaft." Der einzige Unterschied, weswegen die Gleichgeschlechtlichen nicht heiraten könnten, sei die sexuelle Identität. Die homosexuelle Identität sei ein Persönlichkeitsmerkmal, dürfe aber nur dann als Anknüpfungspunkt für eine Ungleichbehandlung dienen, wenn es dafür schwerwiegende rechtfertigende Gründe gebe. Solche seinen aber nicht ersichtlich. Die Tatsache, dass ein Teil der Bevölkerung gleichgeschlechtliche Lebensgemeinschaften als unsittlich bewerte und als Angriff gegen die christlich-abendländische Werteordnung verstehe, könne nicht ausreichen. Aus diesem Grund stelle die bisherige Rechtlosigkeit gleichgeschlechtlicher Partnerschaften eine Diskriminierung der Minderheit homosexueller Menschen dar. Der Gesetzgeber sei somit von Verfassung wegen verpflichtet, gleichgeschlechtliche Paare, die sich auf Lebenszeit binden wollen, rechtlich mit kinderlosen Ehepaaren gleichzustellen.
Da dieser Entwurf von Bündnis 90/Die Grünen noch zu Zeiten als Oppositionspartei vorgelegt wurde, scheiterte er bereits auf Grund der politischen Mehrheitsverhältnisse im Bundestag.[139]

**bb. Entwürfe eines Gesetzes zur Einführung einer eingetragenen Lebenspartnerschaft nach skandinavischem Vorbild**

Im März 1998 hatte die SPD den „Entwurf eines Gesetzes zur Durchsetzung des Gleichbehandlungsgebotes des Art. 3 GG (Gleichbehandlungsgesetz)"[140] eingebracht. Im Rahmen dieses Entwurfes, der grundsätzlich die Bekämpfung aller

[135] BVerfG NJW 1993, S. 3058.
[136] BT-Drucks. 13/2728, S. 4.
[137] Verschraegen, DEuFamRZ 2000, S. 64, 67.
[138] BT-Drucks. 13/2728, S. 6.
[139] Peschel-Gutzeit, FPR 2000, S. 167, 167.
[140] Entwurf v. 9.3.1998, BT-Drucks. 13/10081.

Arten von Diskriminierungen von Minderheiten zum Ziel hatte, sollte mit dessen Art. 8 ein „Gesetz über die Eingehung einer Lebenspartnerschaft“ nach skandinavischem Vorbild eingeführt werden.
Auf diese Lebenspartnerschaft für gleichgeschlechtliche Paare werden nach Art. 8 § 1-E die Vorschriften über die Ehe und das Verlöbnis für entsprechend anwendbar erklärt.[141] Der Entwurf schließt aber die Anwendung der Vorschriften über die Adoption eines Kindes (§ 1741 ff. BGB) ebenso wie die gemeinsame Ausübung des Sorgerechts für das nichteheliche Kind eines Partners ausdrücklich aus (Art. 8 § 3-E).
Nach Art. 8 § 4-E wird die Lebenspartnerschaft vor dem zuständigen Standesbeamten geschlossen. Die wirksame Eingehung der Lebenspartnerschaft setzt voraus, dass keiner der Partner mit einem Dritten verheiratet ist oder bereits in gültiger Partnerschaft lebt. Dies würde nach Art. 8 § 6 zur Nichtigkeit der neuen Partnerschaft führen. Erwächst eine Entscheidung über die Auflösung der Ehe oder der Lebenspartnerschaft nach Schließung der neuen Lebenspartnerschaft in Rechtskraft, so ist diese neue Lebenspartnerschaft keinesfalls nichtig, sondern als von Anfang an gültig anzusehen (Art. 8 § 6-E). Ausländer sollen eine Lebenspartnerschaft nicht eingehen können, bevor nicht ein Zeugnis ihrer Heimatbehörde beigebracht wurde, aus welchem hervorgeht, dass sie nicht verheiratet sind oder in einer registrierten gleichgeschlechtlichen Partnerschaft leben. Von dem Erforder-nis des Ehefähigkeits- bzw. Partnerschaftszeugnisses kann jedoch in Anlehnung an § 1309 Abs. 2 BGB Befreiung erteilt werden (Art. 8 § 8-E).
Nach Art. 8 § 9 und 10-E finden für die Auflösung der Lebenspartnerschaft die Vorschriften über die Scheidung entsprechende Anwendung. Alle verfahrensrechtlichen Vorschriften über die Auflösung, Aufhebung oder Nichtigerklärung der Ehe finden nach dem Entwurf auch auf Lebenspartnerschaften Anwendung.
Ziel dieses Entwurfes ist es, Diskriminierungen aller Art zu beenden. Weiterhin soll das Benachteiligungs- und Bevorzugungsverbot des Art. 3 Abs. 3 GG, im Lichte der Drittwirkung der Grundrechte im Zivilrecht, konkretisiert werden, indem ein spezielles zivilrechtliches Sanktionssystem einführt wird.[142]
Dieser Entwurf stammt aus dem Bundestagswahlkampf der SPD aus dem Jahre 1998. Eine so weitgehende Gleichstellung gleichgeschlechtlicher Paare zur Ehe wurde nach der Wahl zur Regierungspartei von der SPD allerdings abgelehnt.[143] Ein solcher Gesetzesentwurf wäre insgesamt auch zustimmungsbedürftig gewesen und kam bereits deswegen während der Legislaturperiode nicht mehr in Betracht, nachdem die Regierungskoalition aus SPD und Bündnis 90/Die Grünen im Frühjahr 1999 ihre Mehrheit im Bundesrat verloren hatte.[144]
Auch der Lesben und Schwulenverband Deutschlands (LSVD) hat einen Gesetzesvorschlag erarbeitet: „Entwurf eines Gesetzes zur Einführung einer Eingetragenen

---

[141] HK-LPartG/Bruns, § 11, Rn. 22; Muscheler, LPartG, Rn. 41.
[142] BT-Drucks. 13/10081, S. 1.
[143] Hk-LPartG/Stüber, Einleitung, Rn. 6.
[144] Hk-LPartG/Stüber, Einleitung, Rn. 11.

Lebenspartnerschaft für gleichgeschlechtliche Paare"[145]. Darin wird die Schaffung eines familienrechtlichen Instituts der „Eingetragenen Lebenspart-nerschaft" nach skandinavischem Vorbild gefordert, das gleichgeschlechtlichen Paaren durch Eintragung beim Standesamt die gleichen Rechte und Pflichten wie Eheleuten eröffnet. Als Alternative erwägt der LSVD die völlige Gleichstellung einer gleichgeschlechtlichen Lebenspartnerschaft mit der Ehe durch Ergänzung des § 1353 BGB.

Der Vorschlag zur Einführung der Eingetragenen Lebenspartnerschaft stimmt fast genau mit dem „Gesetz über die Eingehung einer Lebenspartnerschaft" in Art. 8 des vorhergehend beschriebenen Gesetzesentwurfes der SPD zur Durchsetzung des Gleichbehandlungsgebotes des Art. 3 GG überein. In einem Punkt geht der Vorschlag des LSVD, was die Gleichstellung der eingetragenen Lebenspartnerschaft mit der Ehe anbelangt, jedoch noch weiter als der Entwurf der SPD, denn er gewährt den Lebenspartnern ein Recht zur Adoption und ein gemeinsames Sorgerecht für das nichteheliche Kind eines Partners.

Der LSVD begründet seinen Gesetzesvorschlag damit, dass die fehlende Möglichkeit gleichgeschlechtlicher Paare, ihre Beziehung rechtlich abzusichern und an einem offiziellen Zeremoniell bei den Standesämtern teilzuhaben, eine diskriminierende Ungleichbehandlung im Sinne des Art. 3 Abs. 3 GG darstelle. Eine Rechtfertigung für diese Ungleichbehandlung sei auch nicht, dass gleichgeschlechtliche Paare keine Kinder bekommen könnten, denn auch bei heterosexuellen Paaren sei die Zulassung zu dem Institut der Ehe nicht von der Fortpflanzungsfähigkeit oder dem Fortpflanzungswillen abhängig.

#### cc. Entwurf eines Gesetzes zur Regelung der Rechtsverhältnisse eingetragener Lebenspartnerschaften unter Einführung eines Rechtsinstituts deutlich unterhalb der Ehe

Die Vorstellungen der FDP haben in dem „Entwurf eines Gesetzes zur Regelung der Rechtsverhältnisse eingetragener Lebenspartnerschaften (Eingetragene Lebenspartnerschaften-Gesetz – ELPSchG)" vom 22.6.1999 ihren Niederschlag gefunden.[146]

Zunächst sieht der Gesetzesentwurf mehrere Änderungen und Ergänzungen des Bürgerlichen Gesetzbuches vor. Nach § 564 b BGB-E besteht ein berechtigtes Interesse des Vermieters an der Kündigung bei Bedarf des eingetragenen Partners. Nach § 1310 BGB-E ist die Mitwirkung des Standesbeamten bei der Lebenspartnerschaft vorgesehen. § 1356 BGB, nach dem die Haushaltsführung im gegenseitigen Einvernehmen geregelt und die Erwerbstätigkeit unter Rücksicht-nahme auf die Belange des anderen geführt werden sollen, wird bei der Lebenspartnerschaft auch angewandt. Weiterhin wird die entsprechende Anwendung der Folgevorschriften bestimmt, insbesondere die mit Bezug auf gegenseitige Unterhaltspflichten, einschließlich Trennungsunterhalt, die Eigentumsvermutung wie bei

[145] Entwurf v. 1.6.1999, abrufbar unter www.lsvd.de.
[146] BT-Drucks. 14/1259.

Ehegatten nach § 1362 BGB, der gesetzliche Güterstand der Zugewinngemeinschaft und auch der Zugewinnausgleich im Todesfall nach § 1371 BGB.
Als neuer „neunter Titel" des Abschnitts über die Bürgerliche Ehe innerhalb des Vierten Buches des BGB soll die „Eingetragene Lebenspartnerschaft" eingeführt werden. Diese kann nach § 1588 a Abs. 1 BGB-E nur von zwei volljährigen, nicht verheirateten und in keiner anderen eingetragenen Lebenspartnerschaft lebenden gleichgeschlechtlichen Personen eingegangen werden, für die kein Eheverbot besteht. Die eingetragene Lebenspartnerschaft wird durch gegenseitige, notariell beurkundete schriftliche Erklärung begründet. In dieser Erklärung, die bei gleichzeitiger Anwesenheit beider Teile abgegeben wird, müssen die Partner erklären, dauerhaft füreinander einstehen zu wollen (§ 1588 a Abs. 2 BGB-E). Die Erklärungen sollen insofern „Statuswirkung" enthalten, als der Standesbeamte den Familienstand „Eingetragene Lebenspartnerschaft" in das Familienbuch eingetragen hat. Hinsichtlich des Rechts der Namenführung sind dem Eherecht nachgebildete Regelungen vorgesehen.
Aufgelöst wird die eingetragene Lebenspartnerschaft durch entsprechende notariell beurkundete Erklärungen nach Ablauf eines Trennungsjahres (§ 1588 b BGB-E). Ist nur ein Partner trennungswillig, so hat der andere mit Ablauf des Trennungsjahres einen Anspruch auf Abgabe der Auflösungserklärung des jeweils anderen Lebenspartners. Nach notarieller Beurkundung beider Erklärungen erfolgt eine Löschung der Eintragung im Familienbuch. Im Übrigen wird die eingetragene Lebenspartnerschaft durch den Tod eines Partners aufgelöst.
Die Rechtsverhältnisse an der Wohnung und am Hausrat werden auf Antrag eines Partners vom Richter nach billigem Ermessen geregelt. Eine Billigkeitsentscheidung trifft der Richter nach § 1588 d BGB-E auch in Hinblick auf nachpartnerschaftlichen Unterhalt, der dem § 1576 BGB nachgebildet ist. Im gesetzlichen Erbrecht und in Bezug auf den Voraus lehnt sich der Entwurf ebenfalls an die Regelungen für Ehegatten an. Außerdem bedingt das vorgeschla-gene neue Rechtsinstitut Anpassungen weiterer Rechtsvorschriften im verfahrens-, personenstands- und im strafrechtlichen Bereich ebenso wie auf steuer-, sozialversicherungs-, besoldungs-, und ausländerrechtlichem Gebiet.
Nach der Begründung zu dem Entwurf werden durch die vorzunehmenden Rechtsänderungen die neuen gesellschaftlichen Entwicklungen und die veränderte Lebenswirklichkeit, in der sich neben Ehe und Familie auch andere Verantwortungsgemeinschaften herausgebildet haben, berücksichtigt.[147] Da diese Verantwortungsgemeinschaften sich zu gegenseitigen Einstandspflichten bekennen würden, müsse ihnen „durch das Eingehen einer eingetragenen Lebenspartnerschaft" in einem unterhalb der Ehe gelagerten Rechtsinstitut die Möglichkeit gegeben werden, bestimmte Lebensbereiche rechtlich zu gestalten.[148] Dieser im Vergleich zur Ehe niedrigere Rang wird dadurch bewirkt, dass nicht auf alle Eheregelungen, sondern nur auf ausgewählte Normen des geltenden Rechts verwiesen

[147] BT-Drucks. 14/1259, S. 1.
[148] BT-Drucks. 14/1259, S. 1.

wird.[149] Dadurch würden Diskriminierungen gleichgeschlechtlicher Lebensgemeinschaften behoben, ohne jedoch den grundgesetzlich garantierten Schutz von Ehe und Familie in Frage zu stellen oder zu relativieren.[150]
Dieser Entwurf stammt von der FDP als Oppositionspartei und ist ebenfalls auf Grund der politischen Mehrheitsverhältnisse nicht umgesetzt worden.

**dd. Entwurf eines Gesetzes zur Regelung der Rechtsverhältnisse nichtehelicher Lebensgemeinschaften sowohl für hetero- als auch für homosexuelle Paare**

Im März 1997 haben Bündnis 90/Die Grünen mit dem „Entwurf eines Gesetzes zur Regelung der Rechtsverhältnisse nichtehelicher Lebensgemeinschaften (Nichteheliche-Lebensgemeinschaften-Gesetz)" einen Vorschlag sowohl für gleich- als auch für verschiedengeschlechtliche Paare eingebracht.[151] Ziel dieses Entwurfes war es, nichtehelichen Lebensgemeinschaften die Rechtsstellung von Familienangehörigen einzuräumen.[152]
Nach § 1302 a BGB-E wird die nichteheliche Lebensgemeinschaft als auf Dauer angelegte Lebensgemeinschaft zweier Personen verschiedenen oder gleichen Geschlechts definiert, die keine weitere Lebensgemeinschaft gleicher Art zulässt, und sich durch eine innere Bindung auszeichnet, die ein gegenseitiges Einstehen der Partner füreinander begründet und über die Beziehungen in einer reinen Hausstands- und Wirtschaftsgemeinschaft hinausgeht. Ein gemeinsamer Wohnsitz wird dabei nicht vorausgesetzt (§ 1302 a Abs. 2 BGB-E). Das Gesetz knüpft seine Rechtsfolgen an keinen Publizitätsakt wie etwa eine Registrierung oder Eintragung der Partnerschaft, sondern an die tatsächlichen Gegebenheiten. Allerdings kann die Erklärung, in einer solchen Lebenspartnerschaft zu leben, zum Zwecke der Beweiserleichterung nach § 1302 b BGB-E auch vor einem Notar abgegeben werden.
Nach § 1302 c BGB-E gelten die Partner einer nichtehelichen Lebensgemeinschaft als Familienangehörige oder Verwandte in sämtlichen Vorschriften des privaten und öffentlichen Rechts und in allen gesetzlich nicht ausdrücklich geregelten Bereichen, in denen Rechtspositionen auf Grund allgemeiner Übung Familienangehörigen vorbehalten sind. Im Verhältnis zu anderen Familienangehörigen gelten die Partner nach § 1302 c Abs. 3 BGB-E als Ehegatten.
Ein weiterer nennenswerter Aspekt des Entwurfes ist, dass das Innenverhältnis der Partner prinzipiell frei bleibt von gesetzlichen Regelungen, weshalb die Beteiligten keine gegenseitige Unterhaltspflicht trifft. Erscheint die Versagung einer Unterhaltsverpflichtung nach Beendigung der Lebensgemeinschaft auf Grund von Billigkeitsgesichtspunkten gleichwohl geboten, besteht in Ausnahmefällen eine Unterhaltsverpflichtung (§ 1302 d BGB-E). Die Rechtswirkungen der nichtehelichen Lebensgemeinschaft treten erst ein, wenn beide Partner volljährig und nicht

[149] Verschraegen, DEuFamR 2000, S. 64, 68.
[150] BT-Drucks. 14/1259, S. 2.
[151] Entwurf v. 14.3.1997, BT-Drucks. 13/7228.
[152] BT-Drucks. 13/7228, S. 1.

mehr verheiratet sind sowie nicht mehr anderweitig in einer nichtehelichen Lebensgemeinschaft dieser Art leben (§ 1302 g BGB-E).
Neben der Möglichkeit eines gemeinsamen Sorgerechts und der gemeinsamen Adoption ist auch ein gesetzliches Erbrecht vorgesehen, welches jedoch gegenüber Ehegatten eingeschränkt ist. Weiterhin soll bei Streitigkeiten über die Berechtigung an der gemeinsam genutzten Wohnung die HausratsVO[153] Anwendung finden (§ 1302 f BGB-E). Im Übrigen sieht der Entwurf auch Änderungen des Strafgesetzbuches und steuerrechtliche Anpassungen vor.
Ehespezifische Vergünstigungen – wie etwa die Hinterbliebenenrente – sehe der Entwurf nicht vor, weil diese als Gegenstück zur ehelichen Unterhaltspflicht verstanden werde. Eine solche Unterhaltspflicht bestehe zwischen den Partnern grundsätzlich nicht.
Die nichteheliche Lebensgemeinschaft wird grundsätzlich dadurch beendet, dass ihre tatbestandlichen Voraussetzungen wegfallen. Haben die Partner eine notarielle Erklärung zur Schließung der Lebensgemeinschaft abgegeben, so bedarf es für ihre Auflösung zusätzlich zumindest einer empfangsbedürftigen notariell beurkundeten Beendigungserklärung (§ 1302 e BGB-E).
In der Gesetzesbegründung wird ein Wandel in der Familienstruktur hervorgehoben, mit welcher weder der Gesetzgeber noch die Rechtsprechung angemessen umzugehen vermöge.[154] Nur die Schaffung einer gesetzlichen Regelung für nichteheliche Lebensgemeinschaften könne allen Menschen Wahlfreiheit und Gleichberechtigung bezüglich ihrer Lebensform gewähren.
Da das geplante Gesetz lesbischen und schwulen Paaren keine der Ehe entsprechende umfassende Absicherung ihrer Partnerschaft bieten könne, werde die Forderung nach Öffnung der Ehe durch Modifikation des § 1353 BGB daneben aufrechterhalten.[155]
Auch dieser Entwurf scheiterte an der Mehrheit im Bundestag, da 1997 noch eine Koalition von CDU/CSU und der FDP an der Regierung war.

### ee. Entwurf eines Gesetzes zur Sicherung der Wohnung für den hinterbliebenen Lebenspartner

Einen weiteren gesetzgeberischen Vorstoß unternahm die Fraktion Bündnis 90/Die Grünen im März 1995 mit dem „Entwurf eines Gesetzes zur Sicherung der Wohnung für den hinterbliebenen Lebenspartner“[156]. Nachdem der BGH signalisiert hatte, gleichgeschlechtliche Paare von einer Analogie zu § 569 a Abs. 2 S. 1 BGB ausnehmen zu wollen[157] und somit homosexuelle Paare bei der Fortführung des Mietverhältnisses im Falle des Todes des anderen Partners im Vergleich zu heterosexuellen Paaren schlechter zu stellen, schlug die Fraktion von Bündnis 90/-Die Grünen eine Änderung des § 569 Abs. 1 BGB vor. Danach sollte § 569 Abs. 1

[153] Verordnung über die Behandlung der Ehewohnung und des Hausrats.
[154] BT-Drucks. 13/7228, S. 5.
[155] BT-Drucks. 13/7228, S. 6.
[156] BT-Drucks. 13/847.
[157] BGHZ 121, S. 116, 124; Schlüter/Heckes/Stommel, DEuFamR, S. 1, 13.

BGB insofern ergänzt werden, dass die Partner einer gleich- oder verschiedengeschlechtlichen Lebensgemeinschaft einem Ehegatten gleichstehen sollten.
Auch die PDS hat einen „Entwurf eines Gesetzes zur Übernahme der gemeinsamen Wohnung nach dem Todesfall der Mieterin/des Mieters oder der Mitmieterin/des Mitmieters vorgelegt.“[158] Dieser Entwurf knüpfte nicht an das Bestehen einer nichtehelichen Lebensgemeinschaft an, sondern nur an die Unterhaltung eines gemeinsamen Hausstandes.
Anfang 1999 hat auch die FDP einen „Entwurf eines Gesetzes zum Wohnrecht hinterbliebener Haushaltsangehöriger“ vorgelegt, der gleichfalls nur an die Führung eines gemeinsamen Haushaltes anknüpft.[159] Diese drei Gesetzesentwürfe sind ebenfalls auf Grund von politischen Mehrheits-verhältnissen nicht Gesetz geworden.

**2. Gesetzgebungsgeschichte des DiskrBG und seine konkreten Vorstufen**

Das am 22.2.2001 verkündete DiskrBG geht auf einen Rohentwurf des Bundesministeriums der Justiz während der Regierungskoalition von SPD/Bündnis90/Die Grünen aus dem Jahre 1999 zurück. Dieser Rohentwurf des „Gesetzes zur Beendigung der Diskriminierung gleichgeschlechtlicher Gemeinschaften“ galt ausschließlich für gleichgeschlechtliche Paare. Dabei fand kein Generalverweis auf das Eherecht statt, sondern es wurden konkrete Sonderregelungen leicht unterhalb der Ehe geschaffen. An diesem Rohentwurf wurden bis zur endgültigen Fassung des verkündeten Gesetzes noch zahlreiche Veränderungen vorgenommen.

**a. Rohentwurf des DiskrBG**

Im Dezember 1999 hat das Bundesministerium der Justiz den „Rohentwurf eines Gesetzes zur Beendigung der Diskriminierung gleichgeschlechtlicher Sexualität: Lebenspartnerschaften“[160] vorgelegt.[161]
Eine Lebenspartnerschaft können nach Art. 1 § 1 Abs. 1 RohE[162] zwei Personen gleichen Geschlechts durch entsprechende Erklärung gegenüber dem Standesbeamten begründen. Die Erklärungen sind bedingungs- und befristungsfeindlich (Art. 1 § 1 Abs. 2 RohE). Die wirksame Begründung einer Lebenspartnerschaft setzt voraus, dass die Partner volljährig und geschäftsfähig sind und keiner von ihnen mit einer dritten Person verheiratet ist oder eine Lebenspartnerschaft führt. Die Partner dürfen weiterhin nicht in gerader Linie miteinander verwandt oder voll- oder halbbürtige Geschwister sein (Art. 1 § 1 Abs. 3 RohE).
Die Lebenspartnerschaft bewirkt, dass die Lebenspartner einander zu Fürsorge und Unterstützung verpflichtet sind und füreinander Verantwortung tragen (Art. 1 § 2 RohE). Weiterhin können die Lebenspartner bei Eingehung der Lebenspartnerschaft den Geburtsnamen des Partners als Lebenspartnerschaftsnamen bestimmen, der auch nach Beendigung der Lebenspartnerschaft beibehalten wird (Art. 1 § 3

[158] BT-Drucks. 13/2355.
[159] BT-Drucks. 14/326.
[160] BT-Drucks. 13/10081.
[161] Muscheler, LPartG, Rn. 9; Hohloch, FamR, Rn. 1165.
[162] Rohentwurf.

Abs. 1 und 2 RohE). Für Verpflichtungen, die sich aus der Lebenspartnerschaft ergeben, haben die Partner lediglich den Sorgfaltsmaßstab anzuwenden, den sie auch in eigenen Angelegenheiten anzuwenden pflegen (Art. 1 § 4 RohE). Die Lebenspartner schulden einander angemessenen Unterhalt, die §§ 1360 a, 1360 b des BGB finden entsprechende Anwendung (Art. 1 § 5 RohE).
Regeln die Lebenspartner ihre vermögensrechtlichen Verhältnisse nicht durch Lebenspartnerschaftsvertrag, gilt Gütertrennung (Art. 1 § 6 Abs. 2 RohE). Das eigene Vermögen verwaltet jeder Lebenspartner selbst. Die Verwaltung des Vermögens unterliegt den gleichen Verfügungsbeschränkungen wie sie für den gesetzlichen Güterstand von Ehegatten vorgesehen sind, die §§ 1365 bis 1369 BGB gelten nach Art. 1 § 6 Abs. 2 RohE entsprechend. Die Eigentumsvermutungen stimmen mit denen von Ehegatten überein (Art. 1 § 6 Abs. 3 RohE). Der Entwurf verzichtet darauf, einen gesetzlichen Güterstand der Zugewinngemeinschaft zu bestimmen. Allerdings wird insofern auf den Zugewinnausgleich zurückgegriffen, als in einer Verfügung von Todes wegen bestimmt werden kann, dass ein Zugewinnausgleich im Todesfall stattfinden soll (Art. 1 § 7 Abs. 1 S. 1 RohE). Das im Rohentwurf vorgesehene gesetzliche Erbrecht entspricht § 1931 Abs. 1 S. 1 und Abs. 2 BGB. Hausrat und Geschenke stehen dem Überlebenden als Voraus zu. Parallel zum Ehegattenerbrecht gemäß § 1933 BGB sieht der Entwurf einen Ausschluss des Erbrechts vor, wenn zur Zeit des Todes des Erblassers die Lebenspartner erklärt hatten, die Lebenspartnerschaft nicht fortsetzen zu wollen, oder wenn dem überlebenden Lebenspartner die Erklärung des Erblassers, die Lebenspartnerschaft nicht fortsetzen zu wollen, zugestellt war (Art. 1 § 7 Abs. 4 RohE). Außerdem findet nach Art. 1 § 7 Abs. 5 RohE das Pflichtteils-recht Anwendung.
Im Fall der Trennung kann Trennungsunterhalt gefordert werden (Art. 1 § 8 RohE). Der nichterwerbstätige Partner kann allerdings darauf verwiesen werden, seinen Unterhalt durch eine Erwerbstätigkeit selbst zu verdienen, es sei denn, dass dies nach seinen persönlichen Verhältnissen oder den wirtschaftlichen Verhältnissen der Lebenspartner nicht erwartet werden kann. Für die Verteilung des Hausrats kommt es auf die Eigentumslage zwischen den Partnern an. Dabei muss dem anderen Lebenspartner das Nötige zur Haushaltsführung überlassen werden, wenn dies der Billigkeit entspricht. Haushaltsgegenstände, die beiden Lebenspartnern gehören, werden nach Billigkeit verteilt. Zur Vermeidung schwerer Härten kann einem Lebenspartner gegen eine Vergütung die gemeinsame Wohnung (oder ein Teil davon) zur alleinigen Benutzung zugewiesen werden (Art. 1 § 10 RohE). Besonders zu berücksichtigen sind alleinige Rechte des anderen Lebenspartners oder Rechte Dritter an dem Grundstück, auf welchem sich die gemeinsame Wohnung befindet.
Die Lebenspartnerschaft wird durch gerichtliches Urteil entweder auf Grund gemeinsamer Erklärung, wenn seit der Erklärung zwölf Monate vergangen sind, oder aber auf Grund der Erklärung eines Lebenspartners aufgehoben, wenn seit der Zustellung dieser Erklärung an den anderen Partner achtzehn Monate vergangen sind (Art. 1 § 11 RohE). Bis zur Aufhebung der Lebenspartnerschaft sind die Erklärungen widerruflich. Widerruft nur ein Lebenspartner seine Erklärung, so ist die Lebenspartnerschaft dennoch aufzuheben, wenn seit der Zustellung dieser Er-

klärung achtzehn Monate vergangen sind. Der Rohentwurf sah ferner in dem Fall, dass ein Lebenspartner nicht selbst für seinen Unterhalt sorgen kann, für diesen einen Anspruch auf nachpartnerschaftlichen Unterhalt in angemessenem Umfang gegen den anderen Lebenspartner vor (Art. 1 § 12 RohE). Der Anspruch ist in der Regel auf zwei Jahre befristet (Art. 1 § 12 Abs. 1 S. 2 RohE). Bei Eingehung einer Ehe oder Begründung einer neuen Lebenspartnerschaft erlischt der nachpartnerschaftliche Unterhaltsanspruch (Art. 1 § 12 Abs. 2 S. 1 RohE).
Auf Antrag ergeht eine familiengerichtliche Entscheidung über die Rechtsverhältnisse an Wohnung und Hausrat. Der Richter hat nach Billigkeit zu entscheiden, wobei er auch das besonders schutzwürdige Vertrauen in den Bestand der Lebenspartnerschaft zu berücksichtigen hat. Ein solches ist nach dem Rohentwurf gegeben, wenn der Lebenspartner mit Wissen und Wollen des anderen Lebenspartners für diesen oder für die Lebenspartnerschaft erhebliche Risiken oder Nachteile auf sich genommen hat (Art. 1 §§ 13 ff. RohE).
In Art. 2 des RohE werden Änderungen des Bürgerlichen Gesetzbuches vorgenommen. Unter anderem werden dabei die §§ 569 ff. BGB dahingehend ergänzt, dass der Lebenspartner im Fall des Todes des anderen Partners ein Eintrittsrecht in den Mietvertrag erhält. Weiterhin wird § 1306 BGB dahingehend geändert, dass ein Eheverbot auch bei Bestehen einer Lebenspartnerschaft gegeben sein soll.[163] Auch sollen im Bereich der elterlichen Sorge und der Betreuung sowie im Erbrecht die Worte „Lebenspartner“ in die §§ 1682, 1685, 1897, 1903, 1969 und 2125 BGB eingefügt werden.
Art. 3 RohE legt die Änderungen des sonstigen Bundesrechts fest. Darin werden zahlreiche Modifikationen in weiten Bereichen des geschriebenen Rechts vorgenommen. Veränderungen sind dabei vom Gerichtsverfassungsgesetz, der Zivilprozessordnung, der Insolvenzordnung, des Gesetzes über die Angelegenheiten der freiwilligen Gerichtsbarkeit bis hin zum Beamtenversorgungsgesetz sowie einzelnen Änderungen im Steuerrecht und Strafrecht vorgesehen, um nur einige von ihnen zu nennen.
Der Rohentwurf führte zu heftigen Protesten der Verbände der Lesben und Schwulen und zu einem Streit der Koalitionspartner, da nach Ansicht der Homosexuellenverbände und auch vieler Abgeordneter von SPD und Bündnis 90/Die Grünen den Lebenspartnern nicht genügend Rechte zugebilligt wurden.[164] Deswegen wurde die weitere Erarbeitung des Entwurfs einer „Koalitionsarbeitsgruppe“ übertragen, die den Entwurf mit den Fachministerien aushandeln sollte.[165]

### b. Entwurf zum DiskrBG vom 4.7.2000[166]

Der von der Koalitionsarbeitsgruppe erarbeitete Entwurf zum DiskrBG vom 4.7.2000[167] wurde von der Bundesregierung Mitte Juli 2000 in den Bundestag ein-

[163] Muscheler, LPartG, Rn. 146.
[164] Hk-LPartG/Stüber, Einleitung, Rn. 12.
[165] Hk-LPartG/Stüber, Einleitung, Rn. 13.
[166] BT-Drucks. 14/3751.
[167] Im Folgenden DiskrBG-E.

gebracht.[168] Dieser Entwurf enthält viele Unterschiede zu der ursprünglichen Rohfassung. Unter anderem wurde der Rohentwurf in zahlreichen Punkten dergestalt erweitert, dass noch mehr dem Eherecht entsprechende Regelungen auch für die Lebenspartnerschaft Anwendung finden sollten.
Im Gegensatz zum Rohentwurf vom Dezember 1999 müssen die Lebenspartner nach diesem Entwurf zur wirksamen Begründung der Lebenspartnerschaft eine Erklärung über den Vermögensstand abgeben. Die Form der Begründung der Lebenspartnerschaft wird dergestalt ergänzt, dass eine Zeremonie zur Begründung der Lebenspartnerschaft vor dem Standesbeamten entsprechend der Trauung nach § 1312 BGB eingeführt wird: Der Standesbeamte soll die Lebenspartner einzeln befragen, ob sie eine Lebenspartnerschaft begründen wollen. Bejahen die Lebenspartner diese Frage, soll der Standesbeamte erklären, dass die Lebenspartnerschaft nunmehr begründet ist (Art. 1 § 1 Abs. 2 DiskrBG-E, entspricht § 1355 BGB).
In dem überarbeiteten Entwurf ist es darüber hinaus auch möglich, dass ein Lebenspartner, dessen Geburtsname nicht Lebenspartnerschaftsname wird, durch Erklärung gegenüber dem Standesbeamten dem Lebenspartnerschaftsnamen seinen Geburtsnamen voranstellt oder anfügt, es sei denn, der Lebenspartner-schaftsname besteht aus zwei Namen. Besteht der Name eines Lebenspartners aus mehreren Namen, so kann nur einer dieser Namen hinzugefügt werden (Art. 1 § 3 Abs. 2 DiskrBG-E).
Es liegen weiterhin Veränderungen im Bereich der Regelungen über die Vermögensverhältnisse der Lebenspartner vor. Zunächst besteht, konträr zu dem Rohentwurf, bei dieser Version eine Pflicht der Lebenspartner, vor der Begründung der Lebenspartnerschaft einen Vermögensstand auszuwählen (Art. 1 § 6 Abs. 1 DiskrBG-E). Dabei haben die Lebenspartner die Wahl zwischen der Vereinbarung des Vermögensstandes der Ausgleichsgemeinschaft oder der Überreichung der Ausfertigung eines Lebenspartnerschaftsvertrages. Es besteht somit kein gesetzlicher Güterstand der Gütertrennung mehr für den Fall, dass die Lebenspartner keine Regelung treffen. Der Vermögensstand richtet sich immer nach der entsprechenden Erklärung der Lebenspartner, die – bis auf die Vereinbarung des Güterstandes der Ausgleichsgemeinschaft – der notariellen Beurkundung bedarf. Der Güterstand der Ausgleichsgemeinschaft stimmt mit dem eherechtlichen Güterstand der Zugewinngemeinschaft überein. Die §§ 1371 bis 1390 BGB finden entsprechende Anwendung (Art. 1 § 6 Abs. 2 DiskrBG-E). Regeln die Lebenspartner ihre vermögensrechtlichen Verhältnisse durch einen Lebenspartnerschaftsvertrag, findet im Gegensatz zu den Regelungen im Rohentwurf, der lediglich § 1411 BGB vorsieht, auch § 1409 BGB entsprechende Anwendung (Art. 1 § 7 Abs. 2 DiskrBG-E).
Darüber hinaus besteht ein weiterer Unterschied zum Rohentwurf darin, dass der Entwurf vom 4.7.2000 § 1357 BGB für anwendbar erklärt, so dass von einem Lebenspartner getätigte Geschäfte zur Deckung des Lebensbedarfs beide Lebenspartner berechtigen und verpflichten. § 1370 BGB findet ebenfalls entsprechende Anwendung mit der Konsequenz, dass Haushaltsgegenstände, die an die Stelle von

[168] Muscheler, LPartG, Rn. 9.

nicht mehr vorhandenen oder wertlos gewordenen Gegenständen angeschafft werden, Eigentum des Lebenspartners werden, dem die anderen Gegenstände gehört haben.
In dem ausgearbeiteten Entwurf werden dem Lebenspartner auch sorgerechtliche Befugnisse eingeräumt. Der Lebenspartner des allein sorgeberechtigten Elternteils hat im Einvernehmen mit diesem die Befugnis zur Mitentscheidung in Angelegenheiten des täglichen Lebens des Kindes (Art. 1 § 9 DiskrBG-E). Bei Gefahr im Verzug ist der Lebenspartner dazu berechtigt, alle Rechtshandlungen vorzunehmen, die zum Wohle des Kindes notwendig sind. Diese Befugnisse bestehen jedoch nicht, wenn die Lebenspartner dauerhaft getrennt leben. Sie können durch das Familiengericht ebenfalls eingeschränkt oder ausgeschlossen werden, wenn dies zum Wohle des Kindes erforderlich ist.
Bei den Regelungen zum Erbrecht fehlt – im Gegensatz zum Rohentwurf – eine Regelung darüber, inwieweit ein Lebenspartner in einer Verfügung von Todes wegen die Anwendung des Zugewinnausgleichs im Todesfall bestimmen kann. Dies ist darauf zurückzuführen, dass in diesem Entwurf zwischen den Lebenspartnern, soweit sie im Lebenspartnerschaftsvertrag nichts anderes vereinbart haben, der gesetzliche Güterstand der Ausgleichsgemeinschaft besteht. Diese Ausgleichsgemeinschaft sieht bereits einen Ausgleich des Zugewinns im Todesfall vor. Das Erbrecht ist bei der vorliegenden Version ausgeschlossen, wenn die Voraussetzungen für die Aufhebung der Lebenspartnerschaft gegeben sind.
Die Aufhebung der Lebenspartnerschaft kann nach dem hiesigen Entwurf sofort verlangt werden, wenn die Fortsetzung der Lebenspartnerschaft für den Antragsteller eine unzumutbare Härte darstellen würde (Art. 1 § 15 Abs. 2 Nr. 3 DiskrBG-E). Außerdem wird die Lebenspartnerschaft nunmehr bei einseitiger Aufhebungserklärung erst nach Ablauf von 36 Monaten aufgehoben (Art. 1 § 15 Abs. 2 Nr. 2 DiskrBG-E).
Es reicht somit für den Ausschluss der Erbschaft nicht wie bei dem Rohentwurf aus, dass die Partner zur Zeit des Todes des Erblassers erklärt hatten, die Lebenspartnerschaft nicht fortführen zu wollen, sondern es müssen auch – abhängig davon, ob beide oder nur ein Partner seinen Aufhebungswillen erklärt hat – 12 oder 36 Monate seit der entsprechenden Erklärung vergangen sein, oder es muss der Fall einer unzumutbaren Härte vorliegen. Dem Lebenspartner kann nach diesem Entwurf eher ein Erbrecht zustehen, denn die Voraussetzungen an einen Ausschluss der Erbrechts sind höher. Auch wurde der Rohentwurf sowohl um die Möglichkeit des Erbverzichts als auch um die der Aufsetzung eines gemeinschaftlichen Testaments erweitert, wobei die entsprechenden Eheregelungen des Bürgerlichen Gesetzbuches analoge Anwendung finden sollen (Art. 1 § 10 Abs. 4 DiskrBG-E). Die letztwilligen Verfügungen zugunsten des anderen Lebenspartners sind in entsprechender Anwendung des § 2077 Abs. 1 und 3 BGB unwirksam, wenn die Lebenspartnerschaft vor dem Tode des Erblassers aufgelöst worden ist. Dies gilt jedoch nicht, wenn anzunehmen ist, dass der Erblasser die Verfügung auch in diesem Fall getroffen hätte.
Ferner hat der Entwurf Auswirkungen auf den Personenstand der Lebenspartner. Soweit nichts anderes bestimmt ist, gilt ein Lebenspartner als Familienange-

hөriger. Die Verwandten eines Lebenspartners gelten als mit dem anderen Lebenspartner verschwägert (Art. 1 § 11 DiskrBG-E).
Im Falle des einseitigen Widerrufs der Aufhebungserklärung gilt eine Frist von 36 Monaten, im Gegensatz zu 18 Monaten gemäß dem Rohentwurf.
Ein etwaiger nachpartnerschaftlicher Unterhaltsanspruch ist nicht mehr wie im Rohentwurf grundsätzlich auf zwei Jahre beschränkt.
Nach dem vorliegenden Entwurf findet § 1586 b BGB entsprechende Anwendung, so dass die Unterhaltspflicht auf den Erben als Nachlassverbindlichkeit übergeht.
Im Gegensatz zu dem Rohentwurf hat das Gericht nach der überarbeiteten Version weder bei der Entscheidung über das Wohnrecht der gemeinsamen Wohnung noch bei der Verteilung der Wohnungseinrichtung oder des Hausrates ein besonderes schutzwürdiges Vertrauen eines Lebenspartners in den Bestand der Lebenspartnerschaft zu berücksichtigen.
In Art. 1 und 2 des DiskrBG-E werden Änderungen des Bürgerlichen Gesetzbuches sowie des übrigen Bundesrechts vorgenommen. Diese übersteigen in ihrer Anzahl jedoch weitgehend die Veränderungen, die in dem Rohentwurf vorgesehen waren. Zwar soll das Vorliegen einer Lebenspartnerschaft kein Ehehindernis im Sinne von § 1306 BGB mehr darstellen,[169] es werden jedoch sonst im Vergleich zum Rohentwurf noch weitergehendere Ergänzungen vorgenommen, z.B. im ehelichen Güterrecht, im Bereich der Betreuung und im Erbrecht.
Nahezu alle Rechtsbereiche des privaten und öffentlichen Rechts, die sich in irgendeiner Weise mit der Ehe befassen, wurden Gegenstand von Verweisungen oder mehr oder weniger modifizierenden Parallelregelungen und Ergänzungen.
Im Bereich des übrigen Bundesrechts werden durch Art. 3 DiskrBG-E in über 100 Paragraphen Rechtsnormen derart geändert, dass in Normen, in denen von Ehegatten oder Ehe die Rede ist, die Wörter „Lebenspartner" oder „Lebenspartnerschaft" eingefügt wird, z.B. im Staatsangehörigkeitsgesetz, im Bundessozialhilfegesetz, im Ausländergesetz, im Steuerrecht, im Sozialgesetzbuch bis hin zu einer Vielzahl von kleineren Gesetzen wie z.B. dem Schornsteinfegergesetz. Damit soll eine weitgehende Gleichstellung von Lebenspartnern und Ehegatten erreicht werden.

### c. Das DiskrBG und das LPartErgG

Auf Grund der Mehrheitsverhältnisse im Bundestag und angesichts des Widerstandes in den unionsregierten Ländern gegen das Vorhaben der Koalition[170] hat die Bundesregierung den Gesetzesentwurf zum DiskrBG zweigeteilt: in einen Entwurf mit zustimmungsfreien Regelungen und einen Entwurf mit zustimmungspflichtigen Regelungen.[171] Am 10.11.2000 hat der Bundestag das DiskrBG, das die

---

[169] Nach Aussage des SPD-Abgeordneten Hartenbach, der maßgeblich am DiskrBG mitgewirkt hat, gegenüber dem Fokus v. 4.12.2000 sollte mit der Streichung des Eheverbots bei bestehender Lebenspartnerschaft verhindert werden, dass dadurch gegen die Eheschließungsfreiheit des Art. 6 Abs. 1 GG verstoßen werden könnte.
[170] Zur Haltung der CDU/CSU im Bundestag vgl. BT-Drucks. 14/4551.
[171] Vgl. Bundesausschuss für Arbeit und Sozialordnung, Ausschussdrucks. 14/943 und 14/944; Hohloch, FamR, Rn. 1165; Muscheler, LPartG, Rn. 10.

nicht zustimmungspflichtigen Regelungen enthält, verabschiedet. Darin ist das „Gesetz über die eingetragene Lebenspartnerschaft (Lebenspartnerschaftsgesetz (LPartG))“[172] enthalten, das die materiellrechtlichen Vorschriften aufweist, die zur Schaffung des familienrechtlichen Instituts der „eingetragenen Lebenspartnerschaft“ führen, sowie Regelungen zur Namensgebung, zum Unterhalts-, Güter- und Erbrecht der Lebenspartner. Darüber hinaus umfasst das DiskrBG einige Änderungen des BGB.
Gleichzeitig hat der Bundestag das Lebenspartnerschaftsergänzungsgesetz verabschiedet.[173] Dieses Ergänzungsgesetz formuliert steuer- und verfahrensrechtliche Normen, die der Zustimmung des Bundesrates bedürfen.[174]

**aa. Das DiskrBG**

Das DiskrBG wurde am 22. Februar 2001 im Bundesgesetzblatt[175] veröffentlicht und ist am 1. August 2001 in Kraft getreten.[176]
An dem zu Grunde liegenden Entwurf vom 4.7.2000 wurden auf Grund von Empfehlungen von Sachverständigen oder aus Gründen, die mit der Zweiteilung des Entwurfes zusammenhängen, noch kleinere Änderungen vorgenommen.[177] Im Folgenden werden nur die Änderungen des endgültigen Gesetzes im Vergleich zu dem vorangegangenen Entwurf dargestellt.
Nach § 1 LPartG wird eine Lebenspartnerschaft dadurch begründet, dass zwei Personen gleichen Geschlechts „vor“ der zuständigen Behörde erklären, miteinander eine Partnerschaft auf Lebenszeit schließen zu wollen.[178] Vorher sollte dagegen die Erklärung „gegenüber“ der Behörde abgegeben werden.[179] Dies hat allerdings nur redaktionelle Gründe.
Im Gegensatz zum Entwurf ist auch ein weiterer Nichtigkeitsgrund hinzugekommen: Danach ist die Lebenspartnerschaft nichtig, wenn die Lebenspartner bei der Begründung der Lebenspartnerschaft darüber einig sind, keine Verpflichtung zu Fürsorge und Unterstützung sowie zur gemeinsamen Lebensgestaltung nach § 2 LPartG begründen zu wollen (§ 1 Abs. 4 LPartG). Die Einführung dieses weiteren Lebenspartnerschaftshindernisses ist auf die Stellungnahme von Schwab[180] anlässlich der vom Rechtsausschuss des Deutschen Bundestages durchgeführten öffentlichen Anhörung zum DiskrBG-E am 19. September 2000 zurückzuführen. Schwab hatte bemängelt, dass die Lebenspartner eine „Scheinpartnerschaft“ ein-

---

172 Im Folgenden LPartG abgekürzt.
173 BR-Drucks. 14/4545 = Beschlussempfehlung; BR-Drucks. 14/4550 = Bericht; Muscheler, LPartG, Rn. 10.
174 Muscheler, LPartG, Rn. 10.
175 BGBl. 2001, I, Nr. 9, S. 266.
176 Battes, FuR 2002, S. 49.
177 Vgl. auch den Bericht des Rechtsausschusses v. 19.11.2000 in BT-Drucks. 14/4550.
178 Die Entscheidung bleibt damit zunächst den Ländern überlassen, wobei der Bundesgesetzgeber davon ausgeht, dass überwiegend die Standesämter mit dieser Aufgabe betraut werden, FAZ v. 10.11.2000.
179 Palandt/Brudermüller, § 1 LPartG, Rn. 3.
180 Schwab, Stellungnahme, S. 52.

gehen könnten, wenn keine Pflicht der Behörde bestünde, den Willen der Partner zu prüfen, wirklich die Pflichten des § 2 DiskrBG-E begründen zu wollen.
Außerdem sollten alle Erklärungen, die nach dem LPartG vor einer zuständigen Stelle erklärt werden müssen, nach dem ursprünglichen Entwurf vom 4.7.2000 vor dem Standesbeamten abgegeben werden. Diese Änderung hängt damit zusammen, dass die Regelung des Verfahrens vor dem Standesbeamten zustimmungspflichtig sind.[181] Weiterhin fehlt im LPartG die Eintragung in das Lebenspartnerschaftsbuch und die „Trauungs"- Zeremonie des vorhergegangenen Entwurfes.
Veränderungen hat es auch im Hinblick auf die partnerschaftliche Lebensgemeinschaft gegeben: § 2 LPartG verlangt nun von den Lebenspartnern, ihr Leben gemeinsam zu gestalten.[182] Diese Bestimmung wurde erst auf Grund einer Beschlussempfehlung des Rechtsauschusses eingefügt.[183] Die Einführung dieser Pflicht geht auf Empfehlungen zur Änderung des Entwurfes zum DiskriBG zurück, die in der öffentlichen Anhörung zum DiskrBG-E abgegeben wurden. Während dieser Anhörung wurde kritisiert, dass das Nichterwähnen der Pflicht zur gemeinsamen Lebensgestaltung inkonsequent sei, denn der Entwurf zum DiskrBG setze die Lebensgemeinschaft der Partner voraus.[184] Dies ergebe sich daraus, dass das Getrenntleben der Partner besondere Rechtswirkungen hervorrufen solle, die sich nur aus der Tatsache vorangegangenen Zusammenlebens erklären ließen (Art. 1 §§ 12-14 DiskrBG-E), z.B. Unterhalt, Zuweisung der bisher gemeinsamen Wohnung etc. Auch die Aufhebungsfolgen knüpften gedanklich an ein bisheriges Zusammenleben an, denn im Gegensatz zu der für die Ehe maßgebenden Bestimmung des § 1353 Abs. 1 S. 2 BGB, wonach die Ehegatten zur ehelichen Lebensgemeinschaft verpflichtet seien, wozu insbesondere auch die Geschlechtsgemeinschaft gehörten, reduziere das Gesetz die gleichgeschlechtlichen Lebenspartner auf Fürsorge und Unterstützung. Wenn die Sexualität kein Kernelement der gleichgeschlechtlichen Lebenspartnerschaft sei, dann hindere auch kein Verbot heterosexuelle Tanten und Nichten, Onkel und Neffen, eine Lebenspartnerschaft einzugehen.[185]
Im Hinblick auf das Vermögensrecht wurde in § 6 DiskrBG-E ein neuer Abs. 3 eingefügt. Danach besteht im Falle der Unwirksamkeit der Vereinbarung der Ausgleichsgemeinschaft oder des Lebenspartnerschaftsvertrages der Güterstand der Vermögenstrennung als Auffangtatbestand. Diese Bestimmung geht ebenfalls auf die Initiative des Rechtsausschusses zurück.[186]
Bei Lebenspartnern besteht – wie vorher auch – die gesetzliche Vermutung, dass die im Besitz eines Lebenspartners oder beider Lebenspartner befindlichen Sachen dem Schuldner gehören. Nach der Gesetz gewordenen Fassung muss es sich jedoch ausdrücklich um bewegliche Sachen handeln.

[181] Die Zustimmungsbedürftigkeit des Bundesrates ergibt sich aus Art. 84 Abs. 1 GG.
[182] Schwab, FamRZ 2001, S. 385, 388.
[183] Detloff, NJW 2001, S. 2598, 2600.
[184] Schwab, Stellungnahme, S. 50.
[185] Schwab, FamRZ 2001, S. 385, 388.
[186] Kaiser, JZ 2001, S. 617, 620.

Hausrat und Geschenke zur Begründung der Lebenspartnerschaft stehen dem Überlebenden als Voraus zu (§ 10 Abs. 1 S. 2 LPartG). Dies gilt jedoch im Gegensatz zu dem Entwurf nur, wenn entweder keine Verwandten der ersten Ordnung vorhanden sind oder – soweit dies der Fall ist – wenn der Lebenspartner den Voraus zur Führung eines angemessenen Haushalts benötigt.
Nach dem neu eingefügten § 15 Abs. 4 LPartG müssen die Erklärungen zur Aufhebung der Lebenspartnerschaft nach § 15 Abs. 2 LPartG und die Widerrufserklärungen nach § 15 Abs. 3 LPartG im Gegensatz zum Entwurf persönlich abgegeben werden, sie bedürfen der öffentlichen Beurkundung und sind bedingungs- und befristungsfeindlich.
Im Hinblick auf das Rangverhältnis der Unterhaltsberechtigten geht der frühere Lebenspartner einem neuen Lebenspartner und den übrigen Verwandten im Sinne des § 1609 Abs. 2 BGB vor, wenn der Lebenspartner nach § 1581 BGB außerstande ist, angemessenen Unterhalt zu leisten. Alle anderen gesetzlich Unterhaltsberechtigten gehen dem früheren Lebenspartner vor (neu eingefügter § 16 Abs. 3 BGB).

### bb. Das LPartErgG

Das zustimmungspflichtige LPartErgG ist am 1.12.2000 im Bundesrat abgelehnt worden.[187] Durch Art. 1 LPartErgG sollte das DiskrBG dergestalt verändert werden, dass alle Erklärungen, die aus Gründen der Zustimmungspflichtigkeit in dem DiskrBG vor der zuständigen Behörde abgegeben werden müssen, wieder – wie in den ursprünglichen Entwürfen – vor dem Standesbeamten erfolgen sollen.
In Art. 2 LPartErgG waren dann alle Änderungen sonstigen Bundesrechts vorgesehen, insbesondere im Verfahrensrecht und Steuerrecht.
Auf Grund der Ablehnung des LPartErgG im Bundesrat erübrigt es sich, weiter auf diese Änderungen einzugehen.

## II. Vereinbarkeit des DiskrBG mit dem Verfassungsrecht

Das Gesetzesvorhaben zur Schaffung eines Rechtsinstituts für gleichgeschlechtliche Lebensgemeinschaften nahe an der Ehe wurde von Anfang an heftig kritisiert. Schwerpunkt der Kritik war, dass ein solches Gesetz nicht mit dem besonderen Schutz der Ehe aus Art. 6 Abs. 1 GG vereinbar sei.[188]
Die Sächsische Staatsregierung, die Landesregierung des Freistaates Thüringen sowie die Bayrische Staatsregierung haben deshalb gegen das gesamte Gesetzeswerk beim Bundesverfassungsgericht Normenkontrollanträge gestellt mit dem

---

[187] Pressemitteilung des Bundesrates 198/2000 v. 1.12.2000; BT-Drucks. 14/4875. Der vom Bundestag am 8.12.2000 angerufene Vermittlungsausschuss hat seine Beratungen zum LPartErgG am 7.2.2001 vertagt und eine Bund-Länder-Arbeitsgruppe eingesetzt (siehe Pressemitteilung des Bundesrates 6/2001 v. 7.2.2001); Finger, MDR 2001, S. 199, 200; Muscheler, LPartG, Rn. 12; Wellenhofer-Klein, Die eingetragene Lebenspartnerschaft, S. 10.
[188] Scholz/Uhle, NJW 2001, S. 393, 397; Schumacher, FamRZ 1994, S. 857, 858; Pauly, NJW 1997, S. 1955, 1956.

Ziel, das DiskrBG für nichtig zu erklären. Die Landesregierungen monierten dabei eine Vielzahl von Verstößen gegen formelles und materielles Verfassungsrecht.[189] Das Bundesverfassungsgericht hat jedoch entschieden, dass das DiskrBG mit der Verfassung vereinbar ist.[190] Allerdings konnten auch die Bundesverfassungsrichter hinsichtlich der Vereinbarkeit des DiskrBG mit Art. 6 Abs. 1 GG und Art. 3 Abs. 1 GG kein einstimmiges Ergebnis erzielen. Denn bezüglich der Vereinbarkeit des DiskrBG mit Art. 6 Abs. 1 GG hat der erste Senat des Bundesverfassungsgerichtes mit einer Mehrheit von 5:3 entschieden, im Hinblick auf die Vereinbarkeit des DiskrBG mit Art. 3 Abs. 1 GG mit 7:1 Stimmen. Im Übrigen erfolgte das Urteil aber einstimmig.

In dem Urteil des Bundesverfassungsgerichts wird einer ganzen Fülle von verfassungsrechtlichen Problemen nachgegangen. Aus den in der Entscheidung behandelten Fragen sind allerdings nur zwei Problemkreise von besonderem Interesse: die verfassungsrechtliche Vereinbarkeit des DiskrBG mit Art. 6 Abs. 1 und Art. 3 Abs. 1 und 3 GG. In materiellrechtlicher Hinsicht stellt dies den zentralen Kern der Entscheidung dar. Es handelt sich auch um den für diese Untersuchung relevanten Teil, da es um die rechtliche Abgrenzung der Ehe von anderen Lebensformen geht.

### 1. Vereinbarkeit des DiskrBG mit Art. 6 Abs. 1 GG

Anders als die anfangs betrachteten ausländischen Staaten, deren Verfassungen sich gegenüber der Ehe und anderen Lebensformen weitgehend neutral verhalten[191], ist der deutsche Gesetzgeber an die Wertung des Art. 6 Abs. 1 GG gebunden, soweit gesetzliche Regelungen für außerhalb der Ehe liegende Paarbeziehungen geschaffen werden.

#### a. Inhalt und Umfang der verfassungsrechtlichen Garantie des Art. 6 Abs. 1 GG

Aus der Formulierung „Ehe und Familie stehen unter dem besonderen Schutz der staatlichen Ordnung“[192] hat das Bundesverfassungsgericht in seiner weitgehend auch von der Literatur mit Zustimmung aufgenommenen Rechtsprechung zu Art. 6 Abs. 1 GG drei verschiedene Funktionen abgeleitet.[193] Danach enthält Art. 6 Abs.

---

[189] Beispielsweise musste das Bundesverfassungsgericht die Frage klären, ob das DiskrBG der Zustimmung des Bundesrates bedurft hätte oder ob die Aufteilung des ursprünglich einheitlichen Gesetzesentwurfs und die nachträgliche Berichtigung des bereits beschlossenen Gesetzesentwurfs verfassungsrechtlich zulässig war. Bezüglich der materiellen Verfassungsmäßigkeit wurde außer einem Verstoß gegen Art. 6 GG und Art. 3 GG noch geprüft, ob durch die Gewährung eines Anspruchs auf einen Pflichtteil auch für den überlebenden Lebenspartner ein Verstoß gegen Art. 14 Abs. 1 GG vorliegt.

[190] BVerfGE 105, S. 313 ff.

[191] Vgl. Müller-Freienfels, in: Lange/Nörr/Westermann (Hrsg.), FS für Joachim Gernhuber, S. 737, 740; Henrich, Stellungnahme, S. 22, 26 f.; Heun, Gleichgeschlechtliche Ehen in rechtsvergleichender Sicht: USA, Kanada und Australien, S. 272.

[192] Vgl. Art. 6 Abs. 1 GG.

[193] BVerfGE 6, S. 55, 72; 22, S. 93, 98; 24, S. 119, 135; 76, S. 1, 49; Gernhuber/Coester-Waltjen, FamR, § 5 I.-III.; Maunz/Dürig/Badura, Art. 6 GG, Rn. 6.

1 GG ein Freiheitsrecht im Sinne der „klassischen" Grundrechte, d.h. ein Abwehrrecht, eine Institutsgarantie und eine wertentscheidende Grundsatznorm.[194]

### b. Vereinbarkeit des DiskrBG mit Art. 6 Abs. 1 GG als Abwehrrecht

Art. 6 GG garantiert als Abwehrrecht die Freiheit, eine Ehe einzugehen.[195]
Nach Ansicht der Antragstellerinnen des Normenkontrollverfahrens[196] verstößt das DiskrBG gegen die von Art. 6 Abs. 1 GG gewährleistete Eheschließungsfreiheit, da das Vorliegen einer Lebenspartnerschaft nach den Regelungen des DiskrBG kein Ehehindernis darstellt. Damit lasse das Gesetz eine eingetragene Lebenspartnerschaft neben der Ehe zu, obwohl die Bindungen in der eingetragenen Lebenspartnerschaft mit denen in der Ehe nicht vereinbar seien. Hierin läge eine gravierende Beeinträchtigung der Ehe.[197]
Das Bundesverfassungsgericht ist demgegenüber der Auffassung, dass die Eheschließungsfreiheit durch das DiskrBG nicht berührt werde, da jedem Menschen auch nach Einführung der Lebenspartnerschaft durch das DiskrBG die Möglichkeit einer Eheschließung offenstehe.[198] Dadurch, dass das Bestehen einer eingegangenen Lebenspartnerschaft kein Ehehindernis darstelle, werde der Zugang zur Ehe durch das DiskrBG nicht eingeschränkt. Deswegen könne durch das DiskrBG kein Verstoß gegen die Eheschließungsfreiheit vorliegen.[199]
Außerdem beeinflusse das DiskrBG auch nicht mittelbar die Freiheit verschiedengeschlechtlicher Paare, eine Ehe einzugehen. Da ihnen die eingetragene Lebenspartnerschaft verschlossen bleibe, könnten sie durch dieses Institut nicht von einer Eheschließung abgehalten werden.[200]
Zwar habe der Gesetzgeber offen gelassen, ob eine Eheschließung bei bestehender eingetragener Lebenspartnerschaft rechtliche Folgen für den weiteren Bestand der Lebenspartnerschaft nach sich ziehe. Diese Lücke könne gleichwohl durch verfassungskonforme Auslegung durch die Rechtsprechung geschlossen werden.
Allerdings legt das Bundesverfassungsgericht dem Gesetzgeber nahe, für diese Fälle ein Verfahren der Auflösung der Lebenspartnerschaft bereitzustellen.[201] Ver-

---

[194] BVerfGE 6, S. 55, 71 ff.; 76, S. 1, 42; Friauf, NJW 1986, S. 2595, 2599; Maunz/Dürig/Badura, Art. 6 GG, Rn. 6 ff.; Kingreen, Jura 1997, S. 401 ff.; Jarass/Pieroth/Pieroth, Art. 6 GG, Rn. 1; Sachs/Schmitt-Kammler, Art. 6 GG, Rn. 20; Schmidt-Bleibtreu/Klein/Kannengießer, Art. 6 GG, Rn. 1.
[195] BVerGE 6, S. 55, 71; 57, S. 170, 178; 91, S. 130, 134; Pieroth/Kingreen, KV 2002, S. 219, 224; Sachs/Schmitt-Kammler, Art. 6 GG, Rn. 23; v.Münch/Kunig/Coester-Waltjen, Art. 6 GG, Rn. 21; Burgi, Der Staat 2000, S. 487, 495.
[196] Sächsische Staatsregierung, Landesregierung des Freistaates Thüringen sowie Bayrische Staatsregierung (siehe: BVerfGE 105, S. 313, 322).
[197] BVerfGE 105, S. 313, 322.
[198] Pieroth/Kingreen, KV 2002, S. 219, 233; Scholz/Uhle, NJW 2001, S. 393, 397.
[199] BVerfGE 105, S. 313, 343.
[200] BVerfGE 105, S. 313, 342.
[201] So auch die Interpretation der diesbezüglichen Aussage des Bundesverfassungsgerichts von Braun, JuS 2003, S. 21.

fassungsrechtlich nicht zu beanstanden sei es beispielsweise, dass die Eheschließung die Lebenspartnerschaft ipso jure auflöst.[202]

### c. Vereinbarkeit des DiskrBG mit Art. 6 Abs. 1 GG als Institutsgarantie

Die Institutsgarantie des Art. 6 Abs. 1 GG verlangt, dass der Staat bei seiner ausgestaltenden Tätigkeit im Ehe- und Familienrecht die Ehe als Einrichtung des staatlichen und gesellschaftlichen Lebens in seinen wesentlichen Grundzügen gewährleisten und schützen muss.[203]

Weitgehend anerkannt ist, dass es zu den durch Art. 6 Abs. 1 GG gewährleisteten Strukturprinzipien gehört, dass die Ehe die Verbindung eines Mannes und einer Frau zu einer grundsätzlich unauflösbaren Lebensgemeinschaft ist.[204]

Ob durch das DiskrBG, das gleichgeschlechtlichen Paaren eine Vielzahl von Normen des Eherechts zur Verfügung stellt, die Strukturprinzipien der Ehe angetastet werden und somit ein Verstoß gegen die Institutsgarantie vorliegt, wird uneinheitlich beurteilt.

Nach einer Ansicht stellt das DiskrBG einen Verstoß gegen die Institutsgarantie des Art. 6 Abs. 1 GG dar;[205] denn durch Übernahme der überwiegenden Normen des Eherechts auf die eingetragene Lebenspartnerschaft werde eine Ehe – nur mit anderem Etikett – auch für gleichgeschlechtliche Paare geöffnet. Dadurch seien die Strukturprinzipien der Ehe, nämlich die Verschiedengeschlechtlichkeit der Partner, tangiert. Geschützt sei nicht nur der Name, sondern auch der Kern des Instituts.[206] Die eherechtlichen Regelungen dürften in ihrer Gesamtheit – unter welcher Be-

---

[202] BVerfGE 105, S. 313, 343; in diesem Sinne auch Pieroth/Kingreen, KV 2002, S. 219, 224; Robbers, JZ 2001, S. 779, 785; Schwab, FamRZ 2001, S. 385, 389.

[203] Grundlegend dazu: BVerfGE 10, S. 59, 66; 31, S. 58, 69; 80, S. 81, 92; Kingreen, Jura 1997, S. 401, 404; Dreier/Gröschner, Art. 6 GG, Rn. 19; v.Campenhausen, VVDStRL 45, S. 8, 26; Gernhuber/Coester-Waltjen, FamR, § 5 I.; Jarass/Pieroth/Pieroth, Art. 6 GG, Rn. 7; Schwab, FamR, Rn. 13; Maunz/Dürig/Badura, Art. 6 GG Rn. 8; Schmidt-Bleibtreu/Klein/Kannengießer, Art. 6 GG, Rn. 2; v.Münch/Kunig/Coester-Waltjen, Art. 6 Rn. 9; Hesse, Grundzüge des Verfassungsrechts der Bundesrepublik Deutschland, Rn. 458; Giesen, FamR, Rn. 4.

[204] BVerfGE 105, S. 313, 345; BVerfGE 10, S. 59, 66; 29, S. 166, 176; 49, S. 2866, 3000; 53, S. 224, 245; 62, S. 323, 330; BVerfG NJW 1993, S. 3058; Scholz/Uhle, NJW 2001, S. 393, 397; Maunz/Dürig/Badura, Art. 6 GG, Rn. 15, 17b; v.Münch/Kunig/Coester-Waltjen, Art. 6, Rn. 9; Gernhuber/Coester-Waltjen, FamR, § 5 I. 2.; Schwab, FamR, Rn. 20; MüKo/Wacke, § 1353 BGB, Rn. 3; Giesen, FamR, Rn. 4; v.Campenhausen, VVDStRL 45, S. 8, 26; Pauly, NJW 1997, S. 1955; Böhmer, StAZ 1991, S. 125, 127; Lecheler, FamRZ 1979, S. 1, 4; Louven, ZRP 1993, S. 12, 13; Kingreen, Die verfassungsrechtliche Stellung der nichtehelichen Lebensgemeinschaft im Spannungsfeld zwischen Freiheits- und Gleichheitsrechten, S. 49 ff.; a.A. nach der ein Verfassungswandel in dem Sinne angenommen wird, dass der Geschlechtsverschiedenheit keine grundlegende Bedeutung mehr zukommt: Schimmel, Eheschließung gleichgeschlechtlicher Paare, S. 137; Bruns, ZRP 1996, S. 6, 7; Ott, NJW 1998, S. 117, 118; Trimbach/Webert, NJ 1998, S. 64.

[205] Ansicht der Antragstellerinnen des Normenkontrollverfahrens (siehe BVerfGE 105, S. 313, 322); Abweichende Meinungen der Richter Papier und Haas zum Urteil des ersten Senates v. 17.6.2002 – 1 BvF 1, 2 /02 –, siehe BVerfGE 105, S. 313, 359, 363; Scholz/Uhle, NJW 2001, S. 393, 397; Schumacher, FamRZ 1994, S. 857, 858; Pauly, NJW 1997, S. 1955, 1956.

[206] Abweichende Meinungen der Richter Papier und Haas zum Urteil des ersten Senates v. 17.6.2002 – 1 BvF 1, 2 /02 –, BVerfGE 105, S. 113, 359, 363.

zeichnung auch immer – nur auf geschlechtsverschiedene Paare angewandt werden.[207] Die nahezu völlige Gleichstellung der Lebenspartnerschaft zur Ehe führe zu einer Aushöhlung des Eherechts.[208]
Das Bundesverfassungsgericht und ein Teil der Literatur sind hingegen der Auffassung, dass das DiskrBG nicht gegen das verfassungsrechtliche Gebot des Art. 6 Abs. 1 GG verstößt, die Ehe als Lebensform anzubieten und zu schützen (Institutsgarantie).[209] Dies wird damit begründet, dass Regelungsgegenstand des DiskrBG nicht die Ehe sei.[210]
Art. 6 Abs. 1 GG enthalte keine Definition der Ehe, sondern setze sie als besondere Form menschlichen Zusammenlebens voraus. Bei der Ausgestaltung dieses Instituts habe der Gesetzgeber daher einen erheblichen Gestaltungsspielraum.[211] Er müsse zwar die wesentlichen Strukturprinzipien des Art. 6 Abs. 1 GG beachten, zu denen auch die Verschiedengeschlechtlichkeit der Partner gehöre.[212] Die Ehe als Institut sei durch das DiskrBG in ihren verfassungsrechtlichen Strukturprinzipien selbst jedoch nicht betroffen, da ihr rechtliches Fundament keine Änderung erfahren habe.[213]
Die weitgehende Anwendung der Eheregelungen auf die eingetragene Lebenspartnerschaft hält das Bundesverfassungsgericht nicht für einen Verstoß gegen die Institutsgarantie des Art. 6 Abs. 1 GG, denn das Institut der eingetragenen Lebenspartnerschaft werde von dem verfassungsrechtlichen Schutz des Art. 6 Abs. 1 GG nicht erfasst. Die Gleichgeschlechtlichkeit der Partner unterscheide das Institut gerade von der Ehe und konstituiere es zugleich. Die eingetragene Lebenspartnerschaft sei keine Ehe unter anderem Etikett, sondern ein „Aliud".[214] Die Institutsgarantie beziehe sich nur auf die Ehe und scheide als Maßstab für Rechtsinstitute, die sich auf Grund eines wesentlichen Merkmals von der Ehe unterschieden, aus.[215]

Dem Bundesverfassungsgericht ist zuzustimmen. Ein Verstoß des DiskrBG gegen Art. 6 GG als Institutsgarantie ist nicht erkennbar, da Ehen weiterhin mit ganz

---

[207] Diederichsen, NJW 2000, S. 1841; Krings, ZRP 2000, S. 409, 413; ders., FPR 2001, S. 7, 9; Scholz/Uhle, NJW 2001, S. 393, 397; Dreier/Gröschner, Art. 6 GG, Rn. 31.
[208] Scholz/Uhle, NJW 2001, S. 393, 397; Schumacher, FamRZ 1994, S. 857, 858; Pauly, NJW 1997, S. 1955, 1956; ähnlich, allerdings ohne klare verfassungsrechtliche Schlussfolgerungen: Braun ZRP 2001, S. 14, 18; Tettinger, Essener Gespräche (35) 2001, S. 117, 135.
[209] BVerfGE 105, S. 313, 345; Sachs, JR 2001, S. 45, 48; Muscheler, LPartG, Rn. 25; Freytag, DÖV 2002, S. 446, 448; Pieroth/Kingreen, KV 2002, S. 219, 224; Beck, NJW 2001, S. 1894, 1899; Dietlein, DtZ 1993, S. 136, 139 f.; Burgi, Der Staat 2000, S. 487, 496.
[210] BVerfGE 105, S. 313, 345.
[211] BVerfGE 105, S. 313, 345; BVerfGE 31, S. 58, 70; 36, S. 146, 162; 81, S. 1, 6 f.
[212] BVerfGE 105, S. 313, 345; so auch Gernhuber/Coester-Waltjen, FamR, § 5 I 2.; Schwab, FamR, Rn. 20; Giesen, FamR, Rn. 4; Maunz/Dürig/Badura, Art. 6 GG Rn. 42; Schmidt-Bleibtreu/Klein/Kannengießer, Art. 6 GG, Rn. 6; Burgi, Der Staat 2000, S. 487, 495.
[213] BVerfGE 105, S. 313, 346; Sachs, JR 2001, S. 45, 48; Muscheler, LPartG, Rn. 25; Freytag, DÖV 2002, S. 446, 448; Pieroth/Kingreen, KV 2002, S. 219, 224; Beck, NJW 2001, S. 1894, 1899; Dietlein, DtZ 1993, S. 136, 139 f.; Burgi, Der Staat 2000, S. 487, 496.
[214] BVerfGE 105, S. 313, 351.
[215] BVerfGE 105, S. 313, 346.

unveränderten Rechtswirkungen geschlossen werden können. Das DiskrBG stellt der Ehe lediglich anderweitige Regelungen an die Seite. Die Koexistenz zweier Formen führt für sich allein jedoch noch nicht zu einer Änderung oder Abwertung der älteren der beiden.
Die Institutsgarantie bezieht sich ausschließlich auf den Schutz des Instituts der Ehe mit seinen allgemein anerkannten Strukturprinzipien, zu denen auch die Verschiedengeschlechtlichkeit der Ehepartner gehört. Sie hat keine darüber hinausgehende Wirkung auf die Schaffung anderer familienrechtlicher Institute.[216] Art. 6 GG reserviert somit die Eheregelungen nicht allein für die Ehe. Er untersagt dem Gesetzgeber nicht, Rechtsformen für ein auf Dauer angelegtes Zusammenleben auch anderen Personenkonstellationen als der Verbindung von Mann und Frau einzuräumen. Ein Verstoß gegen die Institutsgarantie des Art. 6 Abs. 1 GG ist durch das DiskrBG somit nicht gegeben.

**d. Vereinbarkeit des DiskrBG mit Art. 6 Abs. 1 GG als wertentscheidende Grundsatznorm**

Schließlich enthält Art. 6 Abs. 1 GG auch eine Grundsatznorm, d.h. eine verbindliche Wertentscheidung für den gesamten Bereich des privaten und öffentlichen Rechts, der die Ehe und die Familie betrifft.[217] Um diesem Schutzauftrag Genüge zu tun, ist es insbesondere Aufgabe des Staates, einerseits alles zu unterlassen, was die Ehe schädigt oder sonst beeinträchtigt, und sie andererseits durch geeignete Maßnahmen zu fördern.[218]

**aa. Keine Schädigung oder Beeinträchtigung der Ehe durch das DiskrBG**

Der besondere Schutz der Ehe gemäß Art. 6 Abs. 1 GG verbietet es, diese insgesamt gegenüber anderen Lebensformen schlechter zu stellen (Diskriminierungsverbot).[219] Nach Ansicht des Bundesverfassungsgerichtes wird durch ein Institut für homosexuelle Paare die Ehe jedoch weder geschädigt noch beeinträchtigt, denn der Ehe drohten keine Einbußen durch ein Institut, das sich an Personen wendet, die miteinander keine Ehe eingehen können.[220]

Auch wird nach der überwiegenden Ansicht in der Literatur die Bereitschaft zur Ehe-schließung durch das DiskrBG nicht beeinträchtigt, da überhaupt keine Wett-

---

[216] So auch Pieroth/Kingreen, KV 2002, S. 219, 224.
[217] BVerfGE 6, S. 55, 71 ff.; 9, S. 237, 242, 248; 22, S. 93, 98; 24, S. 119, 135; 31, S. 58, 67; 62, S. 323, 329; Kingreen, Die verfassungsrechtliche Stellung der nichtehelichen Lebensgemeinschaft im Spannungsfeld zwischen Freiheits- und Gleichheitsrechten, S. 85; ders. in: Jura, 1997, S. 401, 404; Schmidt-Bleibtreu/Klein/Kannengießer, Art. 6 GG, Rn. 5; Dreier/Gröschner, Art. 6 GG, Rn. 21; Jarass/Pieroth/Pieroth, Art. 6 GG, Rn. 2; v.Mangoldt/Klein/Starck/Starck, Art. 6 Abs. 1 GG Rn. 8; Sachs/Schmitt-Kammler, Art. 6 GG, Rn. 29.
[218] BVerfGE 6, S. 55, 76; 28, S. 104, 113; 53, S. 224, 248; 76, S. 1, 41; 80, S. 81, 92 f.; 99, S. 216, 231 f.
[219] BVerfGE 6, S. 55, 76; 13, S. 290, 298 f.; 28, S. 324, 356; 67, S. 186, 195 f.; 87, S. 234, 256 ff.; 99, S. 216, 232 f.; Kingreen, Die verfassungsrechtliche Stellung der nichtehelichen Lebensgemeinschaft im Spannungsfeld zwischen Freiheits- und Gleichheitsrechten, S. 102.
[220] BVerfGE 105, S. 313, 347.

bewerbssituation zwischen zwei alternierenden Lebensformen vorliege.[221] Mit der Lebenspartnerschaft für gleichgeschlechtliche Partner werde ein ganz anderer Adressatenkreis angesprochen als bei der Ehe, denn es sei höchst unwahrscheinlich, dass heterosexuell orientierte Partner eine gleichgeschlechtliche Lebenspartnerschaft eingingen, und umgekehrt, dass sich homosexuell veranlagte Lebensgefährten zur Eheschließung mit einem verschiedengeschlechtlichen Partner entschieden.[222] Für die Wahl zwischen Ehe und eingetragener Partnerschaft sei nämlich nie die Attraktivität einer Lebensform, sondern ausschließlich die sexuelle Orientierung der Beteiligten bestimmend, die als solche nicht wählbar sei.[223] Durch Einführung einer Registrierungsmöglichkeit würden Eheschließungen zwischen Heterosexuellen somit in keiner Weise negativ beeinflusst oder beein-trächtigt.[224]

**bb. Vereinbarkeit des DiskrBG mit Art. 6 Abs. 1 GG als wertentscheidende Grundsatznorm in seiner Ausprägung als Förderungsgebot**

Art. 6 Ab. 1 GG enthält weiterhin eine wertentscheidende Grundsatznorm, nach der die Ehe privilegiert werden muss. Als Privilegierungsgebot führt Art. 6 Abs. 1 GG zu einer staatlichen Förderungspflicht, deren Inhalt und Ausmaß sich allerdings nicht unmittelbar aus der Verfassung ableiten lässt, sondern gesetzgeberischer Gestaltung überlassen bleibt.[225] Ob, bzw. in welchem Umfang diese Schutzpflicht einer rechtlichen Regelung anderer Lebensgemeinschaften außerhalb der Ehe entgegensteht, ist Kernpunkt des Streits um die Vereinbarkeit des DiskrBG mit Art. 6 Abs. 1 GG.

Eine Ansicht versteht das Förderungsgebot der Ehe aus Art. 6 Abs. 1 GG in dem Sinne, dass andere Formen des Zusammenlebens nicht vergleichbar behandelt werden dürfen (Abstandsgebot).[226] Dieses Abstandsgebot wird aus dem Wortlaut des Art. 6 Abs. 1 GG gefolgert, der die Ehe als besonders schützenswert ausdrück-

---

221 Freytag, DÖV 2002, S. 446, 448; Fountoulakis, AJP/PJA 2001, S. 307, 317; Schlüter, FF 2000, S. 76, 80; Bruns, ZRP 1996, S. 6, 7; Risse, Der verfassungsrechtliche Schutz der Homosexualität, S. 209; v.Münch/Kunig/Coester-Waltjen, Art. 6 GG, Rn. 131; Strick, DEuFamR 2000, S. 82, 88; Stüber, KJ 2001, S. 594, 599; a.A. Entschließungsantrag der Fraktion der CDU/ CSU in BT-Drucks. 14/4551.

222 Bruns ZRP 1996, S. 6, 8; Schimmel, Eheschließung gleichgeschlechtlicher Paare, S. 133.

223 Schlüter/Heckes/Stommel, DEuFamR 2000, S. 1, 10; Wellenhofer-Klein, Die eingetragene Lebenspartnerschaft, S. 1; Schlüter, FF 2000, S. 76, 80; Bruns, ZRP 1996, S. 6, 8; BT-Drucks. 13/2728, S. 5; Heun, Gleichgeschlechtliche Ehen in rechtsvergleichender Sicht: USA, Kanada und Australien, S. 276; Schimmel, Eheschließung gleichgeschlechtlicher Paare, S. 133.

224 Klein, FPR 2001, S. 434; Sachs, JR 2001, S. 45, 48; Heun, Gleichgeschlechtliche Ehen in rechtsvergleichender Sicht: USA, Kanada und Australien, S. 276; Bruns ZRP 1996, S. 6, 8; Schimmel, Eheschließung gleichgeschlechtlicher Paare, S. 133; Schlüter/Heckes/Stommel, DEuFamR 2000, S. 1, 10.

225 BVerfGE 6, S. 55, 76; 23, S. 258, 264; 55, S. 114, 127; Sachs/Schmitt-Kammler, Art. 6 GG, Rn. 32; Freytag, DÖV 2002, S. 446, 448.

226 Tettinger, JZ 2002, S. 1146, 1150; Braun, JuS 2003, S. 21, 23; ders. in: JZ 2002, S. 23, 25; Scholz/Uhle NJW 2000, S. 393, 397; Krings, ZRP 2000, S. 409, 411; Diederichsen, NJW 2000, S. 1843; Kirchhof, FPR 2001, S. 436, 437; Schlüter, FF 2000, S. 76, 81; Henrich, in: Badura/Scholz (Hrsg.), FS für Peter Lerche, S. 239; Burgi, Der Staat 2000, S. 487, 502; Pauly, NJW 1997, S. 1955, 1956.

lich hervorhebe.[227] Denn die Wertentscheidung des Art. 6 GG zugunsten der Lebensgemeinschaft Ehe enthalte auch eine Aussage über ihren Stellenwert gegenüber anderen Lebenspartnerschaften.[228] Der besondere Schutz der Ehe lasse sich nur verwirklichen, wenn man andere Lebensgemeinschaften in geringerem Maße schütze.[229] Zwar könne man verschiedene Lebensformen in gleicher Weise schützen, es sei jedoch nicht möglich, alle in besonderer Weise schützen.[230] Die Richterin Haas geht sogar noch weiter und argumentiert, dass das Förderungsgebot zugunsten der Ehe ein „Benachteiligungsgebot" zu Lasten Dritter darstelle.[231]
Zurückgeführt wird der besondere institutionelle Schutz der Ehe darauf, dass sie als „Keimzelle der Gesellschaft" fungiere und somit dem Fortbestehen der Gesellschaft diene.[232] Deswegen sei es gerechtfertigt, andere Lebensgemeinschaften, die diese Aufgabe aus biologischen Gründen nicht erfüllen könnten, weniger zu schützen als die Ehe.[233]
Auch der historische Gesetzgeber habe eine Besserstellung der Ehe gegenüber anderen Lebensgemeinschaften gewollt. [234] Dies ergebe sich aus der Erläuterung des Abgeordneten von Mangoldt hinsichtlich der Rechtsfolge des Art. 6 Abs. 1 GG während der Beratungen zum Grundgesetz dahingehend, dass die Ehe unter dem besonderen Schutz der Verfassung stehe, nicht jedoch das Konkubinat.[235]
Art. 6 Abs. 1 GG enthalte somit das Verbot, andere Partnerschaftsformen wie die Ehe zu behandeln.[236] Zwischen der Ehe und anderen Lebensgemeinschaften müsse somit differenziert werden (Differenzierungsgebot).[237] Dem Differenzierungsgebot

[227] Braun, JZ 2002, S. 23, 25; ders. in: JuS 2003, S. 21, 23; Pawlowski, JZ 2000, S. 765, 766; Robbers, JZ 2001, S. 779, 783; Krings, ZRP 2000, S. 409, 411; Scholz/Uhle, NJW 2000, S. 393, 397; Tettinger, JZ 2002, S. 1146, 1148; Schlüter, FF 2000, S. 76, 81; Pauly, NJW 1997, S. 1955, 1956; Kirchhof, FPR 2001, S. 436, 437; Burgi, Der Staat 2000, S. 487, 502.
[228] Burgi, Der Staat 2000, S. 487, 502.
[229] Braun, JuS 2003, S. 21, 22.
[230] Risse, Der verfassungsrechtliche Schutz der Homosexualität, S. 303; Schlüter, FF 2000, S. 76, 81; Braun, JuS 2003, S. 21, 22.
[231] Abweichende Meinungen der Richterin Haas zum Urteil des ersten Senates v. 17.6.2002 – 1 BvF 1, 2 /02 –, (siehe BVerfGE 105, S. 313, 359, 361); BVerfG NJW 1993, S. 3058; Braun, JuS 2003, S. 21, 22.
[232] Kirchhof, FPR 2001, S. 436, 437; Kaiser, JZ 2001, S. 617, 619; Schumacher, FamRZ 1994, S. 857, 858; Schlüter, FF 2000, S. 76, 81; Abweichende Meinungen der Richterin Haas zum Urteil des ersten Senates v. 17.6.2002 – 1 BvF 1, 2 /02 -, (siehe: BVerfGE 105, S. 313, 359, 361); Schlüter, FF 2000, S. 76, 81; Burgi, Der Staat 2000, S. 487, 499.
[233] Schlüter, FF 2000, S. 76, 81; Burgi, Der Staat 2000, S. 487, 499; Abweichende Meinungen der Richterin Haas zum Urteil des ersten Senates v. 17.6.2002 – 1 BvF 1, 2 /02 -, (siehe: BVerfGE 105, S. 313, 359, 361).
[234] Burgi, Der Staat 2000, S. 487, 502; Krings, ZRP 2000, S. 409, 411; Scholz/Uhle NJW 2000, S. 393, 397.
[235] Krings, ZRP 2000, S. 409, 411; Der Parlamentarische Rat 1948-1949, Akten und Protokolle, Bd. 5/II, S. 827.
[236] Scholz/Uhle, NJW 2000, S. 393, 397; Schumacher, FamRZ 1994, S. 857, 858; Zippelius, DÖV 1986, S. 805, 809; Dietlein, DtZ 1993, S. 136, 139; Burgi, Der Staat 2000, S. 487, 501 ff.; v.Campenhausen, VVDStRL 45 (1987), S. 7, 25 ff.; Pauly, NJW 1997, S. 1955 ff.; v.Münch, NJW 1999, S. 260, 261.
[237] Robbers, JZ 2001, S. 779, 783; Tettinger, Essener Gespräche (35) 2001, S. 117, 140.

würde durch eine exklusive Rechtsform der Ehe Rechnung getragen.[238] Das bedeute, dass die Rechtsfolgen der Ehe nicht unter einer bloß anderen Bezeichnung auf andere Lebensformen übertragen werden dürften.[239]
Gegen dieses Abstandsgebot aus Art. 6 Abs. 1 GG habe der Gesetzgeber des DiskrBG verstoßen, indem er eine gleichgeschlechtliche Verbindung zwar nicht als Ehe bezeichnet, doch die Anwendung eherechtlicher Vorschriften zum Regelfall erhoben und nur marginale Unterschiede z.B. beim Adoptionsrecht aufrechterhalten habe. Durch das Lebenspartnerschaftsgesetz werde die Lebenspartnerschaft annähernd genauso geschützt wie die Ehe, deswegen sei durch das DiskrBG die wertentscheidende Grundsatznorm des Art. 6 Abs. 1 GG in seiner Ausprägung als Förderungsgebot überschritten worden.[240]
Mit der Einführung der eingetragenen Lebenspartnerschaft wird nach Ansicht des Bundesverfassungsgerichtes jedoch nicht gegen das Gebot verstoßen, die Ehe als Lebensform zu fördern, denn durch das Institut der Lebenspartnerschaft werde der Ehe keine bisherige Förderung durch den Gesetzgeber entzogen.[241]
Aus der Zulässigkeit, die Ehe gegenüber anderen Lebensformen zu privilegieren, lasse sich gerade kein Gebot herleiten, diese gegenüber der Ehe zu benachteiligen.[242] Wenn die Rechtsordnung auch andere Lebensformen anerkenne, die mit der Ehe als Gemeinschaft verschiedengeschlechtlicher Partner nicht in Konkurrenz treten können, verringere sich der rechtliche Schutz ebenso wenig wie die Förderung der Ehe.[243] Dem Förderungsgebot zuwider handeln würde der Gesetzgeber nur dann, wenn er ein mit der Ehe austauschbares Institut mit derselben Funktion und etwa den gleichen Rechten oder geringeren Pflichten anbieten würde. Das sei bei der Lebenspartnerschaft jedoch nicht der Fall.[244]
Nach Ansicht des Bundesverfassungsgerichtes lässt sich aus Art. 6 Abs. 1 GG auch kein Abstandsgebot entnehmen.[245] Zwar gebiete der Schutz- und Förderungs-

---

[238] Krings, ZRP 2000, S. 409, 412; Scholz/Uhle NJW 2000, S. 393, 397; Pawlowski, JZ 2000, S. 765, 766; Dreier/Gröschner, Art. 6 GG, Rn. 21; Pauly, NJW 1997, S. 1955, 1956.
[239] Hier wurden auch Begriffe wie „Schutzabstandsgebot“, „Öffnungs- und Bezeichnungsverbot“, „Abbildungsverbot“ benutzt, z.B. Pauly, NJW 1997, S. 1955, 1956.
[240] Tettinger, JZ 2002, S. 1146, 1150; Braun, JuS 2003, S. 21, 23; Pauly, NJW 1997, S. 1955, 1956; Burgi, Der Staat 2000, S. 487, 503; Krings, FPR 2001, S. 7, 9; ders. in: ZRP 2000, S. 409, 412; Diederichsen NJW 2000, S. 1841, 1843; Scholz/Uhle, NJW 2001, S. 387, 397; Henrich, in: Badura/Scholz (Hrsg.), FS für Peter Lerche, S. 239, 245. Allgemein zur Verfassungswidrigkeit eines Rechtsinstsituts für gleichgeschlechtliche Paare nahe an der Ehe: Verschraegen, Gleichgeschlechtliche Ehen, S. 171; Wacke, FamRZ 1990, S. 347, 350.
[241] BVerfGE 105, S. 313, 348.
[242] BVerfGE 105, S. 313, 348.
[243] BVerfGE 105, S. 313, 348; Pieroth/Kingreen, KV 2002, S. 219, 233; Beck, NJW 2001, S. 1894, 1899.
[244] BVerfGE 105, S. 313, 350.
[245] BVerfGE 105, S. 313, 348; so auch in der Literatur: Muscheler, LPartG, Rn. 18; Stüber, KJ 2001, S. 594, 597; Willutzki, MDR 1993, S. 117, 118; Bruns, ZRP 1996, S. 6, 8;
Freytag, DÖV 2002, S. 446, 450; Beck, NJW 2001, S. 1894, 1899; Pieroth/Kingreen, KV 2002, S. 219, 233. Es gibt jedoch einen Teil der Literatur, der ein Abstands- bzw. Differenzierungsgebot annimmt, jedoch in dem DiskrBG keinen Verstoß gegen dieses Gebot sieht, da der nötige Abstand zur Ehe eingehalten werde, vgl. Robbers, JZ 2001, S. 779, 783.

auftrag der Ehe, dass der Gesetzgeber dafür Sorge tragen müsse, dass die Ehe die Funktion erfüllen könne, die ihr von der Verfassung zugewiesen sei. Die Besonderheit des Schutzes von Ehe und Familie liege jedoch darin, dass allein diese von der Verfassung geschützt werden, nicht dagegen andere Lebensformen.[246]

Weder aus dem Wortlaut des Art. 6 GG noch aus der Entstehungsgeschichte folge aber, dass die Ehe auch im jeweilig bestehenden Umfang gegenüber anderen Lebensformen stets mehr zu schützen sei.[247] Dazu führt das Bundesverfassungsgericht aus, dass Art. 6 Abs. 1 GG im Laufe der im Parlamentarischen Rat geführten Beratungen mannigfache textliche Veränderungen erfahren habe, wobei des Öfteren die Formulierung zwischen einem „Schutz" und einem „besonderen Schutz" der Ehe gewechselt habe. In den Debatten gebe es deutliche Hinweise dafür, dass diese Änderungen des Wortlauts allein vom jeweiligen Sprachempfinden veranlasst gewesen seien,[248] so dass dem Adjektiv „besonders" keine weitergehende juristische Bedeutung beigemessen werden könne.[249]

Dem von der Gegenmeinung angeführten Zitat des Abgeordneten von Mangoldt,[250] wonach nur die Ehe unter dem besonderen Schutz der Verfassung stehe, nicht jedoch das Konkubinat,[251] könne keine Relevanz für die verfassungs-rechtliche Beurteilung des Lebenspartnerschaftsgesetzes zukommen. Denn der his-torische Gesetzgeber habe sich in einer Zeit, in der Homosexualität noch unter Strafe gestanden habe, nicht mit der Frage beschäftigt, in welchem Verhältnis Art. 6 Abs. 1 GG zu gleichgeschlechtlichen Partnerschaften stehen könne. Aus diesem Grund dürfe dieser Aussage hinsichtlich homosexueller Paare keine Bedeutung zukommen.[252]

Die Ansicht des Bundesverfassungsgerichtes ist überzeugend. Ein Verstoß gegen das Förderungsgebot der Ehe aus Art. 6 Abs. 1 GG liegt durch das DiskrBG nicht vor, da die Ehe durch das DiskrBG in keiner Weise an Förderung verliert.

Ein Förderungsgebot ist schon begrifflich leistungs- und nicht teilhaberechtlich ausgerichtet.[253] Es fragt nicht nach der gleichheitswidrigen Förderung anderer Tatbestände, die nicht durch Art. 6 Abs. 1 GG geschützt werden, sondern danach, ob die in Art. 6 Abs. 1 GG enthaltene Förderungspflicht der Ehe in ausreichendem Maße gewährt wird. Diese Frage hat jedoch mit dem DiskrBG nichts zu tun.

Ein Abstandsgebot zu gleichgeschlechtlichen Lebensgemeinschaften ergibt sich auch weder aus dem Wortlaut noch aus der Schutzzweck des Art. 6 Abs. 1 GG.

Zunächst darf dem Terminus „besonderer Schutz" in Art. 6 Abs. 1 GG kein übermäßiges Gewicht beigemessen werden. Zwar ist die in Art. 6 Abs. 1 GG verwendete Formulierung des „besonderen Schutzes" im Grundgesetz singulär. Jedoch

---

[246] BVerfGE 105, S. 313, 348.

[247] BVerfGE 105, S. 313, 349.

[248] Der Parlamentarische Rat 1948-1949, Akten und Protokolle, Bd. 5/II, 1993, S. 935.

[249] BVerfGE 105, S. 313, 349.

[250] Der Parlamentarische Rat 1948-1949, Akten und Protokolle, Bd. 5/II, 1993, S. 827.

[251] Krings, ZRP 2000, S. 409, 411.

[252] Stüber, KJ 2001, S. 594, 597; Willutzki, MDR 1993, S. 117, 118; Freytag, DÖV 2002, S. 446, 450; Beck, NJW 2001, S. 1894, 1899.

[253] So im Ergebnis ähnlich: Pieroth/Kingreen, KV 2002, S. 219, 233.

bedeutet dies nicht zwingend „bevorzugter Schutz“ der Ehe gegenüber anderen Lebensgemeinschaften; denn staatliche Schutzpflichten werden von der Rechtsprechung und der Literatur auch aus Grundrechten hergeleitet, deren Wortlaut diese überhaupt nicht erkennen lassen.[254] Der besondere Schutz der Ehe kann nicht zur Benachteiligungspflicht in Bezug auf die Zubilligung von Rechten an andere Lebensgemeinschaften herangezogen werden.
Auch kann das vielfach angebrachte Argument, dass die Ehe die „Keimzelle des Staates“ sei, nicht als Begründung für ein Abstandsgebot oder „Diskriminierungsgebot“ für gleichgeschlechtliche Lebensgemeinschaften im Vergleich zu ihr dienen. Zwar wird der Schutz der Ehe auch im Hinblick auf die Gründung einer Familie gewährt, jedoch ist dies nicht der einzige Grund, aus dem der Ehe ein verfassungsrechtlicher Schutz zukommt. Da auch alte, zeugungsunfähige verschiedengeschlechtliche Partner und sogar Ehen, die aus hedonistischen Gründen Kinder ablehnen, den Schutz des Art. 6 Abs. 1 GG genießen, kann die Funktion der „künftigen Familie“ nicht der ausschlaggebende Grund für die Förderung der Ehe sein. Die Ehe erfüllt vielmehr außer der Keimzellenfunktion noch andere wichtige Aufgaben für die menschliche Gemeinschaft.
Beispielsweise stellt die Ehe die Grundlage für ein geordnetes Gemeinschaftslebens dar.[255] Der Ehe kommt insbesondere eine soziale und allgemeinwohlbezogene Funktion zu; denn dadurch, dass die Ehepartner in den Wechselfällen des Lebens, hauptsächlich im Alter, im Falle von Krankheiten oder bei den Unwägbarkeiten des Lebens füreinander aufkommen, wird die Gesellschaft insgesamt entlastet, weil die staatliche Solidargemeinschaft nicht in Anspruch genommen wird.[256]
Jedoch nimmt die Ehe nicht nur durch die gegenseitigen Unterhaltspflichten der Ehegatten untereinander eine für den Staat finanziell entlastende Funktion ein. Ehegatten haben ebenfalls die Pflicht, einander Hilfe und Beistand zu leisten. Sie tragen auch moralisch füreinander die Verantwortung (§ 1353 Abs. 1 S. 2, 2. Hs. BGB).
Eine intakte Ehe wirkt stabilisierend auf die Partner und damit gleichzeitig auf die Gesellschaft. Sie kann sogar leistungsfördernd auf die Partner wirken. Es besteht ein großes öffentliches Interesse an langfristigen, beständigen Beziehungen, denn diese vermitteln den Ehepartnern ein Gefühl der Sicherheit und Geborgenheit und führen somit zu größerer Zufriedenheit der Bürger. Darüber hinaus kann eine Ehe auch vor Einsamkeit schützen.
Der sexuelle Aspekt in einer Ehe darf ebenfalls nicht unterschätzt werden – hier liegt auch der Unterschied zu verwandtschaftlichen Beziehungen. Funktionierende

[254] Vgl. für Art. 2 Abs. 2 S. 1 GG: BVerfGE 39, S. 1, 41, (st.Rspr); für Art. 2 Abs. 1 GG: BVerfGE 91, S. 335, 339; für Art. 3 Abs. 2 GG: BVerfGE 89, S. 276, 286 f.; für Art. 7 Abs. 4 GG: BVerfGE 75, S. 40, 66; für Art. 12 Abs. 1 GG: BVerfGE 84, S. 133, 147. Im Ergebnis ähnlich: Freytag, DÖV 2002, S. 446, 449; Pieroth/Kingreen, KV 2002, S. 219, 241; Fountoulakis, AJP/PJA 2001, S. 307, 316.
[255] BVerfGE 25, S. 167, 196; 76, S. 1, 51.
[256] Im Ergebnis ähnlich: Beck, NJW 2001, S. 1894, 1897; Stüber, KJ 2001, S. 594, 597; Bruns, ZRP 1996, S. 6, 8; Strick, DEuFamR 2000, S. 82, 87.

Ehen führen durch Kanalisierung der Sexualität[257] ebenfalls zur Stabilisierung der Gemeinschaft und darüber hinaus auch zur Bekämpfung von sexuell übertragbaren Krankheiten.[258]
Abgesehen von dem Unterschied, dass gleichgeschlechtliche Paare keine Kinder bekommen können, sind die Unterschiede im Lebenswandel gleichgeschlechtlicher Partner zu verschiedengeschlechtlichen Paaren nur marginal. Eine Lebenshilfe sowie psychische und moralische Unterstützung können auch gleichgeschlechtliche Partner einander geben. Sie können somit die positiven Wirkungen der Ehe in gleicher Weise erfüllen wie heterosexuelle Paare. Möchten gleichgeschlechtliche Partner durch das Eingehen einer Lebenspartnerschaft darüber hinaus sogar freiwillig wie Ehepartner füreinander einstehen, spricht der dargestellte Sinn des besonderen Schutzes der Ehe dafür, ihnen ebenfalls entsprechenden Schutz zu gewähren. In einer hochgradig individualistischen Gesellschaft genießt der Wille, einander beizustehen, Seltenheitswert und sollte vom Staat in seiner immensen Wichtigkeit anerkannt und gewürdigt werden.
Außerdem haben sich die Lebensumstände von Ehegatten seit der Entstehung des Grundgesetzes sehr gewandelt, so dass dies eine veränderte Schwerpunktsetzung im Hinblick auf die Begründung des verfassungsrechtlichen Schutzes der Ehe nahe legt. Immer mehr Ehepaare scheuen es auf Grund der enormen Kosten, die mit dem Großziehen von Kindern verbunden sind, ein oder mehrere Kinder zu bekommen. Es hat insofern ein Wertewandel stattgefunden, als dass es vielen Ehepaaren nicht mehr so attraktiv erscheint, Kinder in die Welt zu setzen. Es locken eine Vielzahl von Luxusgütern wie z.B. komfortable Wohnungen, schnelle Autos, ausgedehnte Urlaubsreisen und eine breite Palette von Bildungs- und Unterhaltungsmöglichkeiten, persönliche Unabhängigkeit und Freiheit. Es sind aber auch immer mehr Frauen, die z.B. nach langem Studium nicht mehr bereit sind, für Kinder auf ihre Karriere zu verzichten.[259] Akademikerinnen sind zu mehr als 40 Prozent kinderlos.[260] Diese Ehepaare lehnen aus hedonistischen Gründen Kinder ab und erhalten trotzdem den verfassungsrechtlichen Schutz, weil sie für-einander einstehen und dies dem Staat zugute kommt.
Überdies deckt sich dadurch, dass die Lebenserwartungen enorm gestiegen sind,[261] die überwiegende Dauer der Ehe nicht mehr wie früher mit der Zeit des Großziehens von Kindern. Die Ehe überdauert die Kindererziehung meist um viele Jahre, sogar Jahrzehnte. Ferner ist das Gebären von Kindern und die Kindererziehung bereits durch die „Familie“ in Art. 6 Abs. 1 GG verfassungsrechtlich geschützt. Zudem wachsen eine immer größere Anzahl von Kindern auch außerhalb

---

[257] Bruns, ZRP 1996, S. 6, 7.
[258] Der enorme Anstieg an HIV-Infizierungen in den 80er und 90er Jahren war beispielsweise ein Grund für den französischen Gesetzgeber 1999, den PaCS einzuführen, da durch eine „Institutionalisierung“ der Beziehungen durch einen PaCS der Partnerwechsel vor allem homosexueller Paare eingedämmt werden sollte (Rapport Nr. 1097 von Jean-Pierre Michel, eingereicht bei der Ass. Nat. am 23.9.1998, S. 6).
[259] Miegel, Die deformierte Gesellschaft, S. 22.
[260] Miegel, Die deformierte Gesellschaft, S. 19.
[261] Birg, Die demographische Zeitenwende, S. 29.

einer Ehe auf. Deswegen kann nicht automatisch die Ehe als Vorstufe zu Kindern angesehen werden und allein aus diesem Grund verfassungsrechtlich geschützt werden, da dies nicht mehr den tatsächlichen Gegebenheiten entspricht. Aus diesen Gründen kann die Keimzellenfunktion nicht der alleinige Schutzzweck der Ehe sein.

Die Auslegung des Art. 6 Abs. 1 GG in dem Sinne, dass nicht die Keimzellenfunktion Hauptgrund für die Förderung der Ehe ist, wird noch dadurch unterstrichen, dass der Vorläufer von Art. 6 Abs. 1 GG, der Art. 119 Abs. 1 WRV, noch lautete: „die Ehe steht als Grundlage des Familienlebens und der Erhaltung und der Vermehrung der Nation unter dem besonderen Schutz der Verfassung". Dieser Wortlaut konnte noch in der Weise interpretiert werden, dass die Ehe als zukünftige Familie verfassungsrechtlich geschützt wird. In seiner jetzigen Form stellt Art. 6 Abs. 1 GG Ehe und Familie allerdings gleichwertig nebeneinander.[262] Aus der ausdrücklichen Abkehr des heutigen Art. 6 Abs. 1 GG von dem Wortlaut des Art. 119 Abs. 1 WRV kann man schließen, dass nicht mehr der Erhalt der Gesellschaft der alleinige Schutzzweck des Art. 6 Abs. 1 GG ist.

Ein Abstandsgebot hinsichtlich der Rechtsstellung anderer Lebensgemeinschaften im Vergleich zur Ehe, das durch das DiskrBG verletzt werden könnte, kann aus Art. 6 Abs. 1 GG folglich nicht entnommen werden. Selbst wenn man ein Abstandsgebot unterstellt, ist dieses durch das DiskrBG gewahrt, denn es wird ein weitgehender Abstand zum Eherecht eingehalten[263]; z.B. wird die eingetragene Lebenspartnerschaft nicht geschieden, sondern nach Ablauf bestimmter Fristen aufgehoben.[264] Es werden auch unterschiedliche Voraussetzungen an die Aufhebung der Lebenspartnerschaft und an die Scheidung einer Ehe gestellt. Ebenfalls existiert das Institut des Versorgungsausgleichs bei der Lebenspartnerschaft nicht. Auch sind die Güterstände unterschiedlich geregelt: Es gibt bei der Lebenspartnerschaft kein Adoptionsrecht[265] und keine steuerlichen Privilegierung etc.

### 2. Vereinbarkeit des DiskrBG mit Art. 3 GG

Weiterhin wurde vielfach der Vorwurf erhoben, dass das DiskrBG gegen Art. 3 Abs. 2 S. 1 und Abs. 3 S. 1 GG verstoße.

#### a. Vereinbarkeit des DiskrBG mit Art. 3 Abs. 2 S. 1 und 3 S. 1 GG

In der Literatur wird die Ansicht vertreten, dass die Begrenzung der Lebenspartnerschaft auf gleichgeschlechtliche Partnerschaften nicht mit Art. 3 Abs. 2 S. 1 und Abs. 3 S. 1 GG vereinbar sei; denn dadurch, dass eine Frau nur wegen ihres Geschlechts die Lebenspartnerschaft nicht mit einem Mann und ebenso ein Mann nur wegen seines Geschlechts nicht mit einer Frau eine Lebenspartnerschaft ein-

---

[262] Bruns, ZRP 1996, S. 6, 7; Stüber, KJ 2001, S. 594, 598; Risse, Der verfassungsrechtliche Schutz der Homosexualität, S. 209; Freytag, DÖV 2002, S. 446, 449; v.Münch/Kunig/Coester-Waltjen, Art. 6 GG, Rn. 131; Strick, DEuFamR 2000, S. 82, 88.

[263] So auch: Klein, FPR 2001, S. 434, 436; Beck, NJW 2001, S. 1894, 1900; Robbers, JZ 2001, S. 779, 783.

[264] Art. 1 § 15 DiskrBG.

[265] BVerfGE 76, S. 1, 51; 25, S. 167, 196.

gehen könne, läge eine verfassungswidrige Unterscheidung nach dem Geschlecht vor.[266]

Dem widerspricht das Bundesverfassungsgericht. Nach seiner Auffassung verbindet das DiskrBG Rechte und Pflichten nicht mit dem Geschlecht einer Person, sondern knüpfe an die Geschlechtskombination einer Personenverbindung an, der sie den Zugang zur Lebenspartnerschaft einräume.[267] Ebenso wie die Ehe mit ihrer Beschränkung auf die Zweierbeziehung zwischen Mann und Frau gleichgeschlechtliche Paare nicht wegen ihres Geschlechts diskriminiere, benachteilige die Lebenspartnerschaft heterosexuelle Paare nicht wegen ihres Geschlechts. Männer und Frauen würden stets gleich behandelt. Sie könnten eine Ehe mit einer Person des anderen Geschlechts eingehen, nicht jedoch mit einer ihres eigenen Geschlechts. Eine Lebenspartnerschaft könnten sie mit einer Person ihres eigenen Geschlechts eingehen, nicht jedoch mit einer des anderen.[268] Darin, dass das Gesetz nur gleichgeschlechtlichen Paaren die eingetragene Lebenspartnerschaft ermögliche, liege somit keine Benachteiligung von verschiedengeschlechtlichen Paaren wegen ihres Geschlechts nach Art. 3 Abs. 2 S. 1 und Abs. 3 S. 1 GG.[269]

Dem ist zuzustimmen. Das Lebenspartnerschaftsgesetz knüpft nicht an die Eigenschaft an, Mann oder Frau zu sein. Differenzierungskriterium hinsichtlich des Zugangs zur Lebenspartnerschaft ist vielmehr die sexuelle Orientierung der Partner. Es kommt somit auf die Partnerwahl an.[270] Ein Verstoß des DiskrBG gegen Art. 3 Abs. 2 S. 1 und 3 S. 1 GG ist somit nicht gegeben.

**b. Vereinbarkeit des DiskrBG mit Art. 3 Abs. 1 GG**

Von einigen Stimmen in der Literatur wird auch bemängelt, dass das DiskrBG gegen den allgemeinen Gleichheitssatz des Art. 3 Abs. 1 GG verstoße. Art. 3 Abs. 1 GG ist verletzt, wenn eine Gruppe von Normadressaten im Vergleich zu anderen Normadressaten anders behandelt wird, obwohl zwischen beiden Gruppen keine Unterschiede von solcher Art und von solchem Gewicht bestehen, dass sie die ungleiche Behandlung rechtfertigen könnten.[271] Hier kommt ein Verstoß gegen Art. 3 Abs. 1 GG dadurch in Betracht, dass heterosexuellen Paaren, aber auch verwandtschaftlichen Solidargemeinschaften, der Zugang zur eingetragenen Lebenspartnerschaft verwehrt ist.

---

[266] Pauly, NJW 1997, S. 1955, 1955; Sachs, JR 2001, S. 45, 46; Strick, DEuFamR 2000, S. 82, 85; Detloff, NJW 2001, S. 2598, 2598.

[267] BVerfGE 105, S. 313, 352; Freytag, DÖV 2002, S. 446, 452.

[268] BVerfGE 105, S. 313, 352.

[269] BVerfGE 105, S. 313, 351; so auch in der Literatur: Muscheler, LPartG, Rn. 22; Krings, ZRP 2000, S. 409, 410; Bruns, ZRP 1996, S. 6, 9; Freytag, DÖV 2002, S. 446, 452.

[270] So auch: Bruns, ZRP 1996, S. 6, 9; Krings, ZRP 2000, S. 409, 410; Freytag, DÖV 2002, S. 446, 452.

[271] BVerfGE 55, S. 72, 88; 84, S. 348, 359; 101, S. 239, 269; st.Rspr.

**aa. Vereinbarkeit des DiskrBG mit Art. 3 Abs. 1 GG im Hinblick auf heterosexuelle Paare**

Nach einer Auffassung[272] und auch nach Ansicht der Richterin Haas[273], die von der Meinung der Mehrheit der Bundesverfassungsrichter abweicht, verstößt das LPartG gegen den allgemeinen Gleichheitssatz des Art. 3 Abs. 1 GG.

Dadurch, dass das Institut der Lebenspartnerschaft nicht für heterosexuelle Paare geöffnet werde, liege eine ungerechtfertigte Ungleichbehandlung heterosexueller Paare im Vergleich zu homosexuellen Paaren vor.[274] Diese Ungleichbehandlung könne auch nicht durch die einem verschiedengeschlechtlichen Paar offen stehende Möglichkeit gerechtfertigt werden, stattdessen eine Ehe einzugehen, denn das Rechtsinstitut der Lebenspartnerschaft übernehme nicht in jeder Einzelheit die für die Ehe geltenden Regelungen. Somit werde die Ungleichbehandlung nicht durch die Möglichkeit der Eheschließung dieser heterosexuell orientierten Paare ausgeglichen.[275] Nur wenn die verbleibende Unterschiedlichkeit lediglich in der Benennung des Instituts läge, würde kein Verstoß gegen Art. 3 Abs. 1 GG vorliegen.[276] Für die Rechtfertigung der Durchbrechung des Unterscheidungsverbotes könne auch Art. 6 Abs. 1 GG keine Grundlage bieten, weil er für die nichteheliche Lebensgemeinschaft nicht einschlägig sei.[277]

Nach Ansicht des Bundesverfassungsgerichts liegt jedoch kein Verstoß gegen Art. 3 Abs. 1 GG vor, weil heterosexuellen Paaren der Zugang zur Rechtsform der eingetragenen Lebenspartnerschaft verwehrt ist.[278]

Art. 3 Abs. 1 GG verbiete nur Andersbehandlungen von Gruppen, obwohl zwischen ihnen keine Unterschiede von solcher Art und von solchem Gewicht bestehen, dass sie die ungleiche Behandlung rechtfertigen können.[279] Zwischen verschieden- und gleichgeschlechtlichen Paaren bestünde jedoch der große Unterschied, dass verschiedengeschlechtlichen Paaren im Gegensatz zu gleichgeschlechtlichen Paaren die Option zustehe, eine Ehe einzugehen. Zwar weiche das Lebenspartnerschaftsgesetz in einigen Bereichen von der Ehe ab. Der Unterschied, dass aus einer verschiedengeschlechtlichen Beziehung gemeinsame Kinder hervorgehen könnten, rechtfertige es jedoch, diese auf die Ehe zu verweisen, wenn sie ihrer Beziehung einen rechtlichen Rahmen geben wollten.[280]

---

[272] Muscheler, LPartG, Rn. 30; Sachs, JR 2001, S. 45, 49.

[273] Abweichende Meinungen der Richterin Haas zum Urteil des ersten Senates v. 17.6.2002 – 1 BvF 1, 2 /02 –, (siehe BVerfGE 105, S. 313, 359, 363).

[274] Sachs, JR 2001, S. 45, 49.

[275] Abweichende Meinungen der Richterin Haas zum Urteil des ersten Senates v. 17.6.2002 – 1 BvF 1, 2 /02 –, (siehe BVerfGE 105, S. 313, 359, 363).

[276] Sachs, JR 2001, S. 45, 49; Muscheler, LPartG, Rn. 30.

[277] Muscheler, LPartG, Rn. 30; Sachs, JR 2001, S. 45, 49.

[278] BVerfGE 105, S. 313, 352.

[279] BVerfGE 55, S. 72, 88; 84, S. 348, 359; 101, S. 239, 269; st.Rspr.

[280] BVerfGE 105, S. 313, 352; Krings, in: ZRP 2000, S. 409, 414 und Scholz/Uhle, in: NJW 2001, S. 393, 399, verneinen ebenfalls einen Verstoß gegen Art. 3 GG. Dies ist allerdings darauf zurückzuführen, dass sie irrig davon ausgehen, dass das LPartG die Eheregelungen weitgehend kopiere und die Beteiligten deswegen auf die Ehe verwiesen werden könnten, weil ihnen mit der Ehe ein der Lebenspartnerschaft entsprechendes Institut offen stehe. Dass jedoch Unterschiede

Es ist der Ansicht des Bundesverfassungsgerichts zu folgen und ein Verstoß des DiskrBG gegen Art. 3 Abs. 1 GG deswegen zu verneinen, weil das Lebenspartnerschaftsgesetz nicht für heterosexuelle Paare geöffnet wird.
Zunächst ist das Argument des Bundesverfassungsgerichtes überzeugend, dass der Unterschied eines heterosexuellen Paares im Vergleich zu einem homosexuellen Paar darin besteht, Kinder bekommen zu können; es rechtfertigt, heterosexuelle Paare auf die Ehe zu verwiesen. Darin liegt ein Unterschied, der die Ungleichbehandlung von hetero- im Vergleich zu homosexuellen Paaren verfassungsrechtlich rechtfertigt.
Außerdem lässt sich mit dem Schutzzweck des Art. 3 Abs. 1 GG begründen, weshalb kein Verstoß gegen den allgemeinen Gleichheitsgrundsatz des Art. 3 Abs. 1 GG dadurch vorliegt, dass heterosexuellen Paaren der Zugang zur Lebenspartnerschaft verschlossen bleibt. Die Intention des Art. 3 Abs. 1 GG liegt darin, ungerechtfertigte Ungleichbehandlungen zu Lasten von einzelnen Personengruppen zu vermeiden.[281] Eine solche Ungleichbehandlung zu Lasten von heterosexuellen Paaren dadurch, dass ihnen die Lebenspartnerschaft verschlossen bleibt, ist jedoch nicht festzustellen, denn mit der Ehe steht heterosexuellen Gemeinschaften ein Rechtsinstitut zur Verfügung, das ihnen bei gleichen Pflichten viel mehr Rechte zubilligt als die Lebenspartnerschaft.[282] Aus diesem Grund liegt in dem Ausschluss heterosexueller Gemeinschaften von der eingetragenen Lebenspartnerschaft keine Benachteiligung gegenüber homosexuellen Lebensgemeinschaften. Die Vorenthaltung eines Angebots, das angesichts der vorteilhafteren Alternative der Ehe für heterosexuelle Lebensgemeinschaften keine Attraktivität entfaltet, kann schwerlich den Gleichheitssatz verletzen.[283] Die Ungleichbehandlung von homosexuellen und heterosexuellen Lebensgemeinschaften im Hinblick auf den Zugang zum Lebenspartnerschaftsgesetz ist somit durch den Unterschied gerecht-

zwischen Lebenspartnerschaft und Ehe bestehen, ist ganz offensichtlich, und darüber besteht auch weitgehend Einigkeit, vgl. u.a.: Robbers, JZ 2001, S. 779, 784. Nach Scholz/Uhle, in: NJW 2001, S. 393, 399 würde im Falle einer von der Ehe deutlich unterschiedenen Lebenspartnerschaft (dies ist bei der Lebenspartnerschaft der Fall) ein Konflikt mit Art. 3 GG aufkommen. Sie führen nämlich aus, dass für den Fall, dass die eingetragene Lebenspartnerschaft weniger Rechte und Pflichten zwischen den Parteien begründe, im Ausschluss heterosexueller Paare eine nicht zu rechtfertigende Ungleichbehandlung läge. Diese Ungleichbehandlung könnte auch nicht mit dem Hinweis auf die den verschiedengeschlechtlichen Paaren offenstehende Ehe negiert werden, da die eingetragene Partnerschaft dann ein Rechtsinstitut sui generis wäre. Aus Art. 3 Abs. 3 S. 1 GG würde dann die Verpflichtung des Gesetzgebers folgen, die entsprechenden Einzelregelungen auch für verschiedengeschlechtliche Paare zu öffnen. Bei genauerer Untersuchung der Unterschiede zwischen Lebenspartnerschaft und Ehe würden somit auch Scholz/Uhle zu einem Verstoß gegen Art. 3 Abs. 1 GG kommen.

[281] BVerfGE 55, S. 72, 88; 84, S. 348, 359; 101, S. 239, 269; st.Rspr.

[282] Z.B. bestehen bei der Lebenspartnerschaft während und nach Beendigung der Lebenspartnerschaft nach §§ 5, 12, 16 LPartG Unterhaltspflichten der Partner untereinander. Ebenfalls tragen die Partner nach § 2 S. 2 LPartG füreinander Verantwortung, jedoch erhalten sie nicht dieselben Rechte, z.B. werden im Einkommensteuerrecht die Unterhaltspflichten nicht berücksichtigt.

[283] In diesem Sinne auch: Krings, ZRP 2000, S. 409, 414; Beck, NJW 2001, S. 1894, 1901.

fertigt, dass verschiedengeschlechtlichen Paaren die für sie vorteilhaftere Möglichkeit der Eheschließung offen steht.

### bb. Vereinbarkeit des DiskrBG mit Art. 3 Abs. 1 GG im Hinblick auf Verwandte

Nach einer Ansicht stellt das DiskrBG dadurch einen Verstoß gegen Art. 3 Abs. 1 GG dar, dass Verwandten die Lebenspartnerschaft verschlossen bleibt.[284] Danach sei der Gesetzgeber jedoch verpflichtet, Gleiches gleich und Ungleiches ungleich zu behandeln.[285] Die Gesetzesbegründung des LPartG führe aus, dass mit dem LPartG der gegenseitigen Verantwortung und der engen emotionalen Verbundenheit zwischen den Partnern Rechung getragen werden solle. Somit bestehe kein Unterschied zwischen gleichgeschlechtlichen Paaren und nahen Verwandten, denn auch deren Beziehung sei durch die Übernahme gegenseitiger Verantwortung geprägt. Dadurch, dass die Beziehungen von nahen Verwandten im Gegensatz zu homosexuellen Paaren nicht eheähnlich geregelt seien, würde Gleiches ungleich behandelt, wofür kein sachlicher Grund vorliege.[286]

Nach Ansicht des Bundesverfassungsgerichts liegt kein Verstoß des DiskrBG gegen Art. 3 Abs. 1 GG dadurch vor, dass Verwandten die Lebenspartnerschaft verschlossen bleibt.[287] Diese Ungleichbehandlung von Geschwistern oder anderen verwandtschaftlichen Einstandsgemeinschaften im Verhältnis zu gleichgeschlechtlichen Lebensgemeinschaften sei dadurch gerechtfertigt, dass zwischen homosexuellen Paaren und verwandtschaftlichen Solidargemeinschaften gravierende Unterschiede bestünden. Dies betreffe schon die Exklusivität der eingetragenen Lebenspartnerschaft, die keine weitere Beziehung gleicher Art neben sich zulasse. Geschwister und andere verwandtschaftliche Einstandsgemeinschaften hingegen seien häufig in weitere vergleichbare Beziehungen eingebunden; z.B. bestünden verwandtschaftliche Solidargemeinschaften häufig neben einer Bindung durch Ehe oder Partnerschaft.[288]

Überdies erführen verwandtschaftliche Einstandsgemeinschaften schon nach geltendem Recht durch Zeugnisverweigerungsrechte, Erbrechte und zum Teil auch Pflichtteilsrechte sowie deren steuerliche Begünstigung in gewisser Hinsicht eine Absicherung, die gleichgeschlechtlichen Gemeinschaften erst mit der Lebenspartnerschaft eröffnet worden sei.[289]

Der Ansicht des Bundesverfassungsgerichtes ist zuzustimmen, denn homosexuelle Paare und verwandtschaftliche Einstandsgemeinschaften unterscheiden sich so wesentlich voneinander, dass eine unterschiedliche Behandlung gerechtfertigt ist. Zwar kann der gegenseitige Wille, füreinander aufzukommen, sowohl bei gleichgeschlechtlichen Beziehungen als auch bei verwandtschaftlichen Solidargemeinschaften gleichermaßen gegeben sein. Jedoch ist dieser Wille bei sexuell orientier-

---

[284] Scholz/Uhle, NJW 2001, S. 393, 399; Sachs, JR 2001, S. 45, 49.
[285] BVerfGE 1, S. 14, 52; 72, S. 141, 150; 78, S. 249, 287; 98, S. 365, 385.
[286] Scholz/Uhle, NJW 2001, S. 393, 399; Sachs, JR 2001, S. 45, 49.
[287] BVerfGE 105, S. 313, 353.
[288] BVerfGE 105, S. 313, 353; so auch: Robbers, JZ 2001, S. 779, 785.
[289] BVerfGE 105, S. 313, 353; so auch: Beck, NJW 2001, S. 1894, 1901.

ten Lebensgemeinschaften exklusiver als bei verwandtschaftlichen Einstandsgemeinschaften. Dies soll im Folgenden erläutert werden.
Die Beziehung zwischen Bruder und Schwester ist ganz anders als eine Liebesbeziehung. Zwischen Liebe/Ehe/Lebenspartnerschaft und Verwandtschaft besteht durch die sexuelle Komponente eine viel stärkere Bindung als zwischen verwandtschaftlichen oder freundschaftlichen Einstandsgemeinschaften.[290] Natürlich gibt es in großen Ausnahmefällen auch Inzestbeziehungen. Diese sind allerdings auf Grund der gesundheitlichen, ethischen und moralischen Bedenken nicht schützenswert. Verwandtschaftliche und freundschaftliche Einstandgemeinschaften bilden sich vorwiegend aus der Not heraus, z.B. im Alter oder weil man nicht den richtigen Partner des anderen oder desselben Geschlechts – je nachdem, ob man homo- oder heterosexuell orientiert ist, – gefunden hat. Eine verwandtschaftliche Solidargemeinschaft ist allerdings meistens nur auf einen vorübergehenden Zeitraum angelegt – bis der Partner für die körperlich und geistig stärkere Bindung mit einem verschieden oder gleichgeschlechtlichen Partner gefunden ist und dann das verwandtschaftliche Verhältnis in den Hintergrund gedrängt wird. Es ist somit dem Bundesverfassungsgericht zuzustimmen, wenn es sagt, dass Ehen oder Lebenspartnerschaften meist neben der verwandtschaftlichen Solidargemeinschaft bestehen.
Aus diesem Unterschied zwischen homosexuellen Paaren zu verwandtschaftlichen Einstandsgemeinschaften rechtfertigt sich die Ungleichbehandlung im Hinblick auf den Zugang zur Lebenspartnerschaft. Dass verwandtschaftlichen Einstandsgemeinschaften der Zugang zur Lebenspartnerschaft vorenthalten wird stellt folglich keine Verletzung des Art. 3 Abs. 1 GG dar.

### 3. Ergebnis der Überprüfung der Vereinbarkeit des DiskrBG mit dem Verfassungsrecht

Das DiskrBG ist verfassungsgemäß. Es liegt weder ein Verstoß gegen Art. 6 Abs. 1 GG noch gegen Art. 3 Abs. 2 S. 1 und Abs. 1 GG vor.

## § 3 Das Lebenspartnerschaftsgesetz im Überblick

Schwerpunkt der Untersuchung ist das Unterhaltsrecht in der Lebenspartnerschaft und im PaCS. Bevor jedoch das Unterhaltsrecht der Lebenspartnerschaft im Detail dargestellt und dieses mit dem in der Ehe verglichen wird, soll ein Überblick über das Lebenspartnerschaftsgesetz gegeben werden.

### I. Das Versprechen der Lebenspartnerschaftsbegründung

Das Lebenspartnerschaftsgesetz kennt kein dem Verlöbnis bei der Eheschließung nach § 1297-1302 BGB entsprechendes Institut.[291] Auch werden in Art. 2 DiskrBG keine Ergänzungen und Modifikationen der § 1297-1302 BGB vorgenommen.

---

[290] Gerade aus Angst, Inzestverhältnisse zu fördern, hat auch der französische Gesetzgeber – entgegen seinen ursprünglichen Plänen – den PaCS nicht für Geschwister und nahe Verwandte geöffnet (Ferrand, FamRZ 2000, S. 517).

[291] Grziwotz, DNotZ 2001, S. 280, 284; Palandt/Brudermüller, LPartG, Einleitung, Rn. 3; Hk-LPartG/Kemper, Vorbem. zu § 1 LPartG, Rn. 2; Muscheler, LPartG, Rn. 41.

Trotzdem kann es wie bei der Ehe Fälle geben, in denen sich zwei Personen die künftige Begründung einer Lebenspartnerschaft versprochen haben und ein Partner im Hinblick auf die versprochene Begründung der Lebenspartnerschaft Aufwendungen getätigt oder dem anderen große Geschenke gemacht hat. Kommt nun trotz dieses Versprechens keine Lebenspartnerschaft zu Stande, gibt es mehrere Möglichkeiten, dieses Versprechen rechtlich einzuordnen.
Das Versprechen zur Eingehung einer Lebenspartnerschaft könnte als Vertrag einzuordnen und zulässig sein und somit den allgemeinen Vertragsregeln unterliegen. Dann wäre es möglich, auf Eingehung der Lebenspartnerschaft zu klagen und ein Urteil nach § 888 Abs. 1 ZPO zu vollstrecken sowie Schadensersatz wegen Nichterfüllung zu verlangen, wenn die Lebenspartnerschaft nicht zu Stande kommt. Ebenfalls wäre ein wirksames Vertragsstrafeversprechen sowohl einklagbar als auch vollstreckbar. Ein Rücktritt vom Vertrag wäre hier nur bei Vorliegen einer der im Schuldrecht anerkannten Gründe (§§ 323, 324, 326 BGB etc.) zulässig.
Diese Lösung würde jedoch vollkommen außer Acht lassen, dass es sich bei einer Lebenspartnerschaft – genau wie bei einer Ehe – nicht um einen schuldrechtlichen Vertrag, sondern um ein familienrechtliches Institut handelt, welches einen höchstpersönlichen Lebensbereich der Partner betrifft.[292] Die Anwendung der allgemeinen Vertragsregeln auf das Versprechen zur Eingehung einer Lebenspartnerschaft führt insoweit zu unangemessenen Ergebnissen.[293]
Darüber hinaus bedarf ein solcher „Vorvertrag“, der durch das gegenseitige Versprechen, eine Lebenspartnerschaft eingehen zu wollen, begründet wird, nach allgemeinen Grundsätzen der Form des Hauptvertrages, wenn die Formvorschrift des Hauptvertrages nicht nur Beweiszwecken dient, sondern vor übereilter Verpflichtung schützen soll, damit das Formgebot des Hauptvertrages nicht umgangen werden kann.[294] Die Eingehung einer Lebenspartnerschaft ist formbedürftig: Die Erklärung zum Abschluss der Lebenspartnerschaft muss vor der zuständigen Behörde abgegeben werden (§ 1 LPartG), und diese Formvorschrift dient auch dem Übereilungsschutz.[295] In diesem Fall wäre ein Vorvertrag zur Lebenspartnerschaft immer unwirksam, da es keine Möglichkeit gibt, einen formgerechten Vorvertrag, d.h. eine vorvertragliche Willenserklärung zum Abschluss einer Lebenspartnerschaft, bei der zuständigen Behörde abzugeben.[296]
Außerdem setzt ein wirksamer Vorvertrag voraus, dass sich die Parteien über alle wesentlichen Punkte geeinigt haben.[297] Dazu gehört bei der Lebenspartnerschaft eine Entscheidung der Partner über den Vermögensstand.[298] Da den zukünftigen Lebenspartnern jedoch ohne Hinweis durch die zuständige Behörde dieses Erfordernis der Erklärung über den Vermögensstand nicht bewusst ist, werden sie den

[292] So auch Muscheler, LPartG, Rn. 43.
[293] So auch Hk-LPartG/Kemper, Vorbem. zu § 1 LPartG, Rn. 3.
[294] St.Rspr.: BGHZ 61, S. 48; 97, S. 147; Palandt/Heinrichs, § 125 BGB, Rn. 9.
[295] Muscheler, LPartG, Rn. 43.
[296] Hk-LPartG/Kemper, Vorbem. zu § 1 LPartG, Rn. 3.
[297] Brox/Walker, Allg. SchuldR, § 5 Rn. 2.
[298] Mayer, ZEV 2001, S. 169, 170.

Vorvertrag regelmäßig ohne eine Erklärung über den Vermögenstand abschließen. Dies würde dazu führen, dass viele unerkannt unwirksame Vorverträge vorlägen, was nicht dem Willen des Gesetzgebers entsprechen kann.[299]

Möglicherweise könnte die Lösung in einer entsprechenden Anwendung der Verlöbnisregeln auf das Versprechen zum Abschluss einer Lebenspartnerschaft liegen. Beim Verlöbnis gibt es in den §§ 1297-1302 BGB Spezialregelungen, die der Tatsache Rechnung tragen, dass es sich bei der Eingehung einer Ehe um einen Schritt handelt, der einen ganz persönlichen Lebensbereich der Partner betrifft. Bei der Lebenspartnerschaft handelt es sich ebenfalls um ein Rechtsinstitut, das einen ganz persönlichen Lebensbereich der Lebenspartner berührt, so dass man annehmen könnte, dass die Verlöbnisregeln auf das Versprechen zur Begründung einer Lebenspartnerschaft Anwendung finden können. So ist die Pflicht zur Eingehung einer Ehe nach § 888 Abs. 3 ZPO weder vollstreckbar noch nach § 1297 Abs. 1 BGB einklagbar; Schadensersatz wegen Nichterfüllung gibt es beim Verlöbnis nicht, denn es gibt keinen Anspruch auf das Erfüllungsinteresse (Argument aus § 1297 BGB). Eine Vertragsstrafe für den Fall, dass es nicht zu einer Eheschließung kommt, ist nach § 1297 Abs. 2 BGB ebenfalls nichtig. Jede Partei kann zu jeder Zeit grundlos vom Verlöbnis zurücktreten.

Es wird uneinheitlich beurteilt, ob die Normen zum Verlöbnis entsprechend auf ein Versprechen zur Eingehung einer Lebenspartnerschaft angewandt werden können. Nach einer Ansicht bedarf es zur entsprechenden Anwendung der Verlöbnisregeln einer planwidrigen Lücke.[300] Zwar sei die Interessenlage beim Versprechen auf Eingehung einer Lebenspartnerschaft der beim Verlöbnis sehr ähnlich, es fehle aber an einer planwidrigen Lücke, da vom Gesetzgeber ganz bewusst die Regelungen über das Verlöbnis nicht auf die Lebenspartnerschaft übertragen wurden.[301] Nach dieser Meinung gibt es kein wirksames Versprechen zur Eingehung einer Lebenspartnerschaft.[302] Ein solches Versprechen sei von vornherein völlig unwirksam.

Andererseits wird vertreten, dass es der gesellschaftlichen Realität entspreche, dass die Entscheidung zur Begründung einer Lebenspartnerschaft bereits vor der Registrierung der Lebenspartnerschaft fällt und dass bereits durch das gegenseitige Versprechen, eine Partnerschaft eingehen zu wollen, ein oder beide Partner zu erheblichen Vermögensdispositionen veranlasst werden. Solche Probleme ließen sich durch die entsprechende Anwendung der für diese Interessenlage am besten geeigneten Vorschriften des Verlöbnisrechts nach den §§ 1297-1302 BGB lösen.[303] Es sollte zwar nicht der gesamte Komplex der Verlöbnisregeln auf die Lebenspartnerschaft angewandt werden, sondern nur, soweit die Interessenlage vergleich-

[299] So auch Muscheler, LPartG, Rn. 44.

[300] Wellenhofer-Klein, Die eingetragene Lebenspartnerschaft, S. 25; Palandt/Brudermüller, LPartG, Einleitung, Rn. 3; Muscheler, LPartG, Rn. 42.

[301] Palandt/Brudermüller, LPartG, Einleitung, Rn. 3; Muscheler, LPartG, Rn. 42.

[302] Finger, FPR 2000, S. 291, 292; Grziwotz, DNotZ 2001, S. 280, 284; Muscheler, LPartG, Rn. 44.

[303] Hk-LPartG/Kemper, Vorbem. zu § 1 LPartG, Rn. 3.

bar sei, also alle vermögensrechtlichen Folgen des Verlöbnisses.[304] Demnach ist es nach dieser Ansicht möglich, wenn eine Lebenspartnerschaft entgegen dem Versprechen nicht zu Stande kommt, alle Geschenke herauszuverlangen, die anlässlich der Abgabe des Versprechens erfolgt sind (§ 1301 BGB analog). Bei grundlosem Rücktritt von dem Versprechen durch einen der zukünftigen Lebenspartner soll der andere Teil einen Anspruch auf Schadensersatz wegen der Nachteile verlangen können, die ihm daraus entstanden sind, dass er auf die künftige Begründung der Lebenspartnerschaft vertraut hat. Voraussetzung für einen solchen Schadensersatz ist, dass einer der Partner von seinem Versprechen zurücktritt und dieser Rücktritt nicht durch einen wichtigen Grund gerechtfertigt ist.[305] Einem Rücktritt gleichzusetzen ist der Fall, dass ein Partner einen wichtigen Grund setzt, der den anderen zum Rücktritt berechtigt, und der andere von diesem Grund Gebrauch macht (§ 1299 BGB analog).

Der Gesetzgeber hat zwar die Regelungen über das Verlöbnis nicht mit in das Lebenspartnerschaftsgesetz aufgenommen. Aus diesem Grund ist eine komplette Übertragung der Verlöbnisregeln auf die Lebenspartnerschaft nicht möglich. Ein völliges Ignorieren eines Versprechens zum Abschluss der Lebenspartnerschaft als von Anfang an unwirksam bringt aber keine Lösung des Problems, dass solche Versprechen abgegeben werden. Es entspricht dem Gerechtigkeitsgefühl, dass wenn ein Partner große Vermögensdispositionen trifft, weil er auf eine zukünftige Begründung der Lebenspartnerschaft vertraut oder größere Geschenke aus Anlass des Versprechens des Abschlusses einer Lebenspartnerschaft macht, eine Möglichkeit bestehen muss, diese zurückzufordern. Da dieser Lebenspartner aus den oben genannten Gründen nicht aus Vertragsrecht z.B. aus den §§ 280, 311 II BGB Schadensersatz verlangen kann und er bei einer Schenkung kein Recht hat, das Geschenk zurückzufordern, bleibt nur die Möglichkeit einer Lösung über die entsprechende Anwendung der § 1298 und 1301 BGB.

## II. Begründung der Lebenspartnerschaft

### 1. Voraussetzungen

#### a. Zwei Personen gleichen Geschlechts

Während die Lebenspartnerschaft nur von zwei Personen gleichen Geschlechts begründet werden kann (§ 1 S. 1 LPartG),[306] ist bei der Ehe die Geschlechtsverschiedenheit der Partner erforderlich. Diese Voraussetzung der Ehe wird zwar nicht ausdrücklich im BGB genannt, aus dem traditionellen Eheverständnis, das dem BGB zugrunde liegt, wird jedoch gefolgert, dass unter einer Ehe nur die Ver-

---

[304] Hk-LPartG/Kemper, Vorbem. zu § 1 LPartG, Rn. 2.

[305] Hk-LPartG/Kemper, Vorbem. zu § 1 LPartG, Rn. 8.

[306] Muscheler, LPartG, Rn. 46; Detloff NJW 2001, S. 2598, 2598; Schlüter, FamR, Rn. 466; Rauscher, FamR, S. 504; Palandt/Brudermüller, § 1 LPartG, Rn. 1; Finger, FPR 2000, S. 291, 293; Weinreich, FuR 2001, S. 481.

einigung von Mann und Frau zu einer grundsätzlich unauflöslichen Lebensgemeinschaft zu verstehen ist.[307]

**b. Volljährigkeit**

Eine Lebenspartnerschaft kann nicht wirksam mit einer minderjährigen Person begründet werden (§ 1 Abs. 2 Nr. 1 LPartG).[308] Beide Lebenspartner müssen somit volljährig sein.[309]
Zur Eheschließung bedürfen die Partner der Ehefähigkeit (§ 1303, § 1304 BGB).[310] Zur Ehefähigkeit gehört zunächst nach § 1303 BGB die Ehemündigkeit, d.h. die Volljährigkeit der Ehegatten. Das Familiengericht kann jedoch auf Antrag nach § 1303 Abs. 2 BGB eine Befreiung von dem Erfordernis der Volljährigkeit erteilen, wenn der Antragsteller das 16. Lebensjahr und sein künftiger Ehegatte das 18. Lebensjahr vollendet hat.
Bei der Lebenspartnerschaft ist eine solche Ausnahme von der Voraussetzung der Volljährigkeit der Lebenspartner nicht vorgesehen.[311]

**c. Geschäftsfähigkeit**

Nach § 1304 BGB ist nur ehefähig, wer geschäftsfähig ist. Das Erfordernis der Geschäftsfähigkeit der Partner zum Abschluss der Lebenspartnerschaft wird im LPartG nicht ausdrücklich erwähnt. Es ist jedoch davon auszugehen, dass die Geschäftsfähigkeit der Partner zur Begründung der Lebenspartnerschaft ebenfalls vorausgesetzt wird.[312]
Ein Lebenspartner darf sich bei der Eheschließung ebenfalls nicht im Zustand der Bewusstlosigkeit oder der vorübergehenden Störung der Geistestätigkeit befinden. Nach den Eheregelungen kann der Standesbeamte seine Mitwirkung verweigern, wenn offenkundig ist, dass die Ehe nach § 1314 Abs. 2 aufhebbar wäre (§ 1310 Abs. 1 S. 2 2. Hs. BGB), d.h. wenn sich ein Ehegatte bei der Eheschließung offensichtlich im Zustand der Bewusstlosigkeit oder vorübergehenden Störung der Geistestätigkeit befindet (§ 1314 Abs. 2 Nr. 1 BGB). Bei der Lebenspartnerschaft ist diese Möglichkeit einer Verweigerung der Mitwirkung des Beamten der zuständigen Behörde zwar nicht vorgesehen.[313] Die Ablehnungspflicht des zuständigen Beamten ergibt sich jedoch aus der Natur der Sache: Das Register soll so wenig Fehleintragungen wie möglich enthalten.[314] Steht ein Partner unter Betreuung, so

---

[307] BVerfG FamRZ 1993, S. 1419; BVerfG NJW 1993, S. 3058; BayObLG NJW 1993, S. 1996; OLG Köln NJW 1993, S. 1997; Ziegler/Mäuerle, FamR, Rn. 25; Schlüter, FamR, Rn. 11.
[308] Weinreich, FuR 2001, S. 481; Schlüter, FamR, Rn. 469.
[309] Lipp, StAZ 2002, S. 354, 355; Rauscher, FamR, S. 505; Weinreich, FuR 2001, S. 481; Dorsel, JZ 2001, S. 151; Detloff, NJW 2001, S. 2598, 2599; Schwab, FamRZ 2001, S. 385, 389; Palandt/Brudermüller, § 1 LPartG, Rn. 1.
[310] Schlüter, FamR, Rn. 12.
[311] Rauscher, FamR, S. 505; Kemper, FPR 2001, S. 449, 450; ders. in: FF 2001, S. 156, 157; Schwab, FamRZ 2001, S. 385, 388; Muscheler, LPartG, Rn. 48.
[312] Hk-LPartG/Kemper, § 1 LPartG, Rn. 32; Muscheler, LPartG, Rn. 49.
[313] Weinreich, FuR 2001, S. 481; Finger, MDR 2001, S. 199, 200.
[314] Muscheler, LPartG, Rn. 65; a.A. Finger, MDR 2001, S. 199, 200; Weinreich, FuR 2001, S. 481.

kann sich ein vom Vormundschaftsgericht angeordneter Einwilligungsvorbehalt nicht auf eine Willenserklärung erstrecken, die auf die Begründung einer Lebenspartnerschaft gerichtet ist (§ 1903 Abs. 2 BGB).[315]

**d. Keine rechtliche Bindung eines Partners mit einer anderen Person**

Ein weiteres Lebenspartnerschaftshindernis ist gegeben, wenn einer der zukünftigen Partner bereits verheiratet ist oder mit einer anderen Person eine Lebenspartnerschaft führt (§ 1 Abs. 2 Nr. 1 LPartG).[316] Letzteres dürfte aber nicht als tatsächliches Führen, sondern als rechtliches Bestehen einer Lebenspartnerschaft zu verstehen sein.[317]

Im Eherecht besteht das Verbot der Doppelehe (§ 1306 BGB). Allerdings liegt kein gesetzliches Eheverbot nach § 1306 BGB vor, wenn zwischen einem der zukünftigen Ehegatten und einer dritten Person bereits eine Lebenspartnerschaft besteht, während eine bereits bestehende Ehe ein Lebenspartnerschaftshindernis darstellt.[318] Der Gesetzgeber hat bei bestehender Lebenspartnerschaft in § 1306 BGB kein Ehehindernis eingefügt, um zu verhindern, dass die Verfassungsmäßigkeit dieser Norm bezweifelt wird, denn ein solches Eheverbot hätte gegen die aus Art. 6 GG abgeleitete Eheschließungsfreiheit verstoßen können.[319]

Ein Standesbeamter kann seine Mitwirkung an der Eheschließung verweigern, wenn sie nach § 1314 Abs. 2 BGB aufhebbar wäre.[320] Dies ist unter anderem der Fall, wenn die Ehegatten sich einig sind, keine Verpflichtung zur Lebensgemeinschaft nach § 1353 Abs. 1 BGB begründen zu wollen. Da zum Wesen der ehelichen Gemeinschaft deren Exklusivität gehört, schließt dies aus, dass daneben eine eingetragene Lebenspartnerschaft bestehen kann.[321] Indes kann bei der nachfolgenden Eheschließung durchaus ein Wille zur ehelichen Lebensgemeinschaft bestehen.[322] Die hiermit verbundenen Beweisprobleme dürften kaum lösbar sein, so dass eine Verweigerung der Mitwirkung des Standesbeamten bei der Eheschließung gemäß § 1314 Abs. 2 BGB das Problem nicht zu lösen vermag.[323]

Damit das Gesetz eine eingetragene Lebenspartnerschaft aber nicht neben der Ehe zulässt, weil die Bindungen in der eingetragenen Lebenspartnerschaft mit denen in der Ehe nicht vereinbar sind, ist davon auszugehen, dass wenn bei bestehender

---

[315] Muscheler, LPartG, Rn. 49.

[316] Palandt/Brudermüller, § 1 LPartG, Rn. 6; Weinreich, FuR 2001, S. 481; Trimbach, NJ 2001, S. 399, 401.

[317] Trimbach, NJ 2001, S. 399, 401; Muscheler, LPartG, Rn. 49; Finger, MDR 2001, S. 199, 200.

[318] Schwab, FamRZ 2001, S. 385, 388; Schlüter, FamR, Rn. 470; Trimbach, NJ 2001, S. 399, 401; Weinreich, FuR 2001, S. 481; Muscheler, LPartG, Rn. 146.

[319] BVerfGE, 105, S. 313, 343; Muscheler, LPartG, Rn. 146; Trimbach, NJ 2001, S. 399, 401.

[320] Muscheler, LPartG, Rn. 65; Beck, NJW 2001, S. 1894, 1900; a.A. Finger, MDR 2001, S. 199, 200; Weinreich, FuR 2001, S. 481.

[321] Beck, NJW 2001, S. 1894, 1900.

[322] Detloff, NJW 2001, S. 2598, 2699; Mayer, ZEV 2001, S. 169, 170.

[323] Mayer, ZEV 2001, S. 169, 170; Palandt/Brudermüller, § 1 LPartG, Rn. 6.

Lebenspartnerschaft eine Ehe geschlossen wird, diese nachfolgende Eheschließung zur Folge hat, dass sie ipso iure die Aufhebung der Partnerschaft bewirkt.[324] Wünschenswert wäre es, wenn der Gesetzgeber eine ausdrückliche Regelung schaffen würde, nach der die Ehe zum Erlöschen einer zuvor eingegangenen Lebenspartnerschaft führt – ähnlich wie die Ehe zwischen Annehmenden und Kind das Annahmeverhältnis beendet § 1766 BGB.[325] Eine solche gesetzliche Regelung würde zu mehr Rechtsklarheit führen.[326]

**e. Keine nahe Verwandtschaft**

Eine Lebenspartnerschaft kann nicht wirksam begründet werden zwischen Personen, die in gerader Linie miteinander verwandt sind, und zwischen vollbürtigen und halbbürtigen Geschwistern (§ 1 Abs. 2 Nr. 2 und 3 LPartG).[327]
Bei der Eheschließung besteht ebenfalls ein Eheverbot zwischen Verwandten in gerader Linie und zwischen vollbürtigen und halbbürtigen Geschwistern (§ 1307 BGB). Anders als die Vorschriften des LPartG formuliert § 1308 BGB ein Eheverbot auch für die durch Adoption begründete Verwandtschaft. Eine solche ausdrückliche Regelung eines Lebenspartnerschaftsverbotes bei einem Verwandtschaftsverhältnis durch Adoption findet sich im LPartG nicht.[328] Demnach kann ein Adoptivvater mit seinem Adoptivsohn, wenn dieser das 18. Lebensjahr vollendet hat, eine Lebenspartnerschaft eingehen, oder auch zwei leibliche Brüder, deren Verwandtschaft durch Annahme als Kind erloschen ist.[329]
In § 1 Abs. 2 LPartG fehlt ebenfalls eine dem § 1307 S. 2 BGB des Eherechts entsprechende Regelung, die bestimmt, dass das Eheverbot auch dann gilt, wenn das Verwandtschaftsverhältnis durch Annahme als Kind erloschen ist.[330] Es kann daher eine Lebenspartnerschaft eines Sohnes mit seinem leiblichen Vater (bzw. der Tochter mit ihrer leiblichen Mutter) eingetragen werden, wenn die Verwandtschaft zwischenzeitlich durch Adoption des Sohnes (bzw. der Tochter) beseitigt wurde.

**f. Keine Scheinpartnerschaft**

Darüber hinaus wird eine Lebenspartnerschaft nicht wirksam begründet, wenn die Lebenspartner bei der Begründung der Lebenspartnerschaft darüber einig sind, keine Verpflichtung nach § 2 LPartG zur gegenseitigen Fürsorge und Unterstütz-

---

[324] BVerfGE, 105, S. 313, 343; Meyer/Mittelstädt, LPartG, S. 37; Weinreich, FuR 2001, S. 481; Schwab, FamRZ 2001, S. 385, 389; Lipp, StAZ 2002, S. 354, 355; Muscheler, LPartG, Rn. 146; Palandt/Brudermüller, § 1 LPartG, Rn. 6; in diesem Sinne auch Pieroth/Kingreen, KV 2002, S. 219, 224; Robbers, JZ 2001, S. 779, 785; a.A. Rauscher, FamR, S. 504.

[325] So auch Sachs, JR 2001, S. 45, 48; Kemper, FPR 2001, S. 449, 450; a.A., nach der das Bestehen der eingetragenen Lebenspartnerschaft ausdrücklich als Ehehindernis in § 1306 BGB aufgeführt werden soll: Palandt/Brudermüller, § 1 LPartG, Rn. 6; Mayer, ZEV 2001, S. 169, 170.

[326] So auch Kemper, FPR 2003, S. 1, 2.

[327] Lipp, StAZ 2002, S. 354, 355; Muscheler, LPartG, Rn. 51; Palandt/Brudermüller, § 1 LPartG, Rn. 6; Schwab, FamRZ 2001, S. 385, 389.

[328] Lipp, StAZ 2002, S. 354, 357; Rauscher, FamR, Rn. 747; Kemper, FPR 2001, S. 449, 451.

[329] Schwab, FamRZ 2001, S. 385, 389; Lipp, StAZ 2002, S. 354, 357.

[330] Kemper, FPR 2001, S. 449, 451.

ung und zur gegenseitigen Lebensgestaltung eingehen zu wollen (§ 1 Abs. 2 Nr. 4 LPartG).[331]
Sowohl diese Normen des LPartG als auch des Eherechts sollen verhindern, dass Lebenspartnerschaften – wie auch Ehen – nur zu dem Zweck begründet werden, dem ausländischen Partner eine Aufenthaltsgenehmigung zu verschaffen.[332]
Bei offensichtlichem Vorliegen einer Scheinehe kann der Standesbeamte seine Mitwirkung bei der Eheschließung nach § 1310 Abs. 1 S. 2 BGB i.V.m. § 1314 Abs. 2 Nr. 5 BGB verweigern. Eine Verweigerungsmöglichkeit des zuständigen Beamten bei der Lebenspartnerschaft ist ebenfalls anzunehmen.[333]

**g. Begründungserklärungen**

Die Lebenspartnerschaft kommt – dem Konsensprinzip der Ehe aus § 1311 S. 1 BGB nachgebildet – dadurch zur Entstehung, dass die beiden Lebenspartner persönlich und bei gleichzeitiger Anwesenheit erklären, miteinander eine Partnerschaft führen zu wollen (§ 1 Abs. 1 S. 1 LPartG).[334] Jedoch müssen die Lebenspartner – anders als die Ehegatten – erklären, dass sie die Lebenspartnerschaft auf Lebenszeit führen wollen.[335]
Wie bei der Lebenspartnerschaft sind nach § 1311 S. 2 BGB auch die Erklärungen zur Eheschließung bedingungs- und befristungsfeindlich.[336]
Für die Begründung der Lebenspartnerschaft ist weiterhin erforderlich, dass die Lebenspartner eine Erklärung über den Vermögensstand nach § 6 Abs. 1 LPartG abgeben, dass sie also entweder den Vermögensstand der Ausgleichsgemeinschaft vereinbaren oder einen Lebenspartnerschaftsvertrag (§ 7 LPartG) abschließen, und darin einen anderen Vermögensstand festlegen.[337] Fehlt es an einer vorherigen Bestimmung des Vermögensstandes, kommt eine Lebenspartnerschaft nicht wirksam zu Stande.[338] Eine solche Klärung des Güterstandes muss vor der Eheschließung nicht erfolgen, denn bei der Ehe liegt grundsätzlich der gesetzliche Güterstand der Zugewinngemeinschaft vor, es sei denn, die Eheleute treffen eine andere Vereinbarung (§ 1363 BGB). Die Erklärungen zum Zwecke der Begründung einer

---

[331] Schlüter, FamR, Rn. 471; Weinreich, FuR 2001, S. 481, 482; Lipp, StAZ 2002, S. 354, 357; Meyer/Mittelstädt, LPartG, S. 37; Muscheler, LPartG, Rn. 48.
[332] Kemper, FPR 2001, S. 449, 451; Muscheler, LPartG, Rn. 64.
[333] Muscheler, LPartG, Rn. 65; dies übersehen Rauscher, FamR, S. 504 und Finger, MDR 2001, S. 199, 200.
[334] Lipp, StAZ 2002, S. 354, 355; Mayer, ZEV 2001, S. 169, 170; Hohloch, FamR, Rn. 1168; Rauscher, FamR, S. 505; Weinreich, FuR 2001, S. 481; Battes, FuR 2002, S. 49, 50; Palandt/Brudermüller, §1 LPartG, Rn. 2.
[335] Wellenhofer-Klein, Die eingetragene Lebenspartnerschaft, S. 35; Muscheler, LPartG, Rn. 53; Kaiser, JZ 2001, S. 617, 618.
[336] Detloff, NJW 2001, S. 2598, 2599; Battes, FuR 2002, S. 49, 50; Muscheler, LPartG, Rn. 57; Rauscher, FamR, S. 505.
[337] Hohloch, FamR, Rn. 1168; Mayer, ZEV 2001, S. 169, 170; Battes, FuR 2002, S. 49, 50; Trimbach, NJ 2001, S. 399, 400.
[338] Palandt/Brudermüller, § 1 LPartG, Rn. 4; Muscheler, LPartG, Rn. 62; v. Koppenfels-Spies, FPR 2003, S. 5, 6; Schwab, FamRZ 2001, S. 385, 389; a.A. Hk-LPartG/Kemper, § 1 LPartG, Rn. 28.

Lebenspartnerschaft werden wirksam, wenn sie vor der zuständigen Behörde erfolgen (§ 1 Abs. 1 S. 2 LPartG).[339]
Während die Lebenspartner einander verpflichtende Erklärungen abgeben, bleibt die Rolle der Behörde auf diejenige eines Zeugen beschränkt.[340] Dies wird daraus gefolgert, dass im ursprünglichen Koalitionsentwurf vom 4.7.2000 die Erklärungen noch „gegenüber" dem zuständigen Beamten abzugeben waren.[341]
Die Entscheidung, wer für die Eintragung der Lebenspartnerschaft zuständig sein soll, wurde dem Landesgesetzgeber überlassen.[342] Die meisten Bundesländer haben diese Aufgabe den Standesämtern zugewiesen.[343] In einigen Bundesländern wurde die Entscheidung über den zuständigen Beamten den Gemeinden bzw. Kreisen übertragen.[344] In Sachsen und Thüringen wurden Behörden bestimmt, die sonst nichts mit personenrechtlichen Akten zu tun haben.[345] In Bayern sind die Notare zuständig.[346]
Bei der Lebenspartnerschaft sind eine einzuhaltende Zeremonie und ein Verfahren der Eintragung – z.B. in ein Lebenspartnerschaftsbuch – im LPartG nicht bestimmt. Eine entsprechende Regelungen haben die Länder in Abhängigkeit davon getroffen, welche Behörde sie für zuständig erklärt haben.[347]
Eine Eheschließung erfolgt nach dem BGB durch entsprechende Erklärung der Eheschließenden vor dem zur Entgegennahme bereiten Standesbeamten (§ 1310 Abs. 1 S. 1 BGB). Zur Wirksamkeit der Eheschließung erforderlich ist eine Trauung nach § 1312 BGB, d.h. eine Mitwirkung des Standesbeamten. Bei der Trauung befragt der Standesbeamte die Eheschließenden einzeln, ob sie die Ehe miteinander eingehen wollen. Nachdem die Eheschließenden diese Frage bejaht haben, spricht er aus, dass die Partner nunmehr kraft Gesetzes rechtmäßig verbundene Eheleute sind (§ 1312 Abs. 1 S. 1 BGB). Weiterhin trägt der Standesbeamte die Eheschließung in ein Heiratsbuch ein (§ 1312 Abs. 2 BGB).

---

[339] Lipp, StAZ 2002, S. 354, 355; Die Zuständigkeit des Standesbeamten wurde zur Vermeidung der Zustimmungsbedürftigkeit des DiskrBG nicht bestimmt. Die Benennung der Zuständigkeit des Standesbeamten befindet sich im Lebenspartnerschaftsergänzungsgesetz in Art. 1 Nr. 1 LPartErgG. Da dieses Gesetz aber im Bundesrat praktisch gescheitert ist, wird es wohl nicht zu einer einheitlichen Zuständigkeitsregelung in Deutschland kommen.
[340] Meyer/Mittelstädt, LPartG, S. 34; Palandt/Brudermüller, § 1 LPartG, Rn. 3; Muscheler, LPartG, Rn. 54; Weinreich, FuR 2001, S. 481; Schwab, FamRZ 2001, S. 385, 388.
[341] Muscheler, LPartG, Rn. 53.
[342] Kaiser, JZ 2001, S. 617, 618; Lipp, StAZ 2002, S. 354, 355; Mayer, ZEV 2001, S. 169, 170; Schlüter, FamR, Rn. 466; Weinreich, FuR 2001, S. 481; Trimbach, NJ 2001, S. 399, 400.
[343] Berlin, Bremen, Hamburg, Mecklenburg-Vorpommern, Niedersachsen, Nordrhein-Westfalen, Sachsen-Anhalt und Schleswig-Holstein.
[344] Baden-Württemberg, Brandenburg, Hessen, Rheinland-Pfalz, Saarland.
[345] Sachsen: Regierungspräsidien. Thüringen: Landesverwaltungsamt.
[346] Brandhuber, MittBayNot 2001, Sonderheft Lebenspartnerschaften, S. 11.
[347] Übersicht der landesrechtlichen Regelungen zum Vollzug des LPartG: MittBayNot 2001, Sonderheft Lebenspartnerschaften, S. 19 ff.; Meireis, StAZ 2001, S. 161 ff.

### 2. Rechtsfolgen von Begründungsmängeln

#### a. Rechtliche Konsequenzen von Verstößen gegen Lebenspartnerschaftsverbote

Hat der zuständige Beamte die Lebenspartnerschaft eingetragen und stellt sich nachher ein Verstoß gegen ein Lebenspartnerschaftsverbot aus § 1 Abs. 2 LPartG heraus, ist eine Lebenspartnerschaft gemäß § 1 Abs. 2 LPartG nicht wirksam zu Stande gekommen.[348]

Demgegenüber führt nach dem Eherecht das Fehlen des Mitwirkens eines Standesbeamten oder der Verstoß gegen das Erfordernis der Heterosexualität zwar ebenfalls zur „Nicht-Ehe", jedoch ist eine durch den Standesbeamten geschlossene Ehe trotz Vorliegens von Abschlussmängeln, wie z.B. einem Verstoß gegen die Formvorschriften des § 1311 BGB, grundsätzlich wirksam (Umkehrschluss aus § 1314 Abs. 1 BGB).[349] Es besteht dann lediglich die Möglichkeit, dass die Ehe nach den §§ 1313 ff. BGB auf Antrag durch gerichtliches Urteil wieder mit Wirkung ex nunc aufgehoben wird (§ 1314 Abs. 1 BGB). Insofern ähnelt die Ehe einem Verwaltungsakt im öffentlichen Recht, der trotz Rechtswidrigkeit wirksam ist – bis zur Nichtigkeitserklärung.

Zwischen der Aufhebung der Ehe und der Aufhebung der Lebenspartnerschaft bestehen grundlegende Unterschiede, letztere entspricht nämlich – von der Terminologie recht missverständlich – der Ehescheidung.[350] Während das Eherecht zwei völlig unterschiedliche Beendigungsmöglichkeiten vorsieht – Scheidung und Aufhebung – ist nach dem LPartG nur die Beendigung durch eine Aufhebung als Äquivalent zur Ehescheidung normiert.

Mit der Aufhebung der Ehe sind Rechtsfolgen verbunden. Nach § 1318 Abs. 2 BGB finden die Vorschriften der §§ 1569 bis 1586 b BGB über den Geschiedenenunterhalt zu Gunsten desjenigen Ehegatten Anwendung, der die Aufhebbarkeit der Ehe nicht kannte oder in den Fällen des § 1314 Abs. 2 Nr. 3 und 4 BGB von dem anderen Ehegatten oder mit dessen Wissen getäuscht oder bedroht worden ist.[351] Der bösgläubige täuschende oder drohende Ehegatte hat allerdings gegen den gutgläubigen getäuschten oder bedrohten Ehegatten keinen Anspruch auf Geschiedenenunterhalt (§ 1318 Abs. 2 S. 1 Nr. 1 BGB). War beiden Eheleuten die Aufhebbarkeit der Ehe wegen Verstoßes gegen ein Eheverbot (§§ 1306, 1307 BGB) oder gegen die Formvorschriften des § 1311 BGB bewusst, können beide Ehegatten Geschiedenenunterhalt voneinander verlangen (§ 1318 Abs. 2 Nr. 2 BGB). Im Fall der Doppelehe ist der Unterhaltsanspruch aber insoweit beschränkt, als durch ihn der Unterhaltsanspruch des ersten Ehegatten beeinträchtigt wird. Es können auch Ansprüche auf Zugewinn- und Versorgungsausgleich sowie die

---

[348] Battes, FuR 2002, S. 49, 54; Kaiser, in: Schwab (Hrsg.), Eingetragene Lebenspartnerschaften, S. 279; Hk-LPartG/Kemper, § 1 LPartG, Rn. 23; Meyer/Mittelstädt, LPartG, S. 34; Detloff, NJW 2001, S. 2598, 2600; v. Koppenfels-Spies, FPR 2003, S. 5, 6; Schlüter, FamR, Rn. 472; Schwab, FamRZ 2001, S. 385, 388; Muscheler, LPartG, Rn. 66.

[349] Schwab, FamR, Rn. 60, 63, 67.

[350] Grziwotz, DNotZ 2001, S. 280, 292; Rauscher, FamR, S. 505.

[351] Schlüter, FamR, Rn. 32.

Hausratsverordnung auf die aufgehobene Ehe eine entsprechende Anwendung finden (§ 1318 Abs. 3 und 4 BGB). Ehegatten erhalten somit trotz Vorliegens von Ab-schlussmängeln einen weitgehenden Schutz.
Darüber hinaus werden Ehegatten auch durch die Heilungstatbestände des § 1315 BGB geschützt, durch die ein Verstoß gegen ein Eheverbot bei nachträglicher Behebung des Mangels geheilt werden kann. Solche Heilungstatbestände finden sich für die Partnerschaftshindernisse ebenfalls nicht.[352] Eine unwirksam begründete Lebenspartnerschaft kann daher nicht dadurch wirksam werden, dass die hindernden Gründe nachträglich wegfallen.[353] Das Fehlen von Heilungsgründen kann zum einen dann sehr problematisch sein, weil die Lebenspartner von diesen Voraussetzungen in der Regel nichts wissen und die Unwirksamkeit der Lebenspartnerschaft sich oft gerade dann herausstellen wird, wenn keinerlei Möglichkeit besteht, den Mangel zu korrigieren; etwa bei Klärung der Erbberechtigung nach dem Tod eines Lebenspartners.[354] Das gesetzliche Erbrecht, bzw. der Pflichtteil des überlebenden Partners entfällt dann ebenso wie ein vermögensrechtlicher Ausgleich. Zum anderen kann die fehlende Heilungsmöglichkeit ebenfalls zu erheblichen Härten führen, wenn die Lebenspartner trotz unwirksamer Lebenspartnerschaft de facto bereits einige Zeit zusammengelebt haben. Nach der Begründung zum Koalitionsentwurf finden für die Rückabwicklung die allgemeinen Grundsätze Anwendung.[355] Der Bestandsschutz bleibt somit weit hinter dem Niveau des Schutzes bei der Ehe zurück.

### b. Fehlende Geschäftsfähigkeit

Bei fehlender Geschäftsfähigkeit ist die Lebenspartnerschaft ebenfalls unwirksam.[356] Befindet sich ein Partner bei der Erklärung in einem Zustand der Bewusstlosigkeit oder vorübergehender Störung der Geistestätigkeit, dann ist seine Erklärung gemäß § 105 Abs. 2 BGB nichtig.[357] Im LPartG gibt es keine Spezialregelungen wie in §§ 1304, 1314 Abs. 1 und 2 Nr. 1 BGB.[358]

### c. Umgang mit Willensmängeln

Bei der Erklärung zur Begründung der Lebenspartnerschaft handelt es sich um eine private Willensäußerung, die auf die Erzielung einer Rechtsfolge, nämlich der Begründung der Lebenspartnerschaft gerichtet ist, und somit um eine Willens-

---

[352] Battes, FuR 2002, S. 49, 54; Rauscher, FamR, S. 505; Finger, MDR 2001, S. 199, 201; Muscheler, LPartG, Rn. 66; Hk-LPartG/Kemper, § 1 LPartG, Rn. 18; Kemper, FPR 2001, S. 449, 451; ders. in: FF 2001, S. 156, 157.
[353] Schlüter, FamR, Rn. 472.
[354] Hk-LPartG/Kemper, § 1 LPartG, Rn. 24; Kemper, FPR 2001, S. 449, 451; ders. in: FF 2001, S. 156, 157.
[355] BT-Drucks. 14/3751, S. 36. Von einigen wird vorgeschlagen, in solchen Fällen die Regeln über die Abwicklung von Dauerschuldverhältnissen anzuwenden: Battes, FuR 2002, S. 49, 54; Muscheler, LPartG, Rn. 67; a.A. Kaiser, in: Schwab (Hrsg.), Eingetragene Lebenspartnerschaften, S. 279, 282; Meyer/Mittelstädt, LPartG, S. 34; Schwab, FamRZ 2001, S. 385, 388.
[356] Hk-LPartG/Kemper, § 1 LPartG, Rn. 32.
[357] Hk-LPartG/Kemper, § 1 LPartG, Rn. 32.
[358] Muscheler, LPartG, Rn. 49.

erklärung. Da bei der Lebenspartnerschaft für Willensmängel keine Sonderregelungen bestehen, könnte angenommen werden, dass folglich für Willensmängel bei der Erklärung zur Begründung der Lebenspartnerschaft die allgemeinen Regeln über Willenserklärungen (§§ 116 ff. BGB) anwendbar sind.[359] Andererseits könnte auf Grund der Tatsache, dass der Gesetzgeber keine besonderen Regelungen für Willensmängel im LPartG geschaffen hat, auch davon ausgegangen werden, dass der Gesetzgeber sich für die Aufhebung der Lebenspartnerschaft – als Äquivalent zur Ehescheidung – als einzigen Beendigungsgrund zu Lebzeiten beider Partner entschieden hat.[360] Dafür könnte sprechen, dass einer regelmäßig bereits gelebten Partnerschaft eine Auflösung mit Wirkung für die Zukunft besser gerecht wird, als wenn das Rechtsverhältnis mit rückwirkender Kraft vernichtet würde.
Vorzugswürdig ist es trotzdem, die §§ 116 ff. BGB auf Willensmängel bei der Begründung der Lebenspartnerschaft anzuwenden. Dafür spricht ein Blick auf die Aufhebungsregelungen der Lebenspartnerschaft. Wenn ein Lebenspartner von dem anderen durch widerrechtliche Drohung zum Abschluss der Lebenspartnerschaft bestimmt worden ist und eine Anwendung der §§ 116 ff. BGB abgelehnt würde, könnte eine Aufhebung erst nach dem Ablauf einer dreijährigen Wartefrist erreicht werden, wenn der andere Lebenspartner nicht vorher zustimmt (§ 15 Abs. 2 Nr. 2 LPartG). Wird hingegen eine Ehe unter widerrechtlicher Bedrohung eines Partners eingegangen, so sieht § 1314 Abs. 2 BGB die sofortige Aufhebung der Ehe vor. Warum die Aufhebung der Lebenspartnerschaft in solchen Situationen an strengere Voraussetzungen geknüpft werden soll als die einer Ehe, ist nicht einzu-sehen.
Aus diesem Grund ist davon auszugehen, dass die allgemeinen Normen für Willensmängel (§§ 116 ff. BGB) zur Beendigung der Lebenspartnerschaft anwendbar sind. Da die Lebenspartnerschaft allerdings – wie die Ehe – eine gesteigerte, auf Lebenszeit angelegte Beziehung zwischen den Lebenspartnern begründet, muss dies bei der Auslegung der §§ 116 ff. BGB berücksichtigt werden.[361] Daraus folgt, dass Irrtümer über Eigenschaften des Lebenspartners nur dann zur Anfechtung nach § 119 Abs. 2 BGB berechtigen, wenn sie einen ver-ständigen Menschen von der Begründung einer derart dauerhaften Beziehung ab-halten könnten, z.B. HIV- oder Aidsinfektion eines Partners oder von einem Partner begangene schwere Straftaten.[362]
Die Vorschrift des BGB zur Aufhebung der Ehe in § 1314 Abs. 2 BGB listet eine Vielzahl von Willensmängeln auf, die zur Aufhebung der Ehe berechtigen.[363] Die Besonderheit dieser Aufhebungsregelungen liegt darin, dass sie sich in dreifacher

[359] So Battes, FuR 2002, S. 49, 54; Meyer/Mittelstädt, LPartG, S. 34; Hk-LPartG/Kemper, § 1 LPartG, Rn. 33; Kemper, FPR 2001, S. 449, 452; Lipp, StAZ 2002, S. 354, 358; Palandt/Brudermüller, § 1 LPartG, Rn. 8; Trimbach, NJ 2001, S. 399, 400; Rauscher, FamR, S. 505; v. Koppenfels-Spies, FPR 2003, S. 5, 6; Schwab, FamRZ 2001, S. 385, 388; Weinreich, FuR 2001, S. 481.
[360] So Grziwotz, DNotZ 2001, S. 280, 293; Detloff, NJW 2001, S. 2598, 2600.
[361] Kemper, FPR 2001, S. 449, 452.
[362] Kemper, FPR 2001, S. 449, 452.
[363] Schwab, FamR, Rn. 68.

Hinsicht von den allgemeinen Anfechtungsregeln der §§ 116 ff. BGB unterscheiden: Zum einen sind die Voraussetzungen, unter denen Willensmängel rechtlich beachtlich sind, im Hinblick auf die besonderen Verhältnisse des Eherechts modifiziert, z.B. haben Willensmängel – bis auf die arglistige Täuschung, Drohung und Unwissen über die Eheschließung – keine Bedeutung.
Zum anderen berechtigen Willensmängel nicht zu einer Anfechtung durch formlose einseitige Erklärung, sondern nur zur Aufhebung durch gerichtliches Gestaltungsurteil (§ 1313 S. 1 BGB). Schließlich hat das Aufhebungsurteil – anders als die Anfechtung nach § 142 Abs. 1 BGB – keine rückwirkende Kraft – wie § 142 Abs. 1 BGB – sondern nur Wirkung für die Zukunft (§ 1313 S. 2 BGB).[364] Außerdem können in bestimmten Fällen große Unterschiede bei den Rechtsfolgen der Aufhebung der Ehe nach § 1318 BGB und den Rechtsfolgen einer Anfechtung nach den §§ 116 ff. BGB vorliegen.
In § 1318 Abs. 1 BGB wird angeordnet, dass die Folgen einer Aufhebung denen über die Scheidung entsprechen. Demnach finden die §§ 1569 bis 1586 b BGB über den Geschiedenenunterhalt zu Gunsten desjenigen Ehegatten Anwendung, der die Aufhebbarkeit der Ehe nicht kannte, oder in den Fällen des § 1314 Abs. 2 Nr. 3 und 4 BGB von dem anderen Ehegatten oder mit dessen Wissen getäuscht oder bedroht worden ist.[365] Erfolgt eine Anfechtung nach § 119 BGB kommt ein Schadensersatzanspruch des Anfechtungsgegners aus § 122 BGB in Betracht.[366] Erfolgt die Anfechtung nach § 123 BGB kann es einen Schadensersatzanspruch des Anfechtenden aus § 823 Abs. 2 BGB i.V.m den strafrechtlichen Vorschriften des Vermögensschutzes z.B. § 253, 263 StGB geben.[367] Unter Umständen kann auch ein Anspruch aus § 826 BGB vorliegen.
Jedoch sind auch Parallelen zur Lebenspartnerschaft zu verzeichnen: Sowohl bei der Aufhebung der Ehe nach § 1314 Abs. 2 Nr. 3 und 4 BGB wegen arglistiger Täuschung oder widerrechtlicher Drohung als auch bei der Anfechtung der Willenserklärung zur Begründung der Lebenspartnerschaft nach § 123 Abs. 1 BGB muss eine Frist von einem Jahr eingehalten werden (§ 1317 Abs. 1 S. 1 BGB/§ 124 BGB). Die Fristenregelungen sind allerdings unterschiedlich, wenn sich ein Lebenspartner oder Ehegatte nicht dessen bewusst ist, dass es sich um die Begründung einer Lebenspartnerschaft, bzw. um eine Eheschließung handelt. Eine Anfechtung nach § 119 Abs. 1 S. 1 2. Hs. BGB muss unverzüglich erfolgen, während im entsprechenden Fall bei der Aufhebung der Ehe § 1314 Abs. 2 Nr. 2 BGB eine Jahresfrist eingeräumt wird. In diesem Fall ist die Anfechtung der Willenserklärung zur Begründung der Lebenspartnerschaft an strengere Voraussetzungen geknüpft als die Rücknahme der Erklärung zur Eheschließung, da bei der Lebenspartnerschaft die Frist viel kürzer bemessen ist.

[364] Schlüter, FamR, Rn. 28.
[365] Schlüter, FamR, Rn. 32.
[366] Hk-LPartG/Kemper, § 1 LPartG, Rn. 60.
[367] Hk-LPartG/Kemper, § 1 LPartG, Rn. 60.

## III. Personenrechtliche Folgen des Abschlusses einer Lebenspartnerschaft

Die Begründung einer Lebenspartnerschaft zeitigt kraft Gesetzes eine Vielzahl von personenrechtlichen Konsequenzen für die Lebenspartner.

### 1. Lebenslange Partnerschaft

Während nach § 1353 Abs. 1 BGB die Ehe auf Lebenszeit geschlossen wird, fehlt es bei der Lebenspartnerschaft an einer solchen ausdrücklichen Normierung. Die Lebenspartnerschaft stellt trotzdem in gleicher Weise wie die Ehe eine auf Lebenszeit angelegte Rechtsgemeinschaft dar.[368] Dies ergibt sich bereits aus der Bezeichnung „Lebenspartnerschaft." Darüber hinaus wird auch in § 1 Abs. 1 S. 1 LPartG auf eine lebenslängliche Beziehung der Partner angespielt, denn zur Begründung der Lebenspartnerschaft müssen die Partner erklären, „miteinander eine Partnerschaft auf Lebenszeit" führen zu wollen.[369] Weiterhin hat die lebenslange Dauer der Gemeinschaft als Zielvorstellung auch die Auflösung der Lebenspartnerschaft geprägt, denn die Aufhebung der Lebenspartnerschaft bewirkt keine endgültige Trennung der Partner, da auch nach ihrem Ende die Möglichkeit eines lebenslangen Unterhaltsanspruchs besteht (§ 16 LPartG).[370]

### 2. Partnerschaftliche Lebensgemeinschaft

#### a. Beistandspflicht

Eine Lebenspartnerschaft bewirkt nach § 2 S. 1 LPartG eine Pflicht der Lebenspartner, füreinander zu sorgen und sich gegenseitig zu unterstützen, sowie eine Verpflichtung der Lebenspartner zur gemeinsamen Lebensgestaltung.[371] Außerdem tragen die Partner füreinander Verantwortung (§ 2 S. 2 LPartG).[372]

Die Eheleute sind einander zur ehelichen Lebensgemeinschaft verpflichtet (§ 1353 Abs. 1 1. Hs. BGB). Auch Ehegatten sind nach § 1353 Abs. 1 2. Hs. BGB füreinander verantwortlich.

Der Gesetzgeber hat sich bei den Eheregelungen einer Generalklausel bedient, anstatt die persönlichen Pflichten der Ehepartner untereinander – wie bei der Lebenspartnerschaft – einzeln aufzuzählen. Die Rechtsprechung hat in mehreren Jahrzehnten einen Katalog von ehelichen Pflichten herausgearbeitet, die unter die Verpflichtung der Ehegatten zur „ehelichen Lebensgemeinschaft" (§ 1353 BGB) fallen.[373] Zu den sich aus § 1353 BGB ergebenden Pflichten gehören beispielsweise die gegenseitige Liebe und Achtung, Unterstützung und Hilfeleistung in

---

368 Rauscher, FamR, Rn. 748; Battes, FuR 2002, S. 113, 119; Meyer/Mittelstädt, LPartG, S. 39; Palandt/Brudermüller, § 2 LPartG Rn. 1; Lipp, StAZ 2002, S. 354, 355; Detloff, NJW 2001, S. 2598, 2600; Schwab, FamRZ, S. 385, 390; a.A. Dorsel, RNotZ 2001, S. 151; Kaiser, JZ 2001, S. 617, 618.

369 Meyer/Mittelstädt, LPartG, S. 39; Hk-LPartG/Kemper, § 2 LPartG, Rn. 3.

370 Battes, FuR 2002, S. 113, 119; Hk-LPartG/Kemper, § 1 LPartG, Rn. 2.

371 Muscheler, Rn. 135.

372 Hk-LPartG/Kemper, § 2 LPartG, Rn. 12; Hohloch, FamR, Rn. 1169; Muscheler, LPartG, Rn. 139; Detloff, NJW 2001, S. 2598, 2600, Kaiser JZ, 2001, S. 617, 618.

373 Palandt/Brudermüller, § 1353 Rn. 6 ff.

allen Lebenslagen, Rücksichtnahme auf den anderen und die Sorge für die gemeinschaftlichen Kinder sowie für die Person des anderen Ehegatten.[374]
Die Pflicht zur Fürsorge und Unterstützung der Lebenspartner stimmt mit der Beistandspflicht der Ehegatten, die sich aus der „ehelichen Lebensgemeinschaft" ergibt, überein.[375] Bei der Lebenspartnerschaft handelt es sich auch – wie bei der Ehe – um eine Einstehens- und Verantwortungsgemeinschaft.[376] Die Partner sollen zur wechselseitigen Unterstützung und Hilfeleistungen in allen Lebenslagen verpflichtet sein.[377]

### b. Gemeinsame Lebensgestaltung

Was unter der Pflicht zur „gemeinsamen Lebensgestaltung" zu verstehen ist, wird vom Gesetzgeber nicht näher erläutert. Möglicherweise kann auf die Pflichten bei der Ehe aus § 1353 Abs. 1 S. 2 1. Hs. BGB zurückgegriffen werden.
Zu den Pflichten der Ehegatten aus der „ehelichen Lebensgemeinschaft" gehören nach herrschender Ansicht auch das Zusammenleben in häuslicher Gemeinschaft[378], die Geschlechtsgemeinschaft[379] und die Pflicht zur ehelichen Treue.[380] Es stellt sich hier somit die Frage, ob der Gesetzgeber die Lebenspartner durch die Einführung der „Pflicht zur gemeinsamen Lebensgestaltung"[381] wie Ehegatten zur Führung eines gemeinsamen Haushaltes, zu einer Sexualgemeinschaft und zur lebenspartnerschaftlichen Treue, verpflichten wollte.
Der Gesetzgeber scheint jedenfalls aus der Rückschau davon auszugehen, dass die Lebenspartner zusammenleben und einen gemeinsamen Haushalt führen, sonst ergäben der spezielle Unterhaltstatbestand für den Fall des Getrenntlebens in § 12 LPartG und § 13 LPartG zur Hausratsverteilung bei Getrenntleben keinen Sinn.[382]
Aus der Tatsache, dass die Lebenspartner im Regelfall zusammenleben, lässt sich jedoch noch keine Pflicht zur häuslichen Gemeinschaft der Lebenspartner entnehmen.[383]
Angesichts der abweichenden Formulierungen in § 2 LPartG, wonach die Lebenspartner zur gemeinsamen Lebensgestaltung verpflichtet sind, und in § 1353

---

374 Schlüter, FamR, Rn. 42.
375 Hk-LPartG/Kemper, § 2 LPartG, Rn. 8; Schwab, FamRZ 2001, S. 385, 390.
376 BT-Drucks. 14/3751, S. 36; Weinreich, FuR 2001, S. 481, 482; Meyer/Mittelstädt, LPartG, S. 40; Palandt/Brudermüller, § 2 LPartG Rn. 1; Trimbach, NJ 2001, S. 399, 401; Kaiser JZ 2001, S. 617, 618.
377 BT-Drucks. 14/3751, S. 36; Kemper, FPR 2001, S. 449, 454.
378 BGH NJW 1987, S. 1761, 1762; BGH FamRZ 1990, S. 492, 495; Jauernig/Schlechtriem, § 1353 BGB, Rn. 3; Palandt/Brudermüller, § 1353 BGB Rn. 7; Staudinger/Hübner/Voppel, § 1353 BGB, Rn. 69 ff.
379 BGH NJW 1967, S. 1078, 1079; Staudinger/Hübner/Voppel, § 1353 BGB, Rn. 34-36; Jauernig/Schlechtriem, § 1353 BGB, Rn. 3; Palandt/Brudermüller, § 1353 BGB, Rn. 5.
380 Palandt/Brudermüller, § 1353, Rn. 7.
381 Diese Pflicht war im vorherigen Entwurf v. 4.7.2000 noch nicht enthalten.
382 Kaiser, JZ 2001, S. 617, 619; Schwab, FamRZ 2001, S. 385, 391; Weinreich, FuR 2001, S. 481, 482.
383 Grziwotz, DNotZ 2001, S. 280, 284; Kemper, FPR 2001, S. 449, 454; Weinreich, FuR 2001, S. 481, 482; Hk-LPartG/Kemper, § 2 LPartG, Rn. 9.

Abs. 1 S. 2 BGB, der eine Pflicht der Ehegatten zur ehelichen Lebensgemeinschaft anordnet,[384] kann man davon ausgehen, dass es sich nicht um dieselben Pflichten bei der Lebenspartnerschaft wie bei der Ehe handelt.[385] Außerdem wird bei der Lebenspartnerschaft – in Abweichung zur Ehe – auf Regeln zur gemeinsamen Haushaltsführung und Erwerbstätigkeit verzichtet.[386] Dies spricht ebenfalls dafür, dass keine Pflicht zur Führung eines gemeinsamen Haushaltes besteht.[387]
Ausnahmsweise kann sich allerdings eine Verpflichtung zu einer häuslichen Gemeinschaft ergeben, wenn sich dies aus der Pflicht zur gegenseitigen Fürsorge ergibt, z.B. wenn ein Partner auf die Pflege und Betreuung des anderen angewiesen ist.[388]
Für eine Pflicht zur Sexualgemeinschaft könnte zunächst sprechen, dass im Rahmen der Anhörung des Rechtsausschusses thematisiert wurde, dass die Lebenspartnerschaft ohne Geschlechtsgemeinschaft der Partner gestaltlos bliebe – denn alleinige Solidarpflichten wie Fürsorge, Unterstützung und Verantwortung könnten unabhängig von einer geschlechtlichen Orientierung übernommen werden. Dann sei aber nicht einzusehen, warum nicht auch verschiedengeschlecht-liche Paare oder Geschwister eine eingetragene Partnerschaft begründen könnten.[389] Überdies erwähnt das Gesetz in seiner amtlichen Überschrift ebenfalls den Begriff der „Lebensgemeinschaft." Dadurch erkennt der Gesetzgeber an, dass sexuelle Beziehungen zwischen gleichgeschlechtlichen Partnern zumindest ein Grund für die Lebenspartnerschaft sein kann.[390] Weiterhin wird als Ziel des Gesetzes die Schaffung eines gesicherten Rechtsrahmens für das Zusammenleben der Partner unter Einbeziehung ihrer „gleichgeschlechtlichen Identität" und „gleichgeschlechtlichen Beziehung" angeführt.[391] Ebenfalls soll nach der Begründung zum Koalitionsentwurf die Rechtsprechung zu § 1353 BGB, die von einer Pflicht der Ehegatten zur gemeinsamen Haushaltsführung und Sexualgemeinschaft ausgeht, zur Auslegung des § 2 LPartG herangezogen werden.[392]
Trotzdem unterscheidet sich der Wortlaut des § 2 LPartG, durch den die Pflicht zur gemeinsamen Lebensgestaltung bei der Lebenspartnerschaft festgeschrieben ist, eindeutig von dem in § 1353 BGB, der eine eheliche Lebensgemeinschaft der Ehegatten anordnet. Der Gesetzgeber hat darauf verzichtet eine Pflicht zur Sexualgemeinschaft in § 2 LPartG selbst aufzunehmen.[393] Zudem wäre die zuständige Behörde auch gar nicht in der Lage, die Voraussetzung einer Geschlechtsgemeinschaft zu überprüfen.

---

[384] Detloff, NJW 2001, S. 2598, 2600.
[385] Holzhauer, JZ 2000, S. 1076, 1085; v. Koppenfels-Spies, FPR 2003, S. 5, 7; Detloff, NJW 2001, S. 2598, 2600; Grziwotz, DNotZ 2001, S. 280, 284.
[386] Hk-LPartG/Kemper, § 2 LPartG, Rn. 2.
[387] Palandt/Brudermüller, § 2 LPartG Rn. 2.
[388] Hk-LPartG/Kemper, § 2 LPartG, Rn. 10.
[389] Schwab, FamRZ 2001, S. 385, 390.
[390] Grziwotz, DNotZ 2001, S. 289, 290.
[391] BT-Drucks. 14/3751, S. 33.
[392] BT-Drucks. 14/3751, S. 36.
[393] Muscheler, LPartG, Rn. 46.

Ob die zwei Personen gleichen Geschlechts eine homosexuelle Beziehung miteinander haben oder nicht, bleibt somit der autonomen Entscheidung der Partner überlassen.[394] Es ist nicht einmal erforderlich, dass die Personen überhaupt homosexuell sind.[395] Es können auch zwei lediglich befreundete Männer oder zwei befreundete Frauen eine Lebenspartnerschaft abschließen.
Liegt eine sexuellen Beziehung zwischen den Lebenspartnern vor, ist eine Pflicht zur Treue nicht anzunehmen.[396] Die Lebenspartner können Treuepflichten allerdings ausdrücklich oder stillschweigend miteinander vereinbaren.
Im Gegensatz zur Lebenspartnerschaft hat bei der Ehe jeder Ehegatte einen Rechtsanspruch auf Herstellung der Geschlechtsgemeinschaft.[397] Die Vollstrekkung eines auf Herstellung des ehelichen Lebens gerichteten Titels ist jedoch nach § 888 Abs. 3 ZPO auf Grund ihres Charakters als personale Pflicht untersagt.[398] Es handelt sich deshalb bei der Ehe nur um einen „ideellen Anspruch“.[399]

### 3. Name

Der Abschluss einer Lebenspartnerschaft gibt den Lebenspartnern die Möglichkeit, bei der Begründung der Lebenspartnerschaft oder auch noch nachträglich bei öffentlicher Beglaubigung der Erklärung einen gemeinsamen Lebenspartnerschaftsnamen zu wählen (§ 3 LPartG).[400] Zum Lebenspartnerschaftsnamen können sie nach § 3 Abs. 1 S. 2 LPartG den Geburtsnamen eines der Partner bestimmen. Derjenige, dessen Name nicht Partnerschaftsname wird, kann seinen bisherigen Namen als Begleitnamen dem gemeinsamen Namen anfügen oder voranstellen.[401] Namen, die aus mehr als zwei Namen zusammengesetzt sind, sind nicht zugelassen (§ 3 Abs. 2 S. 2 LPartG). § 3 LPartG regelt zudem die Modalitäten, unter denen die Namenswahl der Partner Wirkung erlangt: Zur Wirksamkeit muss die Erklärung vor der zuständigen Behörde erfolgen. Bestimmen die Lebenspartner keinen gemeinsamen Lebenspartnerschaftsnamen, behält jeder Partner den Namen, den er zur Zeit der Begründung der Lebenspartnerschaft führt (Umkehrschluss aus § 3 Abs. 1 S. 1 LPartG).[402] Auch nach Beendigung der Lebenspartnerschaft kann ein Lebenspartner nach § 3 Abs. 3 S. 1 LPartG den Lebenspartnerschaftsnamen behalten.[403] Er kann aber auch durch Erklärung seinen Geburtsnamen oder den Namen wieder annehmen, den er bis zur Bestimmung des Lebenspartnerschafts-

---

[394] Meyer/Mittelstädt, LPartG, S. 40; Grziwotz, DNotZ 2001, S. 280, 289; Detloff, NJW 2001, S. 2598, 2600; Muscheler, LPartG, Rn. 46; v. Koppenfels-Spies, FPR 2003, S. 5, 7; Hk-LPartG/Kemper, § 1 LPartG, Rn. 7. Für eine sexuell neutrale Beziehung auch Schwab in der Anhörung des Rechtsausschusses: BT-Drucks. 14/4450, S. 50.
[395] Kemper, FPR 2001, S. 449, 450; ders. in: FF 2001, S. 156; Meyer/Mittelstädt, LPartG, S. 38; Muscheler, LPartG, Rn. 46.
[396] Palandt/Brudermüller, § 2 LPartG Rn. 2; a.A. Hk-LPartG/Kemper, § 1 LPartG, Rn. 16.
[397] Muscheler, LPartG, Rn. 46.
[398] Ziegler/Mäuerle, FamR, Rn. 61.
[399] Ziegler/Mäuerle, FamR, Rn. 61.
[400] Lipp, StAZ 2002, S. 354, 361; Trimbach, NJ 2001, S. 399, 401.
[401] Weinreich, FuR 2001, S. 481, 482.
[402] Hk-LPartG/Kemper, § 3 LPartG, Rn. 15.
[403] Schwab, FamRZ 2001, S. 385, 390; Palandt/Brudermüller, § 3 LPartG, Rn. 4.

namens geführt hat, oder seinen Geburtsnamen dem Lebenspartnerschaftsnamen voranstellen oder anfügen.[404]
Ehegatten haben ebenfalls die Möglichkeit, einen gemeinsamen Ehenamen zu bestimmen (§ 1355 BGB).[405] Der gemeinsame Ehename scheint dem Gesetzgeber aber wichtiger zu sein als der gemeinsame Partnerschaftsname, denn die Ehegatten „sollen" einen gemeinsamen Ehenamen bestimmen, während die Lebenspartner fakultativ einen gemeinsamen Namen bestimmen „können".[406] Ansonsten haben die Ehegatten und die Lebenspartner dieselben Namensvarianten zur Auswahl; es müssen dieselben Voraussetzungen zur Wirksamkeit des gemeinsamen Namens wie bei der Lebenspartnerschaft erfüllt werden.[407] Nach der Scheidung gilt bezüglich des Ehenamens nichts anderes als für Lebenspartner nach der Beendigung der Lebenspartnerschaft.

### 4. Lebenspartnerschaft und Sorgerecht für Kinder

Das Lebenspartnerschaftsgesetz enthält keine Möglichkeit der gemeinsamen Adoption durch eingetragene Lebenspartner wie dies beispielsweise in den Niederlanden der Fall ist.[408] Da Lebenspartner mangels Ergänzung der Adoptionsvorschriften nicht als verheiratet gelten, sind sie nach § 1741 Abs. 2 S. 1 BGB auf eine Einzeladoption beschränkt.[409] Auch die einem neuen Ehepartner mögliche Stiefkindadoption ist dem Lebenspartner verwehrt. Das leibliche Kind seines Partners kann er nicht mit der Folge annehmen, dass es wie nach § 1754 Abs. 1 BGB die rechtliche Stellung eines gemeinschaftlichen Kindes erlangt.[410]
Lediglich durch Schaffung eines so genannten kleinen Sorgerechts des Partners trägt das Lebenspartnerschaftsgesetz der Realität Rechnung, dass auch in einer eingetragenen Lebenspartnerschaft minderjährige Kinder leben können. Dem Lebenspartner des allein sorgeberechtigten Elternteils, der selbst nicht Elternteil des Kindes ist, werden durch die Begründung einer Lebenspartnerschaft im Einvernehmen mit dem Elternteil Befugnisse zur Mitentscheidung in Angelegenheiten des täglichen Lebens des Kindes eingeräumt (§ 9 Abs. 1 LPartG).[411]

---

404 Detloff NJW 2001, S. 2598, 2600; Hk-LPartG/Kemper, § 3 LPartG, Rn. 16.
405 Rauscher, FamR, S. 506; Detloff, NJW 2001, S. 2598, 2600.
406 Palandt/Brudermüller, § 3 LPartG, Rn. 1; Schwab, FamRZ 2001, S. 385, 388; Kaiser, JZ 2001, S. 617, 618; Trimbach, NJ 2001, S. 399, 401; Muscheler, LPartG, Rn. 153; Detloff NJW 2001, S. 2598, 2600.
407 Palandt/Brudermüller, § 3 LPartG, Rn. 2; Muscheler, LPartG, Rn. 154; Detloff, NJW 2001, S. 2598, 2600.
408 Kemper, FF 2001, S. 156, 161; Detloff, NJW 2001, S. 2598, 2602; Muscheler, LPartG, Rn. 179; Kaiser, JZ 2001, S. 617, 623; Trimbach, NJ 2001, S. 399, 402; Schwab, FamRZ 2001, S. 385, 394. Seit Ende 2000 ist in den Niederlanden die gemeinschaftliche Annahme von Kindern unter denselben Voraussetzungen zulässig wie bei heterosexuellen Eheleuten.
409 Kaiser, JZ 2001, S. 617, 624; Detloff, NJW 2001, S. 2598, 2602.
410 Müller, DNotZ 2001, S. 581, 587; Battes, FuR 2002, S. 113, 116; Detloff, NJW 2001, S. 2598, 2602.
411 Schomburg, KindPrax 2001, S. 103, 103; Schwab, FamRZ 2001, S. 385, 394; Weinreich, FuR 2001, S. 481, 485; Rauscher, FamR, S. 511; Kemper, FF 2001, S. 156, 161; Müller, DNotZ

Das Mitentscheidungsrecht steht dem Lebenspartner nicht zu, wenn beide Eltern des in der Lebenspartnerschaft lebenden Kindes das Sorgerecht haben.[412] In den Fällen, in denen der Lebenspartnerschaft eine Ehe vorausgegangen ist, aus der Kinder stammen, muss daher immer erst die Alleinsorge des Lebenspartners, der Elternteil der Kinder ist, herbeigeführt werden, wenn sein Lebenspartner durch das kleine Sorgerecht an der Sorge beteiligt werden soll.[413]
Wann das erforderliche Einvernehmen vorliegt und wie es wieder eingeschränkt werden kann, ist streitig. Nach einer Meinung kann das einmal erklärte Einvernehmen nur durch eine Entscheidung des Familiengerichts nach § 9 Abs. 3 LPartG wieder eingeschränkt werden, denn dadurch würden fortwährende Streitigkeiten zwischen den Partnern vermieden, die das Kindeswohl beeinträchtigen könnten.[414]
Nach anderer Ansicht muss der allein sorgeberechtigte Lebenspartner sein Einvernehmen jederzeit widerrufen können, wenn sich die Beteiligung des anderen Lebenspartners als nicht seinen Wünschen entsprechend herausstellt.[415] Vorzugswürdig ist die Annahme einer jederzeitigen Widerrufmöglichkeit des Einvernehmens, da es sich bei dem kleinen Sorgerecht nur um ein abgeleitetes Sorgerecht handelt und es nicht auf einer eigenen Rechtsbeziehung zu dem Kind beruht. Außerdem ist es einerseits wichtig, dass das Sorgerecht einem Lebenspartner nicht aufgezwungen wird, aber andererseits auch, dass sich der andere Lebenspartner nicht in die Eltern-Kind-Beziehung seines Partners hineindrängt. Das Argument, dass die Unwiderruflichkeit des Einvernehmens Streitereien unter den Lebenspartnern hervorruft und somit das innere Gleichgewicht des Kindes beeinträchtigen könnte, kann nicht überzeugen, denn durch das Aufrechterhalten des Sorgerechts werden gerade Probleme zwischen den Lebenspartnern verursacht. Diese können vermieden werden, wenn nur ein Lebenspartner das Sorgerecht hat. Außerdem steht der sorgeberechtigte leibliche Elternteil dem Kind meist näher als der andere Lebenspartner. Aus diesem Grund muss die Eltern-Kind-Beziehung in jedem Fall vorgehen. Es ist somit von einer jederzeitigen Widerrufsmöglichkeit des Einvernehmens auszugehen.
Was unter „Mitentscheidungsrecht“ des Partners, der nicht Elternteil des Kindes ist, gemeint ist, ist ebenfalls unklar. Verstünde man diesen Begriff als echtes Sorgerecht – nur sachlich beschränkt auf Angelegenheiten des täglichen Lebens und zeitlich auf den Zeitraum bis zum Widerruf des Einvernehmens –, dann müsste konsequenterweise angenommen werden, dass der das Einvernehmen ertei-lende sorgeberechtigte Partner auf diese Weise seine eigenen Befugnisse reduziert. Im Außenverhältnis könnte dann nur Gesamtvertretungsmacht nach § 1629 Abs. 1 S. 2

---

2001, S. 581, 588; Muscheler, LPartG, Rn. 180; Mayer, ZEV 2001, S. 169, 172; Kaiser, JZ 2001, S. 617, 624.

[412] Müller, DNotZ 2001, S. 581, 588; Detloff, NJW 2001, S. 2598, 2602; Epple, BWNotZ 2001, S. 44, 46.

[413] Kemper, FF 2001, S. 156, 161; Müller, DNotZ 2001, S. 581, 588.

[414] BT-Drucks. 14/3751, S. 38.

[415] Kemper, FF 2001, S. 156, 161; Battes, FuR 2002, S. 113, 117; so auch Meyer/Mittelstädt, LPartG, S. 49.

BGB angenommen werden.[416] Dies wird aber der Tatsache nicht gerecht, dass es sich um ein abgeleitetes Sorgerecht handelt.[417] Außerdem kann dies zu praktischen Schwierigkeiten führen, z.B. wenn sich der Arzt, der das Kind behandelt, erst der Zustimmung des anderen Partners der Lebenspartnerschaft versichern müsste, obschon er den allein sorgeberechtigten Elternteil vor sich hat.[418]
Nach der Legaldefinition des § 1687 Abs. 1 S. 3 BGB sind Entscheidungen in Angelegenheiten des täglichen Lebens in der Regel solche, die häufig vorkommen und die keine schwer abzuändernden Auswirkungen auf die Entwicklung des Kindes haben.[419] Damit hat der Lebenspartner ein Mitentscheidungsrecht, insbesondere bei den praktisch im Vordergrund stehenden Fragen der täglichen Betreuung und Versorgung des Kindes, aber auch in Alltagsfragen, die im schulischen Leben und in der Berufsausbildung des Kindes vorkommen.[420] Dies gilt auch für Entscheidungen, die im Rahmen der gewöhnlichen medizinischen Versorgung des Kindes zu treffen sind.[421]
Da die elterliche Sorge auch die Vertretung des Kindes umfasst (§ 1629 Abs. 1 S. 1 BGB), steht dem Lebenspartner im Rahmen eines „kleinen Sorgerechts", d.h. in Angelegenheiten des täglichen Lebens des Kindes, auch ein Vertretungsrecht für das Kind zu.[422] Dies ergibt sich auch aus dem Umkehrschluss aus § 9 Abs. 1 S. 2 LPartG, da durch die Verweisung auf § 1629 Abs. 2 S. 1 BGB der mitberechtigte Partner von der Vertretung des Kindes ausgeschlossen ist, wenn auch nach § 1795 BGB ein Vormund von der Vertretung ausgeschlossen wäre.[423] Zur Vermeidung von Interessenkollisionen wird in § 9 Abs. 1 S. 2 LPartG die entsprechende Anwendung des § 1629 Abs. 2 S. 1 BGB angeordnet.[424]
§ 9 Abs. 2 LPartG räumt dem Lebenspartner ebenfalls ein Notvertretungsrecht ein: Bei Gefahr im Verzug ist der Lebenspartner dazu berechtigt, alle Rechtshandlungen vorzunehmen, die zum Wohl des Kindes notwendig sind (§ 9 Abs. 2 LPartG).[425] Diese Regelung hat insbesondere Bedeutung bei Unfällen, Krankheiten und Verletzungen des Kindes.[426] Kann die Mitwirkung des sorgeberechtigten Elternteils nicht rechtzeitig eingeholt werden, ist der Lebenspartner berechtigt, alle notwendigen Rechtshandlungen allein vorzunehmen. Der sorgeberechtigte Elternteil ist danach unverzüglich zu unterrichten (§ 9 Abs. 2 2. Hs. LPartG). Insofern

416 Schwab, FamRZ 2001, S. 385, 394; Kemper, FF 2001, S. 156, 162.
417 Battes, FuR 2002, S. 113, 117; Weinreich, FuR 2001, S. 481, 485.
418 Schwab, FamRZ 2001, S. 385, 394.
419 Weinreich, FuR 2001, S. 481, 485.
420 BT-Drucks. 14/3751, S. 39.
421 Entwurf der Bundesregierung für ein Gesetz zur Reform des Kindschaftsrechts, BT-Drucks. 13/4899, S. 107.
422 BT-Drucks. 14/3751, 39; Trimbach, NJ 2001, S. 399, 402; Detloff, NJW 2001, S. 2598, 2602.
423 Kemper, FF 2001, S. 156, 162.
424 BT-Drucks. 14/3751, S. 39.
425 Kemper, FF 2001, S. 156, 162; Weinreich, FuR 2001, S. 481, 485; Detloff, NJW 2001, S. 2598, 2602; Muscheler, LPartG, Rn. 194; Trimbach, NJ 2001, S. 399, 402.
426 BT-Drucks. 14/3751, S. 39.

steht der Lebenspartner, der nicht Elternteil ist, den gemeinsam sorgeberechtigten Elternteilen gleich (§ 1629 Abs. 1 S. 4 BGB).[427]
Das „kleine Sorgerecht“ wird dem nicht sorgeberechtigten Lebenspartner jedoch nicht uneingeschränkt eingeräumt. Falls dies zum Wohl des Kindes erforderlich ist, kann das Familiengericht die Befugnisse des Lebenspartners einschränken (§ 9 Abs. 3 LPartG).[428] Insoweit ist die Eingriffsschwelle bei der Lebenspartnerschaft niedriger als bei der Ehe, denn nach § 1666 Abs. 1 BGB kann das Familiengericht nur eingreifen, wenn das körperliche, geistige oder seelische Wohl des Kindes oder sein Vermögen durch missbräuchliche Ausübung der elterlichen Sorge, durch Vernachlässigung des Kindes, durch unverschuldetes Versagen der Eltern oder durch das Verhalten eines Dritten gefährdet wird.[429] Außerdem endet das „kleine Sorgerecht“ nach § 9 Abs. 4 LPartG dann, wenn die Lebenspartner nicht nur vorübergehend getrennt leben.[430]
Dem Ehegatten eines allein sorgeberechtigten Elternteils, der nicht Elternteil des Kindes ist, steht ebenfalls ein „kleines Sorgerecht“ zu, das dem eines Lebenspartners entspricht.[431] Im Übrigen ergeben sich bezüglich des Mitentscheidungsrechts des Ehegatten keine Unterschiede zu der Regelung bei der Lebenspartnerschaft. Dies liegt daran, dass im Zusammenhang mit der Einführung des LPartG unter anderem ein neuer § 1687 b in das BGB eingefügt wurde, der wortwörtlich mit § 9 LPartG übereinstimmt.[432]
Darüber hinaus erhält der Eingetragene Lebenspartner sowie ein Ehegatte eines Elternteils, der mit dem Kind längere Zeit in häuslicher Gemeinschaft gelebt hat, ein Umgangsrecht mit dem Kind § 1685 Abs. 2 BGB.[433]
Das DiskrBG erstreckt den Schutz der Stieffamilie auch auf den Lebenspartner. In Zukunft kann daher auch ein Lebenspartner eines Elternteils, der mit diesem und dessen Kind über längere Zeit hinweg in einem gemeinsamen Haushalt gelebt hat, die Herausgabe des Kindes an den andere Elternteil verweigern, auch wenn dieser das alleinige Aufenthaltsbestimmungsrecht hat, wenn die Herausgabe zu einer Gefährdung des Kindeswohls führen würde (§ 1682 S. 2 BGB n.F.).[434]

### 5. Der Lebenspartner als Familienangehöriger

§ 11 Abs. 1 LPartG stellt klar, dass der Lebenspartner als Familienangehöriger des anderen Lebenspartners gilt, soweit nichts anderes bestimmt ist.[435] Dies bewirkt,

---

427 Schwab, FamRZ 2001, S. 385, 394.
428 Detloff, NJW 2001, S. 2598, 2602; Muscheler, LPartG, Rn. 195.
429 Schwab, FamRZ 2001, S. 385, 394.
430 Kemper, FF 2001, S. 156, 161.
431 Battes, FuR 2002, S. 113, 116; Palandt/Brudermüller, § 9 LPartG, Rn. 1; Mayer, ZEV 2001, S. 169, 172; Kaiser, JZ 2001, S. 617, 624.
432 Art. 2 Abs. 10 LPartG.
433 Müller, DNotZ 2001, S. 581, 588; Kemper, FF 2001, S. 156, 162; Detloff, NJW 2001, S. 2598, 2602; Palandt/Brudermüller, § 9 LPartG, Rn. 3; Schwab, FamRZ 2001, S. 385, 395.
434 Motzer, FamRZ 2001, S. 1034, 1040; Palandt/Brudermüller, § 9 LPartG, Rn. 4; Kemper, FF 2001, S. 156, 162; Detloff, NJW 2001, S. 2598, 2602; Kaiser, JZ 2001, S. 617, 624; Schwab, FamRZ 2001, S. 385, 394.
435 Kaiser, JZ 2001, S. 617, 624.

dass alle gesetzlichen Regelungen, die das Normelement „Familienangehöriger" enthalten, auch für Lebenspartner Anwendung finden.[436] Die Einschränkung des zweiten Halbsatzes bezieht sich auf die Regelungsgebiete, in denen der Angehörige legal definiert ist, z.B. in § 11 Abs. 1 Nr. 1 StGB.[437]
Die Verwandten eines Lebenspartners gelten als mit dem anderen Lebenspartner verschwägert.[438] Für Ehegatten findet sich eine entsprechende Regelung in § 1590 BGB. Rechtliche Konsequenzen hat die Schwägerschaft vor allem bei der Zeugnisverweigerung und dem gesetzlichen Mitwirkungsverbot für einen Amtsträger in Angelegenheiten der Verwandten seines Lebenspartners.[439]

### 6. Sonstige personenrechtliche Folgen des DiskrBGes

Es finden sich über das ganze Recht verstreut Rechtsänderungen, die der Anerkennung des persönlichen Näheverhältnisses der Lebenspartner dienen. Es sollen jedoch nur folgende Regelungen herausgegriffen werden.

#### a. Ausländer- und Staatsangehörigkeitsrecht

Durch den neuen § 27 a AuslG, der durch Art. 3 § 11 Nr. 1 DiskrBG eingeführt worden ist, wird durch entsprechende Verweisung auf die §§ 17 ff. AuslG nun geregelt, dass der ausländische Lebenspartner eines Deutschen aufenthaltsrechtlich die gleichen Rechte und Pflichten hat wie ein ausländischer Ehepartner eines Deutschen oder einer Deutschen.[440] Dem ausländischen Lebenspartner eines deutschen Lebenspartners kann somit z.B. eine Aufenthaltserlaubnis für die Herstellung und Wahrung der lebenspartnerschaftlichen Gemeinschaft mit dem Ausländer erteilt werden.[441]
Durch Art. 3 § 1 DiskrBG wird eine Ergänzung des § 9 Abs. 1 StAG vorgenommen, so dass ein Lebenspartner eines deutschen Staatsangehörigen unter den gleichen Voraussetzungen eingebürgert werden kann wie ein Ehemann oder eine Ehefrau.[442]

#### b. Zeugnisverweigerungsrechte, Ausschluss wegen Interessenkonflikts und andere verfahrensrechtliche Vorteile

Durch Art. 3 § 16 Nr. 9 und § 18 Nr. 2 DiskrBG steht den Lebenspartnern entsprechend den Regeln für Ehegatten in Zivil- und Strafprozessen auf Grund von Änderungen der Zivilprozessordnung und der Strafprozessordnung ein Zeugnis-

---

[436] Schwab, FamRZ 2001, S. 385, 396; Trimbach, NJ 2001, S. 399, 402.
[437] BT-Drucks. 14/3751, S. 40.
[438] Schwab, FamRZ 2001, S. 385, 396.
[439] BT-Drucks. 14/3751, S. 40.
[440] Dietz, InfAuslR 2001, S. 268, 272; Arendt-Rojahn, FPR 2001, S. 464; Muscheler, LPartG, Rn. 150; Weinreich, FuR 2001, S. 481, 486; Trimbach, NJ 2001, S. 399, 402; Schwab, FamRZ 2001, S. 385, 397.
[441] Arendt-Rojahn, FPR 2001, S. 464; Trimbach, NJ 2001, S. 399, 402; Dietz, InfAuslR 2001, S. 268, 272; Muscheler, LPartG, Rn. 149.
[442] Muscheler, LPartG, Rn. 148; Schwab, FamRZ 2001, S. 385, 397; Trimbach, NJ 2001, S. 399, 403.

verweigerungsrecht zu (§ 383 Abs. 1 Nr. 2 a ZPO, § 52 Abs. 1 Nr. 2 a StPO n.F.).[443]
Es gibt jedoch nicht nur positive Auswirkungen für die Lebenspartner: Z.B. sind die Lebenspartner gemäß Art. 3 § 16 Nr. 1 DiskrBG von der Ausübung eines Richteramtes in Sachen des Lebenspartners ausgeschlossen, selbst wenn die Lebenspartnerschaft nicht mehr besteht (§ 41 Nr. 2 a ZPO).[444] Darüber hinaus ist beispielsweise die Kreditgewährung an den Lebenspartner eines Vorstandsmitgliedes einer Aktiengesellschaft nach Art. 3 § 28 Nr. 1 DiskrBG ausgeschlossen (§ 89 Abs. 3 S. 1 und § 115 Abs. 2 AktG).

## IV. Vermögensrechtliche Folgen des Abschlusses einer Lebenspartnerschaft

Die Begründung einer Lebenspartnerschaft erzeugt auch zahlreiche vermögensrechtliche Wirkungen.

### 1. Unterhalt während des Bestehens der partnerschaftlichen Lebensgemeinschaft

Die Lebenspartner trifft nach § 5 S. 1 LPartG zunächst eine gegenseitige Pflicht zur Gewährung eines angemessenen Unterhalts.[445]
Hinsichtlich des Umfangs der Unterhaltspflicht gelten die §§ 1360 a und 1360 b BGB entsprechend (§ 5 S. 2 LPartG).[446] Im Gegensatz zum Eherecht fehlt dem Partnerschaftsunterhalt allerdings der familiäre Bezug des § 1360 S. 1 BGB.[447] Dies hat zur Folge, dass der angemessene Unterhalt der Lebenspartnerschaft nur umfasst, was nach den Verhältnissen der Lebenspartner erforderlich ist, um die Kosten des Haushalts zu bestreiten und die persönlichen Bedürfnisse der Lebenspartner zu befriedigen (§ 5 S. 1 LPartG i.V.m. § 1360 a Abs. 1 BGB analog),[448] nicht jedoch die Kosten, um den Lebensbedarf von Kindern, die im Haushalt leben, zu decken.[449] Die zum gemeinsamen Unterhalt erforderlichen Mittel sind für einen angemessenen Zeitraum im Voraus zur Verfügung zu stellen (§ 5 S. 1 LPartG i.V.m. § 1360 a Abs. 2 S. 2 BGB analog). Die Unterhaltspflicht erstreckt sich auch darauf, dem anderen Lebenspartner im Rahmen der Billigkeit die Kosten eines Rechtsstreits in persönlichen Angelegenheiten vorzuschießen, sofern er sie nicht selbst tragen kann (§ 5 S. 1 LPartG i.V.m. § 1360 a Abs. 4 BGB).[450] Leistet ein Lebenspartner einen höheren Beitrag als ihm obliegt, so ist im Zweifel anzu-

---

443 Schwab, FamRZ 2001, S. 385, 396; Muscheler, LPartG, Rn. 151.
444 Weinreich, FuR 2001, S. 481, 486; Muscheler, LPartG, Rn. 150; Schwab, FamRZ 2001, S. 385, 397.
445 Mayer, ZEV 2001, S. 169, 170; Epple, BWNotZ 2001, S. 44, 46; Weinreich, FuR 2001, S. 481, 482; Dorsel, RNotZ 2001, S. 151, 152; Büttner, in: Schwab (Hrsg.), Die eingetragene Lebenspartnerschaft, S. 221, 223.
446 Hohloch, FamR, Rn. 1169.
447 Schwab, FamRZ 2001, S. 385, 391.
448 Weinreich, FuR 2001, S. 481, 482.
449 Detloff, NJW 2001, S. 2598, 2600; Schwab, FamRZ 2001, S. 385, 392.
450 Büttner, in: Schwab (Hrsg.), Die eingetragene Lebenspartnerschaft, S. 221, 224; Palandt/ Brudermüller, § 5 LPartG, Rn. 1.

nehmen, dass er nicht beabsichtigt, von dem anderen Ersatz zu verlangen (§ 1360 b BGB analog).[451]

Ehegatten sind einander ebenfalls zur Leistung von angemessenem Familienunterhalt verpflichtet (§ 1360 BGB). Die Unterhaltsverpflichtung des § 1360 BGB in der Ehe ist im Gegensatz zur Verpflichtung aus der Lebenspartnerschaft, die einen Individualunterhaltsanspruch eines Lebenspartners gegen den anderen begründet, darauf gerichtet, die Familie – nicht nur die Ehegatten – angemessen zu unterhalten.[452] Jeder Ehegatte kann deshalb kraft eigenen Rechts im eigenen Namen von dem anderen nicht nur seinen Unterhalt, sondern auch den Unterhalt für die gemeinsamen Kinder verlangen.[453]

Im Gegensatz zur Lebenspartnerschaft wird bei den Eheregelungen noch weiter ausgeführt, dass die Ehegatten der Familienunterhaltspflicht sowohl durch ihre Arbeit als auch durch ihr Vermögen nachkommen können (§ 1360 Abs. 1 BGB). Wodurch der jeweilige Unterhaltsbeitrag geleistet wird, entscheiden die Ehegatten selbst.[454] Der Ehegatte, dem die Haushaltsführung überlassen ist, erfüllt dadurch in der Regel seine Unterhaltspflicht (§ 1360 S. 2 BGB). Nur in Notsituationen – wenn die Einkünfte des berufstätigen Ehepartners nicht für den Familienunterhalt reichen – ist auch der haushaltsführende Ehegatte verpflichtet, eine Erwerbstätig-keit aufzunehmen.[455]

Eine § 1360 S. 2 BGB entsprechende Regelung, die besagt, dass ein Lebenspartner seiner Unterhaltspflicht durch die Haushaltsführung gerecht wird, fehlt im LPartG.[456]

Dies ist darauf zurückzuführen, dass die gleichgeschlechtlichen Lebenspartner keine gemeinsamen Kinder bekommen können und somit kein Anlass besteht, die Arbeit wegen gemeinsamer Kinder zeitweise oder auf Dauer so zu regeln, dass der eine Partner einer Erwerbstätigkeit nachgeht und der andere sich mit der Haushaltsführung und der Kindererziehung befasst.[457] Trotzdem wird es auch Lebenspartnerschaften geben, in denen nur ein Partner erwerbstätig ist, weil beispielsweise die Erziehung von Kindern aus einer früheren Beziehung ihn an einer Erwerbstätigkeit hindert.[458] Auch der Gesetzgeber hat in der Gesetzesbegründung zur Verweisung auf § 1357 BGB in § 8 Abs. 2 LPartG den Fall bedacht, dass nur ein Partner einer Erwerbstätigkeit nachgeht und der andere sich um häusliche Pflichten kümmert.[459] Ist die Haushaltsführung also einem der Lebenspartner über-

---

451 Palandt/Brudermüller, § 5 LPartG, Rn. 1.
452 Palandt/Brudermüller, § 1360 BGB, Rn. 1; Schlüter, FamR, Rn. 62.
453 Schlüter, FamR, Rn. 62.
454 Ziegler/Mäuerle, FamR, Rn. 80.
455 Ziegler /Mäuerle, FamR, Rn. 80.
456 Muscheler, LPartG, Rn. 99; Schwab, FamRZ 2001, S. 385, 391; Büttner, in: Schwab (Hrsg.), Die eingetragene Lebenspartnerschaft, S. 221, 223; Hk-LPartG/Kemper, § 5 LPartG, Rn. 2; Palandt/Brudermüller, § 5 LPartG, Rn. 1.
457 Meyer/Mittelstädt, LPartG, S. 44; Büttner, in: Schwab (Hrsg.), Die eingetragene Lebenspartnerschaft, S. 221, 223.
458 Muscheler, LPartG, Rn. 100.
459 BT-Drucks. 14/3751, S. 38.

lassen, so treffen die Lebenspartner damit in der Regel zugleich die stillschweigende Vereinbarung, dass der haushaltsführende Lebenspartner seine Verpflichtung, durch Arbeit zum Unterhalt der Partnerschaft beizutragen, durch die Führung des Haushaltes erfüllt.[460]

Art und Umfang der Unterhaltspflicht von Lebenspartnerschaft und Ehe stimmen grundsätzlich überein.[461] Dies ist auf die analoge Anwendung von §§ 1360 a und b BGB auf die Lebenspartnerschaft zurückzuführen.

Durch die Verweisung des § 1360 a Abs. 3 BGB auf die §§ 1613 bis 1615 BGB erlischt der Unterhaltsanspruch mit dem Tod des berechtigten oder des verpflichteten Lebenspartners (§ 1615 Abs. 1 BGB).[462]

Die Lebenspartner können jedoch nicht von den mit den Unterhaltspflichten korrespondierenden steuerrechtlichen Vorteilen profitieren, denn diese sind nicht im DiskrBG, sondern im Lebenspartnerschaftsergänzungsgesetz geregelt, das – wie bereits dargestellt[463] – noch nicht in Kraft getreten ist.[464]

### 2. Vermögensstand

Für die Gestaltung der vermögensrechtlichen Verhältnisse in der Lebenspartnerschaft gilt der Grundsatz der Privatautonomie.[465] Ein gesetzlicher Vermögensstand, der dann gilt, wenn keine Vereinbarung zu den vermögensrechtlichen Wirkungen getroffen wird, ist nicht vorgesehen.[466] Dies liegt daran, dass die Lebenspartner zur Wirksamkeit der Lebenspartnerschaft vorher einen Vermögensstand bestimmt haben müssen.[467]

Bei Ehegatten stellt demgegenüber der Güterstand der Zugewinngemeinschaft den gesetzlichen Normalfall dar, auch wenn die Ehegatten keine Bestimmung getroffen haben oder die Bestimmungen unwirksam sind (§ 1363 BGB).

Der Unterschied des LPartG zur Ehe, dass Lebenspartner vor Eingehung der eingetragenen Lebenspartnerschaft eine bewusste Entscheidung über den Vermögensstand treffen sollen und nicht ein gesetzlicher Vermögensstand der Ausgleichsgemeinschaft[468] – welcher dem Vermögensstand der Zugewinngemeinschaft bei der Ehe entspricht – besteht, ist darauf zurückzuführen, dass die Ausgleichsgemeinschaft bzw. die Zugewinngemeinschaft auf die Haushaltsführungsehe bzw. Lebenspartnerschaft zugeschnitten ist, d.h. eine Ehe, in der ein Teil allein oder

---

460 Muscheler, LPartG, Rn. 100.

461 Meyer/Mittelstädt, LPartG, S. 44.

462 Hk-LPartG/Kemper, § 5 LPartG, Rn. 2.

463 Siehe oben unter 1. Teil, § 2, 2., c.

464 Palandt/Brudermüller, § 5 LPartG, Rn. 1; Mayer, ZEV 2001, S. 169, 176; Trimbach, NJ 2001, S. 399, 401.

465 BT-Drucks. 14/3751, S. 37.

466 Welling, RNotZ 2002, S. 249, 250;

467 Rieger, in: Schwab (Hrsg.), Die eingetragene Lebenspartnerschaft, S. 186, 187; Palandt/Brudermüller, § 6 LPartG, Rn. 1; Mayer, ZEV 2001, S. 169, 170; Trimbach, NJ 2001, S. 399, 401; Hk-LPartG/Kemper, § 6 LPartG, Rn. 1; Battes, FuR 2002, S. 49, 50; Schwab, FamRZ 2001, S. 385, 388.

468 Entspricht der Zugewinngemeinschaft bei der Ehe.

überwiegend Haushalt und Kinder versorgt.[469] Da die gleichgeschlechtlichen Lebenspartner jedoch weder auf natürlichem Wege noch durch Adoption gemeinsame Kinder haben können, kann für die gleichgeschlechtliche Lebenspartnerschaft nicht von einer solchen Arbeitsteilung wie bei einer Haushaltsführungsehe ausgegangen werden.[470]

Für die Wahl des Vermögensstandes kommen zwei Wege in Frage: zum einen gemäß § 6 Abs. 1 S. 2, § 7 Abs. 2 LPartG die formfreie, d.h. auch mündlich mögliche Vereinbarung des Vermögensstandes der Ausgleichsgemeinschaft.[471] Zum anderen besteht die Möglichkeit, dass die Lebenspartner in einem notariell beurkundeten Lebenspartnerschaftsvertrag i.S.v. § 7 Abs. 1 LPartG einen anderen Vermögensstand vereinbaren.[472]

Wählen die Lebenspartner den Vermögensstand der Ausgleichsgemeinschaft, bleibt jeder Lebenspartner Eigentümer seines Vermögens, das er auch weiterhin selbst verwaltet (§ 6 Abs. 2 S. 1 und 2 LPartG).[473] Zwischen dem Güterstand der Ausgleichsgemeinschaft bei der Lebenspartnerschaft und dem ehelichen Güterstand der Zugewinngemeinschaft besteht kein Unterschied.[474] Auch beim Güterstand der Zugewinngemeinschaft werden das Vermögen des Mannes und der Frau nicht gemeinschaftliches Vermögen der Ehegatten (§ 1363 Abs. 2 BGB). Jeder Ehegatte verwaltet sein Vermögen selbständig (§ 1364 BGB).[475]

Auf Grund der Vielgestaltigkeit gleichgeschlechtlicher Lebensgemeinschaften ist die Wahl des Vermögensstandes, der den Verhältnissen in der konkreten Beziehung entspricht, grundsätzlich zu begrüßen.[476] Es ist jedoch mit Recht vielfach kritisiert worden, dass die Regelung die Beteiligten letztlich doch auf das Güterrechtsmodell des Eherechts hinlenkt, da nur dieses vor der Begründung der Partnerschaft ohne zusätzliche Kosten vereinbart werden kann.[477] Um zu vermeiden, dass sich die Partner für eine Ausgleichsgemeinschaft entscheiden, obwohl diese für ihre Partnerschaft nicht passt oder bei richtiger Beratung nicht gewollt wäre, sollte die nach dem jeweiligen Landesrecht zuständige Behörde vor der

---

469 Battes, FuR 2002, S. 49, 50.

470 Grziwotz, DNotZ 2001, S. 280, 283; Rieger, in: Schwab (Hrsg.), Die eingetragene Lebenspartnerschaft, S. 186, 187; Battes, FuR 2002, S. 49, 50; Muscheler, LPartG, Rn. 79.

471 Langenfeld, ZEV 2002, S. 8; Welling, RNotZ 2002, S. 249, 250; Rieger, in: Schwab (Hrsg.), Die eingetragene Lebenspartnerschaft, S. 186, 193; Palandt/Brudermüller, § 6 LPartG, Rn. 2; Grziwotz, DNotZ 2001, S. 280, 285; Mayer, ZEV 2001, S. 169, 171.

472 Rieger, in: Schwab (Hrsg.), Die eingetragene Lebenspartnerschaft, S. 186, 191; Welling, RNotZ 2002, S. 249, 250.

473 Muscheler, LPartG, Rn. 76; Welling, RNotZ 2002, S. 249, 250; Epple, BWNotZ 2001, S. 44, 45.

474 Trimbach, NJ 2001, S. 399, 401; Welling, RNotZ 2002, S. 249, 250; Palandt/Brudermüller, § 6 LPartG, Rn. 2.

475 Müller, DNotZ 2001, S. 581, 583.

476 So auch Kaiser, JZ 2001, S. 617, 620.

477 Mayer, ZEV 2001, S. 169, 171; Langenfeld, ZEV 2002, S. 8, 9; Muscheler, LPartG, Rn. 79.

Eingehung einer Lebenspartnerschaft eine kompetente Beratung sicher-stellen.[478] Dass die Wirkungen der Zugewinngemeinschaft allgemein bekannt seien, wie es in der Begründung zum Koalitionsentwurf heißt, trifft nicht zu.[479]
Bestimmen die Lebenspartner in einem notariellen Lebenspartnerschaftsvertrag einen anderen Vermögensstand, richtet sich die Vermögenslage der Lebenspartner nach der jeweiligen Vereinbarung;[480] z.B. steht es den Lebenspartnern frei, den Güterstand der Vermögenstrennung zu bestimmen.[481] Es können aber auch andere Vermögensstände, z.B. „Güterstände" nach ausländischem Recht im notariellen Vertrag vereinbart werden.[482] Eine Verweisung auf frühere und ausländische Gesetze ist aber nicht möglich, vielmehr muss im notariellen Vertrag der gesamte Regelungswortlaut enthalten sein (§ 7 Abs. 1 S. 3 LPartG i.V.m. § 1409 BGB analog).[483] Weiterhin ist aber auch die Vereinbarung einer Modifikation der Ausgleichsgemeinschaft möglich, bei der z.B. bestimmte Vermögenswerte aus dem bei der Auflösung der Lebenspartnerschaft stattfindenden Ausgleich ausgeschlos-sen werden, z.B. Gesellschaftsanteile eines Unternehmens.[484]
In einem Lebenspartnerschaftsvertrag können die Partner auch vereinbaren, dass ihr bisheriges Vermögen gemeinschaftliches Vermögen beider Partner wird, indem die Partner die §§ 1415 ff. BGB im Lebenspartnerschaftsvertrag für entsprechend anwendbar erklären.[485]
Ist die Vereinbarung der Lebenspartner über den Vermögensstand unwirksam, gilt als Auffanggüterstand die Vermögenstrennung (§ 6 Abs. 3 LPartG).[486] Diese

---

[478] Battes, FuR 2002, S. 49, 50; Palandt/Brudermüller, § 6 LPartG, Rn. 2. Einige verlangen für die Vereinbarung jedes Güterstandes eine notarielle Beurkundung: Kaiser, JZ 2001, S. 617, 620; Epple, BWNotZ 2001, S. 44, 45; Grziwotz, DNotZ 2001, S. 280, 283; Schlüter, FamR, Rn. 481.

[479] BT-Drucks. 14/3751, S. 38. Dies bezweifeln zu Recht ebenfalls: Grziwotz, DNotZ 2001, S. 280, 285; Battes, FuR 2002, S. 49, 50; Mayer, ZEV 2001, S. 169, 171; Muscheler, LPartG, Rn. 75.

[480] Trimbach, NJ 2001, S. 399, 401.

[481] Grziwotz, DNotZ 2001, S. 280, 286; Welling, RNotZ 2002, S. 249, 251; Dorsel, RNotZ 2001, S. 151, 152; Trimbach, NJ 2001, S. 399, 401.

[482] Grziwotz, FPR 2001, S. 466, 467; Epple, BWNotZ 2001, S. 44, 46.

[483] Muscheler, LPartG, Rn. 74; Schwab, FamRZ 2001, S. 385, 388; Müller, DNotZ 2001, S. 581, 583; Epple, BWNotZ 2001, S. 44, 46; Grziwotz, DNotZ 2001, S. 280, 287.

[484] Müller, DNotZ 2001, S. 581, 583; Grziwotz, FPR 2001, S. 466, 467; Muscheler, LPartG, Rn. 78; Schwab, FamRZ 2001, S. 385, 388.

[485] BT-Drucks. 14/3751, S. 38; Leipold, ZEV 2001, S. 218, 220; Süß, DNotZ 2001, S. 168, 172; Welling, RNotZ 2002, S. 249, 257; Detloff, NJW 2001, S. 2598, 2601; Rieger, in: Schwab (Hrsg.), Die eingetragene Lebenspartnerschaft, S. 186, 212; Schwab, FamR, Rn. 888; Dorsel, RNotZ 2001, S. 151, 152; Trimbach, NJ 2001, S. 399, 401; Epple, BWNotZ 2001, S. 44, 46; a.A. Meyer/Mittelstädt, LPartG, S. 47; Kemper, FF 2001, S. 156, 163; ders. in: FPR 2001, S. 449, 456; Hk-LPartG/Kemper, § 6 LPartG, Rn. 6; Mayer, ZEV 2001, S. 169, 175; Rellermeyer, Rpfleger 2001, S. 218, 220; Grziwotz, DNotZ 2001, S. 280, 286. Nach Grziwotz ist im Lebenspartnerschaftsvertrag weder eine Bezugnahe auf die §§ 1415 ff. BGB noch eine Vereinbarung zulässig, die zur Bildung von Gesamt-, Sonder- und Vorbehaltsgut führt. Jedoch akzeptiert er eine Vereinbarung von Gesamthandsvermögen.

[486] Rieger, in: Schwab (Hrsg.), Die eingetragene Lebenspartnerschaft, S. 186, 188; Weinreich, FuR 2001, S. 481, 485; Grziwotz, DNotZ 2001, S. 280, 287; Muscheler, LPartG, Rn. 75; Meyer/Mittelstädt, LPartG, S. 45; Kaiser, JZ 2001, S. 617, 620; Lipp, StAZ 2002, S. 354, 361;

Regelung ist nicht interessengerecht, wenn die Vereinbarungen der Vermögenstrennung gerade wegen ihrer einseitigen Lastenverteilung unwirksam sind.[487]

### 3. Sonstige vermögensrechtliche Wirkungen

#### a. Haftungsmaßstab

Die Lebenspartner haben untereinander, wenn es um die Erfüllung von sich aus der Lebenspartnerschaft ergebenden Verpflichtungen geht, nur für diejenige Sorg-falt einzustehen, welche sie auch in eigenen Angelegenheiten anzuwenden pflegen (§ 4 LPartG).[488] Die Haftungserleichterung bezieht sich insbesondere auf die Verpflichtungen aus § 2 LPartG oder auf die Unterhaltsverpflichtungen aus § 5 und § 12 LPartG. § 4 LPartG enthält somit einen besonderen Haftungsmaßstab für verschuldensabhängige Schadensersatzansprüche, ganz egal ob es sich um einen Anspruche aus § 280 Abs. 1 BGB oder um deliktische Ansprüche handelt.[489] Für Schäden aus unerlaubter Handlung, ist davon auszugehen, dass diese Beschränkung des Haftungsmaßstabes allerdings bei gemeinsamer Teilnahme im Straßenverkehr nicht gilt,[490] so wie dies nach ständiger Rechtsprechung für Ehegatten gehandhabt wird.[491] Für Vorsatz und grobe Fahrlässigkeit haben Lebenspartner allerdings nach § 277 BGB immer einzustehen.[492] Das Eherecht enthält in § 1359 BGB eine Parallelvorschrift, so dass für den gesamten Bereich der ehelichen Pflichten eine entsprechende Haftungsmilderung besteht.

#### b. Eigentumsvermutung

Die Begründung einer Lebenspartnerschaft hat noch weitere vermögensrechtliche Wirkungen. Zu Gunsten der Gläubiger eines der Lebenspartner wird vermutet, dass die im Besitz eines Lebenspartners oder beider Lebenspartner befindlichen beweglichen Sachen dem Schuldner gehören (§ 8 Abs. 1 S. 1 LPartG).[493] Da Lebenspartner ebenso wie Ehegatten typischerweise zusammenleben, ist diese Vorschrift auch dann sinnvoll, wenn keine gesetzliche Pflicht zum Zusammenleben besteht.[494] Diese Vermutung gilt in analoger Anwendung des § 1362 Abs. 1 S. 2 BGB nicht, wenn die Lebenspartner getrennt leben und sich die Sachen im Besitz des Lebenspartners befinden, der nicht Schuldner ist. Die Rechtslage ent-

---

Welling, RNotZ 2002, S. 249, 251; Müller, DNotZ 2001, S. 581, 583; Schlüter, FamR, Rn. 483; Palandt/Brudermüller, § 6 LPartG, Rn. 4.

[487] Palandt/Brudermüller, § 6 LPartG, Rn. 4; Detloff, NJW 2001, S. 2598, 2601.

[488] Mayer, ZEV 2001, S. 169, 170; Schlüter, FamR, Rn. 475; Weinreich, FuR 2001, S. 481, 482; Hk-LPartG/Kemper, § 4 LPartG, Rn. 4;

[489] Muscheler, LPartG, Rn. 80; Hk-LPartG/Kemper, § 4 LPartG, Rn. 4.

[490] BT-Drucks. 14/3751, S. 37; Palandt/Brudermüller, § 4 LPartG, Rn.2; Weinreich, FuR 2001, S. 481, 482; Hk-LPartG/Kemper, § 4 LPartG, Rn. 4.

[491] BGHZ 53, S. 352; 61, S. 101; 63, S. 57.

[492] BT-Drucks. 14/3751, S. 37.

[493] Langenfeld, ZEV 2002, S. 8, 9; Rieger, in: Schwab (Hrsg.), Die eingetragene Lebenspartnerschaft, S. 186, 216; Kaiser, JZ 2001, S. 617, 620; Mayer, ZEV 2001, S. 169, 172.

[494] Detloff, NJW 2001, S. 2598, 2601; a.A. Kaiser, JZ 2001, S. 617, 619.

spricht völlig der unter Eheleuten.[495] § 8 Abs. 1 S. 1 LPartG ist wie § 1362 BGB nicht abdingbar, da es sich um eine zwingende drittschützende Norm handelt.[496]

### c. Schlüsselgewalt

Jeder Lebenspartner ist auch berechtigt, Geschäfte zur angemessenen Deckung des Lebensbedarfs der Lebenspartner für den anderen zu besorgen (§ 8 Abs. 2 LPartG i.V.m. § 1357 Abs. 1 S. 1 BGB analog).[497] Unter den Begriff der „angemessenen Deckung des Lebensbedarfs" fallen die Geschäfte, die ihrer Art nach der Deckung des Lebensbedarfs dienen. Außer den Anschaffungen zur unmittelbaren Bedarfsdeckung fallen unter § 1357 BGB auch alle sonstigen Geschäfte, soweit sie zur Führung des Haushalts und zur Befriedigung der Bedürfnisse der Lebenspartner erforderlich sind. Die Bedarfsdeckung muss angemessen sein, d.h. sie muss sich im Rahmen der wirtschaftlichen Verhältnisse und Lebensgewohnheiten dieser Lebenspartnerschaft halten. Durch solche Geschäfte zur angemessenen Deckung des Lebensbedarfs werden beide Lebenspartner berechtigt und verpflichtet (§ 8 Abs. 2 LPartG i.V.m. § 1357 BGB analog).[498]

Eine vertragliche Abbedingung durch die Lebenspartner kommt zwar nicht in Betracht.[499] Ein Lebenspartner hat allerdings die Möglichkeit, die Berechtigung des anderen Lebenspartners, Geschäfte mit Wirkung für ihn zu besorgen, durch Erklärung gegenüber dem Lebenspartner oder einem kontrahierungswilligen Dritten[500] zu beschränken oder auszuschließen (§ 8 Abs. 2 LPartG i.V.m. § 1357 Abs. 2 BGB analog).[501]

Die Beschränkung oder Ausschließung der Verpflichtungsermächtigung Dritten gegenüber gemäß § 1357 Abs. 2 S. 2 BGB ist nur nach Maßgabe des § 1412 BGB möglich, d.h. nur bei Kenntnis des Dritten oder nach Eintragung in das Güterrechtsregister. Zwar wurde § 1412 BGB auf das Vermögensstandsrecht der Lebenspartnerschaft nicht für analog anwendbar erklärt (§ 7 Abs. 1 S. 3 LPartG). Trotzdem geht die Verweisung in § 8 Abs. 2 LPartG auf § 1357 Abs. 2 S. 2 BGB und die Weiterverweisung auf § 1412 BGB für die Lebenspartnerschaft nicht ins Leere, so dass das Güterrechtsregister in Bezug auf § 1357 BGB auch für Lebenspartner geöffnet ist.[502] § 1357 BGB findet nach § 1357 Abs. 3 allerdings keine Anwendung, wenn die Lebenspartner getrennt leben.

---

495 Kemper, FPR, 2001, S. 449, 456.
496 Zu § 1362 BGB vgl.: Staudinger/Hübner/Voppel, § 1362 Rn. 8.
497 Rieger, in: Schwab (Hrsg.), Die eingetragene Lebenspartnerschaft, S. 186, 215; Grziwotz, DNotZ 2001, S. 280, 291; Muscheler, LPartG, Rn. 86; Müller, DNotZ 2001, S. 581, 584; Schlüter, FamR, Rn. 485.
498 Detloff, NJW 2001, S. 2598, 2601; Kemper, FPR 2001, S. 449, 457.
499 Rieger, in: Schwab (Hrsg.), Die eingetragene Lebenspartnerschaft, S. 186, 216; Grziwotz, DNotZ 2001, S. 280, 291.
500 Staudinger/Hübner/Voppel, § 1357 BGB, Rn. 106.
501 Meyer/Mittelstädt, LPartG, S. 49; Grziwotz, DNotZ 2001, S. 280, 291; Müller, DNotZ 2001, S. 581, 584.
502 Mayer, ZEV 2001, S. 169, 172; Muscheler, LPartG, Rn. 88; Grziwotz, DNotZ 2001, S. 280, 291; Rieger, in: Schwab (Hrsg.), Die eingetragene Lebenspartnerschaft, S. 186, 216; a.A. Kaiser,

Da die für die Ehe geltenden §§ 1357, 1362 Abs. 1 S. 2 und 3 und Abs. 2 BGB bei der Lebenspartnerschaft entsprechend angewandt werden, bestehen insoweit keine Unterschiede zwischen Ehe und Lebenspartnerschaft.

**d. Verfügungsbeschränkungen**

Jeder Lebenspartner ist in der Verwaltung seines Vermögens analog den §§ 1365 bis 1370 BGB beschränkt (§ 8 Abs. 2 LPartG).[503] Während die Verfügungsbeschränkungen in der Ehe nur im Falle des gesetzlichen Güterstandes der Zugewinngemeinschaft bestehen, gelten diese gesetzlichen Beschränkungen der rechtsgeschäftlichen Verfügungsmacht bei der Lebenspartnerschaft – überraschenderweise – unabhängig vom Vermögensstand.[504]

Ein Lebenspartner kann sich gemäß § 1365 Abs. 1 S. 1 BGB analog nur mit Einwilligung des anderen Lebenspartners verpflichten, über sein Vermögen im Ganzen zu verfügen.[505] Verträge, die ein Lebenspartner ohne die erforderliche Einwilligung des anderen Lebenspartners schließt, werden erst wirksam, wenn dieser ihn genehmigt. Verweigert er die Genehmigung, so ist der Vertrag unwirksam (§ 1366 Abs. 4 BGB analog). Eine solche Verfügungsbeschränkung besteht auch in Bezug auf Gegenstände des lebenspartnerschaftlichen Haushalts, die einem Lebenspartner gehören. Verfügungen über solche Gegenstände bedürfen ebenfalls der Einwilligung des anderen Lebenspartners (§ 1369 BGB analog).[506]

Weiterhin werden Gegenstände des lebenspartnerschaftlichen Haushalts, die an die Stelle von nicht mehr vorhandenen oder wertlos gewordenen Gegenständen angeschafft werden, Eigentum des Lebenspartners, dem diese Gegenstände gehört haben (§ 1370 BGB analog).[507] Die Begrenzung der rechtsgeschäftlichen Bewegungsfreiheit besteht auch noch bei Getrenntleben der Lebenspartner.[508]

Da die Verfügungsbeschränkungen allgemein der Erhaltung der materiellen Grundlage der Partnerschaft dienen[509] und die Lebenspartner meist beide berufstätig und daher eher wirtschaftlich selbständig sind, ist die allgemeine Geltung der Verfügungsbeschränkungen für alle Vermögensstände wenig sinnvoll.[510] Gerade

---

JZ 2001, S. 617, 620; Hk-LPartG/Kemper, § 8 LPartG, Rn. 16; Müller, DNotZ 2001, S. 581, 584; Palandt/Brudermüller, § 8 LPartG, Rn. 2; Meyer/Mittelstädt, S. 49.

503 Rieger, in: Schwab (Hrsg.), Die eingetragene Lebenspartnerschaft, S. 186, 217; Welling, RNotZ 2002, S. 249, 257; Hk-LPartG/Kemper, § 8 LPartG, Rn. 26.

504 Vgl. BT-Drucks 14/3751, S. 38; Schlüter, FamR, Rn. 481; Welling, RNotZ 2002, S. 249, 251; Kaiser, JZ 2001, S. 617, 620; Rieger, in: Schwab (Hrsg.), Die eingetragene Lebenspartner-schaft, S. 186, 217; Muscheler, LPartG, Rn. 94; Dorsel, RNotZ 2001, S. 151, 152; Schwab, FamRZ, 2001, S. 385, 393; Weinreich, FuR 2001, S. 481, 485; Kaiser, JZ 2001, S. 617, 620; Müller, DNotZ 2001, S. 581, 584.

505 Hk-LPartG/Kemper, § 8 LPartG, Rn. 29; Mayer, ZEV 2001, S. 169, 172.

506 Mayer, ZEV 2001, S. 169, 172.

507 Hk-LPartG/Kemper, § 8 LPartG, Rn. 70.

508 Schwab, FamRZ 2001, S. 385, 393.

509 Vgl. BT-Drucks 14/3751, S. 38.

510 Kritisch insoweit auch Rieger, in: Schwab (Hrsg.), Die eingetragene Lebenspartnerschaft, S. 186, 218; Müller, DNotZ 2001, S. 581, 584; Muscheler, LPartG, Rn. 95; Kaiser, JZ 2001,

wenn die Lebenspartner den Vermögensstand der Vermögenstrennung vereinbart haben, wird ein Ausschluss der Verfügungsbeschränkungen der §§ 1365 ff. BGB durch Lebenspartnerschaftsvertrag i.S.v. § 7 Abs. 1 LPartG empfehlenswert sein.[511]

Leben die Partner nicht zusammen, ist es ebenfalls ratsam, die analoge Anwendung des § 1370 BGB vertraglich auszuschließen, die eine Verfügungsbeschränkung über Haushaltsgegenstände vorsieht.[512] Auch Ehegatten können die Verfügungsbeschränkungen der §§ 1365 und 1369 BGB abbedingen.[513]

### e. Erbrecht

Der überlebende Lebenspartner des Erblassers gehört zu den gesetzlichen Erben des verstorbenen Lebenspartners.[514]

Neben Verwandten der ersten Ordnung, d.h. neben Kindern oder Enkeln, wird er zu einem Viertel, neben Verwandten der zweiten Ordnung, d.h. neben Eltern/ Geschwistern/Geschwisterkindern oder neben Großeltern, zur Hälfte der Erbschaft gesetzlicher Erbe (§ 10 Abs. 1 S. 1 LPartG).[515] Dieselbe Regelung findet sich für Ehegatten in § 1931 Abs. 1 S. 1 BGB. Lebten die Lebenspartner im Vermögensstand der Ausgleichsgemeinschaft, erhöht sich das gesetzlicher Erbrecht pauschal um ¼.[516] Dies ergibt sich aus der ver-steckten Verweisung des § 6 Abs. 2 S. 4 LPartG auf den § 1371 BGB des Eherechts.[517]

Sind weder Verwandte der ersten noch der zweiten Ordnung noch Großeltern vorhanden, erhält der überlebende Lebenspartner die ganze Erbschaft (§ 19 Abs. 2 LPartG).[518] Dies gilt auch für das gesetzliche Erbrecht von Ehegatten (§ 1931 Abs. 2 BGB).

---

S. 617, 620; Schwab, FamRZ 2001, S. 385, 393; Mayer, ZEV 2001, S. 169, 172; Welling, RNotZ 2002, S. 249, 257; a.A. Detloff, NJW 2001, S. 2598, 2601.

511 Muscheler, LPartG, Rn. 95; Schwab, FamR, Rn. 891; Müller, DNotZ 2001, S. 581, 584; Welling, RNotZ 2002, S. 249, 257; Mayer, ZEV 2001, S. 169, 172; Dorsel, RNotZ 2001, S. 151, 152.

512 Kritik ebenfalls bei Kaiser, JZ 2001, S. 617, 620.

513 Palandt/Brudermüller, § 1365 BGB, Rn. 1; Lange, FamRZ 1964, S. 546, 549.

514 V. Dickhuth-Harrach, in: Schwab (Hrsg.), Die eingetragene Lebenspartnerschaft, S. 248; Leipold, ZEV 2001, S. 218, 219; Kemper, FF 2001, S. 156, 163; Schwab, FamRZ 2001, S. 385, 395; Muscheler, LPartG, Rn. 111; Rauscher, FamR, S. 511.

515 Eue, in: Schwab (Hrsg.), Die eingetragene Lebenspartnerschaft, S. 242; Welling, RNotZ 2002, S. 249, 262; Weinreich, FuR 2001, S. 481, 485; Müller, DNotZ 2001, S. 581, 586.

516 Muscheler, LPartG, Rn. 114; Leipold, ZEV 2001, S. 218, 219; Schwab, FamRZ 2001, S. 385, 395; Grziwotz, DNotZ 2001, S. 280, 298.

517 V. Dickhuth-Harrach, in: Schwab (Hrsg.), Die eingetragene Lebenspartnerschaft, S. 248, 252; Mayer, ZEV 2001, S. 169, 173; Kemper, FF 2001, S. 156, 163; Müller, DNotZ 2001, S. 581, 586; Epple, BWNotZ 2001, S. 44, 46; Welling, RNotZ 2002, S. 249, 265; Weinreich, FuR 2001, S. 481, 485; Schwab, FamRZ 2001, S. 385, 395; Kaiser, JZ 2001, S. 617, 622; zweifelnd: Leipold, ZEV 2001, S. 218, 219.

518 Mayer, ZEV 2001, S. 169, 172; Müller, DNotZ 2001, S. 581, 586; Kemper, FF 2001, S. 156, 163; Schwab, FamRZ 2001, S. 385, 395.

Nicht übernommen hat das LPartG den Inhalt des für Ehegatten geltenden § 1931 Abs. 1 S. 2 BGB.[519] Dies hat zur Folge, dass ein Lebenspartner neben Großeltern und Onkeln und Tanten des verstorbenen Partners weniger als ein überlebender Ehegatte erbt, da ihm der Erbteil der Onkeln und Tanten – anders als dem Ehegatten – nicht zufällt.[520] Da diese Erbkonstellation hingegen nicht häufig vorkommt, ist diese Abweichung vom Erbrecht der Ehegatten eher von untergeordneter Bedeutung.[521]

Im Gegensatz zu Ehegatten wird der überlebende Lebenspartner aber nach anderen, sehr viel schärferen Regeln besteuert, weil die im LPartErgG vorgesehene Angleichung der Erbschaftssteuer an die Ehegattenregelung durch die Verweigerung der Zustimmung im Bundesrat nicht Gesetz geworden ist.[522]

Dem Lebenspartner stehen die zum lebenspartnerschaftlichen Haushalt gehörenden Gegenstände, soweit sie nicht Zubehör eines Grundstücks sind (§§ 97, 98 BGB), und die Geschenke, die die Lebenspartner anlässlich der Begründung der Lebenspartnerschaft erhalten haben, als Voraus zu (§ 10 Abs. 1 S. 2 LPartG).[523] Für den Fall, dass der überlebende Lebenspartner neben Verwandten der ersten Ordnung gesetzlicher Erbe wird, gilt das allerdings nur, soweit er den Voraus zur Führung eines angemessenen Haushalts benötigt (§ 10 Abs. 1 S. 3 LPartG). Was den Voraus und die Hochzeitsgeschenke angeht, ergibt sich für den überlebenden Ehegatten nichts anderes als bei der Lebenspartnerschaft (§ 1932 BGB).

Weiterhin hat der überlebende Lebenspartner einen Anspruch auf einen Pflichtteil für den Fall, dass er vom Erblasser enterbt worden ist (§ 10 Abs. 6 LPartG).[524] Der Pflichtteilsanspruch besteht in der Höhe der Hälfte des Wertes des gesetzlichen Erbteils (§ 10 Abs. 6 S. 1 LPartG).[525] Dem Ehegatten steht ein Anspruch auf einen Pflichtteil der Erbschaft in gleicher Höhe zu (§ 2303 Abs. 1 und 2 BGB). Des Weiteren ist ein Lebenspartner, was das Pflichtteilsrecht des BGB anbelangt, wie ein Ehegatte zu behandeln (§ 10 Abs. 6 S. 2 LPartG)

Das Erbrecht des überlebenden Lebenspartners ist ausgeschlossen, wenn die Voraussetzungen für die Aufhebung der Lebenspartnerschaft zur Zeit des Todes

---

[519] V. Dickhuth-Harrach, in: Schwab (Hrsg.), Die eingetragene Lebenspartnerschaft, S. 248, 249; Leipold, ZEV 2001, S. 218, 222; Welling, RNotZ 2002, S. 249, 262; Kaiser, JZ 2001, S. 617, 622.

[520] Kaiser, JZ 2001, S. 617, 622.

[521] Leipold, ZEV 2001, S. 218, 222.

[522] Kaiser, JZ 2001, S. 617, 622; Trimbach, NJ 2001, S. 399, 402; Müller, DNotZ 2001, S. 581, 584; Schwab, FamRZ 2001, S. 385, 395; Kemper, FPR 2001, S. 449, 458.

[523] Mayer, ZEV 2001, S. 169, 172; v. Dickhuth-Harrach, in: Schwab (Hrsg.), Die eingetragene Lebenspartnerschaft, S. 248, 257; Detloff, NJW 2001, S. 2598, 2603; Welling, RNotZ 2002, S. 249, 265; Rauscher, FamR, S. 511; Muscheler, LPartG, Rn. 114; Kemper, FF 2001, S. 156, 163; Schwab, FamRZ 2001, S. 385, 395.

[524] Leipold, ZEV 2001, S. 218, 219; Eue, in: Schwab (Hrsg.), Die eingetragene Lebenspartnerschaft, S. 242, 243; Kaiser, JZ 2001, S. 617, 623; Rauscher, FamR, S. 511; Mayer, ZEV 2001, S. 169, 173; v. Dickhuth-Harrach, in: Schwab (Hrsg.), Die eingetragene Lebenspartnerschaft, S. 248, 261; Weinreich, FuR 2001, S. 481, 486; Schwab, FamRZ 2001, S. 385, 395.

[525] Kemper, FF 2001, S. 156, 163; Welling, RNotZ 2002, S. 249, 266.

des Erblassers gegeben waren (§ 10 Abs. 3 LPartG).[526] Das gesetzliche Erbrecht des überlebenden Lebenspartners ist somit nicht erst mit Rechtskraft des Urteils über die Aufhebung der Lebenspartnerschaft ausgeschlossen – wie im Eherecht nach erfolgter Scheidung[527] –, sondern bereits dann, wenn entweder beide Lebenspartner in öffentlich beurkundeter Form (§ 15 Abs. 4 LPartG) erklärt hatten, die Lebenspartnerschaft nicht fortsetzen zu wollen und seit der Erklärung 12 Monate vergangen sind (§ 15 Abs. 2 Nr. 1 LPartG);[528] oder wenn die Erklärung eines der Lebenspartner nach § 15 Abs. 2 Nr. 2 LPartG, die Lebenspartnerschaft nicht fortsetzen zu wollen,[529] dem anderen zugestellt worden ist und seit dieser Erklärung an den anderen Lebenspartner 36 Monate vergangen sind.[530] In beiden Fällen muss der Erblasser den Antrag auf Aufhebung der Lebenspartnerschaft bei Gericht gestellt, oder er muss der Aufhebung zugestimmt haben.[531] Das gesetzliche Erbrecht des überlebenden Lebenspartners ist ebenfalls ausgeschlossen, wenn der Erblasser die Aufhebung der Lebenspartnerschaft wegen einer besonderen Härte nach § 15 Abs. 2 Nr. 3 LPartG gestellt hatte und dieser Antrag begründet war.[532]
Wenn im Falle der übereinstimmenden Erklärungen beider Partner, die Partnerschaft nicht fortsetzen zu wollen (§ 15 Abs. 2 Nr. 1 LPartG), einer der Partner die Erklärung widerruft, was nach § 15 Abs. 2 Nr. 1 möglich ist, dann bleibt das gesetzliche Erbrecht bestehen, wenn der Widerruf vor Ablauf der Frist erfolgt ist.[533] Erfolgt der Widerruf nach Ablauf der Frist, war der Erbrechtsausschluss mit Fristablauf eingetreten.[534]

Das gesetzliche Erbrecht des Lebenspartners kann somit ausgeschlossen sein, obwohl keine Aufhebung der Lebenspartnerschaft erfolgt ist. Da der Lebenspartner im Falle einer Aufhebung der Lebenspartnerschaft vor dem Tod des Erblassers unterhaltsberechtigt gewesen wäre, soll ihm bei Vorliegen der Voraussetzungen des § 16 LPartG auch ein Unterhaltsanspruch gegen den Erben zustehen, obwohl keine Aufhebung der Lebenspartnerschaft vor dem Tod des Erblassers stattgefunden hat (§ 10 Abs. 3 LPartG).[535] Dies entspricht § 1933 S. 3 BGB im Eherecht.

---

526 Welling, RNotZ 2002, S. 249, 264; Mayer, ZEV 2001, S. 169, 172.

527 Das gesetzliche Erbrecht der Ehegatten scheidet erst aus, wenn die Ehe durch rechtskräftiges Aufhebungsurteil gemäß § 1313 BGB aufgelöst oder vor dem Tod eines Ehegatten rechtskräftig geschieden worden ist, § 1564 BGB (Brox, ErbR, Rn. 55).

528 V. Dickhuth-Harrach, in: Schwab (Hrsg.), Die eingetragene Lebenspartnerschaft, S. 248, 258.

529 Dies muss ebenfalls in öffentlich beurkundeter Form des § 15 Abs. 4 LPartG geschehen.

530 V. Dickhuth-Harrach, in: Schwab (Hrsg.), Die eingetragene Lebenspartnerschaft, S. 248, 258; Mayer, ZEV 2001, S. 169, 172.

531 Weinreich, FuR 2001, S. 481, 486; v. Dickhuth-Harrach, in: Schwab (Hrsg.), Die eingetragene Lebenspartnerschaft, S. 248, 258; Welling, RNotZ 2002, S. 249, 264.

532 V. Dickhuth-Harrach, in: Schwab (Hrsg.), Die eingetragene Lebenspartnerschaft, S. 248, 259.

533 Mayer, ZEV 2001, S. 169, 172; v. Dickhuth-Harrach, in: Schwab (Hrsg.), Die eingetragene Lebenspartnerschaft, S. 248, 260.

534 V. Dickhuth-Harrach, in: Schwab (Hrsg.), Die eingetragene Lebenspartnerschaft, S. 248, 260; Mayer, ZEV 2001, S. 169, 172.

535 Mayer, ZEV 2001, S. 169, 172; v. Dickhuth-Harrach, Schwab (Hrsg.), Die eingetragene Lebenspartnerschaft, S. 248, 261.

Bei Ehegatten ist das Erbrecht ebenfalls ausgeschlossen, wenn zur Zeit des Todes des Erblassers die Voraussetzungen für die Scheidung der Ehe gegeben waren und der Erblasser die Scheidung beantragt hatte oder der Scheidung zugestimmt hatte (§ 1933 BGB). Im Eherecht besteht dann unter den Voraussetzungen der §§ 1569 bis 1584 BGB ein Unterhaltsanspruch gegen den Erblasser, der gemäß § 1967 BGB dann gegen die Erben gerichtet ist.
Im LPartG ist nicht ausdrücklich geregelt, unter welchen Voraussetzungen das Recht auf den Voraus entfällt.[536] Es wird in § 10 Abs. 3 LPartG nur das Erbrecht ausgeschlossen.[537] Dadurch, dass der Voraus in § 10 Abs. 1 S. 2 LPartG als Annex zum Erbrecht geregelt ist, ist die Regelung in § 10 Abs. 3 LPartG wohl dahin zu verstehen, dass sowohl das Erbrecht als auch der Voraus unter den genannten Voraussetzungen ausgeschlossen sind.[538]
Die Begründung der Lebenspartnerschaft bewirkt ebenfalls, dass die Lebenspartner – wie Ehegatten – ein gemeinschaftliches Testament entsprechend der §§ 2266 bis 2273 BGB errichten können (§ 10 Abs. 4 LPartG).[539] Außerdem kann ein Lebenspartner durch Testament von der Erbfolge ausgeschlossen werden (§ 1938 BGB n.F.), ohne dass ein Erbe eingesetzt wird.[540] Sowohl der Lebenspartner als auch der Ehegatte können auf ihr gesetzliches Erbrecht verzichten (§ 10 Abs. 7 LPartG; § 2346 BGB).[541]
Mit der Auflösung der Lebenspartnerschaft durch den Tod eines Lebenspartners oder durch die Aufhebung nach § 15 LPartG wird eine letztwillige Verfügung zu Gunsten des Lebenspartners unwirksam.[542] Ähnlich wie bei § 10 Abs. 3 LPartG wird durch entsprechende Anwendung von § 2077 Abs. 1 S. 2 und 3 BGB der Zeitpunkt des Unwirksamwerdens der letztwilligen Verfügung des Erblassers auf den Zeitpunkt vorverlegt, zu dem der Erblasser die Aufhebung der Lebenspartnerschaft verlangen konnte und er den entsprechenden Antrag gestellt hatte.

---

536 Leipold, ZEV 2001, S. 218, 220; v. Dickhuth-Harrach, in: Schwab (Hrsg.), Die eingetragene Lebenspartnerschaft, S. 248, 257.

537 Schwab, FamRZ 2001, S. 385, 395; v. Dickhuth-Harrach, in: Schwab (Hrsg.), Die eingetragene Lebenspartnerschaft, S. 248, 257; Mayer, ZEV 2001, S. 169, 173.

538 Muscheler, LPartG, Rn. 113; Leipold, ZEV 2001, S. 218, 220; v. Dickhuth-Harrach, in: Schwab (Hrsg.), Die eingetragene Lebenspartnerschaft, S. 248, 258; Mayer, ZEV 2001, S. 169, 173.

539 Mayer, ZEV 2001, S. 169, 172; Leipold, ZEV 2001, S. 218, 221; Detloff, NJW 2001, S. 2598, 2603; Weinreich, FuR 2001, S. 481, 486; Kaiser, JZ 2001, S. 617, 622; Welling, RNotZ 2002, S. 249, 267; Kemper, FF 2001, S. 156, 163; Müller, DNotZ 2001, S. 581, 587; v. Dickhuth-Harrach, in: Schwab (Hrsg.), Die eingetragene Lebenspartnerschaft, S. 248, 264; Schwab, FamRZ 2001, S. 385, 395; Rauscher, FamR, S. 511.

540 Art. 2 Nr. 23 LPartG.

541 Leipold, ZEV 2001, S. 218, 221; Mayer, ZEV 2001, S. 169, 173; Schwab, FamRZ 2001, S. 385, 395; Kemper, FF 2001, S. 156, 163.

542 Schwab, FamRZ 2001, S. 385, 396; Welling, RNotZ 2002, S. 249, 267; Mayer, ZEV 2001, S. 169, 172.

#### f. Mietrecht

Der überlebende Lebenspartner hat gemäß § 569 Abs. 1 S. 2 BGB das Recht, in das Mietverhältnis des Verstorbenen einzutreten, wenn er mit dem verstorbenen Mieter einen gemeinsamen Haushalt geführt hat.[543] Dies gilt ebenfalls für den überlebenden Ehegatten nach § 569 Abs. 1 S. 1 BGB.

Lebenspartner werden jedoch schlechter gestellt als Ehegatten. Der Ehegatte hat gemäß § 569 Abs. 2 S. 1 BGB Vorrang vor etwaigen Kindern des verstorbenen Mieters – unabhängig davon, ob es gemeinsame Kinder oder Kinder des Verstorbenen sind. Nur er, nicht die Kinder, können im Todesfall Mieter der Ehewohnung werden.[544] Hingegen müssen gleichgeschlechtliche Lebenspartner wie sonstige Familienangehörige zusammen mit den Kindern des verstorbenen Mieters in das Mietverhältnis eintreten, wenn die Kinder dies wünschen.[545]

#### g. Sozialversicherungsrecht

Weiterhin wird der nicht versicherte Lebensgefährte in die Familienversicherung der gesetzlichen Krankenversicherung und der Pflegeversicherung miteinbezogen (Art. 3 § 52 Nr. 4 und § 56 Nr. 6 DiskrBG).[546]

## V. Getrenntleben

Für die Zeit des Getrenntlebens, aber vor Aufhebung der Lebenspartnerschaft, hat der Gesetzgeber gesonderte Regelungen getroffen.

### 1. Trennungsunterhalt

Bei Getrenntleben der Lebenspartner besteht der gegenseitige Anspruch auf Unterhalt fort (§ 12 Abs. 1 LPartG). Hier gilt allerdings der Grundsatz der Eigenverantwortlichkeit.[547] In § 12 Abs. 1 S. 2 LPartG ist als gesetzliche Regel die Verpflichtung statuiert, dass bereits in der Phase des Getrenntlebens grundsätzlich jeder Lebenspartner zur Sicherung des Unterhalts durch eine eigene Erwerbstätigkeit verpflichtet ist.[548] Dies gilt nur dann nicht, wenn die Aufnahme einer Erwerbstätigkeit von ihm nach seinen persönlichen Verhältnissen unter Berücksichtigung der Dauer der Lebenspartnerschaft und nach den wirtschaftlichen Verhältnissen der Lebenspartner nicht erwartet werden kann (§ 12 Abs. 1 S. 2 LPartG). Den

---

[543] Löhnig, in: Schwab (Hrsg.), Die eingetragene Lebenspartnerschaft, S. 301, 302; Finger, WuM 2000, S. 462, 464; Meyer, NZM 2001, S. 829, 830; Detloff, NJW S. 2598, 2603; Kaiser, JZ 2001, S. 617, 622; Mayer, ZEV 2001, S. 169, 174; Weinreich, FuR 2001, S. 481, 486; Muscheler, LPartG, Rn. 128.

[544] Kaiser, JZ 2001, S. 617, 623.

[545] Meyer, NZM 2001, S. 829, 830; Löhnig, in; Schwab (Hrsg.), Die eingetragene Lebenspartnerschaft, S. 301, 304; Kaiser, JZ 2001, S. 617, 623.

[546] HK-LPartG/Kiel, Sozialversicherung, Rn. 1; Epple, BWNotZ 2001, S. 44, 46; Trimbach, NJ 2001, S. 399, 402.

[547] Schwab, FamR, Rn. 893.

[548] BT-Drucks. 14/3751, S. 41; Mayer, ZEV 2001, S. 169, 173; Schwab, FamRZ 2001, S. 385, 392; Müller, DNotZ 2001, S. 581, 584.

Unterhalt begehrenden Teil trifft eine entsprechende Darlegungs- und Beweislast.[549]
Bei Getrenntleben der Ehegatten wandelt sich der ursprüngliche Anspruch auf einen Beitrag zum Familienunterhalt in einen persönlichen Unterhaltsanspruch des getrennt lebenden bedürftigen Ehegatten (§ 1361 Abs. 1 BGB).[550] Auch der nicht erwerbstätige Ehegatte kann dazu angehalten werden, seinen Unterhalt durch Ausübung eines Berufes selbst zu verdienen (§ 1361 Abs. 2 BGB). Bei Ehegatten besteht jedoch ein anderes Grundsatz-/Ausnahmeprinzip als bei der Lebenspartnerschaft. Während bei der Lebenspartnerschaft jeder Lebenspartner nach der Trennung grundsätzlich selbst für seinen Unterhalt aufkommen muss und dies nur in Ausnahmefällen nicht von ihm verlangt wird („es sei denn, dass dies nach seinen persönlichen Verhältnissen nicht erwartet werden kann“)[551], ist es bei der Ehe umgekehrt: Der nicht erwerbstätige Ehegatte ist grundsätzlich nicht verpflichtet, seinen Unterhalt bei Getrenntleben der Ehegatten durch eine Erwerbstätigkeit selbständig zu verdienen, er kann nur in Ausnahmefällen darauf verwiesen werden, wenn dies nach seinen persönlichen Verhältnissen, insbesondere weil er vor der Ehe schon einmal gearbeitet hat, unter Berücksichtigung der Dauer der Ehe und nach den wirtschaftlichen Verhältnissen beider Ehegatten, erwartet werden kann (§ 1361 Abs. 2 BGB).[552]
Die Höhe des Unterhaltsanspruchs nach der Trennung richtet sich nach den Erwerbs- und Vermögensverhältnissen während der Lebenspartnerschaft (§ 12 Abs. 1 S. 1 LPartG). Der Umfang des Getrenntlebendenunterhalts eines Ehegatten stimmt mit dem eines Lebenspartners nach der Trennung überein (§ 1361 Abs. 1, 1. Hs. BGB/§ 12 Abs. 1 S. 1 LPartG). Bei Ehegatten gehören im dem Fall, dass zwischen den getrennt lebenden Ehe-gatten ein Scheidungsverfahren rechtshängig ist, zu dem Unterhaltsanspruch vom Eintritt der Rechtshängigkeit an auch noch die Kosten einer angemessenen Versicherung für den Fall des Alters sowie der Berufs- oder Erwerbsunfähigkeit (§ 1361 Abs. 1 S. 2 BGB). Eine solche Pflicht zur Leistung eines Vorsorgeunterhalts ist im Partnerschaftsrecht im Rahmen des Getrenntlebens nicht vorgesehen.[553]
Während der Unterhaltsanspruch bei der Lebenspartnerschaft versagt, herabgesetzt oder zeitlich begrenzt werden kann, soweit die Inanspruchnahme des Verpflichteten unbillig wäre (§ 12 Abs. 2 S. 1 LPartG), ist die Versagung des Unterhaltsanspruchs des getrennt lebenden Ehegatten allein im Fall grober Unbilligkeit zulässig (§ 1361 Abs. 3 BGB i.V.m. § 1579 Nr. 2 bis 7 BGB). Die Schwelle ist bei der

---

[549] Meyer/Mittelstädt, LPartG, S. 57; Schwab, FamRZ 2001, S. 385, 392; Grziwotz, DNotZ 2001, S. 280, 296; Büttner, in: Schwab (Hrsg.), Die eingetragene Lebenspartnerschaft, S. 221, 228.
[550] Schlüter, FamR, Rn. 65.
[551] Vgl. § 12 Abs. 1 S. 2, 2. Hs. LPartG.
[552] Kaiser, JZ 2001, S. 617, 621; Muscheler, LPartG, Rn. 235; Müller, DNotZ 2001, S. 581, 584; Schwab, FamRZ 2001, S. 385, 391.
[553] Hk-LPartG/Kemper, § 12 LPartG, Rn. 40; Schwab, FamRZ 2001, S. 385, 392; Muscheler, LPartG, Rn. 236; a.A.: Büttner, in: Schwab (Hrsg.), Die eingetragene Lebenspartnerschaft, S. 221, 227.

Lebenspartnerschaft somit nach dem Wortlaut niedriger angesetzt als bei getrennt lebenden Ehegatten.[554] Außerdem weist die Härteklausel des LPartG keine speziellen Fallgruppen aus, sondern ist als allgemeine Generalklausel gestaltet.[555]

### 2. Hausrat

Nach einer Trennung erhält jeder Lebenspartner die Haushaltsgegenstände, die in seinem Eigentum stehen (§ 13 Abs. 1 S. 1 LPartG).[556] Der Eigentümer ist jedoch verpflichtet, sie dem anderen Lebenspartner zu überlassen, soweit dieser sie zur Führung eines abgesonderten Haushalts benötigt und dies nach den Umständen des Falles der Billigkeit entspricht (§ 13 Abs. 1 S. 2 LPartG).[557] Haushaltsgegenstände, die den Lebenspartnern gemeinsam gehören, werden zwischen ihnen nach den Grundsätzen der Billigkeit verteilt (§ 13 Abs. 2 LPartG).[558] Das Gericht kann nach § 13 Abs. 2 S. 2 LPartG auch eine angemessene Vergütung für die Benutzung der Haushaltsgegenstände festsetzen.
Bezüglich der Verteilung des Hausrats bei getrennt lebenden Ehegatten und einer eventuellen Vergütung für deren Benutzung gilt bei der Ehe nichts anderes als bei der Lebenspartnerschaft (§ 1361 a BGB).

### 3. Wohnung

Bei Getrenntleben der Lebenspartner kann ein Lebenspartner verlangen, dass ihm der andere die gemeinsame Wohnung oder einen Teil zur alleinigen Benutzung überlässt, soweit dies notwendig ist, um eine schwere Härte zu vermeiden (§ 14 Abs. 1 S. 1 LPartG).[559] Für die Überlassung kann der Lebenspartner von dem anderen aus Billigkeitsgründen eine Vergütung für ihre Benutzung verlangen (§ 14 Abs. 2 LPartG).[560] Eine gleichartige Regelung findet sich im Eherecht (§ 1361 b BGB).

## VI. Aufhebung der Lebenspartnerschaft

### 1. Aufhebung durch richterliches Urteil

Die Lebenspartnerschaft wird auf Antrag eines oder beider Lebenspartner durch gerichtliches Urteil aufgehoben (§ 15 Abs. 1 LPartG).[561] Eine Ehescheidung er-

---

[554] Dorsel, RNotZ 2001, S. 151, 152; Schwab, FamRZ 2001, S. 385, 392; Kaiser, JZ 2001, S. 617, 621. Es wird jedoch von einigen Autoren eine Auslegung des § 12 LPartG in der Weise vorgeschlagen, dass die Versagung, Herabsetzung oder zeitliche Begrenzung des Unterhalts bei Getrenntleben ebenfalls nur bei grober Unbilligkeit erfolgen soll: Palandt/Brudermüller, LPartG, § 12 LPartG, Rn. 9; Hk-LPartG/Kemper, § 12 LPartG, Rn. 34.

[555] Schwab, FamRZ 2001, S. 385, 392.

[556] Finger, WuM 2000, S. 462, 462; Mayer, ZEV 2001, S. 169, 173; Hk-LPartG/Kemper, § 13 LPartG, Rn. 3.

[557] Muscheler, LPartG, Rn. 239; Hk-LPartG/Kemper, § 12 LPartG, Rn. 4.

[558] Hk-LPartG/Kemper, § 12 LPartG, Rn. 7.

[559] Finger, WuM 2000, S. 462, 462; Muscheler, LPartG, Rn. 238.

[560] Hk-LPartG/Kemper, § 14 LPartG, Rn. 9.

[561] v. Koppenfels-Spies, FPR 2003, S. 5; Bergerfurth, FF 2001, S. 113; Finger, MDR 2001,

folgt nach § 1564 BGB ebenfalls nur durch gerichtliches Urteil auf Antrag eines oder beider Ehegatten.

## 2. Voraussetzungen für die Aufhebung der Lebenspartnerschaft

Für die Aufhebung der Lebenspartnerschaft werden in § 15 Abs. 2 LPartG drei Fälle genannt: die Aufhebung nach einjähriger Wartefrist bei gemeinsamer Aufhebungserklärung der Lebenspartner (§ 15 Abs. 2 Nr. 1 LPartG), nach dreijähriger Wartefrist bei Aufhebungserklärung nur eines Lebenspartners (§ 15 Abs. 2 Nr. 2 LPartG) und die Aufhebung bei Unerträglichkeit der Fortsetzung der Lebenspartnerschaft aus Gründen, die in der Person des anderen Partners liegen (§ 15 Abs. 2 Nr. 3 LPartG).[562]

Die Voraussetzungen, unter denen die Scheidung begehrt werden kann, ergeben sich aus den §§ 1564 bis 1568 BGB. Dabei kennt das Eherecht nur einen Scheidungsgrund, das „Scheitern der Ehe" (§ 1565 Abs. 1 S. 1 BGB).[563] Ein solches Scheitern der Ehe ist nach der gesetzlichen Begriffsbestimmung des § 1565 Abs. 1 S. 2 BGB gegeben, wenn die Lebensgemeinschaft der Ehegatten nicht mehr besteht und nicht erwartet werden kann, dass die Ehegatten sie wiederherstellen (Zerrüttungsprinzip). Um das Eindringen in die Intimsphäre der Ehegatten, das bei positiver Feststellung des Scheiterns unvermeidbar ist, wenigstens in einem Teil der Fälle zu verhindern, kann das Scheitern der Ehe unter bestimmten Voraussetzungen vermutet werden.[564] Hierbei wird danach unterschieden, ob zwischen den Ehegatten ein Einverständnis über die Scheidung besteht (§ 1566 Abs. 1 BGB) oder ob nur einer von ihnen die Scheidung begehrt (§ 1566 Abs. 2 BGB). Anderenfalls kann das Scheitern positiv festgestellt werden, wenn die Ehegatten sich über die Scheidung nicht einig sind. Eine Scheidung kann auch erfolgen, wenn es einem Ehepartner unzumutbar ist, die Ehe fortzusetzen.

Das Zerrüttungsprinzip ist den Normen zur Aufhebung der Lebenspartnerschaft fremd.[565] Bei der Aufhebung wird somit nicht wie bei der Scheidung vorausgesetzt, dass die Lebenspartnerschaft gescheitert ist, d.h. dass keine Lebensgemeinschaft der Lebenspartner mehr besteht; die Aufhebung der Lebenspartnerschaft

---

S. 199, 201; ders. in: FPR 2000, S. 291, 293; Mayer, ZEV 2001, S. 169, 174; Palandt/Brudermüller, § 15 LPartG, Rn. 1; Hk-LPartG/Kemper, § 15 LPartG, Rn. 5; Weinreich, FuR 2001, S. 481, 486; Muscheler, LPartG, Rn. 241; Hohloch, FamR, Rn. 1170.

[562] Finger, FPR 2000, S. 291, 293; ders. in: MDR 2001, S. 199, 201; v. Koppenfels-Spies, FPR 2003, S. 5; Muscheler, LPartG, Rn. 243; Bergerfurth, FF 2001, S. 113, 114; Mayer, ZEV 2001, S. 169, 175; Welling, RNotZ 2002, S. 249, 262; Schwab, FamRZ 2001, S. 385, 398; Weinreich, FuR 2001, S. 481, 486.

[563] Schwab, FamR, Rn. 300; Schlüter, FamR, Rn. 168; Giesen, FamR, Rn. 364.

[564] Schlüter, FamR, Rn. 177.

[565] Kaiser, in: Schwab (Hrsg.), Die eingetragene Lebenspartnerschaft, S. 279, 287; Battes FuR 2001, S. 113; Mayer, ZEV 2001, S. 169, 174; Kemper, FF 2001, S. 156, 164; Grziwotz, DNotZ 2001, S. 280, 294; Finger, FPR 2000, S. 291, 293; v. Koppenfels-Spies, FPR 2003, S. 5, 6; Meyer/Mittelstädt, LPartG, S. 62; Schwab, FamRZ 2001, S. 385, 398; Palandt/Brudermüller, § 15 LPartG, Rn. 2; Kaiser, JZ 2001, S. 617, 621.

hängt allein von der Erklärung eines oder beider Lebenspartner ab, die Lebenspartnerschaft nicht fortführen zu wollen.[566]
Trotz der grundlegenden Unterschiede lassen sich verschiedene Fälle herausarbeiten, die im Einzelnen verglichen werden sollen.

**a. Aufhebung auf Grund gemeinsamer Beendigungserklärung**

Nach § 15 Abs. 2 Nr. 1 LPartG hebt ein Gericht die Lebenspartnerschaft auf, wenn beide Partner übereinstimmend erklärt haben, die Lebenspartnerschaft nicht weiterführen zu wollen und seit dieser Erklärung zwölf Monate vergangen sind.[567] Es handelt sich dabei um eine reine Wartepflicht.[568]
Die Erklärungen der Lebenspartner zur Beendigung der Lebenspartnerschaft sind gemäß § 15 Abs. 3 S. 1 LPartG frei widerruflich, solange die Lebenspartnerschaft noch nicht aufgehoben ist.[569] Widerruft ein Lebenspartner seine gemeinsam mit dem Lebenspartner abgegebene Erklärung nach § 15 Abs. 2 Nr. 1 LPartG, so wird die Lebenspartnerschaft gleichwohl 36 Monate nach der ursprünglichen übereinstimmenden Erklärung beider Lebenspartner aufgehoben (§ 15 Abs. 3 LPartG).[570] Sowohl die Erklärungen zum Zwecke der Aufhebung der Lebenspartnerschaft als auch etwaige Widerrufserklärungen müssen persönlich abgegeben werden und bedürfen der öffentlichen Beurkundung (§ 15 Abs. 4 S. 1 LPartG).[571] Des Weiteren sind sie bedingungsfeindlich und dürfen unter keiner Zeitbestimmung abgegeben werden (§ 15 Abs. 4 S. 2 LPartG).[572]
Bei dem vergleichbaren Fall der Scheidung, bei dem Einigkeit zwischen den Ehepartnern über die Scheidung besteht, ist die Scheidung nicht von der Erklärung der Ehegatten, dass sie die Ehe beenden wollen, abhängig, sondern die Scheidung hängt im Gegensatz zur Aufhebung der Lebenspartnerschaft von einem Zustand ab: Die Ehe muss gescheitert sein. Aus diesem Grund gibt es bei den Scheidungsregelungen auch keine Norm zum Widerruf oder zu den Voraussetzungen, die an einen solchen Widerruf gestellt werden.
Beantragen beide Ehegatten die Scheidung oder stimmt der Antragsgegner der Scheidung zu – besteht also Einigkeit über die Scheidung – so wird unwiderlegbar

---

[566] Meyer/Mittelstädt, LPartG, S. 62; Palandt/Brudermüller, § 15 LPartG, Rn. 2; Grziwotz, DNotZ 2001, S. 280, 294; Mayer, ZEV 2001, S. 169, 175; Kaiser, JZ 2001, S. 617, 621; Palandt/Brudermüller, § 15 LPartG, Rn. 2.
[567] Bergerfurth, FF 2001, S. 113, 114; Grziwotz, DNotZ 2001, S. 280, 293.
[568] Kaiser, in: Schwab (Hrsg.), Die eingetragene Lebenspartnerschaft, S. 279, 282;
v. Koppenfels-Spies, FPR 2003, S. 5, 6; Begründung zum Gesetzesentwurf BT-Drucks. 14/3751, S. 41; Kemper, FF 2001, S. 156, 164.
[569] Kemper, FF 2001, S. 156, 164; Muscheler, LPartG, Rn. 249; Hk-LPartG/Kemper,
§ 15 LPartG, Rn. 12; Finger, MDR 2001, S. 199, 201; Mayer, ZEV 2001, S. 169, 175; Grziwotz, DNotZ 2001, S. 280, 293.
[570] Weinreich, FuR 2001, S. 481, 486.
[571] Mayer, ZEV 2001, S. 169, 175; Kaiser, in: Schwab (Hrsg.), Die eingetragene Lebenspartnerschaft, S. 279, 289; Weinreich, FuR 2001, S. 481, 486; Palandt/Brudermüller, § 15 LPartG, Rn. 2; Hk-LPartG/Kemper, § 15 LPartG, Rn. 10; Kemper, FF 2001, S. 156, 164.
[572] v. Koppenfels-Spies, FPR 2003, S. 5, 7; Grziwotz, DNotZ 2001, S. 280, 293; Hk-LPartG/Kemper, § 15 LPartG, Rn. 5; Finger, MDR 2001, S. 199, 201.

das Scheitern der Ehe vermutet, wenn die Ehegatten seit einem Jahr getrennt leben (§ 1566 Abs. 1 BGB).[573] Nach § 1567 Abs. 1 BGB liegt ein solches Getrenntleben der Ehegatten vor, wenn zwischen ihnen keine häusliche Gemeinschaft mehr besteht, d.h. wenn sie das Zusammenleben an einer gemeinsamen Wohnstätte aufgegeben haben und wenn zumindest ein Ehegatte die häusliche Gemeinschaft nicht herstellen will, weil er die eheliche Lebensgemeinschaft ablehnt. Zur Aufhebung der häuslichen Gemeinschaft als dem äußeren Zustand müssen demzufolge subjektive Momente hinzukommen, nämlich der Wille eines Ehegatten, nicht in häuslicher Gemeinschaft mit dem anderen leben zu wollen, ferner ein Motiv, nämlich die Ablehnung der ehelichen Gemeinschaft.[574]

Für die Aufhebung der Lebenspartnerschaft wird demgegenüber kein Getrenntleben der Lebenspartner während der Wartezeit gefordert.[575] Während der trennungswillige Ehegatte mühsam beweisen muss, dass zwischen den Eheleuten keine häusliche Gemeinschaft besteht, also eine Trennung von Tisch und Bett während eines Jahres vorgelegen hat, können die Lebenspartner während der Wartezeit sogar noch gemeinsam wohnen und einen gemeinsamen Haushalt füh-ren. Es findet somit bei der Aufhebung keine penible richterliche Prüfung statt, ob die Lebenspartner tatsächlich getrennt leben.[576] Der hohe Stellenwert der Ehe wird noch dadurch unterstrichen, dass die Regelung des § 1566 Abs. 2 BGB ausdrücklich vorsieht, dass ein kürzeres Zusammenleben der Ehegatten, das der Versöhnung dienen soll, die Frist des Getrenntlebens unberührt lässt. Die Scheidung soll also zwar durch das Erfordernis des Getrenntlebens erschwert werden, jedoch soll dieses Getrenntleben nicht einer möglichen Versöhnung im Wege stehen. Eine Versöhnung der Ehegatten soll mit allen Mitten gefördert werden. Dies ist beim LPartG nicht der Fall.

Praktisch wird den Lebenspartnern die Auflösung ihrer Partnerschaft aber dadurch erschwert, dass die Jahres-, bzw. Dreijahresfrist aus § 15 Abs. 2 Nr. 1 und 2 LPartG erst ab dem Zeitpunkt zu laufen beginnt, an dem ein oder beide Lebenspartner öffentlich beurkundet erklärt haben (§ 15 Abs. 4 LPartG), die Lebenspartnerschaft nicht fortsetzen zu wollen.[577] Eheleute können sich demgegenüber trennen und im Nachhinein entscheiden, aus dem ein- oder dreijährigen Getrenntleben die Konsequenzen zu ziehen und die Scheidung zu beantragen.

### b. Aufhebung auf Grund einseitiger Beendigungserklärung

Wenn die Erklärung nur durch einen Lebenspartner erfolgt, ist bei der Lebenspartnerschaft eine Wartefrist von 36 Monaten einzuhalten (§ 15 Abs. 2 Nr. 2

---

[573] Schwab, FamR, Rn. 303; Schlüter, FamR, Rn. 178.

[574] Gernhuber/Coester-Waltjen, FamR, § 27 I.

[575] BT-Drucks. 14/3751, S. 41; v. Koppenfels-Spies, FPR 2003, S. 5, 6; Kemper, FF 2001, S. 156, 164; Finger, MDR 2001, S. 199, 201.

[576] Kaiser, in: Schwab (Hrsg.), Die eingetragene Lebenspartnerschaft, S. 279, 288.

[577] Battes, FuR 2002, S. 113; Detloff, NJW 2001, S. 2598, 2603; v. Koppenfels-Spies, FPR 2003, S. 5, 6; Grziwotz, DNotZ 2001, S. 280, 294; Kaiser, JZ 2001, S. 617, 621; dies. in: Schwab (Hrsg.), Die eingetragene Lebenspartnerschaft, S. 279, 300; Detloff, NJW 2001, S. 2598, 2603; Palandt/Brudermüller, § 15 LPartG, Rn. 2.

LPartG).[578] In diesem Fall beginnt diese Frist ab der Zustellung dieser Erklärung an den anderen Lebenspartner (§ 15 Abs. 2 Nr. 2 LPartG).[579] Die Zustellung der Erklärung erfolgt durch den Gerichtsvollzieher.[580] Die in § 15 Abs. 2 Nr. 2 LPartG im Vergleich zu § 15 Abs. 2 Nr. 1 LPartG längere Frist trägt dem hier größeren Bedürfnis eines Übereilungsschutzes Rechnung[581], denn anders als im Fall der Nr. 1 ist bei Nr. 2 das Aufhebungsverlangen einseitig und bietet damit nicht in gleichem Umfang wie bei einem übereinstimmenden Aufhebungsverlangen die Gewähr eines ernsthaften und wohlbedachten Handelns.[582]
Beantragt nur ein Ehegatte die Scheidung oder verweigert der andere Ehepartner die Zustimmung zur Scheidung, wird nach § 1566 Abs. 2 BGB das Scheitern der Ehe unwiderlegbar vermutet, wenn die Ehegatten drei Jahre getrennt leben. Besteht keine Einigkeit zwischen den Ehegatten über die Scheidung oder der Lebenspartner über die Aufhebung, so kann in beiden Fällen erst nach Ablauf einer Frist von drei Jahren die Scheidung, bzw. die Aufhebung ausgesprochen werden.

### c. Aufhebung wegen Unzumutbarkeit der Fortsetzung der Lebenspartnerschaft

§ 15 Abs. 2 Nr. 3 LPartG gibt einem Lebenspartner die Möglichkeit, auch ohne Einhaltung der Wartefrist in § 15 Abs. 2 Nr. 1 und Nr. 2 LPartG die Lebenspartnerschaft durch das Gericht aufheben zu lassen. Voraussetzung ist eine in der Person des anderen Lebenspartners liegende unzumutbare Härte für den Antragsteller.[583] Es muss also dem Antragsteller unzumutbar sein, das Lebenspartnerschaftsband weiter bestehen zu lassen.[584] Ein solcher Fall wird nach der Begründung des Gesetzgebers insbesondere bei Misshandlungen durch den Antragsgegner in Betracht kommen.[585] Insgesamt wird jedoch davon auszugehen sein, dass sich die Rechtsprechung an den zu § 1565 Abs. 2 BGB entwickelten Grund-sätzen orientieren wird.[586]
Leben die Ehegatten noch kein Jahr getrennt, so kann die Ehe für den Fall, dass sie zerrüttet ist, ebenfalls geschieden werden, wenn die Fortsetzung der Ehe für den Antragsteller aus Gründen, die in der Person des anderen Ehegatten liegen, eine unzumutbare Härte darstellen würde (gemäß § 1565 Abs. 2 BGB).

---

[578] Bergerfurth, FF 2001, S. 113, 114.
[579] Palandt/Brudermüller, § 15 LPartG, Rn. 4; Muscheler, LPartG, Rn. 247.
[580] BT-Drucks. 14/3751, S. 41; Finger, MDR 2001, S. 199, 201; Bergerfurth, FF 2001, S. 113, 114.
[581] BT-Drucks. 14/3751, S. 41.
[582] BT-Drucks. 14/3751, S. 41; Palandt/Brudermüller, § 15 LPartG, Rn. 4.
[583] Detloff, NJW 2001, S. 2598, 2603; Battes, FuR 2001, S. 113; Kemper, FF 2001, S. 156, 164; Grziwotz, DNotZ 2001, S. 280, 293; v. Koppenfels-Spies, FPR 2003, S. 5, 7; Mayer, ZEV 2001, S. 169, 175.
[584] BT-Drucks. 14/3751, S. 41; Kaiser, in: Schwab (Hrsg.), Die eingetragene Lebenspartnerschaft, S. 279, 295; Palandt/Brudermüller, § 15 LPartG, Rn. 5; Bergerfurth, FF 2001, S. 113, 114.
[585] BT-Drucks. 14/3751, S. 41.
[586] Hk-LPartG/Kemper, § 15 LPartG, Rn. 22.

## d. Tatsächliche Zerrüttung

Bei der Ehescheidung gibt es eine weitere Scheidungskonstellation, die mangels Zerrüttungsprinzips bei der Aufhebung der Lebenspartnerschaft fehlt. Gemeint ist der Fall, dass auf Grund eines Widerspruchs des anderen Ehegatten die Zerrüttung der ehelichen Lebensgemeinschaft positiv festgestellt werden muss, weil der antragstellende Ehegatte nicht bereit ist, ein dreijähriges Getrenntleben abzuwarten (§ 1565 Abs. 1 BGB).[587] In diesem einen Fall kann die Aufhebung der Lebenspartnerschaft mitunter schwerer zu erreichen sein als die Scheidung der Ehe, denn die Aufhebung kann nicht einseitig durch den Beweis des Scheiterns oder der Zukunftslosigkeit der Lebenspartnerschaft erzwungen werden.[588] Dem Aufhebungswilligen ist es also nicht möglich, bei Widerspruch des anderen Partners die Aufhebung der Lebenspartnerschaft vor Ablauf der Dreijahresfrist zu erlangen.[589] Natürlich kann der die Auflösung begehrende Lebenspartner versuchen, die sofortige Aufhebung durch den Beweis der Unzumutbarkeit nach § 15 Abs. 2 Nr. 3 LPartG zu erreichen, jedoch werden an eine Unzumutbarkeit höhere Anforderungen gestellt als an das Vorliegen der Zerrüttung: Bei der Unzumutbarkeit müssen Gründe in der Person des anderen Partners liegen, die die Fortsetzung der Lebenspartnerschaft unzumutbar machen, während bei einer Zerrüttung lediglich erforderlich ist, dass keine Lebensgemeinschaft mehr zwischen den Lebenspartnern besteht.

Im Hinblick auf eine neue Beziehung eines Lebenspartners mit einer dritten Person ist dies allerdings nicht so schlimm, da bei entsprechendem Willen eine Ehe mit einer dritten Person jederzeit eingegangen werden kann und diese die Lebenspartnerschaft sofort beendet. Diese im Vergleich zu Ehegatten strengere Regelung des Lebenspartnerschafts-gesetzes kann Lebenspartner dazu nötigen, schon zu einem früheren Zeitpunkt vorsorglich entsprechende Erklärungen abzugeben.[590]

## e. Keine Härteklauseln

Zwischen den Regelungen zur Aufhebung der Lebenspartnerschaft und den Scheidungsnormen gibt es weiterhin den Unterschied, dass die Scheidung Einschränkungen unterworfen ist, die es bei der Aufhebung der Lebenspartnerschaft nicht gibt. Obwohl alle Voraussetzungen für eine Scheidung vorliegen, kann der Richter die Scheidung auf Grund der Härteklausel des § 1568 BGB nicht aussprechen, denn auch wenn die Ehe gescheitert ist, kann ein Ehegatte noch ein erhebliches

---

[587] Gernhuber/Coester-Waltjen, FamR, § 27 II 2.

[588] Finger, FPR 2000, S. 291, 293; Battes, FuR 2001, S. 113; Palandt/Brudermüller, § 15 LPartG, Rn. 2. Von einigen wird auch überlegt, den Begriff der unzumutbaren Härte in § 15 Abs. 2 Nr. 3 LPartG weiter auszulegen, als es die h.M. zu § 1565 Abs. 2 BGB tut (vgl. Detloff, NJW 2001, S. 2598 2603).

[589] Muscheler, LPartG, Rn. 241; Detloff, NJW 2001, S. 2598, 2603.

[590] Detloff, NJW 2001, S. 2598, 2603; Wellenhofer-Klein, Die eingetragene Lebenspartnerschaft, S. 143; v. Koppenfels-Spies, FPR 2003, S. 5, 7. Zu „Vorratsaufhebungserklärungen“: Grziwotz DNotZ 2001, S. 280, 294; Battes FuR 2001, S. 113, 114; Finger, FPR 2000, S. 291, 293; Kaiser, in: Schwab (Hrsg.), Die eingetragene Lebenspartnerschaft, S. 279, 290.

legitimes Interesse an ihrem rechtlichen Fortbestand haben (§ 1568 2. Fall BGB).[591] Ebenso kann die Aufrechterhaltung einer innerlich zerrütteten Ehe im Kindesinteresse geboten sein (§ 1568 1. Fall BGB).[592]
Während die Lebenspartnerschaft bei Vorliegen der in § 15 Abs. 2 LPartG aufgezählten Voraussetzungen zwingend aufgehoben wird, steht die Aufhebung der Ehe durch die Härteklauseln somit im Ermessen des Scheidungsrichters. Das Fehlen der Härteklausel des § 1568 BGB bei den Aufhebungsregelungen[593] ist darauf zurückzuführen, dass die Ehe eine ganz andere Anerkennung in der Gesellschaft genießt als die Lebenspartnerschaft. Die Scheidung kann z.B. den sozialen Status der Person beeinträchtigen[594] sowie dem Antragsgegner aus religiösen Gründen[595] unzumutbar sein. Da das Insitut der eingetragegen Lebenspartnerschaft sehr jung ist, konnte sich nicht – wie bei der Ehe – über Jahrhunderte hinweg sein Stellenwert in der Gesellschaft etablieren. Somit ist eine Härteklausel wie § 1568 2. Fall BGB beim LPartG obsolet.
§ 1568 1. Fall BGB dient dazu, gemeinsame minderjährige Kinder vor den unter Umständen untragbaren Nachteilen einer Scheidung zu schützen.[596] Auch eine solche Härteschutzklausel ist im LPartG nicht notwendig, denn gleichgeschlechtliche Paare können aus biologischen Gründen keine gemeinsamen Kinder bekommen. Eine Adoption von Kindern durch gleichgeschlechtliche Paare ist ebenfalls nicht möglich.[597]

#### f. Beendigung der Lebenspartnerschaft durch Heirat eines Partners

Da der Katalog der Eheverbote in den §§ 1306 bis 1308 BGB nicht um ein Eheverbot der bestehenden Lebenspartnerschaft ergänzt wurde, kann eine Ehe auch wirksam geschlossen werden, wenn einer der zukünftigen Ehegatten im Zeitpunkt der Eheschließung noch durch eine Lebenspartnerschaft gebunden ist. Um jedoch zu verhindern, dass eine Ehe und eine Lebenspartnerschaft nebeneinander bestehen können, wird die Lebenspartnerschaft automatisch durch eine Eheschließung aufgelöst (Siehe unter Teil 1, § 2, II., 1., d.).[598] Bei Eheschließung eines Lebenspartners mit einer anderen Person endet die Lebenspartnerschaft ohne Ablauf einer Übergangsfrist.

### 3. Aufhebungsverfahren

Die Verfahrensvorschriften in Lebenspartnerschaftssachen sind als siebenter Abschnitt in das Sechste Buch der ZPO eingefügt worden. Zu den Lebenspartner-

---

[591] Gernhuber/Coester-Waltjen, FamR § 27 IV; v. Koppenfels-Spies, FPR 2003, S. 5, 8; Giesen, FamR, Rn. 378; Schlüter, FamR, Rn. 183; Palandt/Brudermüller § 1568 BGB, Rn.1.
[592] MüKo/Wolf, § 1568 BGB, Rn. 22; Giesen, FamR, Rn. 375.
[593] Kaiser, in: Schwab (Hrsg.), Die eingetragene Lebenspartnerschaft, S. 279, 297; Finger, MDR 2001, S. 199, 202; Mayer, ZEV 2001, S. 169, 175.
[594] Schwab, Hdb. d. Scheidungsrechts, II, Rn. 131.
[595] Schwab, Hdb. d. Scheidungsrechts, II, Rn. 132.
[596] Palandt/Diederichsen, § 1568 BGB, Rn 3.
[597] Schwab, FamRZ 2001, S. 385, 394.
[598] v. Koppenfels-Spies, FPR 2003, S. 5, 8.

schaftssachen zählen nach § 661 Abs. 1 ZPO: die Aufhebung der Lebenspartnerschaft, die Feststellung des Bestehens oder Nichtbestehens einer Lebenspartnerschaft, die Verpflichtung zur Fürsorge und Unterstützung in der partnerschaftlichen Lebensgemeinschaft, die durch die Lebenspartnerschaft begründete gesetzliche Unterhaltspflicht, die Regelung der Rechtsverhältnisse an der gemeinsamen Wohnung und am Hausrat der Lebenspartner sowie die Ansprüche aus dem lebenspartnerschaftlichen Güterrecht, soweit nicht Dritte am Verfahren beteiligt sind.[599]

Das Verfahren auf Aufhebung der Lebenspartnerschaft wird durch Einreichung einer Antragsschrift anhängig (§§ 661 Abs. 2, 622 Abs. 1 ZPO).[600] Nach § 661 Abs. 2 ZPO finden in Lebenspartnerschaftssachen die für Verfahren auf Scheidung, auf Feststellung des Bestehens oder Nichtbestehens einer Ehe oder auf Herstellung des ehelichen Lebens und für Verfahren in anderen Familiensachen geltenden Vorschriften entsprechende Anwendung.[601] Besonderheiten im Vergleich zu Ehegatten ergeben sich dadurch, dass die Parteien keine gemeinsamen Kinder haben und dass kein Versorgungsausgleich stattfindet.[602] So ist etwa für einen Zwangsverbund nach § 623 Abs. 1 S. 3 ZPO ebenso wenig Raum wie für eine Anhörung nach § 613 Abs. 1 S. 2 ZPO.[603] Die Verweisung auf eine entsprechende Anwendung der Vorschriften hinsichtlich des Verfahrens in Folgesachen beschränkt sich demgemäß auf die Fälle des § 621 Abs. 1 Nr. 5, 7, 8 und 9 ZPO.[604] Zuständig sind nach §§ 23 a Nr. 6, 23 b Abs. 1 S. 2 Nr. 15 GVG, 606 Abs. 1 ZPO die Familiengerichte.[605] Die anwaltliche Vertretung ist durchweg vorgeschrieben (§ 78 Abs. 2 S. 1 Nr. 1 a ZPO).[606] Wird auf Aufhebung der Lebenspartnerschaft erkannt, sind die Kosten der Aufhebungssache und der Aufhebungsfolgesachen nach § 93 a Abs. 5 i.V.m. § 93 a Abs. 1 ZPO gegeneinander aufzuheben.[607]

### VII. Rechtsfolgen der Aufhebung der Lebenspartnerschaft

Eine Lebenspartnerschaft beruht – wie auch die Ehe – auf einer sehr engen persönlichen menschlichen Bindung. Es handelt sich, wie oben bereits dargestellt (siehe

---

[599] Weinreich, FuR 2001, S. 481, 486; v. Koppenfels-Spies, FPR 2003, S. 5, 9; Finger, MDR 2001, S. 199, 203; ders. in: FPR 2001, S. 460; Muschler, LPartG, Rn. 252.

[600] Kaiser, in: Schwab (Hrsg.), Die eingetragene Lebenspartnerschaft, S. 279, 299; Bergerfurth, FF 2001, S. 113, 114; Muschler, LPartG, Rn. 254.

[601] Finger, FPR 2001, S. 460, 461; Schwab, FamRZ 2001, S. 385, 391; Muschler, LPartG, Rn. 254; Bergerfurth, FF 2001, S. 113, 114.

[602] Bergerfurth, FF 2001, S. 113, 114.

[603] Kaiser, in: Schwab (Hrsg.), Die eingetragene Lebenspartnerschaft, S. 279, 300; Bergerfurth, FF 2001, S. 113, 114.

[604] Muschler, LPartG, Rn. 254; Bergerfurth, FF 2001, S. 113, 114.

[605] Kaiser, in: Schwab (Hrsg.), Die eingetragene Lebenspartnerschaft, S. 279, 298; Bergerfurth, FF 2001, S. 113, 114; Muschler, LPartG, Rn. 254; Finger, MDR 2001, S. 199, 204.

[606] Finger, MDR 2001, S. 199, 204; Kaiser, in: Schwab (Hrsg.), Die eingetragene Lebenspartnerschaft, S. 279, 299; Bergerfurth, FF 2001, S. 113, 114.

[607] Kaiser, in: Schwab (Hrsg.), Die eingetragene Lebenspartnerschaft, S. 279, 300; Bergerfurth, FF 2001, S. 113, 114.

unter Teil 1, § 3, III., 2. a.), um eine Verantwortungs- und Einstehensgemeinschaft.[608] Auf Grund dieser engen persönlichen Bindung besteht auch noch nach der Aufhebung der Lebenspartnerschaft ebenso wie nach der Scheidung eine gewisse Mitverantwortung und eine nachpartnerschaftliche Solidarität der Partner untereinander.[609] Diese Verantwortung bewirkt, dass sich die ehemaligen Lebenspartner trotz Aufhebung der Lebenspartnerschaft nicht wie Fremde gegenüberstehen, sondern zwischen ihnen noch Ansprüche auf Unterhalt oder auf Geldzahlungen, z.B. im Falle einer Ausgleichs-/Zugewinngemeinschaft bestehen können.

**1. Nachpartnerschaftlicher Unterhalt**

Nach Aufhebung der Lebenspartnerschaft kann in Ausnahmefällen einem Lebenspartner gegen den anderen ein nachpartnerschaftlicher Unterhaltsanspruch zustehen (§ 16 LPartG).[610] Ein solcher Anspruch steht einem Lebenspartner dann gegen den anderen zu, wenn er wegen seines Alters, wegen Krankheiten oder anderer Gebrechen nicht selbst für seinen Unterhalt sorgen kann (§ 16 Abs. 1 LPartG).[611] Der Gesetzgeber geht jedoch grundsätzlich von der wirtschaftlichen Selbständigkeit der Lebenspartner nach Aufhebung ihrer Partnerschaft aus.[612] Außerdem muss der Anspruchsgegner leistungsfähig sein § 16 Abs. 2 S. 2 LPartG i.V.m. § 1581 BGB analog.[613] Die Höhe des Unterhaltsanspruches bemisst sich nach den Lebensverhältnissen während der Lebenspartnerschaft (§ 16 Abs. 1 LPartG). Der Unterhaltsanspruch erlischt, wenn der Berechtigte eine Ehe eingeht oder eine neue Lebenspartnerschaft begründet (§ 16 Abs. 2 LPartG). Bei grober Unbilligkeit ist ein nachpartnerschaftlicher Unterhaltsanspruch zu versagen (§ 16 Abs. 2 S. 2 LPartG i.V.m § 1579 BGB analog).

Dem geschiedenen Ehegatten kann gemäß § 1569 BGB gegen den anderen ebenfalls ein Unterhaltsanspruch nach der Scheidung zustehen.[614] Die Zuerkennung eines Unterhaltsanspruchs hängt – genau wie bei der Lebenspartner-schaft – weitgehend davon ab, ob und inwieweit ein Ehegatte sich seinen Unterhalt durch Ausübung einer ihm zumutbaren Erwerbstätigkeit selbst verschaffen kann.[615] Im Eherecht werden die Unterhaltstatbestände in den §§ 1570 bis 1576 BGB allerdings einzeln aufgezählt.[616] Eine solche Unzumutbarkeit der Erwerbs-tätigkeit liegt wie bei Lebenspartnern vor, wenn wegen Alters (§ 1571 BGB), Krankheiten oder Gebrechen (§ 1572 BGB) von einem geschiedenen Ehegatten keine Erwerbstätigkeit erwartet werden kann. Darüber hinaus kann ein nach-ehelicher Unterhaltsanspruch auch wegen Betreuung eines gemeinschaftlichen Kindes

[608] BT-Drucks. 14/375, S. 33.
[609] Schlüter, FamR, Rn. 189.
[610] BT-Drucks. 14/3751, S. 42.
[611] v. Koppenfels-Spies, FPR 2003, S. 5, 9.
[612] Schwab, FamRZ 2001, S. 385, 392.
[613] Hk-LPartG/Kemper, § 16 LPartG, Rn. 122.
[614] Schlüter, FamR, Rn. 189.
[615] Gernhuber/Coester-Waltjen, FamR, § 30 I 1.
[616] Schwab, FamR, Rn. 337.

bestehen (§ 1570 BGB). Unterhalt kann auch bis zur Erlangung einer angemessenen Erwerbstätigkeit (§ 1573 BGB) oder zur Ausbildung, Fortbildung oder Umschulung beansprucht werden, wenn der andere Ehegatte in Erwartung der Ehe eine Schul- oder Berufsausbildung nicht aufgenommen hat (§ 1575 BGB). Außerdem besteht die Möglichkeit eines Unterhaltsanspruches aus Billigkeitsgründen (§ 1576 BGB).

Obgleich der Gesetzgeber bei der Lebenspartnerschaft nicht alle Unterhaltstatbestände, die für die Ehe gelten, einzeln aufgezählt hat, ist davon auszugehen, dass die Unterhaltstatbestände des Eherechts auch für die Lebenspartnerschaft Anwendung finden.[617]

Sowohl Lebenspartner als auch Ehegatten können Vereinbarungen für den Unterhalt nach der Aufhebung der Partnerschaft treffen und z.B. einen Verzicht auf den Unterhaltsanspruch vereinbaren.[618]

**2. Nachwirkung des Güterrechts**

Die güterrechtlichen Wirkungen der Lebenspartnerschaft richten sich danach, welchen Güterstand die Parteien gewählt haben. Bei vereinbarter Gütertrennung entfällt eine güterrechtliche Auseinandersetzung.[619] Bei wie auch immer gearteter Vermögensgemeinschaft ist für die Auseinandersetzung der Inhalt des Lebenspartnerschaftsvertrages (§ 7 LPartG) maßgebend.[620]

Haben die Lebenspartner den Vermögensstand der Ausgleichsgemeinschaft vereinbart, findet nach der Aufhebung ein Ausgleich des während der Dauer der Ausgleichsgemeinschaft erwirtschafteten Überschusses statt (§ 6 Abs. 2 S. 3 LPartG).[621] Der Vermögensausgleich vollzieht sich in der Weise, dass zunächst der Gewinnüberschuss jedes einzelnen Lebenspartners während der Zeit der Ausgleichsgemeinschaft ermittelt wird, indem das Anfangsvermögen eines jeden Lebenspartners mit dem Endvermögen verglichen wird (§ 6 Abs. 2 S. 4 LPartG i.V.m. § 1373 BGB analog).[622] Der Lebenspartner, der während dieser Zeit den geringeren Gewinnüberschuss erwirtschaftet hat, hat dann gegen den anderen einen Anspruch in Höhe der Hälfte des Betrages, um den der Gewinnüberschuss des Lebenspartners mit dem höheren Überschuss den Gewinnüberschuss desjenigen mit dem geringeren Gewinnüberschuss übersteigt (§ 6 Abs. 2 S. 4 LPartG i.V.m. § 1378 BGB analog).[623]

Nach der Scheidung kann es ebenfalls einen Vermögensausgleich zwischen den Ehegatten geben. Haben die Ehepartner keinen Vermögensstand vereinbart, besteht zwischen den Ehegatten der gesetzliche Güterstand der Zugewinngemeinschaft (§ 1363 BGB). Dieser Güterstand bewirkt, dass nach der Scheidung der Ehe

---

[617] Muscheler, LPartG, Rn. 262.

[618] Epple, BWNotZ 2001, S. 44, 46; Hk-LPartG/Kemper, § 16 LPartG, Rn. 122.

[619] Bergerfurth, FF 2001, S. 113, 115.

[620] Bergerfurth, FF 2001, S. 113, 115.

[621] v. Koppenfels-Spies, FPR 2003, S. 5, 10; Rieger, in: Schwab (Hrsg.), Die eingetragene Lebenspartnerschaft, S. 186, 199.

[622] Hk-LPartG/Kemper, § 6 LPartG, Rn. 39 ff..

[623] Hk-LPartG/Kemper, § 6 LPartG, Rn. 39 ff..

ein Zugewinnausgleich zwischen den Ehepartnern stattfindet. Dieser Zugewinnausgleich stimmt mit dem Ausgleichsanspruch nach Aufhebung der Lebenspartnerschaft im Falle des Güterstandes der Ausgleichsgemeinschaft überein.

### 3. Versorgungsausgleich

Einen Versorgungsausgleich nach Aufhebung einer Lebenspartnerschaft sieht das Gesetz – im Gegensatz zu Ehegatten – nicht vor.[624] Dies ist vor allem deswegen bedenklich, da die Kosten einer angemessenen Versicherung für den Fall des Alters sowie der Berufs- und Erwerbsunfähigkeit nicht zum Unterhalt gehören (arg. e contrario aus § 1361 Abs. 1 S. 2 BGB).[625] Vorliegend besteht eine Schutzlücke in Bezug auf eine Vorsorge für Alter und Erwerbsunfähigkeit.[626]

Es ist allerdings denkbar, dass vertragliche Regelungen zwischen den Lebenspartnern über einen Versorgungsausgleich getroffen werden. Für solche vertraglichen Regelungen eines Versorgungsausgleichs unter Lebenspartnern gelten die allgemeinen Rechtsgrundsätze.[627] Vereinbarungen zu Lasten Dritter – und damit der gesetzlichen oder privaten Rentenversicherer – sind unzulässig.[628] Die Lebenspartner haben dennoch die Möglichkeit, einen schuldrechtlichen Versorgungsausgleich oder eine andere Form der Versorgungsregelung, beispielsweise eine Beitragsentrichtung zu vereinbaren.[629]

### 4. Die Verteilung von Wohnung und Hausrat nach der Aufhebung der Lebenspartnerschaft

Nach der Aufhebung der Lebenspartnerschaft stellt sich häufig die Frage, wer in der gemeinsamen Wohnung verbleiben darf und wie der Hausrat zwischen den Lebenspartnern aufgeteilt werden soll.

Bei der Verteilung von Wohnung und Hausrat wird bei der Lebenspartnerschaft – wie auch bei der Ehe – danach unterschieden, ob Einigkeit zwischen den Lebenspartnern über die Aufhebung der Lebenspartnerschaft besteht oder nicht.[630] In dem Fall, dass sich die Lebenspartner über die Aufhebung der Lebenspartnerschaft einig sind, d.h. im Fall des § 15 Abs. 2 Nr. 1 LPartG, ist – genau wie bei der Ehescheidung in dem Fall, dass beide Ehegatten die Scheidung beantragen – Voraussetzung für die Zulässigkeit des Aufhebungsantrags nach § 15 Abs. 2 Nr. 1 LPartG, dass die Antragsschrift eine einverständliche Regelung zwischen beiden Lebenspartnern über die Verteilung von Wohnung und Hausrat enthält (§ 661 Abs. 2 ZPO i.V.m. § 630 Abs. 1 Ziff. 3 ZPO analog). Bei einer Konventionalscheidung auf Antrag beider Ehegatten (§ 1566 Abs. 1 BGB) ist die vorherige Einigung der

---

[624] Langenfeld, ZEV 2002, S. 8, 9; Rauscher, FamR, S. 509; Welling, RNotZ 2002, S. 249, 262; Müller, DNotZ 2001, S. 581, 585; v. Koppenfels-Spies, FPR 2003, S. 5, 10; Muscheler, LPartG, Rn. 264; Kaiser, JZ 2001, S. 617, 621; Trimbach, NJ 2001, S. 399, 402.
[625] Muscheler, LPartG, Rn. 103.
[626] Muscheler, LPartG, Rn. 103.
[627] Dorsel, RNotZ 2001, S. 151, 153.
[628] Muscheler, LPartG, Rn. 104.
[629] Dorsel, RNotZ 2001, S. 151, 153.
[630] Trimbach, NJ 2001, S. 399, 403.

Ehegatten über Wohnung und Hausrat ebenfalls Voraussetzung für die Zulässigkeit des Scheidungsantrags (§ 630 Abs. 1 Ziff. 3 ZPO).[631]
Ist allerdings eine streitige Aufhebung der Lebenspartnerschaft beantragt und können sich die Lebenspartner für den Fall der Aufhebung der Lebenspartnerschaft nicht darüber einigen, wer von ihnen die gemeinsame Wohnung künftig bewohnen oder wer die Wohnungseinrichtung und den sonstigen Hausrat erhalten soll, so regelt auf Antrag das Familiengericht die Rechtsverhältnisse an der Wohnung und am Hausrat nach billigem Ermessen (§ 17 LPartG).[632] Das Gleiche gilt im Fall der streitigen Ehescheidung (§ 1 und 2 HausratsVO). Das Gericht ist bei der Lebenspartnerschaft verpflichtet, alle Umstände des Einzelfalles zu berücksichtigen (§ 17 S. 2 LPartG, § 2 S. 2 LPartG). Im Fall der Ehescheidung soll das Familiengericht insbesondere auf das Wohl der Kinder Rücksicht nehmen und die Erfordernisse des Gemeinschaftslebens berücksichtigen (§ 2 S. 2 HausratsVO).

**a. Gemeinsame Wohnung**

Handelt es sich bei der gemeinsamen Wohnung der Lebenspartner um eine gemietete Wohnung, hat das Gericht die Wahl zu bestimmen, ob ein von beiden Lebenspartnern eingegangenes Mietverhältnis von einem Lebenspartner allein fortgesetzt wird (§ 18 Abs. 1 Nr. 1 LPartG) oder ob ein Lebenspartner in das nur von dem anderen Lebenspartner eingegangene Mietverhältnis an dessen Stelle eintritt (§ 18 Abs. 1 Nr. 2 LPartG).[633] Maßstab für die gerichtliche Entscheidung ist das billige Ermessen.[634] Nach der Scheidung steht es ebenfalls im Ermessen des Richters, die gemeinsam gemietete Ehewohnung einem Ehegatten zuzuteilen (§ 5 Abs. 1 S. 1 HausratsVO). Der Richter kann sowohl bei der Aufhebung der Lebenspartnerschaft als auch bei der Scheidung darüber hinaus Anordnungen treffen, die geeignet sind, die aus dem Mietverhältnis herrührenden Ansprüche des Vermieters zu sichern (§ 18 Abs. 3 LPartG i.V.m § 5 Abs. 1 S. 2 HausratsVO für die Lebenspartnerschaft/§ 5 Abs. 1 S. 2 HausratsVO für die Ehe).
Steht die gemeinsame Wohnung im Allein- oder Miteigentum eines Lebenspartners oder steht dem Lebenspartner oder einem Dritten ein Nießbrauch, ein Erbbaurecht oder ein dingliches Wohnrecht an dem Grundstück zu, auf dem sich die gemeinsame Wohnung der Lebenspartner befindet, so kann das Gericht für den anderen Lebenspartner, dem kein dingliches Recht an der Wohnung zusteht, ebenfalls ein Mietverhältnis an der Wohnung zwischen dem Lebenspartner und dem Eigentümer begründen und die Wohnung somit dem anderen Lebenspartner zuweisen (§ 18 Abs. 2 LPartG).[635] Dies gilt jedoch nur in dem Ausnahmefall, dass

[631] Erman, HausratsVO § 1 Rn. 4; Gernhuber/Coester-Waltjen, FamR, § 29 II 2.
[632] v. Koppenfels-Spies, FPR 2003, S. 5, 10; Bergerfurth, FF 2001, S. 113, 114; Muscheler, LPartG, Rn. 268; Mayer, ZEV 2001, S. 169, 174.
[633] Finger, MDR 2001, S. 199, 202; v. Koppenfels-Spies, FPR 2003, S. 5, 10; Bergerfurth, FF 2001, S. 113, 114; Schwab, FamR, Rn. 900; Muscheler, LPartG, Rn. 268.
[634] BT-Drucks. 14/3751, S. 42; Palandt/Brudermüller, § 18 LPartG, Rn. 2.
[635] v. Koppenfels-Spies, FPR 2003, S. 5, 10; Bergerfurth, FF 2001, S. 113, 114; Muscheler, LPartG, Rn. 268; Palandt/Brudermüller, § 18 LPartG, Rn. 3; Hk-LPartG/Kemper, § 18 LPartG, Rn. 9.

der Verlust der Wohnung für den anderen Lebenspartner eine unbillige Härte wäre (§ 18 Abs. 2 LPartG; § 18 Abs. 3 i.V.m. § 3 Abs. 2 HausratsVO und § 60 Wohungseigentumsgesetz).[636] Für die Benutzung der Wohnung kann der Richter einen Mietzins festsetzen.[637]
Eine solche Zuweisung der Wohnung an den Nichteigentümer findet sich auch im Ehescheidungsrecht (§ 3 HausratsVO, § 60 Wohnungseigentumsgesetz).[638] Begründet der Richter kein Mietverhältnis, besteht ein bloßes Nutzungsverhältnis. Für dieses muss eine Nutzungsentschädigung festgesetzt werden.[639] Da die Hausratsverordnung das Wohnungseigentum nicht erwähnt, sondern nur das Eigentum an einem Haus (in dem sich die Ehewohnung befindet) oder an einem Grundstück (auf dem sich die Ehewohnung befindet), stellt § 60 des Wohnungseigentumsgesetzes klar, dass auch Wohnungseigentum der Hausratsverordnung unterfällt. Aus diesem Grund wird auch für die Lebenspartnerschaft § 60 Wohnungseigentumsgesetz in § 18 Abs. 3 LPartG für entsprechend anwendbar erklärt.
Weiterhin kann der Richter die gemeinsame Wohnung, die die Lebenspartner auf Grund eines Dienst- oder Arbeitsverhältnisses innehaben, das zwischen einem von ihnen und einem Dritten besteht, ebenfalls dem anderen Lebenspartner zuweisen.[640] Dies gilt allerdings nur, wenn der Dritte einverstanden ist (§ 18 Abs. 3 LPartG i.V.m. § 4 HausratsVO analog).[641] Entsprechendes gilt auch bei der Ehescheidung (§ 4 HausratsVO).
Schließlich kann der Richter unabhängig davon, ob es sich um eine gemietete Wohnung handelt oder ob die Wohnung im Eigentum eines der Lebenspartner oder Ehegatten steht, sowohl bei der Lebenspartnerschaft als auch bei der Ehe die Teilung der Wohnung anordnen, wenn eine solche Teilung möglich oder zweckmäßig ist (§ 18 Abs. 3 i.V.m. § 6 Abs. 1 S. 1 HausratsVO/§ 6 Abs. 1 S. 1 HausratsVO ).[642] Für die Teilwohnungen kann der Richter neue Mietverhältnisse begründen (§ 6 Abs. 2 S. 1 HausratsVO).

**b. Hausrat**

Für die Regelung der Rechtsverhältnisse am Hausrat nach Aufhebung der Lebenspartnerschaft gelten die Vorschriften der §§ 8 bis 10 der Hausratsverordnung entsprechend (§ 19 S. 1 LPartG),[643] so dass die Verteilung des Hausrats sowohl nach Aufhebung der Lebenspartnerschaft als auch nach der Scheidung übereinstimmt.[644]

---

636 Hk-LPartG/Kemper, § 18 LPartG, Rn. 7; Bergerfurth, FF 2001, S. 113, 114; Palandt/ Brudermüller, § 18 LPartG, Rn. 3; Schwab, FamR, Rn. 900; Muscheler, LPartG, Rn. 268.
637 Hk-LPartG/Kemper, § 18 LPartG, Rn. 10.
638 Schwab, FamR, Rn. 419.
639 BayObLG FamRZ 1974, S. 22.
640 Hk-LPartG/Kemper, § 18 LPartG, Rn. 13.
641 Hk-LPartG/Kemper, § 18 LPartG, Rn. 13.
642 Hk-LPartG/Kemper, § 18 LPartG, Rn. 24.
643 Mayer, ZEV 2001, S. 169, 174; v. Koppenfels-Spies, FPR 2003, S. 5, 10; Palandt/ Brudermüller, § 18 LPartG, Rn. 1.
644 Dorsel, RNotZ 2001, S. 151, 153.

Mangels gesetzlicher Definition des Hausrats in der HausratsVO erfolgt die Ermittlung der dazugehörigen Gegenstände in Anlehnung an die Haushaltsgegenstände in § 1361 a BGB.[645] Daher fallen unter Hausrat die beweglichen Gegenstände, die der Einrichtung der Wohnung, dem Haushalt oder dem Zusammenleben der Familie dienen und dazu bestimmt sind.[646] Dagegen sind die Gegenstände des persönlichen Gebrauchs sowie Gegenstände, die der Berufsausübung oder der Kapitalbildung dienen, kein Hausrat.[647] Bei der Verteilung des Hausrats wird danach unterschieden, ob die Gegenstände im gemeinsamen Eigentum beider Lebenspartner stehen oder ob sie sich im Alleineigentum eines Lebenspartners befinden.
Hausrat, der den Lebenspartnern oder Ehegatten gemeinsam gehört, verteilt der Richter gerecht und zweckmäßig (§ 19 S. 1 LPartG i.V.m. § 8 Abs. 1 HausratsVO/ § 8 Abs. 1 HausratsVO).[648] Im Hausratsverfahren gilt die widerlegliche Vermutung, dass die während der Lebenspartnerschaft oder der Ehe für den gemeinsamen Haushalt angeschafften Gegenstände im Miteigentum der Lebenspartner/Ehegatten stehen (§ 19 S. 1 LPartG i.V.m § 8 Abs. 2 HausratsVO/§ 8 Abs. 2 HausratsVO),[649] die Vermutung gilt nicht, wenn das Alleineigentum eines Lebenspartners bzw. eines Ehegatten feststeht.[650] Die Zuteilung erfolgt durch Übertragung des Alleineigentums an einen Lebenspartner/Ehegatten kraft Richter-spruchs (19 S. 1 LPartG i.V.m § 8 Abs. 3 HausratsVO/§ 8 Abs. 3 HausratsVO). Zu Gunsten des „verlierenden“ Teils kann nach Billigkeit eine Ausgleichszahlung festgesetzt werden (§ 19 S. 1 LPartG i.V.m § 8 Abs. 3 S. 2 HausratsVO/§ 8 Abs. 3 S. 2 HausratsVO).[651]
Hausratsgegenstände, die im Alleineigentum eines Lebenspartners/Ehegatten stehen, können nur ausnahmsweise unter den Voraussetzungen des § 9 Abs. 1 HausratsVO an den anderen Ehegatten verteilt werden. Dies ist der Fall, wenn es sich um „notwendige“ Gegenstände handelt und der andere Lebenspartner/Ehegatte auf ihre Weiternutzung angewiesen ist und die Überlassung dem Eigentümer zugemutet werden kann.[652] Die Zuweisung geschieht primär durch Begründung eines Mietverhältnisses zwischen den Lebenspartnern/Ehegatten.[653] Dieses Mietverhältnis wird durch Richterspruch begründet. In Ausnahmefällen kommt auch die richterliche Übertragung des Eigentums in Betracht; in diesem Fall ist ein angemessenes Entgelt festzusetzen (§ 9 Abs. 2 HausratsVO).[654]

645 Schwab, FamR, Rn. 416.
646 BGHZ 89, S. 137, 145.
647 Schwab, FamR, Rn. 416.
648 Hk-LPartG/Kemper, § 19 LPartG, Rn. 17.
649 Schwab, FamR, Rn. 417.
650 Hk-LPartG/Kemper, § 19 LPartG, Rn. 19; Für Ehegatten: Gernhuber/Coester-Waltjen, § 29 II 4.
651 Hk-LPartG/Kemper, § 19 LPartG, Rn. 25.
652 Hk-LPartG/Kemper, § 19 LPartG, Rn. 10, 11.
653 Hk-LPartG/Kemper, § 19 LPartG, Rn. 13.
654 Hk-LPartG/Kemper, § 19 LPartG, Rn. 15.

## § 4 Die Entstehungsgeschichte des Gesetzes Nr. 99-944 vom 15. November 1999 zum Pacte civil de Solidarité (PaCS)

### I. Rechtliche Entwicklung in Frankreich

Die Verabschiedung des Gesetzes Nr. 99-944 vom 15. November 1999 zum zivilrechtlichen Solidaritätspakt (Pacte Civil de Solidarité)[655] trägt einem tiefgreifenden Wandel in der französischen Gesellschaft Rechnung, der Anfang der Achtziger Jahre begonnen hat.[656]

Immer mehr Menschen lebten offen in einer homosexuellen Beziehung, so dass die Forderung nach einer rechtlichen Anerkennung von homosexuellen Paaren laut wurde. Homosexuelle Paare waren in Frankreich im Vergleich zu heterosexuellen Paaren in vielen Bereichen diskriminiert. Heterosexuelle hatten im Gegensatz zu homosexuellen Partnern die Möglichkeit zu heiraten. Außerdem wurden heterosexuellen Lebensgemeinschaften (concubinage) durch die Rechtsprechung auch diverse Rechte zuteil, die homosexuellen Lebensgefährten versagt blieben. Der französische Gesetzgeber hatte beispielsweise in einigen Gesetzen die „nichteheliche Lebensgemeinschaft" berücksichtigt, ohne dabei zwischen homo- und heterosexuellen Paaren zu differenzieren. Obwohl die Normen ihrem Wortlaut nach auch eine Anwendung für homosexuelle Paare zugelassen hätten, hat die französische Rechtsprechung den Begriff der „nichtehelichen Lebensgemeinschaft" in einer Weise definiert, die homosexuelle Paare von der Anwendung ausdrücklich ausschloss.[657] Am 11.7.1989 hatte beispielsweise der Sozialsenat des Kassationshofes die Satzungsbestimmungen der Air France, die dem nichtehelichen Lebenspartner eines Arbeitnehmers Tarifvergünstigungen bei den Flügen einräumte, so interpretiert, dass er nur für Personen gelten könne, die wie Eheleute zusammenwohnen, was nur bei einem Mann und einer Frau der Fall sein könne.[658]

In Abweichung von diesen Tendenzen der Rechtsprechung hatte der Gesetzgeber dann im Jahre 1993 Veränderungen im Sozialversicherungsrecht vorgenommen, die auf seinen Willen schließen ließen, homosexuellen Paaren wenigstens marginale Rechte zuzuerkennen. Durch Art. 78 des Gesetzes Nr. 93-121 vom 27. Januar 1993 hatte der Gesetzgeber den Art. L. 161-14 Abs. 2 CSS[659] so modifiziert, dass nun auch die Person, die von dem Sozialversicherten umfassend und langandauernd unterhalten wird (qui se trouve à la charge effective, totale et permanente de l'assuré social), einen Anspruch gegen die Sozialversicherung hat.[660] Dieser Gesetzestext unterschied wiederum nicht zwischen heterosexuellen und homosexuellen Partnerschaften; es kam allein darauf an, dass die Person, die nicht selbst

---

[655] Im Folgenden PaCS-G abgekürzt.

[656] Mécary, Droit et homosexualité, S. 156.

[657] Borillo, AJP/PJA 2001, S. 299; Théry, Couple, filiation et parenté aujourd'hui, Revue Esprit Oktober 1997, S. 159, 183; Bénabent, Droit civil, La famille, S. 253; Chanteloup/Fauré, Conclure un PaCS, S. 1; Ferrand, in: Basedow/Hopt/Kötz/Dopffel (Hrsg.), Die Rechtsstellung gleichgeschlechtlicher Lebensgemeinschaften, S. 113, 119; dies., FamRZ 2000, S. 517, 518.

[658] Cass.soc., 11.7.1989: JCP 1990 II, S. 21553; Borillo, AJP/PJA 2001, S. 299, 300.

[659] Code de la sécurité sociale.

[660] Terré, Dr. famille 1999, S. 28, 28.

sozialversichert ist, mit dem Versicherten mindestens ein Jahr zusammengelebt hat und von ihm finanziell abhängig war.[661] Auch im Bereich des Mietrechts wurde der Gesetzgeber zu Gunsten homosexueller Paare tätig. Das französische Parla-ment wollte im Herbst 1992 Art. 14 des Gesetzes vom 6. Juli 1989 insofern verän-dern, dass beim Tod eines Mieters der Mietvertrag auf jede mit dem Mieter seit mindestens einem Jahr zusammenlebende Person übergeht, ganz gleich, welches Geschlecht diese Person hat.[662] Der französische Verfassungsrat (Conseil constitutionnel) hatte diese Bestimmung jedoch aus verfahrensrechtlichen Gründen für nichtig erklärt.[663] Art. 14 des Gesetzes vom 6. Juli 1989 behielt somit den Wortlaut, dass der Mietvertrag beim Tod des Mieters unter gewissen Umständen auf den „offenkundigen Lebenspartner" des Mieters (concubin notoire) übergeht, ohne den Zusatz, dass dies für jede Person gilt unabhängig vom jeweiligen Geschlecht.
Trotzdem blieb auch bei dieser Fassung des Art. 14 des Gesetzes vom 6. Juli 1989 noch ein Interpretationsspielraum zu Gunsten homosexueller Paare, so dass dem Kassationshof die Frage vorgelegt wurde, ob diese Bestimmung des Art. 14 vom 6. Juli 1989 auch für homosexuelle Partner Anwendung finde. Wieder wurde der Versuch, hetero- und homosexuelle nichteheliche Lebensgemeinschaften gleichzustellen, von der Rechtsprechung zunichte gemacht: Der Kassationshof hat am 17. Dezember 1997 – aus denselben Gründen wie bei dem Urteil des Sozialsenats aus dem Jahre 1989 – eine Anwendung der Bestimmung für homosexuelle Paare verneint: Eine „eheähnliche Lebensgemeinschaft" (concubinage) könne nur aus einer stabilen und dauerhaften eheähnlichen Beziehung resultieren, die lediglich zwischen einem Mann und einer Frau gegeben sei.[664] Somit hatte bei Tod des Lebensgefährten sein homosexueller Partner – im Gegensatz zu einem heterosexuellen Paar – keinen Anspruch darauf, in der gemeinsam bewohnten Wohnung zu bleiben. Homosexuelle und heterosexuelle Lebensgemeinschaften waren im französischen Recht somit keinesfalls gleichgestellt.[665]
Auch die europäische Menschenrechtskonvention oder völkerrechtliche Verträge boten homosexuellen Paaren keinen Schutz gegen derartige Ungleichbehandlungen.[666] Nach Ansicht der Cour de Cassation verstieß die restriktive Auslegung des Art. 14 des Gesetzes von 1989 in ihrer Entscheidung vom 17. Dezember 1997 weder gegen Art. 8 Abs. 1 der Europäischen Menschenrechtskonvention, der das Privat- und Familienleben schützt, noch begründete er eine Diskriminierung im Sinne von Art. 26 des Internationalen Vertrages über die zivilen und politischen Rechte, nach dem alle Personen vor dem Gesetz gleich sind und ein Recht auf gleichen Schutz vor Diskriminierung durch den Gesetzgeber haben.[667]

---

[661] Ferrand, FamRZ 2000, S. 517, 518.
[662] Chanteloup/Fauré, Conclure un PaCS, S. 2.
[663] CC 92-317 DC, v. 21.1.1993: J.O. v. 23.1.1993, S. 1240; Ferrand, in: Henrich (Hrsg.) Eheliche Gemeinschaft, Partnerschaft und Vermögen im europäischen Vergleich, S. 73, 101.
[664] Cass. 3$^{e}$ civ., 17.12.1997: D. 1998, S. 111; Ferrand, in: Henrich (Hrsg.), Eheliche Gemeinschaft, Partnerschaft und Vermögen im europäischen Vergleich, S. 73, 102.
[665] Beignier, D. 1998, chron., S. 215, 216.
[666] Borillo, AJP/PJA 2001, S. 299, 300; Chanteloup/Fauré, Conclure un PaCS, S. 2.
[667] Cass. 3$^{e}$ civ., 17.12.1997: D. 1998, S. 111.

Mit der Einführung einer gesetzlichen Definition der nichtehelichen Lebensgemeinschaft in Art. 515-8 C.civ. des Gesetzes Nr. 99-944 vom 15. November 1999 zum PaCS, die sowohl homo- als auch heterosexuelle Paare erfasst, wollte der Gesetzgeber den erklärten Zweck erfüllen, der strikten Weigerung der Rechtsprechung, hetero- und homosexuelle nichteheliche Lebensgemeinschaften in Bezug auf bestimmte Rechte gleichzustellen, Einhalt zu gebieten.[668] Außerdem wollte der französische Gesetzgeber mit dem PaCS homosexuellen Paaren eine rechtliche Anerkennung zukommen lassen. Die Anzahl der heterosexuellen nichtehelichen Lebensgemeinschaften hatte ebenfalls in einem so großen Maße zugenommen[669], dass der Gesetzgeber sie nicht mehr wie Napoleon ignorieren konnte, der gesagt haben soll: „Die Partner einer nichtehelichen Lebensgemeinschaft (concubins) ignorieren das Gesetz; also ignoriert das Gesetz sie."[670]
Die Schaffung des PaCS ist somit aus dem Wunsch heraus entstanden, zwei Problemkreise mittels eines Gesetzes einer Lösung zuzuführen: Gleichgeschlechtliche Paare sollten rechtlich anerkannt werden, es sollte aber auch der Tatsache Rechnung getragen werden, dass sich immer mehr heterosexuelle Paare für ein Leben zu zweit ohne Trauschein entscheiden, ohne jedoch rechtlos sein zu wollen.[671]
Der französische Gesetzgeber hat sich mit dem PaCS für eine registrierte Partnerschaft sowohl für homo- als auch für heterosexuelle Paare entschieden, da bei der Diskussion um die Verbesserung der Rechtsstellung homosexueller Paare in Frankreich eine recht polemische und aggressive Stimmung herrschte und der Gesetzgeber befürchtete, mit einer Regelung allein für homosexuelle Paare die Akzeptanz der zukünftigen Bestimmungen zu gefährden.[672] Die tatsächliche Schaffung eines rechtlichen Rahmens für gleichgeschlechtliche Paare war jedoch erst möglich, nachdem jegliche Strafbarkeit homosexueller Verhältnisse beseitigt worden war.
Die Strafbarkeit der Sodomie wurde in Frankreich offiziell bereits 1789 durch die französische Revolution aufgehoben.[673] Während des Vichy-Regimes wurde die Strafbarkeit aber wieder eingeführt: Danach machte sich strafbar, wer ein sexuelles

[668] Bericht Nr. 1097 v. Jean-Pierre Michel, eingereicht bei der Ass. Nat. am 23.9.1998, S. 11 ff.; Muscheler, LPartG, Rn. 25.
[669] Die Anzahl nichtehelicher Lebensgemeinschaften war in den Jahren 1993 bis 1998 um 400.000 gestiegen, während die Zahl der geschlossenen Ehen um 200.000 gesunken war. Heute gibt es in Frankreich 2,4 Millionen nichteheliche Lebensgemeinschaften und nur noch 1,5 Mio. Ehepaare (Des mariages, des couples et des enfants, Gutachten des Institut National de la Statistique et des Etudes Economiques (INSEE)).
[670] Steiner, Child and Family Law Quarterly 2000, S. 1, 5; Bericht Nr. 1097 v. Jean-Pierre Michel, eingereicht bei der Ass. Nat. am 23.9.1998, S. 7; Ferrand, FamRZ 2000, S. 517; Théry, Couple, filiation et parenté aujourd'hui, S. 183; Ferrand, in: Henrich (Hrsg.), Eheliche Gemeinschaft, Partnerschaft und Vermögen im europäischen Vergleich, S. 73, 101.
[671] Mécary, Droit et homosexualité, S. 156; Bericht Nr. 1097 v. Jean-Pierre Michel, eingereicht bei der Ass. Nat. am 23. 9. 1998, S. 7.
[672] Ferrand, in: Basedow/Hopt/Kötz/Dopffel (Hrsg.), Die Rechtstellung gleichgeschlechtlicher Lebensgemeinschaften, S. 113, 116.
[673] Leroy-Forgeot, Histoire, S. 15.

Verhältnis mit einem Gleichgeschlechtlichen einging, der nicht das 21. Lebensjahr vollendet hat.[674] Das führte dazu, dass Homosexuellen das Recht auf volle sexuelle Selbstbestimmung erst mit Vollendung des 21. Lebensjahres, Heterosexuellen dagegen bereits mit Vollendung des 15. Lebensjahres gewährt wurde. Am 23. Dezember 1980 wurde dieser – während des Vichy Regimes eingeführte – Artikel 330 Abs. 2 des ancien C.pén.[675] aufgehoben,[676] was zur Folge hatte, dass homosexuelle Handlungen mit einem unter 21-Jährigen kein Verbrechen gegen die sexuelle Selbstbestimmung, sondern nur noch ein Vergehen darstellten. Jedoch wurde noch an demselben Tag durch ein entsprechendes Änderungsgesetz die volle Strafbarkeit für eine homosexuelle Beziehung mit einem unter 18-Jährigen wieder eingeführt.[677] Erst im Jahre 1982 wurde Art. 331 Abs. 2 ancien C.pén. insoweit beseitigt[678], dass die Strafbarkeit nunmehr auch bei einer sexuellen Beziehung mit einem zwischen 15- bis 18-Jährigen entfällt, wenn dieser einwilligt.[679] Etwas anderes gilt nur dann, wenn zwischen dem Minderjährigen und dem Volljährigen ein „Autoritätsverhältnis" besteht, was der Volljährige ausnutzt.[680] Der Begriff des Autoritätsverhältnisses erfasst sowohl Eltern-Kind-Beziehungen als auch Arbeits- oder Ausbildungsverhältnisse.[681] Im Rahmen solcher Verhältnisse sind jedoch auch heterosexuelle Beziehungen als Verstoß gegen die sexuelle Selbstbestim-mung nach Art. 227-27 nouveau C.pén.[682] unter Strafe gestellt. Homosexuelle und heterosexuelle Paare sind folglich durch die Beseiti-gung des Art. 331 Abs. 2 ancien C.pén., d.h. seit 1982 jedenfalls strafrechtlich gleichgestellt.

Darüber hinaus wurde 1985 dadurch, dass die Benachteiligung einer Person wegen ihrer sexuellen Sitten in den Katalog der strafrechtlich sanktionierten Diskriminierungen des Art. 225 C.pén. aufgenommen wurde, ein Verbot der Diskriminierung wegen Homosexualität in den Code pénal eingeführt.[683]

Da die Ungleichbehandlung der heterosexuellen und homosexuellen „nichtehelichen Lebensgemeinschaft" allein auf der sexuellen Orientierung beruhte, haben verschiedene Lobbies – vor allem die Verbände Homosexueller – die rechtliche Anerkennung des homosexuellen Paares gefordert.[684] Diese Gruppen haben mit ihrem Engagement enormen Einfluss auf die rechtliche Entwicklung des PaCS ausgeübt.[685] Zunächst haben Gruppen wie der CUARH[686] z.B. durch die Organi-

[674] Verordnung (ordonnance) v. 6.8.1942; Dillenschneider, Le PaCS, Analyse d'une décision, S. 24.
[675] Ancien Code pénal.
[676] Durch das Gesetz L. Nr. 80-1041 v. 23.12.1980.
[677] Dillenschneider, Le PaCS, Analyse d'une décision, S. 24.
[678] Aufgehoben durch das Gesetz L. Nr. 82-683 v. 4.8.1982.
[679] Ferrand, FamRZ 2000, S. 517.
[680] Art. 227-27 nouveau C.pén.
[681] Véron, Droit pénal spécial, S. 188; Gattegno, Droit pénal spécial, S. 90.
[682] Nouveau Code pénal.
[683] Gesetz Nr. 85-772 v. 25.7.1985; Schulz, Revue Esprit Oktober 1997, S. 188.
[684] Mécary, Droit et homosexualité, S. 156; Ferrand, FamRZ 2000, S. 517.
[685] Borillo, AJP/PJA 2001, S. 299; Terré, Dr. famille 1999, Nr. hors série, S. 28; Schultz, Revue Esprit Oktober 1997, S. 188; Ferrand, FamRZ 2000, S. 517; Ferrand, in: Henrich (Hrsg.), Eheliche Gemeinschaft, Partnerschaft und Vermögen im europäischen Vergleich,

sation von Demonstrationen großes Aufsehen erregt und somit auch das Interesse der Medien für die Probleme der Homosexuellen geweckt.[687] Dann haben sie durch die Gründung von Vereinigungen, die der sozialistischen Partei (PS) nahe standen, die Politiker auf ihre Probleme aufmerksam gemacht.

Erst als im Sommer 1997 eine sozialistische Regierung unter Lionel Jospin gewählt worden war, gab es in der Assemblée Nationale eine linke Mehrheit, so dass die Möglichkeit der Durchsetzung einer Regelung für alle nichtehelichen Lebensgemeinschaften, d.h. auch für homosexuelle Paare, zumindest möglich erschien.[688] Am 29. Mai 1998 hat es dann den ersten Entwurf zum PaCS gegeben.[689] Dieser wurde am 9. Oktober 1998 im Parlament debattiert.[690] Da die konservativen Parteien den Gesetzesentwurf kippen wollten, haben sie eine Unzu-lässigkeitseinrede (exception d'irrecevabilité) mit der Begründung erhoben, dass die Gesetzgebungskompetenz der Regierung beim Zustandekommen des Gesetzes nicht beachtet worden sei.[691] Bei der Abstimmung über diese Unzulässigkeitseinrede fehlten viele sozialistische Angeordnete, so dass die Einrede mit der Mehrheit der Stimmen des konservativen Lagers angenommen wurde.[692]

Trotz des Erfolgs der Unzulässigkeitseinrede wurden am 3. November 1998 fünf neue Gesetzesentwürfe zum PACS von linken Parteien eingereicht.[693] Zwischen dem 3. November 1998 und dem 9. Dezember 1998 kam es zu mehreren öffentlichen Debatten im Parlament über die fünf Gesetzesentwürfe. Am 9. Dezember 1998 wurde die Version Nr. 207 des Gesetzesentwurfes zum PaCS angenommen.[694] Dieser Entwurf wurde immer wieder von der Assemblée Nationale und dem Senat debattiert und überarbeitet, bis schließlich der endgültig Gesetzestext am 13. Oktober 1999 gegen den Willen des Senates vom Parlament angenommen wurde.[695]

---

S. 73, 100.

686 Notorganisation gegen die Unterdrückung der Homosexualität (Comité d'urgence anti-répression homosexuelle).

687 Z.B. mit dem Marsch „Für die Rechte und die Freiheiten der Schwulen und Lesben" (Marche pour les droits et les libertés des homosexuels et lesbiennes) am 4.4.1981.

688 Chanteloup/Fauré, Conclure un PaCS, S. 3.

689 „Proposition de loi relative au pacte civil de solidarité", veröffentlicht in dem Bericht v. Jean-Pierre Michel Nr. 1097 v. 23.9.1998; ebenfalls abgedruckt in der Stellungnahme v. P. Bloche Nr. 1102 v. 1.10.1998; Lemouland, Le Dalloz 1999, Nr. 43, S. 483; Mécary/Forgeot, Le PaCS, S. 7; Mécary S. 159; Dillenschneider, Le PaCS, Analyse d'une décision, S. 65.

690 Chanteloup/Fauré, Conclure un PaCS, S. 5; Mécary, Droit et homosexualité, S. 159.

691 Dabei handelt es sich um die zweite Unzulässigkeitseinrede dieser Art seit 1958; Mécary, Droit et homosexualité, S. 159; Ferrand, FamRZ 2000, S. 517, 521.

692 Borrillo, AJP/PJA 2001, S. 299, 303.

693 Gesetzesentwurf Nr. 1118 zum PaCS v. Jean-Pierre Michel; Gesetzesentwurf Nr. 1119 zum PaCS v. Jean-Marc Ayrault und Patrick Bloche (Sozialisten); Gesetzesentwurf Nr. 1120 zum PaCS v. Alain Bocquet (Kommunisten); Gesetzesentwurf Nr. 1121 zum PaCS v. Guy Hascoët (Ökologen); Gesetzesentwurf Nr. 1122 v. Alain Touret; Lemouland, Le Dalloz 1999, Nr. 43, S. 483; de Belot, Revue Administrer 2000, Nr. 323, S. 11, 19.

694 Von der Ass. Nat. in erster Lesung am 9.12.1998 angenommener Text Nr. 207 zum PaCS; Mécary/Forgeot, Le PaCS, S. 7.

695 Ferrand, FamRZ 2000, S. 517, 521.

Noch an demselben Tag der Annahme durch die Nationalversammlung wurde der Gesetzestext zum PACS von 213 Abgeordneten und 115 Senatoren dem französischen Verfassungsrat (Conseil constitutionnel) vorgelegt.[696] Der Conseil Constitutionnel erklärte den Gesetzestext am 9. November 1999 für verfassungsgemäß.[697] Allerdings hatte er die Verfassungsmäßigkeit des Gesetzestextes in seiner Entscheidung von einigen wichtigen Vorgaben bei der Auslegung des Gesetzestextes abhängig gemacht, die von der Regierung bei Erlass von Verordnungen und von den Gerichten bei der Auslegung und Anwendung des Gesetzes beachtet werden müssen.[698]
Das Gesetz zum PACS wurde vom französischen Staatspräsidenten Jaques Chirac am 15. November 1999 verkündet.[699] Es wurde am 16. November 1999 im französischen Bundesgesetzblatt (Journal officiel) veröffentlicht.[700]

## II. Die französischen Gesetzesentwürfe und Vorschläge bezüglich einer gesetzlichen Regelung für nichteheliche Lebensgemeinschaften

Vor allem die linken Parteien haben in Frankreich Gesetzesentwürfe zur Schaffung von gesetzlichen Regelungen für „nichteheliche Lebensgemeinschaften" ins Parlament eingebracht. Zudem wurden sowohl unter konservativer Regierung von Justizminister Jacques Toubon als auch unter sozialistischer Regierung von Justizministerin Elisabeth Guigou jeweils Berichte von Sachverständigen in Auftrag gegeben – der „Bericht Hauser" und der „Bericht Théry" –, in denen die Autoren ebenfalls Vorschläge zur Regelung von „nichtehelichen Lebensgemeinschaften" vorgelegt haben.

### 1. Gesetzesentwurf zum „partenariat civil"[701]

Der erste Gesetzesentwurf zur Schaffung von Rechtsnormen für „nichteheliche Lebensgemeinschaften" – ganz gleich, welches Geschlecht die Partner haben – wurde im Jahre 1990 durch den Senator Jean-Luc Mélenchon in den Senat eingebracht. Dieser Gesetzesentwurf, der sehr von der dänischen Gesetzgebung und den Ideen von homosexuellen Vereinigungen wie „Gays pour les libertés" und „Homosexualité et socialisme" inspiriert wurde[702], - sieht die Schaffung eines Vertrages zur Begründung einer zivilrechtlichen Partnerschaft (partenariat civil) vor. Durch den Abschluss eines solchen Vertrages sollen homosexuelle Paare Ehegatten weitgehend gleichgestellt werden.[703]
Ein solcher Vertrag zur Begründung einer zivilrechtlichen Partnerschaft kann von jeder Person abgeschlossen werden, die das 18. Lebensjahr vollendet hat und

---

[696] Mécary, Droit et homosexualité, S. 169.
[697] Entscheidung 99-419 v. 9.12.1999.
[698] Pillebout, Le PaCS, S. 1; Chanteloup/Fauré, Conclure un PaCS, S. 6; de Belot, Revue Administrer 2000, Nr. 323, S. 11, 19; Hauser, DEuFamR 2000, S. 29.
[699] Hauser, DEuFamR 2000, S. 29.
[700] JO v. 16.11.1999, S. 16959; de Belot, Revue Administrer 2000, Nr. 323, S. 11, 19.
[701] Gesetzesentwurf Nr. 422, eingereicht beim Senat am 25.6.1990.
[702] Borillo, AJP/PJA 2001, S. 299, 300.
[703] Mécary/Forgeot, Le PaCS, S. 48.

geschäftsfähig ist. Wenngleich nicht ausdrücklich erwähnt wird, dass der Vertrag auch von Gleichgeschlechtlichen abgeschlossen werden kann, ergibt sich dies jedoch aus der weiten Formulierung („jede“ Person kann einen solchen Vertrag abschließen) sowie aus dem Umstand, dass der Gesetzesentwurf stark vom Schwulenverband „Schwule für Freiheiten“ (Gais pour les libertées) beeinflusst wurde.[704]
Der „partenariat civil“ ist auf zwei Personen beschränkt. Der Vertrag zur Begründung des „partenariat civil“ darf nicht zwischen Verwandten in auf- oder absteigender Linie abgeschlossen werden und auch nicht zwischen zwei bereits verheirateten Personen (Art. 1 Abs. 2 und 3-E). Weiterhin ist der Abschluss eines „partenariat civil“ zwischen Personen unzulässig, die sich im Zustand der Trennung von Tisch und Bett befinden, oder die schon einen „partenariat civil“ abgeschlossen haben (Art. 1 Abs. 2-E). Mangels ausdrücklicher Aufzählung innerhalb der Vertragshindernisse ist ein „partenariat civil“ auch zwischen Geschwistern möglich. Die Registrierung des Vertrages erfolgt durch einen Standesbeamten am Wohnort eines der beiden Lebenspartner (Art. 1 Abs. 3-E).
Nach Art. 2-E sind die Partner einander zu gegenseitiger finanzieller Unterstützung und Beistand, jedoch anders als bei der Ehe nicht zur Treue verpflichtet. Sie müssen ebenfalls eine Lebensgemeinschaft führen. Den Wohnort bestimmen die Partner gemeinsam (Art. 4-E). Erfüllt einer der Partner seine Verpflichtungen aus dem Vertrag nicht, kann der andere die Erfüllung dieser Pflichten mit Hilfe der durch die Zivilprozessordnung zur Verfügung stehenden Möglichkeiten erzwingen (Art. 3-E). Jeder der Partner hat Vertretungsmacht bezüglich des Abschlusses von Verträgen, die der Befriedigung der gemeinsamen Bedürfnisse dienen. Durch solche Verträge werden beide Partner verpflichtet (Art. 5-E). Darüber hinaus gilt für die „parte-naires civils“ nach Art. 6-E das im Abschnitt V des ersten Buches des Code Civil auf die Ehegatten anwendbare Güterrecht.
Haben die Lebenspartner eines „partenariat civil“ keine Kinder und stirbt einer der Lebenspartner, so stehen dem überlebenden Lebenspartner hinsichtlich der Erbfolge die gleichen Rechte wie bei Ehegatten zu. Haben die Lebenspartner Kinder, so findet die in den Art. 765 ff. C.civ. geschilderte Erbfolge Anwendung (Art. 10-E). Im Sozialrecht sieht der Entwurf folgende Änderungen vor: Nach Art. 7 des Gesetzesentwurfes soll Personen, die eheähnlich zusammenwohnen und ganz gleich, ob sie einen „partenariat civil" abgeschlossen haben oder nicht, ein Anspruch gegen die Krankenversicherung des Lebenspartners auf Geldleistung im Krankheitsfall und im Falle einer Mutterschaft zustehen. Dies gilt jedoch nur, wenn bewiesen werden kann, dass ein Partner von dem Sozialversicherten dauerhaft unterhalten wurde (Art. 7-E). Die Lebenspartner können ebenfalls eine gemeinsame Steuererklärung für das Einkommen jedes einzelnen abgeben (Art. 8-E). Weiterhin sollte Abs. 4 des Miet- und Wohngesetzes vom 23. Dezember 1986 wie folgt verändert werden: „Im Fall des Verlassens der Mietwohnung durch den Mieter (...) geht der Mietvertrag auf die Nachfahren, den offenkundigen Lebenspartner, den Partner eines „partenariat civil“ (...) oder die Personen, die von ihm

[704] Schulz, Revue Esprit Oktober 1997, S. 188.

unterhalten wurden, über, wenn sie zum Zeitpunkt des Todes mindestens ein Jahr mit dem Mieter zusammengewohnt haben." Art. 13 Abs. 8 des Miet- und Wohnungsgesetzes vom 23. Dezember 1986 wird insoweit modifiziert, dass dies auch beim Tode des Mieters der Fall ist.

Die Beendigung des Vertrages über den „partenariat civil" ist auf Antrag eines der Partner beim Standesamt ohne Ablauf einer Frist möglich (Art. 1-E). Es bedarf somit keiner gerichtlichen Entscheidung. Die Auflösung des Vertrages ist also wesentlich einfacher als die Scheidung einer Ehe, die gemäß Art. 229 C.civ. nur bei gegenseitigem Einverständnis beider Ehegatten, oder wenn die Ehegatten seit sechs Jahren getrennt leben (Zerrüttungsprinzip) oder bei Verschulden eines Ehegatten (Verschuldensprinzip) möglich ist.

In der Begründung zum Gesetzesentwurf wird angegeben, dass die Lebensweise in den Städten zum Zerfall von Familientraditionen und des sozialen Netzes geführt habe. Weiterhin habe sich die Lebensweise der Menschen insofern geändert, dass neben die Ehe ganz neue Formen der Solidargemeinschaften getreten seien.[705] Diese neuen Formen des solidarischen Zusammenlebens, ganz gleich, ob sie nun auf praktischen oder ethischen Gründen beruhten, würden alle auf ihre Art zum Zusammenhalt der französischen Gesellschaft beitragen. Aus diesem Grunde sei der Gesetzgeber verpflichtet, die rechtlichen Hindernisse zu beseitigen, die der freien Entfaltung derjenigen Personen entgegenstehen, die sich zu einem Zusammenleben z.B. mit einem gleichgeschlechtlichen Partner entschieden haben.

Dieser Gesetzesentwurf wurde jedoch nicht im Parlament debattiert. Er brachte auch noch keine wirkliche Bewegung in die politische Debatte. Dies lässt sich möglicherweise darauf zurückführen, dass der Zeitpunkt Anfang der 90iger Jahre sehr früh war und die französische Gesellschaft noch nicht bereit war, sich mit der Zubilligung von Rechten an homosexuelle Paare auseinander zu setzen.

### 2. Die beiden Gesetzesentwürfe zum „contrat d'union civile"[706]

Dieser erste Gesetzesentwurf zum „Vertrag über die standesamtliche Verbindung" (Contrat d'union civile (CUC))[707] beruht auf der Arbeit des eigens zur Schaffung dieses Entwurfes gegründeten „Vereins zur Unterstützung des CUC" (collectif pour le contrat d'union civile), der Anfang 1992 unter anderem von mehreren Vereinen Homosexueller gegründet wurde.[708] Der Gesetzesentwurf zum CUC wurde von den Abgeordneten der sozialistischen Partei Jean-Yves Autexier und Jean-Pierre Michel im November 1992 in den französischen Bundestag (Parlament) eingereicht.[709]

Dieser Gesetzesentwurf schlägt einen „Vertrag über eine bürgerlichrechtliche Verbindung" als ein neues familienrechtliches Institut vor, das sowohl hetero- als auch homosexuellen Paaren offen steht. Mit Abschluss eines solchen Vertrages

---

[705] Begründung zum Gesetzesentwurf zum „partenarait civil" v. Senat Nr. 422, S. 2.

[706] Gesetzesentwurf Nr. 3066, 1. ordentliche Sitzung 1992-1993, v. 25. 11.1992.

[707] Im Folgenden CUC abgekürzt.

[708] Mécary, Droit et homosexualité, S. 158; Dillenschneider, Le PaCS, Analyse d'une décision, S. 38.

[709] Borillo, AJP/PJA 2001, S. 299; sehr kritisch zum CUC: Gaudu, D. 1998, chron., S. 19 ff.

können zwei Partner – unabhängig vom Geschlecht – einzelne, bisher nur Eheleuten zugebilligte Rechte erlangen; sie sind dann jedoch auch einigen für Eheleute geltenden Pflichten unterworfen.
Durch Art. 1 des Gesetzesentwurfes zum CUC[710] sollte in das erste Buch des Code civil über die „Personen" ein neuer Abschnitt zum „contrat d'union civile" eingefügt werden.
Einen solchen CUC kann nach dem wieder eingefügten Art. 515 C.civ. in Form dieses Entwurfs jede natürliche Person, die gemäß Art. 1123 und 1124 C.civ. geschäftsfähig ist, mit einer anderen natürlichen Person, ganz gleich welchen Geschlechts, abschließen (Art. 2 CUC-E). Es ist somit nicht – wie beim „partenariat civil" – ausdrücklich die Volljährigkeit jedes Partners Voraussetzung. Eine Person, die bereits durch einen CUC gebunden ist, oder die bereits verheiratet ist, darf keinen weiteren CUC abschließen. Außerdem kann ein CUC nicht mit Vorfahren oder Abkömmlingen eingegangen werden (Art. 515-1 C.civ.-E/Art. 3 CUC-E). Da der Abschluss eines CUC nicht ausdrücklich zwischen Geschwistern verboten ist, kann ein CUC somit – wie auch der Vertrag zum „partenariat civil" – auch von zwei Geschwistern abgeschlossen werden.
Art. 4 CUC-E bestimmt, dass ein CUC vor einem Standesbeamten an dem Ort abgeschlossen wird, an dem einer der Vertragspartner seinen Wohnsitz oder seinen gewöhnlichen Aufenthaltsort hat (Art. 515-2 C.civ.-E). Weiterhin sollte in dem Abschnitt des Code civil über die standesamtlichen Dokumente ein Kapitel VIII über den CUC eingefügt werden. Darin war vorgesehen, dass am Standesamt ein Register über den Abschluss standesamtlicher Verbindungen geführt wird, in dem der Abschluss des CUC zwischen den Partnern eingetragen wird. Überdies sollte der Abschluss eines CUC am Rand der Geburtsurkunden der jeweiligen Vertragspartner vermerkt werden. Die Auflösung des CUC sollte ebenfalls in ein dafür vorgesehenes Register eingetragen werden. Sie sollte darüber hinaus in dem Re-gister vermerkt werden, in dem der Abschluss des CUC eingetragen wurde. Außerdem sollte die Geburtsurkunde der Vertragspartner mit einem Randvermerk über die Auflösung des CUC versehen werden (Art. 9 CUC-E/Art. 101-1 C.civ.-E).
Die Vertragspartner sind einander auch zu gegenseitiger Fürsorge und Beistand verpflichtet (Art. 5 CUC-E/515-3 C.civ.-E). Mangels ausdrücklicher Verpflichtung zu einem gemeinsamen Leben, wie dies beim „partenariat civil" und bei der Ehe der Fall ist, ist es keineswegs erforderlich, dass zwischen den Personen eine sexuelle Beziehung besteht, er kann z.B. auch von Freunden abgeschlossen werden.[711]
Der Abschluss eines CUC hat ebenfalls Einfluss auf Regelungen des Code civil. Haben die Partner durch notariellen Vertrag nichts anderes bestimmt, dann besteht zwischen den Partnern der Güterstand der Zugewinngemeinschaft. In diesem Fall finden die Vorschriften des Abschnitts V des III. Buches des Code civil über das eheliche Güterrecht Anwendung (Art. 6 CUC-E/Art. 515-4 C.civ.-E). Verträge zur

[710] Im Folgenden CUC-E.
[711] Malaurie, Defrénois 1998, Nr. 13-14, S. 871, 873; Borillo, AJP/PJA 2001, S. 299, 300; Gaudu, D. 1998, chron., S. 19, 20.

Deckung des gemeinsamen Lebensbedarfs, die ein Vertragspartner des CUC mit einem Dritten abschließt, verpflichten auch den anderen CUC-Partner. Im Fall des Todes eines CUC-Partners tritt der andere als Vertragspartner in alle Verträge ein, die der Verstorbene abgeschlossen hat (Art. 7CUC-E/Art. 515-5 C.civ.). Wohnten die CUC-Partner zusammen, hat der überlebende CUC-Partner ebenfalls ein Recht auf Fortsetzung des Mietverhältnisses (Art. 7 CUC-E/Art. 515-5 C.civ.-E).
In dem Fall, dass die Vaterschaft anerkannt wurde und zwischen den Eltern ein CUC besteht, wird die elterliche Sorge gemäß Art. 10 des CUC-E gemeinsam durch die Mutter und den Vater ausgeübt (Art. 374 C.civ.-E).
Gemäß Art. 11, 12 CUC-E sind die Art. 765, 766, 767, 832, 832-1, 832-2, 823-3 und 832-4 des C.civ., die das Erbrecht des überlebenden Ehegatten regeln, ebenfalls auf die Vertragspartner der standesamtlichen Verbindung anwendbar. Auch bezüglich von Vermächtnissen und unentgeltlichen Zuwendungen sind die Partner des CUC durch die entsprechende Anwendung der Art. 1091 bis 1100 C.civ. Eheleuten gleichgestellt (Art. 13 CUC-E).
Der Partner eines standesamtlichen Bundes, der in eheähnlicher Gemeinschaft mit seinem Partner lebt, hat wie sein Partner nach Art. L. 161-14 CSS einen Anspruch gegen die Kranken- und Mutterschaftsversicherung (Art. 15 CUC-E).
Für die Anwendbarkeit des Art. L. 161-23 CSS zur Sicherstellung der Hinterbliebenenversorgung und Art. L. 142-8 CSS, der eine Beihilfe für Klagen vor den Gerichten für soziale Angelegenheiten gewährt, sowie für die Anwendbarkeit der Art. L. 361-1 und L. 361-4 CSS, in denen es um die Ansprüche gegen die Versicherung für den Todesfall geht, gilt der CUC-Partner als Ehegatte (Art. 16 CUC-E). Die CUC-Partner haben die Möglichkeit, eine gemeinsame Einkommenssteuererklärung abzugeben (Art. 14 CUC-E).
Dem Partner einer standesamtlichen Verbindung stehen hinsichtlich der Ausgleichsruhezeit und des bezahlten Urlaubs dieselben Ansprüche wie seinem Partner zu (Art. 17 CUC-E). Bezüglich der Bestimmung zum Erholungsurlaub nach Art. L. 223-7 C.trav.[712], des Sonderurlaubs wegen schuldloser vorübergehender Verhinderung nach Art. L.226-1 C.trav. (Entspricht § 616 BGB) und bezüglich der Einrede der Unverfügbarkeit bei Gewinnbeteiligung und Gewinnausschüttung, gilt der Lebenspartner als Ehegatte (Art. 18 CUC-E).
Der CUC kann wie der „partenariat civile“ auf Antrag eines der Vertragspartner vor dem Standesbeamten mit sofortiger Wirkung aufgelöst werden. Der andere Vertragspartner wird von dem Standesbeamten über die Auflösung in Kenntnis gesetzt. Im Falle von Streitigkeiten über die Rechtsfolgen der Auflösung des CUC ist die Zivilkammer des Tribunal de Grande Instance (entspricht etwa dem Landgericht in Deutschland) des Ortes zuständig, an dem die Auflösung des CUC eingetragen wurde. Die Auflösung des CUC ist allerdings im Gegensatz zum „partenariat civil“ während der ersten sechs Monate ausgeschlossen (Art. 8 CUC-E/Art. 515-6 C.civ.-E).
Zur Begründung des Gesetzesentwurfes wird ein tiefgreifender sozialer Wandel angeführt: Die Anzahl der geschlossenen Ehen sei in Frankreich um 30 Prozent

[712] Code du travail.

gesunken, wobei die Anzahl der nichtehelichen Kinder um die Hälfte gestiegen sei. 1992 habe es doppelt so viele nichteheliche Lebensgemeinschaften wie verheiratete Paare gegeben. Auch immer mehr homosexuelle Paare führten ein stabiles Zusammenleben, dem rechtlich in keiner Weise Rechnung getragen würde. Mit dem Gesetzesentwurf zum CUC wollten die Urheber des CUC sowohl der enormen Anzahl nichtehelicher Lebensgemeinschaften durch die Schaffung von entsprechenden Rechtsnormen Rechnung tragen als auch homosexuellen Paaren rechtliche Anerkennung verschaffen. Dabei sollte die rechtliche Ungleichbehandlung homosexueller Paare aber gerade nicht nur durch die Schaffung von Spezialregelungen für homosexuelle Paare behoben werden, sondern auch durch ein für alle „nichtehelichen Lebensgemeinschaften" gleichermaßen geltendes Gesetz, das Gleichberechtigung schaffen soll und das für viele Situationen anwendbar ist.

Obwohl dieser Gesetzesentwurf nicht debattiert wurde, hatte er trotzdem Einfluss auf die französische Gesetzgebung. Im Herbst 1992 wurde innerhalb einer Debatte über einen Gesetzesentwurf der Regierung, der mehrere Änderungen im Sozialrecht vorsah, zwei Änderungsvorschlägen stattgegeben, die aus dem Gesetzesvorschlag zum CUC stammen.[713] Dabei handelt es sich um die Regelung, dass der Person, die von dem Sozialversicherten unterhalten wird, ebenfalls ein Anspruch gegen die Kranken- und Mutterschaftsversicherung zustehen soll, und um den Anspruch auf Übergang der Mietsache[714], die oben näher beschrieben wurden.[715]

Gesetz geworden ist allerdings nur der Änderungsvorschlag bezüglich des Anspruches des Partners auf Kranken- und Mutterschaftsversicherung.[716] Die Änderungen bezüglich des Übergangs des Mietrechts an der gemeinsam bewohnten Wohnung wurden demgegenüber vom französischen Verfassungsrat – wie oben bereits erwähnt[717] – aus verfahrensrechtlichen Gründen für verfassungswidrig erklärt.[718]

1993 wurde von Abgeordneten des „Movement des citoyens" (MDC) ein neuer Gesetzesentwurf zum CUC eingebracht, der sich vom vorhergehenden Entwurf nur marginal unterschied.[719] Im Gegensatz zur vorherigen Version fehlten Art. 10 CUC-E über das gemeinsame Sorgerecht (autorité parentale) und Art. 15 CUC-E, der einem CUC-Partner einen Anspruch auf Sozialversicherung zubilligt. Dies lässt sich darauf zurückführen, dass Art. 10 CUC-E durch das Gesetz vom 8. Januar 1993 und Art. 15 CUC-E durch das Gesetz vom 27. Januar 1993 über-

---

[713] Chanteloup/Fauré, Conclure un PaCS, S. 2; Mécary, Droit et homosexualité, S. 158; Borillo, AJP/PJA 2001, S. 299, 300.

[714] Mécary, Droit et homosexualité, S. 158; Chanteloup/Fauré, Conclure un PaCS, S. 2.

[715] Siehe oben unter 1. Teil, § 4, I.

[716] Durch das Gesetz Nr. 93-121 v. 27.1.1993 ist der Art. L. 161-14 Abs. 2 CSS in seiner damaligen Form entstanden.

[717] Siehe oben unter Teil 1, § 4, I.

[718] CC 92-317 DC, v. 21.1.1993: J.O. v. 23.1.1993, S. 1240; Chanteloup/Fauré, Conclure un PaCS, S. 2.

[719] Gesetzesvorlage Nr. 880 v. 21.11.1993.

flüssig wurden.[720] Dieser zweite CUC-Entwurf hat sich ebenfalls nicht durchgesetzt.

### 3. Gesetzesentwurf zum „contrat d'union sociale" [721]

Der erste Gesetzesentwurf zum „Vertrag über eine soziale Verbindung" (contrat d'union sociale (CUS))[722] entstand, nachdem sich im September 1995 der Verein „Hilfen" (Aides)[723] und der „Verein zur Förderung des CUC" mit dem Ziel zusammengeschlossen hatten, einen neuen Gesetzesentwurf für „nichteheliche Lebensgemeinschaften" auszuarbeiten.[724] Der erste Gesetzesentwurf zum CUS wurde niemals ins Parlament eingebracht.[725] 1997 schließlich hatte die sozialistische Partei den Gesetzesentwurf zum CUS ein zweites Mal eingereicht.[726] Beide Fassungen des Entwurfs wurden aus politischen Gründen erst 1998 debattiert.

Der CUS ist ausgestaltet als ein der Ehe angenähertes Institut, das darauf abzielt, ein neues Modell gemeinschaftlichen Zusammenlebens anzuerkennen, bei dem die Partner – gleich welchen Geschlechts – über die Verwaltung des Vermögens frei entscheiden.[727] Grundgedanke des Gesetzesentwurfes ist die Verantwortungsgemeinschaft (Solidarität), welche die Vertragsschließenden verbindet.[728] Zum Abschluss eines CUS ist es im Gegensatz zum CUC notwendig, dass die Partner das Ziel haben, ein gemeinsames Leben zu führen. Ein CUS ist somit – wie bei dem Entwurf zum „partenariat civil" – nicht zwischen zwei Partnern einer reinen Wohngemeinschaft zulässig.

Art. 1 S. 1 CUS-E definiert den CUS als einen zweiseitig verpflichtenden Vertrag, durch den zwei natürliche Personen, die geschäftsfähig sind, zum Ausdruck bringen, dass sie ein gemeinsames Leben führen wollen (Art. 1 S. 2 CUS-E). Eingegangen werden kann der CUS von zwei Personen unterschiedlichen oder gleichen Geschlechts (Art. 5 S. 2 CUS-E).[729] Ein CUS kommt nur zur Entstehung, wenn die Parteien sich darüber einig sind, einen CUS abschließen zu wollen (Art. 1 S. 3 CUS-E). Obwohl eine Einigung der Parteien selbstverständliche Voraussetzung für einen Vertragsschluss ist, ist dieser explizite Hinweis im CUS darauf zurückzuführen, dass es eine ausdrückliche Erwähnung dieser Voraussetzung auch im Eherecht gibt.

Ein CUS kann nicht zwischen zwei Personen abgeschlossen werden, die direkt in auf- oder absteigender Linie miteinander verwandt oder in der Seitenlinie zweiten Grades verwandt sind (Art. 5 S. 1 CUS-E). Der Abschluss eines CUS ist somit im

---

720 Dillenschneider, Le PaCS, Analyse d'une décision, S. 39.
721 Gesetzesentwurf Nr. 94 v. 23.7.1997.
722 Im Folgenden CUS abgekürzt.
723 Verein, der 1985 v. Daniel Defert zum Kampf gegen Aids gegründet wurde.
724 Dabei handelt es sich um den Gesetzesentwurf v. 29.9.1995; Mécary, Droit et homosexualité, S. 159.
725 Mécary, Droit et homosexualité, S. 159.
726 Gesetzesentwurf Nr. 3315 v. 23.1.1997; Gesetzesentwurf Nr. 94 v. 23.7.1997.
727 Chanteloup/Fauré, Conclure un PaCS, S. 3.
728 Ferrand, FamRZ 2000, S. 517, 519.
729 Schulz, Revue Esprit Oktober 1997, S. 188, 209.

Gegensatz zu den beiden vorhergehend beschriebenen Gesetzesentwürfen zwischen zwei Geschwistern ausdrücklich unzulässig. Personen, die bereits verheiratet sind, können ebenfalls keinen CUS abschließen (Art. 6 CUS-E). Der CUS wird Dritten gegenüber durch entsprechende Erklärung gegenüber dem Standesbeamten des Wohn- oder Aufenthaltsortes eines der Vertragspartner wirksam. Wenn die Vertragspartner im Ausland leben, wird der CUS vor einem ordnungsgemäß ermächtigten Beamten des französischen Auswärtigen Amtes oder vor einem französischen Konsul durch eine entsprechende Willenerklärung der Partner abgeschlossen. Dieser nimmt die Willenserklärungen entgegen und trägt sie in ein Register ein (Art. 7 CUS-E).

Die Partner des CUS sind einander zu gegenseitiger materieller und seelischer Unterstützung verpflichtet (Art. 2. S. 1 CUS-E). Weiterhin begründet der CUS eine gesamtschuldnerische Haftung der Parteien gegenüber Dritten für die von einem Partner eingegangenen Schulden, die zur Befriedigung des täglichen Lebensbedarfs abgeschlossen wurden (Art. 2 S. 2 CUS-E). Das Güterrecht wird durch einen im Rahmen des CUS abgeschlossenen notariellen Vertrag geregelt (Art. 3 CUS-E). Den Partnern eines CUS ist es somit möglich, durch notariellen Vertrag ein Güterrecht zu vereinbaren, das einem der Güterstände des Eherechts entspricht.[730]

Der CUS sieht ebenfalls Vorteile im Mietrecht vor: Bei endgültigem Verlassen der Mietwohnung durch einen Partner oder bei Tod eines Partners wird der Mietvertrag mit dem überlebenden oder dem zurückbleibenden CUS-Partner weitergeführt (Art. 10 S. 1 CUS-E). In dem Fall, dass die CUS-Partner nicht zusammengewohnt haben, ist für einen derartigen Vertragseintritt die Zustimmung des Vermieters erforderlich (Art. 10 S. 2 CUS-E).

Der überlebende CUS-Partner hat einen Anspruch auf die gesamte Erbschaft, wenn es keine gesetzlichen Erben des Erblassers oder Geschwister, bzw. Ab-kömmlinge von Geschwistern gibt. Anderenfalls erhält er ein Nießbrauchsrecht am Erbvermögen (Art. 14 CUS-E). In Bezug auf Schenkungen und Vermächtnisse werden CUS-Partner ebenfalls wie Ehegatten behandelt (Art. 15 CUS-E). Im Gegensatz zum partenariat civil und zum CUC können die Vorteile im Mietrecht und Erbrecht allerdings erst zwölf Monate nach Abschluss des CUS in Anspruch genommen werden (Art. 16 CUS-E).

Gemäß Art. 4 CUS-E haben die Vertragspartner des CUS die gleichen Rechte, die durch Gesetz, Rechtsverordnung oder Abkommen den Partnern einer nichtehelichen Lebensgemeinschaft oder Personen, die eheähnlich zusammenleben, zugebilligt werden. Eine solche Regelung gab es weder beim partenariat civil noch beim CUC.

Im Sozialgesetzbuch wird der Partner eines CUS einem Ehegatten im Hinblick auf die Witwenversicherung, die Altersversorgung und die Versicherung für den Todesfall gleichgestellt (Art. L. 313-3, 353-5 CSS). Steuerrechtlich ist vorgesehen, dass beide Partner eine gemeinsame Steuererklärung abgeben, so dass sie gemeinsam besteuert werden (Art. 13 CUS-E).

---

[730] Pillebout, Le PaCS, S. 29.

Die auf Ehegatten anwendbaren Vorschriften der Art. L. 223-7 Abs. 3, L. 226-1 und L. 784-1 C.trav. gelten auch zu Gunsten der Partner eines CUS. Dies hat zur Folge, dass CUS-Partner, die in demselben Betrieb arbeiten, wie Ehegatten einen Anspruch auf gleichzeitigen Urlaub (Art. L. 223-7 Abs. 3 C.trav.), und in bestimmten Fällen einen Anspruch auf Sonderurlaub haben, z.B. bei Abschluss eines CUS, bei der Geburt, bzw. Adoption eines Kindes sowie bei Tod eines CUS-Partners, eines Kindes oder eines Elternteils (Art. L. 226-1 C.trav.). Durch die Anwendbarkeit des Art. 784-1 C.trav. gelten die Regelungen des Code du Travail auch für den CUS-Partner des Unternehmers, der unter seinen Weisungen in seinem Betrieb arbeitet.

Zwecks Anwendbarkeit der Art. L. 121-5 Abs. 10 und Art. L. 223-14 Abs. 4 C.trav. gilt der Vertragspartner des CUS als Angehöriger (ayant droit) (Art. 11 CUS-E). Dies bewirkt, dass der CUS-Partner des Arbeitnehmers im Falle des Todes des Arbeitnehmers einen Anspruch auf eine Geldentschädigung für den Teil des bezahlten Jahresurlaubes erhält, den der Arbeitnehmer auf Grund seines Todes nicht hat nehmen können (Art. L. 223-14 Abs. 4 C.trav.). Die Vorteile im Sozialversicherungs-, Steuer- und Arbeitsrecht können ebenfalls erst zwölf Monate nach Abschluss des CUS in Anspruch genommen werden (Art. 16 CUS-E).

Die Beendigung des CUS ist schwieriger als die des „partenariat civil" und des CUC: Während diese beiden Rechtsinstitute bereits durch einseitige Erklärung nur eines Partners beim Standesamt aufgelöst werden können, muss zur Auflösung des CUS bei Uneinigkeit der Parteien immer ein Gericht angerufen werden (Art. 9 S. 1 CUS-E). Außerdem kann eine willentliche Auflösung des PaCS erst nach Ablauf von zwölf Monaten nach Abschluss des CUS erfolgen (Art. 8 S. 2 CUS). Grundsätzlich regelt eine schriftliche Vereinbarung der Parteien die Rechtsfolgen der Trennung. Wenn keine Einigung der Parteien über die Auflösung des CUS vorliegt oder wenn sich die Partner über die Rechtsfolgen der Trennung nicht einig sind, stellt das Gericht die Auflösung des CUS fest und ordnet die begleitenden Maßnahmen an (Art. 9 CUS-E).

Als Motiv für die Schaffung des CUS wird der Wandel der Familienstrukturen in den letzten drei Jahrzehnten angeführt. Die Familie bliebe zwar immer noch das Grundmodell in der französischen Gesellschaft, sie habe ihre Konturen jedoch sehr verändert und entspreche nicht mehr ausschließlich der traditionellen Form der Ehe; denn immer mehr Menschen entschieden sich für eine nichteheliche Lebensgemeinschaft. Der Solidarität und der engen Verbindung, die zwischen den nichtehelichen Partnern bestehe, würde der Gesetzgeber in keiner Weise Rechnung tragen. Auch die Rechtsprechung könne diese Unzulänglichkeiten nur unzureichend auffangen. Durch den CUS sollte die „nichteheliche Lebensgemeinschaft" rechtlich anerkannt werden: Es solle eine Etappe auf dem Wege hin zur Gleichberechtigung (pro-gresser dans l'égalité) erklommen werden.[731]

[731] Begründung zum Gesetzesentwurf Nr. 94 v. 23.7.1997, S. 6.

## 4. Gesetzesentwurf zum „contrat d'union civile et sociale"[732]

Der Gesetzesentwurf zum „Vertrag über den standesamtlichen und sozialen Bund" (contrat d'union civile et sociale (CUCS))[733] wurde im Juli 1997 von dem Abgeordneten Jean-Pierre Michel der Gruppe „Radikale, Bürgerbewegung und die Grünen" (Radicaux, Mouvement des citoyens et Verts – RCV) eingebracht.[734]
Bei dem CUCS handelt es sich – wie beim partenariat civil, CUC und CUS – ebenfalls um ein familienrechtliches Institut, das auf die gegenseitige Solidarität der Partner abstellt und das sowohl von hetero- als auch von homosexuellen Paaren abgeschlossen werden kann. Der CUCS unterscheidet sich nur marginal von den Gesetzesentwürfen zum CUC oder CUS. Er enthält sowohl Elemente des CUC als auch des CUS – dies deutet auch schon der Name CUCS „contrat d'union civile et sociale" an, der sich aus dem Namen der beiden anderen Institute CUC „Contrat d'union civile" und CUS „Contrat d'union sociale" zusammensetzt. Auf Grund der Ähnlichkeit zu den beiden anderen Instituten sollen nur die abweichen-den Regelungen dargestellt werden. Im Gegensatz zu den Gesetzesentwürfen über den CUC und den CUS trifft den Standesbeamten bei Empfang der Willenserklärungen zum Abschluss eines CUCS die zusätzliche Pflicht, die Vertragspartner über ihre Rechte und Pflichten aufzuklären (Art. 5 Abs. 2 CUCS-E).
Die Auflösung des CUCS erfolgt nicht nur auf Wunsch der Partner oder bei Tod eines Partners – wie dies beim CUC und CUS der Fall ist – sondern auch bei rechtlich festgestellter Verschollenheit eines Partners (Art. 6 Abs. 1 CUCS-E). Auch bei den Formalitäten zur Auflösung des CUCS gibt es kleinere Unterschiede zum CUC und zum CUS. Beim CUCS muss dem Auflösungsantrag beim Standesamt eine notariell beurkundete Vereinbarung beigefügt werden, welche die Verteilung der Immobilien regelt (Art. 7 Abs. 1 CUCS-E). Bei der Auflösung des CUC wurde keine solche Vereinbarung über die Verteilung der Immobilien verlangt, und beim CUS reichte eine privatschriftliche Vereinbarung, jedoch musste diese jegliche Konsequenzen der Auflösung des CUS regeln und nicht nur die Verteilung der Immobilien.[735]
Zwischen den Partnern eines CUCS besteht – wie beim CUC – der gesetzliche Güterstand der Zugewinngemeinschaft nach den Art. 1400 bis 1491 C.civ., es sei denn, die Partner haben eine gesonderte Vereinbarung vor dem Notar getroffen (Art. 8 Abs. 1 CUCS-E). Beim CUS hingegen gibt es keinen gesetzlichen Güterstand. Der Güterstand wird in jedem Fall durch eine notarielle Vereinbarung geregelt. Der Unterschied zu CUC und CUS besteht beim CUCS jedoch darin, dass der Güterstand noch während des Bestehens des CUCS geändert werden kann (Art. 8 Abs. 2 CUCS-E).
Die Beamten unter den CUCS-Partnern genießen – im Gegensatz zu CUC- und CUS-Partnern – dieselben Vorteile bezüglich der Annäherung der Ehegatten gemäß der Normen des Gesetzes vom 30. Dezember 1921 und nach Art. 60 des Ge-

---

[732] Gesetzesentwurf Nr. 88 v. 23.7.1997.
[733] Im Folgenden CUCS abgekürzt.
[734] Dillenschneider, Le PaCS, Analyse d'une décision, S. 63.
[735] Art. 9 Abs. 2 CUS-E.

setzes Nr. 84-16 vom 11. Januar 1984 (Art. 12 CUCS-E). Im Gegensatz zum CUC- und zum CUS-Entwurf wird ein CUCS-Partner, der nicht die französische Staatsangehörigkeit besitzt, bezüglich des Aufenthaltsrechts genauso wie ein Ehegatte behandelt (Art. 15 CUCS-E). Insgesamt handelt es sich bei dem CUCS um ein familienrechtliches Institut, das dem CUS sehr nahe steht, weil er ebenfalls einen Schwerpunkt bei der gemeinsamen Solidarität der Partner setzt: Beispielsweise werden beide Institute ausdrücklich mit dem Ziel der Partner abgeschlos-sen, ein gemeinsames Leben zu führen. Darüber hinaus haben die Partner eines CUCS wie auch eines CUS die Pflicht, einander nicht nur materiell, sondern auch seelisch zu unterstützen. In eini-gen Bereichen werden den CUCS-Partnern noch über den CUS hinausgehende Rechte zubilligt, z.B. sind die Normen des Sozialversicherungs-, des Arbeits-, des Steuerrechts aber auch die des Aufenthaltsrechtes ohne Ablauf einer Frist anwendbar.

Der CUCS enthält ebenfalls Elemente des CUC: wie z.B. den gesetzlichen Güterstand des Zugewinngemeinschaft, den Ablauf einer sechsmonatigen Frist zur Auflösung des Vertrages und dieselben Regelungen bezüglich des Erb- und Arbeitsrechts.

Als Motiv für den Gesetzesentwurf über den CUCS wird – wie auch beim CUC – die sinkende Anzahl der geschlossenen Ehen und die zunehmende Zahl von außerehelich geborenen Kindern genannt. Insbesondere in den Städten sei der steigende Wille homosexueller Paare zu verzeichnen, eine dauerhafte Beziehung zu führen. Die Ausweitung sexuell übertragbarer Krankheiten hätte weiterhin dazu geführt, dass eine Stabilität im Privatleben gesucht würde. So hätten sich viele verschiedene Formen des Füreinandereinstehens gebildet, z.B. auch von älteren Menschen, die durch ihr Zusammenleben finanzielle und soziale Schwierigkeiten überwinden würden und so der Einsamkeit entfliehen könnten.

Mit dem Gesetzesentwurf solle eben diesem Wandel in der Gesellschaft Rechnung getragen werden. Den große Handlungsbedarf des Gesetzgebers zeige auch die enorme Anzahl von Rechtsstreitigkeiten in Bezug auf nicht verheiratete Paare.

### 5. Gesetzesentwurf bezüglich der Rechte von nicht verheirateten Paaren[736]

Die kommunistische Partei hat am 30. September 1997 ebenfalls einen Gesetzesentwurf zur Schaffung von Rechtsnormen für nichtverheiratete Paare eingebracht. Neben der Schaffung von rechtlichen Normen für nichtverheiratete Paare sollen durch diesen Entwurf Vorurteile ausgeräumt werden, mit denen nichteheliche Kinder konfrontiert werden. Diesen Kindern sollen dieselben Rechte wie ehelichen Kindern zugebilligt werden. Für die vorliegende Untersuchung sind allerdings nur die rechtlichen Änderungsvorschläge hinsichtlich nichtehelicher Lebensgemeinschaften von Bedeutung.

Nach diesem Entwurf werden allein an den Bestand eines „faktischen Bundes“ (l'union de fait) zwischen zwei nichtverheirateten Partnern weitreichende rechtliche Konsequenzen für diese geknüpft – insbesondere im Bereich des Miet-, Erb- und Steuerrechts. Der Gesetzesentwurf beinhaltet zwar keine Definition des

[736] Gesetzesentwurf Nr. 249 v. 30.9.1997.

„faktischen Bundes." Jedenfalls wird aber eine Lebensgemeinschaft (l'acte de vie en commun)[737] zwischen den beiden Partnern verlangt. Mangels ausdrücklicher Beschränkung auf verschiedengeschlechtliche Paare kann es sich sowohl um ein gleich- als auch um ein verschiedengeschlechtliches Paar handeln. Eine bestimmte Dauer des Bundes ist nicht erforderlich.[738] Eine Person kann freilich immer nur einen faktischen Bund eingehen (Art. 1-E).

Zur Anwendung der Rechtsnormen dieses Gesetzes bedarf es eines Beweises über das Bestehen eines solchen „faktischen Bundes" zwischen den beiden Personen. Dieser Beweis kann grundsätzlich durch jegliche Beweismittel erfolgen (Art. 1 S. 1-E). Üblicherweise wird der Beweis des Bestehens der Lebenspartnerschaft durch ein von beiden Partnern am Standesamt unterschriebenes Bestätigungsschreiben erbracht. Aber auch eine Bescheinigung über das Führen eines gemeinsamen Lebens, die vom Amtsgericht oder von einem Richter für Familiensachen im Laufe eines Prozesses zur rechtlichen Anerkennung eines Kindes ausgestellt wurde, liefert einen ausreichenden Beweis. Weiterhin kann der Beweis auch da-durch erfolgen, dass eine gemeinsame Einkommenssteuererklärung erstellt wird (Art. 1 Abs. 3-E).

Besteht ein solcher „faktischer Bund" zwischen den beiden Personen, so werden sie bezüglich aller zivilrechtlichen Verträge, im Versicherungsrecht, im Mietrecht, im Erbrecht und im Sozialversicherungsrecht, hinsichtlich des Arbeitsrechts, des Beamtenrechts und des Tarifvertragsrechts Ehegatten gleichgestellt. Dies gilt allerdings nur, wenn keiner der Partner des faktischen Bundes bereits mit einer anderen Person verheiratet ist (Art. 1 Abs. 3-E). Die möglichen Erbansprüche, die durch dieses Gesetz zugebilligt werden, können nur geltend gemacht werden, wenn der Erbfall eintritt, nachdem das Gesetz in Kraft getreten ist (Art. 5-E).

Falls eine der beiden Personen aus dem Ausland stammt, hat der „faktische Bund" hinsichtlich des Anspruchs auf Erteilung einer Aufenthaltsgenehmigung und auf Einbürgerung dieselben Rechtswirkungen wie eine Ehe.

Bezüglich der Einkommenssteuer können die Partner des „faktischen Bundes" sich für eine gemeinsame Steuererklärung entscheiden. Diese gemeinsame Steuererklärung gilt – wie bereits erwähnt – als Beweis für eine faktische Lebensgemeinschaft, insbesondere bei Behörden (Art. 6-E). Die Person, die eheähnlich mit dem Verstorbenen zusammengelebt hat, wird – was die Besteuerung der entgeltlosen Übertragung von Eigentum nach den Art. 750 ff. CGS anbelangt – ebenfalls wie ein überlebender Ehegatte behandelt (Art. 7-E).

Nach Ansicht der kommunistischen Partei hat der Gesetzgeber die Aufgabe, allen Bürgern dieselben Rechte zuzubilligen – ganz unabhängig von deren Lebensweise, so dass vor allem homosexuellen Paaren keine unterschiedliche Behandlung widerfahren dürfe. Im Falle einer Trennung tauchten für alle Paare – ganz gleich, ob sie verheiratet seien oder nicht – vergleichbare Probleme im Bereich des Mietrechts, des Erbrechts und des Unterhaltsrechts auf. Aus diesem Grund sollen den Partnern bei Bestehen eines „faktischen Bundes" dieselben Rechte und Pflichten

[737] Gesetzesentwurf Nr. 249 v. 30.9.1997, S. 2, 5.
[738] Gesetzesentwurf Nr. 249 v. 30.9.1997, S. 4.

wie Ehegatten zustehen, wenn sie diesen Wunsch auf irgendeine Weise zum Ausdruck gebracht hätten. Die Partner hätten zwar ebenfalls die Möglichkeit, alle rechtlichen Fragen, die während der Partnerschaft oder nach einer Trennung auftauchen können, im Vorfeld vertraglich zu regeln, so wie dies in Quebec gehandhabt würde, es dürfe jedoch zur Gleichberechtigung aller Paare nicht das einzige Mittel zur Regelung der auftauchenden Probleme sein.

### 6. Gesetzesentwurf zum „pacte d'intérêt commun"

Der Gesetzesentwurf zur Schaffung eines „Vertrages im gemeinsamen Interesse" (pacte d'intérêt commun – PIC)[739] ist das Ergebnis der Arbeit einer vom Justizminister Jacques Toubon Ende 1996 einberufenen Kommission, deren Vorsitz der Professor der Rechtswissenschaften Jean Hauser innehatte.[740]
Beim PIC handelt es sich um einen Vertrag, den zwei Personen abschließen können, um ihr Zusammenleben in lediglich finanzieller und vermögensrechtlicher Hinsicht zu regeln. Der Hauptteil der Normen des Entwurfes befasst sich mit der Auflösung des PIC und deren vermögensrechtlichen Folgen. Dem Vertrag fehlt jegliche zwischenmenschliche Komponente (dimension affective et sexuelle)[741], da den Partnern des PIC keine moralische Verpflichtung zur gegenseitigen materiellen oder seelischen Unterstützung auferlegt wird. Es sollte dem PIC auch ganz bewusst kein symbolischer Wert zukommen.[742] Da die Kommission dem Vorwurf entgehen wollte, mit dem PIC einen Eheersatz schaffen zu wollen, sollte der PIC nicht im Titel des Code civil über die Personen oder die Familie, sondern gleich nach dem Titel „Gesellschaftsrecht" eingegliedert werden.[743] Einen Gene-ralverweis auf die Eheregelungen lehnte die Kommission mit der Begründung ab, dass es so viele verschiedene Variationen von nichtehelichen Lebensgemeinschaf-ten gebe, dass dem mit einem Generalverweis auf die Eheregelungen nicht Rech-nung getragen werden könne.[744]
Nach der Legaldefinition des Art. 1873-19 C.civ.-E ist der PIC ein Vertrag, in dem zwei natürliche Personen einen Großteil ihrer vermögensrechtlichen Beziehungen für ein gemeinsames Leben regeln. Im Vergleich zu den vorhergehenden Gesetzesvorschlägen wird beim PIC-Entwurf nicht ausdrücklich erwähnt, dass es sich sowohl um gleich- als auch verschiedengeschlechtliche Partner handeln kann, dies ergibt sich jedoch auf Grund der weiteren Formulierung „zwei Personen" in Art. 1873-19-E.

---

[739] Im Folgenden PIC abgekürzt. Der Text des Gesetzesentwurfs ist abgedruckt in: Dr. famille 1999, Nr. hors série, S. 67.
[740] Mécary, Droit et homosexualité, S. 161; Chanteloup/Fauré, Conclure un PaCS, S. 3.
[741] Borillo, AJP/PJA 2001, S. 299, 301; Dillenschneider, Le PaCS, Analyse d'une décision, S. 58.
[742] Ferrand, FamRZ 2000, S. 517, 520.
[743] Borillo, AJP/PJA 2001, S. 299, 301; Ferrand, in: Henrich (Hrsg.), Eheliche Gemeinschaft, Partnerschaft und Vermögen im europäischen Vergleich, S. 73, 107.
[744] Hauser, D. 1997, chron., S. 255, 256; Ferrand, FamRZ 2000, S. 517, 520.

Zwar ist ein Zusammenleben der Vertragspartner vorgesehen, jedoch beinhaltet dieses nicht unbedingt eine Geschlechtsgemeinschaft.[745] Der Vertrag kann somit nicht nur von einer homo- oder heterosexuellen nichtehelichen Lebensgemeinschaft, sondern auch von miteinander befreundeten Personen abgeschlossen werden.[746] Auch Verwandte, ja sogar Geschwister oder Eltern und Kinder können sich durch einen PIC verpflichten, da es an einem entsprechenden Abschlusshindernis fehlt. Möglich ist sogar, einen PIC mit einer bereits verheirateten Person abzuschließen. Unzulässig ist es allerdings, sich durch mehrere PICs zu verpflichten (Art. 1873-19 Abs. 2 C.civ.-E). An dieser Stelle zeigen sich erhebliche Unterschiede zu allen zuvor dargestellten Entwürfen.

Zum wirksamen Abschluss eines PIC müssen im Gegensatz zu den vorherigen Entwürfen die allgemeinen schuldrechtlichen Voraussetzungen zur Wirksamkeit eines Vertrages vorliegen, wie z.B. die Geschäftsfähigkeit der Partner nach Art. 1108 C.civ. und eine wirksame Einigung nach Art. 1109 C.civ. Dies ergibt sich aus der Verweisung des Art. 1873-22 C.civ.-E auf die Art. 1107 ff. C.civ. Weiter-hin muss der PIC-Vertrag auch gewissen Formvorschriften entsprechen. Der PIC-Vertrag muss in zwei Exemplaren handschriftlich verfasst und von beiden Partnern unter Angabe des Datums unterschrieben werden, so dass zwei Originale des PIC enstehen (Art. 1873-23 C.civ.-E). Bei Nichtbeachtung der Formvorschriften ist der Vertrag nichtig. Nach Art. 1873-23 C.civ.-E ist Art. 1328 C.civ.-E anwendbar. Der PIC muss im Gegensatz zu den vorhergehenden Gesetzesentwürfen nicht beim Standesamt abgeschlossen werden. Auch in formeller Hinsicht bestehen somit weniger hohe Anforderungen. Der PIC kann auf bestimmte oder unbestimmte Dauer abgeschlossen werden. Wenn die Parteien nichts anderes vereinbaren, gilt der Vertrag als für unbestimmte Zeit abgeschlossen (Art. 1873-21 C.civ.-E).

Über den Inhalt des Vertrages können die Parteien frei bestimmen (Prinzip der Vertragsfreiheit). Die Vereinbarungen müssen sich jedoch im Rahmen des „ordre public" und der „guten Sitten" bewegen (Art. 1873-19 Abs. 3 C.civ.-E).[747] Nach Art. 1873-20 C.civ.-E kann der PIC gesetzliche Pflichten nicht beeinflussen. Die Parteien können bestehende gesetzliche Verpflichtungen somit durch Vereinbarungen im PIC-Vertrag nicht ausschließen oder einschränken.

Der Abschluss des PIC löst die Rechtsfolgen aus, die von den PIC-Partnern in dem Vertrag vereinbart wurden und die ihm durch Gesetz beigemessen werden (Art. 1873-24 C.civ-E). Die gesetzlichen Rechtsfolgen gelten jedoch nicht, wenn die Partner ausdrücklich andere als die vom Gesetzgeber vorgesehenen Rechtsfolgen vertraglich vereinbart haben (Art. 1873-24 C.civ-E). Was die Übertragung von Wertpapieren und Rechtsgütern unter den PIC-Partnern anbelangt, gilt diese als entgeltlich erfolgt, es sei denn, bei der Übertragung sei ausdrücklich ein anderer Wille geäußert worden (Art.1873-25 C.civ.-E).

---

[745] Chanteloup/Fauré, Conclure un PaCS, S. 4.

[746] Hauser, D. 1997, chron., S. 255, 256; Ferrand, FamRZ 2000, S. 517, 520; Borillo, AJP/PJA 2001, S. 299, 301.

[747] Chanteloup/Fauré, Conclure un PaCS, S. 4.

Durch das Gesetz zum PIC werden zwei neue Artikel in den Code civil eingefügt: Nach Art. 1751 C.civ.-E haben beide PIC-Partner ab dem Zeitpunkt, an dem der Abschluss des PIC dem Vermieter offiziell angezeigt wurde, ein Mietrecht an der nicht gewerblich genutzten Wohnung, egal wann der PIC abgeschlossen wurde. Diese Mitteilung an den Vermieter bewirkt eine gewisse Solidarität unter den Partnern des PIC. Weiterhin kann nach Art. 1751-1 C.civ.-E das Mietrecht an der gemeinsam bewohnten Wohnung im Falle der Trennung und der Uneinigkeit der Partner unter Beachtung der bestehenden sozialen und familiären Interessen einem der Partner durch den Richter zugeteilt werden. In diesem Fall endet die im vorhergehenden Artikel begründete Solidarität. Darüber hinaus werden auch im Zivilprozessrecht Veränderungen vorgenommen: Nach Art. 1328 NCPC wird für Streitigkeiten hinsichtlich der Auflösung des PIC die ausschließliche Zuständigkeit des Tribunal de grande instance bestimmt.

Beendet werden kann der PIC sowohl im Einvernehmen beider Partner als auch durch einseitige Erklärung eines Partners (Art. 1873-26 C.civ.-E). Die Beendigung des PIC ist wesentlich leichter als dies bei den anderen Entwürfen der Fall ist, denn die Auflösung muss weder beim Standesamt erfolgen noch bedarf sie eines gerichtlichen Urteils. Allein bei Streitigkeiten über die Rechtsfolgen der Trennung wird gerichtliche Hilfe angerufen (Art. 1873-28 C.civ-E).

Gemäß Art. 1873-27 C.civ.-E können die Rechtsfolgen der Trennung durch einen Vertrag geregelt werden. Ein solcher Vertrag muss entweder eigenhändig verfasst oder notariell beurkundet werden. Gibt es gesamthänderische Rechtsgüter, die dem Publizitätsgrundsatz unterliegen, so bedarf dieser Vertrag in jedem Fall der notariellen Beurkundung (Art. 1873-27). Besteht Uneinigkeit über die Rechtsfolgen der Trennung und wird das zuständige Gericht angerufen, entscheidet dieses in einem Eilverfahren. Dabei kann der Richter mittels einstweiliger Verfügung jegliche Bestimmungen bezüglich der Rechtsfolgen treffen (Art. 1873-29 C.civ-E). Er kann beispielsweise einem der PIC-Partner das Nutzungsrecht an der Wohnung und den Möbeln nebst Ein-richtung zusprechen oder auch das Nutzungsrecht zwischen ihnen aufteilen. Er kann ebenfalls die Übergabe der Kleidung und der persönlichen Gegenstände bestimmen. Bei Bedarf kann der Richter ebenfalls anordnen, dass ein Partner dem anderen einen Geldvorschuss bezüglich der gesamthänderischen Rechte auszahlt. Der Richter kann weiterhin alle notwendigen Sicherheitsmaßnahmen treffen.

Schließlich kann der Richter eine gütliche Einigung oder Mediation zwischen den Parteien vorschlagen (Art. 1873-29 C.civ-E) oder selbst alle notwendigen Maßnahmen treffen (Art. 1873-30 C.civ-E), z.B. wenn aus der nichtehelichen Lebensgemeinschaft Kinder hervorgegangen sind und die Familienwohnung im Eigentum eines der PIC-Partner steht, kann das Gericht dem anderen Partner die Wohnung zur Miete zuweisen.[748] Dies gilt jedoch nur für den Partner, dem das Sorgerecht für das oder die minderjährigen Kinder zusteht und wenn diese Kinder ihren gewöhnlichen Wohnsitz in dieser Wohnung haben.

---

[748] Siehe Art. 1751 Abs. 2 C.civ. für eine Zuweisung des Mietrechts während der Ehe und Art. 285-1 C.civ. bei Scheidung der Ehegatten.

## 7. Der Bericht von Irène Théry[749]

In Auftrag gegeben wurde der Bericht Théry am 3. Februar 1998 von der Justizministerin Elisabeth Guigou und der Ministerin für Arbeit und Solidarität Martine Aubry.[750] Beide hatten die Direktorin der höheren Schule für Sozialwissenschaften, Soziologie und das Familienrecht (Ecole des hautes études en sciences sociales et sociologues du droit spécialisée dans la famille), Irène Théry, ausgewählt, um einen Bericht über die Entwicklung der Familie zu schreiben. Die Ministerinnen hatten diese Aufgabe absichtlich einer Soziologin übertragen, denn sie wollten den Bereich des Familienrechts auf eine lebensnähere Art regeln als durch die übliche Befragung von Juristen.[751]

Bei dem „Bericht Théry" handelt es sich nicht um einen konkreten Gesetzesentwurf, sondern um Ideen von Irène Théry zur Reform des Nichtehelichenrechts, des Kindschaftsrechts und des Erbrechts. Für diese Untersuchung sind jedoch nur Thérys Ausführungen zur Schaffung von gesetzlichen Regelungen für „nichteheliche Lebensgemeinschaften" von Belang.

In dem Abschnitt, der sich mit dem Konkubinat befasst, schlägt Théry zum ersten Mal eine rechtliche Definition der „nichtehelichen Lebensgemeinschaft" vor.[752] Nach dieser Definition besteht eine „nichteheliche Lebensgemeinschaft" zwischen zwei Personen, wenn sie sich als „Paar" gerieren – ganz gleich, welches Geschlecht sie haben. Dadurch möchte sie die rechtliche Anerkennung des homosexuellen Paares erreichen.

Für die Beurteilung des Vorliegens eines solchen „Paares" greift Théry auf die im französischen Recht klassischen Merkmale des Besitzes des Familienstandes (Possession d'état) zurück und wendet zwei davon zum Zwecke ihrer näheren Beschreibung an: Um rechtlich als Partner einer „nichtehelichen Lebensgemeinschaft" angesehen zu werden, muss man von anderen als solche behandelt (tractatus) und betrachtet (fama) werden.[753] Entscheidende Kriterien sind daher insbesondere, dass die Partner sich als ein solches Paar empfinden, sie von Dritten als solches angesehen und anerkannt werden.[754] Zusätzlich ist erforderlich, dass die Partner den Nachweis über ein gemeinsames Leben während eines gewissen Zeitraums erbringen können. Dieser Zeitraum soll – je nach dem Gewicht des Rechts, das geltend gemacht wird – ein bis drei Jahre betragen.[755] Die Idee von Théry, die „nichteheliche Lebensgemeinschaft" gesetzlich zu definieren und zu

[749] Théry, Couple, filiation et parenté aujourd'hui.
[750] De Belot, Revue Administrer 2000, Nr. 323, S. 11, 19.
[751] Dillenschneider, Le PaCS, Analyse d'une décision, S. 59.
[752] Chanteloup/Fauré, Conclure un PaCS, S. 4; Borillo, AJP/PJA 2001, S. 299, 302; Mécary, Droit et homosexualité, S. 163.
[753] Théry, Couple, filiation et parenté aujourd'hui, S. 150.
[754] Mécary, Droit et homosexualité, S. 163.
[755] Für einen Anspruch auf soziale Rechte sollen z.B. drei Jahre des Zusammenlebens erforderlich sein, während für das Recht zur Organisation der Beerdigung nur ein einjähriges Zusammenleben verlangt wird.

normieren, hat auch in dem schließlich verabschiedeten Gesetz zum PaCS ihren Niederschlag gefunden.[756]
Weiterhin möchte Théry die rechtliche Anerkennung von homosexuellen Paaren erreichen.[757] Zu dem Zweck soll in der Definition der „nichtehelichen Lebensgemeinschaft" das homosexuelle Paar ausdrücklich enthalten sein.
Alle Rechte, die von der Rechtsprechung heterosexuellen nichtehelichen Lebensgemeinschaften zubilligt werden, sollen auch homosexuellen Paaren zukommen – mithin soll eine rechtliche Gleichstellung von homo- und heterosexuellen Lebensgefährten erfolgen.[758] Zu diesen Rechten gehört unter anderem das Recht nach Art. 14 des Gesetzes vom 6. Juli 1989 auf Übergang des Mietvertrages bezüglich der gemeinsam bewohnten Wohnung im Falle des Todes eines Partners, die Gewährung von Geldleistungen der Krankenversicherung nach Art. L. 161.14 Abs. 1 CSS, das Absetzen der Transportkosten im Steuerrecht nach Art. 83-3 des CGI, die Vorteile des Arbeitsrechts und des Tarifvertragsrechts, der Anspruch gegen die Lebensversicherung nach Art. L. 361-4 CSS und die Möglichkeit eines Schadensersatzanspruches im Falle einer missbräuchlichen Trennung oder des zufälligen Todes eines Partners.[759] Durch diese Gleichstellung verlieren homosexuelle „nichtehelichen Lebensgemeinschaften" jedoch die Vorteile, die sie bisher auf Grund ihrer Ausgrenzung genossen haben, wie z.B. allgemeine soziale Bei-hilfen.[760]
Darüber hinaus möchte Théry für alle nichteheliche Lebensgemeinschaften neue Rechte schaffen. Vor allem sieht sie ein Regelungsdefizit im Sozialrecht. Im Falle eines Unfalls oder des Todes eines nichtehelichen Partners könne der andere Partner unter Umständen völlig mittellos dastehen.[761] Um dies zu verhindern, sollten dem anderen Partner dieselben Ansprüche wie die seines sozialversicherten Lebenspartners gegen die Invaliden-, die Pflege- und die Witwenversicherung sowie gegen die Lebensversicherung und die Versicherung für Arbeitsunfälle zustehen. Voraussetzung für diese Ansprüche ist jedoch, dass die Partner eine gewisse Zeit zusammengelebt haben. Théry schlägt hier ein dreijähriges Zusammenleben vor.[762]
Konflikte, die im Falle des Todes eines Partners oder der Trennung des nichtehelichen Paares bezüglich der Verteilung von Möbeln der gemeinsamen Wohnung auftreten können, möchte Théry durch Einführung der Vermutung vermei-den, dass die während der Zeit des Zusammenlebens der nichtehelichen Partner angeschafften Möbel im Miteigentum der Partner stehen.[763] Der nichteheliche Lebenspartner soll im Falle von schwerer Krankheit seines Lebensgefährten wie ein naher Verwandten behandelt werden, sodass ihm ein Informationsrecht und ein

[756] Mécary, Droit et homosexualité, S. 164.
[757] Théry, Couple, filiation et parenté aujourd'hui, S. 150.
[758] Théry, Couple, filiation et parenté aujourd'hui, S. 151; Steiner, Child and Family Law Quarterly 2000, 16.
[759] Théry, Couple, filiation et parenté aujourd'hui, S. 151, 152.
[760] Théry, Couple, filiation et parenté aujourd'hui, S. 152.
[761] Théry, Couple, filiation et parenté aujourd'hui, S. 152.
[762] Théry, Couple, filiation et parenté aujourd'hui, S. 152
[763] Théry, Couple, filiation et parenté aujourd'hui, S. 153

Mitentscheidungsrecht über die medizinische Behandlung zusteht, wenn der Patient seinen Willen nicht mehr selbst dartun kann[764] Weiterhin soll dem Lebensgefährten im Falle des Todes des anderen Partners auch ein Recht zur Ausrichtung der Beerdigung erteilt werden, wenn er zum Zeitpunkt des Todes des anderen mindestens ein Jahr mit dem Verstorbenen zusammengelebt hat.[765] Dies gilt aller-dings nur, wenn der Verstorbene keinen anderen Willen geäußert hat. Ein Erbrecht soll dem überlebenden Partner nach Théry jedoch nicht zustehen.[766]
Im Bereich von Schenkungen will Théry den Partnern einer nichtehelichen Lebensgemeinschaft dieselben Steuerermäßigungen und Steuerfreibeträge einräu-men wie sie Ehegatten zustehen. Der überlebende Partner einer nichtehelichen Lebensgemeinschaft soll ebenfalls nach derselben Steuerstufe veranlagt werden wie ein überlebender Ehegatte.[767] Die getrennte Besteuerung der Partner soll allerdings aufrechterhalten werden, da ihrer Ansicht nach eine „nichteheliche Lebensgemeinschaft" eine lediglich private Verbindung zwischen den Partnern ist und deswegen keine gemeinsame Besteuerung erfolgen solle.[768]
In einem früheren Aufsatz von 1997 zur nichtehelichen Lebensgemeinschaft[769] hatte die Verfasserin ein Rechtsinstitut vorgeschlagen, das allein homosexuellen Paaren vorbehalten sein sollte und nach skandinavischen Vorbild dem homosexuellen Paar – mit einigen Ausnahmen – dieselben Rechte und Pflichten wie Eheleuten zubilligte.[770] Homosexuellen Paaren soll gleichwohl kein Recht auf Eheschließung, kein Adoptionsrecht und kein Recht auf künstliche Befruchtung zuerkannt werden.[771]

### III. Gesetzgebungsgeschichte des Gesetzes Nr. 99-944 vom 15. November 1999 zum PaCS und seine konkreten Vorstufen

Der erste Gesetzesentwurf zum PaCS geht auf eine Initiative der Präsidentin des Gesetzgebungsausschusses (commission des lois), Catherine Tasca, und des Präsidenten der Kommission für Kultur, die Familie und Soziales (commission des affaires culturelles), Claude Bartolone zurück.[772] Beide beauftragten im Januar 1998 offiziell die Abgeordneten Jean-Pierre Michel[773] und Patrick Bloche[774] damit, einen neuen Gesetzesentwurf auf der Grundlage der Gesetzesentwürfe zum parte-

[764] Théry, Couple, filiation et parenté aujourd'hui, S. 154.
[765] Théry, Couple, filiation et parenté aujourd'hui, S. 154.
[766] Théry, Couple, filiation et parenté aujourd'hui, S. 155.
[767] Théry, Couple, filiation et parenté aujourd'hui, S. 155.
[768] Théry, Couple, filiation et parenté aujourd'hui, S. 156.
[769] Théry, Revue Esprit Oktober 1997, S. 159 ff.
[770] Borillo, AJP/PJA 2001, S. 299, 302; Théry, Revue Esprit Oktober 1997, S. 159, 184, 185; Ferrand, FamRZ 2000, S. 517, 520; Dillenschneider, Le PaCS, Analyse d'une décision, S. 60.
[771] Théry, Revue Esprit Oktober 1997, S. 159, 184, 185.
[772] De Belot, Revue Administrer 2000, Nr. 323, S. 11, 19.
[773] Mitglied des „Mouvement des citoyens" (MDC), einer politischen Partei, die sich um den ehemaligen Innenminister Chevènement versammelt hat und ehemalige Sozialisten vereinigte.
[774] Mitglied der sozialistischen Partei (PS).

nariat civil, zum CUC, zum CUS und zum CUCS zu entwerfen.[775] Der erste Gesetzesentwurf zum PaCS wurde am 29. Mai 1998 aus den Reihen des Parlaments (proposition de loi) als Synthese der vorhergehenden Gesetzesentwürfe in das französische Parlament (Assemblée nationale) eingereicht.[776]

Beim PaCS handelt es sich um ein familienrechtliches Institut, das zwischen der Ehe und dem Konkubinat angesiedelt ist, und das sowohl gleich- als auch verschiedengeschlechtlichen Paaren offen steht. Durch den Abschluss eines solchen PaCS-Vertrages haben die zwei Partner die Möglichkeit, ihrer Beziehung einen rechtlichen Rahmen geben.

Die Verfasser des ersten PaCS-Entwurfes wollten ganz bewusst einen Abstand zur Ehe einhalten.[777] Aus diesem Grund haben sie alle Aspekte der vorhergehenden Gesetzesentwürfe weggelassen, die an die Ehe erinnern. So soll der PaCS nicht mehr beim Standesamt oder beim Bürgermeisteramt registriert werden und er soll auch nicht mehr dieselben Sozial- und Steuerrechte wie eine Ehe mit sich bringen, so wie es beim CUS oder CUCS vorgesehen war. Weiterhin wird der PaCS auch ohne Mitwirkung eines Richters aufgelöst.[778] Trotzdem soll dem PaCS aber ein symbolischer Wert zukommen.[779] Ziel des PaCS ist es, nichtverheirateten Paaren – ganz besonders den homosexuellen Paaren – eine soziale Anerkennung zu verschaffen.[780]

### 1. Der erste Gesetzesentwurf zum PACS

Nach Art. 1 des ersten Entwurfes zum PaCS wird das erste Buch des Code civil zum Personenrecht („Des Personnes") durch einen XII. Titel ergänzt, der in den Art. 515-1 bis 515-8 C.civ. den PaCS als neues familienrechtliches Institut einführt.[781]

Einen PaCS kann sowohl ein hetero- als auch ein homosexuelles Paar abschließen (Art. 2-PaCS-E-1/Art. 515-1 C.civ.-E-1). Nach Art. 515-2 C.civ.-E-1 ist ein PaCS nichtig, wenn er zwischen Verwandten in auf- oder absteigender Linie, zwischen Verschwägerten oder zwischen Verwandten in der Seitenlinie bis zum dritten Verwandtschaftsgrad einschließlich abgeschlossen wird (Nr. 1). Ein PaCS zwischen Geschwistern ist somit ausgeschlossen. Der PaCS ist ebenfalls nichtig, wenn einer

---

[775] Mécary, Droit et homosexualité, S. 159; Dillenschneider, Le PaCS, Analyse d'une décision, S. 65; Mécary/Forgeot, Le PaCS, S. 7; Ferrand, in: Henrich (Hrsg.), Eheliche Gemeinschaft, Partnerschaft und Vermögen im europäischen Vergleich, S. 73, 111.

[776] „Proposition de loi relative au pacte civil de solidarité", veröffentlicht in dem Bericht Nr. 1097 v. Jean-Pierre Michel, eingereicht bei der Ass. Nat. v. 23.9.1998; ebenfalls abgedruckt in der Stellungnahme Nr. 1102 v. Patrick Bloche v. 1.10.1998; Lemouland, Le Dalloz 1999, Nr. 43, S. 483; Mécary/Forgeot, Le PaCS, S. 7; Mécary S. 159; Dillenschneider, Le PaCS, Analyse d'une décision, S. 65.

[777] Bericht Nr. 1097 v. Jean-Pierre Michel, eingereicht bei der Ass. Nat. am 23.9.1998, S. 24.

[778] Bericht v. Jean-Pierre Michel Nr. 1097, eingereicht bei der Ass. Nat. am 23.9.1998, S. 24.

[779] Lemouland, JCP éd. N 2000, Nr. 9, S. 406.

[780] Bericht v. Jean-Pierre Michel Nr. 1097, eingereicht bei der Ass. Nat. am 23.9.1998, S. 24; Moutouh, D. 1998, chron., S. 369, 370; Lemouland, JCP éd. N 2000, Nr. 9, S. 406.

[781] Lemouland, Le Dalloz 1999, Nr. 43, S. 483.

der Partner bereits durch eine Ehe (Nr. 2), oder einen anderen PACS gebunden ist (Nr. 3).
Gegenstand des PaCS-Vertrages ist eine schriftliche Vereinbarung zwischen beiden Partnern, in der sie ihr gemeinsames Leben regeln. Der Vertrag muss von beiden Partnern der Präfektur desjenigen Departements übergeben werden, in dem die Partner ihren Aufenthaltsort gemeinsam bestimmt haben – anderenfalls ist der PaCS-Vertrag nichtig (Art. 515-3 Abs. 1 C.civ.-E-1).
Der Abschluss des PaCS wird bei der Präfektur an dem jeweiligen Geburtsort der Partner in ein Register eingetragen und aufbewahrt (Art. 515-3 Abs. 2 C.civ.-E-1). Für Partner, die im Ausland geboren wurden, wird der Abschluss des PACS in ein Register eingetragen, das in Paris geführt wird (Art. 515-3 Abs. 3 C.civ.-E-1). Durch die Eintragung in das Register des Aufenthaltsortes der Partner wird das Datum des Abschlusses des PaCS beurkundet (Art. 515-3 Abs. 4 C.civ.-E-1). Dem PaCS-Vertrag müssen die Partner eine Kopie ihrer Geburtsurkunde und eine Bestätigung der Präfektur ihres Geburtsortes beifügen, aus der hervorgeht, dass sie nicht bereits einen PaCS abgeschlossen haben (Art. 515-3 Abs. 5 C.civ.-E-1). Jegliche Vereinbarungen über Änderungen des Vertrages müssen bei derjenigen Behörde abgegeben und eingetragen werden, die die ursprüngliche Ausfertigung des PACS-Vertrages erhalten hat, und dort verwahrt werden (Art. 515-3 Abs. 6 C.civ.-E-1). Im Ausland wird ein PaCS-Vertrag, der zwischen zwei Partnern abgeschlossen wurde, von denen mindestens einer die französische Staatsangehörigkeit besitzt, von Angehörigen des Auswärtigen Amtes entgegengenommen. Der Abschluss des PaCS wird beim Auswärtigen Amt in ein Register eingetragen und dort aufbewahrt. Die Beamten des Auswärtigen Amtes sind ebenfalls für die Eintragung und Verwahrung der Vereinbarungen über die Veränderungen am PaCS-Vertrag zuständig (Art. 515-3 Abs. 7 C.civ.-E-1).
Die Partner des PaCS sind einander zu gegenseitiger finanzieller Unterstützung verpflichtet. Die Art und Weise dieser Unterstützung wird im PACS festgelegt (Art. 515-4 Abs.1 C.civ.-E-1). Weiterhin besteht eine gesamtschuldnerische Haftung der Partner gegenüber Dritten für Schulden, die einer der Partner für die Bedürfnisse des täglichen Lebens begründet hat (Art. 515-4 Abs. 2 C.civ.-E-1). Die Gegenstände, die nach Abschluss eines PACS erworben werden, stehen im Miteigentum der Partner, solange keine anderweitige Vereinbarung der Partner zum Zeitpunkt des Eigentumserwerbs vorliegt. Die Gegenstände, bei denen das genaue Datum des Erwerbs nicht mehr feststellbar ist, stehen ebenfalls im Miteigentum der Partner (Art. 515-5 C.civ.-E-1). Die erbrechtlichen Vorschriften des Art. 832 bis 832-4 des C.civ finden auf den überlebenden Partner des PaCS Anwendung (Art. 515-6 C.civ.-E-1). Im Bereich des Mietrechts soll Art. 14 des Gesetzes Nr. 89-462 vom 6. Juli 1989 insofern verändert werden, dass der Mietvertrag beim Tod des Mieters auf dessen PaCS-Partner übergeht (Art. 20 PACS-E-1).

Weiterhin werden durch diesen PaCS-Entwurf Änderungen im Steuerrecht vorgenommen. Nach Art. 10 PaCS-E-1 wird Art. 6 des CGI[782] insofern verändert, dass

[782] Code général des impôts.

nach dreijährigem Bestehen des PaCS die Möglichkeit gegeben wird, in Bezug auf das Einkommen gemeinsam veranlagt zu werden. Für das Jahr, nachdem die Auflösung des PaCS eingetragen wurde, ist jeder Partner des PaCS persönlich einkommenssteuerpflichtig. Auf unentgeltliche Zuwendungen – worunter Schenkungen und Vermächtnisse fallen[783]– zwischen den Partnern, die seit zwei Jahren durch einen PaCS gebunden sind, wird bei einem Betrag unter 15.000 Euro ein Steuersatz von 40 Prozent erhoben. Schenkungen über 15.000 Euro werden mit einem Steuersatz von 50 Prozent belegt. Im Gegensatz dazu werden Schenkungen zwischen nicht miteinander verwandten Personen mit einem Steuersatz von 60 Prozent besteuert (Art. 12 PaCS-E-1). Weiterhin profitieren die Partner eines PaCS bezüglich Schenkungen und Vermächtnissen zwischen den Partnern von einem Steuerfreibetrag in Höhe von 75.000 Euro (Art. 13 PACS-E-1). Was die Vermögenssteuer anbelangt, werden die Partner des PaCS wie Ehegatten behandelt. Die Partner eines PaCS können somit ohne Ablauf einer Frist in Bezug auf die Vermögenssteuer gemeinsam veranlagt werden (Art. 14 PaCS-E-1).
Im Sozialgesetzbuch werden durch Art. 15 PACS-G1 Veränderungen vorgenommen. Danach wird ein einkommensloser Partner eines PaCS von der sozialen Krankenversicherung seines Partners mitversichert (Art. L. 161-14 CSS-E-1).
Im Arbeitsrecht gilt im Falle von schuldloser vorübergehender Verhinderung i.S.v. Art. L. 226-1 C.trav. für Partner des PaCS dasselbe wie für Ehegatten.
Bezüglich des Ausländer- und Staatsangehörigkeitsrechts wird nach Art. 17 PACS-E-1 der PaCS als ein Element zur Beurteilung der persönlichen Bindung beim Antrag auf eine Aufenthaltsgenehmigung berücksichtigt (Nr. 7 und Art. 12 bis der Rechtsverordnung Nr. 45-2658 vom 2. November 1945-E-1). Hat ein Aus-länder mit einem französischen Staatsangehörigen seit mindestens einem Jahr einen PaCS abgeschlossen, so wird dies berücksichtigt, um seine Integration in die französische Gemeinschaft im Sinne von Art. 21-24 C.civ. zu ermitteln.
Des Weiteren sieht der Entwurf Veränderungen im Beamtenrecht vor (Art. 19 PACS-E-1), die den Abschluss eines PaCS berücksichtigen. Danach sollen beamteten Partnern eines PaCS z.B. ein Recht auf geographische Annäherung zustehen, wenn die Partner eine Anstellung bekommen, die weit voneinander entfernt ist.
Der PaCS endet entweder bei entsprechendem Willen der Partner oder bei Heirat oder Tod eines Partners (Art. 515-7 C.civ.-E-1). Wenn die Partner eines PaCS gemeinsam beschließen, den PaCS zu beenden, müssen sie eine gemeinsame Erklärung bei der Präfektur des Departement abgeben, in dem mindestens einer von ihnen seinen Aufenthaltsort hat. Bei dieser Behörde wird die Auflösungserklärung in ein Register eingetragen und aufbewahrt. Die Beendigung des PACS wird ebenfalls auf der Ausgangsurkunde vermerkt und am Rand des Registers, das in Art. 515-3 vorgesehen wurde, nämlich dem Register, was von der Präfektur der Geburtsstätte der beiden Partner geführt wird, eingetragen (Art. 515-8 Abs. 1 C.civ.-E-1).
Wenn nur einer der Partner den PaCS beenden möchte, teilt er dem anderen Partner seine Entscheidung mit. Er informiert ebenfalls die Präfektur, die den PaCS-

[783] Bericht v. Jean-Pierre Michel Nr. 1097, eingereicht bei der Ass. Nat. am 23.9.1998, S. 26.

Vertrag ursprünglich erhalten hat, über seine Entscheidung, den PaCS zu beenden, damit die Beendigung des PACS auf dem ursprünglichen PACS-Vertrag und am Rande des Registers, wo dieser eingetragen wurde, sowie am Rande des Registers des Geburtsortes der Partner vermerkt wird. Im Falle einer Heirat muss er ebenfalls eine Kopie seiner Geburtsurkunde beifügen, auf der seine Heirat vermerkt ist (Art. 515-8 Abs. 2 C.Civ.E-1).
Wird des PaCS durch den Tod mindestens eines Partners beendet, stellt der überlebende Partner oder jeder, der ein Interesse daran hat, der Ausgangsbehörde eine Kopie der Todesurkunde zu, damit diese den Tod auf dem ursprünglichen PACS-Vertrag vermerkt und auch am Rand des Register einträgt, in dem der Abschluss des PaCS eingetragen wurde, sowie am Rande des Registers, das in Art. 515-3 Abs. 3 C.civ.-E-1 vorgesehen wurde.
Im Ausland übernimmt das Auswärtige Amt die Aufgaben, die in den vorhergehenden Absätzen beschrieben wurden (Art. 515-8 Abs. 4 C.civ.-E-1). Die PaCS-Partner bestimmen selbst, welche rechtlichen Konsequenzen die Auflösung des PaCS mit sich bringen soll. Können sich die Partner nicht einigen, werden die Rechtsfolgen durch den Richter bestimmt (Art. 515-8 Abs. 5 C.civ-E-1).

### 2. Die Gesetzesentwürfe nach Scheitern des ursprünglichen PaCS-Entwurfes

Nachdem die konservativen politischen Parteien in der Assemblée Nationale erfolgreich eine Unzulässigkeitseinrede gegen den ersten Entwurf zum PaCS durchgesetzt hatten, wurden am 3. November fünf neue Gesetzesentwürfe zum PACS eingereicht.[784] Vorliegend wird nur auf die Gesetzesentwürfe eingegangen, die ausschlaggebende Veränderungen im Vergleich zu dem ersten PaCS-Entwurf enthalten.
Der erste von diesen fünf Gesetzesentwürfen, Entwurf Nr. 1118, wurde von Jean-Pierre Michel, der bereits als Berichterstatter des Gesetzgebungssausschusses für den ersten Gesetzesentwurf zum PaCS tätig geworden war, in der Nationalversammlung eingereicht.[785] Dieser Gesetzesentwurf weist einige kleinere Unterschiede zu dem durch die Unzulässigkeitseinrede abgelehnten Ursprungsentwurf auf.
Im diesem Entwurf gibt es z.B. Änderungen bei der einseitigen Auflösung des PaCS. Möchte nur ein Partner den PaCS auflösen, muss er dies – wie im ursprünglichen Entwurf vorgesehen – ebenfalls dem anderen anzeigen und dann die Präfektur davon in Kenntnis setzen. Im Gegensatz zum ursprünglichen Entwurf muss die Anzeige an den Partner jedoch drei Monate vor der Inkenntnissetzung der Präfektur erfolgt sein (Art. 515-8-E Nr. 1118).
Weiterhin enthält dieser Entwurf Veränderungen im Steuerrecht. Bei der Besteuerung von unentgeltlichen Zuwendungen entfällt die Frist von zwei Jahren seit Abschluss des PaCS für die Geltung des günstigeren Steuersatzes in dem Fall, dass

[784] Gesetzesentwurf Nr. 1118 zum PaCS v. Jean-Pierre Michel; Gesetzesentwurf Nr. 1119 zum PaCS v. Jean-Marc Aurault und Patrick Bloche (Sozialisten); Gesetzesentwurf Nr. 1120 zum PaCS v. Alain Bocquet (Kommunisten); Gesetzesentwurf Nr. 1121 zum PaCS v. Guy Hascoët (Ökologen); Gesetzesentwurf Nr. 1122 v. Alain Touret; Lemouland, Le Dalloz 1999, Nr. 43, S. 483; de Belot, Revue Administrer 2000, Nr. 323, S. 11, 19.
[785] Gesetzesentwurf Nr. 1118 v. 13.10.1998.

eine langjährige, sehr kostenintensive Krankheit im Sinne von Nr. 3 und Nr. 4 des Art. L 322-3 des CSS des Schenkenden oder des Erblassers rechtlich anerkannt wurde. Dies gilt ebenfalls für den Steuerfreibetrag von 75.000 Euro.
Ein wesentlicher Unterschied zum Ursprungsentwurf besteht beim Entwurf Nr. 1118 ebenfalls darin, dass ein PaCS zwar nicht von Geschwistern abgeschlossen werden kann, jedoch einige Vorteile, die der PaCS gewährt, auch Geschwistern zugute kommen sollen. Die Art. 2 und 4 bis 9 zum PACS, die beispielsweise bestimmte Steuervorteile oder Normen des Sozialversicherungsrechts oder des Beamtenrechts etc. betreffen, die für Partner eines PaCS anwendbar sind, werden nach Art. 10 des Entwurfs Nr. 1118 auch für zwei Brüder oder zwei Schwestern oder einen Bruder und eine Schwester angewandt, wenn diese zusammenwohnen. Werden hinsichtlich des Anspruchs auf bestimmt Rechte Fristen gesetzt, so beginnen sie ab dem Zeitpunkt zu laufen, an dem das Zusammenleben der Geschwister bewiesen wurde. Somit werden zusammenlebenden Geschwistern einige Vorteile von PaCS-Partnern zuerkannt, ohne dass zwischen diesen ein PaCS besteht oder ihnen die in Art. 1 des PaCS-G beschriebenen Pflichten auferlegt werden. Beim Ursprungsentwurf hingegen finden keine Normen über den PaCS auf Geschwister Anwendung.
Die kommunistische Partei[786] hat ebenfalls einen Entwurf zum PaCS eingebracht: Entwurf Nr. 1120.[787] Im Gegensatz zu den anderen Entwürfen wird der PaCS-Vertrag hier nicht bei der Präfektur des Departement abgegeben, in der die Partner ihren gemeinsamen Aufenthaltsort begründen, sondern beim Standesamt. Auch wird bei allen anderen Verwaltungshandlungen nicht die Präfektur, sondern das Standesamt tätig. Die Partner eines PaCS müssen der Ausfertigung des PaCS-Vertrages, die sie beim Standesamt abzugeben haben, auch keine Kopie der Geburtsurkunde beifügen, um zu beweisen, dass sie nicht anderweitig durch einen PACS gebunden sind.
In Bezug auf das Steuerrecht ist die kommunistische Partei weitgehend großzügiger als die anderen Parteien in ihren Entwürfen zum PaCS.[788] Nach dem Entwurf Nr. 1120 hat der Partner eines PaCS – anders als es bei den anderen Entwürfen vorgesehen war – ebenfalls einen Anspruch auf eine Hinterbliebenenrente, wenn sein Partner sozialversichert ist und er selber keinen eigenen Anspruch auf Hinterbliebenenrente hat. Jedoch werden nach diesem Entwurf keine Normen zum PACS auf Geschwisterpaare angewandt.

---

786 Alain Bocquet (Kommunist), Bernard Birsinger (Kommunist).

787 Gesetzesentwurf Nr. 1120 zum PaCS, eingereicht v. Alain Bocquet und anderen kommunistischen Abgeordneten bei der Ass. Nat. am 13.10.1998.

788 Eine gemeinsame Besteuerung des Einkommens ist ab dem Zeitpunkt des Abschlusses des PACS möglich, während dies bei den anderen Entwürfen erst nach Ablauf von drei Jahren möglich war. Nach Art. 12 des Entwurfes Nr. 1120 gilt derselbe Steuersatz für unentgeltliche Zuwendungen unter Partnern eines PaCS wie für unentgeltliche Zuwendungen unter Ehegatten. Weiterhin gilt nach diesem Entwurf für Schenkungen und Vermächtnisse ein Schenkungsfreibetrag von 50.000 Euro im Gegensatz zu 37.500 Euro bei den anderen Entwürfen. Im Gegensatz zu den anderen Entwürfen wird die Anwendbarkeit dieser Steuersätze auch nicht vom Ablauf einer zweijährigen Frist seit Abschluss des PaCS abhängig gemacht.

Der Entwurf Nr. 1122 von Alain Tourret[789] enthält als einziger dieser fünf Entwürfe eine Regelung zum Konkubinat. Im Art. 1 dieses Entwurfs greift er auf die von Théry entwickelte Definition der „nichtehelichen Lebensgemeinschaft" zurück, wonach das Bestehen einer „nichtehelichen Lebensgemeinschaft" dadurch gekennzeichnet ist, dass zwei Personen sich als „Paar" gerieren, ganz gleich welches Geschlecht sie haben. Weiterhin ist nach diesem Entwurf weder die Präfektur noch das Standesamt für die Formalitäten zuständig, sondern das tribunal d´instance (Art. 4-E-Nr. 1122).

Bei Gegenständen, die von den Partnern zur Zeit des Bestehens des PaCS erworben wurden, besteht Gütertrennung, solange die Partner beim Erwerb keine anderen Vereinbarungen getroffen haben, während bei den anderen Entwürfen in solchen Fällen Miteigentum vorgesehen war.

Bei diesem Entwurf werden wiederum mehrere Normen zum PaCS für Geschwisterpaare, die zusammenleben, für anwendbar erklärt (Art. 21-E- Nr. 1122). Weiterhin werden in Art. 22 Diskriminierungen wegen Homosexualität unter Strafe gestellt. Dazu werden „die Sitten und die familiäre Situation" eingefügt in Normen des Code pénal, des Gesetzes vom 29. Juli 1881 über die Pressefreiheit, in das Gesetz vom 6. Juli 1949 über nicht jugendgefährdende Literatur, und zwar als Gründe, derentwegen keine Diskriminierung stattfinden darf.

**3. Der angenommene PaCS-Entwurf Nr. 207**

Nach langen Debatten im Parlament über die fünf Gesetzesentwürfe wurde am 9. Dezember 1998 die Version Nr. 207 des Gesetzesentwurfes zum PaCS angenommen.[790]

Eine wichtige Veränderung in dem angenommenen Text ist die erstmalig ausdrücklich vorausgesetzte Volljährigkeit der Partner zum Zeitpunkt des Abschluss des PaCS. Ohne ausdrückliche Beschränkung auf volljährige Partner hätten nämlich schon 16-Jährige einen PaCS abschließen können. Denn mit Vollendung des 16. Lebensjahres kann ein Elternteil aus berechtigtem Grund nach Art. 477 C.civ. beim Vormundschaftsgericht einen Antrag auf Volljährigkeitserklärung (émancipation) stellen. Ein Minderjähriger, der nach Art. 481 C.civ. für volljährig erklärt wurde, kann dann wie ein Volljähriger alle Rechtshandlungen des Zivilrechts vornehmen. Dass die Voraussetzung der Volljährigkeit in Art. 515-1 C.civ.-E des Gesetzesentwurfs Nr. 207 ausdrücklich aufgenommen wurde, ist auf einen Antrag der Opposition zurückzuführen, der bei der ersten Lesung angenommen wurde.[791]

In diesem Gesetzesentwurf haben sich die Abgeordneten für die Zuständigkeit der Geschäftsstelle des Amtsgerichts entschieden und nicht – wie bei den vorhergehenden Gesetzesentwürfen – für das Standesamt oder die Präfektur.

Außerdem wird der genaue Zeitpunkt für das Ende des PaCS bei dem angenommenen Gesetzestext deutlicher, da Art. 515-7-E Nr. 207, in dem erläutert wird,

---

[789] Gesetzesentwurf Nr. 1122 v. Alain Tourret (RCV: Groupe radical, citoyen et vert), eingereicht bei der Ass. Nat. am 13.10.1998.

[790] Von der Ass. Nat. in erster Lesung am 9.12.1998 angenommener Text Nr. 207 zum PaCS; Mécary/Forgeot, Le PaCS, S. 7.

[791] Ass. Nat., 2. Sitzung v. 8.11.1998: J.O. Ass. Nat., S. 8511.

dass der PaCS durch den Willen der Partner, durch Heirat oder Tod eines Partners endet, durch einen neuen präziseren Artikel ersetzt wird. So endet der PaCS nach Art. 515-8-E Nr. 207 entweder ab dem Zeitpunkt, an dem der Vermerk der gemeinsamen Beendigungserklärung in das Register der Geschäftsstelle des Amtsgerichts eingetragen wurde, oder drei Monate, nachdem ein Partner dem anderen seinen Willen zur Beendigung des PaCS dargetan hat und er eine Kopie davon der Geschäftsstelle des Amtsgerichts zugeschickt hat. Weiterer Beendigungszeitpunkt sind Hochzeit oder Tod eines PaCS-Partners.
Bezüglich des Steuerrechts treten keine wesentlichen Unterschiede zum ersten PaCS-Entwurf ein. Der Steuerfreibetrag bei Partnern, die bereits seit zwei Jahren durch einen PaCS gebunden sind, liegt niedriger. Bei Schenkungen unter Lebenden besteht sogar wie bei dem Entwurf der kommunistischen Partei ein Steuerfreibetrag von 56.250 Euro. Die zweijährige Frist für die Besteuerung von Schenkungen und Vermächtnissen und für den Steuerfreibetrag gilt nicht, wenn anerkannt ist, dass der Schenker oder der Erblasser eine langjährige sehr kostenintensive Krankheit im Sinne von Nr. 3 und 4 des Art. L. 322-3 des CSS hatte.
Weiterhin sind drei Artikel im Sozialgesetzbuch hinzugekommen: Art. L. 161-14 CSS, Art. L. 523-2 CSS, und Art. L. 356-3 CSS. Durch Art. L. 161-14 CSS und Art. L. 356-3 CSS erhält der Partner mit Abschluss eines PaCS sowohl unmittelbar einen Anspruch auf Kranken- oder Mutterschaftsversicherung als auch auf Witwenversicherung wie sein versicherter Partner. Gemäß Art. 523-2 CSS erlischt mit Abschluss eines PaCS jedoch der Anspruch auf familiäre Unterstützung wegen Alleinerziehung.
Im Vergleich zum ersten Entwurf zum PaCS gelten die Normen des PaCS, die das Steuerrecht, das Sozialversicherungsrecht, das Ausländerrecht, das Beamtenrecht und das Mietrecht betreffen, auch für zwei zusammenlebende Brüder oder Schwestern oder einen Bruder und eine Schwester (Art. 10- E-207). Dies ist auf die Untersuchung des Gesetzgebungsausschusses der Nationalversammlung zurückzuführen, der darauf hingewiesen hat, dass auf Grund der demoskopischen Entwicklung und der wirtschaftlichen Schwierigkeiten und der Einsamkeit älterer Leute die Solidarität unter Geschwistern durch die Anwendbarkeit einiger Normen des PaCS insbesondere im Steuerrecht unterstützt werden sollte.[792]

### 4. Der PACS-Entwurf nach der Überarbeitung durch den Senat

Der am 9. Dezember 1998 vom Parlament angenommene Text zum PaCS[793] wurde dann zum Senat, der zweiten gesetzgebenden Kammer, weitergeleitet.
Der Senat hat grundlegende Veränderungen an dem Gesetzesentwurf vorgenommen. Er wollte die Einführung des Instituts des PaCS verhindern und hat deswegen alle Regelungen zum PaCS einfach weggestrichen, sodass es dann in dem

[792] Bericht des Gesetzgebungsausschusses der Ass. Nat. Nr. 1138, S. 19.
[793] Von der Ass. Nat. angenommener Text Nr. 207 v. 9.12.1998.

Gesetzesentwurf nur noch um die Rechtsstellung von nichtehelichen Lebensgemeinschaften ging.[794]
Nach den von dem Senat vorgeschlagenen Veränderungen sollte z.B. in Art. 9 des C.civ. eingefügt werden, dass jede Person hinsichtlich der Gestaltung ihres Privatlebens frei ist und ihr ein Recht auf Privat- und Familienleben zusteht. Weiterhin enthält der Gesetzesentwurf sowohl eine Legaldefinition zur Ehe als auch eine zum Konkubinat. In Art. 1 B dieses Gesetzesentwurfes wird die Ehe als eine Verbindung zwischen einem Mann und einer Frau definiert, die durch einen Standesbeamten geschlossen wurde. Eine „nichteheliche Lebensgemeinschaft" liegt hingegen vor, „wenn zwei Personen als Paar zusammenleben, ohne verheiratet zu sein" (le fait pour deux personnes de vivre en couple sans être unies par le mariage)[795]. Dabei kann es sich auch um ein homosexuelles Paar handeln, denn bei der Definition der Ehe ist ausdrücklich von Mann und Frau die Rede, während bei der Definition der „nichtehelichen Lebensgemeinschaft" der geschlechtsneutrale Begriff „Person" genannt wird.[796] Die Senatoren hatten sich allerdings geweigert, das Merkmal von Théry – „ganz gleich welches Geschlecht die Partner haben" (quelque soit leur sexe) – ausdrücklich in den Gesetzestext aufzunehmen.[797] Das Bestehen einer „nichtehelichen Lebensgemeinschaft" zwischen den Partnern kann durch alle möglichen Beweismittel nachgewiesen werden (Art. 310-2-E) und bringt alle gewöhnlichen, schon bestehenden gesetzlichen Vorteile auch für homosexuelle Paare. Damit sollte der strengen Rechtsprechung des Kassationshofes ein Ende gesetzt werden.[798]
Über den Bestand eines Konkubinats zwischen den Partnern kann vom Standesamt, vom Notar oder vom Richter ein Urkunde erteilt werden. Weiterhin ist es den Partnern einer nichtehelichen Lebensgemeinschaft freigestellt, ihre vermögensrechtlichen Beziehungen und ihr gemeinsames Zusammenleben vertraglich zu regeln. Der Gesetzesentwurf sieht zudem noch einige kleinere Änderungen im Steuerrecht vor.
Diese Fassung des Gesetzesentwurfes wurde dann wieder dem Assemblée Nationale zugeleitet. Der Gesetzgebungsausschuss und der Kulturausschuss des Parlaments befassten sich daraufhin wieder mit dem vom Senat ausgefertigten Text und legten darüber jeweils einen Bericht vor.[799]

---

794 Daraus entstand dann der Gesetzesentwurf Nr. 1479 v. 23.3.1999 zur Ehe, zur eheähnlichen Lebensgemeinschaft und zu der solidarischen Verbindung; Chanteloup/Fauré, Conclure un PaCS, S. 6; Mécary, Droit et homosexualité, S. 159.
795 Art. 310-1 des Gesetzesentwurfs Nr. 1479.
796 Dillenschneider, Le PaCS, Analyse d'une décision, S. 133.
797 J.O. déb. der Ass. Nat. v. 18.3.1999.
798 Ferrand, FamRZ 2000, S. 517, 523.
799 Bericht des Gesetzgebungsausschusses der Ass. Nat. Nr. 1482 v. 24.3.1999 und Bericht des Kulturausschusses Nr. 1483, v. 24.3.1999, über den vom Senat veränderten Gesetzesentwurf zur Ehe, zur eheähnlichen Lebensgemeinschaft und zur Solidarität.

**5. Die Wiedereinführung des PaCS (Entwurf Nr. 278)**

Schließlich wurde am 1. April 1999 der Gesetzesentwurf zum PACS wieder in das Parlament eingebracht.[800] Am 7. April 1999 nahm das Parlament in zweiter Lesung einen vom Gesetzgebungsausschuss ausgearbeiteten Entwurf zum PaCS an[801], der alle vom Senat aufgehobenen ursprünglichen Regelungen zum PaCS wieder einführt und die vom Senat neu eingefügten Artikel wieder aufhebt. Bei dem angenommenen Text wurden jedoch auch einige Veränderungen bezüglich des Rechtsinstituts des PaCS vorgenommen.

Zunächst wird der Begriff des Vertrages zum PaCS hinzugefügt.[802] Beim PaCS handelt es sich nunmehr um „einen Vertrag, den zwei volljährige natürliche Personen abschließen können, um ihr gemeinsames Leben zu organisieren."[803]

In der Version des PaCS Nr. 278 werden ebenfalls Veränderungen beim Abschluss des PaCS vorgenommen, indem ein neuer Artikel in das französische Zivilgesetzbuch eingefügt wird. Nach dem neuen Art. 506-1 C.civ.-E-Nr. 278 können Personen, die unter Vormundschaft stehen, keinen PaCS abschließen. Wird eine Person während des Bestehens des PaCS unter Vormundschaft gestellt, kann der Vormund, der vom Familienrat ermächtigt wurde, oder das Vormundschaftsgericht den Vertrag unter den Bedingungen des Art. 515-7 Abs. 1 und 2 C.civ.-E-Nr. 278 für beendet erklären. Wenn die Trennungsinitiative vom anderen Partner ausgeht, muss die erforderliche Zustellung der Information, die in Art. 515-7 Abs. 2 und 3 C.civ.-E Nr. 278 verlangt wird, an den Vormund gerichtet sein.[804]

Weiterhin werden auch die Formalitäten zum Abschluss des PaCS viel genauer ausgearbeitet. Zwar musste auch nach den vorhergehenden Entwürfen eine gemeinsame schriftliche Erklärung über den Abschluss des PaCS beim Urkundsbeamten der Geschäftsstelle des Amtsgerichts abgegeben werden. Nach dem Entwurf Nr. 278 ist jedoch zusätzlich erforderlich, dass die Partner zwei Exemplare des PaCS-Vertrages einreichen und die standesamtlichen Urkunden beifügen, die belegen, dass keine Nichtigkeitsgründe nach Art. 515-2 E-Nr. 278 vorliegen. Schließlich versieht der Beamte der Geschäftsstelle die zwei Originalausfertigungen mit einem Sichtvermerk und gibt sie jedem Vertragspartner zurück, während vorhergehend der eine PaCS-Vertrag bei der Geschäftsstelle aufbewahrt wurde.

Zum Zeitpunkt der Eintragung der Erklärung in das Register des Aufenthaltsortes wird der PaCS-Vertrag anderen gegenüber wirksam (Art. 515-3 Abs. 6-E-Nr. 278). Die Bestimmung des Zeitpunktes der Wirksamkeit gegenüber Dritten ist hier neu im Vergleich zu den vorhergehenden Gesetzesentwürfen.

Jegliche Änderungen des Vertrages sind – wie auch vorher – Gegenstand einer gemeinsamen Erklärung, die bei der Geschäftsstelle des Amtsgerichts, die die ur-

---

800 Schlüter, DEuFamR 2000, S. 13; Dillenschneider, Le PaCS, Analyse d'une décision, S. 139.

801 Angenommener Text Nr. 278, v. 7.4.1999.

802 Lemouland, Le Dalloz 1999, Nr. 43, S. 483.

803 Art. 515-1 C.civ.-E Nr. 278.

804 Diese Änderung beruht auf einem Vorschlag des Gesetzgebungsausschusses (Commission des Lois) anlässlich der 2. Lesung v. 1.4.1999: J.O. Ass. Nat., S. 3209, 3210.

sprünglichen Vertragsausfertigungen erhalten hat, eingetragen wird. Zur Wirksamkeit dieser Änderungen müssen diese allerdings in zweifacher Ausfertigung beigefügt werden. Die im vierten Absatz des Art. 515-3 C.civ. vorgesehenen Formvorschriften sind auf die Änderungen des PaCS-Vertrages anwendbar. Diese Formvorschriften gab es bei den vorhergehenden Entwürfen nicht. Während bei den vorherigen PaCS-Entwürfen bei Nichterfüllung der Formalitäten der PaCS-Vertrag nichtig war, ist beim Entwurf Nr. 278 bei Formmängeln der PaCS lediglich unzulässig.

Weiterhin sollen die Partner eines PaCS nicht nur für die Schulden gesamtschuldnerisch haften, die zur Deckung der Bedürfnisse des täglichen Lebens eingegangen wurden, sondern auch für Schulden, die der andere Partner für die gemeinsame Wohnung aufgenommen hat (Art. 515-4 Abs. 2-E Nr. 278). Außerdem wird in diesem Entwurf – im Gegensatz zum vorherigen Entwurf – bestimmt, dass ein Partner, der den PaCS einseitig auflöst, dem anderen Partner für den ihm dadurch eventuell entstandenen Schaden schadensersatzpflichtig werden kann.[805]

Es gilt der Güterstand der Zugewinngemeinschaft. Treffen die Partner keine anderweitige Vereinbarung, hat jeder zur Hälfte Miteigentum an den Möbeln. Dies war beim PaCS-G Nr. 207 vor der Überarbeitung durch den Senat nicht der Fall. Dort war es nicht erforderlich, dass die Partner bereits bei Abschluss des PaCS entscheiden, ob sie Miteigentum an den Gegenständen begründen wollen, die sie nach Abschluss des PaCS erwerben. Weiterhin sollen die Partner bereits bei Abschluss des PaCS in dem PACS-Vertrag festlegen, ob sie Miteigentum an den Möbeln begründen wollen, die sie nach Abschluss des PaCS erwerben (Art. 515-5-E-Nr. 278).

Für erbschaftssteuerrechtliche Vergünstigungen besteht immer noch die Wartefrist von zwei Jahren, jedoch wird von dieser Frist nicht mehr – wie bei den vorhergehenden Entwürfen – abgesehen, wenn der Schenker oder der Erblasser unter einer langwierigen und kostspieligen Krankheit i.S.v. Nr. 3 und 4 des Art. L. 322-3 CSS leidet (Art. 3 PaCS-G-Nr. 278).

Eine grundlegende Veränderung zu den vorhergehenden Gesetzesentwürfen ist eine allgemeine Definition des Konkubinats in diesem Gesetzesentwurf.[806] Dabei handelt es sich um ein faktisches Zusammenleben, das sich durch eine stabile, dauerhafte Lebensgemeinschaft zwischen zwei Personen unterschiedlichen oder gleichen Geschlechts kennzeichnet, die als Paar zusammenleben. Das Hinzufügen der Definition der „nichtehelichen Lebensgemeinschaft" beruht auf einem Änderungsvorschlag des sozialistischen Lagers des Parlaments.[807] Diese Definition sollte noch klarer der Rechtsprechung des Kassationshofes widersprechen, der sich bis jetzt weigerte, den Begriff des Konkubinates und die sich daraus ergebenden

---

[805] Molfessis, JCP éd. N 2000, Nr. 6, S. 270; Ferrand, FamRZ 2000, S. 517, 523; dies. in: Basedow/Hopt/Kötz/Dopffel (Hrsg.), Die Rechtstellung gleichgeschlechtlicher Lebensgemeinschaften, S. 113, 137.

[806] Ferrand, FamRZ 2000, S. 517, 520.

[807] Dillenschneider, Le PaCS, Analyse d'une décision, S. 140.

rechtlichen Vorteile auf homosexuelle Paare auszudehnen (siehe oben unter 1. Teil, I.).[808]

Die Streichung des Art. 10 des Entwurfes Nr. 207 zum PaCS, der auch zusammenlebenden Geschwisterpaaren einige Rechte zugebilligt hatte, durch den Senat wurde von dem Gesetzgebungsausschuss der Nationalversammlung aufrecht erhalten, sodass von nun an die Aufnahme der Geschwister in den Gesetzestext nicht mehr diskutiert wurde. Dies hat der Gesetzgebungsausschuss damit begründet, dass der PaCS „eine neue Form des Zusammenlebens eines Paares darstellt, die von einem sexuellen Verhältnis zwischen den Partner ausgeht, dies aber nicht unbedingt voraussetzt“[809]. Der Gesetzgeber wollte das Tabu des Inzestes weiterhin klar ausdrücken.[810]

Dieser vom Parlament angenommene Gesetzesentwurf wurde wieder an den Senat weitergeleitet. Der Gesetzgebungsausschuss des Senats beschloss, den Text ohne neue Prüfung mit der Begründung abzulehnen, da der von den Abgeordneten angenommene Text die Vorschläge des Senats nicht genügend berücksichtigt habe.[811]

Der Text wurde also vor den paritätischen Vermittlungsausschuss zwischen Senat und Nationalversammlung gebracht.[812] Doch auch dort kam es zu keiner Einigung.[813]

Es erfolgte wieder eine Überprüfung des Gesetzestextes durch den Gesetzgebungsausschuss des Parlaments. Danach nahm das Parlament den Gesetzesentwurf in zweiter Lesung an.[814] Er wurde ein letztes Mal dem Senat zugeleitet, der den Gesetzestext wiederum ablehnte.[815]

**6. Der endgültig Gesetzestext zum PACS**

Der endgültig Gesetzestext zum PaCS wurde am 13. Oktober 1999 gegen den Willen des Senats vom Parlament angenommen.[816] Die endgültig Version des PaCS stimmt genau mit dem vom Parlament angenommenen Entwurf zum PaCS Nr. 278 überein.

**IV. Die Entscheidung des französischen Verfassungsrates zur Verfassungsmäßigkeit des Gesetzes Nr. 99-944 vom 15. November 1999 zum PaCS[817]**

Der französische Verfassungsrat (Conseil Constitutionnel) wurde am 13. Oktober von 213 Abgeordneten und 115 Senatoren im Wege eines abstakten Normenkon-

---

808 Ferrand, FamRZ 2000, S. 517, 523.
809 So die Aussage v. Elisabeth Guigou bei der Ass. Nat., in der 2. Sitzung v. 8.12.1998; J.O. Ass. Nat., S. 10200; Chanteloup/Fauré S. 19.
810 Chanteloup/Fauré, Conclure un PaCS, S. 19; Ferrand, FamRZ 2000, S. 517, 521.
811 Mécary/Forgeot, Le PaCS, S. 8.
812 De Belot, Revue Administrer 2000, Nr. 323, S. 11, 19.
813 Bericht Nr. 1601 der Ass. Nat. und Bericht Nr. 361 des Senates; de Belot, Revue Administrer 2000, Nr. 323, S. 11, 19.
814 Angenommener Text Nr. 341 v. 15.6.1999.
815 Abweisung durch den Senat Nr. 165 v. 30.7.1999.
816 Ferrand, FamRZ 2000, S. 517, 521.
817 Im Folgenden PaCS-G abgekürzt.

trollverfahrens gemäß Art. 61 der französischen Verfassung angerufen.[818] Bezweifelt wurde sowohl die formelle als auch die materielle Verfassungsmäßigkeit des Gesetzes Nr. 99-944 vom 15. November 1999 zum PaCS.[819]
Der Antrag der Abgeordneten und Senatoren hatte allerdings keinen Erfolg. Der Conseil Constitutionnel hat das Gesetz zum PaCS für formell und materiell verfassungsgemäß erklärt.

### 1. Die formelle Verfassungsmäßigkeit

Die antragstellenden Abgeordneten und Senatoren hielten das Gesetz zum PaCS für formell verfassungswidrig, weil es seinem Wortlaut nach mit dem ersten Gesetzesentwurf zum PaCS vom 9. Oktober 1998 übereinstimme, der innerhalb einer Unzulässigkeitseinrede vom Parlament für verfassungswidrig[820] erklärt worden war. Außerdem liege ein Verstoß gegen Art. 84 der Geschäftsordnung des Parlaments vor, wonach ein abgelehnter Gesetzesentwurf nicht innerhalb des Jahres nach der Ablehnung als neue Gesetzesvorlage ins Parlament eingebracht werden darf.[821]
Der Verfassungsrat hielt das Gesetz zum PaCS für formell verfassungsmäßig und hat die zwei Anträge mit einer kurzen Begründung verworfen.
Hinsichtlich des Vorwurfs der Übereinstimmung des Gesetzestextes mit dem durch die Unzulässigkeitseinrede verworfenen Gesetzesentwurf vom 9. Oktober 1998 erklärte der Verfassungsrat, dass eine Abstimmung im Parlament keine Bindungswirkung gegenüber dem Verfassungsrat entfalte.[822] Zudem stimmten der durch die Unzulässigkeitseinrede verworfene Gesetzesentwurf und der Gesetzesentwurf zum jetzigen Gesetz nicht vollkommen überein.[823]
Ein Verstoß gegen Art. 84 der Geschäftsordnung des Parlaments könne gar keine Verfassungswidrigkeit begründen, da die Geschäftsordnung des Parlaments keinen Verfassungsrang habe.[824]

### 2. Die materielle Verfassungsmäßigkeit

Weiterhin wurde die materielle Verfassungsmäßigkeit der Art. 1 bis 7 und 13 bis 15 PaCS-G bezweifelt.[825]

#### a. Verstoß gegen Art. 34 der französischen Verfassung

Die den Antrag stellenden Abgeordneten und Senatoren waren der Auffassung, dass Art. 15 PACS-G wegen Verstoßes gegen Art. 34 der französischen Verfas-

---

818 CC 99-419 DC, v. 9.11.1999, Entscheidungsgrund Nr. 1; Piastra, Le Dalloz 2000, Nr. 13, S. 203; Mécary/Leroy-Forgeot, S. 8.
819 Molfessis, JCP éd. N 2000, Nr. 6, S. 270.
820 Ferrand, FamRZ 2000, S. 517, 521.
821 Drago, Dr. famille 1999, Nr. hors série, S. 46, 47.
822 CC 99-419 DC, v. 9.11.1999, Entscheidungsgrund Nr. 8; Drago, Dr. famille 1999, Nr. hors série, S. 46, 47.
823 CC 99-419 DC, v. 9.11.1999, Entscheidungsgrund Nr. 9.
824 CC 99-419 DC, v. 9.11.1999, Entscheidungsgrund Nr. 7; Drago, Dr. famille 1999, Nr. hors série, S. 46, 47.
825 Molfessis, JCP éd. N 2000, Nr. 6, S. 270, 271.

sung verfassungswidrig sei. Art. 34 der französischen Verfassung ordnet an, welche Rechtsbereiche zwingend vom Parlament geregelt werden müssen.
In Art. 15 PACS-G wird die Exekutive ermächtigt, die zur Anwendung des Gesetzes erforderlichen Rechtsverordnungen zu erlassen. Diese Übertragung der Rechtssetzungsbefugnisse vom Parlament auf die Exekutive (Delegation) verstoße sowohl gegen den Parlamentvorbehalt des Art. 34 der französischen Verfassung als auch gegen den Bestimmtheitsgrundsatz.[826] Der Begriff des „gemeinsamen Lebens" in Art. 515-1 C.civ., das Ausmaß der gegenseitigen materiellen Unterstützung in Art. 515-4 Abs. 1, die Rechte des Partners im Falle der Auflösung, z.B. die in Art. 515-7 Abs. 8 a.E. C.civ. und die Regelungen zum Güterrecht in Art. 515-5 C.civ. wurden beispielsweise für zu unbestimmt gehalten.[827]
Bezüglich eines Verstoßes gegen den Parlamentsvorbehalt des Art. 34 der Verfassung hat der Conseil Constitutionnel ausgeführt, dass das Gesetz zum PaCS Regelungen zum Personenstand, der Geschäftsfähigkeit, dem Güter- und Erbrecht und der unentgeltlichen Zuwendungen trifft. Dabei handele es sich genau um die Rechtsbereiche, die nach Art. 34 Abs. 2 der Verfassung zwingend vom Parlament zu regeln seien. Da diese Rechtsbereiche vom Parlament in dem Gesetz zum PaCS geregelt und gerade nicht durch Art. 15 PACS-G delegiert worden seien, liege keine Verletzung des Art. 34 der Verfassung vor.[828]
Um einen Verstoß gegen den Bestimmtheitsgrundsatz zu vermeiden, hat der Verfassungsrat die als zu unbestimmt gerügten Rechtsbegriffe im Gesetz zum PaCS verfassungskonform ausgelegt.[829] Dabei hat der Verfassungsrat in dieser Entscheidung in einem vorher nie dagewesenen Ausmaß von seinem Interpretationsvorbehalt Gebrauch gemacht. Dem Conseil Constitutionnel wurde daraufhin vorgeworfen, sich als Gesetzgeber zu gerieren, indem es das Gesetz präzisiert, vervollständigt und teilweise sogar neu geschrieben habe.[830]
Der Conseil Constitutionnel hat jedoch die parlamentarischen Debatten,[831] die Vorbereitungsarbeiten in den Ausschüssen[832] und den vom Gesetzgeber verfolgten Zweck in seine Interpretation des Gesetzes zum PaCS mit einfließen lassen und sich somit ständig nach dem Willen des Gesetzgebers gerichtet.[833] Darüber hinaus hat der Conseil Constitutionnel in seiner Auslegung des Gesetzes Bezug auf die Stellungnahme der Regierung vom 25. Oktober 1999 genommen, die von dieser abgegeben wurde, nachdem ein Antrag auf abstrakte Normenkontrolle beim Ver-

---

826 CC 99-419 DC, v. 9.11.1999, Entscheidungsgrund Nr. 22.
827 Molfessis, JCP éd. N 2000, Nr. 6, S. 270, 273.
828 CC 99-419 DC, v. 9.11.1999, Entscheidungsgrund Nr. 23, S. 24, 25.
829 Drago, Dr. Famille 1999, Nr. hors série, S. 46, 48; Molfessis, JCP éd. N 2000, Nr. 6, S. 170, 173.
830 Blachèr/Seube, RD publ. 2000, Nr. 1, S. 203, 217; Molfessis, JCP éd. N 2000, Nr. 6, S. 170, 173.
831 CC 99-419 DC, v. 9.11.1999, Entscheidungsgrund Nr. 26.
832 CC 99-419 DC, v. 9.11.1999, Entscheidungsgrund Nr. 29; Blachèr/Seube, RD publ. 2000, Nr. 1, S. 203, 219.
833 CC 99-419 DC, v. 9.11.1999, Entscheidungsgrund Nr. 28.

fassungsrat eingereicht worden war.[834] Der Verfassungsrat wollte sich somit in keiner Weise dem Willen des Gesetzgebers widersetzen.[835]

### b. Verstoß gegen den Gleichheitsgrundsatz des Art. 13 der Menschenrechtserklärung von 1789

Im Antrag auf abstrakte Normenkontrolle wurde behauptet, dass die Art. 4 und 5 des Gesetzes zum PaCS gegen den Gleichheitsgrundsatz des Art. 13 der Menschenrechtserklärung von 1789 verstoßen, der vorsieht, dass öffentliche Abgaben gleichmäßig auf die Bürger verteilt werden müssen.[836] Nach Art. 4 PACS-G werden die Partner eines PaCS ab dem dritten Jahr gemeinschaftlich besteuert. Darin liege eine ungerechtfertigte Ungleichbehandlung gegenüber allein lebenden Personen oder nichtehelichen Lebensgemeinschaften, welche keinen Anspruch auf steuerliche Vergünstigungen haben.[837] Art. 5 PACS-G schaffe im Bereich der unentgeltlichen Zuwendungen eine Ungleichbehandlung gegenüber Alleinstehenden oder Partnern einer nichtehelichen Lebensgemeinschaft, da die Partner eines PaCS nach zwei Jahren in den Genuß einer steuerlichen Vergünstigung kommen, die dagegen Alleinstehenden und nichtehelichen Lebensgemeinschaften nicht zugebilligt werden.[838]
Nach Ansicht des Conseil Constitutionnel verstoßen Art. 4 und 5 PACS-G nicht gegen Art. 13 der Menschenrechtserklärung von 1789, da die den PaCS-Partnern obliegenden gegenseitigen materiellen Unterstützungspflichten einen sachlichen Grund für die Ungleichbehandlung von PaCS-Partnern und Alleinstehenden und nichtehelichen Lebensgemeinschaften im Hinblick auf steuerrechtliche Vorteile darstellten.[839]

### c. Verstoß gegen den Gleichheitsgrundsatz aus Art. 1 der Menschenrechtserklärung von 1789

Gerügt wurde von den Senatoren, dass durch den Ausschluss bestimmter Personen vom PaCS durch Art. 515-2 C.civ. ein Verstoß gegen den Gleichheitsgrundsatz des Art. 1 der Menschenrechtserklärung von 1789 vorliege, da nach dem durch Art. 1 des Gesetzes zum PaCS neu eingeführten Art. 515-2 C.civ. der Abschluss eines PaCS zwischen Verwandten, Verschwägerten und durch Art. 515-2 C.civ. für volljährig erklärte Minderjährige und Personen, die unter Vormundschaft stehen, verboten sei.
Der Verfassungsrat begründete seine Entscheidung, dass das Verbot des Abschlusses eines PaCS zwischen Verwandten und Verschwägerten nicht gegen Art. 1 der Menschenrechtserklärung von 1789 verstößt damit, dass ein Interesse der

[834] CC 99-419 DC, v. 9.11.1999, Hinweis Nr. 9 am Anfang.
[835] Blachèr/Seube, RD publ. 2000, Nr. 1, S. 203, 221.
[836] Piastra, Le Dalloz 2000, Nr. 13, S. 203, 204.
[837] Drago, Dr. famille 1999, Nr. hors série, S. 46, 49.
[838] Piastra, Le Dalloz 2000, Nr. 13, S. 203, 204.
[839] CC 99-419 DC, v. 9.11.1999, Entscheidungsgrund Nr. 43, 50; Bénabent, Droit civil, La famille, S. 268.

Allgemeinheit an dem Verbot des Inzests bestünde.[840] Das Verbot des Abschlusses eines PaCS für volljährig erklärte Minderjährige befand der Verfassungsrat jedoch ohne jegliche Begründung für verfassungsgemäß.[841]

### d. Verstoß gegen Art. 1 der französischen Verfassung vom 4. Oktober 1958

Die antragstellenden Abgeordneten haben beanstandet, dass die Schaffung des PaCS einen Angriff auf das Institut der republikanischen Ehe darstellen würde. Nach Art. 1 der Verfassung vom 4. Oktober 1958 ist Frankreich ein unteilbares, nichtkonfessionsgebundenes, demokratisches und soziales Land.[842] Von den Abgeordneten wurde argumentiert, dass das zivilrechtliche Institut der Ehe – im Gegensatz zur kirchlichen Ehe – Ausfluss des Prinzips der Trennung von Kirche und Staat sei.[843] Dies würde bedeuten, dass ein Vertrag, der eine Lebensgemeinschaft der Partner beinhaltet, nur im Rahmen einer Ehe geschlossen werden könne.[844] Der Gesetzgeber habe jedoch mit dem PaCS ein Rechtsinstitut geschaffen, welches die Regelungen der Ehe in Frage stellen würde.[845]

Dadurch, dass sich aus dem Prinzip der Trennung von Staat und Kirche ein Recht auf das Rechtsinstitut der republikanischen, konfessionsfreien Ehe ergebe, würde durch eine Beeinträchtigung der Ehe ebenfalls ein Verstoß gegen den Grundsatz der Trennung von Kirche und Staat und somit ein Verstoß gegen Art. 1 der Verfassung vorliegen.[846]

Nach Ansicht des Verfassungsrates liegt kein Angriff auf die republikanische Ehe vor, denn die PaCS-Vorschriften stellten in keiner Weise die Regelung der Ehe in Frage.[847] Das Rechtsinstitut der Ehe werde dadurch nicht tangiert. Durch die Schaffung des PaCS würde kein neues, mit der Ehe konkurrierendes familienrechtliches Institut geschaffen, sondern nur ein spezieller Vertragstyp.[848] Ein Angriff auf das Institut der republikanischen Ehe sei somit nicht zu erkennen.

### e. Verstoß gegen den Freiheitsgrundsatz aus Art. 4 der Menschenrechtserklärung von 1789

Weiterhin wurde die Verfassungsmäßigkeit des durch Art. 1 PACS-G im Code civil neu eingeführten Art. 515-7 C.civ. von den Abgeordneten gerügt. Dieser Art. 515-7 C.civ. ließe eine grundlose Kündigung des Vertrages zu, wodurch der anerkannte Grundsatz des pacta sunt servanda verletzt würde, und stelle somit einen

[840] CC 99-419 DC, v. 9.11.1999, Entscheidungsgrund Nr. 55; Drago, Dr. famille 1999, Nr. hors série, S. 46, 49.
[841] CC 99-419 DC, v. 9.11.1999, Entscheidungsgrund Nr. 55. Dies wurde in der Literatur stark kritisiert: Molfessis, in: JCP éd. N, Nr. 6, S. 270, 271.
[842] Piastra, Le Dalloz 2000, Nr. 13, S. 203, 204.
[843] Molfessis, JCP éd. N 2000, Nr. 6, S. 270, 277.
[844] Piastra, Le Dalloz 2000, Nr. 13, S. 203, 204.
[845] Molfessis, JCP éd. N 2000, Nr. 6, S. 270, 277.
[846] Piastra, Le Dalloz 2000, Nr. 13, S. 203, 204.
[847] CC 99-419 DC, v. 9.11.1999, Entscheidungsgrund Nr. 59.
[848] Piastra, Le Dalloz 2000, Nr. 13, S. 203, 204.

Verstoß gegen den Freiheitsgrundsatz aus Art. 4 der Menschenrechtserklärung von 1789 dar.[849]

Der Verfassungsrat hat entschieden, dass Art. 4 der Menschenrechtserklärung von 1789 nicht durch Art. 1 des Gesetzes zum PaCS verletzt wird. Es liege deswegen kein Verstoß gegen das Freiheitsrecht aus Art. 4 der Menschenrechtserklärung vor, weil im Falle einer einseitigen Kündigung des Vertrages der Kündigende eine Kündigungsfrist von drei Monaten einhalten müsse und ihn sowohl eine Informationspflicht gegenüber dem anderen Vertragspartner als auch eine Schadensersatzpflicht für eventuelle Schäden treffe.[850] Im Rahmen dieses Entscheidungsgrundes hat der Verfassungsrat einen neuen, vollkommen unerwarteten Schritt gewagt. Dadurch, dass der Verfassungsrat bei einseitiger Auflösung des PaCS dem anderen Partner einen Anspruch gegen den kündigenden Partner auf Schadensersatz aus deliktischer Haftung nach Art. 1382 C.civ. garantiert und es diesen Schadensersatzanspruch direkt aus Art. 4 der Menschenrechtserklärung von 1789 abgeleitet hat, wurde dem Art. 1382 Verfassungsrang zugesprochen.[851] In seiner bisherigen Rechtsprechung hatte der Verfassungsrat die Anwendung der Grundsätze des Art. 4 der Menschenrechtserklärung nur bei den Rechtsfolgen im Rahmen der Zubilligung von Schadensersatzansprüchen herangezogen[852], nicht jedoch aus Art. 4 der Menschenrechtserklärung einen verfassungsrechtlich abge-sicherten Anspruch auf Schadensersatz aus unerlaubter Handlung abgeleitet.[853] Welche Auswirkungen dieser neue Verfassungsgrundsatz auf die zivilrechtliche Rechtsprechung des Kassationshofes haben wird, ist noch nicht abzusehen, denn das höchste französische Zivilgericht ist an die Interpretation des Verfassungsrates nicht gebunden.[854]

**f. Verstoß gegen die Menschenwürde**

Der Verfassungsrat musste ebenfalls zu einem Verstoß des Gesetzes zum PaCS gegen die Menschenwürde Stellung nehmen. Es wurde befürchtet, dass die einseitige Beendigungsmöglichkeit des PaCS in Art. 515-7 C.civ. einer Verstoßung des anderen Partners gleichkommen und somit eine Verletzung der Menschenwürde dieser Person darstellen würde.[855]

Die Möglichkeit der einseitigen Auflösung des PaCS kommt nach Ansicht des Verfassungsrates keiner Verstoßung gleich, denn der PaCS sei ein reiner Vertrag, der keine moralische und seelische Unterstützungspflicht begründe und mit dem

---

[849] CC 99-419 DC, v. 9.11.1999, Entscheidungsgrund Nr. 60.

[850] CC 99-419 DC, v. 9.11.1999, Entscheidungsgrund Nr. 60; Piastra, Le Dalloz 2000, Nr. 13, S. 203, 208.

[851] Molfessis, JCP éd. N 2000, Nr. 6, S. 270, 271.

[852] CC-82-44 DC, v. 22.10.1982, Entscheidungsgrund Nr. 3; CC-85-98, v. 13.12.1985; Molfessis, JCP éd. N 2000, Nr. 6, S. 270, 271.

[853] Blachèr/Seube, RD publ. 2000, Nr. 1, S. 203, 227.

[854] Blachèr/Seube, RD publ. 2000, Nr. 1, S. 203, 227.

[855] Terré, Dr. famille 1999, Nr. hors série, S. 25, 28; Malaurie, Dr. famille 1999, Nr. hors série, S. 31.

Rechtsinstitut der Ehe nicht vergleichbar sei.[856] Außerdem gäbe es in Art. 515-7 verschiedene Varianten der Beendigungsmöglichkeit, z.B. beim Tod eines Partners, bei dem nicht von einer Verstoßung gesprochen werden könnte. Außerdem bestehe bei einseitigem Auflösungsantrag eine dreimonatige Frist, vor deren Verstreichen der PaCS nicht aufgelöst werden könne.[857] Darüber hinaus handele es sich beim PaCS um einen verpflichtenden Vertrag, der auf unbestimmte Zeit abgeschlossenen sei.[858] Da es jedoch ein Verbot gebe, ewig vertraglich verpflichtet zu sein, müsse immer die Möglichkeit einer Kündigung bestehen.[859] Hinsichtlich der einseitigen Kündigungsmöglichkeit des PaCS im Falle einer Heirat führt der Verfassungsrat aus, dass diese notwendig sei, um das verfassungsrechtlich gewährleistete Recht auf Eingehung einer Ehe nicht zu beeinträchtigen.[860]

### g. Verstoß gegen Art. 2 der Menschenrechtserklärung von 1789

Die Abgeordneten haben auch kritisiert, dass durch das Gesetz zum PaCS in das Recht auf Privatsphäre der PaCS-Partner aus Art. 2 der Menschenrechtserklärung von 1789 eingegriffen werde.

Durch den von Art. 1 des PaCS-G eingeführten Artikel 515-3 C.civ. wird der Abschluss des PaCS bei der Geschäftsstelle des Amtsgerichts eingetragen. Die Möglichkeit der Einsichtnahme durch Dritte in das Register der Geschäftsstelle verschaffe Dritten die Möglichkeit, aus der Tatsache des Abschlusses eines PaCS Schlüsse auf das Sexualleben der PaCS-Partner zu ziehen. Dies stelle einen schwerwiegenden Eingriff in die Intimsphäre der PaCS-Partner dar und verletze deren Recht auf Privatleben aus Art. 2 der Menschenrechtserklärung.

Der Verfassungsrat gibt als verfassungsrechtliche Rechtfertigung der Verletzung des Privatlebens an, dass die Eintragung des PaCS in das Register am Amtsgericht verhindern würde, dass gegen zwingende Regelungen des Personenstandsrechts – insbesondere gegen das Inzestverbot – verstoßen werde. Außerdem sei eine Eintragung aus Beweisgründen zur Bestimmung des Zeitpunkts notwendig, mit dem der PaCS Dritten gegenüber wirksam wird.[861]

### h. Verstoß gegen die Präambel der Verfassung von 1946 hinsichtlich des Schutzes des Kindes und der Familie

Es wurde ebenfalls beanstandet, dass das Gesetz zum PaCS keine Regelungen zum Schutz von Kindern treffe, die von den PaCS-Partnern in den PaCS eingebracht wurden. Dies stelle einen Verstoß gegen die Präambel der Verfassung von 1946

---

[856] CC 99-419 DC, v. 9.11.1999, Entscheidungsgrund Nr. 67; de Belot, Revue Administrer 2000, Nr. 323, S. 11, 24.

[857] Cabrillac, Dr. famille 2000, Nr. 6, S. 4, 6; Piastra, Le Dalloz 2000, Nr. 13, S. 203, 205.

[858] Molfessis, JCP éd. N 2000, Nr. 6, S. 270, 275; Vauvillé, Dr. et patrimoine 2001, Nr. 91, S. 26, 27.

[859] Vauvillé, Dr. et patrimoine 2001, Nr. 91, S. 26, 27; Molfessis, JCP N 2000, Nr. 6, S. 270, 275.

[860] CC 99-419 DC, v. 9.11.1999, Entscheidungsgrund Nr. 69; Piastra, Le Dalloz 2000, Nr. 13, S. 203, 205.

[861] CC 99-419 DC, v. 9.11.1999, Entscheidungsgrund Nr. 74.

dar, da gemäß Abs. 10 und 11 der Präambel der Verfassung von 1946 der Staat verpflichtet ist, der Familie und dem Kind die erforderlichen Voraussetzungen zu deren Entwicklung zu gewährleisten. Durch den PaCS wäre die gesunde Entfaltung des Kindes jedoch gefährdet, da eine Regelungslücke bestünde und die in den PaCS miteingebrachten Kinder nicht geschützt würden. Es wurde außerdem gerügt, dass der PaCS die Bigamie fördere.

Der Verfassungsrat hat einen Verstoß gegen die Präambel hinsichtlich des Schutzes der Kinder mit der Begründung abgelehnt, dass es diesbezüglich kein Regelungsdefizit gebe. Der Gesetzgeber sei bei Schaffung des PaCS nicht verpflichtet gewesen, Änderungen im Kindschafts-, Vaterschafts- und Minderjährigenrecht vorzunehmen, denn die bisherigen Regelungen, insbesondere die über das elterliche Sorgerecht und das Kindschaftsrecht, blieben durch die Entstehung des Gesetzes zum PaCS unberührt.[862] Im Streitfalle sei das Familiengericht weiterhin zuständig. Der bisherige Rechtszustand, der dem Kind den in Abs. 10 und 11 der Präambel der Verfassung von 1946 gebotenen Schutz bietet, bleibt somit aufrechterhalten.[863]

Der Vorwurf der Förderung der Bigamie sei ebenfalls unbegründet, denn durch den PaCS werde das Verbot der Doppelehe aus Art. 147 in keiner Weise aufgehoben. Art. 515-2 C.civ. verbiete den Abschluss eines PaCS sowohl bei Bestehen einer Ehe als auch eines PaCS.[864]

### i. Verstoß gegen die Rechte von nichtehelichen Lebensgemeinschaften

Die Abgeordneten sahen durch die gesetzliche Definition der nichtehelichen Lebensgemeinschaft in Art. 515-8 C.civ., die innerhalb des Gesetzes zum PaCS neu eingefügt wurde, einen Eingriff in die Rechte der bisher als nichteheliche Lebensgemeinschaft anerkannten Paare. Durch die gesetzliche Definition könne es passieren, dass einige zusammenlebende Paare nicht mehr als nichteheliche Lebensgemeinschaft anerkannt würden, wenn sie die Anforderungen des Art. 515-8 an die Stabilität und Dauer der Beziehung nicht erfüllten. In dem Falle würden sie von bestimmten sozialen Rechten ausgeschlossen, die ihnen bis jetzt zugestanden hätten.[865]

Ein Verstoß liegt nach Ansicht des Verfassungsrates jedoch schon deswegen nicht vor, weil der Gesetzgeber den Begriff der nichtehelichen Lebensgemeinschaft nur präzisiert und eine Definition gewählt habe, die mit der bis jetzt von der Rechtsprechung vertretenen Definition übereinstimme.[866]

---

[862] CC 99-419 DC, v. 9.11.1999, Entscheidungsgrund Nr. 78; Piastra, Le Dalloz 2000, Nr. 13, S. 203, 205.

[863] Drago, Dr. famille 1999, Nr. hors série, S. 46, 49.

[864] CC 99-419 DC, v. 9.11.1999, Entscheidungsgrund Nr. 79.

[865] Die Rechtsprechung hat schon seit längerer Zeit zumindest der heterosexuellen Lebensgemeinschaft einige soziale Rechte zugebilligt, siehe unter 1. Teil, § 4, I.

[866] CC 99-419 DC, v. 9.11.1999, Entscheidungsgrund Nr. 85; Piastra, Le Dalloz 2000, Nr. 13, S. 203, 206; Drago, Dr. famille 1999, Nr. hors série, S. 46, 50.

### j. Verstoß gegen das Eigentumsrecht

Die Senatoren haben behauptet, dass durch das Gesetz zum PaCS in Eigentumsrechte eingegriffen würde. Zunächst stelle die automatische Begründung des Miteigentums an allen nach Abschluss des PaCS erworbenen Vermögenswerten einen Verstoß gegen das Eigentumsrecht dar. Außerdem erschwere die Anordnung des Miteigentums die Durchsetzung der Gläubigerrechte. Auch sei der Vermieter in seinem Recht, frei über sein Eigentum verfügen zu dürfen, beschränkt, da der Mietvertrag in bestimmten Fällen zu Gunsten des anderen PaCS-Partners fortgesetzt werde, ohne dass sich die Dauer dieses Mietverhältnisses absehen ließe; denn der PaCS wird nicht wie die Ehe auf Lebenszeit, sondern auf unbestimmte Zeit abgeschlossen. Darüber hinaus bestehe auch keine Voraussetzung, dass die PaCS-Partner für die Gewährung dieses Fortsetzungsrechts des Mietvertrages bereits eine Mindestdauer hätten zusammengelebt haben müssen.
Der Verfassungsrat hat eine Verletzung des Eigentumsrechts abgelehnt, da die PaCS-Partner zwar nach Art. 515-5 C.civ-E Miteigentum an den nach Abschluss des PaCS entgeltlich erworbenen Gegenständen erlangten, jedoch jederzeit die Verteilung des Miteigentums verlangen könnten und die Möglichkeit hätten, die Miteigentumsverhältnisse selbst im PaCS-Vertrag zu regeln.[867] Weiterhin blieben die Rechte der Gläubiger nach Art. 815-17 C.civ. unberührt.[868]
Gegen einen Verstoß des Rechts des Vermieters, über sein Eigentum frei verfügen zu dürfen, spreche, dass es sich bei dem Recht auf Fortsetzung des Mietvertrages durch den anderen Partner nicht um eine neue Regelung handele. Sie stimme vollkommen mit den Bestimmungen des Art. 14 und 15 des Gesetzes vom 6. Juli 1989 überein, die bereits bei Bestehen einer nichtehelichen Lebensgemeinschaft ein Recht auf Fortsetzung des Mietverhältnisses zugebilligt hätte, und deren Verfassungsmäßigkeit nicht in Frage gestellt würde.

### 3. Konsequenz der Entscheidung des Verfassungsrates

Das Gesetz zum PaCS ist somit nach Ansicht des französischen Verfassungsrates bei Berücksichtigung der vom Verfassungsrat vorgegebenen Interpretationsvorbehalte formell und materiell verfassungsgemäß.

## § 5 Das Gesetz Nr. 99-944 vom 15. November 1999 zum PaCS im Überblick

Im Folgenden wird das Gesetz Nr. 99-944 vom 15. November 1999 im Überblick dargestellt. Mit diesem Gesetz wurde der Pacte civil de Solidarité (PaCS) und eine gesetzliche Definition der nichtehelichen Lebensgemeinschaft (concubinage) in den Code civil eingeführt.

---

[867] CC 99-419 DC, v. 9.11.1999, Entscheidungsgrund Nr. 87, S. 88; Piastra, Le Dalloz 2000, Nr. 13, S. 203, 208.
[868] CC 99-419 DC, v. 9.11.1999, Entscheidungsgrund Nr. 87.

## I. Die Normen zum PaCS

Die Normen zum PaCS werden vergleichend zur Ehe dargestellt.

### 1. Versprechen des Abschlusses eines PaCS

Haben sich zwei Personen den künftigen Abschluss eines PaCS-Vertrages versprochen, kann ein Partner im Hinblick auf den zugesagten Abschluss des PaCS Aufwendungen getätigt oder dem anderen wertvolle Geschenke gemacht haben. Kommt dann kein PaCS-Vertrag zwischen den Parteien zu Stande, stellt sich die Frage, ob diese Geschenke zurückgefordert werden können und ob ein Partner einen Anspruch auf Ersatz des Schadens haben kann, der ihm dadurch entstanden sind, dass er in Erwartung auf die Begründung des PaCS Verbindlichkeiten eingegangen ist oder Aufwendungen gemacht hat.

#### a. Keine Rückgabe der Geschenke nach Art. 1088 C.civ.

Im Gegensatz zum deutschen Recht gibt es im Code civil keine Regelung des Verlöbnisses.[869] Gemäß Art. 1088 C.civ. können jedoch Geschenke, die im Hinblick auf eine Eheschließung gemacht wurden, zurückgefordert werden.[870] Da ein PaCS keine Ehe und auch kein familienrechtliches Institut, sondern ein Vertrag ist, findet Art. 1088 C.civ. auf das Versprechen zum Abschluss eines PaCS-Vertrages keine Anwendung. Es besteht somit kein Anspruch auf Rückgabe der Geschenke, die vor dem Hintergrund einer zukünftigen Begründung des PaCS-Vertrages überreicht worden sind.

#### b. Schadensersatz aus Deliktsrecht wegen schuldhaftem Unterlassen des Abschlusses eines PaCS-Vertrages

Im französischen Recht wird im Falle des schuldhaften Bruchs eines Verlöbnisses ein Schadensersatzanspruch aus Art. 1382 C.civ. gewährt.[871] Ein solcher Schadensersatzanspruch aus unerlaubter Handlung kommt bei einem Verlöbnisbruch in Betracht, wenn der Rücktritt rücksichtslos (brutal), ohne berechtigten Grund, auf Grund von Leichtfertigkeit oder zur Unzeit erfolgt.[872]

Nun kann die Frage aufgeworfen werden, ob eine Person, der ein zukünftiger Abschluss eines PaCS-Vertrages versprochen wurde, ebenfalls einen solchen Schadensersatzanspruch haben kann, wenn ihr dadurch ein Schaden entstanden ist, dass es trotz PaCS-Versprechens nicht zu einem Abschluss des PaCS gekommen ist. Grundsätzlich hat jede Person, die durch eine pflichtwidrige Handlung eines anderen einen Schaden erlitten hat, gegen den anderen einen Anspruch auf Ersatz dieses Schadens (Art. 1382 C.civ.). Dabei gilt die Regel, dass jeder haftbar ist, der

---

869 Hübner/Constantinesco, Einführung in das französische Recht, S. 210.

870 Courbe, Droit de la famille, S. 36; Hübner/Constantinesco, Einführung in das französische Recht, S. 210.

871 Hübner/Constantinesco, Einführung in das französische Recht, S. 210; Courbe, Droit de la famille, S. 36.

872 Sonnenberger/Autexier, Einführung in das französische Recht, S. 154.

durch sein gegen Gesetz, Gewohnheiten, gute Sitten oder Standesethik verstoßendes Verhalten einem anderen einen Schaden zufügt.[873]

Dann müsste es sich bei dem Bruch des PaCS-Vertragsversprechens um einen Pflichtverstoß handeln. Zunächst spricht gegen eine verbindliche Pflicht zum Abschluss des PaCS trotz Versprechens, dass ein Verlöbnis – im Gegensatz zum PaCS – ein seit sehr langer Zeit gesellschaftlich anerkanntes und weit verbreitetes, zumindest in sozialer Hinsicht verbindliches Heiratsversprechen ist. Es verstößt somit gegen die guten Sitten, ein Verlöbnis zu brechen. Ein Versprechen, einen PaCS abzuschließen, hat demgegenüber keine verbindliche Wirkung, denn der PaCS ist ein sehr neuartiger Vertrag, sodass sich kein verlässlicher Brauch eines PaCS-Versprechens entwickeln konnte. Darüber hinaus ist der PaCS noch nicht umfassend von der Gesellschaft akzeptiert. Der Bruch eines Versprechens, einen PaCS abzuschließen, entfaltet somit keine Verbindlichkeit.

Anders ist der Fall zu beurteilen, wenn die PaCS-Partner bereits den schriftlichen PaCS-Vertrag verfasst haben und es nur noch an der erforderlichen Erklärung gegenüber der Geschäftsstelle des Tribunal d'instance fehlt und sich ein Partner nun weigert, diese Erklärung abzugeben.[874] In diesem Fall ist das Versprechen zur Mitwirkung zum Zustandekommen des PaCS verbindlich. Dies führt zwar nicht zu einer gerichtlich durchsetzbaren Pflicht zum Abschluss eines PaCS. Die Verletzung dieser „obligation naturelle" kann aber zu einem deliktischen Schadensersatzanspruch aus Art. 1382 C.civ. führen. In diesen Fällen kann auf die Rechtsprechung zum schuldhaften Abbruch eines Verlöbnisses zurückgegriffen werden.

### 2. Abschluss des PaCS

#### a. Materielle Voraussetzungen zum Abschluss des PACS

Beim PaCS handelt es sich um einen speziellen Vertrag, sodass für ihn die besonderen Regeln des Gesetzes vom 15. November 1999 gelten, die zur Schaffung des Rechtsinstituts des PaCS eingeführt wurden. Auf Grund des vertraglichen Charakters des zivilrechtlichen Solidaritätspaktes sind jedoch auf alle den PaCS betreffenden Handlungen grundsätzlich auch die allgemeinen schuldrechtlichen Regelungen anwendbar.[875]

##### aa. Spezielle Voraussetzungen der Normen zum PaCS

##### aaa. Geschlecht

Der PACS kann von zwei Personen unterschiedlichen oder gleichen Geschlechts abgeschlossen werden (Art. 515-1 C.civ.).[876] Ganz anders ist es bei der Ehe. Für den Abschluss einer Ehe ist die Geschlechtsverschiedenheit beider Partner erforderlich.[877] Die Voraussetzung der Geschlechtsverschiedenheit bei der Ehe wird

[873] Sonnenberger/Autexier, Einführung in das französische Recht, S. 138.
[874] Chanteloup/Fauré, Conclure un PaCS, S. 50.
[875] Bénabent, Droit civil, La famille, S. 257; Chanteloup/Fauré, Conclure un PaCS, S. 11.
[876] Lemouland, Le Dalloz 1999, Nr. 43, S. 483.
[877] Cornu, Droit civil, La famille, S. 106; Bénabent, Droit civil, La famille, S. 24; Renault-Brahinsky, Droit de la famille, S. 42.

zwar nicht ausdrücklich im Code Civil verlangt, sie ergibt sich aber implizit aus Art. 144 C.civ., der das Mindestalter für eine Frau und einen Mann zur Eingehung einer Ehe nennt.[878]

**bbb. Volljährigkeit**

Nach Art. 515-1 C.civ. kann der PaCS nur von zwei volljährigen natürlichen Personen abgeschlossen werden.[879] Die Volljährigkeit tritt in Frankreich mit der Vollendung des 18. Lebensjahres ein.[880] Das französische Recht sieht jedoch die Möglichkeit vor, einen Minderjährigen für volljährig zu erklären (l'émancipation nach den Art. 476 bis 487 C.civ). Ein solcher für volljährig erklärter Minderjähriger kann dann wie ein Volljähriger nach Art. 481 C.civ. alle zivilrechtlichen Handlungen vornehmen. Der Verfassungsrat hat allerdings in seiner Entscheidung zur Interpretation des Art. 515-1 C.civ zum Ausdruck gebracht, dass es einem für volljährig erklärten Minderjährigern nicht möglich ist, einen PaCS abzuschließen.[881] Beim PaCS handele es sich nicht um einen „normalen“ Vertrag, sondern um einen speziellen Vertragstypus, der ausdrücklich nur von volljährigen Personen abgeschlossen werden könne. Im Ministerialrunderlass vom 11. Oktober 2000 wurde dies ebenfalls von der französischen Regierung festgeschrieben.[882]
Beim Abschluss einer Ehe ist der Gesetzgeber weniger strikt: Zum Abschluss einer Ehe muss die Frau mindestens das 15. Lebensjahr vollendet haben und der Mann das 18. Lebensjahr (Art. 144 C.civ.).[883] Zudem kann beim Oberstaatsanwalt des Großinstanzgerichts (Procureur de la République) ein Dispens von diesem Mindestalter beantragt werden, wenn schwerwiegende Gründe (motifs graves) vorliegen, z.B. wenn die Frau schwanger ist (Art. 145 C.civ.).[884] Ein solcher Dispens von der Volljährigkeit kann beim PaCS nicht erteilt werden.[885]
Minderjährige Frauen zwischen 15 und 18 Jahren, oder Mädchen unter 15 und Jungen unter 18 Jahren, die für eine Eheschließung einen Dispens erhalten haben, bedürfen außerdem der Zustimmung der Eltern (Art. 148 C.civ.), bzw. des Familienrates (Conseil de famille) Art. 159 C.civ.)).[886]

**ccc. Geschäftsfähigkeit**

Die Partner müssen zum Abschluss eines PaCS geschäftsfähig sein (capacité de contracter).[887]

---

[878] Cornu, Droit civil, La famille, S. 106; Bénabent, Droit civil, La famille, S. 24; Renault-Brahinsky, Droit de la famille, S. 42; Bénabent, Droit civil, La famille, S. 24.
[879] Lemouland, Le Dalloz 1999, Nr. 43, S. 483; Chanteloup/Fauré, Conclure un PaCS, S. 11.
[880] Siehe Art. 488 C.civ., eingefügt durch das Gesetz Nr. 74-631 v. 5.7.1974.
[881] CC 99-419 DC, v. 9.11.1999, Entscheidungsgrund Nr. 55.
[882] Ministerialrunderlass (circulaire) zur Anwendung des PaCS, CIV 2000-02 C 1, v. 11.10.2000, S. 6.
[883] Renault-Brahinsky, Droit de la famille, S. 29.
[884] Chanteloup/Fauré, Conclure un PaCS, S. 13; Bénabent, Droit civil, La famille, S. 257.
[885] Renault-Brahinsky, Droit de la famille, S. 29; Bénabent, Droit civil, La famille, S. 27.
[886] Bénabent, Droit civil, La famille, S. 27; Renault-Brahinsky, Droit de la famille, S. 42.
[887] Schreiber, FPR 2001, S. 442; Chanteloup/Fauré, Conclure un PaCS, S. 15.

Ein PaCS kann gemäß Art. 506-1 Abs. 1 C.civ. somit nicht von einer volljährigen Person abgeschlossen werden, die unter Vormundschaft[888] (majeurs sous tutuelle) steht.[889] Eine Eheschließung ist bei Vormundschaft eines Volljährigen hingegen mit Zustimmung der Eltern (Art. 506 Abs. 2 C.civ) oder des Familienrates (Art. 506 Abs. 1 C.civ.) möglich.[890]
Wird ein Partner während des PaCS unter Vormundschaft gestellt, kann der Vormund oder das Vormundschaftsgericht den PaCS sogar beenden (Art. 506-1 und 515-7 C.civ.).[891]
Die Normen zum PaCS enthalten keine Regelungen darüber, was für Konsequenzen es für die Geschäftsfähigkeit in Bezug auf den PaCS hat, wenn einer der Partner unter Pflegschaft steht. Aus diesem Grund wird die allgemeine Regelung des Schuldrechts zur Pflegschaft, nämlich Art. 510 C.civ. herangezogen.[892] Nach Art. 510 C.civ. kann ein Volljähriger, der unter Pflegschaft steht, alle Rechtshandlungen ohne seinen Pfleger vornehmen, die ein unter Vormundschaft stehender Volljähriger ohne Zustimmung des Vormundschaftsgerichts vornehmen kann. Ohne Zustimmung des Vormundschaftsgerichtes kann ein unter Vormundschaft stehender Volljähriger nach Art. 456 C.civ. nur Verwaltungsgeschäfte vornehmen. Verpflichtungsgeschäfte kann er nach Art. 457 C.civ. nicht selbständig tätigen. Nach dem Ministerialrunderlass handelt es sich bei der Abschlusshandlung zum PaCS an sich noch nicht unbedingt um ein Verpflichtungsgeschäft, auch wenn die Partner in dem PaCS-Vertrag höchstwahrscheinlich Verpflichtungen vereinbaren.[893] Jedoch bringt der Abschluss des PaCS vermögensrechtliche Verpflichtungen mit sich, wie z.B. die Pflicht zur gegenseitigen finanziellen Unterstützung, sodass es sich eher um ein Verpflichtungsgeschäft handelt.[894] Es ist somit davon auszugehen, dass auch zum Abschluss eines PaCS die Zustimmung des Pflegers oder des Vormundschaftsgerichts erforderlich ist.[895]
Die gleiche Regelung gilt für die Ehe (Art. 514 C.civ.).[896]

---

[888] In Frankreich ist die Vormundschaft die umfassende Fürsorge über eine minderjährige oder volljährige Person, die außer Stande ist, ihre Angelegenheiten selbst zu besorgen. Die Vormundschaft hat Auswirkungen auf die Geschäftsfähigkeit der unter Vormundschaft stehenden Person. In Deutschland galt diese Rechtslage auch bis zum 31.12.1991. Durch das Betreuungsgesetz v. 12.8.1990 wurde mit Wirkung ab dem 1.1.1992 die Vormundschaft über Volljährige abgeschafft und stattdessen für Volljährige die Betreuung eingerichtet. Die Betreuung hat in Deutschland grundsätzlich keine Auswirkungen auf die Geschäftsfähigkeit des Betroffenen. Allerdings fungiert der Betreuer auch bei Geschäftsfähigen gemäß § 1902 BGB als gesetzlicher Vertreter.

[889] Ministerialrunderlass zur Anwendung des PaCS, CIV 2000-02 C 1, v. 11.10.2000, S. 6; Renault-Brahinsky, Droit de la famille, S. 29; Lemouland, Le Dalloz 1999, Nr. 43, S. 483.

[890] Bénabent, Droit civil, La famille, S. 29.

[891] Renault-Brahinsky, Droit de la famille, S. 29.

[892] Bénabent, Droit civil, La famille, S. 257.

[893] Ministerialrunderlass zur Anwendung des PaCS, CIV 2000-02 C 1, v. 11.10.2000, S. 6.

[894] Chanteloup/Fauré, Conclure un PaCS, S. 16.

[895] Bénabent, Droit civil, La famille, S. 257.

[896] Bénabent, Droit civil, La famille, S. 29; Renault-Brahinsky, Droit de la famille, S. 29.

**ddd. Keine nahe Verwandtschaft**

Ein PaCS-Verbot liegt auch vor, wenn die Partner in auf- oder absteigender Linie direkt miteinander verwandt sind.[897] Ein PaCS kann somit nicht zwischen Eltern und Kindern, aber auch nicht zwischen Großeltern und Enkeln abgeschlossen werden (Art. 515-2 Nr. 1, 1. Fall C.civ.).[898] Dasselbe Hindernis findet sich auch bei den Eheregelungen in Art. 161 C.civ.

Ein weiteres Verbot zum Abschluss eines PaCS sowie einer Ehe besteht bei Personen, die in direkter Linie verschwägert sind (Art. 515-2 Nr. 1, 3. Fall bzw. Art. 161).[899]

Zwischen Verwandten, die in der Seitenlinie miteinander verwandt sind – dies gilt bis zum dritten Verwandtschaftsgrad – ist ein PaCS ebenfalls unzulässig, d.h. Geschwister untereinander sowie Onkel und Neffe, bzw. Nichte und Tante und Neffe bzw. Nichte können keinen PaCS abschließen (Art. 515-2 Nr. 1, 2. Fall C.civ.).[900] Zwischen Cousins und Cousinen, bei denen eine Verwandtschaft vierten Grades besteht, kann demgegenüber ein PaCS abgeschlossen werden.[901]

Bei der Ehe gibt es dieselben Hindernisse in Art. 162 und Art. 163 C.civ.

Im Gegensatz zum PaCS[902] gibt es bei den Eheregelungen die Möglichkeit, dass aus schwerwiegenden Gründen ein Dispens von einigen Eheverboten erteilt wird (Art. 164 C.civ.). Diese Möglichkeit des Dispenses gilt jedoch nur für das Eheverbot zwischen Verschwägerten in direkter Linie, für den Fall, dass die Verbindungsperson gestorben ist, sowie für das Eheverbot zwischen Onkel und Nichte und Tante und Neffe. Auch hier sind die PaCS-Hindernisse somit strikter als die Hindernisse zur Eingehung einer Ehe.

**eee. Keine rechtliche Bindung mit einer anderen Person**

Der PaCS, der zwischen Personen geschlossen wurde, von denen eine Person bereits verheiratet ist, ist nichtig (Art. 515-2 Nr. 2 C.civ.).[903] Durch diese Bestimmung soll nach Meinung des französischen Verfassungsrates verhindert werden, dass die aus der Ehe resultierende Treuepflicht beeinträchtigt wird.[904]

Eine vergleichbare Regelung formuliert Art. 147 C.civ. mit dem Verbot der Doppelehe.[905] Eine Frau muss, auch wenn sie nicht mehr verheiratet ist, eine Wartezeit von 300 Tagen vergehen lassen, bevor sie eine neue Ehe eingehen kann, um Konflikte der Vaterschaft zu verhindern.[906] Eine solche Wartepflicht vor Abschluss

---

897 Schreiber, FPR 2001, S. 442.

898 Lemouland, Le Dalloz 1999, Nr. 43, S. 483; Chanteloup/Fauré, Conclure un PaCS, S. 18.

899 Mécary, Droit et homosexualité, S. 168.

900 Schreiber, FPR 2001, S. 442.

901 Borillo, AJP/PJA 2001, S. 299, 304.

902 Chanteloup/Fauré, Conclure un PaCS, S. 19.

903 Schreiber, FPR 2001, S. 442.

904 CC 99-419 DC, v. 9.11.1999, Entscheidungsgrund Nr. 28.

905 Eutedijan, Dr. et patrimoine 2000, Nr. 81, S. 75; Renault-Brahinsky, Droit de la famille, S. 6.

906 Renault-Brahinsky, Droit de la famille, S. 6.

eines PaCS gibt es nicht, denn es besteht keine Vaterschaftsvermutung während des PaCS.[907]

Ein PaCS kann ebenfalls nicht zwischen Personen abgeschlossen werden, von denen eine Person bereits durch einen PaCS gebunden ist (Art. 515-2 Nr. 3 C.civ.).

**bb. Voraussetzungen des allgemeinen Vertragsrechts**

Der PaCS-Vertrag muss ebefalls die Voraussetzungen des allgemeinen Schuld- und Vertragsrechts erfüllen.[908] Es muss somit eine wirksame Einigung der Partner vorliegen, der Vertrag muss den richtigen Inhalt aufweisen und dem PaCS muss eine rechtmäßige „Causa“ zu Grunde liegen (Art. 1108 C.civ.).

Bei der Ehe handelt es sich hingegen nicht um einen Vertrag, sondern um ein familienrechtliches Institut. Für die Ehe gelten die besonderen Normen des Eherechts. Die allgemeinen Regeln des Schuldrechts und des Vertragsrechts sind auf die Ehe nicht anwendbar.

**aaa. Einigung der Partner zum Abschluss eines PaCS**

Mangels Spezialregelungen zum PaCS in Bezug auf Willensmängel sind die Regeln des C.civ. zum allgemeinen Vertrags- und Schuldrecht anwendbar.[909] Dies gilt nach Ansicht des französischen Verfassungsrates jedoch nur, wenn sie den Regelungen zum PaCS nicht widersprechen.[910] Insbesondere sollen die Art. 1109 ff. C.civ. auf die Einigung zum Abschluss des PaCS anwendbar sein.[911] Somit darf der Abschluss des PaCS nicht auf einem Irrtum oder auf einer arglistigen Täuschung beruhen noch darf der Abschluss des PaCS durch widerrechtliche Drohung veranlasst worden sein (vgl. Art. 1109 C.civ.).[912] Außerdem muss der Wille zum Abschluss des PaCS ernsthaft sein, und kein Partner darf sich bei Abgabe der Willenserklärung im Zustand einer Bewusstseinsstörung befinden.[913]

Nach Art. 146 C.civ. ist eine Ehe bei fehlender Einigung der Parteien nichtig. An einer solchen Einigung fehlt es, wenn ein Partner bei Abgabe der Willenserklärung zur Eingehung einer Ehe nicht bei vollem Bewusstsein ist.[914] Weiterhin muss der Wille zum Abschluss der Ehe ernsthaft sein, d.h. es darf sich nicht um eine Scheinehe handeln.[915] Schließlich muss die Willenserklärung frei von Willensmängeln sein.[916] Zwei Willenmängel werden für die Ehe in Art. 180 C.civ. ausdrücklich aufgezählt: der Zwang und der Irrtum. Bei Vorliegen eines Irrtums kann es sich um einen Irrtum über die Identität der Person oder um einen Irrtum über

---

[907] Renault-Brahinsky, Droit de la famille, S. 6.
[908] Bénabent, Droit civil, La famille, S. 257.
[909] Bénabent, Droit civil, La famille, S. 258.
[910] CC 99-419 DC, v. 9.11.1999, Entscheidungsgrund Nr. 28.
[911] CC 99-419 DC, v. 9.11.1999, Entscheidungsgrund Nr. 28; Bénabent, Droit civil, La famille, S. 258.
[912] Mécary, Droit et homosexualité, S. 167; Bénabent, Droit civil, La famille, S. 258; Chanteloup/Fauré, Conclure un PaCS, S. 24.
[913] Cornu, Droit civil, La famille, S. 107; Chanteloup, Fauré, S. 24.
[914] Courbe, Droit de la famille, S. 44; Renault-Brahinsky, Droit de la famille, S. 45.
[915] Renault-Brahinsky, Droit de la famille, S. 45; Courbe, Droit de la famille, S. 45.
[916] Bénabent, Droit civil, La famille, S. 53.

eine wesentliche Eigenschaft der Person handeln.[917] Hier besteht insoweit kein Unterschied zum PaCS.
Hingegen gilt die arglistige Täuschung bei der Ehe – anders als beim PaCS[918] – nicht als Nichtigkeitsgrund, da der Abschluss einer Ehe von der Idee her „auf einem Liebesentschluss beruhen soll, der einer Kontrolle durch den Richter entzogen ist.“[919]

**bbb. Gegenstand des PaCS-Vertrages**

Gegenstand des PaCS-Vertrages ist nach Art. 515-1 C.civ. die Organisation des gemeinsamen Lebens zweier homosexueller oder heterosexueller Partner. Nähere Hinweise zum Inhalt des Vertrages finden sich verstreut in den weiteren Normen zum PaCS. Beispielsweise muss der PaCS-Vertrag den gemeinsamen Aufenthaltsort der Partner bestimmen (Art. 515-3 Abs. 1 C.civ.); in ihm müssen die Modalitäten der gemeinsamen finanziellen Unterstützungspflicht festgelegt werden, und es muss eine Bestimmung über das Bestehen von Miteigentum an den Möbeln getroffen werden (Art. 515-5 C.civ.).
Grundsätzlich können die Partner den Inhalt des Vertrages frei bestimmen. Sie sind allerdings an gewisse Vorgaben gebunden, die sich aus den Ausführungen des französischen Verfassungsrates in seiner Entscheidung zum PaCS ergeben.[920] Darin hat der Verfassungsrat entschieden, dass die Artikel 515-1 bis 515-7 C.civ. – mit Ausnahme der Regelung zum Miteigentum – nicht zur Disposition der Partner stehen und die Parteien somit nicht von diesen gesetzlichen Regelungen im PaCS-Vertrag abweichen dürfen.[921] Aus diesem Grund steht es den Partnern nicht frei, die Verpflichtung des Zusammenwohnens oder die gegenseitige Unterstützungspflicht auszuschließen.
Die Dispositionsfreiheit der Partner ist auch durch die Interessen der Allgemeinheit und durch das individuelle Freiheitsrecht beschränkt. So dürfen die Partner z.B. keine Treuepflicht im PaCS-Vertrag vereinbaren.[922] Die Vereinbarungen dürfen ebenfalls nicht gegen Art. 6 C.civ., d.h. gegen die öffentliche Ordnung (ordre public) und die guten Sitten verstoßen.[923]
Ehegatten können einen Ehevertrag abschließen.[924] Dieser hat jedoch eine andere Bedeutung als der PaCS-Vertrag, da es sich dabei um eine rein güterrechtliche Vereinbarung handelt. Die Ehegatten sind auch nicht verpflichtet, einen Ehever-

[917] Renault-Brahinsky, Droit de la famille, S. 45; Courbe, Droit de la famille, S. 47.
[918] Carbonnier, Droit civil, La Famille, S. 616; Cornu, Droit civil, La famille, S. 108.
[919] Chanteloup/Fauré, Conclure un PaCS, S. 27; Carbonnier, Droit civil, La Famille, S. 616; Cornu, Droit civil, La famille, S. 108; Bénabent, Droit civil, La famille, S. 258; Renault-Brahinsky, Droit de la famille, S. 45.
[920] Bénabent, Droit civil, La famille, S. 258; Lemouland, Le Dalloz 1999, Nr. 43, S. 483.
[921] CC 99-419 DC, v. 9.11.1999, Entscheidungsgrund Nr. 28; Piastra, Le Dalloz 2000, Nr. 13, S. 203, 206; Lemouland, Le Dalloz 1999, Nr. 43, S. 483.
[922] Villa-Nys, Dr. et patrimoine 2000, Nr. 85, S. 88, 100; Bénabent, Droit civil, La famille, S. 259.
[923] Vassaux/Vauvillé, RJPF 2000, Nr. 5, S. 6, 8.
[924] Ferid/Sonnenberger, FrZR Bd. 3, Rn. 4 B 224.

trag abzuschließen und darin bestimmte obligatorische Vereinbarungen zu treffen, sondern es wird ihnen vom Gesetzgeber in den Artikeln 1387 ff. C.civ. die Möglichkeit gegeben, bestimmte, sie betreffende Regelungen selbst vertraglich festzulegen. Ein solcher Ehevertrag darf gemäß Art. 1387 C.civ. gleichfalls nicht gegen die öffentliche Ordnung verstoßen.[925]

**ccc. Causa des PaCS-Vertrages**

Weiterhin muss der PaCS-Vertrag nach Art. 1131 C.civ. eine rechtmäßige Causa haben. Die Causa stellt eine Vertragsvoraussetzung dar, die dem deutschen Recht fremd ist. Bei der Causa handelt es sich um die Motivation bzw. den Grund, weswegen sich ein Partner vertraglich bindet.[926]

Voraussetzung ist somit, dass die Motivation zum Abschluss des PaCS rechtmäßig ist. Nach Art. 1133 C.civ. ist eine Causa rechtswidrig, wenn sie gesetzlich verboten ist, sie gegen die guten Sitten oder gegen den „Ordre public" verstößt. Gegen die guten Sitten verstößt die Causa z.B. in dem Fall, dass ein Mann mit einer ihm gegenüber nach den Art. 342 C.civ. ff. unterhaltsberechtigten Person einen PaCS abschließt. Für einen solchen PaCS besteht zwar kein PaCS-Verbot, da der eine Partner die Vaterschaft nicht anerkannt hat. Jedoch ist eine tatsächliche Vaterschaft möglich, da der Unterhaltsanspruch nach Art. 342 C.civ. ff. deswegen besteht, weil der Unterhaltsschuldner der Mutter während der Zeit der Empfängnis beigewohnt hat.[927]

**b. Formelle Voraussetzungen zum Abschluss eines PaCS**

Der wirksame Abschluss eines PaCS erfordert, dass die Partner einen PaCS-Vertrag verfassen und eine gemeinsame Erklärung bei der Geschäftsstelle des Amtsgerichts darüber abgeben, dass sie einen PaCS abschließen wollen. Ferner müssen sie die erforderlichen Papiere einreichen, und der Abschluss des PaCS muss in einem dafür vorgesehenen Register eingetragen worden sein.

**aa. Verfassen eines PaCS-Vertrages**

Zunächst müssen die Parteien einen PaCS-Vertrag verfassen, in dem sie die Modalitäten des gemeinsamen Lebens frei festlegen können.[928] Dieser PaCS-Vertrag muss dann von den Parteien bei der Geschäftsstelle des Amtsgerichts in zweifacher Ausfertigung, d.h. in zwei Originalfassungen (double original) vorgelegt werden.[929]

Diese Regelung hat zu einigen Kontroversen geführt, nämlich ob ein PaCS auch in Form einer notariellen Urkunde verfasst werden kann.[930] Aus dem Erfordernis der Abgabe der doppelten Originale wurde gefolgert, dass der Gesetzgeber allein von

[925] Ferid/Sonnenberger, FrZR Bd 3, Rn. 4 B 226.
[926] Hübner/Constantinesco, Einführung in das französische Recht, S. 165 ff.
[927] Chanteloup/Fauré, Conclure un PaCS, S. 29.
[928] Schreiber, FPR 2001, S. 442.
[929] Rubellin-Devichi, JCP éd. G 1999, S. 1909, 1910; Eutedijan, Dr. et patrimoine 2000, Nr. 81, S. 75, 77; Schreiber, FPR 2001, S. 442.
[930] Beignier, Défrénois 2000, S. 211.

zwei eigenhändig verfassten Urkunden (sous seing privé) ausgegangen sei.[931] Dies sei darauf zurückzuführen, dass privatschriftliche Urkunden den Formvorschriften des Art. 1325 C.civ. unterliegen, d.h. es müssen bei eigenhändig verfassten Urkunden genauso viele Originalausfertigungen vorliegen wie es Parteien gibt, die daran ein Interesse haben (ayant un intérêt distinct). Da aber bei einer notariellen Beurkundung die Urkunde beim Notar aufbewahrt werde, könne diese nicht bei der Geschäftsstelle des Amtsgerichts abgegeben werden, und somit sei es nach dem Gesetzestext nicht möglich, den PaCS-Vertrag in Form einer notariellen Urkunde zu verfassen.[932] Der Gesetzgeber hat diese Unsicherheit jedoch durch den Ministerialrunderlass vom 10. November 1999 behoben. Darin ist vorgesehen, dass PaCS-Verträge, die vor dem Notar abgeschlossen werden, der für den PaCS erforderlichen Form entsprechen.[933]

**bb. Gemeinsame Erklärung der Partner bei der Geschäftsstelle des Amtsgerichts**

Die Partner eines PACS müssen bei der Geschäftsstelle des Amtsgerichts (greffe du tribunal d'instance) des Zuständigkeitsbereichs, in dem die Partner ihren gemeinsamen Aufenthaltsort begründen, eine gemeinsame Erklärung darüber abgeben, dass sie einen PaCS abschließen wollen (Art. 515-3 Abs. 1 C.civ.). Diese Erklärung müssen die Partner eines PaCS persönlich abgeben.[934] Eine Stellvertretung ist – wie auch bei der Ehe – nicht möglich (Art. 75 C.civ.).[935] Die Aufgabe des Urkundsbeamten der Geschäftsstelle des Amtsgerichts ist darauf beschränkt, die Willenserklärungen entgegenzunehmen, zu überprüfen, ob keine PaCS-Hindernisse vorliegen, und den Abschluss des PaCS einzutragen. Die Registrierung des Abschlusses eines PaCS dient nicht der Publizität, sondern sie erfüllt eine Beweisfunktion für das Datum des Abschlusses des PaCS.[936]

Die Eheschließung vollzieht sich hingegen nicht durch eine bloße Erklärung der Partner gegenüber einem Beamten der Geschäftsstelle des Amtsgerichts, sondern durch eine Trauungszeremonie beim Standesamt des gemeinsamen Wohnortes (Art. 74 C.civ.).[937] In dieser Zeremonie liest der Standesbeamte gemäß Art. 75 C.civ. den zukünftigen Ehegatten einzelne Paragraphen des Eherechts vor, in denen die Rechte und Pflichten der Ehegatten genannt sind, z.B. Art. 212, 213 Abs. 1 und 2 C.civ.[938] Dann fragt der Standesbeamte die zukünftigen Ehegatten, ob sie eine Ehe eingehen wollen. Bei Zustimmung beider Partner trägt er die Einigung in

---

[931] Courbe, Droit de la famille, S. 240.
[932] Pillebout, Le PaCS, S.15.
[933] Ministerialrunderlass zum PaCS v. 10.11.1999, abgedruckt in: JCP éd. G 1999, Nr. 48, III - 20182 S. 2162; Courbe, Droit de la famille, S. 241.
[934] Renault-Brahinsky, Droit de la famille, S. 31.
[935] Courbe, Droit de la famille, S. 241; Bénabent, Droit civil, La famille, S. 261.
[936] Pillebout, Le PaCS, S. 17; Mécary, Droit et homosexualité, S. 168; Bénabent, Droit civil, La famille, S. 261.
[937] Savouré, Dr. et patrimoine 2000, Nr. 81, S. 58, 60.
[938] Bénabent, Droit civil, La famille, S. 65.

die Heiratsurkunde ein.[939] Der Abschluss der Ehe wird am Rand der Geburtsurkunde der Ehegatten vermerkt (Art. 76 C.civ.).

**cc. Einzureichende Papiere**

Zum wirksamen Abschluss eines PaCS müssen gemäß Art. 515-3 Abs. 2 C.civ. mehrere Papiere bei der Geschäftsstelle des Amtsgerichts eingereicht werden: der PaCS-Vertrag, die standesamtlichen Urkunden und ein Zertifikat darüber, dass die Partner nicht bereits mit einer anderen Person einen PaCS abgeschlossen haben. Auch zur wirksamen Eingehung einer Ehe müssen bestimmte Urkunden beim Standesamt eingereicht werden.

**aaa. Der PaCS-Vertrag**

Zum wirksamen Abschluss eines PaCS muss der von den Parteien verfasste PaCS-Vertrag nach Art. 515-3 Abs. 2 C.civ. in zweifacher Ausführung bei der Geschäftsstelle des Amtsgerichts vorgelegt werden (zu dem Formerfordernis dieser PaCS-Vertragsausführungen siehe oben unter 1. Teil, § 5, I., 2., b., aa.).[940] Ehegatten müssen in bestimmten Fällen ein notarielles Zeugnis über den Abschluss eines Ehevertrages gemäß Art. 1394 Abs. 2 C.civ. einreichen.[941]

**bbb. Standesamtliche Urkunden**

Weiterhin müssen – wie bei der Ehe – die standesamtlichen Urkunden beigebracht werden, die beweisen, dass keine gesetzlichen Hinderungsgründe zum wirksamen Abschluss eines PaCS vorliegen.[942]

Beim PaCS muss mit den standesamtlichen Urkunden bewiesen werden, dass die Partner volljährig sind und nicht unter Vormundschaft stehen. Beides lässt sich durch die jeweilige Geburtsurkunde der Partner beweisen.[943] Vor einer Eheschließung müssen ebenfalls die Geburtsurkunden der zukünftigen Ehegatten vorgelegt werden (Art. 70 C.civ.).[944] Gegebenenfalls muss bei der Ehe ein Minderjähriger auch eine notarielle Urkunde beibringen, die die Einwilligung der Eltern oder des Familienrates bestätigt.[945]

Es ist ebenfalls erforderlich, mittels der standesamtlichen Urkunden zu beweisen, dass kein Verwandtschaftsverhältnis oder keine Schwägerschaft, wie sie in Art. 515-2 C.civ. beschrieben wurde, zwischen den Partnern vorliegt und dass die Part-

---

[939] Renault-Brahinsky, Droit de la famille, S. 49.

[940] Renault-Brahinsky, Droit de la famille, S. 30; Pillebout, Le PaCS, S. 13; Schreiber, FPR 2001, S. 442.

[941] Bénabent, Droit civil, La famille, S. 62; Ferid/Sonnenberger, FrZR Bd. 3, Rn. 4 B 17.

[942] Ministerialrunderlass zum PaCS v. 10.11.1999, abgedruckt in: JCP éd. G 1999, Nr. 48, III - 20182, S. 2162; Ministerialrunderlass zum PaCS, CIV 2000-02 C 1, v. 11.10.2000, S. 5.

[943] Ministerialrunderlass zum PaCS v. 10.11.1999, abgedruckt in: JCP éd. G 1999, Nr. 48, III - 20182, S. 2162. Wird ein Volljähriger unter Vormundschaft gestellt, dann wird dies am Rand der Geburtsurkunde vermerkt.

[944] Ferid/Sonnenberger, FrZR Bd. 3, Rn. 4 B 16; Renault-Brahinsky, Droit de la famille, S. 47; Bénabent, Droit civil, La famille, S. 62.

[945] Renault-Brahinsky, Droit de la famille, S. 47; Bénabent, Droit civil, La famille, S. 62; Ferid/Sonnenberger, FrZR Bd. 3, Rn. 4 B 17.

ner nicht verheiratet sind. Eines solchen Beweises bedarf es auch für die Eheschließung.
Falls einer der Partner bereits verheiratet war, müssen für einen wirksamen Abschluss des PaCS die Urkunden vorgelegt werden, die beweisen, dass die vorhergegangene Ehe aufgelöst wurde.[946] In dem Fall, dass die vorhergehende Ehe eines PaCS-Partners durch den Tod eines Ehegatten beendet worden ist, muss eine Kopie der Geburtsurkunde des verstorbenen Ehegatten eingereicht werden.[947] Erfolgte die Auflösung durch Scheidung, muss ein Auszug des rechtskräftigen Scheidungsurteils beigebracht werden.[948]
Darüber hinaus muss beim PaCS noch eine eidesstattliche Versicherung darüber beigefügt werden, dass zwischen den Partnern keine Verwandtschaft oder Schwägerschaft besteht, die jeweils ein Hindernis zum Abschluss des PaCS darstellen würden, und eine weitere eidesstattliche Versicherung darüber, dass die Partner einen gemeinsamen Wohnsitz haben.[949]
Weiterhin muss jeder Partner, der einen PaCS abschließen möchte, eine Bescheinigung der Geschäftsstelle des Amtsgerichts seiner Geburtsstätte beibringen, um zu bewiesen, dass er nicht bereits einen PaCS abgeschlossen hat.[950] In dem Fall, dass einer der Partner im Ausland geboren ist, wird diese Bestätigung von der Geschäftsstelle des Großinstanzgerichtes von Paris (Tribunal de grande instance) ausgestellt.[951]
Zum Abschluss einer Ehe ist es nicht erforderlich einen Beweis zu erbringen, dass die zukünftigen Ehegatten keinen PaCS abgeschlossen haben, denn das Bestehen eines PaCS stellt kein Ehehindernis dar. Ganz im Gegenteil wird durch das Eingehen einer Ehe der PaCS beendet (Art. 515-7 Abs. 6 Nr. 3 C.civ.).

**ccc. Voreheliches Gesundheitszeugnis**

Anders als die Partner eines PaCS müssen sich die zukünftigen Ehegatten, bevor sie wirksam eine Ehe eingehen können, einer gesundheitlichen Untersuchung unterziehen.[952] Dieses voreheliche Gesundheitszeugnis (certificat prénuptial) darf gemäß Art. 63 Abs. 2 C.civ. und Art. L. 153 Code de la santé publique nicht älter als zwei Monate sein.[953] Der Standesbeamte darf die Ehe nicht schließen, wenn kein voreheliches Gesundheitszeugnis vorliegt.[954] Wichtig ist aber allein, dass die Untersuchung vorgenommen wurde. Das Ergebnis wird weder dem anderen Part-

---

[946] Schreiber, FPR 2001, S. 442.
[947] Ministerialrunderlass zum PaCS v. 10.11.1999, abgedruckt in: JCP éd. G 1999, Nr. 48, III - 20182, S. 2163.
[948] Bénabent, Droit civil, La famille, S. 62; Schreiber, FPR 2001, S. 442.
[949] Ministerialrunderlass zum PaCS, CIV 2000-02 C1, v. 11.10.2000, S. 8; Renault-Brahinsky, Droit de la famille, S. 30, 31; Pillebout, Le PaCS, S. 17; Schreiber, FPR 2001, S. 442.
[950] Schreiber, FPR 2001, S. 442.
[951] Mécary, Droit et homosexualité, S. 168; Pillebout, Le PaCS, S. 17.
[952] Mécary, Droit et homosexualité, S. 169; die vom Arzt vorzunehmenden Untersuchungen werden in Art. 1 der Verordnung v. 14.2.1992 aufgelistet.
[953] Courbe, Droit de la famille, S. 32.
[954] Courbe, Droit de la famille, S. 32.

ner noch Dritten mitgeteilt. Ziel dieser Untersuchung ist nur die persönliche Verantwortung einer Person, möglicherweise auf Grund ihres Gesundheitszustandes auf das Eingehen der Ehe zu verzichten.[955] Eine Krankheit einer Person kann den Abschluss der Ehe aber nicht verhindern.

#### dd. Registrierung des PaCS

Der Beamte der Geschäftsstelle des Amtsgerichts überprüft die eingereichten Dokumente. Ist der Beamte der Auffassung, dass nicht alle Voraussetzungen für die Eintragung vorliegen, ist er verpflichtet, die Eintragung zu verweigern.[956] Dann fällt er nach Art. 1 der Durchführungsverordnung vom 21. Dezember 1999[957] eine Unzulässigkeitsentscheidung. Diese Entscheidung muss die Gründe für seine Verweigerung enthalten.[958]
Liegen nach Ansicht des Beamten der Geschäftsstelle die Voraussetzungen für die Registrierung vor, trägt er die Erklärung über den Abschluss des PaCS in ein dafür vorgesehenes Register ein (Art. 515-3 Abs. 3 C.civ.).[959] Nach erfolgter Registrierung versieht der Beamte die beiden Ausfertigungen des PaCS-Vertrags mit einem Sichtvermerk und dem Datum und gibt sie beiden Parteien zurück (Art. 515-3 Abs. 4 C.civ.).[960] Dann veranlasst er die Eintragung der Erklärung zum Abschluss des PaCS in ein Register, das am Geburtsort eines jeden Partners geführt wird. Wurde einer der Partner im Ausland geboren, erfolgt die Eintragung in ein Register, das von der Geschäftsstelle des Tribunal de Grande Instance in Paris geführt wird (Art. 515-3 Abs. 5 C.civ.). Für Franzosen, die im Ausland leben, können die Eintragung der gemeinsamen Erklärung und die weiteren Formalitäten zum Abschluss des PaCS auch im Ausland erfolgen. Sie werden dann durch Be-amte des Auswärtigen Amtes vorgenommen (Art. 515-3 Abs. 8 C.civ.).
Der Beamte der Geschäftsstelle des Amtsgerichtes oder des Auswärtigen Amtes ist jedoch im Gegensatz zum Standesbeamten bei der Ehe nicht verpflichtet, die PaCS-Partner über ihre Rechte und Pflichten aufzuklären.[961] Die Partner können ein Zeugnis über den Abschluss des PaCS erhalten.[962]

### c. Rechtsfolgen von Begründungsmängeln

#### aa. Verstoß gegen PaCS-Verbote

Bei Verstößen gegen die in Art. 515-2 C.civ. aufgezählten PaCS-Verbote ist der PaCS nichtig (Art. 515-2 C.civ.). Die Nichtigkeit muss – anders als im deutschen Recht – durch Gerichtsurteil (action en nullité) festgestellt werden.[963] Im Ge-

---

[955] Courbe, Droit de la famille, S. 32.
[956] Schreiber, FPR 2001, S. 442; Pillebout, Le PaCS, S. 17.
[957] J.O. v. 24.12.1999, S. 19216.
[958] Schreiber, FPR 2001, S. 442.
[959] Schreiber, FPR 2001, S. 442, 443.
[960] Pillebout, Le PaCS, S. 13.
[961] Mécary, Droit et homosexualité, S. 169.
[962] Art. 4 der Rechtsverordnung (décret) Nr. 99-1089 v. 21.12.1999.
[963] Sonnenberger/Autexier, Einführung in das französische Recht, S. 127.

setzestext ist nicht ausdrücklich festgelegt, ob es sich um absolute oder relative Nichtigkeit handelt. In seiner Entscheidung zum PaCS ist der französische Verfassungsrat jedoch von absoluter Nichtigkeit (nullité absolue) ausgegangen.[964] Bei absoluter Nichtigkeit ist jeder zur Klage befugt, der ein rechtliches Interesse daran hat.[965] Der Anspruch auf Nichtigkeitserklärung im Falle von absoluter Nichtigkeit erlischt nach 30 Jahren.[966]

Bei dem PaCS-Verbot von minderjährigen oder volljährigen Personen, die unter Vormundschaft stehen, ist der PaCS hingegen relativ nichtig (nullité relative).[967] Relative Nichtigkeit kann nur derjenige geltend machen, den das Gesetz schützen will.[968] Außerdem kann relative Nichtigkeit nur fünf Jahre – ab dem Zeitpunkt der Entdeckung des Irrtums – geltend gemacht werden (Art. 1304 Abs. 1 und 2 C.civ.).[969] Wird ein Minderjähriger, der unter Vormundschaft steht, volljährig, so kann er im Nachhinein den PaCS genehmigen. Dies gilt ebenfalls für den Volljährigen, bei dem die Vormundschaft aufgehoben wird.[970]

Das Nichtigkeitsurteil zum PaCS hat rückwirkende Kraft.[971] Ist die Nichtigkeit festgestellt, so haben sich die Partner bereits empfangene Leistungen nach Art. 1376 C.civ. zurückzuerstatten (répétition d'indu). Es kann ebenfalls Schadensersatzansprüche nach Deliktsrecht geben.[972]

Eine Ehe ist ebenfalls absolut nichtig, wenn die Ehegatten dasselbe Geschlecht haben oder nicht das gesetzliche Alter zur Eingehung einer Ehe erreicht haben.[973]

#### bb. Willensmängel

Das Vorliegen von Willensmängeln führt zur relativen Nichtigkeit des PaCS.[974] Dies gilt für die Fälle, dass sich ein Partner in einem Irrtum befindet, er arglistig getäuscht oder bedroht worden ist oder sich ein Partner im Zustand einer Bewusstseinsstörung befindet.[975] Handelt es sich um einen Schein-PaCS in dem Sinne, dass beide Partner sich darüber einig waren, dem Abschluss des PaCS keine Rechtswirkungen beimessen zu wollen, ist der PaCS absolut nichtig.[976]

Waren beide Partner oder nur ein Partner gutgläubig in Bezug auf die Wirksamkeit des PaCS, stellt sich die Frage, ob eine rückwirkende Nichtigkeit des PaCS der

---

964 CC 99-419 DC, v. 9.11.1999, Entscheidungsgrund Nr. 27; Bébabent, S. 258; Mécary, Droit et homosexualité, S. 168; Lemouland, Le Dalloz 1999, Nr. 43, S. 483.

965 Sonnenberger/Autexier, Einführung in das französische Recht, S. 127.

966 Bénabent, Droit civil, La famille, S. 258; Sonnenberger/Autexier, Einführung in das französische Recht, S. 127.

967 Bénabent, Droit civil, La famille, S. 258.

968 Sonnenberger/Autexier, Einführung in das französische Recht, S. 127.

969 Chanteloup/Fauré, Conclure un PaCS, S. 25; Bénabent, Droit civil, La famille, S. 258.

970 Bénabent, Droit civil, La famille, S. 258.

971 Chanteloup/Fauré, Conclure un PaCS, S. 29; Sonnenberger/Autexier, Einführung in das französische Recht, S. 127.

972 Sonnenberger/Autexier, Einführung in das französische Recht, S. 127.

973 Renault-Brahinsky, Droit de la famille, S. 56.

974 Bénabent, S. 258; Cornu, Droit civil, La famille, S. 108.

975 Cornu, Droit civil, La famille, S. 108; Bénabent, S. 258.

976 Chanteloup/Fauré, Conclure un PaCS, S. 25; Bénabent, Droit civil, La famille, S. 259.

Billigkeit entspricht. Da es sich beim PaCS um ein Dauerschuldverhältnis handelt, wird man davon ausgehen können, dass wenn ein Partner oder beide auf den Bestand des PaCS vertraut haben, der PaCS erst in dem Moment der gerichtlichen Nichtigkeitserklärung seine Wirkung verliert.[977]

Eine Ehe wird gerichtlich für nichtig erklärt (annulation), wenn die Voraussetzungen der Art. 180 bis 183 C.civ. vorliegen.[978] Danach besteht nach Art. 180 C.civ. relative Nichtigkeit der Ehe, wenn Willensmängel zum Abschluss der Ehe vorliegen. Wie oben bereits erläutert, berechtigt die arglistige Täuschung bei der Ehe – im Gegensatz zum PaCS – nicht zu einer gerichtlichen Nichtigkeitsfeststellung.[979] Eine Ehe ist absolut nichtig, wenn es an einer Einigung der Partner zur Eingehung der Ehe fehlt (Art. 146 C.civ.). Im französischen Eherecht entfaltet die gerichtlich erklärte Nichtigkeit gemäß Art. 201 Abs. 1 C.civ. keine rückwirkende Kraft, wenn einer oder beide Ehegatten gutgläubig waren.

#### cc. Inhaltliche Fehler des PaCS

Widerspricht der PaCS-Vertrag inhaltlich den oben beschriebenen Mindestvoraussetzungen, weil beispielsweise der Gegenstand oder die Causa des PaCS-Vertrages rechtswidrig sind, oder liegt ein Verstoß gegen den „ordre public" vor, so ist der PaCS-Vertrag ebenfalls absolut nichtig.[980] Diese absolute Nichtigkeit muss allerdings nicht gerichtlich festgestellt werden.[981]

Ist nur eine Klausel des Vertrages nichtig, so soll dadurch nicht der gesamte PaCS-Vertrag nichtig sein, sondern nur die rechtswidrige Klausel, es sei denn, diese Klausel beträfe die Causa für den Abschluss des Vertrages.[982]

#### dd. Rechtsfolgen von formellen Mängeln

Fehlt es an dem Abschluss eines PaCS-Vertrages und an der Erklärung über den Abschluss des PaCS-Vertrages bei der Geschäftsstelle des Amtsgerichts, kommt der PaCS gar nicht erst wirksam zu Stande. Dies gilt ebenfalls für die Ehe, falls der Standesbeamte für die Eheschließung unzuständig war.[983]

### d. Nachträgliche Veränderungen des PaCS-Vertrages

Der ursprüngliche PaCS-Vertrag kann noch nachträglich verändert werden. In diesem Fall müssen die Partner über die Änderungen des PaCS-Vertrags eine ge-

---

977 Chanteloup/Fauré, Conclure un PaCS, S. 30.

978 Renault-Brahinsky, Droit de la famille, S. 54.

979 Bénabent, Droit civil, La famille, S. 258.

980 Chanteloup/Fauré, Conclure un PaCS, S. 29; Bénabent, Droit civil, La famille, S. 259.

981 Bénabent, Droit civil, La famille, S. 259.

982 Bénabent, Droit civil, La famille, S. 259. Nach Ansicht des französischen Verfassungsrats in CC 99-419 DC, v. 9.11.1999, Entscheidungsgrund Nr. 70, ist z.B. eine Klausel nichtig, die einen Schadensersatzanspruch in Verbindung mit der Auflösung des PaCS ausschließt. Diese Nichtigkeit der Klausel soll sich jedoch nicht auf den gesamten PaCS-Vertrag auswirken. Die Nichtigkeit bezieht sich nur auf die einzelne Klausel. Bénabent hat diese Lösung auf andere nichtige Klauseln erweitert (Bénabent, S. 259).

983 Bénabent, Droit civil, La famille, S. 65.

meinsame Erklärung bei der Geschäftsstelle des Amtsgerichts abgeben, die den ursprünglichen PaCS-Vertrag erhalten hat (Art. 515-3 C.civ.).[984]
Darüber hinaus müssen sie den abgeänderten Vertrag in zweifacher Ausfertigung bei der Geschäftsstelle des Amtsgerichts einreichen. Dieser neue Vertrag ersetzt den ursprünglichen Vertrag.[985] Der Beamte versieht die beiden Vertragsausfertigungen wieder mit einem Sichtvermerk und dem Datum und gibt sie den Parteien zurück.[986] Daraufhin trägt der Beamte der Geschäftsstelle die neue Erklärung in das Register ein, in dem der PaCS ursprünglich eingetragen wurde.[987] Dann weist er wieder den Beamten der Geschäftsstelle des Amtsgerichts des Geburtsortes an, die neue Erklärung in ein dafür vorgesehenes Register einzutragen.[988]

**e. Vertraulicher Charakter des PaCS-Registers**

Der Conseil Constitutionnel hat bestimmt, dass die Regierungsverordnungen zum PaCS, die bezüglich der Einsichtsmöglichkeit des PaCS-Registers erlassen werden, sowohl das Recht auf Privatsphäre der PaCS-Partner als auch die Rechte Dritter, denen gegenüber der PaCS Wirkung entfaltet, schützen muss.[989]
Das Justizministerium hat deswegen in seiner Verordnung vom 10. November 1999 bestimmt, dass das PaCS-Register nicht öffentlich zugänglich sein soll.[990] Nur das Finanz- und das Sozialamt sollen Zugang zum PaCS-Register haben.[991] Beiden Ämtern wird allerdings gemäß Art. 5 der Durchführungsverordnung Nr. 99-1090 nur Einsicht in das PaCS-Register gewährt, wenn ganz präzise Gründe das Einsichtsbedürfnis rechtfertigen.[992] Außerdem erhalten sie nur die Information über das Bestehen des PaCS, nicht jedoch über dessen Inhalt.[993] Dies hängt auch damit zusammen, dass die beiden Ausfertigungen des PaCS-Vertrages nach Registrierung des PaCS an die Partner zurückgegeben werden, sodass sich die Information über den Inhalt des PaCS gar nicht mehr bei der Geschäftsstelle des Amtsgerichts befindet.[994] Die Geheimhaltung des PaCS wird auch in der Durchführungsverordnung Nr. 99-1091 angeordnet.[995] Durch die Rechtsverordnung Nr. 99-1090 vom 21. Dezember 1999 haben zwar z.B. auch Gläubiger nach Art. 5 Abs. 2 Nr. 1 die Möglichkeit, das Datum des Abschlusses des PaCS zu erfragen, ihnen darf allerdings der Name und das Geburtsdatum des anderen PaCS-Partners nicht mitgeteilt werden.

---

984 Lemouland, Le Dalloz 1999, Nr. 43, S. 483; Pillebout, Le PaCS, S. 77.
985 Chanteloup/Fauré, Conclure un PaCS, S. 50.
986 Mécary, Droit et homosexualité, S. 169.
987 Chanteloup/Fauré, Conclure un PaCS, S. 51.
988 Chanteloup/Fauré, Conclure un PaCS, S. 51.
989 Bénabent, Droit civil, La famille, S. 263.
990 Ministerialrunderlass zum PaCS v. 10.11.1999, abgedruckt in: JCP éd. G 1999, Nr. 48, III - 20182, S. 2165.
991 Ministerialrunderlass zum PaCS v. 10.11.1999, abgedruckt in: JCP éd. G 1999, Nr. 48, III - 20182, S. 2165; Mécary, Droit et homosexualité, S. 170.
992 Art. 5 der Rechtsverordnung Nr. 99-1090 v. 21.12.1999 zum PaCS.
993 Bénabent, Droit civil, La famille, S. 263.
994 Lemouland, Le Dalloz 1999, Nr. 43, S. 483.
995 Rechtsverordnung Nr. 99-1091 v. 21.12.1999: J.O. v. 24.12.1999, S. 19219.

Aus Gründen der Diskretion wird der Abschluss des PaCS auch nicht – wie bei der Ehe – auf der Geburtsurkunde vermerkt, sondern in einem Register am jeweiligen Geburtsort der Partner eingetragen. Somit können Dritte nicht anhand der Geburtsurkunde erkennen, dass die Person einen PaCS abgeschlossen hat.[996]
Diese Diskretion des PaCS verhindert aber, dass die Vereinbarungen, die von den PaCS-Partnern getroffen worden sind, Dritten gegenüber wirksam werden.[997] Zwar wird in Art. 515-3 Abs. 6 C.civ. bestimmt, dass durch die Eintragung in dem Register bei der Geschäftsstelle des Amtsgerichts der PaCS Dritten gegenüber wirksam wird, hier kann jedoch nur das Bestehen eines PaCS gemeint sein, nicht hingegen dessen Inhalt. Vertragliche Regelungen werden Dritten gegenüber nur wirksam, wenn der Vertrag veröffentlicht wurde und Dritte die Einsichtsmöglichkeit haben.[998] Da es jedoch gerade keine Veröffentlichung des PaCS-Vertrages gibt, hat dies z.B. zur Konsequenz, dass die Partner im PaCS-Vertrag die gesamtschuldnerische Haftung nicht mit Wirkung gegenüber Dritten einschränken können.
Im Gegensatz dazu wird bei der Ehe sehr viel Wert auf die Publizität der Ehe gelegt. Nach Art. 63 C.civ. wird vor der Eheschließung ein Aufgebot bestellt und damit Ort und Zeit der Hochzeit bekannt gegeben (Art. 166 C.civ.).[999] Dadurch wird Dritten die Möglichkeit gegeben, Einwände gegen die Ehe vorzubringen.[1000]
Mangels der Pflicht beim PaCS, ein solches Aufgebot zu bestellen, besteht für Dritte keine Möglichkeit, sich dem Abschluss eines PaCS zu widersetzen.[1001]

#### f. Zeitpunkt des Wirksamwerdens des PaCS

Umstritten ist, zu welchem Zeitpunkt der PaCS wirksam wird. Während der PaCS-Vertrag nach überwiegender Meinung mit Eintragung bei der Geschäftsstelle des Amtsgerichts wirksam wird[1002], soll nach anderer Ansicht der Moment des Vertragsschlusses maßgeblich sein.[1003] Ersteres ist aus Rechtssicherheitsgründen anzunehmen.

### 3. Personenrechtliche Folgen des Abschlusses eines PaCS

Der Abschluss eines PaCS hat personenrechtliche Folgen für die PaCS-Partner.

#### a. Lebensgemeinschaft

Nach Art. 515-1 C.civ. schließen zwei Partner einen PaCS-Vertrag ab, um ihr gemeinsames Leben zu organisieren. Im Gesetz über den PaCS wird der Begriff des „gemeinsamen Lebens" nicht genauer präzisiert. Nach dem Gesetzestext bezieht sich die „Organisation des gemeinsamen Lebens" lediglich auf den Gegenstand des

---

[996] Savouré, Dr. et patrimoine 2000, Nr. 81, S. 58, 60; Bénabent, Droit civil, La famille, S. 262.
[997] Beignier/Combret/Fouquet, Dr. famille 2000, chron., Nr. 4, S. 7, 9.
[998] Beignier/Combret/Fouquet, Dr. famille 2000, chron., Nr. 4, S. 7, 9.
[999] Courbe, Droit de la famille, S. 51.
[1000] Renault-Brahinsky, Droit de la famille, S. 47.
[1001] Mécary, Droit et homosexualité, S. 169.
[1002] Hauser, Défrénois 2001, S. 673, 677; Chanteloup/Fauré, Conclure un PaCS, S. 90.
[1003] Renault-Brahinsky, Droit de la famille, S. 34; Lemouland, Le Dalloz 1999, Nr. 43, S. 483.

PaCS-Vertrages.[1004] In Art. 515-3 C.civ. ist von einem gemeinsamem Aufenthaltsort und in Art. 515-4 C.civ. von einer gemeinsamen Wohnung die Rede, was auf eine Pflicht der PaCS-Partner zum Zusammenwohnen hindeutet.[1005]
Der französische Verfassungsrat hat in seiner Entscheidung vom 9. November 1999 näher ausgeführt, dass sich das Erfordernis des gemeinsamen Lebens nicht in einer Interessengemeinschaft erschöpft, sondern dass es auch ein Zusammenwohnen der Partner beinhaltet.[1006] Die Pflicht zum gemeinsamen Leben beim PaCS habe verpflichtenden Charakter,[1007] was bewirke, dass Vertragsklauseln nichtig sind, die ein gemeinsames Leben ausschließen.[1008] Gleichwohl beinhaltet diese Verpflichtung der PaCS-Partner zum gemeinsamen Wohnen durch den Conseil Constitionnel auch das Recht, einen unterschiedlichen Wohnort zu haben, wie dies nach Art. 108 C.civ. auch im Eherecht der Fall ist.[1009]
Bei Ehegatten besteht gemäß Art. 215 C.civ. ebenfalls eine gegenseitige Verpflichtung zur Lebensgemeinschaft.[1010] Art. 215 C.civ. wird in der Weise interpretiert, dass er eine Pflicht der Partner zu gemeinsamem Wohnen unter demselben Dach beinhaltet.[1011] Eheleute sind auch zur Führung eines gemeinsamen Haushaltes verpflichtet.[1012]
Unklar ist, ob zwischen den Partnern eines PaCS auch eine Pflicht zu einer Geschlechtsgemeinschaft besteht. Der französische Verfassungsrat geht in seiner Entscheidung zum PaCS zwar von der Voraussetzung einer Paarbeziehung zwischen den PaCS-Partnern (vie de couple) aus.[1013] Ohne eine Paarbeziehung – sprich eine sexuelle Beziehung zwischen den Partnern – seien die PaCS-Verbote zwischen nahen Verwandten und zwischen Personen, die bereits verheiratet sind, nicht zu rechtfertigen.[1014] Es müsse jedoch nicht zwangsläufig eine sexuelle Beziehung zwischen den Partnern bestehen.[1015]
Auch nach Ansicht der Literatur ist dem PaCS – anders als der Ehe – keine Pflicht der PaCS-Partner zur Geschlechtsgemeinschaft zu entnehmen, denn bei der Ehe wird die Pflicht zur Geschlechtsgemeinschaft traditionell damit begründet, dass die Ehegatten eine Familie gründen wollen.[1016] Dies rechtfertigt auch, dass die Ver-

---

1004 Chanteloup/Fauré, Conclure un PaCS, S. 54.
1005 Mécary, Droit et homosexualité, S. 172.
1006 CC 99-419 DC, v. 9.11.1999, Entscheidungsgrund Nr. 26; Chanteloup/Fauré, Conclure un PaCS, S. 53; Piastra, Le Dalloz 2000, Nr. 13, S. 203, 206; de Belot, Revue Administrer 2000, Nr. 323, S. 1119.
1007 CC 99-419 DC, v. 9.11.1999, Entscheidungsgrund Nr. 28; Renault-Brahinsky, Droit de la famille, S. 59; Mécary, Droit et homosexualité, S. 172; Bénabent, Droit civil, La famille, 267.
1008 CC 99-419 DC, v. 9.11.1999, Entscheidungsgrund Nr. 28.
1009 Mécary/Leroy-Forgeot, Le PaCS, S. 59.
1010 Chanteloup/Fauré, Conclure un PaCS, S. 55.
1011 Bénabent, Droit civil, La famille, S. 93.
1012 Renault-Brahinsky, Droit de la famille, S. 60.
1013 CC 99-419 DC, v. 9.11.1999, Entscheidungsgrund Nr. 26; Hauser, DEuFamR 2000, S. 29.
1014 CC 99-419 DC, v. 9.11.1999, Entscheidungsgrund Nr. 26; de Belot, Revue Administrer 2000, Nr. 323, S. 11, 19; Piastra, Le Dalloz 2000, Nr. 13, S. 203, 206.
1015 CC 99-419 DC, v. 9.11.1999, Entscheidungsgrund Nr. 54.
1016 Renault-Brahinsky, Droit de la famille, S. 42; Bénabent, Droit civil, La famille, S. 93.

weigerung zur Geschlechtsgemeinschaft eines Partners bei der Ehe einen Rechtsfertigungsgrund für eine Scheidung wegen Verschuldens darstellt[1017], Gütertrennung bewirken und zu Schadensersatzansprüchen führen kann.[1018] Da ein PaCS jedoch sowohl von einem hetero- als auch von einem homosexuellen Paar abgeschlossen werden kann, ist Ziel des PaCS nicht die Fortpflanzung, sondern die gegenseitige Solidarität der Partner untereinander. Außerdem wird die Pflicht zur Sexualgemeinschaft mit dem Argument verneint, diese sei bei der Ehe unmittelbare Folge der Treuepflicht aus Art. 212, 1. Fall C.civ.[1019] Da zwischen den PaCS-Partnern jedoch keine Treuepflicht bestehe, könne auch keine Pflicht zur Sexualgemeinschaft existieren.[1020]
Überdies wird auch in dem Rapport von Jean-Pierre Michel, der das Gesetz zum PaCS mit ausgearbeitet hat, ausgeführt, dass es sich beim PaCS um ein Institut handelt, bei dem das Bestehen und die Art der sexuellen Beziehung der abschließenden Partner keine Bedeutung haben soll.[1021] Aus diesem Grund besteht keine Pflicht der PaCS-Partner zur Geschlechtsgemeinschaft. Ein PaCS kann auch von Freunden oder Mitbewohnern abgeschlossen werden.[1022]

**b. Beistandspflicht**

Eine ausdrückliche Beistandspflicht (devoir d'assistance) ist weder im Gesetz zum PaCS enthalten noch spricht der Conseil constitutionnel in seiner Entscheidung zum PaCS eine Beistandspflicht an.[1023]
Fraglich ist, ob man Art. 515-4 Abs. 1 C.civ., nach dem eine Pflicht zur gegenseitigen und materiellen Unterstützung besteht, in der Weise auslegen kann, dass diese Pflicht auch eine Verpflichtung enthält, den anderen Partner moralisch und seelisch zu unterstützen.
Einerseits wird die Ansicht vertreten, dass die Pflicht zur gegenseitigen und materiellen Unterstützung nichts mit der Beistandspflicht des Art. 212, 3. Variante C.civ. gemeinsam habe. Es handele sich um eine rein finanzielle Unterstützungspflicht ohne moralische oder spirituelle Dimension.[1024] Dies ergebe sich daraus, dass der Gesetzgeber den PaCS als einen schuldrechtlichen Vertrag und nicht als

[1017] Bénabent, Droit civil, La famille, S. 93.
[1018] Ferid/Sonnenberger, FrZR Bd. 3, Rn. 4 B 114; Renault-Brahinsky, Droit de la famille, S. 60.
[1019] Bénabent, Droit civil, La famille, S. 97.
[1020] Vivier, Le PaCS, S. 34; Mécary/Leroy-Forgeot, Le PaCS, S. 42; Chanteloup/Fauré, Conclure un PaCS, S. 62; Bénabent, Droit civil, La famille, S. 266; a.A. Villa-Nys, Dr. et patrimoine 2000, Nr. 85, S. 88, 98.
[1021] Bericht Nr. 1097 v. Jean-Pierre Michel, vorgelegt bei der Ass. Nat. am 23.9.1998.
[1022] Mécary, Droit et homosexualité, S. 166.
[1023] Drago, Dr. famille 1999, Nr. hors-série, S. 46, 48; Chanteloup/Fauré, Conclure un PaCS, S. 60.
[1024] Lemouland, Le Dalloz 1999, Nr. 43, S. 483, 484; Cornu, Droit civil, La famille, S. 108; Beignier, in: Jestaz (Hrsg.), Regards civilistes sur la loi du 15. Novembre 1999 relative au concubinage et au PaCS, 65 69; ders. in: Dr. famille 1999, Nr. hors série, S. 31, 35; Catala, Dr. famille 1999, Nr. hors série, S. 63, 64; Savouré, Dr. et patrimoine 2000, Nr. 81, S. 58, 59; Mécary, Droit et homosexualité, S. 172; Bénabent, Droit civil, La famille, S. 266; Drago, Dr. famille 1999, Nr. hors série, S. 46, 48; Mécary/Leroy-Forgeot, Le PaCS, S. 45.

ein familienrechtliches Institut ausgestaltet habe.[1025] Außerdem habe der Gesetzgeber die Möglichkeit gehabt, eine moralische Unterstützungspflicht gesetzlich zu regeln, worauf er aber verzichtet habe.[1026] Auch der Conseil constitutionnel habe in seiner Entscheidung[1027] zum Ausdruck gebracht, dass die Regelungen des allgemeinen Vertragsrechts Anwendung finden, was darauf schließen lasse, dass das Gesetz zum PaCS den Partnern keine Beistandspflichten auferlegen möchte, sondern die Beziehung der Partner vielmehr auf eine vertragliche beschränken möchte.[1028]
Nach dieser Auffassung haben die Partner eines PaCS keine Verpflichtung, einander beizustehen und sich gegenseitig moralisch zu unterstützen – wie es in einigen Gesetzentwürfen vorgeschlagen wurde.[1029] Eine gewisse Beistandspflicht zwischen den Partnern resultiere jedoch daraus, dass es sich beim PaCS um einen gegenseitigen Vertrag handele und die Vertragspflichten somit gemäß Art. 1134 Abs. 2 C.civ. nach Treu und Glauben erfüllt werden müssten.[1030]
Anderer Ansicht nach muss die Verpflichtung aus Art. 515-4 C.civ. in zwei Pflichten unterteilt werden, d.h. in eine Pflicht zur gegenseitigen Unterstützung (aide mutuelle) im Sinne eine Beistandspflicht und in eine finanzielle Unterhaltspflicht (aide materielle).[1031] Die Pflicht zur gegenseitigen Unterstützung beim PaCS stimme genau mit der persönlichen Unterstützungspflicht und moralischen Beistandspflicht bei Ehegatten in Art. 212, 1. und 3. Fall C.civ. überein.[1032]
Wenn die Partner durch den PaCS beschließen, ein gemeinsames Leben zu führen und zusammenzuwohnen, ergebe sich daraus bereits eine Beistandspflicht in moralischer und psychologischer Hinsicht.[1033] Außerdem könne eine materielle Unterstützungspflicht nicht von einer moralischen Unterstützungspflicht getrennt werden.[1034] Vergleiche man das Zusammenleben von PaCS-Partnern und Eheleuten, ergäben sich überdies dieselben Probleme und Schwierigkeiten, die diese zu meistern hätten.[1035] Deswegen bestehe eine Beistandspflicht der PaCS-Partner untereinander.

---

[1025] CC 99-419 DC, v. 9.11.1999, Entscheidungsgrund Nr. 28 und 29; Drago, Dr. famille 1999, Nr. hors série, S. 46, 48.
[1026] Drago, Dr. famille 1999, Nr. Hors série, S. 46, 48.
[1027] CC 99-419 DC, v. 9.11.1999, Entscheidungsgrund Nr. 28 und 29.
[1028] Drago, Dr. famille 1999, Nr. hors série, S. 46, 48.
[1029] In dem Gesetzesentwurf zum Partenariat civil, zum CUS und zum CUCS, siehe unter 1. Teil, § 4, II.; Mécary, Droit et homosexualité, S. 172; Bénabent, Droit civil, La famille, S. 266; Beignier, Dr. famille 1999, Nr. hors série, S. 31, 35; Catala, Dr. famille 1999, Nr. hors série, S. 63, 64.
[1030] Renault, Brahinsky, S. 34; Bénabent, Droit civil, La famille, S. 266.
[1031] Hauser, JCP éd. N 2000, Nr. 9, S. 411, 412; Vivier, Le PaCS, S. 34; Chanteloup/Fauré, Conclure un PaCS, S. 60.
[1032] Chanteloup/Fauré, Conclure un PaCS, S. 60; Jamin/Revet, RTD civ. 2000, S. 171, 178.
[1033] Jamin/Revet, RTD civ. 2000, Nr. 1, S. 173, 178; Chanteloup/Fauré, Conclure un PaCS, S. 60.
[1034] Chanteloup/Fauré, Conclure un PaCS, S. 60.
[1035] Chanteloup/Fauré, Conclure un PaCS, S. 60.

Es ist der Meinung zu folgen, die eine Beistandspflicht auch unter PaCS-Partnern befürwortet.
Zunächst spricht die Benennung des Vertrages als zivilrechtlicher Solidarpakt für eine Solidarität der PaCS-Partner untereinander und somit für eine Beistandspflicht auch bei PaCS-Partnern. Ferner heißt es in Art. 515-4 Abs. 1 C.civ., die Partner schulden „einander" eine „gegenseitige" und materielle Unterstützungspflicht. Die materielle Unterstützungspflicht ist aber schon vom Sinn und Zweck sowie vom Wortlaut her gegenseitig („schulden einander"), deswegen ist es überflüssig, diese materielle Unterstützungspflicht auch noch ausdrücklich als „gegenseitig" zu bezeichnen. Daraus lässt sich nur der Schluss ziehen, dass der Gesetzgeber mehr als eine rein materielle Unterstützungspflicht gemeint hat.
Außerdem kann trotz des vertraglichen Charakters des PaCS nicht negiert werden, dass der Inhalt des PaCS-Vertrages einen ganz persönlichen Lebensbereich der abschließenden Parteien betrifft: Das gemeinsame Leben der Partner. Wenn diese beiden Personen sich vertraglich verpflichten, ein gemeinsames Leben zu führen und sich gegenseitig finanziell zu unterstützen und größtenteils sogar eine sexuelle Beziehung zwischen den Partnern besteht – wovon selbst der Conseil constitutionnel ausgeht[1036] –, dann ist die Vorstellung unmöglich, dass die Partner eine rein finanzielle und vertragliche Beziehung haben sollen, der jegliche moralische und seelische Beistandspflicht fehlt.
Ausgestaltet ist die Beistandspflicht der PaCS-Partner derart, dass sie die Pflicht eines Partners umfasst, den anderen zu pflegen, wenn dieser krank, alt oder gebrechlich ist. Er muss dem anderen beistehen im Unglück, in Krisenzeiten und im Fall von Schicksalsschlägen.[1037] Weiterhin ist in der gegenseitigen Unterstützungspflicht auch die Mithilfe im Haushalt und die Verwaltung des gemeinsamen Vermögens enthalten.[1038] Kommt ein Partner seiner Beistandspflicht nicht nach, indem er beispielsweise bei einem Überfall keine Hilfe leistet, sind auch Schadensersatzansprüche des anderen Partners wegen Vertragsverletzung gemäß Art. 1146 ff. C.civ. denkbar.[1039]

#### c. Name

Der Familienname ändert sich durch Abschluss eines PaCS nicht.[1040] Bei Ehegatten besteht hingegen der Brauch (la coutume), dass die Ehefrau den Namen des Mannes annimmt.[1041]

#### d. Der PaCS und Sorgerecht für Kinder

PaCS-Partnern ist es nicht erlaubt, ein Kind zu adoptieren.[1042] Von Art. 343 und 343-1 C.civ., die die Voraussetzungen für die Adoption eines Kindes regeln,

---

[1036] CC 99-419 DC, v. 9.11.1999, Entscheidungsgrund Nr. 26.
[1037] Chanteloup/Fauré, Conclure un PaCS, S. 60; Vivier, Le PaCS, S. 35.
[1038] Vivier, Le PaCS, S. 35; Chanteloup/Fauré, Conclure un PaCS, S. 60.
[1039] Chanteloup/Fauré, Conclure un PaCS, S. 60.
[1040] Mécary, Droit et homosexualité, S. 172.
[1041] Cornu, Droit civil, La famille, S. 49; Renault-Brahinsky, Droit de la famille, S. 7.

werden PaCS-Partner nicht erfasst. Es ist homosexuellen PaCS-Partnern ebenfalls nicht gestattet, eine künstliche Befruchtung vorzunehmen.[1043] Heterosexuellen PaCS-Partnern steht eine künstliche Fortpflanzung allerdings offen.[1044] Anders als bei der Ehe gemäß Art. 312 C.civ. gibt es beim PaCS auch keine Vaterschaftsvermutung für Kinder, die während des Bestehens des PaCS geboren wurden.[1045] Der PaCS hat ebenfalls keine Auswirkungen auf das Kindschaftsrecht oder das Sorgerecht.[1046] Einem PaCS-Partner, der mit einem allein sorgeberechtigten Elternteil zusammenwohnt, erhält somit keine sorgerechtlichen Befugnisse. Darüber hinaus werden PaCS-Partnern keine familiären Verpflichtungen auferlegt.[1047] Bei der Ehe ist indessen die Leitung einer Familie und das Aufziehen von Kindern nach Art. 213 C.civ. ein Hauptziel der Ehe.[1048]

#### e. Verwandtschaftsverhältnis

Im Gegensatz zur Ehe ergeben sich durch den Abschluss eines PaCS keinerlei Änderungen für das Verwandtschaftsverhältnis zwischen den Partnern und deren Angehörigen.[1049] Aus diesem Grund wird die Eintragung des PaCS nicht beim Standesamt vorgenommen, sondern sie erfolgt in ein eigenständiges Register.[1050] Bei Eingehung einer Ehe hingegen entsteht eine Schwägerschaft zwischen den Ehegatten und der Familie des anderen Ehegatten.[1051]

#### f. Ausländer- und Staatsangehörigkeitsrecht

Der PaCS hat zwar keine Auswirkungen auf die Staatsangehörigkeit der Partner.[1052] Der Abschluss eines PaCS wird aber bei der Beurteilung der persönlichen Verbindung berücksichtigt, die erforderlich ist, um als Ausländer eine Aufenthaltsgenehmigung zu erhalten (Art. 12 des PaCS-G).[1053]
Durch Eheschließung ändert sich die Nationalität der Ehegatten ebenfalls nicht (Art. 21-1 C.civ.[1054] Ein ausländischer Ehegatte kann jedoch auf Antrag nach Ab-

---

[1042] Murat, Dr. famille 2000, chron., Nr. 4, S. 4, 5; Saint Amand-Hasani, Dr. et patrimoine 2000, Nr. 81, S. 63; Vivier, Le PaCS, S. 65; Pillebout, Le PaCS, S, 26.
[1043] CC 99-419 DC, v. 9.11.1999, Entscheidungsgrund Nr. 29; Piastra, Le Dalloz 2000, Nr. 13, S. 203, 207.
[1044] Piastra, Le Dalloz 2000, Nr. 13, S. 203, 207.
[1045] Vivier, Le PaCS, S. 83; Bénabent, Droit civil, La famille, S. 267.
[1046] CC 99-419 DC, v. 9.11.1999, Entscheidungsgrund Nr. 29; Drago, Dr. famille 1999, hors série, S. 46, 48; Vivier, Le PaCS, S. 83; Saint Amand-Hasani, Dr. et patrimoine 2000, S. 63.
[1047] Chanteloup/Fauré, Conclure un PaCS, S. 65.
[1048] Cornu, Droit civil, La famille, S. 61.
[1049] CC 99-419 DC, v. 9.11.1999, Entscheidungsgrund Nr. 29; Courbe, Droit de la famille, S. 243; Bénabent, Droit civil, La famille, S. 266.
[1050] Mécary, Droit et homosexualité, S. 169.
[1051] Renault-Brahinsky, Droit de la famille, S. 7.
[1052] Bénabent, Droit civil, La famille, S. 266; Fulchiron, Dr. famille 1999, Nr. hors série, S. 44, 45; Pillebout, Le PaCS, S. 26.
[1053] Fulchiron, Dr. famille 1999, Nr. hors série, S. 44. 45.
[1054] Cornu, Droit civil, La famille, S. 48.

lauf eines Ehejahres die französische Staatsangehörigkeit erlangen.[1055] Dies gilt allerdings nicht für einen PaCS-Partner.

### 4. Vermögensrechtliche Folgen des Abschlusses eines PaCS

Wie sich bereits dem Namen „zivilrechtlicher Solidaritätspakt" entnehmen lässt, begründet der Abschluss des PaCS eine rechtliche Solidarität zwischen den PaCS-Partnern, die in einer Pflicht der Partner zur gegenseitigen finanziellen Unterstützung, aber auch in einer gesamtschuldnerischen Haftung der Partner für Schulden, die einer von ihnen zur Deckung des Lebensbedarfs und der gemeinsamen Wohnung eingegangen ist, zum Ausdruck kommt.[1056]

#### a. Die Pflicht zu gegenseitiger materieller Unterstützung

Die Partner eines PaCS sind einander nach Art. 515-4 Abs. 1 C.civ. zu gegenseitiger materieller Unterstützung verpflichtet.[1057] Die Einzelheiten dieser Unterstützungspflicht werden von den Vertragschließenden selbst bestimmt (Art. 515-4 Abs. 1 S. 2 C.civ.).[1058] Es bleibt somit grundsätzlich den Partnern überlassen, in welcher Höhe sie die materielle Unterstützung im PaCS-Vertrag festlegen.[1059] Sie können beispielsweise vereinbaren, dass die materielle Unterstützungspflicht nicht mit einem Geldbetrag, sondern durch Mithilfe im Haushalt erfolgen soll.[1060] Die Vereinbarungen müssen sich allerdings im Bereich des Art. 6 des Code Civil halten, d.h. sie dürfen nicht im Widerspruch zum Allgemeininteresse (ordre public) und zu den guten Sitten stehen.[1061] Nach Ansicht des französischen Verfassungsrates können die Partner eines PaCS die Pflicht zur gegenseitigen materiellen Unterstützung auch nicht komplett ausschließen, denn außer Art. 515-5 Abs. 1 und 2 C.civ. sollen alle anderen Bestimmungen des Art. 1 des Gesetzes zum PaCS zwingenden Charakter haben.[1062]

Ehegatten steht es ebenfalls frei, die Modalitäten der Beteiligung an den Kosten der Ehe im Ehevertrag festzulegen (Art. 214 Abs. 1 C.civ.).[1063]

Haben die Partner im PaCS-Vertrag keine konkrete Vereinbarung über die Art und Weise der materiellen Unterstützung zwischen ihnen getroffen, hat der französische Verfassungsrat bestimmt, dass der Richter im Falle eines Rechtsstreits die Modalitäten dieser Unterstützungspflicht entsprechend den Verhältnissen der PaCS-Partner festlegt.[1064] Die Unterstützungspflicht unter den Partnern unterschei-

---

[1055] Renault-Brahinsky, Droit de la famille, S. 59; Bénabent, Droit civil, La famille, S. 266; Cornu, Droit civil, La famille, S. 48.

[1056] Catala, Dr. famille 1999, Nr. hors série, S. 63, 64; Cornu, Droit civil, La famille, S. 108.

[1057] Courbe, Droit de la famille, S. 243; Chanteloup/Fauré, Conclure un PaCS, S. 69; Schreiber, FPR 2001, S. 442, 443.

[1058] Hauser, DEuFamR 2000, S. 29, 30; Lemouland, Le Dalloz 1999, Nr. 43, S. 483, 484.

[1059] Hauser, JCP éd. N 2000, Nr. 9, S. 411, 412; Vassaux/Vauvillé, RJPF 2000, Nr. 5, S. 6, 8.

[1060] Renault-Brahinsky, Droit de la famille, S. 63; Bénabent, Droit civil, La famille, S. 268; Courbe, Droit de la famille, S. 91; Vivier, Le PaCS, S. 61; Cornu, Droit civil, La famille, S. 108.

[1061] Vassaux/Vauvillé, RJPF 2000, Nr. 5, S. 6, 8; Chanteloup/Fauré, Conclure un PaCS, S. 70.

[1062] Piastra, Le Dalloz 2000, Nr. 13, S. 203, 207.

[1063] Catala, Dr. famille 1999, Nr. hors série, S. 63, 64.

[1064] CC 99-419 DC, v. 9.11.1999, Entscheidungsgrund Nr. 31 a.E.

det die PaCS-Partner von einer „nichtehelichen Lebensgemeinschaft“, und sie rechtfertigt die steuerrechtlichen Vorteile, die PaCS-Partnern zugebilligt werden.[1065] Der Staat hat ein Interesse daran, dass die Bürger von nahestehenden Menschen unterstützt werden, damit sie nicht auf die Hilfe des Staates in Form von Sozialhilfe angewiesen sind.[1066]
Insgesamt ist jedoch festzustellen, dass die Verpflichtung zur gegenseitigen Unterstützung beim PaCS ein recht geringes Gewicht hat, da ein PaCS-Partner, wenn er die Pflicht zur materiellen Unterstützung umgehen möchte, relativ einfach den PaCS-Vertrag auflösen kann; denn nach Art. 515-7 C.civ. ist eine einseitige und ermessensfreie Auflösung des PaCS jederzeit nach Ablauf einer kurzen Kündigungsfrist möglich, während sich ein Ehegatte nur durch ein kompliziertes Scheidungsverfahren vom Eheband lösen kann.[1067]

**b. Gesamtschuldnerische Haftung für Schulden des täglichen Lebens und der gemeinsamen Wohnung**

Nach Art. 515-4 Abs. 2 C.civ. sind die Partner eines PaCS verpflichtet, für Schulden, die ein Partner zur Deckung der Bedürfnisse des täglichen Lebensbedarfs und der gemeinsamen Wohnung eingegangen ist, solidarisch einzustehen.[1068] Diese gesamtschuldnerische Haftung führt dazu, dass ein Gläubiger zur Befriedigung seines Anspruches nicht nur auf das Vermögen seines Vertragspartners, sondern auch auf das von dessen PaCS-Partner zurückgreifen kann.[1069]
Eine Einstandspflicht eines Partners für Schulden, die von dem anderen eingegangen worden sind, findet sich auch im Eherecht in Art. 220 Abs. 1 C.civ.[1070]. Art. 515-4 Abs. 2 C.civ. und Art. 220 Abs. 1 C.civ. betreffen jedoch ihrem Wortlaut nach nicht dieselbe Solidarität.[1071] Beim Eherecht bezieht sich die Einstandspflicht auf Schulden, die für die Führung des gemeinsamen Haushalts oder für die Erziehung der Kinder eingegangen wurden.[1072] Beim PaCS hingegen werden ausschließlich Schulden für den täglichen Lebensbedarf und für die gemeinsame Wohnung erfasst.

---

[1065] CC 99-419 DC, v. 9.11.1999, Entscheidungsgrund Nr. 43; Bénabent, Droit civil, La famille, S. 268.
[1066] Bénabent, Droit civil, La famille, S. 268.
[1067] Vassaux/Vauville, RJPF 2000, Nr. 5, S. 6, 8; Belot, Revue Administrer 2000, Nr. 323, S. 11, 21; Pillebout, Le PaCS, S. 21; Catala, Dr. famille 1999, Nr. hors série, S. 63, 64.
[1068] Hübner/Constantinsco, S. 211; Bénabent, Droit civil, La famille, S. 269; Schreiber, FPR 2001, S. 442, 443.
[1069] Chanteloup/Fauré, Conclure un PaCS, S. 78; Borillo, AJP/PJA 2001, S. 299, 304.
[1070] Ferrand, in: Henrich (Hrsg.), Eheliche Gemeinschaft, Partnerschaft und Vermögen im europäischen Vergleich, S. 73.
[1071] Beignier/Combret/Fouquet, Dr. famille 2000, chron., Nr. 4, S. 7, 9.
[1072] Alleaume, D. 2000, chron., S. 450, 451; Chanteloup/Fauré, Conclure un PaCS, S. 78; Ferrand, in: Henrich (Hrsg.), Eheliche Gemeinschaft, Partnerschaft und Vermögen im europäischen Vergleich, S. 73, 78.

Art. 515-4 Abs. 2 C.civ. überlässt es im Gegensatz zu Art. 515-4 Abs. 1 C.civ. nicht den Partnern, den Umfang der Haftung festzulegen. Es handelt sich um eine gesetzliche Verpflichtung, die nicht zur Disposition der Partner steht.[1073]

**aa. Schulden für den täglichen Lebensbedarf**

Welche Schulden unter den Begriff der Deckung des täglichen Lebensbedarfs fallen und damit unter die gesamtschuldnerische Haftung des Art. 515-4 Abs. 2, 1. Alt. C.civ. zu subsummieren sind, lässt sich dem Gesetzeswortlaut nicht eindeutig entnehmen. Für den Begriff der Schulden des täglichen Lebensbedarfs sind mehrere Auslegungsmöglichkeiten denkbar.

Die Vertreter einer eingeschränkten Auslegung des Begriffs „Schulden für den täglichen Lebensbedarf" argumentieren, dass der PaCS insgesamt unterhalb der Ehe angesiedelt sei und somit die Pflichten beim PaCS in geringerem Umfang als bei der Ehe bestünden.[1074] Unter den Begriff „Schulden des täglichen Lebensbedarfs" nach Art. 515-4 Abs. 2, 1. Alt. C.civ. fielen nicht alle Schulden eines gemeinsamen Haushaltes, sondern nur die für den täglichen Lebensbedarf notwendigen.[1075] Es werde durch Art. 515-4 Abs. 2, 1. Alt. C.civ. nur ein Minimum an Solidarität gewährleistet. Die Solidarität richte sich nach den Bedürfnissen eines bescheidenen Haushalts.[1076]

Nach anderer Auffassung ist Art. 515-4 Abs. 2, 1. Alt. C.civ. weniger eng, nämlich so auszulegen, dass alle Schulden für den gemeinsamen Haushalt der Partner darunter fallen,[1077] z.B. die Kosten für Kleidung, zusätzliche Instandhaltungskosten für die Wohnung und sogar die Beiträge für die Renten- und Altersversorgung.[1078] Die Kosten für die Erziehung der Kinder sollen nach dieser Meinung allerdings nicht dazu gehören.[1079] Dies wird damit begründet, dass der PaCS keinen Einfluss auf das Kindschaftsrecht habe.

Des Weiteren wird vertreten, dass der Gesetzgeber eine gänzliche Übereinstimmung zwischen dem Inhalt des „täglichen Lebensbedarf" in Art. 515-4 Abs. 2, 1. Alt. C.civ. und dem Inhalt des gesamten Art. 220 Abs. 1 C.civ. angestrebt habe, sodass die gesamtschuldnerische Haftung der PaCS-Partner nicht nur alle Kosten für den Haushalt, sondern auch alle Kosten für die Erziehung der Kinder umfasse.[1080]

Schließlich wird von einigen Art. 515-4 Abs. 2, 1. Alt. C.civ. so ausgelegt, dass die Einstehensverpflichtung hinsichtlich der Kosten für den laufenden Lebensbe-darf

---

[1073] Catala, Dr. famille 1999, Nr. hors série, S. 63, 64.

[1074] Beignier/Combret/Fouquet, Dr. famille 2000, chron., Nr. 4, S. 7, 9; Hauser, JCP éd. N 2000, Nr. 9, S. 411, 412 f.

[1075] Hauser, JCP éd. N 2000, Nr. 9, S. 411, 412; Beignier/Combret/Fouquet, Dr. Famille 2000, chron., Nr. 4, S. 7, 9; Beignier, Dr. famille 1999, Nr. hors série, S. 31, 35.

[1076] Hauser, JCP éd. N 2000, Nr. 9, S. 411, 412.

[1077] Malaurie, Les régimes matrimoniaux, Rn. 75.

[1078] Pillebout, Le PaCS, S. 23; Vivier, Le PaCS, S. 92; Bénabent, Droit civil, La famille, S. 106.

[1079] Chanteloup/Fauré, Conclure un PaCS, S. 78; Courbe, Droit de la famille, S. 245; Pillebout, Le PaCS, S. 23; Catala, Dr. famille 1999, Nr. hors série, S. 63, 64.

[1080] Jean-Pierre Michel, J.O. déb. Ass. Nat. v. 1.12.1998, S. 9808; Vivier, Le PaCS, S. 92; Cornu, Droit civil, La famille, S. 109.

weiter gehen als die für die Haushaltsführung und die Erziehung der Kinder in Art. 220 Abs. 1 C.civ. Danach würden auch noch darüber hinausgehende Kosten umfasst.[1081] Chanteloup und Fauré führen als Beispiel für die Kosten des täglichen Lebens den Besuch eines kranken Verwandten durch einen PaCS-Partner an, der regelmäßige Zugfahrten mit sich bringe.[1082] Diese Ausgabe lasse sich nach Ansicht von Chanteloup und Fauré unter den täglichen Lebensbedarf des Art. 515-4 Abs. 2, 1. Alt. C.civ. subsumieren, nicht jedoch unter die Ausgaben für den Haushalt noch unter die Ausgaben für die Kindererziehung in Art. 220 Abs. 1 C.civ. Somit wäre der Begriff des täglichen Lebensbedarfs beim PaCS weiter gefasst als die Haushaltsschulden und die Schulden für die Erziehung der Kinder bei der Ehe.
Zur Bestimmung des Inhalts des Begriffs „Schulden zur Deckung des täglichen Lebensbedarfs" ist der Ansicht zuzustimmen, die hierunter alle Schulden des gemeinsamen Haushaltes versteht. Es ist jedoch nicht einzusehen, dass Reisen zu einem kranken Verwandten, wie im Beispiel von Chanteloup und Fauré beschrieben, unter den Begriff der Schulden des „täglichen Lebens" des Art. 515-4 Abs. 2, 1. Alt. C.civ. fallen sollen. Der Begriff des täglichen Lebensbedarfs nach Chanteloup und Fauré ist zu weit gefasst, da er zu einer zu weitgehenden Haftung der PaCS-Partner für eingegangene Schulden des anderen Partners führt. Der Gesetzgeber wollte ebenfalls keine gesamtschuldnerische Haftung in Bezug auf Kosten für die Erziehung von gemeinsamen oder Kindern nur eines Partners anordnen, sonst hätte er eine entsprechende Haftungspflicht nach Art. 515-4 Abs. 2 C.civ aufgenommen – so wie er das hinsichtlich der Kosten für die gemeinsame Wohnung getan hat. Der Gesetzgeber hat bei der Schaffung des PaCS immer versucht, einen Abstand zur Ehe zu bewahren, und wollte vor allem keine Regelungen treffen, die einen Bezug zum Kindschaftsrecht aufweisen. Aus diesem Grund unterfallen die Schulden für die Erziehung der Kinder nicht dem Art. 515-4 Abs. 2, 1. Alt. C.civ.
Da das Haftungsmaß jedoch – um seinen Sinn zu erfüllen – den Lebensumständen der Partner angepasst werden muss, kann dieser nicht auf ein Minimum zum Leben beschränkt werden, sondern muss – bis auf die Kosten für Kinder – alle Kosten des gemeinsamen Lebens insbesondere des gemeinsamen Haushalts um-fassen.

### bb. Schulden für die gemeinsame Wohnung

Bezüglich der Pflicht zur gesamtschuldnerischen Haftung für Schulden der gemeinsamen Wohnung kann z.B. der Vermieter die gesamte Mietsumme oder der Verkäufer der Wohnungsmöbel den gesamten Kaufpreis von einem der Partner verlangen, auch wenn dieser nicht der Vertragspartner ist.[1083] Uneinigkeit besteht jedoch darüber, ob die Einstandspflicht des Art. 515-4 Abs. 2, 2. Alt. C.civ. auch die regelmäßigen Tilgungsraten eines für den Kauf der gemeinsamen Wohnung eingegangenen Kredites umfasst.

---

1081 Mécary, Droit et homosexualité, S. 179; Chanteloup/Fauré, Conclure un PaCS, S. 78.
1082 Chanteloup/Fauré, Conclure un PaCS, S. 78.
1083 Alleaume, D. 2000, chron., S. 450, 451; Borillo, AJP/PJA 2001, S. 299, 304; Vivier, Le PaCS, S. 92; Hauser, JCP éd. N 2000, Nr. 9, S. 411, 412; Catala, Dr. famille 1999, Nr. hors série, S. 63, 64.

Eine Ansicht legt Art. 515-4 Abs. 2, 2. Alt. C.civ. weit aus, sodass solche Tilgungsraten für Kredite von der Einstandspflicht umfasst werden.[1084] Andererseits wird Art. 515-4 Abs. 2, 2. Alt. C.civ. auch in der Weise interpretiert, dass die Abzahlungsraten für Kredite nicht unter die gesamtschuldnerische Haftung fallen.[1085] Nach der ersten weiten Interpretation des Art. 515-4 Abs. 2, 2. Alt. C.civ. würde die Solidarität bei PaCS-Partnern viel weiter gehen als bei Ehegatten, denn solche Tilgungskosten für Kredite unterfallen gemäß Art. 220 Abs. 3 C.civ. a.E. nicht der gesamtschuldnerischen Haftung der Ehegatten – es sei denn, sie betreffen nur geringe Beträge.[1086] Die Intention des Gesetzgebers war es jedoch nicht, ein zweites eheähnliches Institut zu schaffen. Ganz im Gegenteil hat der Gesetzgeber immer wiederholt und betont, er wolle nur eine vertragliche Bindung zwischen den PaCS-Partnern, die sich weitgehend von der Ehe unterscheide.[1087] Aus diesem Grund kann die Haftung der PaCS-Partner aus Art. 515-4 Abs. 2, 2. Alt. C.civ. nicht weiter gehen als die Haftung von Ehegatten aus Art. 220 Abs. 1 C.civ. Daher fallen die Tilgungsraten für einen Kredit nicht unter die Schulden für die Wohnung.

**cc. Hintergrund der gesamtschuldnerischen Haftung**

Die Einstandspflicht beim PaCS besteht im Gegensatz zur gesamtschuldnerischen Haftung bei der Ehe nicht als Konsequenz der Schlüsselgewalt oder als Ausfluss der Autonomie beider Partner.[1088] In Art. 515-4 Abs. 2 C.civ. ist im Gegensatz zu Art. 220 Abs. 1, 1. Hs. C.civ. auch nicht ausdrücklich festgeschrieben, dass jeder Partner die Vollmacht besitzt, alleine Verträge, die zur Haushaltsführung oder zur Erziehung der Kinder gehören, mit verpflichtender Wirkung für den anderen abzuschließen. Diese Vollmacht wird aber beim PaCS aus der in Art. 515-4 Abs. 2 C.civ. angeordneten Solidarität gefolgert.[1089] Außerdem ergäbe sich – wenn man eine Vollmacht beider Partner zum Abschluss von Verträgen zum gemeinsamen Bedarf mit verpflichtender Wirkung für den anderen Partner verneinen würde – die unlösbare Frage, welchem der beiden PaCS-Partner die Abschlussbefugnis zusteht.

**dd. Exzess**

Ein weiterer Unterschied zwischen den Regelungen zum PaCS und denen zur Ehe besteht darin, dass die gesamtschuldnerische Haftung der PaCS-Partner im Gegensatz zu der Haftung von Ehegatten in keiner Weise beschränkt ist.[1090] Im Eherecht ist die Einstehensverpflichtung unter Ehegatten ausdrücklich auf Schulden be-

---

1084 Hauser, JCP éd. N 2000, Nr. 9, S. 411, 412; Courbe, Droit de la famille, S. 246.

1085 Pillebout, Le PaCS, S. 21.

1086 Ferrand, in: Henrich (Hrsg.), Eheliche Gemeinschaft, Partnerschaft und Vermögen im europäischen Vergleich, S. 73.

1087 Bericht Nr. 1097 v. Jean-Pierre Michel, eingereicht bei der Ass. Nat. am 23.9.1998, S. 8.

1088 Chanteloup/Fauré, Conclure un PaCS, S. 78; zum Prinzip der Schlüsselgewalt bei Ehegatten: Ferid/Sonnenberger, FrZR Bd. 3, Rn. 4 B 163.

1089 Chanteloup/Fauré, Conclure un PaCS, S. 78.

1090 Savouré, Dr. et patrimoine 2000, Nr. 81, S. 58, 59; Renault-Brahinsky, Droit de la famille, S. 63; Beignier/Combret/Fouquet, Dr. famille 2000, chron., Nr. 4, S. 7, 9; Beignier, Dr. famille 1999, Nr. hors série, S. 31, 35; Vassaux/Vauvillé, RJPF 2000, Nr. 5, S. 6, 8.

schränkt, die nicht offensichtlich exzessiv sind (Art. 220 Abs. 2 C.civ.).[1091] Dem anderen Ehegatten obliegt auch keine gesamtschuldnerische Haftung für aufgenommene Kredite oder für Ratenzahlungskäufe (Art. 220 Abs. 3 C.civ.).[1092] Eine solche gesetzliche Begrenzung des Einstehenmüssens für Schulden gibt es beim PaCS in Art. 515-4 Abs. 2 C.civ. nicht.[1093] Außerdem ist für den PaCS keine dem Art. 1414 und 1415 C.civ. entsprechende Norm vorgesehen, die das Einkommen oder die Vorbehaltsgüter eines PaCS-Partners vor dem Zugriff der Gläubiger schützt.[1094]

Diese unterschiedliche Handhabung durch den Gesetzgeber wird von Beignier darauf zurückgeführt, dass der Begriff der Schulden des täglichen Lebens beim PaCS enger gefasst sei und weniger Schulden umfasse als der Begriff der Schulden des gemeinsamen Haushalts und der Schulden für die Erziehung der Kinder bei der Ehe und Exzesse damit schon terminologisch nicht zu den Schulden des täglichen Lebens gehörten.[1095] Da sich der Haftungsumfang von Ehegatten und PaCS-Partnern – bis auf die Kosten für gemeinsame Kinder, die beim PaCS nicht zum täglichen Lebensbedarf gehören – nicht unterscheidet, sind zumindest terminologisch Exzesse beim PaCS nicht von vornherein ausgeschlossen. Das sieht die überwiegende Meinung in der Literatur genauso.[1096] Die Vertreter dieser Ansicht suchen allerdings nach Möglichkeiten, um diese unbeschränkte Haftung zu korrigieren.

**aaa. Vertraglicher Ausschluss**

Ein vertraglicher Ausschluss der gesamtschuldnerischen Haftung der PaCS-Partner für Exzesse entsprechend der Regelung in Art. 220 Abs. 2 und 3 C.civ. ist einem Gläubiger gegenüber nur wirksam, wenn er Kenntnis davon hat und er der Klausel zustimmt.[1097] Eine Kenntnisnahme vom Inhalt des PaCS bei der Geschäftsstelle des Amtsgerichts, bei der der PaCS eingetragen wurde, scheitert grundsätzlich daran, dass das PaCS-Register nicht öffentlich zugänglich ist (s.o.).[1098] Zwar haben bestimmte Personenkreise – wie das Finanzamt und Sozialamt sowie auch Gläubiger i.S.v. Art. 515-4 Abs. 2 C.civ. – bestimmte Informationsrechte. Die Kenntnisnahme des Inhalts des PaCS-Vertrages ist aber allein schon deswegen unmöglich, weil der PaCS-Vertrag gemäß Art. 515-3 Abs. 4

1091 Pillebout, Le PaCS, S. 22; Courbe, Droit de la famille, S. 246; Ferrand, in: Henrich (Hrsg.), Eheliche Gemeinschaft, Partnerschaft und Vermögen im europäischen Vergleich, S. 73, 78.

1092 Beignier/Combret/Fouquet, Dr. famille 2000, chron., Nr. 4, S. 7, 9.

1093 Savouré, Dr. et patrimoine 2000, Nr. 81, S. 58, 61.

1094 Vassaux/Vauvillé, RJPF 2000, Nr. 5, S. 6, 8; Beignier, Dr. famille 1999, Nr. hors série, S. 31, 36.

1095 Beignier/Combret/Fouquet, Dr. famille 2000, chron., Nr. 4, S. 7, 9.

1096 Monteillet-Gefroy, JCP éd. N 2000, Nr. 15-16, S. 744, 746; Lemouland, Le Dalloz 1999, Nr. 43, S. 483, 484; Chanteloup/Fauré, Conclure un PaCS, S. 83; Vivier, Le PaCS, S. 92.

1097 Chanteloup/Fauré, Conclure un PaCS, S. 78; Beignier/Combret/Fouquet, Dr. famille, chroniques 2000, Nr. 4, S. 7, 9; CC 99-419 DC, v. 9.11.1999, Entscheidungsgrund Nr. 28.

1098 Ministerialrunderlass zum PaCS v. 10.11.1999, abgedruckt in: JCP éd. G 1999, Nr. 48, III - 20182, S. 2165; Rechtsverordnung Nr. 99-1091 v. 21.12.1999, J.O. v. 24.12.1999, S. 19219.

C.civ. an die Parteien zurückgegeben wurde.[1099] Ein vertraglicher Ausschluss der Haftung entfaltet somit Dritten gegenüber keine Rechtswirkungen.

**bbb. Ausgleichsanspruch im Innenverhältnis**

Der Schutz des anderen Partners kann durch einen Ausgleichsanspruch im Innenverhältnis erreicht werden.[1100] Ein solcher Ausgleichsanspruch ergibt sich aus der Entscheidung des französischen Verfassungsrates, in der angeordnet wurde, dass die allgemeinen zivilrechtlichen Regelungen, insbesondere die Haftung aus unerlaubter Handlung, durch das Gesetz zum PaCS unangetastet bleiben.[1101] Dem anderen PaCS-Partner kann demnach im Innenverhältnis ein Regressanspruch in Höhe der Beteiligung seiner Haftung gegen den anderen Partner zustehen.[1102] Diese Lösung hat jedoch den Nachteil, dass der andere PaCS-Partner das Insolvenzrisiko seines Partners tragen muss.[1103]

**ccc. Erschwerung des Rückgriffs der Gläubiger auf den anderen PaCS-Partner mangels Publizität des PaCS-Registers**

Einen gewissen Schutz erhält der mitverpflichtete PaCS-Partner vor exzessiven Ausgaben seines Partners bereits durch die mangelnde Publizität des PaCS-Registers. Zwar wird nach der Rechtsverordnung Nr. 99-1090 vom 21. Dezember 1999 zum PaCS das Register für bestimmte Personenkreise wie das Finanzamt, das Sozialamt und Gläubiger, die sich auf die gesamtschuldnerische Haftung des Art. 515-4 Abs. 2 C.civ. berufen, in bestimmten Bereichen geöffnet. Die Möglich-keit der Durchsetzung des Anspruchs eines Gläubigers gegen den anderen Partner wird jedoch dadurch stark eingeschränkt, dass der Gläubiger bei der Geschäfts-stelle des Amtsgerichts, bei der der PaCS eingetragen wurde, keinen Anspruch auf Mitteilung des Namens des PaCS-Partners seines Schuldners hat.[1104] Diese Beschränkung der Information soll zum einen dem Schutz des Privatlebens der Partner dienen[1105], sie kann jedoch auch einen PaCS-Partner vor der gesamtschuldnerischen Haftung für exzessive Schulden des anderen schützen.[1106] Ein Gläubiger kann von seinem Recht aus Art. 515-4 Abs. 2 C.civ. nämlich keinen Gebrauch machen, wenn er den Namen des PaCS-Partners seines Vertragspartners nicht kennt.[1107]

---

[1099] Vassaux/Vauvillé, RJPF 2000, Nr. 5, S. 6, 9.

[1100] Vivier, Le PaCS, S. 92; Chanteloup/Fauré, Conclure un PaCS, S. 83; Lemouland, Le Dalloz 1999, Nr. 43, S. 483, 484.

[1101] CC 99-419 DC, v. 9.11.1999, Entscheidungsgrund Nr. 33; Chanteloup/Fauré, Conclure un PaCS, S. 83; Lemouland, Le Dalloz 1999, Nr. 43, S. 483, 484.

[1102] Vivier, Le PaCS, S. 92.

[1103] Kritisch auch Vassaux/Vauvillé, RJPF 2000, Nr. 5, S. 6, 8.

[1104] Art. 5 Abs. 2 Nr. 1 der Rechtsverordnung Nr. 99-1090 v. 21.12.1999 zum PaCS; Pillebout, Le PaCS, S. 24; Mécary, Droit et homosexualité, S. 179; de Belot, Revue Administrer 2000, Nr. 323, S. 11, 28.

[1105] Pillebout, Le PaCS, S. 22.

[1106] Vassaux/Vauvillé, RJPF 2000, Nr. 5, S. 6, 9; Lecuyer, Dr. famille 2000, 43.

[1107] Vivier, Le PaCS, S. 92; Mécary, Droit et homosexualité, S. 179; Lecuyer, Dr. famille 2000, S. 4, 3; Bénabent, Droit civil, La famille, S. 269.

## c. Güterstand

### aa. Darstellung der ehelichen Güterstände

Ehegatten haben die Möglichkeit, in einem Ehevertrag den Güterstand festzulegen, der zwischen ihnen bestehen soll. Ihnen steht dabei eine weitaus größere Auswahl als PaCS-Partnern zu.[1108] Ehegatten können zwischen einem Güterstand wählen, der das Vermögen der Ehegatten getrennt behandelt, wie z.B. den Güterstand der Zugewinngemeinschaft (Art. 1569-1581 C.civ.) oder der Gütertrennung (Art. 1536-1568 C.civ.), oder sie können einen Güterstand bestimmen, der das Vermögen der Ehegatten vermengt, wie z.B. die Gütergemeinschaft (Art. 1526-1535 C.civ.).[1109]

Der Abschluss eines Ehevertrages und eine darin enthaltene Vereinbarung über den Güterstand ist jedoch rein fakultativ.[1110] Haben die Ehegatten keine entsprechende Vereinbarung getroffen, besteht der gesetzliche Güterstand der Errungenschaftsgemeinschaft (Art. 1400 C.civ.).[1111]

#### aaa. Güterstand der Errungenschaftsgemeinschaft

Bei diesem Güterstand der Errungenschaftsgemeinschaft (communauté réduite aux acquêts) sind drei Vermögensmassen zu unterscheiden: jeweils das Eigengut von Mann und Frau und das Gesamtgut der beiden Partner zusammen.[1112]

Nach Art. 1405 Abs. 1, 1. Alt. C.civ. gehört zum Eigengut eines jeden Ehegatten alles Vermögen, das vor der Ehe in seinem Eigentum stand[1113] sowie alles von jedem Ehegatten während der Ehe unentgeltlich erworbene Vermögen, ganz gleich, ob es auf gesetzlicher Erbfolge, Verfügung von Todes wegen oder auf einer Schenkung unter Lebenden beruht (Art. 1405 Abs. 1, 1. Alt. C.civ.).[1114] Weiterhin gehören zum Eigengut nach Art. 1404 C.civ. alle höchstpersönlichen Gegenstände, wie z.B. Kleidung und Schmuck.[1115]

Beim Güterstand der Errungenschaftsgemeinschaft behält somit jeder Ehegatte sein eigenes Vermögen.[1116] Die Verwaltung dieses Eigenguts steht nach Art. 1428 C.civ. jedem Ehegatten selbst zu.[1117]

---

1108 Savouré, Dr. et patrimoine 2000, Nr. 81, S. 58, 61.

1109 Ferrand, in: Henrich (Hrsg.), Eheliche Gemeinschaft, Partnerschaft und Vermögen im europäischen Vergleich, S. 73, 74.

1110 Savouré, Dr. et patrimoine 2000, Nr. 81, S. 58, 61; Courbe, Droit de la famille, S. 89.

1111 Ferrand, in: Henrich (Hrsg.), Eheliche Gemeinschaft, Partnerschaft und Vermögen im europäischen Vergleich, S. 73, 89.

1112 Ferrand, in: Henrich (Hrsg.), Eheliche Gemeinschaft, Partnerschaft und Vermögen im europäischen Vergleich, S. 73, 86.

1113 Ferrand, in: Henrich (Hrsg.), Eheliche Gemeinschaft, Partnerschaft und Vermögen im europäischen Vergleich, S. 73, 86; Ferid/Sonnenberger, FrZR Bd. 3, Rn. 4 B 249.

1114 Bénabent, Droit civil, La famille, S.115; Ferid/Sonnenberger, FrZR Bd. 3, Rn. 4 B 250.

1115 Ferid/Sonnenberger, FrZR Bd. 3, Rn. 4 B 259.

1116 Courbe, Droit de la famille, S. 89.

1117 Ferid/Sonnenberger, FrZR Bd. 3, Rn. 4 B 267; Ferrand, in: Henrich (Hrsg.), Eheliche Gemeinschaft, Partnerschaft und Vermögen im europäischen Vergleich, S. 73, 89.

Zum Gesamtgut gehören die Vermögenswerte, die von den Ehepartnern nach Eingehung der Ehe entgeltlich erworben werden.[1118] Darüber hinaus werden die Schulden dazugezählt, die die Ehegatten während der Ehe für den gemeinsamen Haushalt eingegangen sind.[1119] Diese Güter stehen im Miteigentum der Ehegatten.[1120] In Art. 1402 C.civ. gibt es eine Gesamtgutvermutung. Danach gehören alle Güter zum Gesamtgut, von denen nicht bewiesen werden kann, dass sie einem der Ehegatten gehören.[1121]
Das Gemeinschaftsgut wird durch beide Ehegatten gemeinsam verwaltet.[1122]

**bbb. Gütergemeinschaft**
Bei dem Güterstand der Gütergemeinschaft (communauté universelle) nach Art. 1526 C.civ. wird das ganze Vermögen beider Partner gemeinschaftliches Eigentum.[1123] Darunter fallen auch alle Schulden, die von den Ehegatten in die Ehe eingebracht werden.[1124]

**ccc. Gütertrennung**
Bei der Gütertrennung gibt es überhaupt kein gemeinschaftliches Vermögen. Nach Art. 1536 C.civ. behält jeder Ehegatte sein eigenes Vermögen und auch seine eigenen Schulden.[1125] Eine Ausnahme gilt gemäß Art. 1536 Abs. 2 C.civ. für die Schulden des Art. 220 C. civ., die für den Haushalt oder für die Erziehung der Kinder eingegangen wurden, dabei handelt es sich um gemeinsame Schulden.[1126] Kann ein Ehegatte nicht nachweisen, dass ihm ein Gegenstand persönlich gehört, gilt dieser als Miteigentum der beiden Ehegatten (Art. 1538 Abs. 3 C.civ.).[1127] Der Güterstand der Gütertrennung kann vor allem dann sehr nützlich sein, wenn ein Ehegatte berufsbedingt sehr viele Gläubiger hat und er das Vermögen des anderen Ehegatten vor dem Zugriff der Gläubiger schützen möchte.[1128]

**ddd. Güterstand der Zugewinngemeinschaft**
Der Güterstand der Zugewinngemeinschaft (Le régime de participation aux acquêts) verbindet Elemente der Gütertrennung mit Elementen der Gütergemein-

[1118] Ferrand, in: Henrich (Hrsg.), Eheliche Gemeinschaft, Partnerschaft und Vermögen im europäischen Vergleich, S. 73, 87; Ferid/Sonnenberger, FrZR Bd. 3, Rn. 4 B 264.
[1119] Bénabent, Droit civil, La famille, S. 115.
[1120] Coube, S. 89.
[1121] Ferid/Sonnenberger, FrZR Bd. 3, Rn. 4 B 265.
[1122] Bénabent, Droit civil, La famille, S. 115; Ferid/Sonnenberger, FrZR Bd. 3, Rn. 4 B 265.
[1123] Courbe, Droit de la famille, S. 89.
[1124] Ferrand, in: Henrich (Hrsg.), Eheliche Gemeinschaft, Partnerschaft und Vermögen im europäischen Vergleich, S. 73, 94; Courbe, Droit de la famille, S. 89.
[1125] Ferrand, in: Henrich (Hrsg.), Eheliche Gemeinschaft, Partnerschaft und Vermögen im europäischen Vergleich, S. 73, 95.
[1126] Courbe, Droit de la famille, S. 90.
[1127] Ferrand, in: Henrich (Hrsg.), Eheliche Gemeinschaft, Partnerschaft und Vermögen im europäischen Vergleich, S. 73, 95.
[1128] Courbe, Droit de la famille, S. 90.

schaft.[1129] Er weist eine große Ähnlichkeit zum deutschen Güterstand der Zugewinngemeinschaft auf.[1130]
Bei der Zugewinngemeinschaft besteht während der Ehe der Güterstand der Gütertrennung.[1131] Innerhalb dieses Zeitraums kann jeder Partner frei über sein Vermögen verfügen. Es wird auch nicht zwischen dem Vermögen differenziert, das den Ehegatten bereits bei Abschluss der Ehe gehörte oder das sie während der Ehe durch Schenkung erlangten. Jeder Partner bleibt Eigentümer seines Vermögens. Die Ehegatten müssen grundsätzlich selbständig für ihre Schulden aufkommen. Nur bei Schulden, die in Art. 220 C.civ. genannt sind, handelt es sich nach Art. 1536 Abs. 2 C.civ. um gemeinschaftliche Schulden. Der Unterschied des Güterstandes der Zugewinngemeinschaft zur Gütertrennung tritt erst zu Tage, wenn der Güterstand beendet wird.

**bb. Güterrecht beim PaCS**

Der Gesetzgeber hat in Art. 515-5 C.civ. den Güterstand der Partner eines PaCS nur teilweise geregelt. In Art. 515-5 C.civ. wird lediglich eine Regelung für Vermögenswerte getroffen, die von den Partnern nach Abschluss des PaCS ent-geltlich erworben werden. Das Gesetz schweigt jedoch hinsichtlich der Eigentumsverteilung von Rechtsgütern, die bereits vor Abschluss des PaCS im Eigentum der PaCS-Partner standen, und hinsichtlich des Eigentums an unentgeltlicher Zuwendungen, die den Partnern nach Abschluss des PaCS zuteil werden.

**aaa. Nach Abschluss des PaCS entgeltlich erworbene Rechtsgüter**

Hinsichtlich der nach Abschluss des PaCS entgeltlich erworbenen Rechtsgüter unterscheidet Art. 515-5 C.civ. zwischen dem Hausrat und anderen Rechtsgütern.[1132]

**1) Hausrat**

Da Art. 515-5 C.civ. den Hausrat (meubles meublants) nicht definiert, wird auf die gesetzliche Definition des Art. 534 C.civ zurückgegriffen.[1133] Bei dem Hausrat handelt es sich gemäß Art. 534 Abs. 1 C.civ. um Möbel, die zum Gebrauch und zur Dekoration der Wohnung bestimmt sind. Zur Dekoration gehören nach Art. 534 Abs. 1 S. 1 C.civ. z.B. Teppiche, Porzellan, Spiegel und ähnliche Gegen-stände.[1134]
Es können auch Gemälde oder Skulpturen zu diesen „Möbeln" gehören, die jedoch nicht Teil einer Kunstsammlung sein dürfen (Art. 534 Abs. 2 C.civ.).
Treffen die PaCS-Partner im PaCS-Vertrag keine Regelung über die Eigentumsverteilung am Hausrat, den sie nach Abschluss des PaCS erworben haben, greift

[1129] Der Güterstand der Zugewinngemeinschaft ist durch die Reform v. 13.7.1965 in den Code civil eingeführt worden (Bénabent, Droit civil, La famille, S. 115).
[1130] Ferrand, in: Henrich (Hrsg.), Eheliche Gemeinschaft, Partnerschaft und Vermögen im europäischen Vergleich, S. 73, 96.
[1131] Bénabent, Droit civil, La famille, S. 114.
[1132] Chanteloup/Fauré, Conclure un PaCS, S. 88.
[1133] Chanteloup/Fauré, Conclure un PaCS, S. 88.
[1134] Bénabent, Droit civil, La famille, S. 272.

die gesetzliche Vermutung des Art. 515-5 Abs. 1 C.civ. In Art. 515-5 Abs. 1 C.civ. wird die gesetzliche Vermutung aufgestellt, dass der Hausrat, der von den Partnern nach Abschluss des PaCS entgeltlich erworben wird, zur Hälfte im Miteigentum beider Partner steht.[1135] Da es sich beim PaCS um einen förmlichen Vertrag handelt, der zu seiner Wirksamkeit der Eintragung in das Register bei der Geschäftsstelle des Amtsgerichts bedarf, ist der für die Beurteilung wichtige Zeitpunkt der Moment der Eintragung des PaCS bei dem Register der Geschäftsstelle des Amtsgerichts.[1136]

Weiterhin gilt die gesetzliche Vermutung, wenn sich der Zeitpunkt des Erwerbs dieser Gegenstände nicht mehr feststellen lässt (Art. 515-5 Abs. 1 S. 3 C.civ.).[1137]

Kann die Miteigentumsvermutung aus Art. 515-5 Abs. 1 S. 2 C.civ. nicht widerlegt werden, dann regeln die Art. 815 ff. C.civ. den Güterstand. [1138]

Beim Güterstand des Miteigentums nach Art. 815 C.civ. kann nur bei Einigkeit aller Miteigentümer über das Vermögen verfügt werden.[1139] Jeder Partner kann jederzeit die Beendigung des Miteigentums verlangen.[1140] Die Beendigung kann auch auf Betreiben eines Gläubigers nach Klageerhebung eintreten.[1141]

Kein Partner kann unter Anwendung des Art. 815 C.civ. dazu gezwungen werden, weiter dem Güterstand des Miteigentums zu unterstehen.[1142] Es handelt sich um einen Güterstand, der einen nur vorübergehenden Charakter aufweist.[1143] Das Miteigentum wird durch die Teilung beendet.[1144]

Der Gesetzgeber geht in Art. 515-5 Abs. 1 C.civ. allerdings grundsätzlich davon aus, dass die Parteien selbst im PaCS-Vertrag die Eigentumslage an dem entgeltlich erworbenen Hausrat bestimmen (Art. 515-5 Abs. 1 S. 1. C.civ.).[1145]

Nach Art. 515-5 Abs. 1 C.civ. können die Partner im PaCS-Vertrag bezüglich des Hausrats, der nach dem Abschluss des PaCS erworben wird, den Güterstand des Miteigentums vereinbaren.[1146] Die Höhe der Miteigentumsanteile können die Partner frei bestimmen, so dass z.B. Miteigentum an den Möbeln zu ¾ für einen Partner und zu ¼ für den anderen Partner entstehen kann.[1147] Ein Zurückgreifen auf die ehelichen Güterstände der Errungenschaftsgemeinschaft und der Zugewinnge-

---

[1135] Foulchiron, Défrénois 2001, S. 947, 956; Pillebout, Le PaCS, S. 29.

[1136] Hauser, Défrénois 2001, S. 673, 677; Chanteloup/Fauré, Conclure un PaCS, S. 90; a.A. Renault-Brahinsky, Droit de la famille, S. 34; Lemouland, Le Dalloz 1999, Nr. 43, S. 483.

[1137] Renault-Brahinsky, Droit de la famille, S. 34; Cornu, Droit civil, La famille, S. 109; Pillebout, Le PaCS, S. 29; Chanteloup/Fauré, Conclure un PaCS, S. 87.

[1138] Foulchiron, Défrénois 2001, S. 947, 956; Hauser, JCP éd. N 2000, Nr. 9, S. 411, 413.

[1139] Courbe, Droit de la famille, S. 244; Eutedjian, Dr. et patrimoine 2000, Nr. 81, S. 75, 76.

[1140] Eutedjian, Dr. et patrimoine 2000, Nr. 81, S. 75, 76.

[1141] Bénabent, Droit civil, La famille, S. 274.

[1142] Entscheidung des französischen Verfassungsrats zum Gesetz über den PaCS v. 9.11.1999, Entscheidungsgrund Nr. 87.

[1143] Courbe, Droit de la famille, S. 244.

[1144] Bénabent, Droit civil, La famille, S. 274.

[1145] Vivier, Le PaCS, S. 69.

[1146] Bénabent, Droit civil, La famille, S. 273.

[1147] Hauser, JCP éd. N 2000, Nr. 9, S. 411, 413; Chanteloup/Fauré, Conclure un PaCS, S. 91.

meinschaft ist hingegen nicht möglich.[1148] Dies wurde auch in den parlamentarischen Debatten zum PaCS beschlossen.[1149] Entscheiden sich die Partner für den Güterstand des Miteigentums, so gelten die Vorschriften über das vertraglich vereinbarte Miteigentum nach den Art. 1873-1 ff. C.civ.[1150]

Die Partner können aber auch jegliches Miteigentum am Hausrat ausschließen, sodass alle nach Abschluss des PaCS entgeltlich erworbenen Möbel jeweils im Alleineigentum desjenigen Partners stehen, der beweisen kann, dass er den Kaufpreis bezahlt hat.[1151]

Die Abänderung des gesetzlichen Güterrechts des hälftigen Miteigentums der Partner an den Möbeln ist im PaCS-Vertrag ohne notarielle Beurkundung möglich. Bei der Ehe hingegen ist für eine Abweichung vom gesetzlichen Güterstand der Errungenschaftsgemeinschaft nach Art. 1394 C.civ. eine notarielle Beurkundung des Ehevertrages erforderlich.[1152]

Es besteht Uneinigkeit darüber, ob die ausdrückliche oder die konkludente Auswahl des Güterstandes des Miteigentum bei Abschluss des PaCS die Partner endgültig bindet oder ob ihnen die Möglichkeit offen steht, im Einzelfall an einzelnen Gegenständen des Hausrats Alleineigentum zu erwerben.

Von einigen Autoren wird trotz Bestehens einer Miteigentumsklausel im PaCS-Vertrag die nachträgliche Möglichkeit des Erwerbs von Alleineigentum an einzelnen Hausratsgegenständen bejaht.[1153]

Andere Stimmen in der Literatur verneinen die Möglichkeit einer nachträglichen Abweichung von der vertraglichen Regelung im PaCS.[1154] Eine solche Ausschlussmöglichkeit bei dem jeweiligen Erwerb würde den Sinn und Zweck der gesetzlichen Vermutung des Miteigentums oder der ausdrücklichen Vereinbarung der Partner aushebeln.[1155] Hätte der Gesetzgeber gewollt, dass die PaCS-Partner Ausnahmen von der Klausel im PaCS-Vertrag über das Miteigentum machen können, dann hätte er keine unterschiedliche Regelung für Hausrat und andere Vermögenswerte getroffen, bei denen das Miteigentum nur beim jeweiligen Erwerb ausge-

---

[1148] Vivier, Le PaCS, S. 70; Chanteloup/Fauré, Conclure un PaCS, S. 170.

[1149] Beignier/Combret/Fouquet, Dr. famille 2000, chron., Nr. 4, S. 7, 12; Chanteloup/Fauré, Conclure un PaCS, S. 170.

[1150] Chanteloup/Fauré, Conclure un PaCS, S. 89; Cornu, Droit civil, La famille, S. 109; CC 99-419 DC, v. 9.11.1999, Entscheidungsgrund Nr. 32; Vivier, Le PaCS, S. 70; Beignier/Combret/Fouquet, Dr. famille 2000, S. 7, 9; Chanteloup/Fauré, Conclure un PaCS, S. 170; Vivier, Le PaCS, S. 70.

[1151] Dem französischen Recht ist das Abstraktionsprinzip fremd. Das Eigentum wird bereits durch Einigung über die Sache und den Kaufpreis übertragen (Art. 583 C.civ.); Beignier, Dr. famille 2000, S. 7; Cornu, Droit civil, La famille, S. 109; Hauser, JCP éd. N 2000, Nr. 9, S. 411, 413.

[1152] Savouré, Dr. et patrimoine 2000, Nr. 81, S. 58, 61; Bénabent, Droit civil, La famille, S. 272.

[1153] Bénabent, Droit civil, La famille, S. 272.

[1154] Foulchiron, Défrénois 2001, S. 947, 957; Charlin, JCP éd. N 2000, Nr. 51-52, S. 1851, 1853; Bénabent, Droit civil, La famille, S. 272.

[1155] Chanteloup/Fauré, Conclure un PaCS, S. 92.

schlossen werden kann, wenn für Hausrat und andere Rechtsgüter dasselbe gelten sollte.[1156]
Der Conseil Consitutionnel hat sich zu dem Problem der nachträglichen Abweichung vom Güterstand des Miteigentums widersprüchlich geäußert. Im Entscheidungsgrund Nr. 28 der Entscheidung vom 9. November 1999[1157] hat er erklärt, dass alle Normen des Art. 1 des PaCS-G, außer Art. 515-5 C.civ., zwingenden Charakter haben, sodass Art. 515-5 Abs. 1 C.civ. prinzipiell zur Disposition der Partner steht. Jedoch schränkt er diese Dispositionsfreiheit in seinem Entscheidungsgrund Nr. 32 wieder ein. Danach kann die Vermutung des Miteigentums des Art. 515-5 Abs. 1 C.civ. nur im PaCS-Vertrag selbst oder durch eine nachträgliche Veränderung des PaCS-Vertrages ausgeschlossen werden, nicht jedoch beim jeweiligen Erwerb eines Haushaltsgegenstandes.
Es erscheint vorzugswürdig, eine nachträgliche Abweichung vom Güterstand des Miteigentums nur durch Veränderung des PaCS-Vertrages zuzulassen. Dazu lässt sich der Grundsatz des Pacta sunt servanda anführen, wonach die Partner an ihre Vereinbarung im PaCS-Vertrag gebunden sind und nicht in Einzelfällen davon abweichen dürfen. Eine solche Lösung dient auch der Rechtssicherheit. Diese kommt den PaCS-Partnern insofern zu Gute, als dass sie die Verteilung des Hausrats nach Auflösung des PaCS erleichtert.

**2) Andere entgeltlich erworbene Gegenstände**

Bei allen Rechtsgütern, die nicht zu dem in Art. 515-5 Abs. 1 C.civ. beschriebenen Hausrat gehören und die von den Partnern nach Abschluss des PaCS entgeltlich erworben wurden, wird Miteigentum der Partner vermutet (Art. 515-5 Abs. 2 C.civ.).[1158] Dies gilt nur dann nicht, wenn sich beim Erwerb etwas anderes ergibt (Art. 515-5 Abs. 2 C.civ.).[1159]
Diese gesetzliche Vermutung des Miteigentums an den anderen Gütern als dem Hausrat kann schwerwiegende Konsequenzen für die PaCS-Partner haben, denn zu diesen Rechtsgütern gehören meist Gegenstände oder Immobilien von sehr großem Wert, z.B. das nach Abschluss des PaCS erworbene Ferienhaus, die Familienwohnung, Autos, Schiffe, etc.[1160] Selbst wenn ein Partner nach Beendigung des PaCS beweisen kann, dass er z.B. die Wohnung mit Mitteln erworben hat, die schon vor Abschluss des PaCS in seinem Eigentum standen, steht die Wohnung trotzdem im Miteigentum beider Partner.[1161] Diese Rechtsgüter unterfallen sogar dann der Regelung des Art. 515-5 Abs. 2 C.civ., wenn sie von einem Partner für dessen Berufsausübung benutzt werden.[1162]

---

1156 Chanteloup/Fauré, Conclure un PaCS, S. 92.
1157 CC 99-419 DC, v. 9.11.1999.
1158 Courbe, Droit de la famille, S. 244.
1159 Courbe, Droit de la famille, S. 244.
1160 Chanteloup/Fauré, Conclure un PaCS, S. 93.
1161 Courbe, Droit de la famille, S. 244.
1162 Eutedijan, Dr. et patrimoine 2000, Nr. 81, S. 75, 76.

Möchte ein Partner bei Erwerb eines Vermögenswertes dessen Alleineigentümer bleiben, muss der Kaufvertrag eine entsprechende Klausel enthalten.[1163] Wenn es keinen schriftlichen Kaufvertrag gibt, muss auf irgendeine Weise schriftlich festgehalten werden, dass an diesem Vermögenswerten kein Miteigentum bestehen soll.[1164] Dies kann z.B. auf der Quittung oder der Rechnung für den Gegenstand vermerkt werden.[1165]
Anders als beim Hausrat ist es bezüglich dieser anderen Vermögenswerte nicht möglich, bereits im PaCS-Vertrag eine von dem gesetzlichen Güterstand des Miteigentums gemäß Art. 815 ff C.civ. abweichende Regelung zu treffen.[1166] Die Partner eines PaCS können auch kein eheliches Güterrecht wie die Gütergemeinschaft, die Errungenschaftsgemeinschaft oder die Gütertrennung an diesen anderen Vermögenswerten vereinbaren.[1167]
Diese Rechtslage kann in den Fällen zu schwerwiegenden Konsequenzen führen, in denen es praktisch unmöglich ist, bei dem Erwerb eine Erklärung über das Alleineigentum des Vermögenswertes abzugeben, z.B. bei Bankgeschäften oder dem regelmäßigen Kauf und Verkauf von Wertpapieren.[1168] Außerdem besteht die Gefahr, dass ein Partner bei Erwerb eines Gegenstandes oder einer Immobilie vergisst, die Vermutung des Miteigentums auszuschließen.[1169]
Es ist schwer verständlich, wieso das Miteigentum am Hausrat im Vorhinein durch Vereinbarung im PaCS-Vertrag ausgeschlossen werden kann und dies bei anderen, meist viel wertvolleren Vermögenswerten, nicht der Fall ist. Zudem besteht kein plausibler Grund dafür, dass PaCS-Partner einer strengeren Regelung unterliegen als Ehegatten, denn im Ehevertrag ist die Vereinbarung von Gütertrennung für die Zukunft zulässig.[1170]

**bbb. Vor Abschluss des PaCS im Alleineigentum der Partner stehende Güter**
Art. 515-5 C.civ. trifft keine Regelung darüber, was für das Vermögen gelten soll, das bei Abschluss des PaCS im Eigentum jedes einzelnen Partners stand. Deswegen wird allgemein davon ausgegangen, dass mangels abweichender vertraglicher Vereinbarung die Vermögenswerte, die schon vor Abschluss des PaCS im Eigentum eines Partners standen, auch nach Abschluss des PaCS im Alleineigentum dieses Partners bleiben.[1171]

---

1163 Pillebout, Le PaCS, S. 32.
1164 Bénabent, Droit civil, La famille, S. 273.
1165 Pillebout, Le PaCS, S. 33.
1166 Hauser, JCP éd. N 2000, Nr. 9, S. 411, 413; Vivier, Le PaCS, S. 68; Beignier, Dr. Famille 1999, Nr. hors série, S. 31, 33; Lemouland, Le Dalloz 1999, chron., S. 483, 484; Pillebout, Le PaCS, S. 31; Bénabent, Droit civil, La famille, S. 271.
1167 Vivier, Le PaCS, S. 68; Courbe, Droit de la famille, S. 245. In dem Gesetzesentwurf zum CUS (siehe unter 1. Teil, § 4 II) war dies vorgesehen.
1168 Darmon, Dr. et patrimoine 2000, Nr. 81, S. 102.
1169 Vasseux/Vauvillé, RJPF 2000, Nr. 5, S. 6, 9.
1170 Pillebout, Le PaCS, S. 31; Bénabent, Droit civil, La famille, S. 273.
1171 Chanteloup/Fauré, Conclure un PaCS, S. 89; Bénabent, Droit civil, La famille, S. 271; Cornu, Droit civil, La famille, S. 109; Pillebout, Le PaCS, S. 25.

Unterschiedlich wird beurteilt, ob die Partner vereinbaren können, dass alle Vermögenswerte, die vor Abschluss des PaCS im Eigentum jedes einzelnen Partners standen, mit Abschluss des PaCS im Miteigentum stehen sollen. Einerseits wird dies mit dem Argument verneint, dass eine solche Vereinbarung der Bestimmung des Güterstandes der Gütergemeinschaft der Partner gleichkommen würde, die nicht außerhalb der gesetzlichen Regelung des Art. 1526 C.civ. festgelegt werden dürfe.[1172] Anderer Ansicht nach wird hingegen die Möglichkeit der Vereinbarung des Miteigentums an Vermögenswerten bejaht, die vor Abschluss des PaCS im Alleineigentum der Partnern standen.[1173]
Bei einer vertraglichen Bestimmung des Miteigentums wird – im Gegensatz zum Güterstand der Gütergemeinschaft bei der Ehe – keine Einstandspflicht für alle vergangenen und zukünftigen Schulden der PaCS-Partner festgelegt. Damit bestehen so große Unterschiede zum Güterstand der Ehe, dass eine solche vertragliche Vereinbarung des Miteigentums an Werten, die vor Abschluss des PaCS im Alleineigentum nur eines Partners standen, auch außerhalb des Art. 1526 C.civ. möglich sein muss. Dies entspricht auch dem Grundsatz der Vertragsfreiheit.

**ccc. Unentgeltliche Zuwendungen**
Für Vermögenswerte, die jeder Partner nach Abschluss des PaCS durch Schenkung erlangt hat, besteht ebenfalls keine gesetzliche Regelung. Vorliegend ergibt sich aus dem Umkehrschluss aus Art. 515-5 Abs. 2 C.civ., in dem nur für entgeltlich erworbene Vermögenswerte die gesetzliche Vermutung des Miteigentums angeordnet wird, dass sie weiterhin im Alleineigentum der Partner bleiben.[1174]

**cc. Vergleich der Güterstände beim PaCS und in der Ehe**
Im Gegensatz zum ehelichen Güterrecht wird der Güterstand der PaCS-Partner in nur einem Artikel 515- 5 C.civ. normiert, während das eheliche Güterrecht in den Art. 1397 bis 1581 C.civ. sehr umfassend geregelt ist.[1175] Weiterhin unterliegt die Bestimmung des Güterrechts beim PaCS keiner Formvorschrift. Die Partner eines PaCS können schon im PaCS-Vertrag das gesetzliche Güterrecht des Miteigentums am Hausrat formlos festlegen und später abändern.[1176] Jeder Ehevertrag, durch den vom gesetzlichen Güterstand der Errungenschaftsgemeinschaft abgewichen wird, bedarf dagegen der notariellen Beurkundung.[1177]
Die gesetzliche Vermutung des Miteigentums im PaCS erinnert zum Teil an den Güterstand der Errungenschaftsgemeinschaft bei der Ehe.[1178] Auch bei der Errungenschaftsgemeinschaft sind drei Vermögensmassen zu unterscheiden: jeweils

[1172] Bénabent, Droit civil, La famille, S. 272; a.A. Chanteloup/Fauré, Conclure un PaCS, S. 91.
[1173] Chanteloup/Fauré, Conclure un PaCS, S. 91.
[1174] Foulchiron, Défrénois 2001, S. 947, 958; Vivier, Le PaCS,S. 67; Cornu, Droit civil, La famille, S. 109; Bénabent, Droit civil, La famille, S. 271.
[1175] Bénabent, Droit civil, La famille, S. 271.
[1176] Bénabent, Droit civil, La famille, S. 272.
[1177] Bénabent, Droit civil, La famille, S. 270.
[1178] Flour, Gaz. Pal. 1999, Doctrine, S. 2, 3; Chanteloup/Fauré, Conclure un PaCS, S. 89.

das Eigengut eines jeden Ehegatten und das Gesamtgut.[1179] Zum Eigengut gehören – wie bei der Ehe – das Vermögen, das die PaCS-Partner vor Eingehung der Verbindung zustand sowie die nachträglichen unentgeltlichen Zuwendungen, die die Ehegatten während der Ehe erlangt haben. Das Gesamtgut beim PaCS besteht – wie das beim Güterstand der Errungenschaftsgemeinschaft – aus allen nach Eingehung des PaCS erworbenen Vermögenswerten.
Eine Ähnlichkeit zur Gütertrennung besteht insofern, als dass die Regelungen zur Gütertrennung auch eine Miteigentumsvermutung enthalten (Art. 1538 Abs. 3 C.civ). Aus diesem Grund wurde von einigen Autoren sogar der Vorschlag gemacht, die Regeln der Artikel 1536 bis 1543 C.civ. entsprechend auf den Güterstand beim PaCS anzuwenden.[1180]
Insgesamt bestehen nur geringfügigen Ähnlichkeiten zwischen dem Güterstand des PaCS und dem bei der Ehe, was sich wiederum dadurch erklären lässt, dass der Gesetzgeber einen erheblichen Abstand zur Ehe aufrechterhalten wollte.

#### d. Verfügungsbeschränkungen

Im Gesetz zum PaCS gibt es keine dem Eherecht in Art. 215 Abs. 3 C.civ. nachempfundenen Verfügungsbeschränkungen, nach denen ein Ehegatte ohne den anderen keine Verfügungen über Rechte, die sich auf die Familienwohnung beziehen sowie über Hausrat vornehmen kann.[1181] Das Fehlen von derartigen Verfügungsbeschränkungen ist darauf zurückzuführen, dass diese dem Familienschutz dienen und ein solcher Schutz den PaCS-Partnern nicht zukommen sollte.

#### e. Erbrecht

Im Falle des Todes eines PaCS-Partners endet der PaCS (Art. 515-7 Abs. 4 C.civ.). Der überlebende PaCS-Partner des Erblassers gehört nicht zu den gesetzlichen Erben des verstorbenen PaCS-Partners.[1182] Das Miteigentum wird in zwei Teile geteilt. Der überlebende PaCS-Partner hat allerdings keinen Anspruch auf den Teil des Miteigentums, der im Eigentum des verstorbenen PaCS-Partners stand. Dieser Teil steht nur den Erben des verstorbenen PaCS-Partners zu. Dem überlebenden Partner können jedoch durch Testament Erbansprüche zukommen. Dies gilt allerdings nur, wenn lediglich über den frei verfügbaren Teil des Erbes testiert wurde.[1183] Der überlebende Ehegatte hat nur ein subsidiäres Erbrecht gegenüber nahen Verwandten (Art. 765 C.civ.).[1184] Ihm steht in den am häufigsten auftreten-

[1179] Ferrand, in: Henrich (Hrsg.), Eheliche Gemeinschaft, Partnerschaft und Vermögen im europäischen Vergleich, S. 73, 86; Bénabent, Droit civil, La famille, S. 115; Courbe, Droit de la famille, S. 89.
[1180] Bénabent, Droit civil, La famille, S. 271.
[1181] Ferrand, in: Henrich (Hrsg.), Eheliche Gemeinschaft, Partnerschaft und Vermögen im europäischen Vergleich, S. 73, 77.
[1182] Chanteloup/Fauré, Conclure un PaCS, S. 218; Pillebout, Le PaCS, S. 101; Savouré, Dr. et patrimoine 2000, Nr. 81, S. 58, 61.
[1183] Courbe, Droit de la famille, S. 247.
[1184] Ferid/Sonnenberger, FrZR Bd. 3, Rn. 5 B 23.

den Erb-konstellationen ein Nießbrauch an bestimmten Erbquoten zu (Art. 766 und 767 C.civ.).[1185]

**f. Mietrecht**

Verlässt ein Mieter die Wohnung, die er mit seinem PaCS-Partner bewohnt hat, so steht dem allein verbleibenden PaCS-Partner – wie auch im parallelen Fall einem Ehegatten – ein Anspruch auf Fortsetzung des Mietvertrages gegenüber dem Vermieter zu.[1186] Auch bei Tod eines Mieters wird der Mietvertrag auf den überlebenden PaCS-Partner übertragen. Durch Art. 14 des PaCS-G wird eine entsprechende Ergänzung in Art. 14 des Gesetzes Nr. 89-462 vom 6.7.1989 vorgenommen.[1187]

Durch die Änderung des Art. 15 Nr. 89-462 des Gesetzes vom 6.7.1989 darf ein Vermieter einem Mieter auch zu Gunsten seines PaCS-Partners wegen Eigenbedarfs kündigen (Art. 14 PaCS-G). Diese Vorteile stehen sowohl PaCS-Partnern als auch Ehegatten erst nach Ablauf eines Jahres seit Bestehen von PaCS und Ehe zu.

**g. Steuerrecht**

Das Einkommen der PaCS-Partner unterliegt auf Grund der durch Art. 4 PACS-G in Art. 6 Nr. 1 CGI vorgenommenen Veränderungen wie bei Ehegatten einer gemeinsamen Besteuerung.[1188] Allerdings tritt die gemeinsame Besteuerung – im Gegensatz zu Ehegatten – erst ab dem dritten Jahr nach Abschluss des PaCS ein (Art. 6 Nr. 1 CGI).[1189] Unentgeltliche Zuwendungen zwischen den Partnern eines PaCS werden mit einem Steuersatz von 40 Prozent, wenn der Wert der Sache 15.000 Euro nicht übersteigt, anderenfalls mit einem Steuersatz von 50 Prozent belegt.[1190] Diese steuerliche Vergünstigung tritt jedoch nur ein, wenn die PaCS-Partner seit mehr als zwei Jahren einen PaCS abgeschlossen haben (Art. 777 bis und Art. 777 Abs. 3 CGI, neu gefasst durch Art. 5 PaCS-G).[1191]

Damit sind PaCS-Partner deutlich schlechter gestellt als Ehegatten, denn unentgeltliche Zuwendungen bei Eheleuten unterliegen bei einer Summe von unter 15.000 Euro einem Steuersatz von 5 bzw. 10 Prozent und ab einem Wert von 15.000 Euro einem graduell ansteigenden Steuersatz, der jedoch nie die 40 Prozent Marge übersteigt (Art. 777, Tabelle Nr. 2 CGI).

---

[1185] Ferid/Sonnenberger, FrZR Bd. 3, Rn. 5 B 23.

[1186] Hübner/Constantinesco, Einführung in das französische Recht, S. 211; Pillebout, Le PaCS, S. 48.

[1187] Cornu, Droit civil, La famille, S. 115; Chanteloup/Fauré, Conclure un PaCS, S. 156; Hübner/Constantinesco, S. 211; Pillebout, Le PaCS, S. 48.

[1188] Douet, Dr. famille 1999, Nr. hors série, S. 37, 41; Schreiber, FPR 2001, S. 442, 443; Saint-Hilaire, JCP éd. N 2000, Nr. 10, S. 458.

[1189] Hübner/Constantinesco, Einführung in das französische Recht, S. 211; Bénabent, Droit civil, La famille, S. 270; Douet, Dr. famille 1999, Nr. hors série, S. 37, 41; Chanteloup/Fauré, Conclure un PaCS, S. 181; Cornu, Droit civil, La famille, S. 115.

[1190] Saint-Hilaire, JCP éd. N 2000, Nr. 10, S. 458, 460; Pillebout, Le PaCS, S. 62; Hübner/Constantinesco, Einführung in das französische Recht, S. 211.

[1191] Pillebout, Le PaCS, S. 62.

### h. Sozialversicherungs- und Sozialrecht

Ein PaCS-Partner hat – wie ein Ehepartner – einen Anspruch gegen die Krankenversicherung seines Partners und auf Mutterschaftsgeld (Art. L. 161-14 Abs. 1 CSS, neu gefasst durch Art. 7 PaCS-G).[1192] Ein überlebender PaCS-Partner erhält nach Art. 361-4 CSS auch wie ein überlebender Ehegatte einen Anspruch auf Sterbegeld.[1193]

Mit Abschluss eines PaCS – wie auch mit Abschluss einer Ehe – entfällt allerdings der Anspruch auf familiäre Beihilfe, die einem allein erziehenden Elternteil gewährt wird (Art. L. 523-2 CSS verändert durch Art. 10 PaCS-G).[1194] Darüber hinaus endet im Moment des Abschlusses eines PaCS der Anspruch auf Witwenrente nach Art. L. und R. 356-3 Nr. 1 CSS.[1195]

## 5. Getrenntleben

Der französische Gesetzgeber hat keine gesonderten Regelungen für das Getrenntleben der PaCS-Partner getroffen.

## 6. Beendigung des PaCS

### a. Beendigung des PaCS ohne richterliches Urteil

Der PaCS wird im Gegensatz zur Ehe ohne gerichtliches Urteil beendet.[1196] Gerichtlicher Hilfe bedarf es bei der Beendigung des PaCS nur bei Uneinigkeit über die Rechtsfolgen der Beendigung (Art. 515-7 Abs. 8 C.civ.). Der Urkundsbeamte, der die Beendigung des PaCS in die erforderlichen Register einträgt oder eintragen lässt, trifft dabei keine eigene Entscheidung. Die Scheidung einer Ehe erfolgt hingegen durch Richterspruch.[1197]

### b. Voraussetzungen für die Beendigung des PaCS

Ein PaCS kann unter verschiedenen Voraussetzungen beendet werden: Zum einen kann der PaCS durch eine gemeinsame Beendigungserklärung der Vertragsparteien, zum anderen durch eine einseitige Erklärung eines Partners oder aber durch den Tod oder durch die Heirat eines Partners enden (Art. 515-7 C.civ.).[1198] Der PaCS wird außerdem beendet, wenn die PaCS-Partner einander heiraten.[1199] Wird

---

[1192] Monéger, JCP éd. N 2000, Nr. 10, S. 452, 453; Hübner/Constantinesco, Einführung in das französische Recht, S. 211; Taquet, Gaz. Pal. 2000, Nr. 205, S. 10, 12; Pillebout, Le PaCS, S. 51; Cornu, Droit civil, La famille, S. 114; Schreiber, FPR 2001, S. 442, 443; Vivier, Le PaCS, S. 100.

[1193] Vivier, Le PaCS, S. 101.

[1194] Taquet, Gaz. Pal. 2000, Nr. 205, S. 10, 12; Vivier, Le PaCS, S. 101; Cornu, Droit civil, La famille, S. 114.

[1195] Cornu, Droit civil, La famille, S. 114; Vivier, Le PaCS, S. 101.

[1196] Ferrand, in: Basedow/Hopt/Kötz/Dopffel (Hrsg.), Die Rechtstellung gleichgeschlechtlicher Lebensgemeinschaften, S. 113, 135; Chanteloup/Fauré, Conclure un PaCS, S. 187.

[1197] Bénabent, Droit civil, La famille, S. 143; Cornu, Droit civil, La famille, S. 611.

[1198] Hauser, DEuFamR 2000, S. 29, 30; Chanteloup/Fauré, Conclure un PaCS, S. 187; Schreiber, FPR 2001, S. 442, 443.

[1199] Molas, Dr. et patrimoine 2000, Nr. 81, S. 87; de Belot, Revue Administrer 2000, Nr. 323,

ein Partner unter Vormundschaft gestellt, endet der PaCS ebenfalls (Art. 506 Abs. 1 C.civ.).[1200]
Das Ehescheidungsrecht ist in den Art. 229-310 C.civ. geregelt.[1201] In Art. 229 C.civ. werden drei Fälle der Scheidung aufgelistet: der Fall des gegenseitigen Einverständnisses, das Auseinanderbrechen der ehelichen Gemeinschaft und der Fall des Verschuldens.[1202] Trotz der in Art. 229 C.civ. angeordneten Dreiteilung gibt es noch einen weiteren Fall der Ehescheidung, nämlich den, dass ein Ehegatte die Scheidung beantragt und der Antrag von dem anderen Ehegatten angenommen wird.[1203] Dieser Fall wird zwar vom Gesetzgeber unter den Abschnitt der Ehescheidung auf Grund gegenseitigen Einverständnisses eingeordnet, es handelt sich jedoch aufgrund der unterschiedlichen Voraussetzungen und Rechtsfolgen um einen selbständigen Scheidungsfall.[1204] Anders als der PaCS endet eine Ehe hingegen nicht, wenn ein Ehegatte unter Vormundschaft gestellt wird (Umkehrschluss aus Art. 506-1 C.civ.).

**aa. Beendigung auf Grund gemeinsamen Willens der PaCS-Partner**

Die Beendigung des PaCS auf Grund gegenseitigen Einverständnisses der Partner ist in zwei Konstellationen denkbar. Entweder die Partner wollen sich voneinander lösen und geben eine gemeinsame Erklärung über die Beendigung des PaCS ab oder sie gehen gemeinsam eine Ehe ein.[1205]

**aaa. Beendigung durch gemeinsame Erklärung der Parteien**

Möchten die PaCS-Partner den PaCS gemäß Art. 515-7 Abs. 1 C.civ. durch gemeinsame Erklärung beenden, müssen sie sowohl die formellen als auch die materiellen Beendigungsvoraussetzungen erfüllen.
In dem Beendigungsfall des PaCS durch gemeinsame Beendigungserklärung geben die Partner bei der Geschäftsstelle des Tribunal d'instance, in dessen Bezirk mindestens einer der Partner seinen Aufenthaltsort hat, eine gemeinsame schriftliche Erklärung über den Willen zur Beendigung des PaCS ab (Art. 515-7 Abs. 1 C.civ.).[1206] Die Beendigungserklärungen müssen bei gleichzeitiger Anwesenheit beider PaCS-Partner bei der Geschäftsstelle abgeben werden.[1207] Die Beendigung des PaCS wird dort in ein dafür vorgesehenes Register eingetragen.[1208] Bei der er-

---

S. 11, 25.
[1200] Lemouland, Le Dalloz 1999, Nr. 43, S. 483, 485.
[1201] Todtenhaupt Puttfarken, in: Dopffel (Hrsg.), Unterhaltsrecht in Europa, S. 375, 377.
[1202] Malaurie, Les régimes matrimoniaux, Nr. 345; Ferid-Sonnenberger, FrZR Bd. 3, Rn. 4 B 450; Todtenhaupt Puttfarken, in: Dopffel (Hrsg.), Unterhaltsrecht in Europa, S. 375, 377.
[1203] Malaurie, Les régimes matrimoniaux, Nr. 345; Ferid-Sonnenberger, FrZR Bd. 3, Rn. 4 B 450.
[1204] Ferid-Sonnenberger, FrZR Bd. 3, Rn. 4 B 450, 4 B 491; Wacke, FamRZ 1978, S. 217, 219.
[1205] Molas, Dr. et patrimoine 2000, Nr. 81, S. 87.
[1206] Pillebout, Le PaCS, S. 79; Molas, Dr. et patrimoine 2000, Nr. 81, S. 87; Lemouland, JCP éd. N 2000, Nr. 6, S. 406, 409; Courbe, Droit de la famille, S. 248.
[1207] Ministerialrunderlass zur Anwendung des PaCS und der Rechtsverordnungen zum PaCS v.11.10.2000, S. 38; a.A. Chanteloup/Fauré, Conclure un PaCS, S. 188.
[1208] Courbe, Droit de la famille, S. 248; Molas, Dr. et patrimoine 2000, Nr. 81, S. 87.

forderlichen Stelle kann es sich sowohl um die Geschäftsstelle des Amtsgerichts handeln, bei dem die Partner bereits die gemeinsame Erklärung zum Abschluss des PaCS abgegeben haben, wenn einer der Partner noch in diesem Bezirk wohnt, oder es kann die Geschäftsstelle eines anderen Amtsgerichtes zuständig sein.
Handelt es sich bei dieser Behörde um die Ursprungsbehörde, muss der Urkundsbeamte die ursprüngliche PaCS-Urkunde mit einem Randvermerk über die Beendigung des PaCS versehen. Für den Fall, dass es sich um eine andere Behörde handelt, muss der Urkundsbeamte den Beamten der Geschäftsstelle, der die Erklärung zum Abschluss des PaCS ursprünglich entgegengenommen hat, anweisen, die Beendigung des PaCS einzutragen (vgl. Art. 515-7 Abs. 5 C.civ.).[1209] Vorliegend ist das Erfordernis der Eintragung in der ursprünglichen PaCS-Urkunde allerdings irreführend, denn die beiden Ausführungen des PaCS-Vertrages wurden den PaCS-Partnern zurückgegeben, sodass ein Vermerk auf den Vertragsurkunden nicht möglich sein wird. Der Vermerk über die Beendigung des PaCS erfolgt dann vielmehr am Rande der Urkunde, in der die Eintragung über den Abschluss des PaCS erfolgt ist.[1210]
Weiterhin wird der Vermerk über die Beendigung des PaCS am Rande des im fünften Absatz des Artikels 515-3 C.civ. vorgesehenen Registers eingetragen, d.h. bei der Geschäftsstelle des Amtsgerichts des Geburtsortes jedes Vertragspartners. Wenn ein Partner im Ausland geboren wurde, ist die Geschäftsstelle des Amtsgerichtes in Paris zuständig (Art. 513-3 Abs. 5 C.civ.).
Die Ehegatten müssen im Falle des gegenseitigen Einverständnisses über die Scheidung einen gemeinsamen Scheidungsantrag stellen (Art. 230 Abs. 1 C.civ.).[1211] Dieser Antrag muss gemäß Art. 230 Abs. 1 2. Hs. C.civ. einen Vertragsentwurf der Ehegatten enthalten, der die Scheidungsfolgen regelt.[1212]
Die materiellen Voraussetzungen, die an die Beendigung des PaCS durch übereinstimmende Beendigungserklärung geknüpft werden, müssen ebenfalls erfüllt sein. Die Einigkeit der Partner in Art. 515-7 Abs. 1 C.civ. bezieht sich auf die Beendigung des PaCS. Es ist allerdings nicht erforderlich, dass sich die Partner über die Folgen der Auflösung einigen.[1213] Der Wille der Partner zur Beendigung des PaCS wird nicht behördlich überprüft.
Die Scheidung auf Grund gemeinsamen Einverständnisses (consentement mutuel), die in den Art. 230-232 C.civ. geregelt ist, erfolgt im Gegensatz zu dem vergleichbaren Fall der Beendigung des PaCS durch ein kompliziertes Kontrollverfahren vor dem Scheidungsrichter.
Bei der richterlichen Prüfung muss sich der Scheidungswille der Eheleute als ernstlich erweisen (volonté réele), und der Richter muss zu der Überzeugung kommen, dass jeder der beiden Eheleute seine Zustimmung frei gegeben hat (Art. 232

[1209] De Belot, Revue Administrer 2000, Nr. 323, S. 11, 24; Pillebout, Le PaCS, S. 80.
[1210] Pillebout, Le PaCS, S. 80.
[1211] Hübner/Constantinesco, Einführung in das französische Recht, S. 216; Courbe, Droit de la famille, S. 124; Bénabent, Droit civil, La famille, S. 171.
[1212] Renault-Brahinsky, Droit de la famille, S. 81; Bénabent, Droit civil, La famille, S. 170.
[1213] Chanteloup/Fauré, Conclure un PaCS, S. 187.

Abs. 1 C.civ.).[1214] Außerdem muss der beidseitige Scheidungswille zum Zeitpunkt der gerichtlichen Prüfung noch vorhanden sein (volonté persistante).[1215] Außerdem überprüft der Scheidungsrichter die Vereinbarung der Eheleute über die Scheidungsfolgen (Art. 232 Abs. 1 S. 2 C.civ.).[1216] Der Richter hat die Möglichkeit, die Genehmigung der Scheidungsvereinbarung abzulehnen und die Scheidung zu verweigern, wenn er zu dem Entschluss kommt, dass die Übereinkunft der Ehegatten das Interesse der Kinder oder eines Ehegatten nicht ausreichend berücksichtigt (Art. 232 Abs. 2 C.civ.).[1217] Obwohl bei den Ehegatten Einigkeit über die Scheidung besteht, bleibt die Entscheidung über die Scheidung der Ehe somit dem Richter überlassen.[1218]

Im Falle einer gemeinsamen Beendigungserklärung der PaCS-Partner endet der PaCS erst zu dem Zeitpunkt, in dem der Vermerk über die Beendigung des PaCS am Rande der Urkunde, in der die Eintragung über den Abschluss des PaCS ursprünglich erfolgt ist, vermerkt wurde (Art. 515-7 Abs. 7 Nr. 1 C.civ.).[1219]

Dies führt dazu, dass eine zeitliche Zäsur zwischen der Abgabe der gemeinsamen Beendigungserklärung der Partner und dem Zeitpunkt der Eintragung in das erforderliche Register entstehen kann, da der Urkundsbeamte, der die Beendigungserklärung entgegennimmt, nicht mit dem der ursprünglichen Geschäftsstelle übereinstimmen muss.[1220] Außerdem haben die Partner weder Einfluss auf den Zeitpunkt der Eintragung in das Register noch haben sie Kenntnis von dem genauen Zeitpunkt der Registrierung der Beendigung des PaCS.[1221] Dies kann vor allem deshalb problematisch sein, da in der Zeitspanne zwischen Erklärung und Eintra-

---

[1214] Sonnenberger/Autexier, Einführung in das französische Zivilrecht, S. 103; Bénabent, Droit civil, La famille, S. 169; Groslière, La réforme du divorce 1975, S. 29; Renault-Brahinsky, Droit de la famille, S. 81.

[1215] Lindon/Bénabent, Droit civil, La famille, S. 265; Carbonnier, Droit civil, La Famille, S. 210; Renault-Brahinsky, Droit de la famille, S. 81.

[1216] Groslière, La réforme du divorce 1975, S. 30; Sonnenberger/Autexier, Einführung in das französische Zivilrecht, S. 103; Ferid-Sonnenberger, FrZR Bd. 3, Rn. 4 B 452. Die Reichweite der Scheidungsvereinbarung hat sich nach Art. 1097 NCPC – wie auch beim Verfahren der deutschen Scheidung in § 630 ZPO – auf die Gesamtheit der Scheidungswirkungen zu erstrecken. Gefordert wird ein „règlement complet des effets du divorce“. Es müssen dabei die Wirkungen der Scheidung auf die Eheleute im Hinblick auf die Namensführung, die Rechte an der bisher innegehabten Wohnung, die Höhe der Ausgleichsleistungen nach Art. 270 C.civ., die Ansprüche aus Sozialversicherungs- und Ruhegeldrenten, die Rechtsbeständigkeit von Schenkungen und sonstigen wirtschaftlichen Vorteilen, die güterrechtliche Auseinandersetzung, die Tragung der Verfahrenskosten und die Wirkungen auf das Verhältnis der Eltern zu den Kindern geregelt werden (Ferid-Sonenberger, FrZR Bd. 3, Rn. 4 B 474).

[1217] Sonnenberger/Autexier, Einführung in das französische Zivilrecht, S. 103; Renault-Brahinsky, Droit de la famille, S. 82.

[1218] Groslière, La réforme du divorce 1975, S. 19.

[1219] Renault-Brahinsky, Droit de la famille, S. 38; Hübner/Constantinesco, Einführung in das französische Recht, S. 211.

[1220] Lemouland, JCP éd. N 2000, Nr. 9, S. 406, 409.

[1221] Courbe, Droit de la famille, S. 248.

gung in das ursprüngliche Register die Vermutung des Miteigentums und die gesamtschuldnerische Haftung weiterhin fortdauert.[1222]
Die Ehe endet hingegen zum Zeitpunkt des entsprechenden Urteilsspruches.

**bbb. Beendigung des PaCS durch Eingehung einer gemeinsamen Ehe**

Der PaCS endet naturgemäß im gegenseitigen Einvernehmen, wenn die PaCS-Partner miteinander eine Ehe eingehen.[1223] Das Ende des PaCS tritt dann zum Zeitpunkt der Eheschließung ein (Art. 515-7 Abs. 7 Nr. 3 C.civ.).
Demgegenüber kann eine Ehe nicht durch die Eingehung einer anderen Ehe beendet werden, denn eine Ehe kann nicht geschlossen werden, wenn eine Partei bereits verheiratet ist (Verbot der Doppelehe, Art. 147 C.civ.).[1224]

**bb. Beendigung des PaCS durch einseitige Entscheidung eines Partners**

Der PaCS kann auch auf Grund einseitiger Entscheidung aufgelöst werden.
Entscheidet nur ein Partner, den PaCS zu beenden, muss er den anderen Partner durch Zustellung seiner Erklärung darüber in Kenntnis setzen und der Geschäftsstelle des Amtsgerichts, bei der die Erklärung über den Abschluss des PaCS seinerzeit abgegeben wurde, eine Kopie von der Beendigungserklärung zusenden (Art. 515-7 Abs. 2 C.civ.). Nach Erhalt dieser Kopie trägt der Urkundsbeamte dann einen Vermerk über die Beendigung des PaCS am Rande der ursprünglichen Registereintragung über den Abschluss des PaCS ein und veranlasst einen entsprechenden Vermerk in das Register, das vom Amtsgericht des Geburtsortes eines jeden Partners geführt wird.
Bei der einseitigen Beendigungserklärung zum PaCS ist weder erforderlich, dass der die Erklärung abgebende PaCS-Partner einen Grund für seine Entscheidung nennt, noch dass er Umstände und Gegebenheiten des gemeinsamen Lebens preisgibt, die die Fortführung der Lebensgemeinschaft unerträglich machen.[1225] Ein Verschulden des anderen Partners ist ebenfalls nicht erforderlich.
Im Eherecht werden bei einseitigem Antrag je nach dem angegebenen Scheidungsgrund drei verschiedene Fälle unterschieden: die von einem Ehegatten beantragte und von dem anderen Ehegatten angenommene Scheidung, die Scheidung wegen Zerrüttung der ehelichen Gemeinschaft und die Scheidung wegen Verschuldens.[1226]
Der Hergang des Scheidungsfalles der von einem beantragte und von dem anderen angenommenen Scheidung vollzieht sich derart, dass einer der Ehegatten gemäß Art. 233 C.civ. einen Antrag auf Scheidung stellt, indem er eine Gesamtheit von Tatsachen vorträgt, die teils von dem einen und teils von dem anderen Ehegatten ausgehen und die eine Aufrechterhaltung der ehelichen Gemeinschaft unerträglich

---

1222 Courbe, Droit de la famille, S. 248.
1223 Chanteloup/Fauré, Conclure un PaCS, S. 193; Pillebout, Le PaCS, S. 83.
1224 Bénabent, Droit civil, La famille, S. 33; Courbe, Droit de la famille, S. 30.
1225 Bénabent, Droit civil, La famille, S. 278; Mécary, Droit et homosexualité, S. 184.
1226 Sonnenberger/Autexier, Einführung in das französische Zivilrecht, S. 103.

machen (Art. 233 a. E. C.civ.: rendre intolérable le maintien de la vie commune).[1227]
An diese Tatsachen werden folgende Anforderungen gestellt: Es muss sich um eine Gesamtheit von Tatsachen (ensemble de faits) und nicht nur um einen einma-ligen Sachverhalt handeln. Weiterhin müssen die Tatsachen gemäß Art. 233 C.civ. von beiden Ehegatten herrühren (procédant de l'un et de l'autre). Eine Zurechenbarkeit hinsichtlich der Tatsachen wie bei Fehlern ist allerdings nicht erforderlich.[1228]
Gesteht der andere Ehegatte die Tatsachen vor dem Richter ein (Art. 234 S. 1 C.civ.), spricht der Richter die Ehescheidung sofort aus.[1229] Durch das Erfordernis eines Prozesses wird zwar immer eine gewisse Zeit vergehen, es müssen aber nicht notwendigerweise drei Monate wie beim PaCS sein. Räumt der andere Ehegatte die Tatsachen nicht ein, dann kommt es nicht zu einer Scheidung der Ehe (Art. 235 C.civ.).[1230] In diesem Fall kann der scheidungswillige Ehegatte nur versuchen, die Voraussetzungen eines anderen Scheidungsfalles zu erfüllen.
Bei der Scheidung wegen Zerrüttung der ehelichen Gemeinschaft und der Scheidung wegen Verschuldens muss ebenfalls ein Antrag gestellt werden mit dem Inhalt, dass die eheliche Gemeinschaft zerrüttet ist oder den anderen Ehegatten ein Verschulden trifft.
Der Fall der Scheidung wegen Zerrüttung der ehelichen Gemeinschaft (pour rupture de la vie commune) gemäß Art. 237-241 C.civ. setzt entweder voraus, dass die Ehegatten seit sechs Jahren getrennt leben (Art. 237 C.civ.) oder dass der Geisteszustand des anderen Ehegatten seit sechs Jahren so schwerwiegend verändert ist, dass zwischen den Ehegatten keine Lebensgemeinschaft mehr besteht und auch nicht zu erwarten ist, dass sie in der Zukunft wiederhergestellt wird (Art. 238 Abs. 1 C.civ.).[1231]
Der Richter kann den Antrag von Amts wegen verweigern, wenn die Gefahr besteht, dass die Ehescheidung für die Gesundheit des anderen Ehegatten allzu schwere Folgen haben würde (Art. 238 Abs. 2, 240 Abs. 2 C.civ.).
Der Richter kann die Scheidung wegen Zerrüttung der ehelichen Gemeinschaft ebenfalls gemäß Art. 240 Abs. 1 C.civ. ablehnen, wenn der andere Ehegatte dartut, dass die Scheidung für ihn wegen seines Alters und der Dauer der Ehe oder für die gemeinsamen Kinder ganz schwerwiegende wirtschaftliche oder moralische Folgen hätte. Dies kann z.B. der Fall sein, wenn eine Scheidung für einen Partner aus religiösen Gründen unzumutbar ist.[1232]
In den Normen zur Beendigung des PaCS sind dagegen keine solchen moralischen oder wirtschaftlichen Härteklauseln enthalten. Hier offenbart sich ein ganz grund-

[1227] Renault-Brahinsky, Droit de la famille, S. 82; Sonnenberger/Autexier, Einführung in das französische Zivilrecht, S. 103.
[1228] Groslière, La réforme du divorce 1975, S. 39; Ferid-Sonenberger, FrZR Bd. 3, Rn. 4 B 489.
[1229] Renault-Brahinsky, Droit de la famille, S. 83.
[1230] Renault-Brahinsky, Droit de la famille, S. 83.
[1231] Renault-Brahinsky, Droit de la famille, S. 84; Hübner/Constantinesco, Einführung in das französische Recht, S. 211.
[1232] Hübner/Constantinesco, Einführung in das französische Recht, S. 217.

legender Unterschied zwischen PaCS und Ehe: Beim PaCS handelt es sich um ein sehr neues Rechtsinstitut, bei dem ein Werteprozess noch nicht stattgefunden hat. Die Ehe hingegen weist – im Gegensatz zum PaCS – eine unermesslich lange Rechts- und Glaubenstradition auf, sodass eine Scheidung auch aus rein ethischen Gründen abgelehnt werden kann.

Die Scheidung wegen Verschuldens (divorce pour faute) gemäß Art. 242 bis 246 C.civ. ist ebenfalls ein dem PaCS fremder Beendigungsgrund. Bei der Ehescheidung aus Verschulden kann ein Ehegatte die Scheidung auf Grund von Tatsachen beantragen, die dem anderen Ehegatten zuzurechnen sind.[1233] Diese Tatsachen müssen eine schwere oder wiederholte Verletzung der ehelichen Verpflichtungen und Obliegenheiten darstellen und die Aufrechterhaltung der ehelichen Gemeinschaft unerträglich machen (Art. 242 C.civ.).[1234]

Außerdem kann eine Scheidung wegen Verschuldens ausgesprochen werden, wenn ein Ehegatte eine Straftat im Sinne des Art. 131-1 C.civ. begangen hat (Art. 243 C.civ.).[1235]

Im Falle der einseitigen Beendigung des PaCS verliert der PaCS nach drei Monaten ab der Zustellung der Auflösungserklärung an den Partner seine Wirksamkeit.[1236] Die Frist beginnt allerdings erst zu laufen, wenn der Urkundsbeamte, der die ursprüngliche Erklärung zum Abschluss des PaCS von den Partnern entgegengenommen hat, über die Beendigungsabsicht eines Partners durch Zusendung einer Abschrift des Auflösungsbegehrens in Kenntnis gesetzt wurde (Art. 515-7 Nr. 2 C.civ.). Diese Zusendung wird nach Art. 6 der Durchführungsverordnung vom 21. Dezember 1999 von einem Gerichtsvollzieher vorgenommen.[1237] Unter Umständen kann dieser sich bei zu später Zusendung schadensersatzpflichtig machen.[1238]

Diese dreimonatige Frist gibt dem Partner, der entweder nicht mit einer Auflösung des PaCS einverstanden ist oder erst durch Zustellung der Beendigungserklärung von dem Entschluss seines Partners erfahren hat, die Möglichkeit, sich auf die neue Situation einzustellen; denn während dieser drei Monate bestehen die Rechtswirkungen des PaCS, insbesondere die Pflicht zur gegenseitigen finanziellen Unterstützung aus Art. 515- 4 Abs. 1 C.civ.,[1239] die gesamtschuldnerische Haftung nach Art. 515-4 Abs. 2 C.civ. oder auch die Miteigentumsvermutung des Art. 515-5 C.civ. weiter fort. Bezüglich dieser beiden letzten Wirkungen des PaCS besteht die Gefahr, dass ein Partner die Rechtslage ausnutzt, um den anderen Partner zu schädigen, indem er z.B. Verträge abschließt, für die beide Partner gesamtschuldnerisch haften müssen, oder Rechtshandlungen hinsichtlich der Güter vornimmt, die im Miteigentum beider Partner stehen.[1240] Deswegen sieht das bürgerliche Recht (droit commun) die Möglichkeit vor, dass diejenige Person, die solche Schä-

1233 Renault-Brahinsky, Droit de la famille, S. 87.
1234 Sonnenberger/Autexier, Einführung in das französische Zivilrecht, S. 104.
1235 Renault-Brahinsky, Droit de la famille, S. 89.
1236 Hübner/Constantinesco, Einführung in das französische Recht, S. 211.
1237 Rechtsverordnung Nr. 99-1089 v. 21.12.1999.
1238 De Belot, Revue Administrer 2000, Nr. 323, S. 11, 25.
1239 Pillebout, Le PaCS, S. 82; Renault-Brahinsky, Droit de la famille, S. 38.
1240 Bénabent, Droit civil, La famille, S. 279.

den befürchtet, im Wege einer einstweiligen Verfügung die Anordnung von Maßnahmen erreichen kann, die erforderlich sind, um drohende Schäden abzuwenden.[1241]
Diese einseitige Beendigungsmöglichkeit (décision unilatérale) beim PaCS wurde vielfach kritisiert. Es wurde befürchtet, dass sie einer Verstoßung des anderen Partners gleichkomme (siehe dazu die Ausführungen zur Entscheidung des französischen Verfassungsrates unter 1. Teil, § 4, III., 2., e.).[1242] Diese Möglichkeit, den PaCS einseitig zu beenden, beruht jedoch auf dem Prinzip der Vertragsfreiheit.[1243] Die Ehe endet wiederum zum Zeitpunkt des richterlichen Urteils über die Scheidung.

**cc. Beendigung des PaCS dadurch, dass ein Partner unter Vormundschaft gestellt wird**

Wird einer der Partner unter Vormundschaft gestellt, endet der PaCS dadurch nicht automatisch, sondern die Auflösung muss beantragt werden.[1244] Zum einen kann der Vormund, der vom Familienrat die Erlaubnis erlangt hat, oder der Vormundschaftsrichter den PaCS beenden (Art. 506-1 Abs. 2 C.civ.).[1245] Abhängig davon, ob der andere Partner mit der Beendigung einverstanden ist oder nicht, gelten die Modalitäten der einverständlichen oder der einseitigen Beendigung des PaCS.[1246] Geht die Initiative der Beendigung des PaCS von dem Partner aus, der nicht unter Vormundschaft gestellt ist, muss dieser dem Vormund seine Entscheidung mitteilen (Art. 506 Abs. 3 C.civ.).[1247] Die Entscheidung über die Beendigung des PaCS kann vom Vormund angenommen oder abgelehnt werden. Je nachdem, ob eine Einigung zustande kommt oder nicht, müssen wiederum die Formalitäten der gemeinsamen oder der einseitigen Beendigung des PaCS eingehalten werden.[1248]
Dieser Beendigungsgrund beim PaCS weist Ähnlichkeiten zu dem in Art. 238 C.civ. aufgeführten Grund des Ehescheidungsrechts auf, wonach die Beeinträchtigung des Geisteszustandes eines Ehegatten den anderen zu einem Scheidungsantrag berechtigen kann. Allerdings wird bei der Ehe nicht vorausgesetzt, dass der kranke Ehegatte unter Vormundschaft steht, sondern allein dass die krankhafte Geistesstörung seit mindestens sechs Jahren besteht.
Eine Ehe endet hingegen nicht, wenn ein Ehegatte unter Vormundschaft gestellt wird (Umkehrschluss aus Art. 506-1 C.civ.).

---

[1241] Bénabent, Droit civil, La famille, S. 279.
[1242] De Belot, Revue Administrer 2000, Nr. 323, S. 11, 24.
[1243] CC 99-419 DC, v. 9.11.1999, Entscheidungsgrund Nr. 67, S. 69; Molas, Dr. et patrimoine 2000, Nr. 81, S. 87; Lemouland, JCP éd. N 2000, Nr. 9, S. 406, 409.
[1244] Lemouland, JCP éd. N 2000, Nr. 9, S. 406, 410.
[1245] Pillebout, Le PaCS, S. 82.
[1246] Chanteloup/Fauré, Conclure un PaCS, S. 197; Pillebout, Le PaCS, S. 82.
[1247] Pillebout, Le PaCS, S. 83; Chanteloup/Fauré, Conclure un PaCS, S. 198.
[1248] Pillebout, Le PaCS, S. 83.

### dd. Beendigung des PaCS durch Heirat eines Partners

Diese Beendigungsmöglichkeit des PaCS durch Heirat eines Partners gemäß Art. 515-7 Abs. 3 C.civ. wird gewährleistet, um dem verfassungsrechtlichen Erfordernis der Eheschließungsfreiheit Rechnung zu tragen.[1249] Bei der Ehe muss ein Ehepartner zunächst eine Scheidung der Ehe gerichtlich erstreiten, bevor er eine neue Ehe eingehen kann.

Beendet ein Partner den PaCS, indem er heiratet (Art. 515-7 Abs. 3 C.civ.), ist der heiratende Partner angehalten, den anderen Partner mittels Zustellung über seine Eheschließung zu benachrichtigen.[1250] Weiterhin ist er verpflichtet, der Geschäftsstelle des Gerichts, die die ursprüngliche Willenserklärung zum Abschluss des PaCS entgegengenommen hat, eine Abschrift von der Zustellung sowie eine Kopie seiner Geburtsurkunde, die am Rand den Vermerk der Eheschließung enthält, zuzusenden (Art. 515-7 Abs. 3 C.civ.).[1251] Nachdem die Geschäftsstelle des Amtsgerichts die Heiratsurkunde erhalten hat, wird die Beendigung des PaCS von dem Urkundsbeamten in der PaCS-Urkunde vermerkt und die Änderung der Registereintragung bei der Geschäftsstelle des Geburtsortes beider Vertragsparteien angeordnet.

Die Wirkung des PaCS endet im Moment der Eheschließung (Art. 515-7 Abs. 7 Nr. 3 C.civ.). Die Einhaltung der Formerfordernisse hat keinen Einfluss auf das Ende des PaCS.[1252]

### ee. Beedigung des PaCS durch Tod eines Partners

Erfolgt die Beendigung des PaCS durch den Tod eines oder beider Partner, schickt der überlebende Partner oder jeder, der daran ein Interesse hat, der Geschäftsstelle des Gerichts, das ursprünglich die Willenserklärung zum Abschluss des PaCS entgegengenommen hat, eine Abschrift der Todesurkunde zu.[1253]

Auch in diesem Fall wird die Beendigung des PaCS wieder vom Urkundsbeamten in dem Register vermerkt, in dem bereits der Abschluss des PaCS eingetragen wurde. Zudem erfolgt eine Eintragung der Beendigung des PaCS in das Register, das beim Amtsgericht des Geburtsortes des überlebenden Vertragspartners geführt wird. Der PaCS verliert zum Zeitpunkt des Todes eines Partners oder beider Partner seine Wirkung.[1254]

Die Ehe endet ebenfalls gemäß Art. 227 C.civ. durch den Tod eines Ehegatten.

---

[1249] CC 99-419 DC, v. 9.11.1999, Entscheindungsgrund Nr. 69; CC 93-325, v. 13.8.1993; Molas, Dr. et patrimoine 2000, Nr. 81, S. 87, 88; Lemouland, JCP éd. N 2000, Nr. 9, S. 406, 410.

[1250] Molas, Dr. et patrimoine 2000, Nr. 81, S. 87, 88.

[1251] Courbe, Droit de la famille, S. 247.

[1252] Lemouland, JCP éd. N 2000, Nr. 9, S. 406, 410; Molas, Dr. et patrimoine 2000, Nr. 81, S. 87, 88.

[1253] Molas, Dr. et patrimoine 2000, Nr. 81, S. 87, 88; Lemouland, JCP éd. N 2000, Nr. 9, S. 406, 410; Pillebout, Le PaCS, S. 84.

[1254] De Belot, Revue Administrer 2000, Nr. 323, S. 11, 25; Molas, Dr. et patrimoine 2000, Nr. 81, S. 87, 88.

### ff. Vergleich zwischen Beendigung des PaCS und Scheidung der Ehe

Die Beendigung des PaCS stellt sich insgesamt als viel einfacher dar als die Scheidung der Ehe, was darauf zurückzuführen ist, dass dafür keine gerichtliche Entscheidung erforderlich ist.

Während die Beendigung des PaCS bei gegenseitigem Einverständnis der PaCS-Partner über das Ende des PaCS ohne Probleme erfolgt, muss der Richter bei der Ehescheidung – auch wenn die Ehegatten sich über die Scheidung einig sind – ein kompliziertes Kontrollverfahren durchführen.

Ganz gravierend sind die Unterschiede vor allem bei der einseitigen Beendigung von PaCS und Ehe. Der PaCS endet bei einseitigem Beendigungswillen nach Ablauf von drei Monaten nach der Beendigungserklärung, ohne dass dafür irgendwelche materiellen Voraussetzungen erfüllt sein müssten. Eine Ehescheidung ist bei einseitigem Scheidungsantrag hingegen nur möglich, wenn der andere Ehegatte zustimmt, wenn die Ehe bereits sechs Jahre zerrüttet oder ein Partner seit sechs Jahren geistig verwirrt ist oder wenn den anderen Ehegatten ein schwerwiegendes Verschulden trifft, das die Aufrechterhaltung der ehelichen Gemein-schaft unerträglich macht.

Diese Unterschiede bei der Möglichkeit, den PaCS und die Ehe zu beenden, hängen damit zusammen, dass der Gesetzgeber mit dem PaCS ein Rechtsinstitut schaffen wollte, das sich weitgehend von der Ehe unterscheidet.[1255] Den PaCS-Partnern soll so viel Freiheit wie möglich gewährt werden, ohne die Partner allerdings schutzlos zu lassen.[1256] Diese weitgehende Autonomie der Partner soll durch die Möglichkeit, den PaCS einfach einseitig beenden zu können, gewährt werden.[1257]

Diese unkomplizierte Möglichkeit der einseitigen Auflösung des PaCS hat allerdings zur Folge, dass der PaCS den PaCS-Partnern keinen beständigen und verlässlichen Schutz bieten kann.[1258]

### 7. Wirkungen der Beendigung des PaCS

Zwar geht der Gesetzgeber in 515-7 Abs. 8 C.civ. davon aus, dass die PaCS-Partner selbst den Ausgleich für die während des PaCS gegeneinander begründeten Forderungen vornehmen.[1259] Dies steht jedoch im Widerspruch zu der Anzahl der im Gesetz aufgelisteten Auflösungsgründe.[1260] Daher ist davon auszugehen, dass die Auflösung des PaCS zu Konfliktsituationen führen wird, die von den Zivilgerichten entschieden werden.[1261] Sachlich zuständig ist dann nicht wie bei der Ehe der Familienrichter (juge aux affaires familiales) des Tribunal de grande instance, sondern nach den Art. 311-1 ff. und R. 311.1 ff. des Code de l'organi-

---

[1255] Bericht Nr. 1097 v. Jean-Pierre Michel, eingereicht bei der Ass. Nat. am 23.9.1998, S. 6.
[1256] Bericht Nr. 1097 v. Jean-Pierre Michel, eingereicht bei der Ass. Nat. am 23.9.1998, S. 9.
[1257] Bericht Nr. 1097 v. Jean-Pierre Michel, eingereicht bei der Ass. Nat. am 23.9.1998, S. 9.
[1258] Cornu, Droit civil, La famille, S. 108.
[1259] Courbe, Droit de la famille, S. 249; Lemouland, Le Dalloz 1999, Nr. 43, S. 483, 485.
[1260] Vauvillié, Dr. et patrimoine 2001, Nr. 91, S. 26, 30.
[1261] Lemouland, Le Dalloz 1999, Nr. 43, S. 483, 485; Courbe, Droit de la famille, S. 249.

sation judiciaire die allgemeinen Zivilrichter des Tribunal de grande instance.[1262] Nach der Beendigung des PaCS kommen mehrere Ansprüche der ehemaligen PaCS-Partner untereinander in Betracht.

### a. Auflösung des Miteigentums

#### aa. Regelung beim PaCS

Der Gesetzgeber hat keine ausdrückliche Regelung über die Auflösung des Miteigentums getroffen. Deswegen ist davon auszugehen, dass die allgemeinen Regeln zur Auflösung des Miteigentums Anwendung finden.
Tritt die gesetzliche Vermutung des Miteigentums des Art. 515-5 Abs. 1 S. 1 C.civ. ein, so richtet sich die Verteilung des Miteigentums nach den Art. 815 bis Art. 815-18 C.civ.[1263] Danach darf niemand dazu gezwungen werden, das Miteigentum am Hausrat oder den anderen von den Partnern nach Abschluss des PaCS entgeltlich erworbenen Gegenständen aufrechtzuerhalten,[1264] sodass die Partner jederzeit gerichtlich die Auflösung des Miteigentums verlangen können.[1265] Dies wurde vom Verfassungsrat ebenfalls bestätigt.[1266] Die Verteilung des Miteigentums erfolgt in der Weise, dass jedem Partner die Hälfte des Wertes an dem Gegenstand oder der Immobilie zusteht (Art. 515-5 Abs. 1 und 2 C.civ.).[1267] Das Miteigentum endet jedoch nicht zwangsläufig mit der Beendigung des PaCS. Die ehemaligen PaCS-Partner können auch entscheiden, den Güterstand des Miteigentums fortbestehen zu lassen.[1268] Wurde hingegen von den PaCS-Partnern das Miteigentum vertraglich vereinbart, dann bestimmen sich die Rechtsfolgen der Auflösung nach den Art. 1873-1 ff. C.civ.[1269] Den PaCS-Partnern ist es dann nicht möglich, vor Ablauf der vertraglich vereinbarten Frist einen Antrag auf Auflösung des Miteigentums zu stellen. Jedoch kann die Beendigung des PaCS als wichtiger Grund i.S.d. Art. 1873-3 Abs. 1 S. 3 C.civ. angesehen werden, bei dessen Vorliegen die Beendigung des Miteigentums bereits vor Ablauf der vertraglich vereinbarten Frist möglich ist.[1270] Wurde keine Frist vereinbart, dann darf die Auflösung jederzeit beantragt werden, es sei denn dies widerspricht dem Vertrag (Art. 1873-3 Abs. 2 C.civ.). Die Verteilung des Miteigentums richtet sich nach der von den Parteien vereinbarten Quote.

---

1262 Molas, Dr. et patrimoine 2000, Nr. 81, S. 87, 91; Vauvillé, Dr. et patrimoine 2001, Nr. 91, S. 26, 30; Courbe, Droit de la famille, S. 249.
1263 Chanteloup/Fauré, Conclure un PaCS, S. 208.
1264 Chanteloup/Fauré, Conclure un PaCS, S. 208.
1265 Chanteloup/Fauré, Conclure un PaCS, S. 208.
1266 CC 99-419 DC, 9.11.1999, Entscheidungsgrund Nr. 87.
1267 Molas, Droit et Partimoine 2000, Nr. 81, S. 87, 89.
1268 Vivier, Le PaCS, S. 123, Chanteloup/Fauré, Conclure un PaCS, S. 209.
1269 Pillebout, Le PaCS, S. 94; Vivier, Le PaCS, S. 125.
1270 Vivier, Le PaCS, S. 124.

### bb. Vergleichende Darstellung der Auflösung des Güterstandes bei der Ehe

Bei der Verteilung des Gesamtguts nach der Ehescheidung wird danach unterschieden, in welchem Güterstand sich die Ehegatten während der Ehe befunden haben.

#### aaa. Auflösung des gesetzlichen Güterstandes der Errungenschaftsgemeinschaft

Beim gesetzlichen Güterstand der Errungenschaftsgemeinschaft wird das Gesamtgut unter den ehemaligen Ehegatten aufgeteilt.[1271] Die Gütermassen der beiden Ehegatten innerhalb des Gesamtguts müssen zunächst inhaltlich bestimmt werden. Dann wird für jeden Ehegatten eine Liste der Ausgleichszahlungen (récompenses) erstellt, die die Gemeinschaft ihm und die er der Gemeinschaft schuldet.[1272] Aus dem Gemeinschaftsgut, zu dem alle Güter gehören, die die Ehegatten während der Ehe erworben haben, sowie alle Schulden, die von den Partnern für den Haushalt und die Erziehung der Kinder eingegangen worden sind, bekommt derjenige Ehegatte, der während der Ehe aus seinem eigenen Vermögen dem Gemeinschaftsgut Vermögenswerte zugeführt hat, dafür eine Ausgleichzahlung. Wurde beispielsweise ein im Alleineigentum eines Partners stehendes Haus verkauft und ist der Kaufpreis zur Deckung der Kosten des täglichen Lebens der beiden Partner ausgegeben worden, so steht dem ehemaligen Eigentümer des Hauses ein Ausgleichsanspruch aus dem Gesamtgut in Höhe der Hälfte des Kaufpreises des Hauses zu. Es steht diesem ehemaligen PaCS-Partner die Hälfte des Kaufpreises zu, da er sich zur Hälfte an den Kosten des täglichen Lebens beteiligen musste. Eine Ausgleichspflicht kann auch im umgekehrten Fall bestehen, wenn ein Ehegatte sich zu Lasten der Gemeinschaft bereichert hat.

Nach Berechnung der Ausgleichsbeträge aus dem Gemeinschaftsgut werden die restlichen Güter in zwei Teile geteilt.[1273]

#### bbb. Auflösung des Güterstandes der Zugewinngemeinschaft

Nach der Scheidung der Ehe werden die Zugewinne, die jeder Ehepartner während der Ehe erzielt hat, miteinander verglichen. Der Partner, der den geringeren Zugewinn erwirtschaftet hat, hat einen Anspruch auf eine Beteiligung am Zugewinn des anderen.[1274] Dabei wird das Anfangsvermögen der Partner bei Abschluss der Ehe mit dem Endvermögen zum Zeitpunkt der Auflösung der Ehe gegenübergestellt. Der Ehegatte, der den niedrigeren Zugewinn erwirtschaftet hat, hat einen An-

[1271] Bénabent, Droit civil, La famille, S. 116. Die Errungenschaftsgemeinschaft wird ebenfalls beendet bei Tod eines Ehegatten, bei gerichtlich festgestellter Verschollenheit, Scheidung, Trennung von Tisch und Bett, Gütertrennung und Güterstandswechsel (vgl. Art. 1441 C.civ).

[1272] Ferrand, in: Henrich (Hrsg.), Eheliche Gemeinschaft, Partnerschaft und Vermögen im europäischen Vergleich, S. 73, 92.

[1273] Bénabent, Droit civil, La famille, S. 116.

[1274] Ferrand, in: Henrich (Hrsg.), Eheliche Gemeinschaft, Partnerschaft und Vermögen im europäischen Vergleich, S. 73, 97; Courbe, Droit de la famille, S. 89.

spruch gegen den anderen auf die Hälfte des Betrages, um den der Überschuss des anderen seinen Zugewinn übersteigt (Art. 1575 Abs. 2 C.civ.).[1275]

#### cc. Vergleich zwischen der Beendigung des Güterstandes beim PaCS und bei der Ehe

Da die PaCS-Partner keinen ehelichen Güterstand vereinbaren können, bestehen auch nach der Beendigung des PaCS keine Ausgleichsansprüche der Partner untereinander, die denen bei Beendigung des gesetzlichen Güterstandes der Errungenschaftsgemeinschaft ähneln. Es besteht nach Auflösung des PaCS auch kein Anspruch auf Zugewinnausgleich. Eine Übereinstimmung besteht jedoch in Bezug auf den ehelichen Güterstand der Gütertrennung, bei dem es auch die Vermutung des Miteigentums gibt.

### b. Ausgleich für Verbindlichkeiten unter den ehemaligen PaCS-Partnern

Hinsichtlich des Ausgleichs von Verbindlichkeiten nach der Beendigung des PaCS kann die Rechtsprechung zur Beendigung der nichtehelichen Lebensgemeinschaft und zu Verlobten herangezogen werden.[1276]

In Bezug auf nichteheliche Lebensgemeinschaften wurde beispielsweise entschieden, dass einem Lebensgefährten nach Beendigung der Beziehung ein Anspruch aus ungerechtfertigter Bereicherung zustehen kann, wenn er für die Beziehung seinen Beruf aufgegeben und unentgeltlich für den anderen in dessen Firma oder Geschäft gearbeitet hat.[1277] Dadurch, dass dieser Partner kein Gehalt bekommen hat, hat bei ihm eine Entreicherung (appauvrissement) stattgefunden, während bei dem Partner, für den er gearbeitet hat, eine wechselseitig aufeinander bezogene Bereicherung (enrichissement) festzustellen ist. Da dieser Partner auf diese Bereicherung keinen Anspruch hat, steht dem verlassenen Partner nach der Beendigung des PaCS ein Ausgleichsanspruch zu.[1278] Die Rechtsprechung hat für die nichteheliche Lebensgemeinschaft allerdings bestimmt, dass das Wohnen in einer gemeinsamen Wohnung sowie die Mithilfe im Haushalt allein jedoch noch keine Entreicherung des verlassenen Partners darstellt und keine Ansprüche aus ungerechtfertigter Bereicherung bewirkt.[1279]

Es wird auch vorgeschlagen, in bestimmten Fällen einen Ausgleichsanspruch über das Institut der faktischen Gesellschaft (société crée de fait) zu erreichen.[1280]

---

1275 Courbe, Droit de la famille, S. 90.

1276 Pillebout, Le PaCS, S. 98; Monteillet-Gefroy, JCP éd. N 2001, Nr. 15-16, S. 744; Lemouland, Le Dalloz 1999, chron., Nr. 43, S. 483, 485; Bénabent, Droit civil, La famille, S. 282; Molas, Dr. et patrimoine 2000, Nr. 81, S. 87, 89; Vauvillé, Dr. et patrimoine 2001, Nr. 91, S. 26, 32.

1277 Cass. civ. 1re, 19.5.1969: Bull.civ., I, Nr. 187; Cass. civ. 1re, 9.1.1979: D. 1979, IR Nr. 256, AnMartin; Cass. soc., 22.2.1978: Bull.civ. V, Nr. 142; Cass. soc., 4.3.1997: Dr. Famille 1997, Nr. 67, AnLecuyer; Vivier, Le PaCS, S. 143; Pillebout, Le PaCS, S. 98.

1278 Pillebout, Le PaCS, S. 98; Monteillet-Gefroy, JCP éd. N 2001, Nr. 15-16, S. 744.

1279 Pillebout, Le PaCS, S. 98.

1280 Lemouland, Le Dalloz 1999, Nr. 43, S. 483, 485.

Bei der Ehe finden sich Regelungen für Ausgleichspflichten unter den Ehegatten (wie oben bereits beschrieben) in den umfassenden Normen der Art. 1387-1581 C.civ. zum ehelichen Güterrecht. In den Fällen, in denen die Güterstandsregeln nicht ausreichen, wird manchmal von der Rechtsprechung das Institut der faktischen Gesellschaft angewandt.[1281]

### c. Unterhalts- oder Ausgleichsansprüche

Nach der Beendigung des PaCS gibt es keine gesetzlichen Unterhalts- oder Ausgleichsansprüche der PaCS-Partner untereinander. Dies ist im Eherecht anders. Nach erfolgter Scheidung kann einem ehemaligen Ehegatten gemäß den Art. 270 ff. C.civ. gegen den anderen ein Ausgleichsanspruch (prestation compensatoire) zustehen, der dazu dient, eine eventuelle finanzielle Diskrepanz zwischen dem Lebensstandard der Ehegatten während der Ehe und nach der Scheidung auszugleichen, die dadurch entstehen kann, dass jedem Ehegatten nach der Scheidung nur noch seine eigenen finanziellen Mittel zur Verfügung stehen.[1282] Eine solche Ausgleichspflicht wird in den meisten Fällen der Ehefrau gegen ihren Mann zustehen, wenn sie z.B. zur Führung des Haushaltes oder zur Erziehung der Kinder ihren Beruf aufgegeben hat.[1283] Im Falle der Scheidung auf Grund der Zerrüttung der ehelichen Gemeinschaft kann auch noch nach der Scheidung ein Unterhaltsanspruch zwischen den ehemaligen Ehegatten bestehen (Art. 270 1. Hs. C.civ.).[1284]

### d. Schadensersatzanspruch wegen einseitiger Beendigung des PaCS

Nach Art. 515-7 Abs. 8 C.civ. kann ein Partner gegen den anderen einen Schadensersatzanspruch haben, wenn ihm durch die Beendigung des PaCS durch den anderen PaCS-Partner ein Schaden entstanden ist.[1285] Auch der Verfassungsrat hat in seiner Entscheidung vom 9. November 1999 in dem Entscheidungsgrund Nr. 62 ausdrücklich festgelegt, dass wenn ein PaCS-Partner die Auflösung des PaCS zu vertreten hat, dem anderen ein verfassungsrechtlich abgesicherter Anspruch auf Schadensersatz nach 1382 C.civ. zusteht, der vertraglich nicht ausgeschlossen werden kann.[1286]

Das erforderliche Verschulden kann jedoch nicht allein in der einseitigen Beendigung des PaCS liegen, denn eine einseitige Beendigung ist gesetzlich vorgesehen und ergibt sich aus dem Grundsatz, dass Dauerschuldverhältnisse jederzeit künd-

---

[1281] Ferrand, in: Henrich (Hrsg.), Eheliche Gemeinschaft, Partnerschaft und Vermögen im europäischen Vergleich, S. 73, 99; Merle, Droit commercial, Sociétés commerciales, Rn. 614 ff.

[1282] Hugot/Pillebout, La prestation compensatoire et le divorce, S. 101. Courbe, Droit de la famille, S. 181.

[1283] Hugot/Pillebout, La prestation compensatoire et le divorce, S. 101.

[1284] Courbe, Droit de la famille, S. 192.

[1285] Vivier, Le PaCS, S. 63; Molas, Droit et Partimoine 2000, Nr. 81, S. 87, 90; Chanteloup/Fauré, Conclure un PaCS, S. 202.

[1286] CC 99-419 DC, v. 9.11.1999, Entscheidungsgrund Nr. 62; Hauser, DEuFamR 2000, S. 29, 30; Ferrand, FamRZ 2000, S. 517, 523.

bar sein müssen.[1287] In der Ausübung eines Rechts kann jedoch kein Verschulden liegen.[1288]

Ein Verschulden kann sich beispielsweise aus den Umständen und dem Verhalten eines Partners bei der Beendigung ergeben, wenn dadurch die einseitige Beendigung des PaCS als rechtsmissbräuchlich erscheint.[1289] Dann ist sowohl der Ersatz eines materiellen als auch eines immateriellen Schadens möglich.[1290]

Einem ehemaligen Ehegatten kann ebenfalls gemäß Art. 266 Abs. 1 C.civ. ein Schadensersatzanspruch gegen den anderen zustehen, wenn er durch die Scheidung einen materiellen oder seelischen Schaden erlitten hat.[1291]

Ein Verschulden i.S.d. Art. 1382 C.civ. kann auch aus einer Verletzung von Pflichten aus dem PaCS-Vertrag hergeleitet werden.[1292]

Eine schuldhafte Handlung i.S.d. Art. 1382 C.civ. ist z.B. in dem Fall denkbar, dass der PaCS durch Eheschließung eines Partners mit einer dritten Person beendet wird und der heiratende Partner dadurch gegen die Formvorschrift des Art. 515-7 Abs. 3 C.civ. verstoßen hat, dass er es versäumt hat, seinen ehemaligen PaCS-Partner im Wege der Zustellung über seine Eheschließung zu informieren, oder dass er ihn zu spät benachrichtigt hat. Auf Grund der fehlenden Kenntnis von der Beendigung des PaCS kann dem verlassenen PaCS-Partner ein materieller Schaden entstanden sein. Ein solcher Schaden kann z.B. auftreten, wenn ein Partner mangels Wissen um die Beendigung des PaCS Aufwendungen für die Partnerschaft macht.[1293] Der verlassene Partner kann ebenfalls auf das Bestehen des PaCS hinsichtlich der gesamtschuldnerischen Haftung nach Art. 515-4 Abs. 2 C.civ. vertraut haben und Gegenstände für den gemeinsamen Haushalt oder die gemeinsame Wohnung gekauft haben, die er sich aus eigenen Mitteln nicht hätte leisten können und für deren Erwerb der andere PaCS-Partner wegen der Beendigung des PaCS nicht mehr gesamtschuldnerisch haften muss.[1294] In dem umgekehrten Fall, in dem der heiratende Partner dem anderen bewusst nichts von der Beendigung des PaCS erzählt, um den „Schein" des noch bestehenden PaCS für die gesamtschuldnerische Haftung zu seinem Vorteil auszunutzen, wird dem verlassenen Partner der Schaden ersetzt, der ihm dadurch entstanden ist, dass er von den Gläubigern auf Grund des Rechtsscheins des bestehenden PaCS in Anspruch genommen wurde.[1295]

---

[1287] Malaurie, Dr. famille 1999, Nr. hors série, S. 31; Lemouland, Le Dalloz 1999, Nr. 43, S. 483, 485; Courbe, Droit de la famille, S. 249.

[1288] Molas, Dr. et Partimoine 2000, Nr. 81, S. 87, 90.

[1289] Molas, Dr. et patrimoine 2000, Nr. 81, S. 87, 90.

[1290] Vivier, Le PaCS, S. 63; Chanteloup/Fauré, Conclure un PaCS, S. 203.

[1291] Courbe, Droit de la famille, S. 192; Lemouland, JCP éd. N 2000, Nr. 9, S. 406, 410; Bénabent, Droit civil, La famille, S. 210.

[1292] Lemouland, Le Dalloz 1999, Nr. 43, S. 483, 485; Molas, Droit et Partimoine 2000, Nr. 81, S. 87, 90.

[1293] Lemouland, JCP éd. N 2000, Nr. 9, S. 406, 410; Chanteloup/Fauré, Conclure un PaCS, S. 203; Courbe, Droit de la famille, S. 247; Bénabent, Droit civil, La famille, S. 280.

[1294] Chateloup/Fauré, S. 194.

[1295] Chateloup/Fauré, S. 194.

Wann die Zustellung zu spät erfolgt ist, wird in Art. 515-7, Abs. 3 C.civ. nicht näher erläutert. Dies bleibt der Beurteilung der Gerichte überlassen. Es ist allerdings davon auszugehen, dass eine Zustellung unverzüglich (sans delai) erfolgen muss.

Ein zurechenbares Handeln i.S.d. Art. 1382 C.civ. kann auch darin liegen, dass ein PaCS-Partner entgegen der Pflicht aus Art. 515-4 Abs. 1 C.civ. während der dreimonatigen Frist des Art. 515-7 Abs. 7 Nr. 3 C.civ. keinen Unterhalt zahlt.[1296] In diesem Fall kann dem anderen dadurch ein finanzieller Schaden entstanden sein, dass er zu seiner Versorgung einen Kredit aufnehmen und dafür nun Zinsen zahlen muss. In dem Fall kann ein ehemaliger PaCS-Partner einen Anspruch, z.B. auf Ersatz der Zinsen für einen Kredit haben, die dieser zu seiner Versorgung aufnehmen musste.

## II. Die Regelungen des PaCS-G zur nichtehelichen Lebensgemeinschaft

In Art. 515-8 C.civ. ist eine gesetzliche Definition der nichtehelichen Lebensgemeinschaft (Concubinage) in den Code Civil eingefügt worden.

### 1. Definition der nichtehelichen Lebensgemeinschaft

Nach dieser gesetzlichen Definition handelt es sich bei der nichtehelichen Lebensgemeinschaft um eine tatsächliche Gemeinschaft auf Grund einer dauernden Beziehung zwischen zwei Partnern unterschiedlichen oder gleichen Geschlechts, die als Paar zusammenleben (Art. 515-8 C.civ.).[1297]

### 2. Voraussetzungen an eine nichteheliche Lebensgemeinschaft

Der Gesetzgeber stellt zwar das Erfordernis auf, dass die Partner „wie ein Paar" zusammenleben müssen, um rechtlich als nichteheliche Lebensgemeinschaft anerkannt zu werden, damit geht er jedoch lediglich von einer sexuellen Beziehung der Partner aus, er erhebt sie jedoch nicht zur Voraussetzung.[1298]

Weiterhin müssen die Partner nach der Definition der nichtehelichen Lebensgemeinschaft ein gemeinsames Leben führen. Dies schließt jedoch nicht notwendigerweise ein gemeinsames Wohnen unter einem Dach mit ein.[1299]

Bezüglich des Erfordernisses der Dauerhaftigkeit der Beziehung der Lebensgefährten war die Rechtsprechung bislang sehr großzügig und verlangte keine Intention der Partner, auf Dauer zusammenzubleiben.[1300]

### 3. Rechtsfolgen des Bestehens einer nichtehelichen Lebensgemeinschaft

Das Bestehen einer nichtehelichen Lebensgemeinschaft hat keine rechtlich normierten Rechtswirkungen.[1301] Da jedoch in den letzten Jahren die Anzahl der

---

[1296] Lemouland, Le Dalloz 1999, Nr. 43, S. 483, 485; Molas, Dr. et Partimoine 2000, Nr. 81, S. 87, 90; Chanteloup/Fauré, Conclure un PaCS, S. 200.

[1297] Lemouland, Le Dalloz 1999, Nr. 43, S. 483, 485; Hübner/Constantinesco, Einführung in das französische Recht, S. 211.

[1298] Renault-Brahinsky, Droit de la famille, S. 19.

[1299] Savouré, Dr. et patrimoine 2000, Nr. 81, S. 58, 61.

[1300] Renault-Brahinsky, Droit de la famille, S. 22.

nichtehelichen Lebensgemeinschaften sehr stark angestiegen ist, hat sich die französische Rechtsprechung mit einigen Problemen befasst, die zwischen den Partnern einer nichtehelichen Lebensgemeinschaft aufgetreten sind.[1302] Die Rechtsprechung hat den Partnern einer nichtehelichen Lebensgemeinschaft mehrere Rechte zugebilligt. Dazu gehören (wie oben unter 1. Teil, § 4, I. aufgelistet) z.B. einige soziale Rechte, wie z.B. die Mitversicherung im Rahmen der Krankenversicherung, Art. 161-14 CSS, und das Recht auf Fortsetzung des Mietverhältnisses im Fall des Todes eines Partners, Art. 14 des Gesetzes vom 6.7.1989. Ebenfalls werden dem überlebenden Partner Schadensersatzansprüche gegen den Schädiger zustehen.[1303] Diese Ansprüche wurden jedoch vor Inkrafttreten des Gesetzes vom 9. November 1999 zum PaCS nur heterosexuellen Partnern einer nichtehelichen Lebensgemeinschaft zugesprochen.[1304]

Unter bestimmten Voraussetzungen hat die Rechtsprechung einem verlassenen Partner auch einen Schadensersatzanspruch aus Art. 1382 C.civ. gegen den anderen zugebilligt. Das Verschulden des Partners lag hier entweder in einem schuldhaften Verhalten bei der Trennung oder in den Umständen des Zustandekommens der nichtehelichen Lebensgemeinschaft, z.B. wenn ein Partner dem anderen ein Heiratsversprechen gegeben hatte, ohne dieses ernst zu meinen.[1305]

Durch die mit dem Gesetz zum PaCS eingeführte Definition der „nichtehelichen Lebensgemeinschaft", die auch homosexuelle Paare mit einbezieht, haben nun auch homosexuelle Paare die Möglichkeit, die Rechte einzufordern, die der heterosexuellen „nichtehelichen Lebenspartnerschaft" durch die Rechtsprechung seit langer Zeit zukommen.[1306]

## 2. Teil: Vergleich der Unterhaltspflichten bei der Lebenspartnerschaft und beim PaCS

### § 1 Vergleich der Unterhaltspflichten während der Lebenspartnerschaft und während des PaCS

#### I. Unterhaltspflicht der Lebenspartner bei bestehender Lebenspartnerschaft

Die Unterhaltspflicht der Lebenspartner variiert je nachdem, ob die Lebenspartner zusammen- oder getrennt leben.

#### 1. Der Unterhaltsanspruch bei Zusammenleben der Lebenspartner

Beim Zusammenleben der Lebenspartner richtet sich der Unterhaltsanspruch nach § 5 LPartG. Danach sind die Lebenspartner einander zur Gewährung eines ange-

---

1301 Hübner/Constantinesco, Einführung in das französische Recht, S. 211.
1302 Renault-Brahinsky, Droit de la famille, S. 23.
1303 Hübner/Constantinesco, Einführung in das französische Recht, S. 211; CA Paris, 10.11.1976: D. 1970, Jur., S. 201, Anm. Bosquet-Denis.
1304 Chanteloup/Fauré, Conclure un PaCS, S. 2; siehe oben unter 1. Teil, § 4, I.
1305 Für nichteheliche Lebensgemeinschaften: Muller, D. 1986, chron., S. 328, 331.
1306 Mécary/Forgeot, Le PaCS, S. 11; Lemouland, Le Dalloz 1999, Nr. 43, S. 483, 485; Renault-Brahinsky, Droit de la famille, S. 20.

messenen Unterhalts verpflichtet (§ 5 S. 1 LPartG).[1307] Diese Verpflichtung zur Leistung von Lebenspartnerschaftsunterhalt stellt die wichtigste Ausprägung der in § 2 LPartG aufgestellten Pflicht zur Fürsorge und Unterstützung dar.[1308] Durch sie soll den Lebenspartnern Sicherheit und zugleich Dispositionsfreiheit gewährleistet werden.[1309]

### a. Voraussetzungen des Unterhaltsanspruchs

Der Unterhaltsanspruch setzt das Bestehen einer gültigen Lebenspartnerschaft voraus. Es dürfen somit keine Hinderungsgründe des § 1 Abs. 2 LPartG vorliegen.[1310] Darüber hinaus muss der in Anspruch genommene Partner leistungsfähig sein.[1311] Auf dieses Erfordernis wird zwar im LPartG nicht ausdrücklich Bezug genommen, jedoch kann es nicht Sinn von Unterhaltsansprüchen sein, dem in Anspruch Genommenen das zu nehmen, was er selbst zum Leben braucht.[1312]

### b. Umfang des Unterhaltsanspruchs

Der angemessene Unterhalt der Lebenspartnerschaft umfasst alles, was nach den Verhältnissen der Lebenspartner erforderlich ist, um die Kosten des Haushalts zu bestreiten und die persönlichen Bedürfnisse der Lebenspartner zu befriedigen (§ 5 S. 2 LPartG i.V.m. § 1360 a Abs. 1 BGB analog).[1313]

#### aa. Lebensbedarf der Lebenspartner

Da die Unterhaltspflicht im LPartG nur auf die Bedürfnisse der Lebenspartner bezogen ist, erstreckt sich die Unterhaltspflicht nicht auf die Bedürfnisse von Kindern, die von einem Partner adoptiert worden sind oder die aus vorhergehenden Beziehungen im gemeinsamen Haushalt leben.[1314] Es bleibt lediglich die Möglichkeit, zugunsten eines in den Haushalt aufgenommenen Stiefkindes eine Unterhaltspflicht aus stillschweigender Übereinkunft anzunehmen.[1315] Bei der Ehe ist die

---

[1307] Rauscher, FamR, S. 506; Muscheler, LPartG, Rn. 97; Palandt/Brudermüller, § 5 LPartG, Rn. 1; Epple, BWNotZ 2001, S. 44, 46; Weinreich, FuR 2001, S. 481, 482; Dorsel, RNotZ 2001, S. 151, 152.

[1308] BT-Drucks. 14/3751, S. 37; Weinreich, FuR 2001, S. 481, 482; Welling, RNotZ 2002, S. 249, 258; Schwab, FamRZ 2001, S. 386, 391; Hk-LPartG/Kemper, § 5 LPartG, Rn. 1; Detloff, NJW 2001, S. 2598, 2600.

[1309] BT-Drucks. 14/3751, S. 37; Muschler, LPartG, Rn. 97; Palandt/Brudermüller, § 5 LPartG, Rn. 1.

[1310] Hk-LPartG/Kemper, § 5 LPartG, Rn. 5.

[1311] Kemper, FF 2001, S. 156, 160; Hk-LPartG/Kemper, § 5 LPartG, Rn. 7; Büttner, in: Schwab (Hrsg.), Die eingetragene Lebenspartnerschaft, S. 221, 224.

[1312] Büttner, in: Schwab (Hrsg.), Die eingetragene Lebenspartnerschaft, S. 221, 224; Hk-LPartG/Kemper, § 5 LPartG, Rn. 7; Kemper, FF 2001, S. 156, 160.

[1313] Schwab, FamR, Rn. 883; Palandt/Brudermüller, § 5 LPartG, Rn. 1; Rauscher, FamR, S. 506; Hk-LPartG/Kemper, § 5 LPartG, Rn. 13; Welling, RNotZ 2002, S. 249, 258; Weinreich, FuR 2001, S. 481, 482.

[1314] Kemper, FF 2001, S. 156, 160; Schlüter, FamR, Rn. 477; Rauscher, FamR, S. 506; Meyer/Mittelstädt, LPartG, S. 44; Detloff, NJW 2001, S. 2598, 2600; Hk-LPartG/Kemper, § 5 LPartG, Rn. 15; Muscheler, LPartG, Rn. 101.

[1315] Für Ehegatten: BGH, JZ 1969, S. 704.

Unterhaltspflicht auf die Familie gerichtet.[1316] Stiefkinder haben allerdings auch bei der Ehe keinen Unterhaltsanspruch.[1317]
Bestandteil des Unterhalts sind zunächst die gesamten Kosten einer angemessenen Haushaltsführung, z.B. Aufwendungen für Wohnung, Nahrung, Kleidung, Heizung, etc.[1318] Weiterhin gehören zum Unterhalt auch die Kosten zur Befriedigung der persönlichen Bedürfnisse, wozu insbesondere die Kosten für medizinisch notwendige ärztliche Behandlungen[1319], für eine bereits begonnene, aber noch nicht beendete Ausbildung[1320] sowie die Kosten von Freizeitbeschäftigungen oder besonderen Vorlieben in angemessenem Umfang zählen.[1321]
Der angemessene Unterhalt umfasst auch einen Anspruch auf ein Taschengeld.[1322] Dies ergibt sich aus der Verweisung in § 5 S. 2 LPartG auf § 1360 a BGB, da gemäß § 1360 a BGB[1323] Ehegatten ebenfalls ein solcher Anspruch auf ein Taschengeld zugebilligt wird.[1324] Taschengeld ist ein zur freien Verfügung stehender Geldbetrag, über den keine Rechenschaft abgelegt werden muss.[1325] Einem Lebenspartner wird ein solcher Taschengeldanspruch meist zustehen, wenn er über kein eigenes Einkommen verfügt oder sein Einkommen seinen Taschengeldbedarf nicht zu decken vermag.[1326] Der Anspruch auf Taschengeld wird dann aus der Unterstützungspflicht im konkreten Einzelfall hergeleitet.[1327] Dieser Anspruch wird regelmäßig in der Höhe zwischen 5 bis 7 Prozent des Nettoeinkommens des Unterhaltspflichtigen liegen.[1328] Dieser Taschengeldanspruch ist auch deshalb von Bedeutung, weil er Dritten, die Forderungen gegen den nichterwerbstätigen Partner haben, Vollstreckungsmöglichkeiten gegen diesen bietet.[1329]
Die Unterhaltspflicht erstreckt sich auch darauf, dem anderen Lebenspartner im Rahmen der Billigkeit die Kosten eines Rechtsstreits in persönlichen Angelegen-

1316 Hohloch, FamR, Rn. 418; Müller, UnterhaltsR, Rn. 226; Schlüter, FamR, Rn. 62; Eschenbruch/Eschenbruch, Der Unterhaltsprozess, Rn. 1021.
1317 Palandt/Diederichsen, § 1360a BGB, Rn. 2.
1318 Hk-LPartG/Kemper, § 5 LPartG, Rn. 16.
1319 Weinreich, FuR 2001, S. 481, 482; Für Ehegatten: BGH NJW 1985, S. 1394.
1320 Hk-LPartG/Kemper, § 5 LPartG, Rn. 18; Für Ehegatten: BGH NJW 1985, S. 803.
1321 Für Ehegatten: BGH NJW 1983, S. 1113.
1322 Weinreich, FuR 2001, S. 481, 482; Palandt/Brudermüller, § 5 LPartG, Rn. 3; Hk-LPartG/Kemper, § 5 LPartG, Rn. 18.
1323 Eschenbruch/Eschenbruch, Der Unterhaltsprozess, Rn. 1030; Schlüter, Rn. 63; Müller, FamR, Rn. 228; Hohloch, FamR, Rn. 419.
1324 Büttner, in: Schwab (Hrsg.), Die eingetragene Lebenspartnerschaft, S. 221, 224; Weinreich, FuR 2001, S. 481, 482; Palandt/Brudermüller, § 5 LPartG, Rn. 3; Hk-LPartG/Kemper, § 5 LPartG, Rn. 18; ablehnend: Haumer, FamRZ 96, S. 193.
1325 Palandt/Diederichsen, § 1360a BGB, Rn. 4.
1326 Rauscher, FamR, S. 507; Hk-LPartG/Kemper, § 5 LPartG, Rn. 18; Für Ehegatten: BGH NJW 1998, S. 1554; KG NJW-RR 1992, S. 707.
1327 Büttner, in: Schwab (Hrsg.), Die eingetragene Lebenspartnerschaft, S. 221, 224; Weinreich, FuR 2001, S. 481, 482.
1328 BGH NJW 1998, S. 1554; Büttner, in: Schwab (Hrsg.), Die eingetragene Lebenspartnerschaft, S. 221, 224.
1329 Weinreich, FuR 2001, S. 481, 482; Büttner, in: Schwab (Hrsg.), Die eingetragene Lebenspartnerschaft, S. 221, 223.

heiten sowie die Kosten in einem Strafverfahren vorzuschießen, sofern er sie nicht selbst tragen kann (§ 5 S. 1 LPartG i.V.m. § 1360 a Abs. 4 BGB).[1330] Dieser Anspruch auf Prozesskostenhilfe durch den anderen Partner verdrängt den gesetzlichen Anspruch auf Prozesskostenhilfe nach den §§ 114 ff. ZPO.[1331]

### bb. Maß des Unterhaltsanspruchs

Das Maß des Unterhalts bestimmt sich nach den Lebensverhältnissen der Lebenspartner.[1332] Maßstab ist, was ein durchschnittlicher Haushalt mit gleichem Einkommen ausgeben würde.[1333] Es kann beispielsweise darauf ankommen, was für einen Lebensstil gleiche Berufskreise haben.[1334]

### cc. Art der Unterhaltsgewährung

Der Unterhalt ist so zu leisten wie es die Lebensgemeinschaft gebietet (§ 1360 a Abs. 2 S. 1 BGB). Die Art des zu leistenden Unterhalts richtet sich folglich im Wesentlichen nach der von den Lebenspartnern gewählten Ausgestaltung ihrer Gemeinschaft.[1335]

Wenn beide Lebenspartner berufstätig sind, ist grundsätzlich jeder Lebenspartner verpflichtet, durch seine Arbeit und mit seinem Vermögen zum Unterhalt beizutragen.[1336] Beide Lebenspartner müssen dann ebenfalls gleichmäßig die Haushaltsführung erledigen.[1337]

Die Lebenspartner können die Beitragsleistung zu der Lebenspartnerschaft auch in der Weise regeln, dass der eine erwerbstätig ist und der andere den Haushalt führt.[1338] Es fehlt zwar an der Gleichstellung zwischen finanziellen Leistungen und der Führung des Haushalts wie bei Ehegatten in § 1360 S. 2 BGB[1339], sodass beide Lebenspartner grundsätzlich zur Erwerbstätigkeit verpflichtet sind.[1340] Außerdem hat im Lebenspartnerschaftsgesetz § 1356 BGB des Eherechts keine parallele oder analoge Anwendung gefunden.[1341] Jedoch sind – ohne dass dies wie in § 1356 BGB für Ehegatten ausdrücklich vorgesehen ist – auch Vereinbarungen über die Verteilung der Aufgaben in der Lebensgemeinschaft in gleicher Weise zulässig

---

1330 Büttner, in: Schwab (Hrsg.), Die eingetragene Lebenspartnerschaft, S. 221, 224; Muscheler, LPartG, Rn. 98; Weinreich, FuR 2001, S. 481, 482; Hk-LPartG/Kemper, § 5 LPartG, Rn. 19.

1331 Weinreich, FuR 2001, S. 481, 482.

1332 Welling, RNotZ 2002, S. 249, 258.

1333 Hk-LPartG/Kemper, § 5 LPartG, Rn. 27.

1334 Palandt/Diederichsen, § 1360a BGB, Rn. 1.

1335 Hk-LPartG/Kemper, § 5 LPartG, Rn. 28.

1336 Detloff, NJW 2001, S. 2598, 2600; Hk-LPartG/Kemper, § 5 LPartG, Rn. 28.

1337 Schlüter, FamR, Rn. 477; Hk-LPartG/Kemper, § 5 LPartG, Rn. 8.

1338 Büttner, in: Schwab (Hrsg.), Die eingetragene Lebenspartnerschaft, S. 221, 224; Hk-LPartG/Kemper, § 5 LPartG, Rn. 7; Muscheler, LPartG, Rn. 100.

1339 Welling, RNotZ 2002, S. 249, 258.

1340 Schlüter, FamR, Rn. 478; Meyer/Mittelstädt, LPartG, S. 44; Hk-LPartG/Kemper, § 5 LPartG, Rn. 7.

1341 Muscheler, LPartG, Rn. 99. Nach § 1356 S. 1 BGB regeln Ehegatten die Haushaltsführung im gegenseitigen Einvernehmen. Ist die Haushaltsführung einem der Ehegatten überlassen, so leitet dieser den Haushalt in eigener Verantwortung § 1356 S. 2 BGB.

wie in der Ehe.[1342] Die Verweisung in § 8 Abs. 2 LPartG auf die Schlüsselgewalt in § 1357 BGB spricht ebenfalls dafür, dass der Gesetzgeber von einem Hausfrau/-mann-Modell ausgegangen ist.[1343] Die Lebenspartner können die Beitragsleistung zu der Lebenspartnerschaft somit auch in der Weise regeln, dass der eine erwerbstätig ist und der andere den Haushalt führt.[1344] In diesem Fall wird der Haushaltsführende durch die Haushaltsführung seiner Unterhaltspflicht durch Arbeit gerecht.[1345]

Die zum gemeinsamen Unterhalt erforderlichen Mittel sind für einen angemessenen Zeitraum im Voraus zur Verfügung zu stellen (§ 5 S. 1 LPartG i.V.m. § 1360 a Abs. 2 S. 2 BGB analog).[1346]

**c. Vertragliche Regelungsmöglichkeiten der Lebenspartner hinsichtlich des Unterhaltsanspruchs**

Fraglich ist, inwieweit die Lebenspartner die Möglichkeit haben, durch vertragliche Vereinbarungen von der gesetzlichen Unterhaltspflicht aus § 5 LPartG abzuweichen.

Für eine weitgehende Vertragsfreiheit und damit auch für die Verzichtbarkeit des Unterhaltsanspruchs bei Zusammenleben der Partner könnte die Begründung des Gesetzesentwurfes sprechen, nach der ein Anspruch aus § 5 LPartG lediglich im Interesse Dritter unverzichtbar ist.[1347] Allerdings wird in § 5 LPartG auf § 1360 a Abs. 3 BGB und somit auch auf § 1614 BGB verwiesen, der einen Verzicht auf den Unterhaltsanspruch verbietet.[1348] Außerdem hätte der Gesetzgeber – wenn er eine Verzichtbarkeit des Anspruchs aus § 5 LPartG beabsichtigt hätte – eine Abweichung vom ehelichen Unterhaltsrecht im Gesetzeswortlaut zur Lebenspartnerschaft klar zum Ausdruck bringen müssen.[1349] Auf den Partnerschaftsunterhalt kann somit weder ganz noch teilweise für die Zukunft verzichtet werden (§ 5 LPartG i.V.m. § 1360 a BGB und § 1614 Abs. 1 BGB).[1350]

Hinsichtlich des Unterhaltsanspruchs aus § 5 LPartG sind lediglich vertragliche Regelungen innerhalb des gesetzlichen Spielraums der Angemessenheit zulässig; beispielsweise wurde für Ehegatten ein Verzicht auf ein Drittel des Unterhaltsan-

---

1342 Detloff, NJW 2001, S. 2598, 2600; Büttner, in: Schwab (Hrsg.), Die eingetragene Lebenspartnerschaft, S. 221, 223; Hk-LPartG/Kemper, § 5 LPartG, Rn. 7; Welling, RNotZ 2002, S. 249, 251.

1343 Schwab, FamR, Rn. 883; Rauscher, FamR, S. 507.

1344 Büttner, in: Schwab (Hrsg.), Die eingetragene Lebenspartnerschaft, S. 221, 224; Hk-LPartG/Kemper, § 5 LPartG, Rn. 7; Muscheler, LPartG, Rn. 100.

1345 Muscheler, LPartG, Rn. 100; Hk-LPartG/Kemper, § 5 LPartG, Rn. 7; Rauscher, FamR, S. 507; Detloff, NJW 2001, S. 2598, 2600; Welling, RNotZ 2002, S. 249, 251.

1346 Hk-LPartG/Kemper, § 5 LPartG, Rn. 28; Muscheler, LPartG, Rn. 98.

1347 BT-Drucks. 14/3751, S. 37.

1348 Langenfeld, ZEV 2002, S. 8, 9.

1349 Welling, RNotZ 2002, S. 249, 260; Muscheler, LPartG, Rn. 110.

1350 Epple, BWNotZ 2001, S. 44, 46; Delrue, Eingetragene Lebenspartnerschaft, S. 24; Muscheler, LPartG, Rn. 110; Müller, DNotZ 2001, S. 581, 584; Meyer/Mittelstädt, S. 44; Palandt/Brudermüller, § 5 LPartG, Rn. 1; Hk-LPartG/Kemper, § 5 LPartG, Rn. 30.

spruchs als unzulässig erachtet.[1351] § 1614 BGB findet jedoch nicht für das gesetzliche Maß überschreitende Festsetzungen des Unterhaltsanspruchs Anwendung.[1352]

### d. Rückforderung von Zuvielleistungen

Leistet ein Lebenspartner in Bezug auf seine Unterhaltsverpflichtung einen höheren Beitrag als ihm obliegt, so ist im Zweifel anzunehmen, dass er nicht beabsichtigt, von dem anderen Ersatz zu verlangen (§ 5 S. 2 LPartG i.V.m. § 1360 b BGB analog).[1353] Dabei handelt es sich um eine gesetzliche Vermutung, die jederzeit widerlegt werden kann. Kann ein Lebenspartner die Vermutung allerdings nicht widerlegen, dann hat dies zur Konsequenz, dass er das zuviel Geleistete nicht zurückverlangen kann.[1354] In Bezug auf die Zuvielleistungen sind somit weder die §§ 677 ff. BGB zur Geschäftsführung ohne Auftrag noch die §§ 812 ff. BGB zur ungerechtfertigten Bereicherung anwendbar.[1355]

### e. Unterhalt für die Vergangenheit

Unterhalt für die Vergangenheit kann der Berechtigte nur von dem Zeitpunkt an fordern, zu welchem der Verpflichtete zum Zwecke der Geltendmachung des Unterhaltsanspruchs aufgefordert worden ist, über seine Einkünfte und sein Vermögen Auskunft zu erteilen, wenn der Verpflichtete in Verzug gekommen oder der Unterhaltsanspruch rechtshängig geworden ist (§ 5 S. 2 LPartG i.V.m. § 1360 a Abs. 3 BGB i.V.m. § 1613 BGB).[1356] Ohne die Einschränkungen des Abs. 1 kann es zu einem Anspruch auf Unterhalt für die Vergangenheit kommen, wenn der Berechtigte z.B. einen außergewöhnlich hohen Bedarf hat und wenn seit dem Entstehen des Bedarfs mehr als ein Jahr verstrichen ist (§ 5 S. 2 LPartG i.V.m. § 1360 a Abs. 3 BGB i.V.m. § 1613 Abs. 2 Nr. 1 BGB).[1357]

### f. Erlöschen des Unterhaltsanspruchs

Der Unterhaltsanspruch erlischt mit dem Tod des Berechtigten oder des Verpflichteten (§ 5 LPartG i.V.m. § 1360 a Abs. 3 BGB i.V.m. § 1615 Abs. 1 BGB). Der Verpflichtete hat im Falle des Todes seines Partners auch die Kosten der Beerdigung zu tragen, soweit ihre Bezahlung nicht von den Erben zu erlangen ist (§ 5 LPartG i.V.m. § 1360 a Abs. 3 BGB i.V.m. § 1615 Abs. 2 BGB).

### g. Sonstige Wirkungen der Unterhaltspflicht

Bedeutung kommt der Unterhaltspflicht auch für den Fall zu, dass ein Partner durch eine unerlaubte Handlung eines Dritten getötet wird. Mit Normierung der

---

[1351] Palandt/Diederichsen, § 1614 BGB, Rn. 2.
[1352] BGH NJW 1985, S. 64; OLG Düsseldorf, MDR 2000, S. 1252; Palandt/Diederichsen, § 1614 BGB, Rn. 2.
[1353] Palandt/Brudermüller, § 5 LPartG, Rn. 1; Muscheler, LPartG, Rn. 98.
[1354] Hk-LPartG/Kemper, § 5 LPartG, Rn. 35.
[1355] Hk-LPartG/Kemper, § 5 LPartG, Rn. 34.
[1356] Muscheler, LPartG, Rn. 98.
[1357] Schwab, FamRZ 2001, S. 385, 392; Hk-LPartG/Kemper, § 5 LPartG, Rn. 30.

gesetzlichen Unterhaltspflicht stehen dem überlebenden Lebenspartner nun Ersatzansprüche gegen den Schädiger nach § 844 Abs. 2 BGB zu.[1358]

## 2. Unterhaltsanspruch der Lebenspartner bei Getrenntleben der Partner

Trennen sich die Lebenspartner, besteht die Unterhaltspflicht gemäß § 12 LPartG weiter fort.[1359] Die während der intakten Lebenspartnerschaft wechselseitig gebundenen Unterhaltsansprüche wandeln sich nach der Trennung in einseitige Ansprüche eines Lebenspartners gegen den anderen auf Leistung in Geld um.[1360]

### a. Voraussetzungen des Unterhaltsanspruchs

Zunächst müssen die Voraussetzungen eines Unterhaltsanspruchs aus § 12 LPartG gegeben sein.

#### aa. Bestehen einer Lebenspartnerschaft

Ein Trennungsunterhaltsanspruch setzt erst einmal voraus, dass zwischen den Lebenspartnern eine wirksame Lebenspartnerschaft besteht.[1361]

#### bb. Getrenntleben

Die Lebenspartner müssen getrennt leben.[1362] Liegt kein Getrenntleben i.S.v. § 12 LPartG vor, dann findet weiterhin § 5 LPartG Anwendung.[1363] Eine Definition des Getrenntlebens der Lebenspartner wird im LPartG – im Gegensatz zum Eherecht des BGB in § 1567 – nicht gegeben.[1364] Deswegen muss durch Auslegung ermittelt werden, wann bei Lebenspartnern ein Getrenntleben vorliegt.
Einigkeit besteht darüber, dass für ein Getrenntleben die häusliche Gemeinschaft nicht oder nicht mehr bestehen darf.[1365] Entsprechend der Rechtslage bei Eheleuten reicht für die Anwendung des § 12 LPartG auch die Trennung in der lebenspartnerschaftlichen Wohnung aus (vgl. § 1567 Abs. 2 S. 2 BGB).[1366] Insofern stimmt die Definition mit dem ersten Teil der Definition des Getrenntlebens bei Ehegatten in § 1567 Abs. 1 S. 1 BGB überein. Welche weiteren Anforderungen an das Getrenntleben zu stellen sind und wie zum Ausdruck gebracht werden kann,

---

[1358] Detloff, NJW 2001, S. 2598, 2600; Muscheler, LPartG, Rn. 106.
[1359] Schwab, FamRZ 2001, S. 385, 391.
[1360] BT-Drucks. 14/3751, S. 41; Muscheler, LPartG, Rn. 235; Palandt/Brudermüller, § 12 LPartG Rn. 1.
[1361] Hk-LPartG/Kemper, § 12 LPartG, Rn. 5.
[1362] Muscheler, LPartG, Rn. 235; Hk-LPartG/Kemper, § 12 LPartG, Rn. 6.
[1363] Palandt/Brudermüller, LPartG, § 12 LPartG, Rn. 3.
[1364] Meyer/Mittelstädt, LPartG, S. 56; Muscheler, LPartG, Rn. 231; Hk-LPartG/Kemper, § 12 LPartG, Rn. 6; Büttner, in: Schwab (Hrsg.), Die eingetragene Lebenspartnerschaft, S. 221, 225; Weinreich, FuR 2001, S. 481, 483.
[1365] Büttner, in: Schwab (Hrsg.), Die eingetragene Lebenspartnerschaft, S. 221, 225; Weinreich, FuR 2001, S. 481, 483; Meyer/Mittelstädt, LPartG, S. 56; Muscheler, LPartG, Rn. 231; Hk-LPartG/Kemper, § 12 LPartG, Rn. 6.
[1366] Büttner, in: Schwab (Hrsg.), Die eingetragene Lebenspartnerschaft, 221 225; Schwab, FamR, Rn. 894; Weinreich, FuR 2001, S. 481, 483; Meyer/Mittelstädt, LPartG, S. 56; Muscheler, LPartG, Rn. 231; Hk-LPartG/Kemper, § 12 LPartG, Rn. 6.

dass die Lebenspartnerschaft bereits gestört ist und Tendenzen zu ihrer Auflösung aufweist, wird uneinheitlich betrachtet.
Nach einer Ansicht soll § 1567 BGB auch bei der Lebenspartnerschaft entsprechend anzuwenden sein, sodass ein Lebenspartner die Wiederaufnahme der häuslichen Lebensgemeinschaft ablehnen muss, weil er die „Lebensgemeinschaft" an sich ablehnt.[1367]
Einer anderen Auffassung zufolge kann ebenfalls auf die Definition des Getrenntlebens in § 1567 Abs. 1 S. 1 BGB zurückgegriffen werden, es muss jedoch über die bloße Ersetzung des Wortes „Ehegatte" durch „Lebenspartner" noch eine inhaltliche, die Besonderheiten der Lebenspartnerschaft berücksichtigende Modifikation der Definition vorgenommen werden.[1368] Da die Lebenspartner nicht zu einer Lebensgemeinschaft verpflichtet sind, sollte darauf abgestellt werden, dass zumindest ein Lebenspartner das ablehnt, was die Lebenspartnerschaft ausmacht, nämlich den vollen Umfang der Fürsorge-, Unterstützungs-, Verantwortungs- und Lebensgestaltungsgemeinschaft gemäß § 2 LPartG.[1369] Dem entspricht weitgehend eine weitere Definitionsvariante, der zufolge ein Getrenntleben der Lebenspartner dann vorliegt, wenn mindestens ein Lebenspartner die „Lebenspartnerschaft" ablehnt.[1370]
In Bezug auf das Getrenntleben der Lebenspartner kann die Definition des Getrenntlebens im Eherecht aus § 1567 BGB nicht vollständig übernommen und lediglich das Wort „Ehegatte" durch „Lebenspartner" ersetzt werden. Als subjektives Element muss mindestens ein Lebenspartner die „Lebenspartnerschaft", nicht die „Lebensgemeinschaft", ablehnen. Dies hängt damit zusammen, dass die „eheliche Lebensgemeinschaft" aus § 1567 BGB eine andere Bedeutung hat als die „partnerschaftliche Lebensgemeinschaft" in § 2 LPartG, denn diese setzt – im Gegensatz zur Ehe[1371] – keine Lebensgemeinschaft der Partner voraus. Auch wenn mit dem Kriterium der Ablehnung der „Lebensgemeinschaft" im Grunde genommen die Ablehnung der „Lebenspartnerschaft" gemeint ist[1372], ändert dies nichts daran, dass die Formulierung „Lebensgemeinschaft" unpräzise und missverständlich ist. So scheidet die erste Definitionsvariante aus, bei der ein Lebenspartner die „Lebensgemeinschaft" ablehnen muss.
Die anderen beiden Varianten stimmen sinngemäß überein. Es macht keinen wesentlichen Unterschied, ob der Pflichtenkatalog aus § 2 LPartG noch einmal einzeln aufgezählt wird oder ob ein Lebenspartner die Lebenspartnerschaft insgesamt und damit auch die der Lebenspartnerschaft nach § 2 LPartG innewohnenden Pflichten zur Fürsorge, Unterstützung und gemeinsamen Lebensgestaltung ablehnt. Trotzdem ist der kürzeren und prägnanteren Definition der Vorzug zu ge-

[1367] Hk-LPartG/Kemper, § 12 LPartG, Rn. 6; Rauscher, FamR, S. 507; Schwab, FamR, Rn. 894.
[1368] Muscheler, LPartG, Rn. 231.
[1369] Muscheler, LPartG, Rn. 231.
[1370] Palandt/Brudermüller, § 12 LPartG, Rn. 3; Büttner, in: Schwab (Hrsg.), Die eingetragene Lebenspartnerschaft, S. 221, 225; Weinreich, FuR 2001, S. 481, 483.
[1371] Zur Pflicht zur Lebensgemeinschaft bei der Ehe: BGH, FamRZ 1987, S. 572; Ziegler/Mäuerle, FamR, Rn. 54; Schwab, FamR, Rn. 99; Schlüter, FamR, Rn. 42.
[1372] Hk-LPartG/Kemper, § 5 LPartG, Rn. 6; ders. in: FF 2001, S. 156, 160.

ben, nach der ein Lebenspartner die „Lebenspartnerschaft" ablehnen muss. Soll die Definition einen Bruch in der Beziehung verlässlich indizieren, reicht es, wenn ein Partner die „Lebenspartnerschaft" ablehnt. Diese Definition ist vollständig, klar und präzise.
Danach liegt Getrenntleben vor, wenn die häusliche Gemeinschaft der Lebenspartner nicht oder nicht mehr besteht und ein Lebenspartner sie erkennbar nicht herstellen will, weil er die Lebenspartnerschaft ablehnt.
In den meisten Fällen werden die Voraussetzungen an das Getrenntleben erfüllt sein, wenn die beiden Partner die öffentlich beurkundeten Erklärungen nach § 15 Abs. 2 Nr. 1 LPartG abgegeben haben, mit denen sie kundtun, dass sie die Lebenspartnerschaft beenden wollen. Ein Unterhaltsanspruch nach § 12 LPartG ist allerdings nicht schon bei Vorliegen der Erklärung nach § 15 Abs. 2 Nr. 1 LPartG gegeben, soweit die Partner noch keine räumlich-gegenständliche Trennung vollzogen haben. Dann gilt noch der Unterhaltsanspruch gemäß § 5 LPartG.[1373] Es müssen also eine Erklärung und die tatsächliche Trennung der Lebensbereiche zusammenkommen. Jedoch ist ein Trennungsunterhalt auch ohne Rücksicht auf eine Erklärung nach § 15 Abs. 2 Nr. 1 LPartG möglich, wenn die Lebenspartner eine Trennung aller Lebensbereiche vollzogen haben und sie auf andere Weise den Willen geäußert haben, die Lebenspartnerschaft nicht fortsetzen zu wollen.[1374]

**cc. Bedürftigkeit des Anspruchstellers**

Allein das Getrenntleben begründet aber noch keinen Unterhaltsanspruch, hinzukommen muss – ebenso wie im Eherecht[1375] – die Bedürftigkeit des Anspruchstellers.[1376] Ein Unterhaltsanspruch kommt somit nur in Betracht, soweit sich ein Lebenspartner nicht selbst unterhalten kann.[1377] Ob das der Fall ist, richtet sich nach dem Einkommen, das der Lebenspartner aus Vermögen und eigener Arbeit tatsächlich erzielt oder erzielen könnte, wenn er sein Vermögen in zumutbarer Weise anlegte oder wenn er einer zumutbaren Erwerbstätigkeit nachginge.[1378]
Ein Lebenspartner ist nicht bedürftig, wenn er seinen Unterhaltsbedarf aus der Anlage von Vermögen decken kann. Daraus folgt mittelbar die Verpflichtung, sein Vermögen so sicher und gewinnbringend wie möglich anzulegen.[1379] Den Vermögensstamm braucht der Lebenspartner – wie auch ein Ehegatte[1380] – während des Getrenntlebens jedoch grundsätzlich nicht zu verwerten.[1381]

[1373] Weinreich, FuR 2001, S. 481, 483; Büttner, in: Schwab (Hrsg.), Die eingetragene Lebenspartnerschaft, S. 221, 225.
[1374] Büttner, in: Schwab (Hrsg.), Die eingetragene Lebenspartnerschaft, S. 221, 225; Weinreich, FuR 2001, S. 481, 483.
[1375] Müller, FamR, Rn. 233; Rauscher, FamR, S. 193.
[1376] Hk-LPartG/Kemper, § 12 LPartG, Rn. 9.
[1377] Palandt/Brudermüller, LPartG, § 12 LPartG, Rn. 7; Hk-LPartG/Kemper, § 12 LPartG, Rn. 9.
[1378] Hk-LPartG/Kemper, § 12 LPartG, Rn. 9.
[1379] OLG Koblenz, FamRZ 90, S. 51; OLG Stuttgart, FamRZ 93, S. 559.
[1380] Eschenbruch/Eschenbruch, Rn. 1048.
[1381] Hk-LPartG/Kemper, § 12 LPartG, Rn. 10.

Einkünfte aus zumutbarer Erwerbstätigkeit mindern ebenfalls die Bedürftigkeit eines Lebenspartners.[1382] Bei der Lebenspartnerschaft ist die Grenzziehung zwischen zumutbarer und unzumutbarer Erwerbstätigkeit hinsichtlich des Trennungsunterhalts anders als bei Ehegatten.[1383]
Eine schon während des Bestehens der Lebenspartnerschaft ausgeübte Erwerbstätigkeit ist zwar – wie auch im Eherecht[1384] – bei Getrenntleben fortzusetzen.[1385] Der während der Lebenspartnerschaft nicht erwerbstätige Lebenspartner kann jedoch bereits in der Trennungszeit auf eine eigene Erwerbstätigkeit verwiesen werden (§ 12 Abs. 1 S. 2 1. Hs. LPartG).[1386] Dieser Lebenspartner muss somit grundsätzlich schon während des Getrenntlebens zur Deckung seines Unterhalts einer Erwerbstätigkeit nachgehen.[1387] Dies gilt nur dann nicht, wenn eine eigene Erwerbstätigkeit nach den persönlichen Verhältnissen dieses Lebenspartners und nach den wirtschaftlichen Verhältnissen während der Lebenspartnerschaft nicht erwartet werden kann (§ 12 Abs. 1 S. 2 LPartG).[1388]
Im Gegensatz zu der Regelung bei Lebenspartnern ist im Eherecht die Pflicht zur Erwerbstätigkeit des während der Ehe nicht erwerbstätigen Ehegatten bei Getrenntleben durch § 1361 Abs. 2 BGB wesentlich eingeschränkt.[1389] Diesen Ehegatten trifft nach dem Gesetzeswortlaut keine prinzipielle Erwerbsobliegenheit, sondern er kann nur darauf verwiesen werden, seinen Unterhalt durch eigene Erwerbstätigkeit selbst zu verdienen, wenn ihm das nach seinen persönlichen Verhältnissen, z.B. seinem Gesundheitszustand, seinem Alter oder aus anderen gesetzlich vorgesehenen Gründen, zugemutet werden kann (§ 1361 Abs. 2 BGB).[1390]
Die grundsätzliche Erwerbsobliegenheit der Lebenspartner in § 12 LPartG – im Gegensatz zum Eherecht – entspricht dem Leitbild der Lebenspartnerschaft, das schon während der Lebenspartnerschaft grundsätzlich die Erwerbstätigkeit beider Teile vorsieht.[1391] Dieses von der Ehe unterschiedliche Leitbild ist darauf zurück-

---

[1382] Hk-LPartG/Kemper, § 12 LPartG, Rn. 11.
[1383] Rauscher, FamR, S. 508.
[1384] Rauscher, FamR, S. 195.
[1385] Hk-LPartG/Kemper, § 12 LPartG, Rn. 17.
[1386] Welling, RNotZ 2002, S. 249, 258; Müller, DNotZ 2001, S. 581, 585; Kaiser, JZ 2001, S. 617, 622; Schwab, FamR, Rn. 893; Hk-LPartG/Kemper, § 12 LPartG, Rn. 2; Rauscher, FamR, S. 508; Weinreich, FuR 2001, S. 481, 482.
[1387] Palandt/Brudermüller, § 12 LPartG, Rn. 7; Weinreich, FuR 2001, S. 481, 483.
[1388] Muscheler, LPartG, Rn. 235; Rauscher, FamR, S. 508; Schwab, FamR, Rn. 893.
[1389] Schlüter, FamR, Rn. 69.
[1390] So die h.M.: BGH FamRZ 1990, S. 283, 285; BGH FamRZ 1991, S. 416, 418; LG Stuttgart FamRZ 1993, S. 559; Schlüter, FamR, Rn. 69; Finke, UnterhaltsR, § 5 Rn. 16; Staudinger/Hübner/Voppel, § 1361 BGB, Rn. 164; Kalthoener/Büttner, NJW 1989, S. 801, 804; dieselb., in: NJW 1992, S. 2996, 2999; KG FamRZ 1991, S. 1188; Finke, UnterhaltsR § 5 Rn. 16; Ziegler/Mäuerle, FamR, Rn. 191; differenzierend Göppinger/Wax/Bäumel, UnterhaltsR, Rn. 948: Schwab/Bort, Hdb. d. Scheidungsrechts, IV, Rn 95; Müller, FamR, Rn. 237; Schlüter, FamR, Rn 69. Eine im Vordringen befindliche Ansicht geht allerdings davon aus, dass auch bei Ehegatten eine grundsätzliche Erwerbsobliegenheit besteht Rauscher FamR, S. 195; Palandt/Brudermüller, § 1361 BGB, Rn. 15. Vorsichtig auch Gernhuber/Coester-Waltjen, FamR, § 21 II 6: „der Wandel des Zeitgeistes erfordere weit eher als früher eine Erwerbstätigkeit".
[1391] BT-Drucks. 3751, S. 40; Hk-LPartG/Kemper, § 12 LPartG, Rn. 12.

zuführen, dass Lebenspartner keine gemeinsamen Kinder bekommen können und somit eine Arbeitsteilung wie bei der Ehe, dass ein Partner den Haushalt führt und sich um die Erziehung der Kinder kümmert und der andere berufstätig ist, nur selten vorkommen wird. Auch kann man die im Vergleich zur Ehe stärkere Erwerbsobliegenheit damit begründen, dass der Trennungsbegriff bei der Lebenspartnerschaft, bei dem mindestens einer der Partner die Lebenspartnerschaft an sich ablehnen muss, auf eine noch höhere Wahrscheinlichkeit des Scheiterns der Beziehung schließen lässt als bei der Ehe.[1392] Bei Lebenspartnern stellt die Pflicht zur eigenen Erwerbstätigkeit des Partners in § 12 LPartG somit die Regel, bei Ehegatten in § 1361 Abs. 2 BGB jedoch die Ausnahme dar.[1393]

Unzumutbar ist eine Berufstätigkeit nach den persönlichen Verhältnissen des Lebenspartners, wenn ein Partner alt und krank ist oder er unter einem Gebrechen leidet, das ihn an der Ausübung eines Berufes hindert.[1394]

Eine Erwerbstätigkeit kann auch nach den wirtschaftlichen Verhältnissen der beiden Lebenspartner aus Billigkeitsgründen ausscheiden. Dies ist nach den Umständen des Einzelfalles zu ermitteln.[1395] Eine Pflicht zur Erwerbstätigkeit eines Lebenspartners kann z.B. ausscheiden, wenn dem anderen Lebenspartner wegen seiner Einkommens- und Vermögensverhältnisse die Leistung von Unterhalt unschwer möglich wäre, ohne dass er sich selbst einzuschränken bräuchte. Des Weiteren kann einem Lebenspartner eine Erwerbstätigkeit unzumutbar sein, wenn der andere ihn dazu gebracht hat, seinen Beruf aufzugeben, damit dieser sich dem gemeinsamen Haushalt widmen kann, oder der andere ihm die Zusage gemacht hat, auch bei Getrenntleben ohne Erwerbstätigkeit des anderen weiterhin für seinen Unterhalt aufzukommen.[1396] Unter Umständen kann eine Schonfrist von einem Jahr bis zu einer vollen Erwerbstätigkeit gewährt werden wie dies bei Ehegatten der Fall ist.[1397] Die Rechtsprechung zum Eherecht lässt sich allerdings nur bedingt auf die Lebenspartnerschaft bei Getrenntleben übertragen, da das Regel-Ausnahmeverhältnis unter Lebenspartnern umgekehrt ist.[1398] Für die Abwägung soll auch die Dauer der Lebenspartnerschaft eine Rolle spielen (§ 12 Abs. 1 S. 2 LPartG).[1399]

Ein Lebenspartner kann auch bedürftig i.S.d. § 12 LPartG sein, wenn er einen Beruf ausübt, aber seine Einkünfte unterhalb eines hypothetischen Unterhaltsanspruchs liegt, der den Lebensverhältnissen während der Lebenspartnerschaft entspricht.[1400]

---

[1392] Muscheler, LPartG, Rn. 236.

[1393] Büttner, in: Schwab (Hrsg.), Die eingetragene Lebenspartnerschaft, S. 221, 227; Weinreich, FuR 2001, S. 481, 482; Muscheler, LPartG, Rn. 236.

[1394] Hk-LPartG/Kemper, § 12 LPartG, Rn. 13.

[1395] Kemper, FPR 2001, S. 449, 455.

[1396] Hk-LPartG/Kemper, § 12 LPartG, Rn. 14.

[1397] Für Ehegatten: KG FamRZ 91, S. 1188; OLG Schleswig NJW-RR 93, S. 391.

[1398] Hk-LPartG/Kemper, § 12 LPartG, Rn. 14.

[1399] Schwab, FamR, Rn. 893.

[1400] Hk-LPartG/Kemper, § 12 LPartG, Rn. 38.

Der Unterhalt begehrende Lebenspartner ist darlegungs- und beweispflichtig dafür, dass er nach § 12 Abs. 1 S. 2 LPartG nicht darauf verwiesen werden kann, für seinen Unterhalt selbst aufzukommen.[1401]

### dd. Leistungsfähigkeit des Anspruchsgegners

Der in Anspruch genommene Lebenspartner muss leistungsfähig sein.[1402] Reichen die finanziellen Mittel nicht aus, um sowohl für den Lebenspartner als auch für sich selbst den vollen Unterhalt zu zahlen, ist § 1581 BGB entsprechend anzuwenden.[1403] Danach ist Unterhalt nur in dem Umfang geschuldet, der Billigkeitsgesichtspunkten entspricht. Es ist dem Anspruchsgegner das Notwenige zum Leben zu belassen.

### b. Umfang des Unterhaltsanspruchs

### aa. Gesamter Lebensbedarf

Sofern nicht der Unterhalt fordernde Lebenspartner teilweise selbst für seinen Unterhalt sorgen muss, umfasst der Unterhalt den gesamten Lebensbedarf des Lebenspartners.[1404] Hier ergeben sich keinerlei Unterschiede zum Unterhaltsanspruch bei Zusammenleben der Lebenspartner aus § 5 LPartG (siehe unter 2. Teil, § 1, I., b.).[1405]

Unterschiede zwischen Eherecht und Lebenspartnerschaftsgesetz zeigen sich im Hinblick auf den Altersvorsorgeunterhalt: Während § 1361 Abs. 1 S. 2 BGB dem getrennt lebenden Ehegatten für die Zeit ab Rechtshängigkeit des Ehescheidungsverfahrens auch einen Anspruch auf Altersvorsorgeunterhalt zubilligt[1406], fehlt es in § 12 LPartG an einer dementsprechenden Regelung oder an einer Verweisung auf § 1361 Abs. 1 S. 2 BGB.[1407]

Dass bei getrennt lebenden Lebenspartnern ab Rechtshängigkeit des Aufhebungsverfahrens kein Anspruch auf einen Vorsorgeunterhalt besteht, ist insofern verwunderlich, als dass in § 16 Abs. 2 LPartG, der den nachpartnerschaftlichen Unterhalt regelt, ausdrücklich auf § 1578 Abs. 3 BGB verwiesen wird, der einen Vorsorgeunterhalt vorsieht.[1408] Nach dem Gesetz gehören folglich für die Zeit nach Aufhebung der Lebenspartnerschaft die Kosten einer angemessenen Ver-sicherung für den Fall des Alters sowie der Berufs- und Erwerbsunfähigkeit zum Unterhalt, während für die Zeit des Getrenntlebens bei noch bestehender Lebens-

---

[1401] Meyer/Mittelstädt, LPartG, S. 57; Schwab, FamRZ 2001, S. 385, 392; Grziwotz, DNotZ 2001, S. 280, 296; Büttner, in: Schwab (Hrsg.), Die eingetragene Lebenspartnerschaft, S. 221, 228; Schwab, FamR, Rn. 893.

[1402] Hk-LPartG/Kemper, § 12 LPartG, Rn. 24.

[1403] Hk-LPartG/Kemper, § 12 LPartG, Rn. 28.

[1404] Hk-LPartG/Kemper, § 12 LPartG, Rn. 38.

[1405] Hk-LPartG/Kemper, § 12 LPartG, Rn. 39.

[1406] Rauscher, FamR, S. 198; Hohloch, FamR, Rn. 588;

[1407] Battes, FuR 2002, 113 119; Büttner, in: Schwab (Hrsg.), Die eingetragene Lebenspartnerschaft, 221 226; Palandt/Brudermüller, § 12 LPartG, Rn. 8.

[1408] Battes, FuR 2002, S. 113, 119.

partnerschaft kein Anspruch auf Altersvorsorgeunterhalt zugebilligt wird.[1409] Dies verstößt gegen den Grundsatz, dass der nachpartnerschaftliche Unterhalt den Unterhaltsberechtigten nicht besser stellen soll als der Unterhalt bei Getrenntleben. Dieser Widerspruch könnte dadurch beseitigt werden, dass man trotz entgegenstehendem Wortlaut des Gesetzes bei getrenntlebenden Lebenspartnern ab Rechtshängigkeit des Aufhebungsverfahrens einen Anspruch auf Altersvorsorgeunterhalt annimmt. Eine solche Vorgehensweise wird uneinheitlich beurteilt.

Nach einer Ansicht soll auch getrennt lebenden Lebenspartnern in der Zeit ab Rechtshängigkeit des Aufhebungsverfahrens trotz Nichterwähnung des § 1361 Abs.1 S. 2 BGB im LPartG ein Anspruch auf Alters- und Erwerbsunfähigkeitsversicherung als Teil eines „angemessenen Unterhalts" zustehen.[1410] Dies wird damit begründet, dass während der Trennungszeit die wechselseitige Verantwortung der Lebenspartner stärker ausgeprägt sei als nach Aufhebung der Lebenspartnerschaft.[1411] Außerdem könne für die Zeit nach Aufhebung der Lebenspartnerschaft keine stärkere Solidarität verlangt werden als für die Zeit davor, sonst würde das Gesetz gerade einen finanziellen Anreiz für die Aufhebung der Lebenspartnerschaft schaffen.[1412] Überdies sei es zur Vermeidung eines erheblichen Schutzdefizits notwendig, dass die Kosten einer angemessenen Versicherung für den Fall des Alters sowie der Erwerbsunfähigkeit unter den Trennungsunterhaltsanspruch nach § 12 LPartG fallen.[1413]

Anderer Ansicht nach gehört der Vorsorgeunterhalt bei Lebenspartnern nicht zum Trennungsunterhalt.[1414] Bei Ehegatten schließe der Vorsorgeunterhalt nach § 1361 Abs. 1 S. 2 BGB die Lücke in der sozialen Absicherung zwischen Rechtshängigkeit des Scheidungsantrags und Rechtskraft des Scheidungsurteils.[1415] Für Ehegatten sei somit durch den Gesetzgeber in jedem Stadium eine soziale Sicherung vorgesehen: Für die Zeit zwischen Eheschließung und Rechtshängigkeit des Scheidungsverfahrens werde die soziale Sicherung bereits durch den Versorgungsausgleich verwirklicht (vgl. § 1587 Abs. 1 und 2 BGB).[1416] Nach der Scheidung habe der Verpflichtete, soweit nach der Scheidung Unterhalt geschuldet werde, auch die Kosten einer Versicherung für den Fall des Alters sowie der Berufs- und Erwerbsunfähigkeit zu tragen (§ 1578 Abs. 3 BGB).

---

[1409] Muscheler, LPartG, Rn. 104; Weinreich, FuR 2001, S. 481, 482; Battes, FuR 2002, S. 113, 119; Büttner, in: Schwab (Hrsg.), Die eingetragene Lebenspartnerschaft, S. 221, 227.

[1410] Weinreich, FuR 2001, S. 481, 483; Welling, RNotZ 2002, S. 249, 258; Büttner, in: Schwab (Hrsg.), Die eingetragene Lebenspartnerschaft, S. 221, 227; Palandt/Brudermüller, § 12 LPartG, Rn. 7.

[1411] Büttner, in: Schwab (Hrsg.), Die eingetragene Lebenspartnerschaft, S. 221, 227.

[1412] Palandt/Brudermüller, § 12 LPartG, Rn. 2.

[1413] Weinreich, FuR 2001, S. 481; Büttner, in: Schwab (Hrsg.), Die eingetragene Lebenspartnerschaft, S. 221, 227; Palandt/Brudermüller, § 12 LPartG, Rn. 7.

[1414] Schlüter, FamR, Rn. 478; Muscheler, LPartG, Rn. 103; Hk-LPartG/Kemper, § 12 LPartG, Rn. 40.

[1415] Schlüter, FamR, Rn. 72.

[1416] Beim Versorgungsausgleich werden gemäß § 1578 Abs. 2 BGB die in der Ehe erworbenen Anwartschaften verteilt, die bis zum Ende des Monats vor der Rechtshängigkeit des Scheidungsantrags erworbenen wurden; Schlüter, FamR, Rn. 72; Rauscher, FamR, S. 199.

Da jedoch im Gegensatz zur Regelung des Eherechts bei Beendigung der Lebenspartnerschaft kein Versorgungsausgleich stattfinde, d.h. die Zeit zwischen Entstehung der Lebenspartnerschaft bis zur Rechtshängigkeit des Aufhebungsverfahrens nicht von einer sozialen Sicherung abgedeckt ist, sei auch der Vorsorgeunterhalt ab diesem Zeitpunkt bei der Lebenspartnerschaft überflüssig.[1417]
Der letzteren Meinung, die einen Anspruch auf Vorsorgeunterhalt bei Getrenntleben der Lebenspartner ablehnt, ist der Vorzug zu geben. Dafür spricht zunächst der Wortlaut des § 12 LPartG, worin gerade nicht auf § 1361 Abs. 1 S. 2 BGB verwiesen wird. Weiterhin ist die soziale Absicherung bei der Lebenspartnerschaft und bei der Ehe völlig unterschiedlich geregelt worden. Dies hängt vor allem damit zusammen, dass nach Aufhebung der Lebenspartnerschaft kein Versorgungsausgleich stattfindet. Somit entsteht auch keine Schutzlücke zwischen der Rechtshängigkeit des Aufhebungsverfahrens bis zum Aufhebungsurteil, die überbrückt werden müsste, da schon während der ganzen Zeit des Bestehens der Lebenspartnerschaft keine gemeinsame Altersvorsorge der Lebenspartner vorgesehen ist. Schließlich gehören die Kosten für eine angemessene Versicherung für den Fall des Alters, der Berufs- und Erwerbsunfähigkeit gerade nicht zum Unterhalt nach § 5 LPartG, da in § 5 S. 2 LPartG hinsichtlich des Umfangs des zu leistenden Unterhalts, auf die § 1360 und § 1360 a verweisen, in denen vom Vorsorgeunterhalt keine Rede ist (s.o. unter 1. Teil, § 1, I., 1., b.).[1418]
Die Zubilligung eines Vorsorgeunterhalts während des Getrenntlebens der Lebenspartner würde zwar den Widerspruch beseitigen, der dadurch entsteht, dass der Vorsorgeunterhalt während des Getrenntlebens nicht, wohl aber nach Aufhebung der Lebenspartnerschaft vorgesehen ist. Dies ist jedoch nicht der einzige Widerspruch bei den Regelungen zur sozialen Sicherung im LPartG, denn es stellt auch einen Widerspruch dar, dass während des Zusammenlebens der Lebenspartner bei bestehender Lebenspartnerschaft keine Solidarität in Bezug auf Alters- und Invalidenvorsorge verlangt wird, da kein Versorgungsausgleich entsprechend dem § 1587 BGB bei der Lebenspartnerschaft besteht, indessen ein Vorsorgeunterhalt nach Aufhebung der Lebenspartnerschaft vorgesehen ist. Die Solidarität bei intakter Lebenspartnerschaft ist folglich ebenfalls geringer als nach Aufhebung der Lebenspartnerschaft, was wiederum gegen das Prinzip verstößt, dass die Solidarität nach Aufhebung der Lebenspartnerschaft nicht stärker ausgestaltet sein darf als während der Lebenspartnerschaft. Dieser Widerspruch bleibt auch bei Zubilligung eines Vorsorgeanspruchs bei Getrenntleben der Lebenspartner ab Rechtshängigkeit des Aufhebungsverfahrens bestehen, sodass diese Lösung nicht gänzlich überzeugen kann.
Um alle Widersprüche zu beseitigen könnte ein Versorgungsausgleich nach Aufhebung der Lebenspartnerschaft entsprechend § 1587 BGB in das LPartG hineininterpretiert werden, sodass die Kosten für die Vorsorge zwischen dem Abschluss der Lebenspartnerschaft bis zur Rechtshängigkeit abdeckt sind. Weiterhin ist es dann erforderlich, einen Vorsorgeunterhalt entsprechend § 1361 Abs. 1 S. 2 BGB

[1417] Hk-LPartG/Kemper, § 12 LPartG, Rn. 40; Schlüter, FamR, Rn. 478.
[1418] So auch: Battes, FuR 2002, S. 113, 120.

ab Rechtshängigkeit des Aufhebungsverfahrens zuzubilligen (ein Anspruch auf Vorsorgeunterhalt nach Aufhebung der Lebenspartnerschaft besteht ja bereits).
Eine andere Möglichkeit wäre es, die Beiträge zur Alters- und Erwerbsfähigkeitsvorsorge schon zu dem angemessenen Unterhalt aus den Vorschriften des § 5 S. 1 und § 12 Abs. 1 S. 1 LPartG zu zählen, sodass es dem anderen Partner möglich ist, bereits während des Bestehens der Lebenspartnerschaft Beiträge in entsprechende Versicherungen einzuzahlen.
Schließlich kann man den nachpartnerschaftlichen Anspruch auf Vorsorgeunterhalt nach § 1578 Abs. 3 BGB gänzlich versagen, sodass dann einheitlich bei der Lebenspartnerschaft insgesamt keine gegenseitige soziale Sicherung durch die Lebenspartner gegeben wäre.[1419]
Gegen die erste Lösung spricht, dass im LPartG ganz bewusst auf einen Versorgungsausgleich mit dem Argument verzichtet wurde, dass eine „pauschalierend anzunehmende Unterhaltssicherung des Lebenspartners im Alter wegen der grundsätzlichen wirtschaftlichen Eigenverantwortlichkeit der Partner nicht notwendig sei“[1420]. Außerdem steht der Interpretation im Sinne der Einführung eines Versorgungsausgleichs in das LPartG ebenfalls entgegen, dass dies einen solchen Eingriff in Vermögensrechte eines Partners darstellt, dass dafür eine ausdrückliche gesetzliche Grundlage erforderlich ist.[1421]
Die zweite Variante ist ebenfalls abzulehnen, weil dies dem vom Reichsgericht ausgesprochenen und in der Literatur immer noch überwiegend vertretenen Grundsatz widerspräche, dass Unterhaltsleistungen nicht der Altersvorsorge dienen sollen.[1422] Darüber hinaus bedarf eine so weitgehende Ausweitung der Unterhaltspflicht einer ausdrücklichen Bestimmung im Text des LPartG.[1423] Überdies hat diese Variante den praktischen Nachteil, dass die Partner während des Zusammenlebens häufig nicht an die Leistung von Vorsorgebeiträgen denken, wenn einer von ihnen nicht oder nicht voll erwerbstätig ist.[1424] Kommt es dann zur Aufhebung der Partnerschaft, wird der wirtschaftlich schwächere Teil nach den allgemeinen Vorschriften über die Unterhaltsansprüche regelmäßig keine Nachzahlung von Beiträgen verlangen können, sofern nicht einer der Ausnahmetatbestände des § 1613 Abs. 1 und 2 BGB erfüllt war. Aus diesem Grund ist es abzulehnen, die Kosten für die Versicherung im Alters- und Erwerbsunfähigkeitsfall zum angemessenen Unterhalt aus § 5 S. 1 und § 12 Abs. 1 S. 1 LPartG zu zählen.
Die Lösung, die jede soziale Sicherung abschafft, auch die des nachpartnerschaftlichen Vorsorgeunterhalts, widerspricht ebenfalls dem Willen des Gesetzgebers. Die Gesetzesbegründung besagt, dass die Verweisungen auf das Eherecht in § 16 Abs. 2 BGB – also auch auf § 1578 Abs. 3 BGB – deswegen vorgenommen

[1419] Die Mehrheit des Arbeitskreises 24 Nr. 6 auf dem 14. Deutschen Familiengerichtstag war der Ansicht, dass die Verweisung des § 16 Abs. 2 LPartG auf § 1578 Abs. 3 BGB systemwidrig sei; Battes, FuR 2002, S. 113, 120.
[1420] Meyer/Mittelstädt, LPartG, S. 26; So auch Battes, FuR 2002, S. 113, 120.
[1421] So auch Battes, FuR 2002, S. 113, 120.
[1422] RGZ 152, S. 359; ebenso Battes, FuR 2002, S. 113, 121 mit weiteren Nachweisen.
[1423] So auch Battes, FuR 2002, S. 113, 120.
[1424] So auch Battes, FuR 2002, S. 113, 120.

wurden, weil eine unterschiedliche Handhabung im Vergleich zum Eherecht nicht angezeigt sei.[1425] Es wäre contra legem, diesen Anspruch zu versagen, der doch von dem Gesetzgeber ausdrücklich gewollt ist. Ferner ist es rechtstechnisch keine befriedigende Lösung, zur Beseitigung eines rechtlichen Widerspruchs einen Schutzanspruch, wie § 1578 Abs. 3 BGB ihn vorsieht, zu versagen. Im Übrigen kann die Einbeziehung des Vorsorgeunterhalts in den nachpartnerschaftlichen Unterhaltsanspruch als kleiner Ausgleich für das Fehlen des Versorgungsausgleichs im LPartG gewertet werden.
De lege lata ist es somit nicht möglich, die Widersprüche durch Auslegung oder Interpretation zu beseitigen. Diese können nur durch eine Gesetzeskorrektur behoben werden.
Nach der bestehenden Rechtslage gewährt § 12 LPartG keinen Anspruch auf Altersvorsorgeunterhalt.

**bb. Maß des Unterhaltsanspruchs**

Ein Lebenspartner kann bei Getrenntleben den nach den Lebensverhältnissen und den Erwerbs- und Vermögensverhältnissen während der Lebenspartnerschaft angemessenen Unterhalt verlangen (§ 12 Abs. 1 S. 1 LPartG).[1426]
Als Parallele zu dieser Regelung stellt § 1361 Abs. 1 BGB für den Bedarf bei Ehegatten auf die „ehelichen Lebensverhältnisse“ ab.[1427]
§ 12 LPartG gewährt dem unterhaltsberechtigten Partner also eine Art „Lebensstandardgarantie“[1428]. Dies wird damit begründet, dass die bestehenden Bindungen der Lebenspartner bis zur Aufhebung noch nicht vollständig gelöst sind.[1429] Die hier erreichte Gleichstellung von Lebenspartnerschaft und Ehe ergibt sich daraus, dass das Gesetz für die eingetragene Lebenspartnerschaft von einer ähnlichen Bindung zwischen Lebenspartnern wie zwischen Ehegatten ausgeht; insofern soll kein Unterschied bezüglich des Maßes des Unterhalts bei der Lebenspartnerschaft und bei der Ehe bestehen.[1430] Die ausdifferenzierte Rechtsprechung zur „Prägung“ der ehelichen Lebensverhältnisse ist somit auf die partnerschaftlichen Lebensverhältnisse anwendbar.[1431] Einkommenssteigerungen während der Trennungszeit sind nach ständiger Rechtsprechung bei den Bestimmungen des Bedarfs für den Trennungsunterhalt von Ehegatten mit heranzuziehen, es sei denn sie beruhen auf einer

---

[1425] BT-Drucks. 14 /3751, S. 41.
[1426] Rauscher, FamR, S. 508; Schwab, FamRZ 2001, S. 385, 392; Weinreich, FuR 2001, S. 481, 482; Palandt/Brudermüller, § 12 LPartG, Rn. 4; Büttner, in: Schwab (Hrsg.), Die eingetragene Lebenspartnerschaft, S. 221, 225; Muscheler, LPartG, Rn. 235.
[1427] Hohloch, FamR, Rn. 586; Ziegler/Mäuerle, FamR, Rn. 192; Müller, UnterhaltsR, Rn. 241; Rauscher, FamR, S. 193.
[1428] Welling, RNotZ 2002, S. 249, 258; Weinreich, FuR 2001, S. 481, 482; Büttner, in: Schwab (Hrsg.), Die eingetragene Lebenspartnerschaft, S. 221, 225.
[1429] BT-Drucks 14/3751, S. 41.
[1430] Palandt/Brudermüller, § 12 LPartG, Rn. 4; Büttner, in: Schwab (Hrsg.), Die eingetragene Lebenspartnerschaft, S. 221, 226.
[1431] Büttner, in: Schwab (Hrsg.), Die eingetragene Lebenspartnerschaft, 221, 226.

erheblichen Abweichung vom Normalverlauf.[1432] Dies gilt folglich auch für die Bemessung des Unterhaltsanspruchs für Lebenspartner.
Haben beide Lebenspartner Einkünfte, reichen aber die eines Lebenspartners nicht aus, um seinen Bedarf zu decken, kommt ein Anspruch auf Aufstockungsunterhalt in Betracht.[1433]

#### cc. Art der Unterhaltsgewährung

Der laufende Unterhalt ist durch Zahlung einer Geldrente im Voraus zu gewähren (§ 12 Abs. 2 S. 2 i.V.m. § 1361 Abs. 4 S. 1 und 2 BGB).[1434]

### c. Vertragliche Regelungsmöglichkeiten der Lebenspartner hinsichtlich des Unterhaltsanspruchs

Für den Trennungsunterhaltsanspruch von Lebenspartnern gilt wie für den Trennungsunterhaltsanspruch von Ehegatten das Verzichtsverbot des § 1614 BGB hinsichtlich des künftigen Unterhalts (§ 12 Abs. 2 S. 2 LPartG i.V.m. § 1361 Abs. 4 BGB i.V.m. § 1360 a Abs. 3 BGB i.V.m. § 1614 Abs. 1 BGB).[1435] Hier ergeben sich keine Unterschiede zu dem, was hinsichtlich des Verzichtsverbots bei Zusammenleben der Partner gesagt wurde (s.o. unter 1. Teil, § 1, I., 1., c.).

### d. Rückforderung von Zuvielleistungen

Bei Zuvielleistungen von Unterhalt gilt die Vermutung, dass der Unterhaltsschuldner im Zweifel nicht beabsichtigt, dafür Ersatz zu verlangen (§ 5 LPartG i.V.m. § 1360 b BGB). Insoweit kann sich aber aus dem Getrenntleben der Lebenspartner gerade die Widerlegung der Vermutung ergeben.[1436]

### e. Unterhalt für die Vergangenheit

Auf Grund der Verweisung des § 12 Abs. 2 S. 2 LPartG auf § 1361 Abs. 4 i.V.m. § 1360 a Abs. 3 und § 1613 Abs. 1 BGB gilt bezüglich des Trennungsunterhalts für die Vergangenheit nichts anderes als für den Unterhaltsanspruch aus § 5 LPartG bei Zusammenleben der Lebenspartner (siehe unter 2. Teil, § 1, I., 1., e.).[1437]

### f. Billigkeitskorrektur

Ein Unterhaltsanspruch ist nach der allgemeinen Billigkeitsklausel des § 12 Abs. 2 S. 1 LPartG zu versagen, herabzusetzen oder zeitlich zu begrenzen, soweit die Inanspruchnahme des Verpflichteten unbillig wäre.[1438] Hier ist der Verweis auf die

---

[1432] BGH FamRZ 1982, S. 576; BGH FamRZ 1999, S. 367; Kalthoener/Büttner/Niepmann, UnterhaltsR, Rn. 64.
[1433] Hk-LPartG/Kemper, § 12 LPartG, Rn. 38.
[1434] Hk-LPartG/Kemper, § 12 LPartG, Rn. 45.
[1435] Delrue, Eingetragene Lebenspartnerschaft, S. 25; Hk-LPartG/Kemper, § 12 LPartG, Rn. 4; Muscheler, LPartG, Rn. 235; Schwab, FamRZ 2001, S. 385, 392; Müller, DNotZ 2001, S. 581, 585; a.A. Dorsel, RNotZ 2001, S. 151, 152.
[1436] Hk-LPartG/Kemper, § 12 LPartG, Rn. 49.
[1437] Büttner, in: Schwab (Hrsg.), Die eingetragene Lebenspartnerschaft, S. 221, 229.
[1438] Muscheler, LPartG, Rn. 235; Hk-LPartG/Kemper, § 12 LPartG, Rn. 33.

Katalogtatbestände des § 1579 Nr. 2-7 BGB unterblieben.[1439] Die Schwelle ist dementsprechend nach dem Gesetzeswortlaut niedriger als bei getrennt lebenden Ehegatten, denn es genügt bereits „einfache Unbilligkeit", anstatt der im Eherecht gemäß § 1579 BGB vorausgesetzten „groben Unbilligkeit"[1440], um einen Anspruch auf Trennungsunterhalt zu versagen.[1441]
Vorliegend zeigt sich wiederum ein Unterschied zwischen der Regelung zum Unterhalt bei Getrenntleben aus § 12 LPartG zum nachpartnerschaftlichen Unterhalt aus § 16 LPartG.[1442] Während ein Ausschluss, eine Herabsetzung oder eine zeitliche Begrenzung des Unterhalts bei Getrenntleben der Lebenspartner nach dem Wortlaut des § 12 Abs. 2 S. 1 LPartG bereits bei „bloßer Unbilligkeit" der Inanspruchnahme in Betracht kommt, soll die Schwelle nach Auflösung der Lebenspartnerschaft höher angesetzt sein: Nach § 16 Abs. 2 S. 2 LPartG i.V.m. § 1579 BGB ist „grobe Unbilligkeit" vorgesehen und zudem die Verwirklichung eines der in § 1579 Nr. 2-7 BGB aufgezählten Tatbestände, um den nachpartnerschaftlichen Unterhaltsanspruch zu versagen, herabzusetzen oder zeitlich zu begrenzen.[1443]
Dies stellt allerdings einen Widerspruch zur Begründung des Gesetzesentwurfes dar, in dem es heißt, dass der Wahrung des bestehenden Status' der Lebenspartner ein besonderes Gewicht zukommt, solange die Bindungen nicht endgültig erloschen sind.[1444] Ferner steht es im Gegensatz zu dem Grundsatz, dass der nachpartnerschaftliche Unterhalt nach Aufhebung der Lebenspartnerschaft nicht stärker ausgestaltet sein darf als während der Trennungszeit der Lebenspartner.[1445] Wie dieser Widerspruch aufzulösen ist, wird unterschiedlich beurteilt.
Eine Ansicht plädiert für eine Anpassung des § 16 Abs. 2 S. 2 LPartG in dem Sinne, dass ein nachpartnerschaftlicher Unterhaltsanspruch – so wie in § 12 Abs. 2 S. 1 LPartG – bereits bei „einfacher Unbilligkeit" ausgeschlossen sein soll.[1446] Der eindeutige Wortlaut des § 12 Abs. 2 S. 1 LPartG spreche für eine Anwendung dieser Norm schon bei „bloßer Unbilligkeit".[1447]

---

1439 Battes, FuR 2002, S. 113, 119; Rauscher, FamR, S. 509.

1440 Eschenbruch/Eschenbruch, Rn. 1051; Hohloch, FamR, Rn. 589; Schlüter, FamR, Rn. 73; Rauscher, FamR, S. 199.

1441 Büttner, in: Schwab (Hrsg.), Die eingetragene Lebenspartnerschaft, S. 221, 228; Battes, FuR 2002, S. 113, 119; Rauscher, FamR, S. 509; Schwab, FamR, Rn. 893; Muscheler, LPartG, Rn. 236; Schwab, FamRZ 2001, S. 385, 392.

1442 Battes, FuR 2002, S. 113, 119; Schwab, FamR, Rn. 903; Schlüter, FamR, Rn. 490.

1443 Muscheler, LPartG, Rn. 104; Battes, FuR 2002, S. 113, 119; Schwab, FamRZ 2001, S. 385, 392; Palandt/Brudermüller, § 16 LPartG, Rn. 12; Büttner, in: Schwab (Hrsg.), Die eingetragene Lebenspartnerschaft, S. 221, 234; Dorsel, RNotZ 2001, S. 151, 153; Kaiser JZ 2001, S. 617, 622; Schwab, FamR, Rn. 893; Rauscher, FamR, S. 509; Schlüter, FamR, Rn. 478.

1444 BT-Drucks. 14/3751, S. 41.

1445 Dieser Grundsatz wurde auf dem 14. Deutschen Familiengerichtstag v. den Arbeitskreisen Nr. 24 festgelegt; Battes, FuR 2002, S. 113, 119; Muscheler, LPartG, Rn. 104; Büttner, in: Schwab (Hrsg.), Die eingetragene Lebenspartnerschaft, S. 221, 234; Palandt/Brudermüller, § 16 LPartG, Rn. 12; Schlüter, FamR, Rn. 478.

1446 Weinreich, FuR 2001, S. 481, 484; Büttner, in: Schwab (Hrsg.), Die eingetragene Lebenspartnerschaft, S. 221, 236.

1447 Büttner, in: Schwab (Hrsg.), Die eingetragene Lebenspartnerschaft, S. 221, 228.

Der gegensätzlichen Meinung nach soll eine Versagung, Herabsetzung oder zeitliche Begrenzung des Anspruchs auf Getrenntlebendenunterhalt nach § 12 Abs. 2 S. 1 LPartG erst bei „grober Unbilligkeit“ wie in § 16 Abs. 2 S. 2 LPartG erfolgen.[1448]
Diese Gegenmeinung besteht aus mehreren einzelnen Ansichten, die auf ganz unterschiedlichem Wege zu demselben Ergebnis kommen, nämlich der Anpassung des § 12 Abs. 2 S. 1 LPartG.
Eine Auffassung innerhalb der Gegenmeinung stellt zunächst die Überlegung an, welcher der beiden Paragraphen § 12 LPartG oder § 16 LPartG in der Weise ausgelegt werden kann, dass an die Versagung, Herabsetzung oder zeitliche Begrenzung des Unterhalts während des Getrenntlebens nicht höhere Maßstäbe geknüpft werden als nach Aufhebung der Lebenspartnerschaft.[1449] Zunächst stellt sie fest, dass in § 16 Abs. 2 S. 2 LPartG direkt auf § 1579 BGB verwiesen wird.[1450] Auch in der Gesetzesbegründung zu § 16 Abs. 2 LPartG käme zum Ausdruck, dass der Gesetzgeber eine Anwendung des § 1579 BGB auf § 16 Abs. 2 LPartG gewollt habe, da ausdrücklich gesagt worden sei, dass bei den durch § 16 Abs. 2 S. 2 BGB in Bezug genommenen Regelungen des BGB eine Abweichung bzw. eine gegenüber dem bürgerlich-rechtlichen Scheidungsfolgenrecht eigenständige Ausgestaltung in der Sache nicht angezeigt sei.[1451] Hier käme der Wille des Gesetzgebers ganz deutlich zum Ausdruck: Er wolle keinen Unterschied im Hinblick auf das Unterhaltsrecht, er wolle vielmehr, dass § 1579 BGB auf den nachpartnerschaftlichen Unterhaltsanspruch angewandt werde.[1452]
Die Vertreter dieser Ansicht stellen sich dann die Frage, ob § 12 Abs. 2 S. 1 LPartG ausgelegt werden könne.[1453] Nach der Gesetzesbegründung habe mit § 12 Abs. 2 S. 1 LPartG eine „allgemeine Härteklausel“ geschaffen werden sollen.[1454] Genauere Angaben für die Auslegung des § 12 Abs. 2 S. 1 LPartG enthalte die Gesetzesbegründung allerdings nicht. Demnach gäbe es im Hinblick auf § 12 Abs. 2 S. 1 LPartG einen Interpretationsspielraum.[1455] Da keine Anhaltspunkte dafür vorlägen, dass der Gesetzgeber die nachpartnerschaftliche Solidarität habe weitgehender ausgestalten wollen als die Solidarität während des Bestehens der Lebenspartnerschaft[1456], der Gesetzgeber sogar ausdrücklich angemerkt habe, dass die Bindungen in der Phase des Getrenntlebens noch nicht endgültig gelöst seien und somit der Wahrung des bestehenden Status’ der Lebenspartner insoweit ein

---

[1448] Battes, FuR 2002, S. 113, 119; Palandt/Brudermüller, § 12 LPartG Rn. 9/§ 16 LPartG, Rn. 12; Hk-LPartG/Kemper, § 12 LPartG, Rn. 34, § 16 LPartG, Rn. 114; Welling, RNotZ 2002, S. 249, 258; so auch die Ansicht des Arbeitskreises Nr. 24 auf dem 14. Deutschen Familiengerichtstag.
[1449] So Hk-LPartG/Kemper, § 12 LPartG, Rn. 34.
[1450] Hk-LPartG/Kemper, § 12 LPartG, Rn. 34.
[1451] BT-Drucks 14/3751. S. 41.
[1452] Hk-LPartG/Kemper, § 12 LPartG, Rn. 34.
[1453] Hk-LPartG/Kemper, § 12 LPartG, Rn. 34.
[1454] BT-Drucks 14/3751, S. 41.
[1455] Hk-LPartG/Kemper, § 12 LPartG, Rn. 34.
[1456] Hk-LPartG/Kemper, § 12 LPartG, Rn. 34.

bedeutendes Gewicht zukäme[1457], könne das Erfordernis der Unbilligkeit in § 12 Abs. 2 S. 1 LPartG somit dahingehend ausgelegt werden, dass an den Maßstab der „groben Unbilligkeit" angeknüpft werden solle.
Eine weitere Auffassung innerhalb der Gegenmeinung möchte nicht nur den Maßstab der „groben Unbilligkeit" des § 1579 BGB auf § 12 Abs. 2 S. 1 LPartG übertragen, sondern § 1579 BGB insgesamt auf § 12 Abs. 2 S. 1 LPartG entsprechend anwenden, sodass ebenfalls die Kriterien des § 1579 Nr. 2-9 BGB für § 12 Abs. 1 S. 1 LPartG gelten sollen.[1458] Dies wird damit begründet, dass die Regelungstatbestände in § 1579 Nr. 2-7 BGB klarer gefasst seien als die allgemeine Billigkeitsklausel des § 12 LPartG und ihre Anwendung auf § 12 LPartG deswegen zu mehr Rechtssicherheit führen würde.[1459]
Außerdem wird in der Weise argumentiert, dass die Solidarität der Lebenspartner für die Trennungszeit nicht hinter der ehelichen Solidarität zurückbleiben dürfe, da die innerpartnerschaftliche Einstandspflicht trotz eines im Vergleich zu § 1353 BGB ausgedünnten Pflichtengehalts nach § 2 LPartG der innerehelichen Einstandspflicht gleichgestellt werden könne.[1460] Konsequenz dieser Argumentation wäre es, ebenfalls § 1579 Nr. 2-7 BGB entsprechend auf den Trennungsunterhalt anzuwenden und somit eine Versagung des Trennungsunterhalt nur bei „grober Unbilligkeit" des Anspruchs anzunehmen, so wie dies bei der Ehe der Fall sei.[1461]
Schließlich wird eine berichtigende Auslegung des § 12 Abs. 2 S. 1 LPartG damit gerechtfertigt, dass diese Interpretation eine angemessene Regelung der Unterhaltsfrage darstelle.[1462] Das Vertrauen in ein gerechtes Unterhaltsrecht verdiene mehr Schutz als die Besorgnis, dass die eingetragene Lebenspartnerschaft der Ehe zu sehr angeglichen werde.[1463]
Vorzugswürdig ist die Auffassung, die eine Anpassung des § 12 Abs. 2 S. 1 LPartG auf den Maßstab der „groben Unbilligkeit" verlangt.
Eine Anpassung des § 16 LPartG anstatt des § 12 LPartG kann zwar damit begründet werden, dass sich die im Vergleich zu Ehegatten niedrigere Schwelle der „Unbilligkeit" in § 12 LPartG bei der Versagung, Herabsetzung oder zeitlichen Begrenzung des Getrenntlebendenunterhalts bei der Lebenspartnerschaft im Gegensatz zur „groben Unbilligkeit" bei Ehegatten nach den Gesetzesmaterialien mit der Annahme der größeren wirtschaftlichen Selbständigkeit der getrennt lebenden Lebenspartner im Vergleich zu getrennt lebenden Ehegatten erklären lässt[1464], während demgegenüber die Unterlagen des Koalitionsentwurfes zu § 16 LPartG keine konkrete Begründung dafür geben, weshalb beim nachpartnerschaftlichen Unterhalt durch den Maßstab der „groben Unbilligkeit" eine Gleichstellung zur

[1457] BT-Drucks. 14/3751, S. 41.
[1458] Palandt/Brudermüller, § 12 LPartG Rn. 9/§ 16 LPartG, Rn. 12.
[1459] Palandt/Brudermüller, § 12 LPartG Rn. 9.
[1460] Muscheler, LPartG, Rn. 104.
[1461] Muscheler tut dies jedoch nicht. Er stellt lediglich den Widerspruch fest, ohne eine Lösung anzubieten.
[1462] Battes, FuR 2002, S. 113, 119.
[1463] Battes, FuR 2002, S. 113, 119.
[1464] Meyer/Mittelstädt, LPartG, S. 58; BT-Drucks, 14/3751, S. 41.

Ehe erfolgt. Es wird lediglich erwähnt, dass bei den „in Bezug genommenen Regelungen des BGB eine Abweichung gegenüber dem bürgerlich-rechtlichen Scheidungsfolgenrecht in der Sache nicht angezeigt sei".[1465] Daraus könnte man schließen, dass diese niedrigere Schwelle in § 12 LPartG dem tatsächlichen Willen des Gesetzgebers entspricht. Weiterhin wird auch kein Grund dafür genannt, weswegen der Berechtigte eines nachpartnerschaftlichen Unterhaltsanspruch durch den Maßstab der „groben Unbilligkeit" bei der Versagung des Anspruchs besser gestellt wird als der Berechtigte eines Unterhaltsanspruchs bei Getrenntleben, bei dem der Anspruch bereits bei „bloßer Unbilligkeit" versagt wird. Der Maßstab für die „grobe Unbilligkeit" in § 16 LPartG im Gegensatz zur „bloßen Unbilligkeit" in § 12 LPartG steht sogar im Widerspruch zu der Begründung des Gesetzesentwurfs zu § 16 LPartG, in dem nach der Beendigung der Lebenspartnerschaft „Tatbestände, die der Annahme einer wirtschaftlichen Selbständigkeit von Lebenspartnern entgegenstehen, nur in Ausnahmefällen zu erwarten sind"[1466]. Wenn man also davon ausgeht, dass bereits beim Unterhaltsrecht bei Getrenntleben die Schwelle gering sein soll (bloße Unbilligkeit), obwohl nach der Begründung des Koalitionsentwurfs[1467] in dieser Phase die Bindungen der Lebenspartner noch nicht „gelöst sind und deshalb der Wahrung des bestehenden Zustands ein bedeutendes Gewicht zukommt"[1468], kann natürlich argumentiert werden, dass dann erst recht, wenn die Lebenspartnerschaft aufgehoben ist, die Solidarität geringer ausgestaltet sein muss als bei Getrenntleben und gerade nicht stärker ausgeprägt sein darf und somit eine Anpassung von § 16 Abs. 2 S. 2 LPartG vorgenommen werden müsste.

Trotzdem sprechen die besseren Gründe dafür, dass der Gesetzgeber die Versagung des nachpartnerschaftlichen Unterhaltsanspruchs gemäß § 16 LPartG nur im Falle der „groben Unbilligkeit" vorgesehen hat und nicht der Auslegungs-maßstab der „bloßen Unbilligkeit" in § 12 LPartG beabsichtigt war.

Ein gesetzlicher Verweis in § 16 Abs. 2 S. 2 LPartG lässt einen sichereren Schluss auf den Willen des Gesetzgebers zu als die fehlende gesetzliche Begründung hinsichtlich der Bevorzugung des nachpartnerschaftlichen Unterhaltsgläubigers durch § 16 LPartG im Gegensatz zu dem Unterhaltsgläubiger bei Getrenntleben.

Überdies beziehen sich die in der Gesetzesbegründung angeführten Argumente der „wirtschaftlichen Selbständigkeit"[1469] der Lebenspartner bei Getrenntleben und die Annahme, dass ein „nachpartnerschaftlicher Unterhaltsanspruch nur in Ausnahmefällen"[1470] bestehe, nicht auf die Härteklausel, sondern auf die Verpflichtung der Lebenspartner, sich bereits beim Getrenntleben und nach Aufhebung der Lebenspartnerschaft um die Sicherung des eigenen Unterhalts zu kümmern. Deswegen kann die wirtschaftliche Selbständigkeit der Partner nach Beendigung der Lebenspartnerschaft nicht dafür herangezogen werden, dass der Maßstab der „bloßen Unbilligkeit" in § 12 LPartG vom Gesetzgeber bezweckt sei und somit eine Anpas-

[1465] BT-Drucks, 14/3751, S. 41; Meyer/Mittelstädt, LPartG, S. 58.
[1466] BT-Drucks, 14/3751, S. 42.
[1467] BT-Drucks, 14/3751, S. 41.
[1468] BT-Drucks, 14/3751, S. 41.
[1469] BT-Drucks, 14/3751, S. 41.
[1470] BT-Drucks, 14/3751, S. 41.

sung des § 16 LPartG ebenfalls auf den Maßstab der „bloßen Unbilligkeit" reduziert werden müsse. Darüber hinaus wird in der Gesetzesbegründung zu § 16 Abs. 2 LPartG erklärt, dass eine Abweichung zum ehelichen Scheidungsfolgenrecht in der Sache nicht angezeigt sei. Der Maßstab der „groben Unbilligkeit" zur Versagung des Anspruchs aus § 16 LPartG ist somit zwingend.
Die Gesetzesbegründung zu § 12 Abs. 2 LPartG spricht hingegen nur von „allgemeiner Härteklausel", sodass hier die Möglichkeit der Auslegung besteht, um den Widerspruch zu beseitigen. Gerade weil die Bindungen während des Bestehens der Lebenspartnerschaft stärker ausgeprägt sind als nach Aufhebung der Lebenspartnerschaft, bleibt nur die Möglichkeit, § 12 LPartG anzupassen. Der Unterhaltsanspruch aus § 12 LPartG ist somit nur ausgeschlossen, wenn die Zubilligung des Unterhaltsanspruch „grob unbillig" wäre.
Da § 12 LPartG allerdings nicht direkt auf § 1579 BGB verweist, soll der Katalog der Unbilligkeitsfälle nicht für § 12 Abs. 2 S. 1 LPartG gelten. Trotzdem können die dort geregelten Fälle auch als Anhaltspunkte für das Vorliegen einer Unbilligkeit im Sinne von § 12 Abs. 2 S. 1 LPartG dienen. Somit kann in Anlehnung an die in § 1579 Nr. 2-9 BGB aufgeführten Fälle bei der Beurteilung der Unbilligkeit eines Unterhaltsanspruchs beispielsweise mit einfließen, dass der Berechtigte sich eines Verbrechens oder eines schweren vorsätzlichen Vergehens gegen den Verpflichteten oder einen nahen Angehörigen des Verpflichteten schuldig gemacht oder sich der Berechtigte über schwerwiegende Vermögensinteressen des Verpflichteten mutwillig hinweggesetzt hat.

#### g. Erlöschen des Unterhaltsanspruchs

Sowohl der Tod des Berechtigten als auch der Tod des Verpflichteten führen zum Erlöschen des Unterhaltsanspruchs (§ 12 Abs. 2 S. 2 LPartG i.V.m. § 1361 Abs. 4 S. 4 i.V.m. § 1360 a Abs. 3 und § 1615 Abs. 1 BGB). Der Unterhaltsanspruch für den laufenden Monat wird durch den Tod des Berechtigten allerdings nicht berührt (§ 12 Abs. 2 S. 2 LPartG i.V.m. § 1361 Abs. 4 S. 3 BGB). Der Unterhaltsverpflichtete muss auch dann die Kosten der Beerdigung des Berechtigten tragen, wenn diese Kosten vom Erben nicht zu erlangen sind (§ 12 Abs. 2 S. 2 LPartG i.V.m. § 1361 Abs. 4 S. 4 i.V.m. § 1360 a Abs. 3 und § 1615 Abs. 2 BGB).[1471]

## II. Die Pflicht zu gegenseitiger materieller Unterstützung während des Bestehens des PaCS

Nach Art. 515-4 Abs. 1 C.civ. sind PaCS-Partner während des Bestehens des PaCS zu gegenseitiger materieller Unterstützung verpflichtet.[1472]
Grundsätzlich werden die Modalitäten der gegenseitigen materiellen Unterstützung von den Partnern vertraglich festgelegt (Art. 515-4 Abs. 1 S. 2 C.civ.).[1473]

[1471] Hk-LPartG/Kemper, § 12 LPartG, Rn. 46.
[1472] Courbe, Droit de la famille, S. 243; Chanteloup/Fauré, Conclure un PaCS, S. 69; Lemouland, Le Dalloz 1999, Nr. 43, S. 483, 484; Cornu, Droit civil, La famille, S. 108; Beignier, Dr. famille 1999, Nr. hors série, S. 35; Catala, Dr. famille 1999, Nr. hors série,
S. 63, 64; Savouré, Dr. et patrimoine 2000, Nr. 81, S. 58, 59.

Fehlt eine vertragliche Regelung, entscheidet der Richter über Inhalt und Umfang der Pflicht.[1474]

### 1. Bei Vorliegen einer diesbezüglichen vertraglichen Regelung durch die Partner

#### a. Voraussetzungen des Anspruchs auf gegenseitige materielle Unterstützung

Gemäß Art. 515-4 Abs. 1 C.civ. ist Voraussetzung eines Anspruchs auf materielle Unterstützung das Bestehen eines wirksamen PaCS zwischen den Partnern.[1475] Es dürfen folglich keine der Hinderungsgründe des Art. 515-2 C.civ. gegeben und der PaCS darf auch nicht bereits aufgehoben sein.

#### b. Umfang des Anspruchs auf gegenseitige materielle Unterstützung bei Vorliegen einer diesbezüglichen vertraglichen Regelung der PaCS-Partner

Der Umfang der Pflicht zu gegenseitiger materieller Unterstützung richtet sich nach der vertraglichen Vereinbarung durch die PaCS-Partner.

##### aa. Vereinbarungen bezüglich der gegenseitigen materiellen Unterstützungspflicht bei Zusammenleben der Partner

Die Partner können für die Zeit des Zusammenlebens z.B. entweder eine finanzielle Unterstützung in Anlehnung an die Pflicht der Ehegatten zur Tragung des ehelichen Aufwandes in Art. 214 C.civ. vereinbaren oder eine geringere Unterstützungspflicht bestimmen.[1476] Sie haben die Möglichkeit, Regelungen über die Verteilung der Kosten des gemeinsamen Lebens zu treffen, d.h. bezüglich der im Haushalt anfallenden Kosten oder der Ausgaben im Freizeitbereich. Die Partner können auch eine Unterhaltspflicht in Form der Zahlung eines monatlichen Taschengeldes eines Partners an den anderen vereinbaren, wenn z.B. ein Partner seinen Beruf aufgibt, um sich dem Haushalt zu widmen.[1477] Die Partner können auch regeln, dass die materielle Unterstützungspflicht nicht durch einen Geldbetrag, sondern durch Mithilfe im Haushalt erbracht werden soll.[1478]
Zu einer materiellen Unterstützung kann es ebenfalls gehören, dass ein Partner Vermögensgüter, die in seinem Eigentum stehen, wie z.B. eine Eigentumswohnung oder ein Auto etc., zum gemeinsamen Gebrauch zur Verfügung stellt.[1479]
Den Partnern steht es somit nicht nur offen, die Höhe, sondern auch die Art und

---

[1473] Pillebout, Le PaCS, S. 21; Mécary, Droit et homosexualité, S. 174 ; Catala, Dr. famille 1999, Nr. hors série, S. 63, 64.

[1474] CC 99-419 DC, v. 9.11.1999, Entscheidungsgrund Nr. 31.

[1475] Renault-Brahinsky, Droit de la famille, S. 34; Pillebout, Le PaCS, S. 21.

[1476] Hauser, JCP N 2000, Nr. 9, S. 411, 412; Vassaux/Vauvillé, RJPF 2000, Nr. 5, S. 6, 8.

[1477] Vivier, Le PaCS, S. 38; Renault-Brahinsky, Droit de la famille, S. 63; Bénabent, Droit civil, La famille, S. 268.

[1478] Renault-Brahinsky, Droit de la famille, S. 63; Bénabent, Droit civil, La famille, S. 268; Vassaux/Vauvillé, RJPF 2000, Nr. 5, S. 6, 8; Catala, Dr. famille 1999, Nr. hors série, S. 63, 64; Vivier, Le PaCS, S. 62. Für Ehegatten: Ferrand, in: Henrich (Hrsg.), Eheliche Gemeinschaft, Partnerschaft und Vermögen im europäischen Vergleich, S. 73, 80.

[1479] Chanteloup/Fauré, Conclure un PaCS, S. 70, Vivier, Le PaCS, S. 37.

das Maß der Unterstützungspflicht vertraglich zu regeln.[1480] Eine Vereinbarung eines Unterhaltsanspruches ist jedoch gemäß Art. 1174 C.civ. nichtig, wenn sie vom Willen des Unterhaltsschuldners abhängt (condition potestative), d.h. wenn vereinbart wird, dass die Unterhaltspflicht endet, wenn der Unterhaltsschuldner den PaCS-Vertrag beenden möchte.[1481]
Ferner sind die Partner eines PaCS nach Ansicht des Conseil Constitutionnel nicht befugt, die Pflicht zur gegenseitigen materiellen Unterstützung aus Art. 515-4 Abs. 1 C.civ. komplett auszuschließen, denn außer Art. 515-5 C.civ. sollen alle anderen Bestimmungen des Art. 1 PaCS-G zwingenden Charakter haben.[1482] Die Vertragsfreiheit bezieht sich nach Meinung des Verfassungsgerichtes allein auf die Art und Weise der materiellen Unterstützungspflicht.[1483] Eine Klausel, nach der die Unterstützungspflicht gänzlich ausgeschlossen wird, ist folglich nichtig.[1484]
Außerdem müssen sich die Vereinbarungen im Bereich des Art. 6 des Code Civil halten, d.h. sie dürfen nicht im Widerspruch zur öffentlichen Ordnung (ordre Public) und zu den guten Sitten stehen.[1485]

**bb. Vereinbarungen bezüglich der gegenseitigen materiellen Unterstützungspflicht bei Getrenntleben der Partner**

Die Partner können auch spezielle Vereinbarungen zur Unterhaltsgewährung bei Getrenntleben treffen. Haben sich die PaCS-Partner getrennt, geht die gegenseitige materielle Unterstützungspflicht trotzdem weiter, da Art. 515-4 Abs. 1 C.civ. nicht zwischen Zusammenleben und Getrenntleben differenziert. Eine Abrede bezüglich einer finanziellen Unterstützung bei Getrenntleben der Partner im PaCS-Vertrag ist insoweit sinnvoll, als dass die Unterstützung bei Getrenntleben anders ausfallen muss als bei Zusammenleben der Partner, da bei Zusammenleben beispielsweise die Mietkosten geteilt werden können, während bei Getrenntleben die Lebenshaltungskosten erfahrungsgemäß steigen.
Die Vertragsfreiheit der Partner ist ebenfalls in dem Sinne beschränkt, dass die Pflicht nicht gänzlich ausgeschlossen werden darf. Hier wird das Minimum darin liegen, dass dem bedürftigen Partner das Nötigste zum Leben gewährt werden muss.

---

[1480] Renault-Brahinsky, Droit de la famille, S. 34; Vassaux/Vauvillé, RJPF 2000, Nr. 5, S. 6, 8; Chanteloup/Fauré, Conclure un PaCS, S. 69; Bénabent, Droit civil, La famille, S. 268.
[1481] Vivier, Le PaCS, S. 38.
[1482] CC 99-419 DC, v. 9. 11 1999, Entscheidungsgrund Nr. 28; Piastra, Le Dalloz 2000, Nr. 13, S. 203, 207; Hauser, JCP N 2000, Nr. 9, S. 411, 412; Mécary, Droit et homosexualité, S. 174; Renault-Brahinsky, Droit de la famille, S. 34.
[1483] CC 99-419 DC, v. 9. 11 1999, Entscheidungsgrund Nr. 28; Courbe, Droit de la famille, S. 244; Cornu, Droit civil, La famille, S. 108; Bénabent, Droit civil, La famille, S. 268.
[1484] Bénabent, Droit civil, La famille, S. 268.
[1485] Vassaux/Vauvillé, RJPF 2000, Nr 5, S. 6, 8.

**2. Der Anspruch auf gegenseitige materielle Unterstützung bei Fehlen einer vertraglichen Regelung durch die Partner**

Haben die Partner im PaCS-Vertrag keine konkrete Vereinbarung über die Art und Weise der materiellen Unterstützung getroffen oder sind die Regelungen des PaCS-Vertrages unklar, hat der Conseil Constitutionnel bestimmt, dass der Richter im Falle eines Rechtsstreits die Modalitäten dieser Unterstützungspflicht entsprechend der Leistungsfähigkeit der PaCS-Partner festzulegen hat.[1486]

Da es sich bei der Pflicht zu gegenseitiger materieller Unterstützung aus Art. 515-4 Abs. 1 C.civ. um eine vollkommen neue[1487] und dabei sehr allgemein formulierte Pflicht handelt, muss der Richter in dem Fall, dass die Partner keine vertragliche Vereinbarung getroffen haben, zunächst Inhalt und Umfang der Verpflichtung aus Art. 515-4 Abs. 1 C.civ. näher bestimmen. Eine Auslegung der gegenseitigen materiellen Unterstützungspflicht muss die jeweilige Situation der PaCS-Partner berücksichtigen, die unterschiedlich zu beurteilen ist, je nachdem ob die Partner zusammenleben oder sich getrennt haben, ohne bereits den PaCS-Vertrag aufgelöst zu haben. So wird, obwohl das Gesetz ausdrücklich keine solche Differenzierung vornimmt, sondern lediglich von „gegenseitiger materieller Unterstützung" spricht, zwischen der gegenseitigen materiellen Unterstützung bei Zusammenleben und der Unterstützungspflicht bei Getrenntleben unterschieden.

**a. Der Anspruch auf gegenseitige materielle Unterstützung bei Zusammenleben der Partner**

**aa. Voraussetzungen und Umfang der gegenseitigen materiellen Unterstützung bei Zusammenleben der Partner**

Voraussetzung eines Anspruchs auf gegenseitige materielle Unterstützung ist das Bestehen eines PaCS (Art. 515-4 Abs. 1 C.civ.). Um festzustellen, in welchem Umfang der Gesetzgeber den PaCS-Partnern bei deren Zusammenleben Verpflichtungen auferlegen wollte, können die Regelungen der Ehe herangezogen werden, zu denen die Pflicht aus Art. 515-4 Abs. 1 C.civ. Ähnlichkeit aufweist.

**aaa. Ähnlichkeit der Pflicht aus Art. 515-4 Abs. 1 C.civ. zu Regelungen im Eherecht**

Die Unterstützungspflicht aus Art. 515-4 Abs. 1 C.civ. weist eine Nähe zu der Pflicht zur Tragung des ehelichen Aufwandes in Art. 214 C.civ. (contribution aux charges du mariage) auf. Weiterhin ähnelt die Pflicht zur gegenseitigen materiellen Unterstützung der Unterhaltspflicht der Ehegatten aus Art. 212, 2. Variante C.civ. (devoir de secours). Zur Feststellung, mit welcher dieser beiden Pflichten aus dem Eherecht die materielle Unterstützungspflicht aus Art. 515-4 C.civ. verglichen werden kann, werden zunächst die Anwendungsbereiche der Art. 214 C.civ. und des Art. 212, 2. Fall C.civ. aufgezeigt.

---

[1486] CC 99-419 DC, v. 9. 11 1999, Entscheidungsgrund Nr. 31 a.E.; Courbe, Droit de la famille, S. 244; Drago, Dr. famille 1999, Nr. hors-série, S. 46, 48.

[1487] Chanteloup/Fauré, Conclure un PaCS, S. 69.

Die Literatur setzt sich seit langer Zeit mit den Unterschieden zwischen diesen beiden Pflichten auseinander[1488]; denn die gegenseitige Unterhaltspflicht der Ehegatten aus Art. 212, 2. Fall C.civ. und die Verpflichtung zur Tragung des ehelichen Aufwandes aus Art. 214 C.civ. überschneiden und ergänzen sich in vielen Punkten, da der eheliche Aufwand auch den persönlichen Bedarf der Eheleute umfasst.[1489] Dabei sind viele Punkte umstritten. Einigkeit besteht insofern, als dass während des Zusammenlebens der Eheleute die Pflicht zu gegenseitiger Unterhaltszahlung nach Art. 212, 2. Fall C.civ. von der Pflicht zum Beitrag zu den ehelichen Lasten nach Art. 214 C.civ. verdrängt wird.[1490] Zur Interpretation der Pflicht zur gegenseitigen materiellen Unterstützung der PaCS-Partner bei deren Zusammenleben kann somit nur Art 214. C.civ. herangezogen werden. Die Unterhaltspflicht des Art. 212, 2. Fall C.civ. kann demgegenüber erst für die Bestimmung einer möglichen Unterhaltspflicht bei Getrenntleben der PaCS-Partner an Bedeutung gewinnen.

**bbb. Übertragbarkeit des Umfangs der Pflicht aus Art. 214 C.civ. auf die Pflicht aus Art. 515-4 Abs. 1 C.civ. bei Zusammenleben der Partner**

Es stellt sich vorliegend gleichwohl die Frage, ob der Richter bei der Bestimmung der Verpflichtung zur gegenseitigen materiellen Unterstützungspflicht beim PaCS überhaupt auf den Umfang des Art. 214 C.civ. zurückgreifen kann. Dies ist nur möglich, wenn die Verpflichtung in Art. 515-4 Abs. 2 C.civ. so auszulegen ist, dass sie ebenfalls eine umfassende finanzielle Unterstützungspflicht wie die aus Art. 214 C.civ. darstellt.[1491]

In der Literatur gehen Einige davon aus, dass die Pflicht zur gegenseitigen materiellen Unterstützung in Art. 515-4 Abs. 1 C.civ. eine geringere Pflicht darstellt als die Verpflichtung zur Tragung des ehelichen Aufwandes in Art. 214 C.civ.[1492] Dies wird mit dem unterschiedlichen Wortlaut von Art. 515-4 Abs. 1 C.civ. und Art. 214 C.civ. begründet.[1493] Zudem sei der PaCS als bloßer Vertrag in seinen Rechtswirkungen nicht so weitgehend wie eine Ehe.[1494] Der PaCS sehe zwar eine Pflicht zur Einbringung von Leistungen und Finanzmitteln (ressources) vor, jedoch

[1488] Malaurie, Les régimes matrimoniaux, S. 517; Philippe, Le devoir de secours et d'assistance entre époux, S. 53; Todtenhaupt Puttfarken, in: Dopffel/Buchhofer (Hrsg.), Unterhaltsrecht in Europa, S. 375, 412; Ferrand, in: Henrich (Hrsg.), Eheliche Gemeinschaft, Partnerschaft und Vermögen im europäischen Vergleich, S. 73, 80; Courbe, Droit de la famille, S. 95; Bénabent, Droit civil, La famille, S. 117; Cornu, Droit civil, La famille, S. 74.

[1489] Ferid/Sonnenberger, FrZR, Bd. 3, 4 B 152.

[1490] Bénabent, Droit civil, La famille, S. 109; Courbe, Droit de la famille, S. 95; Ferid/ Sonnenberger, FrZR, Bd. 3, Rn. 4 B 152.

[1491] Hauser, JCP N 2000, Nr. 9, S. 411, 412.

[1492] Martin, in: Jestaz (Hrsg.), Regards civilistes sur la loi du 15.11.1999 relative au concubinage et au PaCS, S. 117, 120 f.; Cornu, Droit civil, La famille, S. 108.

[1493] Mécary, Droit et homosexualité, S. 174.

[1494] Martin, in: Jestaz (Hrsg.), Regards civilistes sur la loi du 15.11.1999 relative au concubinage et au PaCS, S. 117, 120 f.

würden von der Pflicht zur gegenseitigen materiellen Unterstützung nur die Kosten zur Deckung von Notunterhalt erfasst.[1495]
Andere hingegen nehmen an, dass die Pflicht zur gegenseitigen materiellen Unterstützung aus Art. 514-4 C.civ. während des Zusammenlebens der PaCS-Partner mit der Pflicht zur Tragung des ehelichen Aufwandes aus Art. 214 C.civ. übereinstimme.[1496] Die Unterstützungspflicht umfasse nicht nur die notwendigen Kosten des täglichen Lebens und für eine gemeinsame Wohnung, sondern es würden alle anfallenden Kosten erfasst.[1497] Bei der Pflicht zur gegenseitigen materiellen Unterstützung gehe es darum, die Partnerschaft angemessen zu unterstützen, deswegen seien die Partner verpflichtet, die gesamten Kosten des gemeinsamen Lebens gemeinschaftlich zu tragen.[1498]
Freilich hat der Gesetzgeber beim PaCS einen anderen Wortlaut gewählt als in Art. 214 C.civ.: Während beim PaCS von „gegenseitiger materieller Unter-stützung" die Rede ist, besteht bei der Ehe die Verpflichtung, zu den „ehelichen Kosten" beizutragen. Dies bedeutet jedoch nicht notwendigerweise, dass der Gesetzgeber in Art. 515-4 Abs. 1 C.civ. eine andere Verpflichtung für PaCS-Partner als für Ehegatten aus Art. 214 C.civ. begründen wollte. Die Formulierung „gegenseitige materielle Unterstützung" ist so weit gefasst, dass sie in der Weise ausgelegt werden kann, dass bei PaCS-Partnern eine Pflicht zur Tragung der Kos-ten der Partnerschaft in demselben Umfang wie bei Ehegatten aus Art. 214. C.civ. besteht. Art. 515-4 Abs. 1 C.civ. und Art. 214 C.civ. haben jedenfalls bei Zusammenleben von PaCS-Partnern bzw. Ehegatten denselben Sinn und Zweck. Dies spricht für eine Unterhaltspflicht in demselben Umfang wie bei Ehegatten: Beide Normen sollen durch die Anordnung der Aufteilung der Kosten des gemeinsamen Lebens die finanzielle Basis für das Zusammenleben der beiden Partner sicherstellen. Während sich dieser Zweck des Art. 214 C.civ. bei der Ehe bereits aus dem Wortlaut „Beitrag zu den ehelichen Lasten" ergibt, kann das Ziel des Art. 515-4 Abs. 1 C.civ. aus dem Sinn und Zweck des gesamten PaCS-Vertrages entnommen werden, der darin besteht, das gemeinsame Leben der Partner zu organisieren (Art. 515-1 C.civ.).[1499]
Zwar handelt es sich beim PaCS um einen Vertrag, der viel geringere rechtliche Wirkungen für die PaCS-Partner hat als eine Ehe für die Ehegatten, jedoch hat dies bei Zusammenleben der Partner keine Auswirkungen auf den Umfang der materiellen Unterstützungspflicht, da bezüglich der Kosten des Zusammenlebens eine vergleichbare Interessenlage bei PaCS-Partnern wie bei Ehegatten vorliegt. PaCS-Partner sowie Lebenspartner wohnen zusammen, und es fallen dieselben Kosten bei einem Zusammenleben an; insofern besteht kein Unterschied zwischen dem

---

[1495] Cornu, Droit civil, La famille, S. 108; Martin, in: Jestaz (Hrsg.), Regards civilistes sur la loi du 15.11.1999 relative au concubinage et au PaCS, S. 117, 120 f.
[1496] Bénabent, Droit civil, La famille, S. 269; Mécary/Leroy-Forgeot, Le PaCS, S. 63; Chanteloup/Fauré, Conclure un PaCS, S. 70; Courbe, Droit de la famille, S. 244.
[1497] Chanteloup/Fauré, Conclure un PaCS, S. 70; Bénabent, Droit civil, La famille, S. 268.
[1498] Courbe, Droit de la famille, S 244; Chanteloup/Fauré, Conclure un PaCS, S. 70; Bénabent, Droit civil, La famille, S. 269.
[1499] Renault-Brahinsky, Droit de la famille, S. 34.

Zusammenleben von PaCS-Partnern und dem von Ehegatten. Es wäre für ein gedeihliches Zusammenleben der PaCS-Partner sogar schädlich, wenn sich bereits bei deren Zusammenleben die schwächere Bindung der PaCS-Partner untereinander im Vergleich zu Ehegatten auswirken würde und eine materielle Unterstützungspflicht nur auf das Nötigste beschränkt wäre. Bei Zusammenleben der Partner ist es erforderlich, dass beide Partner praktisch denselben Lebensstandard haben. Dies spricht ebenfalls für eine gleichartige Verpflichtung in Art. 515-4 und Art. 214 C.civ. bei Zusammenleben der Partner. Im Hinblick darauf, dass die Partner beide von den Ausgaben für den Haushalt profitieren, ist es interessengerecht, dass sie auch gemeinsam dazu beitragen sollen.

**ccc. Lebensbedarf der PaCS-Partner**

Da es sich bei der Pflicht zur gegenseitigen materiellen Unterstützung aus Art. 515-4 Abs. 1 C.civ. bei Zusammenleben der Partner um eine ganz ähnliche Pflicht wie bei der aus Art. 214 C.civ. handelt, werden alle durch das gemeinsame Leben anfallenden Kosten davon erfasst.

Zur Pflicht aus Art. 515-4 Abs. 1 C.civ. gehört demnach beispielsweise die Pflicht zur Einbringung von Sacheigentum für das gemeinsame Leben, wie z.B. die Eigentumswohnung eines Partners als gemeinsame Wohnung der PaCS-Partner.[1500] Ebenso fallen die vom Mieter zu entrichtenden Wohnungssteuern (taxe d'habitation) und auch die Gebühren für die Müllbeseitigung, die Stromkosten und die Beiträge für eine Versicherung der Wohnung unter die Unterstützungspflicht aus Art. 515-4 Abs. 1 C.civ.[1501] Weiterhin werden die Kosten für Nahrung, für eine ärztliche Versorgung sowie für Freizeitaktivitäten, wie z.B. Urlaubsreisen, Konzertbesuche, teure Kleidung, etc., von der finanziellen Unterstützungspflicht umfasst.[1502]

Nicht zum Lebensbedarf, d.h. zur Pflicht aus Art. 515-4 Abs. 1 C.civ., gehört die Zahlung von Steuern.[1503] Auch die Ausgaben, die mit dem Beruf eines PaCS-Partners zu tun haben, fallen nicht unter die Unterhaltspflicht.[1504] Deswegen ist davon auszugehen, dass die Kosten für eine Aus- oder Weiterbildung beim PaCS nicht von der gegenseitigen Unterstützungspflicht umfasst werden.

Ob ein Anspruch auf Ersatz der Prozesskosten zu dem Anspruch aus Art. 515-4 Abs. 1 C.civ. gehört, ist gesetzlich nicht bestimmt. Von Art. 214 C.civ. wird ein solcher Prozesskostenvorschuss nicht umfasst.[1505] Da sich der Umfang des Unterhaltsanspruchs, wenn die PaCS-Partner keine anderweitige Vereinbarung treffen, nach Art. 214 C.civ. richtet, ist davon auszugehen, dass ein Prozesskostenvorschuss nicht zum Unterhalt gehört.

---

[1500] Vivier, Le PaCS, S. 61; Chanteloup/Fauré, Conclure un PaCS, S. 70.

[1501] Chanteloup/Fauré, Conclure un PaCS, S. 70.

[1502] Vivier, Le PaCS, S. 61.

[1503] Chanteloup/Fauré, Conclure un PaCS, S. 70; Vivier, Le PaCS, S. 61.

[1504] Vivier, Le PaCS, S. 61.

[1505] Ferid/Sonnenberger, FrZR, Bd. 3, Rn. 4 B 154.

Auch die Kosten für die Erziehung der Kinder fallen nicht unter Art. 515-4 Abs. 1 C.civ., denn der PaCS ist ein von Kindern unabhängiger Vertrag.[1506]

**ddd. Maß des Anspruchs auf gegenseitige materielle Unterstützung bei Zusammenleben der Partner**

Das Maß des Anspruchs auf gegenseitige materielle Unterstützung bestimmt sich nach den Lebensverhältnissen der PaCS-Partner und ist nicht auf das Nötigste beschränkt.[1507] Der gegenseitige Unterstützungsanspruch kann bei entsprechendem Lebensstandard während des PaCS auch Luxusaufwendungen umfassen.[1508]

**eee. Art der Gewährung der gegenseitigen materiellen Unterstützung bei Zusammenleben der Partner**

Die partnerschaftlichen Lasten werden von beiden PaCS-Partnern – wie bei Ehegatten gemäß Art. 214 C.civ. – im Verhältnis zu ihrer wirtschaftlichen Leistungsfähigkeit (facultés respectives), d.h. nicht notwendigerweise zu gleichen Teilen verteilt.[1509] Die Leistungsfähigkeit eines jeden Partners ergibt sich aus dem Nettoeinkommen nach Abzug der Steuern und der Versicherungsgebühren sowie von eventuellen Schulden etc.[1510] Zur Berechnung der Quote, die jeder Partner zu den Kosten des gemeinsamen Lebens beisteuern muss, werden alle Vermögenswerte, die jeder Partner zur Verfügung hat, zusammengerechnet und dann miteinander verglichen. Derjenige, dem mehr Mittel zur Verfügung stehen, muss auch eine höhere Quote beisteuern.[1511]

Auch die Zeit, die ein Partner aufwendet, um sich der Führung des Haushalts zu widmen, wird in einen Geldbetrag umgerechnet.[1512] Insofern kann ein Partner, der über kein eigenes Einkommen verfügt, durch Hausarbeit seiner materiellen Unterstützungspflicht nachkommen.

Zur Sicherstellung der finanziellen Mittel für den gemeinsamen Haushalt kann der Richter beispielsweise festlegen, dass die Partner ein gemeinsames Konto eröffnen, auf das jeder von ihnen einen Teil seines Einkommens einzahlt. Jeder Partner kann dann die für das gemeinsame Leben erforderlichen Beträge abheben, z.B. die Geldmenge zum Erwerb einer neuen Waschmaschine oder für eine gemeinsame Reise.[1513]

---

[1506] Vivier, Le PaCS, S. 62.
[1507] Bénabent, Droit civil, La famille, 268.
[1508] Vivier, Le PaCS, S. 63.
[1509] CC 99-419 DC, v. 9.11.1999, Entscheidungsgrund Nr. 31; Courbe, Droit de la famille, S. 244; Chanteloup/Fauré, Conclure un PaCS, S. 76; Vivier, Le PaCS, S. 62.
[1510] Vivier, Le PaCS, S. 62.
[1511] Vivier, Le PaCS, S. 63.
[1512] Vivier, Le PaCS, S. 63.
[1513] Chanteloup/Fauré, Conclure un PaCS, S. 73.

### bb. Materielle Unterstützung für die Vergangenheit

Für den Fall, dass ein Partner sich nicht an den Kosten für das gemeinsame Leben beteiligt hat, stellt sich die Frage, ob der andere Partner Unterhalt für die Vergangenheit beanspruchen kann.
Bei Zusammenleben der PaCS-Partner gilt aus den oben genannten Gründen (siehe unter 2. Teil, § 1, II., 2., a., bb., bbb.) bezüglich der Verteilung der Lasten des partnerschaftlichen Aufwandes dieselbe Rechtslage wie gemäß Art. 214 C.civ. für Ehegatten. Aus diesem Grund muss auch für die Frage, ob Unterhalt für die Vergangenheit geltend gemacht werden kann, dasselbe wie für Art. 214 C.civ. gelten. Da es sich bei der Beitragspflicht zu den ehelichen Lasten aus Art. 214 C.civ. nicht um einen Unterhaltsanspruch im engeren Sinne handelt, findet der Grundsatz, dass „Unterhaltsansprüche sich nicht ansammeln" (les aliments ne s'arréagent pas) auf den Anspruch aus Art. 214 C.civ. keine Anwendung. Deswegen verfällt der Anspruch auf materielle Unterstützung nach Art. 515-4 C.civ., der einem Partner während des Zusammenlebens zugestanden hätte, nicht, wenn er nicht fristgemäß geltend gemacht wird.[1514]

### b. Der Anspruch auf gegenseitige materielle Unterstützung bei Getrenntleben der Partner

Dadurch, dass das Gesetz zum PaCS in Art. 515-4 C.civ. nicht zwischen Zusammenleben und Getrenntleben der Partner differenziert, endet die Verpflichtung zur gegenseitigen materiellen Unterstützung nicht bereits mit Beginn des Getrenntlebens, sondern erst mit der Beendigung des PaCS.[1515] Bei Getrenntleben der PaCS-Partner kann somit ebenfalls ein Anspruch auf materielle Unterstützung bestehen.

### aa. Allgemeine Voraussetzungen des Anspruchs auf gegenseitige materielle Unterstützung bei Getrenntleben der Partner

Ein Anspruch auf materielle Unterstützung nach Trennung der PaCS-Partner setzt das Bestehen eines wirksamen PaCS-Vertrages zwischen den Partner voraus. Ein solcher Anspruch wird allerdings in der Praxis nur eine recht geringe Bedeutung haben, denn es ist für die Parteien sehr einfach, den PaCS-Vertrag zu beenden; somit ist davon auszugehen, dass ein Partner, wenn er dem anderen keine finanzielle Unterstützung mehr gewähren möchte, umgehend den PaCS-Vertrag auflöst.[1516] Eine einseitige Beendigung des PaCS ist nach Art. 515-7 C.civ. zulässig, jedoch ist nach Art. 515-7 Nr. 2 C.civ. eine dreimonatige Kündigungsfrist einzuhalten.[1517] In diesen drei Monaten Wartezeit bis zur endgültigen Beendigung des

---

[1514] Für Ehegatten: Ferid/Sonnenberger, FrZR Bd. 3, Rn. 4 B 152; Cass. 1re civ. 2.3.1970: Bull.Civ. I, Nr. 220, S. 118.
[1515] Chanteloup/Fauré, Conclure un PaCS, S. 71; Bericht, Nr. 1097 v. Jean-Pierre Michel, eingereicht bei der Ass. Nat. am 23.9.1998, S. 46; Pillebout, Le PaCS, S. 21.
[1516] Pillebout, Le PaCS, S. 21.
[1517] Vassaux/Vauvillé, RJPF 2000, Nr. 5, S. 6, 8; de Belot, Revue Administrer 2000, Nr. 323, S. 11, 21; Pillebout, Le PaCS, S. 21; Catala, Dr. Famille 1999, Nr. hors série, S. 63, 64; Courbe, Droit de la famille, S. 244.

PaCS besteht die Pflicht zur gegenseitigen materiellen Unterstützung weiter fort. Außerdem sind Krisensituationen denkbar, in denen sich die Partner getrennt haben, der PaCS-Vertrag zwischen ihnen aber noch besteht und sie den PaCS – aus persönlichen oder anderen Gründen – noch nicht auflösen wollen. Gerade in dieser Phase des Getrenntlebens kann ein Partner auf die materielle bzw. Finan-zielle Unterstützung des anderen angewiesen sein.[1518]

Während der dreimonatigen Kündigungsfrist des Art. 515-7 Nr. 2 C.civ. und in den Fällen, in denen die Partner den PaCS noch nicht aufgelöst haben, kann ein PaCS-Partner einen Anspruch auf materielle Unterstützung gegen seinen PaCS-Partner geltend machen.

**bb. Inhalt der gegenseitigen materiellen Unterstützungspflicht bei Getrenntleben der PaCS-Partner**

Welchen Inhalt die gegenseitige materielle Unterstützungspflicht aus Art. 515-4 C.civ. bei Getrenntleben der Partner aufweist, wird die Rechtsprechung entscheiden.[1519] Der Inhalt ist durch Auslegung zu ermitteln.

Nach dem Wortlaut und nach einer Begründung zum Gesetzesentwurf (Rapport) fallen unter die „materielle Unterstützung" tatsächliche Hilfeleistungen wie z.B. das Leihen eines Autos, die Überlassung des Wohnrechts an einer Wohnung für einen gewissen Zeitraum, das Hinbringen zu einem Termin, die Mithilfe im Haushalt, etc.[1520] Da während des Getrenntlebens allerdings kein ständiger Kontakt der PaCS-Partner miteinander zumutbar ist, wird es jedoch zumeist um eine finanzielle und nur selten um eine faktische Unterstützung gehen.

**aaa. Materielle Unterstützung in Form einer Unterhaltspflicht**

Ob bei Getrenntleben der PaCS-Partner die Pflicht zur gegenseitigen materiellen Unterstützung in Form der Zahlung von Unterhalt bestehen kann, wird uneinheitlich beurteilt.

Nach einer Ansicht gibt es beim PaCS keine Unterhaltspflicht.[1521] Man dürfe nicht alle Pflichten des Art. 214 C.civ. auf den PaCS übertragen, vor allem eine Unterhaltspflicht sei dem PaCS fremd, da der PaCS ein Minus zur Ehe darstelle.[1522]

Anderer Auffassung nach kann es auch beim PaCS eine Unterhaltspflicht bei Getrenntleben geben.[1523] Da es sich bei der gegenseitigen materiellen Unterstützungspflicht um eine sehr allgemeine Formulierung handele, sei es möglich, sie in dem Sinne auszulegen, dass sie auch eine finanzielle Unterstützungspflicht in

---

1518 Chanteloup/Fauré, Conclure un PaCS, S. 72.

1519 Chanteloup/Fauré, Conclure un PaCS, S. 72.

1520 Bericht, Nr. 1097 v. Jean-Pierre Michel, eingereicht bei der Ass. Nat. am 23.9.1998, S. 46.

1521 Cornu, Droit civil, La famille, S. 108; zweifelnd auch Dopffel/Kötz/Scherpe, in: Basedow/Hopt/Kötz/Dopffel (Hrsg.), Die Rechtsstellung gleichgeschlechtlicher Lebensgemeinschaften, S. 393, 401.

1522 Cornu, Droit civil, La famille, S. 108.

1523 Bénabent, Droit civil, La famille, S. 268; Mécary, Droit et homosexualité, S. 174; Chanteloup/Fauré, Conclure un PaCS, S. 71.

Krisenzeiten umfasse, z.B. wenn sich die PaCS-Partner getrennt haben und sie kein gemeinsames Leben mehr führen.[1524]

Aus dem vom Gesetzgeber verwendeten Wort „Unterstützung“ (aide) lässt sich ein Anspruch auf finanzielle Unterstützung des einen Partners gegen den anderen herleiten. Schließlich sind Situationen denkbar, in denen ein Partner auf eine Unterstützung in Geldform angewiesen ist, weil er nicht mehr mit dem anderen zusammenwohnt und somit z.B. nicht mehr an der gemeinsamen Verpflegung teilhat. Die Leistung von Unterhalt stellt eine Unterstützung im engeren Sinne dar, d.h. eine Hilfe gegenüber jemandem, der bedürftig ist. Außerdem handelt es sich bei der Zahlung eines Geldbetrages auch um eine materielle Pflicht. Der gewährte Unterhalt auf Grund einer finanziellen Notsituation ist sozusagen der Prototyp des Falles einer materiellen Unterstützungspflicht. Eine Unterhaltspflicht bei Getrenntleben der Partner lässt sich unproblematisch aus Art. 515-4 Abs. 1 C.civ. herleiten. Aus diesem Grund kann die Tatsache, dass der PaCS ein Minus zur Ehe darstellt,[1525] möglicherweise als Begründung für einen geringeren Umfang des Unterhaltsanspruchs oder als Rechtfertigung für strengere Voraussetzungen an einen Unterhaltsanspruch bei PaCS-Partnern als bei Ehegatten bei deren Getrenntleben herangezogen werden, nicht jedoch gegen das Vorliegen einer Unterhaltspflicht an sich.

Überdies führt die Ansicht, nach der es keine Unterhaltspflicht beim PaCS gibt, in bestimmten Fällen zu einer faktischen Annulierung der Pflicht zur gegenseitigen materiellen Unterstützung im Falle des Getrenntlebens der PaCS-Partner. Haben die PaCS-Partner ihr gemeinsames Leben aufgegeben, ist aus rein praktischen Erwägungen nur eine finanzielle Unterstützung zu gewähren. Trennen sich die PaCS-Partner und führen sie kein gemeinsames Leben in häuslicher Gemeinschaft mehr, geht es bei der Pflicht zur gegenseitigen materiellen Unterstützung nicht mehr um die Übernahme der Kosten des gemeinsamen Haushalts durch die PaCS-Partner, sondern um die Unterhaltspflicht eines Partners gegenüber dem an-deren.[1526] Wird eine solche Unterhaltspflicht verneint, hat der schwächere Partner sogar bei noch bestehendem PaCS keinen Anspruch gegen den anderen auf ma-terielle Unterstützung. Dies ist contra legem, denn der Gesetzgeber wollte, dass die materielle Unterstützungspflicht erst im Zeitpunkt der Beendigung des PaCS erlischt.

Folglich besteht bei Getrenntleben eine Unterhaltspflicht der Partner untereinander.[1527]

#### bbb. Ermittlung der Ausgestaltung der Unterhaltspflicht aus Art. 515-4 Abs. 1 C.civ. bei Getrenntleben der Partner anhand vom Eherecht

Da die Pflicht des Art. 515-4 Abs. 1 C.civ. auf Grund seiner weiten Formulierung und mangels genauerer Interpretationsvorgaben durch den Gesetzgeber bereits bei

---

[1524] Chanteloup/Fauré, Conclure un PaCS, S. 71.

[1525] Bericht Nr. 1097 v. Jean-Pierre Michel, eingereicht bei der Ass. Nat. am 23.9.1998, S. 10.

[1526] Chanteloup/Fauré, Conclure un PaCS, S. 71.

[1527] So auch Chanteloup/Fauré, Conclure un PaCS, S. 71.

Zusammenleben der PaCS-Partner mit der Beitragspflicht zu den ehelichen Lasten aus Art. 214 C.civ. verglichen und dieser Pflicht mit geringfügigen Ausnahmen sogar gleichgestellt wurde (siehe oben unter 2. Teil, § 1, II., 2., a., ccc.), bietet sich auch bei Getrenntleben der Partner eine Bezugnahme auf die Eheregelungen an.[1528] Bei Getrenntleben der PaCS-Partner besteht wieder eine Ähnlichkeit der Pflicht aus Art. 515-4 Abs. 1 C.civ. zu der Pflicht aus Art. 214 C.civ., aber auch zu der Verpflichtung aus Art. 212, 2. Fall C.civ., da es sowohl bei getrennt lebenden PaCS-Partnern als auch bei getrennt lebenden Ehegatten um eine finanzielle Unterstützungspflicht geht.

Es stellt sich hier die Frage, ob bei der Bestimmung der materiellen Unterstützung bei Getrenntleben der PaCS-Partner immer noch auf Art. 214 C.civ. zurückgegriffen werden kann oder ob nun möglicherweise ein Vergleich zu Art. 212, 2. Fall C.civ. zu ziehen ist. Darüber, welche der beiden Normen, Art. 214 C.civ. oder Art. 212, 2. Fall C.civ., zum Vergleich heranzuziehen ist, können zunächst die Anwendungsbereiche im Eherecht Aufschluss bieten.

Lange Zeit war es im Eherecht die herrschende Meinung, dass die Pflicht der Ehegatten aus Art. 214 C.civ., zu den ehelichen Lasten beizutragen, in dem Moment endet, in dem die Ehegatten sich trennen und ihren gemeinsamen Haushalt auflösen, und dann die Unterhaltspflicht aus Art. 212, 2. Fall C.civ. zum Tragen kommt.[1529] Die Rechtsprechung hat diese lange in der Literatur vertretene Unterscheidung jedoch abgelehnt. Die Cour de Cassation hat in mehreren Entscheidungen[1530] festgestellt, dass das Zusammenwohnen der Ehegatten keine Voraussetzung für die Pflicht zur Beitragung zu den ehelichen Lasten aus Art. 214 C.civ. ist, sodass ein Anspruch aus Art. 214 C.civ. auch bei Getrenntleben der Ehegatten bestehen kann.[1531] Art. 212, 2. Fall C.civ. gewinne selbständige Bedeutung erst bei gerichtlich angeordneter Trennung der Eheleute (separation de corps et de fait) oder nach einer Scheidung wegen Auseinanderbrechens der ehelichen Gemeinschaft gemäß Art. 313 C.civ. i.V.m. Art. 280 C.civ. (pour rupture de la vie commune).[1532] In der Literatur besteht mittlerweile auch weitgehende Einigkeit darüber, dass bei rein faktischer Trennung der Ehegatten ohne gerichtliche Entscheidung die Pflicht aus Art. 214 C.civ. in Form einer Unterhaltsrente weiterbesteht.[1533] Dies wird mit dem Wortlaut des Art. 214 C.civ. begründet. Da in Art.

---

1528 So auch: Chanteloup/Fauré, Conclure un PaCS, S. 71.

1529 Weill/Terré, La famille, Nr. 322; Marty/Raynaud, Droit civil, Les biens, Nr. 192; Ferid/Sonnenberger, FrZR Bd. 3, Rn. 4 B 153.

1530 Cass. 1re civ. 18.12.1978: Bull.civ. I, Nr. 393, S. 306; Cass. 1re civ. 24.10.1977: Bull.civ. I, Nr. 383, S. 302; Cass. 1re civ. 6.1.1981: Bull.civ., I, Nr. 6, S. 4.

1531 Cornu, Droit civil, La famille, S. 74; Bénabent, Droit civil, La famille, S. 117.

1532 Malaurie, La famille, S. 518; Ferrand, in: Henrich (Hrsg.), Eheliche Gemeinschaft, Partnerschaft und Vermögen im europäischen Vergleich, S. 73, 80; Bénabent, Droit civil, La famille, S. 109; Courbe, Droit de la famille, S. 93; Cornu, Droit civil, La famille, S. 75.

1533 Todtenhaupt Puttfarken, in: Dopffel/Buchhofer (Hrsg.), Unterhaltsrecht in Europa, S. 375, 412; Ferrand, in: Henrich (Hrsg.), Eheliche Gemeinschaft, Partnerschaft und Vermögen im europäischen Vergleich, S. 73, 80; Malaurie, S. 519; Bénabent, Droit civil, La famille, S. 117; Cornu, Droit civil, La famille, S. 74; Philippe, Le devoir de secours et d'assistance entre époux, S. 53; Courbe, Droit de la famille, S. 94; allein bezüglich der rechtstechnischen Begründung gehen die

214 C.civ. eine Pflicht zur Tragung der „Kosten der Ehe“ (charges du mariage) und nicht der „Kosten des Haushalts“ (charges du ménage) begründet werde, könne das Zusammenleben auch keine Voraussetzung für den Anspruch aus Art. 214 C.civ. sein.[1534] Bei Getrenntleben der Ehegatten wandelt sich die Pflicht zur Tragung der ehelichen Lasten aus Art. 214 C.civ. in eine finanzielle Unterstütz-ungspflicht des einen Ehegatten gegenüber dem anderen.[1535]

Zwar wäre Art. 214 C.civ. von seinem zeitlichen Anwendungsbereich bei Getrenntleben von Ehegatten auf den Anspruch bei Getrenntleben von PaCS-Partnern anwendbar, die Pflicht aus Art. 214 C.civ. kann jedoch auf Grund ihres Regelungsinhalts nicht als Maßstab für die Voraussetzungen der Unterhaltspflicht bei Getrenntleben der PaCS-Partner herangezogen werden. Bei der Pflicht aus Art. 214 C.civ. handelt es sich von ihrer Rechtsgrundlage her nicht um eine Unterhaltspflicht im engeren Sinne.[1536] So ist für den Anspruch aus Art. 214 C.civ. zwar eine Bedürftigkeit im weiteren Sinne erforderlich, d.h. dass ein Partner nicht selbst für seinen gesamten Bedarf aufkommen kann. Es ist jedoch keine Bedürftigkeit (état de besoin) im Sinne eines tatsächlichen Bedarfs oder einer Notsituation des Anspruch stellenden Ehegatten notwendig.[1537] Eine finanzielle Unterstützungspflicht, die keinen substantiellen Bedarf des Anspruch stellenden Partners als Voraussetzung vorsieht, lässt sich jedoch nicht mehr unter den Begriff Hilfe (aide) des

---

Meinungen auseinander. Einige sind der Auffassung, dass es sich bei Getrenntleben eigentlich doch um die Pflicht aus Art. 212, 2. Fall C.civ. handelt, jedoch nicht als Unterhalts-rente im scheidungsrechtlichen Sinne, sondern ihrer Natur nach als Beitrag zur Haushalts-führung gemäß Art. 214 C.civ. (Todtenhaupt Puttfarken, in: Dopffel (Hrsg.), Unterhaltsrecht in Europa, 375 412); andere Stimmen in der Literatur gehen sogar davon aus, dass der Unterschied zwischen der Unterhaltspflicht aus Art. 212, 2. Fall C.civ. und der Pflicht zum Beitrag zu den ehelichen Lasten aus Art. 214 C.civ. praktisch verschwunden sei. Dies wird unter anderem damit begründet, dass auch die traditionell vertretene Ansicht, nach der die Beitragpflicht zu den ehe-lichen Lasten (charges du mariage) viel weitgehender sei als die Unterhaltspflicht (devoir de se-cours), die sich nur auf das unbedingt Nötige beschränkt, von der Cour de Cassation aufgegeben wurde: Cass. 2e civ., 11.7.1979: Bull.civ. II, Nr. 209, S. 143; Cass. 2e civ., 16.1.1980: JCP 81, II, S. 19487; D. 1980, IR Nr. 438; Cass. 2e civ., 21.1.1981: Bull.civ. II, Nr. 11, S. 7; Philippe, Le devoir de secours et d’assistance entre époux, S. 53; Courbe, Droit de la famille, S. 94; Malaurie, La famille, S. 519; Bénabent, Droit civil, La famille, S. 117; a.A. lediglich Ferid/Sonnenberger, FrZR Bd. 3, Rn. 4 B 152.

1533 Courbe, Droit de la famille, S. 91; Ferrand, in: Henrich (Hrsg.), Eheliche Gemeinschaft, Partnerschaft und Vermögen im europäischen Vergleich, S. 73, 81; Bénabent, Droit civil, La famille, S. 117.

1534 Malaurie, La famille, S. 487.

1535 Todtenhaupt Puttfarken, in: Dopffel (Hrsg.), Unterhaltsrecht in Europa, S. 375, 412; Courbe, Droit de la famille, S. 91; Ferrand, in: Henrich (Hrsg.), Eheliche Gemeinschaft, Partnerschaft und Vermögen im europäischen Vergleich, S. 73, 81; Bénabent, Droit civil, La famille, S. 117.

1536 Cornu, Droit civil, La famille, S. 74; Malaurie, La famille, S. 518; Bénabent, Droit civil, La famille, S. 109.

1537 Bénabent, Droit civil, La famille, S. 109; Cornu, Droit civil, La famille, S. 73; Malaurie, La famille, S. 518; Dies entspricht der Bedürftigkeit als Voraussetzung eines Anspruchs auf Getrenntlebendenunterhalt nach § 12 LPartG im deutschen Recht, in dem auch bei zumutbarer Erwerbstätigkeit ein Aufstockungsunterhalt bestehen kann, wenn das Einkommen eines Lebenspartner unter dem des anderen liegt.

Art. 515-4 Abs. 1 C.civ. subsumieren.[1538] Um eine Hilfeleistung darzustellen, muss der Empfänger auch der Hilfe bedürfen.
Gegen eine entsprechende Anwendung von Art. 214 C.civ. auf die Pflicht aus Art. 515-4 C.civ. spricht ebenfalls, dass es sich beim PaCS um ein Rechtsgebilde handelt, das weitaus geringere Bindungen der PaCS-Partner untereinander im Vergleich zu Ehegatten schafft[1539] und somit nicht auf die tatsächliche Bedarfssituation – wie bei dem entsprechenden Fall der Ehe in Art. 214 C.civ. – verzichtet werden darf. Aus diesem Grunde kann bei Getrenntleben der Partner nicht Art. 214 C.civ. als Vergleichsmaßstab zur Auslegung des Art. 515-4 C.civ. herangezo-gen werden.[1540]
Auch Art. 212, 2. Fall C.civ. ist – wie vorhergehend beschrieben[1541] – im Eherecht in einer anderen Situation anwendbar, nämlich nicht bei Getrenntleben der Ehegatten, sondern bei gerichtlich angeordneter Trennung von Tisch und Bett oder im Scheidungsfall wegen Auseinanderbrechens der ehelichen Gemeinschaft nach Art. 280 C.civ. Außerdem hat sich der Unterschied zwischen der Pflicht zum Beitrag zu den ehelichen Lasten aus Art. 214 C.civ. und der Unterhaltspflicht aus Art. 212, 2. Fall C.civ. nach der herrschenden Meinung und der Rechtsprechung weitgehend nivelliert, sodass auch für den Anspruch aus Art. 212, 2. Fall C.civ. keine Notlage des Anspruchstellers mehr Voraussetzung ist.[1542] Einem Ehegatten kann z.B. auch ein Unterhaltsanspruch aus Art. 212, 2. Fall C.civ. zustehen, wenn er ein geringes Einkommen und der andere ein sehr hohes Einkommen hat.[1543]
Auf Grund dieser Angleichung von Art. 214 C.civ. an Art. 212, 2. Fall C.civ. durch die Interpretation der Rechtsprechung passt auch Art. 212, 2. Fall C.civ. nicht auf die materielle Hilfeleistungspflicht beim PaCS aus Art. 515-4 C.civ., denn für den Anspruch aus Art. 515-4 Abs. 2 C.civ. bei Getrenntleben der PaCS-Partner ist auf Grund des Wortlauts „Hilfeleistungspflicht" (aide) die Bedürftigkeit im Sinne einer Notlage eines PaCS-Partners erforderlich.
Aus dem Wortlaut des Art. 212, 2. Fall, „Hilfeleistungspflicht" (devoir de secours), und seinem Sinn und Zweck lässt sich jedoch der Grundgedanke her-leiten, dass ein Ehegatte gegenüber dem anderen Partner eine Verantwortung trägt, die darin besteht, an den wirtschaftlich schwächeren Ehegatten eine finanzielle Unterstützung zu leisten, damit dieser nicht in eine mittellose Lage gerät (un côté misérabiliste). Die Herauskristallisierung eines solchen Grundgedankens erfolgt keineswegs willkürlich, da Art. 212, 2. Fall C.civ. (devoir de secours) jahrzehntelang bei Ehegatten in der Weise interpretiert wurde, dass sie nur eine Hilfe in Not-

---

1538 So auch: Chanteloup/Fauré, Conclure un PaCS, S. 71.
1539 Bericht Nr. 1097 v. Jean-Pierre Michel eingereicht bei der Ass. Nat. am 23.9.1998, S. 9.
1540 So auch: Chanteloup/Fauré, Conclure un PaCS, S. 71.
1541 Unter 2. Teil, § 1, II, 2, b., bb.
1542 Cass. 1re civ., 18.12.1978: Bull.civ. I, Nr. 393, S. 306; Cass. 1re civ., 24.10.1977: Bull.civ. I, Nr. 383, S. 302; Philippe, Le devoir de secours et d'assistance entre époux, S. 53; Bénabent, Droit civil, La famille, S. 111; Courbe, Droit de la famille, S. 95. Nach der früheren herrschenden Meinung stand einem Partner mangels Bedürftigkeit ein Anspruch aus Art. 212, 2. Fall C.civ. nicht zu, wenn er ein geringes und der andere ein sehr hohes Einkommen hatte.
1543 Bénabent, Droit civil, La famille, S. 117.

fällen (situation de détresse) darstellt und deswegen eine bedürftige Lage des Anspruch stellenden Ehegatten Voraussetzung war.[1544] Dieser Rechtsgedanke der Hilfe und Unterstützung, welcher der Hilfeleistungspflicht des Art. 212, 2. Fall C.civ. (devoir de secours) innewohnt, findet auch in der Regelung der gegenseitigen materiellen Unterstützungspflicht (aide mutuelle et materielle) aus Art. 515-4 Abs. 2 C.civ. seinen Niederschlag, denn auch in Art. 515-4 C.civ. ist von einer Hilfe (aide) der PaCS-Partner untereinander die Rede.[1545] Außerdem stellt eine Hilfeleistungspflicht (devoir de secours) eine materielle Hilfe (aide materielle) dar wie sie in Art. 515-4 C.civ. gefordert wird.[1546] Die Zubilligung eines Unterhaltsanspruchs in Notsituationen passt ebenfalls zu dem rechtlichen Charakter des PaCS. Es sollen durch Abschluss eines PaCS keine weitgehenden rechtlichen Bindungen zwischen den PaCS-Partnern geschaffen werden, die dazu führen würden, dass ein Partner generell, d.h. ganz unabhängig von der Bedürftigkeit des Anspruch stellenden Partners, bei Getrenntleben zur finanziellen Unterstützung dieses Partners verpflichtet ist. Es besteht nur insoweit eine Verpflichtung der PaCS-Partner, dass ein PaCS-Partner dem anderen in einer finanziellen Notsituation helfen muss.
Der Rechtsgedanke der „devoir de secours“ des Eherechts kann folglich auf die finanzielle Unterstützungspflicht des Art. 515-4 C.civ. bei Getrenntleben der PaCS-Partner angewandt werden.
Für die Zubilligung des Anspruchs aus Art. 515-4 Abs. 1 C.civ. im Sinne einer Hilfeleistungspflicht (devoir de secours) müssen dann die Voraussetzungen eines allgemeinen Unterhaltsanspruchs erfüllt sein.

#### cc. Spezielle Voraussetzungen des Anspruchs auf gegenseitige materielle Unterstützung bei Getrenntleben der Partner

##### aaa. Bedürftigkeit des Anspruchstellers

Da es sich bei dem Anspruch auf gegenseitige materielle Unterstützung in Art. 515-4 Abs. 1 C.civ. bei Getrenntleben der PaCS-Partner um einen allgemeinen Unterhaltsanspruch handelt, muss der Anspruch stellende PaCS-Partner bedürftig sein (Art. 208 S. 1 C.civ.).[1547]
Bedürftigkeit eines Partners ist gegeben, wenn er nicht in der Lage ist, sich aus seinem Vermögen oder durch eine eigene Erwerbstätigkeit selbst zu unterhalten.[1548]

---

1544 Cornu, Droit civil, La famille, S. 66; Ferid/Sonnenberger, FrZR Bd. 3, Rn. 4 B 152; Marty/Raynaud, Droit civil, Les biens, Nr. 192; Weill/Terré, La famille, Nr. 322.

1545 Chanteloup/Fauré, Conclure un PaCS, S. 72.

1546 Chanteloup/Fauré, Conclure un PaCS, S. 72.

1547 Für Ehegatten: Cass. 1re civ., 24.10.1977, Bull.civ. I. Nr. 383, S. 302; Cass. 1re civ., 17.10.1976: Bull.civ. I, S. 252, Nr. 314; Cornu, Droit civil, La famille, S. 74; Malaurie, La famille, S. 487; Ferrand, in: Henrich (Hrsg.), Eheliche Gemeinschaft, Partnerschaft und Vermögen im europäischen Vergleich, S. 73, 80.

1548 Malaurie, La famille, S. 487.

Kann der Partner, der den Anspruch auf Unterhaltszahlung geltend macht, durch die Anlage oder die Verwaltung seines Vermögen selbst für sich sorgen, ist ein Anspruch auf Unterhalt ausgeschlossen.[1549] Ihm steht auch kein Unterhaltsanspruch zu, wenn er es versäumt, sein Kapital Gewinn bringend einzusetzen.[1550] Einkünfte aus zumutbarer Erwerbstätigkeit schließen den Unterhaltsanspruch ebenfalls aus.

Für PaCS-Partner besteht eine grundsätzlich Erwerbsobliegenheit.[1551] Nur in dem Falle, dass ein Partner wegen Alters oder Krankheit keinen Beruf ausüben und sich dadurch nicht selbst versorgen kann, greift die Unterhaltspflicht aus Art. 515-4 Abs. 1 C.civ.[1552]

Zur Beurteilung der Zumutbarkeit einer Erwerbstätigkeit kann der Richter eventuell den Rechtsgedanken des Art. 272 C.civ. heranziehen, der für die Ausgleichsleistung bei der Ehe gilt und auch bei der Ermittlung eines Unterhaltsanspruches unter Ehegatten anwendbar ist.[1553] Bei entsprechender Anwendung des Art. 272 C.civ. kann sich der Richter auch beim PaCS unter anderem an der Dauer des PaCS und an der Zeit orientieren, die – für den Fall, dass es sich um ein heterosexuelles Paar handelt – bereits für die Kindererziehung aufgebracht wurde oder noch aufzubringen sein wird[1554]. Die Gerichte können ebenfalls den Ausbildungsstand des verlassenen PaCS-Partners berücksichtigen. Weiterhin kann der Richter die Berufsaussichten auf dem Arbeitsmarkt und eventuelle vertragliche und gesetzliche Rechte oder Pflichten, wie z.B. eine Unterhaltspflicht einem Kind oder einem ehemaligen Ehepartner gegenüber, in seine Bewertung der Bedürftigkeit eines Partners mit einbeziehen. Des Weiteren kann für die Zubilligung eines Unterhaltsanspruches auch auf die sozialen Verhältnisse des Berechtigten abgestellt werden.[1555]

Bei der rechtlichen Würdigung ist jedoch ebenfalls zu beachten, dass die Bindungen der PaCS-Partner aneinander nicht so stark sind wie die von Ehegatten und der Unterhaltsanspruch bei getrennt lebenden PaCS-Partnern nur in Notsituationen gewährt werden soll. Außerdem wird die Hilfeleistungspflicht (devoir de secours) aus dem Eherecht, die als Rechtsgedanke zur Interpretation der Unterstützungspflicht aus Art. 515-4 C.civ. bei Getrenntleben der PaCS-Partner entsprechend herangezogen wird, ebenfalls nur in einer Notsituation gewährt.[1556]

---

[1549] Malaurie, La famille, S. 488.

[1550] Bezüglich des allgemeinen Unterhaltsrechts: Cass. 1re civ., 17.12.1965, D. 1966, S. 465, Anm. Savantier; CA Pau, 12.01.1998: JCP 98, IV, S. 3224. Für das Unterhaltsrecht bei Ehegatten: Cass. 1re civ., 27.10.1992: JCP 93, IV, S. 27.

[1551] Bezüglich des allgemeinen Unterhaltsrechts: Ferid/Sonnenberger, FrZR Bd. 3, Rn. 4 A 121.

[1552] Bezüglich des allgemeinen Unterhaltsrechts wurde ebenfalls eine Erwerbsobliegenheit angeordnet: Cass.soc., 6.3.1985: Bull.civ. V, Nr. 152, S. 111.

[1553] Daste, Divorce, S. 284.

[1554] Für Ehegatten wurde entschieden, dass einer Familienmutter eine Berufstätigkeit nicht zuzumuten war, da sie sich der gemeinsamen Kinder anzunehmen hatte: CA Douai, 28.7.1953, D. 1954, S. 477.

[1555] Ferid/Sonnenberger, FrZR Bd. 3, Rn. 4 A 122.

[1556] Chanteloup/Fauré, Conclure un PaCS, S. 72.

Das Kriterium des Vorliegens einer Notlage des Anspruchstellers als Voraussetzung für den Unterhaltsanspruch hat zur Konsequenz, dass kein Anspruch auf Aufstockungsunterhalt besteht. Ein PaCS-Partner mit geringem Einkommen hat somit gegen seinen wohlhabenderen Partner keinen Anspruch auf Angleichung des Lebensniveaus durch einen Aufstockungsunterhalt, denn es fehlt dann an dem Kriterium der Bedürftigkeit.
Insoweit besteht ein Unterschied zur Rechtslage bei getrennt lebenden Ehegatten, weil für den bei getrennt lebenden Ehegatten anwendbaren Art. 214 C.civ. keine Bedürftigkeit im Sinne einer Notlage des Anspruchstellers erforderlich ist. Einem Ehegatten kann somit auch bei eigenem Einkommen ein Unterhaltsanspruch gegen den anderen Ehegatten zustehen. Es ist lediglich erforderlich, dass sein Verdienst unterhalb des Gehalts des anderen Ehegatten liegt (Aufstockungsunterhalt).[1557]

#### bbb. Leistungsfähigkeit des Anspruchsverpflichteten

Der Unterhaltsschuldner muss gemäß Art. 208 C.civ. leistungsfähig sein.[1558] Er ist somit nur zur Zahlung von Unterhalt verpflichtet, wenn er seine eigenen Bedürfnisse gedeckt hat.[1559] Es ist ihm ein Lebensminimum zu belassen.

### dd. Umfang der Hilfeleistungspflicht aus Art. 515-4 Abs. 1 C.civ. bei Getrenntleben der Partner

Den Umfang der Hilfeleistungspflicht wird die Rechtsprechung bestimmen. Fraglich ist, ob der Gesetzgeber bei Getrenntleben der PaCS-Partner die Hilfeleistungspflicht in einem Umfang schaffen wollte, der auf das Notwendige beschränkt ist, oder ob der Unterhaltsanspruch der Angleichung des Lebensniveaus beider PaCS-Partner dienen soll.
Zwar könnte für eine Pflicht zur Leistung von Getrenntlebendenunterhalt in einem Umfang, der nicht auf das zum Leben Notwendige beschränkt ist, sondern der Angleichung des Lebensstandards beider PaCS-Partner dienen soll, sprechen, dass bereits während des Zusammenlebens der PaCS-Partner angenommen wird, dass die Unterstützungspflicht aus Art. 515-4 Abs. 1 C.civ. in demselben Umfang wie bei Ehegatten besteht. Da in Art. 515-4 Abs. 1 C.civ. nicht zwischen Zusammen- und Getrenntleben der PaCS-Partner unterschieden wird, könnte man davon ausgehen, dass die Pflicht in demselben Umfang weiterbesteht.
Bei Zusammenleben der PaCS-Partner liegt jedoch eine völlig andere Situation als bei deren Getrenntleben vor, sodass der Sinn und Zweck der Unterhaltspflicht bei Zusammenleben und Getrenntleben ein ganz anderer ist. Die Gleichstellung der Unterhaltspflicht von PaCS-Partnern und Ehegatten bei deren jeweiligem Zusammenleben wird damit begründet, dass die Lage von PaCS-Partnern und Ehegatten im Falle des Zusammenlebens vergleichbar ist und die Unterhaltspflicht in diesem Fall denselben Zweck verfolgt: Sowohl bei PaCS-Partnern als auch bei Ehegatten geht es um die Aufteilung der Kosten eines gemeinsamen Lebens. Ein adäquates

[1557] Bénabent, Droit civil, La famille, S. 117; Courbe, Droit de la famille, S. 91.
[1558] Malaurie, La famille, S. 487.
[1559] Malaurie, La famille, S. 487.

Zusammenleben ist nur möglich, wenn sich der Umfang der Unterstützungspflicht nach den gemeinsamen Lebensverhältnissen richtet. Bei Zusammenleben fallen zwangsläufig dieselben Kosten bei PaCS-Partnern wie bei Ehegatten an. Aus diesem Grund ist es nicht hinnehmbar, dass die PaCS-Partner bei Zusammenleben und Führung eines gemeinsamen Haushaltes einen gänzlich unterschiedlichen Lebensstandard haben.
Bei Getrenntleben von PaCS-Partnern und Ehegatten haben die Unterstützungspflicht aus Art. 515-4 C.civ. und die Unterhaltspflicht aus Art. 214 C.civ. allerdings nur teilweise denselben Zweck. Beide Pflichten sollen zwar einem bedürftigen PaCS-Partner oder Ehegatten Hilfe gewähren. Es besteht jedoch der Unterschied, dass bei der Ehe ein Unterhaltsanspruch nach der Rechtsprechung das Ziel hat, eine Assimilation des Lebensniveaus des schwächeren Ehegatten an das des wohlhabenderen Ehegatten zu gewährleisten.[1560] Der Sinn und Zweck des Art. 515-4 Abs. 1 C.civ. hingegen besteht nach seinem Wortlaut darin, den anderen Partner vor einer bedürftigen Lage zu bewahren (aide), nicht jedoch den Lebensstandard des finanziell schwächer gestellten PaCS-Partners an das Niveau seines Partners anzugleichen. Der Grundsatz einer Anpassung des Lebensstandards der PaCS-Partner aneinander ähnelt der Ausgleichsleistung (prestation compensatoire) bei der Ehe. Dieses Prinzip ist allerdings untrennbar mit der Ehe verbunden und kann auf kein anderes Institut übertragen werden.
Gegen eine Unterstützungspflicht in einem Umfang, der lediglich den notwendigen Lebensbedarf deckt, spricht auch nicht, dass die dreimonatige Kündigungsfrist, die den Hauptanwendungsfall für eine Unterhaltspflicht bei Getrenntleben der PaCS-Partner darstellen wird, dem verlassenen Partner eine Übergangszeit schaffen soll, in der er sich auf die zukünftige Lage nach der Beendigung des PaCS – ganz ohne materielle Unterstützung des anderen – einstellen kann. Ziel der Übergangszeit ist es, dass ein Partner nicht von einem auf den anderen Tag in eine mittellosen Lage versetzt wird und dann von der Sozialhilfe leben muss. Es ist jedoch nicht bezweckt, dass beide PaCS-Partner in den drei Monaten Kündigungsfrist, in denen sie meist getrennt leben, weiterhin denselben Lebensstandard wie während der Lebensgemeinschaft haben. Der Zweck der Übergangszeit ist gleichfalls erfüllt, wenn sich das Maß der Unterhaltspflicht nicht an den Lebensverhältnissen während der Partnerschaft orientiert. Zudem stellt ein gradueller Niveauabstieg in dem Sinne, dass bei Zusammenleben eine höhere, bei Getrenntleben eine geringere Unterstützung geleistet wird und der ehemalige PaCS-Partner nach der Beendigung des PaCS auf den Sozialhilfeanspruch verwiesen wird, eine flexible und lebensnahe Lösung dar. Viel einschneidendere Konsequenzen hätte es, bei Getrenntleben weiterhin eine sehr hohe Unterstützung zuzubilligen und dann

[1560] Dies gilt sowohl für Unterhaltsanspruch aus Art. 214 C.civ. als auch für den aus Art. 212, 2. Fall C.civ.: Cornu, Droit civil, La famille, S. 74; Courbe, Droit de la famille, S. 94; Daste, Divorce, S. 285; Philippe, Le devoir de secours et d'assistance entre époux, S. 63; Cass. 2e civ., 11.7.1979: Bull.civ. II, Nr. 209, S. 143; Cass 2e civ., 16.1.1980: JCP 1981, II, S. 19487 = D. 1980, IR Nr. 438.

nach der Beendigung des PaCS überhaupt keine Unterstützung mehr zu ge-währen, sodass dem Anspruchsteller nur der Anspruch auf Sozialhilfe verbleibt.
Darüber hinaus wäre es widersprüchlich, einerseits eine Notlage eines Partners als Anspruchsvoraussetzung für die Hilfeleistungspflicht zu verlangen und andererseits einen Unterhaltsanspruch in Höhe einer Angleichung des Lebensniveaus zuzubilligen. Das Erfordernis der bedürftigen Lage und der Umfang der Unterhaltspflicht hängen untrennbar zusammen. Spricht man den Unterhaltsanspruch in einer Höhe zu, die der Angleichung des Lebensniveaus dient, dann kann die Notlage deshalb keine Voraussetzung mehr für den Unterhaltsanspruch sein, weil auch der geringer verdienende Partner – obwohl er keinesfalls bedürftig ist – einen Anspruch auf Aufstockungsunterhalt hat. Setzte man eine Notlage für den Unterhaltsanspruchs voraus und stellte man gleichzeitig den Umfang in Höhe der Angleichung des Lebensniveaus während der Lebensgemeinschaft fest, widerspräche dies dem Gleichheitsprinzip; denn dann hätte der nicht notleidende Partner mit geringerem Einkommen keinen Anspruch auf Unterhalt, während dem vollkommen mittellosen Partner ein Unterhaltsanspruch – dann sogar in Höhe der Lebensniveaus der PaCS-Partner während des PaCS – zustünde.
Im Übrigen orientiert sich freilich auch ein Unterhaltsanspruch, der nicht auf die Angleichung des Lebensniveaus des Anspruchstellers an das des Anspruchsgegners abzielt, an der Leistungsfähigkeit des Anspruchsgegners. Der Unterhalt soll dem Berechtigten den Lebensunterhalt in dem Maße ermöglichen, wie es der Leistungsfähigkeit des Verpflichteten entspricht.[1561] Ist der Unterhaltsschuldner beispielsweise sehr wohlhabend, dann kann der Unterhaltsanspruch höher ausfallen als wenn dieser mittellos ist. Ein Unterhaltsanspruch besteht somit nicht – wie bei einem Anspruch auf Sozialhilfe – in Höhe eines festgesetzten Existenzminimums, sondern er variiert je nach den Umständen des Einzelfalles. Es kann beispielsweise darauf ankommen, wie weitgehend die Bedürfnisse des Unterhaltsschuldners sind und inwiefern der Unterhaltsverpflichtete finanziell belastbar ist.[1562]
Trotzdem zielt der Anspruch auf materielle Unterstützung bei Getrenntleben der PaCS-Partner nicht darauf ab, eine Angleichung des Lebensniveaus beider PaCS-Partner zu erreichen. Die Gerichte werden den Umfang der Unterhaltspflicht entsprechend der Umstände des konkret zu entscheidenden Falles bestimmen. Der Umfang wird sich danach richten, ob die Gerichte die Bedürftigkeit des Anspruch stellenden Partners – im Sinne einer Notlage – als Voraussetzung annehmen. Richtigerweise dürfte die tatsächliche Bedürftigkeit des Anspruchstellers unerlässliche Voraussetzung des Anspruchs sein.
Grundsätzlich ist der Unterhalt als monatliche Rente in Geld zu zahlen.[1563] Diese monatliche Rente ist prinzipiell über die Dauer der in Art. 515-7 Nr. 2 C.civ. angeordneten dreimonatigen Kündigungsfrist zu gewähren.

[1561] Carbonnier, Droit civil, La famille, Nr. 146: "L'objet de l'obligation alimentaire est... de faire vivre le créancier dans la mesure où le débiteur le peut.".
[1562] Ferid/Sonnenberger, FrZR Bd. 3, Rn. 4 A 128.
[1563] Cornu, Droit civil, La famille, S. 66; Malaurie, La famille, S. 490.

**ee. Billigkeitskorrektur**

Verfehlungen gegen den Unterhaltspflichtigen oder die Nichterfüllung von gesetzlichen Pflichten können gemäß Art. 207 Abs. 2 C.civ. dazu führen, dass der Richter nach seinem Ermessen eine zwischen Verwandten bestehende Unterhaltspflicht versagt oder herabsetzt.[1564]

Nun stellt sich die Frage, ob Art. 207 Abs. 2 C.civ. auf die Hilfeleistungspflicht des Art. 515-4 C.civ. bei Getrenntleben der PaCS-Partner Anwendung findet. Da sich die Unterhaltspflicht aus Art. 515-4 C.civ. an dem Rechtsgedanken des Art. 212, 2. Fall C.civ. orientiert, wird wieder die entsprechende rechtliche Situation bei der Ehe als Beurteilungsmaßstab herangezogen.

Nach Ansicht der Cour de Cassation findet Art. 207 Abs. 2 C.civ. auf die Hilfeleistungspflicht (devoir de secours) aus Art. 212, 2. Fall C.civ. grundsätzlich keine Anwendung.[1565] Lediglich bei gerichtlich angeordneter Trennung von Tisch und Bett (separation de corps et de fait) soll Art. 207 Abs. 2 C.civ. gelten, da seine Anwendbarkeit in diesem Fall ausdrücklich gemäß Art. 303 Abs. 2 C.civ. vorgesehen ist.[1566]

Darüber, ob Art. 207 Abs. 2 C.civ. auf die Pflicht aus Art. 515-4 Abs. 1 C.civ. anwendbar sein soll, kann die Motivation der Cour de Cassation für ihre Entscheidung, Art. 207 Abs. 2 C.civ. nicht auf die Pflicht aus Art. 212 2. Fall C.civ. anzuwenden, Aufschluss bieten. Die Cour de Cassation fügt zwar in ihrer Entscheidung selbst keine ausführliche Begründung für die Nichtanwendung des Art. 207 Abs. 2 C.civ. auf die „devoir de secours" bei Ehegatten an. Jedoch lässt sich das Urteil der Cour de Cassation nach Ansicht von Hauser mit zwei Aspekten begründen.[1567]

Zunächst verfolge die Cour de Cassation das Ziel, zu verhindern, dass die Urteilsfindung im Hauptprozess eines Scheidungsverfahrens durch die Anwendung von Art. 207 Abs. 2 C.civ. innerhalb eines Verfahrens zum Erlass einer einstweiligen Verfügung beeinflusst wird. Dies könne dadurch geschehen, dass im französischen Recht das Tribunal de grande instance in Zivilsachen während des Scheidungsverfahrens gemäß Art. 255 Nr. 4 C.civ. im Wege einer einstweiligen Verfügung (mesures provisoires) dem bedürftigen Ehegatten einen Getrenntlebendenunterhaltsanspruch zusprechen kann.[1568] Wenn nun der Richter bei der Prüfung der Voraussetzungen an eine einstweilige Verfügung auch das Vorliegen der Voraussetzungen an einen Unterhaltsanspruch und damit auch einen etwaigen Ausschluss der Unterhaltspflicht gemäß Art. 207 Abs. 2 C.civ., d.h. die Verletzung von ehe-lichen Pflichten prüfen würde, könne dies Auswirkungen auf seine endgültige Urteilsfin-

---

1564 Ferid-Sonnenberger, FrZR Bd. 3, Rn. 4 A 123; Cornu, Droit civil, La famille, S. 66; Malaurie, La famille, S. 485; Courbe, Droit de la famille, S. 94.

1565 Cass. 1re civ., 17.1.1995: JCP 1995, II, S. 22407, Anm. Bénabent = Défrénois 1995, S. 1022, Anm. Massip.

1566 Cass. 1re civ., 17.1.1995: RTD civ. 1995, S. 323, 348, Anm. Hauser; Malaurie, La famille, S. 519.

1567 Cass. 1re civ., 17.1.1995: RTD civ. 1995, S. 323, 349, Anm. Hauser.

1568 Daste, Divorce, S. 156; Valot-Forest, Divorce, S. 63.

dung in diesem Scheidungsprozess haben[1569], zumal im französischen Recht das Verschuldensprinzip gilt.
Darüber hinaus würde mit der Nichtanwendung von Art. 207 Abs. 2 C.civ. auf die „devoir de secours“ unter Ehegatten bezweckt, dass in den Fällen, in denen die Unterhaltspflicht auf die Erben übergeht, keine Pflichtverletzungen des überlebenden Ehepartners gegenüber dem verstorbenen Ehegatten nach dessen Tode neu aufgerollt werden.[1570]
Diese beiden Beweggründe, auf Grund derer Art. 207 Abs. 2 C.civ. nicht auf die „devoir de secours“ aus Art. 212 2. Fall C.civ. angewandt wird, lassen sich jedoch deshalb nicht auf den PaCS übertragen, da beide Konstellationen beim PaCS nicht vorkommen können. Zum einen gibt es beim PaCS keinen Scheidungsprozess, denn der PaCS kann durch eine ein- oder beidseitige Erklärung der Partner ohne gerichtliche Entscheidung beendet werden. Überdies hat das Verschulden eines Partners ebenfalls keine Auswirkung auf die Auflösung des PaCS, sodass eine Beeinflussung eines Scheidungsprozesses durch Art. 207 Abs. 2 C.civ. beim PaCS nicht entstehen kann. Zum anderen kann es nach dem Tod eines PaCS-Partners zu keinen postmortalen Streitigkeiten hinsichtlich der Unterhaltspflicht mit Erben kommen, da ein Unterhaltsanspruch aus Art. 515-4 Abs. 1 C.civ. das Bestehen des PaCS voraussetzt und der PaCS nach 515-7 Abs. 7 Nr. 3 C.civ. mit dem Tod eines Partners endet, sodass der Unterhaltsanspruch nicht auf die Erben übergehen kann.
Da beide Gründe nicht auf die Situation des PaCS passen, ist Art. 207 Abs. 2 C.civ. auf die Hilfeleistungspflicht bei getrennt lebenden PaCS-Partnern anwendbar. Der Unterhaltsanspruch gemäß Art. 207 Abs. 2 C.civ. kann somit bei groben Pflichtverletzungen des Unterhalt begehrenden Partners gegenüber dem Anspruchsgegner versagt oder herabgesetzt werden. Eine derartige grobe Pflichtverletzung im Sinne des PaCS kann beispielsweise darin liegen, dass der nun bedürftige Partner in früherer Zeit, in der er gegenüber dem Anspruchsgegner unterhaltspflichtig war, seine Unterhaltspflichten ihm gegenüber verletzt hatte.[1571]

### ff. Unterhalt für die Vergangenheit

Im Unterhaltsrecht gilt der Grundsatz, dass kein Unterhalt für die Vergangenheit beansprucht werden kann (les aliments ne s'aggrègent pas).[1572] Dies gilt auch für die finanzielle Hilfeleistungspflicht aus Art. 515-4 C.civ. bei Getrenntleben der PaCS-Partner. Partner eines PaCS können bei Getrenntleben folglich keinen Unterhaltsanspruch aus Art. 515-4 C.civ. für die Vergangenheit geltend machen. Zwar ist es bei Zusammenleben der PaCS-Partner möglich, Unterhalt für die Vergangenheit geltend zu machen, dies ist jedoch darauf zurückzuführen, dass sich die

---

[1569] Cass. 1re civ., 17.1.1995: RTD civ. 1995, S. 323, 349, Anm. Hauser.
[1570] Cass. 1re civ., 17.1.1995: RTD civ. 1995, S. 323, 349, Anm. Hauser.
[1571] Entschieden für Ehegatten im Fall der gerichtlich veranlassten „separation de corps et de faits“: Cass, 2e civ., 11.2.1981: Bull.civ. II, Nr. 34 = Gaz. Pal. 1982, I, S. 105, Anm. Massip. Im Familienrecht waren dies meist Fälle, in denen Eltern ihre Kinder im Kindesalter verlassen haben und nun im Alter Unterhaltsansprüche gegen ihre Kinder geltend machen.
[1572] Malaurie, La famille, S. 518; Cornu, Droit civil, La famille, S. 75; Für Ehegatten: Cass. 1re civ., 8.11.1989, Bull.civ. I, Nr. 341.

gegenseitige materielle Unterstützungspflicht bei Zusammenleben der Partner nach Art. 214 C.civ. richtet, während bei Getrenntleben die Unterhaltspflicht von der bei Ehegatten aus den oben genannten Gründen[1573] abweicht.

### 3. Erlöschen des Anspruchs auf gegenseitige materielle Unterstützung

Der Anspruch auf gegenseitige materielle Unterstützung, ob im Sinne eines Anspruchs zum Beitrag zu den partnerschaftlichen Lasten oder in Form eines Unterhaltsanspruches nach Trennung der PaCS-Partner, endet mit der Beendigung des PaCS.[1574]

### 4. Sinn und Zweck der materiellen Unterstützungspflicht beim PaCS

Die Unterstützungspflicht unter den Partnern unterscheidet die PaCS-Partner von einer „nichtehelichen Lebensgemeinschaft", und sie stellt die Rechtfertigung für die steuerrechtlichen Vorteile dar, die PaCS-Partnern zugebilligt werden.[1575] Der Staat hat ein Interesse daran, dass die Bürger von nahestehenden Menschen unterstützt werden, damit sie nicht auf die Unterstützung des Staates in Form von Sozialhilfe angewiesen sind.[1576]

## III. Vergleich des Unterhaltsrechts während der Lebenspartnerschaft und während des PaCS

Bei dem Vergleich der Unterhaltspflicht der Lebenspartner während des Bestehens der Lebenspartnerschaft mit der entsprechenden Pflicht der PaCS-Partner tritt ein grundlegender Unterschied zwischen der Rechtslage in Deutschland und in Frankreich in Bezug auf das Unterhaltsrecht zu Tage. Dieser besteht darin, dass im Lebenspartnerschaftsgesetz der Umfang des Unterhaltsanspruches im Gesetz festgeschrieben ist (§ 5 LPartG i.V.m. §§ 1360 a und 1360 b BGB), während die PaCS-Partner die Höhe und die Modalitäten der Pflicht zur gegenseitigen materiellen Unterstützung im PaCS-Vertrag selbst bestimmen sollen (Art. 515-4 Abs. 1 S. 2 C.civ.). Die Rechtslage in Frankreich hat zur Folge, dass die PaCS-Partner in den überwiegenden Fällen eine vertragliche Abrede bezüglich der gegenseitigen materiellen Unterstützungspflicht treffen werden. Lebenspartnern steht es auf Grund der Vertragsfreiheit zwar ebenfalls frei, einen Lebenspartnerschaftsvertrag abzuschließen, in dem sie die nähere Ausgestaltung der Unterhaltspflichten der Lebenspartnerschaft vertraglich regeln können; dies wird allerdings im Vergleich zum französischen Recht nicht so häufig vorkommen, da keine entsprechende Obliegenheit besteht.

---

[1573] Siehe oben unter 2. Teil, § 1, II., 2., b., bb.

[1574] Pillebout, Le PaCS, S. 21.

[1575] CC 99-419 DC, v. 9. 11 1999, Entscheidungsgrund Nr. 43; Bénabent, Droit civil, La famille, S. 268.

[1576] Bénabent, Droit civil, La famille, S. 268.

**1. Vergleich der vertraglichen Möglichkeiten, die Lebenspartnern und PaCS-Partnern hinsichtlich des Unterhaltsrechts zustehen**

Sowohl Lebenspartner als auch PaCS-Partner können die inhaltliche Ausgestaltung ihrer Unterhaltspflichten vertraglich regeln. Hinsichtlich des gesetzlichen Unter-haltsanspruches bei Lebenspartnern ist eine Abrede im Lebenspartnerschaftsvertrag jedoch nur innerhalb des gesetzlich zulässigen Spielraums der Angemessenheit möglich.[1577] Gemäß § 5 S. 2 LPartG i.V.m. § 1360 a Abs. 3 BGB i.V.m. § 1614 Abs. 1 BGB dürfen Lebenspartner nicht auf den Unterhaltsanspruch aus § 5 LPartG verzichten. Dies hat zur Konsequenz, dass Vereinbarungen, nach denen die zu leistenden Beträge das gesetzliche Maß unterschreiten, unwirksam sind (§ 1614 BGB). Es ist Lebenspartnern folglich nicht gestattet, auch nur teilweise auf den Unterhaltsanspruch aus § 5 LPartG zu verzichten. Als unzulässig wurde beispielsweise eine Vereinbarung angesehen, die einen Verzicht auf ein Drittel des Unterhaltsanspruchs für die Zukunft beinhaltet.[1578]

PaCS-Partnern steht hinsichtlich der Pflicht zur gegenseitigen materiellen Unterstützung aus Art. 515-4 Abs. 1 C.civ. eine viel weitgehendere Vertragsfreiheit als Lebenspartnern zu, da es ihnen freisteht, die Art und Weise der Unterstützungspflicht im PaCS-Vertrag selbst festzulegen. Dadurch haben die PaCS-Partner z.B. die Möglichkeit, nur eine marginale Unterstützungspflicht zu bestimmen, die in ihrem Umfang weitaus niedriger ist als die entsprechende Pflicht aus Art. 214 C.civ. bei Ehegatten.[1579] Auch können sie im PaCS-Vertrag ganz ungewöhnliche Quoten vereinbaren, z.B. dass ein Partner sich zu einem Drittel und der andere sich zu zwei Drittel an den Kosten des gemeinsamen Lebens beteiligt.[1580] Die gegenseitige Unterstützungspflicht steht nur insofern nicht zur Disposition der PaCS-Partner, als dass es ihnen nach der verfassungskonformen Auslegung des Art. 515-5 Abs. 1 C.civ. durch den Conseil Constitutionnel verwehrt ist, die Unterstützungspflicht gänzlich auszuschließen.[1581]

Unterschiede ergeben sich auch hinsichtlich des Getrenntlebendenunterhalts. Die Vertragsfreiheit bezüglich des Getrenntlebendenunterhalts ist für Lebenspartner gemäß § 12 Abs. 2 S. 2 LPartG i.V.m. § 1361 Abs. 4 BGB i.V.m. § 1360 a Abs. 3 BGB i.V.m. § 1614 Abs. 1 BGB durch ein Verzichtsverbot für die Zukunft eingeschränkt. Das Maß der Unterhaltspflicht, das sich gemäß § 12 LPartG nach den Lebensverhältnissen während der Gemeinschaft der Lebenspartner richtet, darf nicht unterschritten werden. PaCS-Partner dürfen die gegenseitige materielle Unterstützungspflicht bei Getrenntleben ebenfalls nicht vollständig abbedingen.[1582] Die Unterstützungspflicht muss noch in der Höhe bestehen, dass sie den notwendigen Unterhalt des anderen abdeckt. Die vereinbarte Unterhaltspflicht darf daher den Geldbetrag nicht unterschreiten, den der andere mindestens zum Leben

---

1577 Palandt/Diederichsen, § 1614, Rn. 1.

1578 Für Ehegatten in Bezug auf § 1614 BGB: OLG Oldenburg, FamRZ 79, S. 333, 334; OLG Köln, FamRZ 1983, S. 750, 754.

1579 Hauser, JCP éd. N 2000, Nr. 9, S. 411, 412; Vassaux/Vauvillé, RJPF 2000, Nr. 5, S. 6, 8.

1580 Pillebout, Le PaCS, S. 23.

1581 CC 99-419 DC, v. 9.11.1999, Entscheidungsgrund Nr. 28.

1582 CC 99-419 DC, v. 9.11.1999, Entscheidungsgrund Nr. 28.

braucht. PaCS-Partner dürfen folglich die Unterhaltspflicht – im Gegensatz zu Lebenspartnern – auch auf niedrigerem Niveau festsetzen als es den Lebensverhältnisse während des PaCS entsprechen würde. Der PaCS gewährt also hinsichtlich des Getrenntlebendenunterhalts ebenfalls eine größere Vertragsfreiheit als die Lebenspartnerschaft.

Dass bei Lebenspartnern der Umfang der Unterhaltspflicht gesetzlich geregelt ist, während PaCS-Partner den Umfang der Unterhaltspflicht prinzipiell selbst im PaCS-Vertrag festlegen sollen, ist darauf zurückzuführen, dass der deutsche und der französische Gesetzgeber mit der Einführung des Instituts der Lebenspartnerschaft und des PaCS andere Ziele verfolgt hat. Der deutsche Gesetzgeber wollte eine Regelung für gleichgeschlechtlich Paare sehr nahe an der Ehe schaffen und hat bezüglich des Unterhaltsrechts während des Bestehens der Lebenspartnerschaft – bis auf vereinzelte unterlassene Verweisungen, die – wie oben unter 2. Teil, § 1, I., 2., b., aa., und f. geschildert – zu Widersprüchen geführt haben – weitgehend die ehelichen Unterhaltsregelungen übernommen.

Der französische Gesetzgeber beabsichtigte es indessen, ein ganz neues Instrument für nichteheliche Lebensgemeinschaften – gleich welchen Geschlechts – zu schaffen: kein familienrechtliches Institut nahe an der Ehe, sondern einen neuen Vertragstypus.[1583] Trotz Abschlusses eines PaCS soll den abschließenden PaCS-Partnern so viel Freiheit und Flexibilität wie möglich gewährt werden.[1584] Der französische Gesetzgeber begründet seinen Willen damit, dass dies den Wünschen und Bedürfnissen der nichtehelichen Lebensgemeinschaften entspreche.[1585] Insbesondere heterosexuelle Lebensgemeinschaften, die die überwiegende Zahl der PaCS-Partner darstellten, könnten zwar eine Ehe mit all ihren Rechten und Pflichten eingehen, sie lehnten dies jedoch ab.[1586] Viele heterosexuelle Paare wünschten sich zwar ein Leben, ohne verheiratet zu sein, wollten jedoch nicht schutzlos dastehen.[1587] Auch Homosexuelle forderten in Frankreich, dass sich der PaCS von dem Institut der Ehe unterscheide. Vor allem lehnten sie Treuepflichten wie bei der Ehe ab.[1588]

Nach der Begründung zum Gesetzesentwurf zum PaCS soll den „modernen Paaren“ – unabhängig, ob homo- oder heterosexuell – mit dem PaCS die Möglichkeit gegeben werden, sich gegenseitig zu unterstützen und ihre Verbundenheit vertraglich festzulegen, ohne ihnen jedoch Solidarpflichten aufzubürden, die nicht mit

[1583] Nr. 1097, v. Jean-Pierre Michel, eingereicht bei der Ass. Nat. am 23.9.1998, S. 9; Chanteloup/Fauré, Conclure un PaCS, S. 69.

[1584] Bericht Nr. 1097, v. Jean-Pierre Michel, eingereicht bei der Ass. Nat. am 23.9.1998, S. 9.

[1585] Bericht Nr. 1097 v. Jean-Pierre Michel, eingereicht bei der Ass. Nat. am 23.9.1998, S. 8.

[1586] Der PaCS ist primär auf heterosexuelle Paare ausgerichtet: 60 Prozent der Menschen, die einen PaCS abschließen, sind heterosexuelle Paare (de Percin, S. 8, Schreiber FPR 2001, S. 442, 443). Dies reflektiert die Realität, da es in Frankreich eine größere Anzahl heterosexueller (2,5 Millionen) als homosexueller nichtehelicher Lebensgemeinschaften (zwischen 30-50.000) gibt (Bericht Nr. 1097 v. Jean-Pierre Michel, eingereicht bei der Ass. Nat. am 23.9.1998, S. 8; Ferrand, in: Henrich (Hrsg.), Eheliche Gemeinschaft, Partnerschaft und Vermögen im europäischen Vergleich, S. 73, 139).

[1587] Bericht Nr. 1097 v. Jean-Pierre Michel, eingereicht bei der Ass. Nat. am 23. 9. 1998, S. 8.

[1588] Mécary/Leroy-Forgeot, Le PaCS, S. 48; Mécary, Droit et homosexualité, S. 158.

ihrem Willen übereinstimmten.[1589] Dieses Ziel, so die französische Gesetzesbegründung, könne durch die Form eines Vertrages erreicht werden, in dem die Vertragsparteien ihre Pflichten weitgehend selbst bestimmen können.[1590] Insofern lässt sich erklären, wieso die PaCS-Partner die Höhe und die Modalitäten der gegenseitigen materiellen Unterstützung selbst festlegen sollen und ihnen eine sehr weitgehende Vertragsfreiheit gewährt wird.

Dadurch, dass Lebenspartner nicht weitgehend vom gesetzlich geregelten Unterhaltsrecht der §§ 5 und 12 LPartG abweichen dürfen, kommt dem bedürftigen Lebenspartner ein angemessener Schutz zu. Überdies bedarf ein Lebenspartnerschaftsvertrag der Form des § 7 LPartG. Darin wird angeordnet, dass ein Lebenspartnerschaftsvertrag bei gleichzeitiger Anwesenheit beider Lebenspartner zur Niederschrift eines Notars geschlossen werden muss. Lebenspartner erhalten somit eine umfassende rechtliche Beratung hinsichtlich ihrer Vereinbarungen und dementsprechend einen umfangreichen Schutz.

Die Regelungsvariante des französischen Gesetzgebers, den Partnern aufzugeben, die Höhe und die Modalitäten der gegenseitigen materiellen Hilfe selbst festzulegen, zwingt die PaCS-Partner – im Gegensatz zum deutschen Recht – bereits bei Abschluss des PaCS, bestimmte für das gemeinsame Leben notwendige Dinge, wie die Aufteilung der Kosten, die bei einem gemeinsamen Leben anfallen, vorab zu bedenken und zu regeln. PaCS-Partner können den Umfang der Unterhaltspflicht den Umständen und Gegebenheiten der Partnerschaft anpassen. In Bezug auf den Unterhaltsanspruch bei Getrenntleben weiß der finanziell schwächere Partner genau, wie viel Unterhalt ihm im Falle einer Trennung zusteht, sodass er sich darauf einstellen kann. Insofern ist dieser Ansatz zunächst positiv zu bewerten.

Die Vertragsfreiheit gewährt den PaCS-Partnern allerdings auch mehr Spielraum als Lebenspartnern, die materielle Unterstützungspflicht aus Art. 515-4 C.civ. zu beschränken. Dies stellt nicht nur einen Vorteil dar, sondern kann auch eine Gefahr für den schwächeren Partner sein, der sich gegebenenfalls nicht gegen den anderen durchsetzen kann. Zwar ist es auch bei PaCS-Partnern nicht gestattet, die finanzielle Unterstützungspflicht komplett auszuschließen, jedoch kann diese auf ein Minimum reduziert werden, was zu beachtlichen Ungerechtigkeiten führen kann.

Zu bedauern ist zudem, dass beim Abschluss des PaCS keine notarielle oder andere rechtliche Beratung erforderlich ist. Dem Beamten der Geschäftsstelle des Amtsgerichts, der die Erklärungen über den Abschluss des PaCS entgegennimmt, wird eine fachkundige Beratung kaum möglich sein. Eventuell könnte aber ein Rechtspfleger diesbezüglich herangezogen werden. Dies könnte für die Parteien äußerst hilfreich sein und sie vor Entscheidungen bewahren, die sich für sie als schädlich erweisen könnten. Dennoch sind zumindest rechtsmissbräuchliche Vereinbarungen unwirksam, da sich die vertraglichen Bestimmungen noch im Rahmen von Treu und Glauben bewegen müssen.

---

[1589] Bericht Nr. 1097 v. Jean-Pierre Michel, eingereicht bei der Ass. Nat. am 23. 9. 1998, S. 21.
[1590] Bericht Nr. 1097 v. Jean-Pierre Michel, eingereicht bei der Ass. Nat. am 23. 9. 1998, S. 7.

## 2. Vergleich der gesetzlichen Regelungen im LPartG und im Code civil zum Unterhaltsrecht während des Bestehens von Lebenspartnerschaft und PaCS

Ein wichtiger Unterschied zwischen der Lebenspartnerschaft und dem PaCS liegt des Weiteren darin, dass der deutsche Gesetzgeber beim Unterhaltsrecht während des Bestehens der Lebenspartnerschaft danach unterscheidet, ob die Lebenspartner zusammenleben oder nicht. Im deutschen Recht wurden zwei separate Regelungen geschaffen: Bei Zusammenleben der Partner richtet sich der Unterhaltsanspruch nach § 5 LPartG, und bei deren Getrenntleben ist § 12 LPartG anwendbar. Im Code civil hingegen gibt es während des Bestehens des PaCS nur eine Norm zur Regelung der Unterhaltsrechts: Nach Art. 515-4 Abs. 1 C.civ. sind die Partner einander zu gegenseitiger materieller Unterstützung verpflichtet. Art. 515-4 Abs. 1 C.civ. entbehrt jeder näheren Angabe, ob ein Zusammenleben für den Anspruch erforderlich ist oder nicht. Aus der fehlenden Unterscheidung könnte man zunächst schließen, dass während des Zusammen- und des Getrenntlebens dieselbe Unterstützungspflicht gilt.[1591] Durch Auslegung ergibt sich allerdings, dass Art. 515-4 Abs. 1 C.civ. bei Zusammenleben anders interpretiert werden muss als bei Getrenntleben. Die beiden Normen des § 5 und § 12 LPartG werden somit nur formal mit nur einer Norm beim PaCS, dem Art. 515-4 Abs. 1 C.civ., verglichen, denn letztere hat bei Zusammenleben der PaCS-Partner einen anderen Inhalt als bei deren Getrenntleben.

### a. Vergleich des Unterhaltsrechts bei der Lebenspartnerschaft und beim PaCS bei Zusammenleben der Partner

Während des Zusammenlebens von Lebens- und PaCS-Partnern haben der deutsche und der französische Gesetzgeber die finanzielle Unterstützungspflicht der Partner in Form einer gegenseitigen Unterhalts- bzw. Unterstützungspflicht geregelt.

Ein Unterschied zwischen der Normierung der Unterhaltspflicht bei Zusammenleben von Lebenspartnern und PaCS-Partnern liegt darin, dass bei der Lebenspartnerschaft der Umfang der Unterhaltspflicht aus § 5 LPartG durch eine Verweisung auf das Eherecht geregelt wird, während der französische Gesetzgeber – jedenfalls formal – versucht hat, einen Unterschied zwischen dem Unterhaltsrecht beim PaCS und bei der Ehe herzustellen. Der französische Gesetzgeber wählte bezüg-lich der Unterstützungspflicht bei PaCS-Partnern in Art. 515-4 Abs. 1 C.civ. ganz bewusst einen anderen Wortlaut als bei der Regelung für Ehegatten in Art. 214 C.civ. Während beim PaCS von „gegenseitiger materieller Unterstützung" die Rede ist, heißt es im Eherecht „Beitrag zu den ehelichen Lasten". Dies ist darauf zurückzuführen, dass der französische Gesetzgeber ganz deutlich machen wollte, dass sich der PaCS von der Ehe unterscheidet.[1592] Trotzdem kann man zumindest bei Zusammenleben der PaCS-Partner die Pflicht aus Art. 515-4 Abs. 1 C.civ. so

[1591] Unter 2. Teil, § 1, II., 2., b., ee.

[1592] Chanteloup/Fauré, Conclure un PaCS, S. 69.

interpretieren, dass sie grundsätzlich in demselben Umfang wie bei Ehegatten gemäß Art. 214 C.civ. besteht (siehe oben unter 2. Teil, § 1. II., 2., a., bb., bbb.).[1593] Der Umfang des Unterhaltsanspruches bei Zusammenleben der Lebens- und PaCS-Partner umfasst sowohl bei der Lebenspartnerschaft als auch beim PaCS den gesamten Lebensbedarf der Partner. Bei Zusammenleben sind die Kosten zur Dekkung des persönlichen Bedarfs und der Haushaltsführung sowie die Kosten für Freizeit und Urlaub in der materiellen Unterstützungspflicht inbegriffen. Auch die Kosten für medizinische Hilfe fallen unter die Unterhaltspflicht bei Lebenspartnern sowie bei PaCS-Partnern. Ein Anspruch auf ein Taschengeld kann bei der Lebenspartnerschaft wie auch beim PaCS bestehen. Eine Gemeinsamkeit ist ebenfalls insofern zu verzeichnen, als dass die Kosten für die in dem gemeinsamen Haushalt wohnenden Kinder weder bei der Lebenspartnerschaft noch beim PaCS von der Unterhaltspflicht mit umfasst werden. Es handelt sich sowohl bei dem Anspruch aus § 5 LPartG als auch bei dem aus Art. 515-4 C.civ. lediglich um einen Anspruch der Partner untereinander. Dies lässt sich bei der Lebenspartnerschaft damit erklären, dass das Institut der Lebenspartnerschaft nur gleichgeschlechtlichen Paaren offen steht und bei homosexuellen Paaren weder eine gemeinsame Elternschaft auf natürlichem Weg zu Stande kommen kann noch die gemeinsame Adoption eines Kindes nach deutschem Recht möglich ist.[1594] Kinder, die nur von einem Partner adoptiert worden sind oder die aus vorhergehenden Beziehungen ebenfalls im gemeinsamen Haushalt leben, werden vom LPartG ignoriert. Dies ist aber deswegen nicht verwunderlich, da auch im deutschen Eherecht die Bedürfnisse von Stiefkindern nicht zum Unterhaltsanspruch des § 1360 BGB gehören.[1595] Beim PaCS hingegen, den auch verschiedengeschlechtliche Paare abschließen können und somit eine gemeinsame Elternschaft der PaCS-Partner möglich ist, kann man den fehlenden Familienbezug mit der bewussten Differenzierung zwischen dem PaCS und den französischen Eheregelungen begründen.[1596] Auch in Bezug auf das Maß des zu leistenden Unterhalts bei Zusammenleben der Partner stimmen Lebenspartnerschaft und PaCS weitgehend überein. Sowohl bei der Lebenspartnerschaft als auch beim PaCS richtet sich die Höhe des zu leistenden Unterhalts nach den Lebensverhältnissen der Partner und ist nicht auf das Nötigste beschränkt.[1597] Es bestehen lediglich vereinzelte Unterschiede. So gehören die Kosten für die Weiterführung einer begonnenen Ausbildung bei der Lebenspartnerschaft zur Unterhaltspflicht[1598], während sie nicht unter die materielle Unterstützungspflicht beim PaCS fallen.[1599] Auch hinsichtlich eines Prozesskostenvorschusses liegt eine Abweichung der Lösung bei der Lebenspartnerschaft zum PaCS vor. Während bei der Lebenspartnerschaft nach § 5 S. 1 LPartG i.V.m.

[1593] Siehe oben unter 2. Teil, § 1, II., 2., a., bb., bbb.
[1594] Detloff, NJW 2001, S. 2598, 2601; Hk-LPartG/Kemper, § 5 LPartG, Rn. 14.
[1595] Palandt/Brudermüller, § 1360 a BGB, Rn. 2.
[1596] Vivier, Le PaCS, S. 62.
[1597] Für die Lebenspartnerschaft: Hk-LPartG/Kemper, § 5 LPartG, Rn. 27; für den PaCS: Chanteloup/Fauré, Conclure un PaCS, S. 69.
[1598] BGH NJW 1985, S. 803; Hk-LPartG/Kemper, § 5 LPartG, Rn. 18.
[1599] Vivier, Le PaCS, S. 61.

§ 1360 a Abs. 4 BGB die Gewährung eines Prozesskostenvorschusses Teil des Unterhaltsanspruches ist[1600], ist dies beim PaCS nicht der Fall.[1601]
Die Art und Weise, in der die Unterhaltspflicht erbracht wird, richtet sich bei der Lebenspartnerschaft grundsätzlich nach der von den Lebenspartnern gewählten Ausgestaltung ihrer Lebensgemeinschaft (§ 5 LPartG i.V.m. § 1360 a Abs. 2 S. 1 BGB). Auch die PaCS-Partner bestimmen grundsätzlich selbst, in welcher Art und Weise der Unterhalt gewährt werden soll. Jeder Lebens- und PaCS-Partner ist verpflichtet, durch seine Arbeit und mit seinem Vermögen zum Unterhalt beizutragen. Sowohl die Lebenspartner als auch die PaCS-Partner können die Beitragsleistung zur Partnerschaft auch in der Weise regeln, dass der eine erwerbstätig ist und der andere den Haushalt führt. Ist die Haushaltsführung einem der Lebens- oder PaCS-Partner überlassen, so wird dieser damit seiner Unterhaltspflicht in natura gerecht. Während bei der Lebenspartnerschaft gemäß § 1360 a Abs. 3 i.V.m. § 1613 BGB kein Unterhalt für die Vergangenheit beansprucht werden kann, ist dies beim PaCS auf Grund der entsprechenden Anwendung von Art. 214 C.civ. möglich.
Sowohl der Unterhaltsanspruch aus § 5 LPartG als auch der aus Art. 515-4 C.civ. bei Zusammenleben der Partner verteilt die Kosten für das gemeinsame Leben in einer adäquaten Weise und gewährleistet ein gedeihliches Zusammenleben der Lebens- als auch der PaCS-Partner.
Die vereinzelten Unterschiede kommen alle auch im deutschen und französischen Eherecht vor: Der Prozesskostenvorschuss gehört z.B. bei der Lebenspartnerschaft, aber nicht beim PaCS, zum Unterhalt; die Kosten für eine Ausbildung gehören zum Unterhalt von Lebenspartnern, nicht jedoch zum Unterhalt bei PaCS-Partnern; beim PaCS kann im Gegensatz zur Lebenspartnerschaft auch Unterhalt für die Vergangenheit geltend gemacht werden. Es handelt sich dabei folglich nicht um eine grundsätzlich unterschiedliche rechtliche Handhabung bei der Lebenspartnerschaft und beim PaCS, sondern um grundsätzliche Unterschiede im deutschen und französischen Familienrecht.

### b. Vergleich des Unterhaltsrechts bei der Lebenspartnerschaft und beim PaCS bei Getrennteben der Partner

Bei dem Vergleich des Getrenntlebendenunterhalts bei der Lebenspartnerschaft und beim PaCS offenbaren sich einige Gemeinsamkeiten, jedoch auch viele Unterschiede.
Sowohl bei der Lebenspartnerschaft als auch bei den Normen zum PaCS ist die Bedürftigkeit des Anspruch stellenden Partners und die Leistungsfähigkeit des Anspruchsgegners erforderlich, um einen Anspruch auf Getrenntlebendenunterhalt zu begründen. Ein Lebenspartner oder ein PaCS-Partner ist bedürftig, wenn er seinen Unterhalt nicht aus der Anlage von Vermögen oder durch zumutbare Erwerbstätigkeit bestreiten kann. Bei der Beurteilung der Zumutbarkeit einer eigenen Erwerbstätigkeit können bei der Lebenspartnerschaft und auch beim PaCS familiäre

[1600] Büttner, in: Schwab (Hrsg.), Die eingetragene Lebenspartnerschaft, S. 221, 224; Muscheler, LPartG, Rn. 98; Weinreich, FuR 2001, S. 481, 482; Hk-LPartG/Kemper, § 5 LPartG, Rn. 19.
[1601] Für Ehegatten aus Art. 214 C.civ.: Ferid/Sonnenberger, FrZR Bd. 3, Rn. 4 B 154.

und soziale Umstände in Betracht gezogen werden. Hinsichtlich der Unmöglichkeit, Getrenntlebendenunterhalt für die Vergangenheit geltend zu machen, stimmen Lebenspartnerschaft[1602] und PaCS[1603] ebenfalls überein.
Im Lebenspartnerschaftsgesetz führen sowohl der Tod des Berechtigten als auch der Tod des Verpflichteten zum Erlöschen des Unterhaltsanspruchs (§ 12 Abs. 2 S. 2 i.V.m. § 1361 Abs. 4 S. 4 i.V.m. § 1360 a Abs. 3 und § 1615 Abs. 1 BGB).[1604]
Mit dem Tod eines PaCS-Partners endet der PaCS (Art. 515-7 Nr. 3 C.civ.) und mit ihm auch die Pflicht zu gegenseitiger materieller Unterstützung.[1605]
Ein wichtiger Unterschied zwischen dem Getrenntlebendenunterhalt bei Lebenspartnern und PaCS-Partnern besteht darin, dass im LPartG eine eindeutige Regelung zum Getrenntlebendenunterhalt vorgesehen ist, während beim PaCS die Unterstützungspflicht bei Getrenntleben der Partner erst durch Auslegung ermittelt werden muss, ja sogar von einigen das Vorliegen einer Unterhaltspflicht als Ausprägung der gegenseitigen materiellen Unterstützungspflicht beim PaCS bestritten wird.[1606] Dies führt zu Unsicherheiten in Bezug auf die Existenz, den Umfang des Unterhaltsanspruchs und die Art und Weise der Unterhaltsgewährung bei getrennt lebenden PaCS-Partnern, die erst durch die Rechtsprechung behoben werden müssen.
Weiterhin wird dem Anspruch auf Getrenntlebendenunterhalt nach § 12 LPartG eine viel größere praktische Bedeutung als dem Unterhaltsanspruch bei getrennt lebenden PaCS-Partnern aus Art. 515-4 Abs. 1 C.civ. zukommen. Dieser Unterschied hängt damit zusammen, dass Lebenspartner und PaCS-Partner unterschiedlich lange Fristen für die Beendigung der Lebenspartnerschaft und des PaCS einhalten müssen. Während bei der Lebenspartnerschaft im Falle eines gemeinsamen Aufhebungswunsches eine 12-monatige Frist und bei einseitigem Auflösungswunsch der Lebenspartnerschaft eine 36-monatige Frist einzuhalten ist, wird der PaCS bei gegenseitigem Einverständnis sofort und bei einseitigem Auflösungswunsch nach Ablauf einer dreimonatigen Frist beendet, in der die Partner meist getrennt leben werden. Da bei einseitiger Beendigung der Lebenspartnerschaft ein Trennungsunterhalt sogar 36 Monate lang zu zahlen ist, spielt der Unterhaltsanspruch bei Getrenntleben der Lebenspartner praktisch eine wesentlich größere Rolle als bei PaCS-Partnern. Möglicherweise findet sich auch in der Tatsache dieses größeren Anwendungsbereiches des Getrenntlebendenunterhalts bei Lebenspartnern einer der Gründe dafür, dass der deutsche Gesetzgeber nicht nur eine Norm hinsichtlich der Unterhaltspflicht bei Zusammenleben der Lebenspartner, sondern auch für deren Getrenntleben geschaffen hat. Der französische Gesetzgeber hingegen hat nur eine einzige Norm zum Unterhaltsrecht ins Gesetz

[1602] Hk-LPartG/Kemper, § 12 LPartG, Rn. 48.
[1603] Malaurie, La famille, S. 518; Cornu, Droit civil, La famille, S. 75; Für Ehegatten: Cass. 1 re civ., 8.11.1989, Bull.civ. I, Nr. 341.
[1604] Hk-LPartG/Kemper, § 12 LPartG, Rn. 46.
[1605] Lemouland, JCP éd. N 2000, Nr. 9, S. 406, 410.
[1606] Cornu, Droit civil, La famille, S. 108.

aufgenommen und in dieser auch nicht zwischen Zusammenleben und Getrenntleben der Partner differenziert.[1607]
Im Hinblick auf die Voraussetzungen für einen Getrenntlebendenunterhaltsanspruch ist sowohl für § 12 LPartG als auch für Art. 515-4 Abs. 1 C.civ. die Bedürftigkeit des anspruchstellenden Partners notwendig, was zur Folge hat, dass weder bei der Lebenspartnerschaft noch beim PaCS die Anspruchsvoraussetzungen erfüllt sind, wenn ein Partner sich aus eigenen Einkünften oder aus der Anlage von Vermögen selbst unterhalten kann. Bei Lebenspartnern sowie bei PaCS-Partnern ist nach der Trennung somit die Pflicht gegeben, sein Vermögen Gewinn bringend anzulegen. Weiterhin ist eine grundsätzliche Erwerbsobliegenheit beider Partner vorgesehen. Einem Lebenspartner sowie einem PaCS-Partner, der während des Zusammenlebens keinen Beruf ausgeübt hat, ist nur dann nach der Trennung die Aufnahme einer Erwerbstätigkeit unzumutbar, wenn dies von ihm auf Grund von Krankheit, wegen seines Alters oder wegen Gebrechen nicht erwartet werden kann. Ein Unterschied im Hinblick auf die Voraussetzung der Bedürftigkeit besteht hier allerdings darin, dass einem Lebenspartner ein Aufstockungsunterhaltsanspruch aus § 12 LPartG zusteht, wenn ihm eine Erwerbstätigkeit zumutbar ist, sein Einkommen aber nicht ausreicht, um den vollen Unterhaltsanspruch abzudecken. Beim PaCS fehlt es an einem solchen Anspruch, da es bei eigenem Einkommen eines PaCS-Partners, auch wenn das Einkommen weit unterhalb der Lebensverhältnisse während der PaCS-Partnerschaft liegt, bereits an dem Erfordernis der Bedürftigkeit fehlt.
Ein weiterer Unterschied besteht darin, dass einem Lebenspartner, der während des Zusammenlebens keiner Beschäftigung nachgegangen ist, die Aufnahme einer eigenen Erwerbstätigkeit eher unzumutbar sein kann als einem PaCS-Partner. Dies ist darauf zurückzuführen, dass in die Beurteilung, ob dem Anspruch stellenden Lebenspartner ein Neu- oder ein Wiedereinstieg ins Berufsleben zumutbar ist, auch die wirtschaftlichen Verhältnisse, die in der Lebenspartnerschaft bestanden haben, mit einfließen (§ 12 Abs. 1 S. 2 LPartG). Hatten die Lebenspartner einen sehr hohen Lebensstandard, kann es einem Partner nach der Trennung beispiels-weise nicht zumutbar sein, eine niedriger bezahlte Beschäftigung anzunehmen.[1608] Diese Ausnahme von der prinzipiellen Erwerbsobliegenheit gilt für PaCS-Partner nicht. Ein PaCS-Partner muss grundsätzlich auch dann berufstätig sein, wenn dies nicht den wirtschaftlichen Verhältnissen der PaCS-Partner entspricht; denn die Unterhaltspflicht soll nur in einer tatsächlichen Notsituation eingreifen.
Zwar müssen sowohl bei der Lebenspartnerschaft als auch beim PaCS bei der Bewertung der Zumutbarkeit einer eigenen Erwerbstätigkeit die Dauer oder auch der Ausbildungsstand des Anspruch stellenden Lebens- oder PaCS-Partners sowie die familiären und sozialen Verhältnisse der einzelnen Partner mit einfließen (§ 12

[1607] Jedoch differenziert auch das französische Eherecht nicht ausdrücklich zwischen einem Unterhaltsrecht bei Zusammenleben und Getrenntleben der Ehegatten, sodass schon seit Jahren der Anwendungsbereich v. Art. 214 C.civ. und Art. 212, 2. Fall C.civ. umstritten ist. Möglicherweise hat der Gesetzgeber auch aus diesem Grund bei PaCS-Partnern keine Unterscheidung vorgenommen.
[1608] Hk-LPartG/Kemper, § 12 LPartG, Rn. 14.

Abs. 1 LPartG/Art. 272 C.civ. analog).[1609] Die Bewertung dieser Kriterien erfolgt bei der Lebenspartnerschaft allerdings unter einem anderen Blickwinkel als beim PaCS: Während bei der Lebenspartnerschaft nach der Begründung zum Gesetzesentwurf[1610] „der Wahrung des bestehenden Status der Lebenspartner auch bei Getrenntleben ein bedeutendes Gewicht zukommen",[1611] erzeugt der Abschluss eines PaCS keine starken rechtlichen Bindungen der PaCS-Partner untereinander. Dies hat zur Folge, dass bei der Lebenspartnerschaft eine Erwerbstätigkeit eher unzumutbar sein kann als beim PaCS, da dort die Hilfeleistungspflicht nur während einer Notlage besteht.
Gravierende Abweichungen des Lebenspartnerschaftsgesetzes von den Normen zum PaCS zeigen sich auch beim Umfang des Getrenntlebendenunterhalts. Ein Lebenspartner kann von dem anderen den nach den Lebensverhältnissen und den Erwerbs- und Vermögensverhältnissen während der Lebenspartnerschaft entsprechenden angemessenen Unterhalt verlangen (§ 12 Abs. 1 S. 2 LPartG). Dem finanziell schwächeren Partner soll trotz Getrenntlebens eine Art „Lebensstandardgarantie" gewährt werden[1612], da der Gesetzgeber von einer ähnlichen Bindung der Lebenspartner wie zwischen Ehegatten ausgeht.[1613] Bei PaCS-Partnern dagegen ist die Unterhaltspflicht lediglich auf das Nötigste beschränkt und dient gerade nicht dazu, das Lebensniveau des verlassenen Partners an den Lebensstandard während des Zusammenlebens mit seinem PaCS-Partner anzugleichen. Dieser niedrigere Unterhaltsanspruch ist darauf zurückzuführen, dass zwischen PaCS-Partnern nicht dieselben Verpflichtungen wie zwischen Ehegatten existieren.[1614] Die einzige Ähnlichkeit beim Umfang des Unterhalts bei der Lebenspartnerschaft und dem PaCS bei Getrenntleben findet sich darin, dass sowohl bei der Lebenspartnerschaft als auch beim PaCS die Kosten für eine Altersversorgung nicht zum Unterhalt bei Getrenntleben gehören.
Divergenzen von Lebenspartnerschaft und PaCS kommen schließlich auch bei der Frage vor, ob und unter welchen Voraussetzungen der Unterhaltsanspruch versagt oder herabgesetzt werden kann. Ein Unterhaltsanspruch kann einem Lebenspartner trotz Bedürftigkeit versagt werden, wenn die Zubilligung des Unterhaltsanspruchs „grob unbillig" wäre. Dabei kann der Katalog des § 1579 Nr. 2-7 BGB auch für die Beurteilung der Unbilligkeit eines Unterhaltsanspruches bei der Lebenspartnerschaft herangezogen werden. Danach kann der Unterhaltsanspruch unter Umständen wegen „grober Unbilligkeit" versagt werden, wenn z.B. die Lebenspartnerschaft nur von kurzer Dauer war oder der Berechtigte sich eines Verbrechens oder eines schweren vorsätzlichen Vergehens gegen den Verpflichteten oder einen nahen Angehörigen des Verpflichteten schuldig gemacht, oder wenn er Pflichten

[1609] Für Ehegatten im französischen Recht in Art 272 C.civ. aufgezählt.
[1610] BT-Drucks 14/3751, S. 41.
[1611] BT-Drucks 14/3751, S. 41.
[1612] Weinreich, FuR 2001, S. 481, 482; Büttner, in: Schwab (Hrsg.), Die eingetragene Lebenspartnerschaft, S. 221, 225.
[1613] Palandt/Brudermüller, § 12 LPartG, Rn. 4; Büttner, in: Schwab (Hrsg.), Die eingetragene Lebenspartnerschaft, S. 221, 225.
[1614] Bericht Nr. 1097, eingereicht v. Jean-Pierre Michel bei der Ass. Nat. am 23.9.1998, S. 46.

aus der Lebenspartnerschaft grob verletzt hat. Bei getrennt lebenden PaCS-Partnern kann der Unterhaltsanspruch gemäß Art. 207 Abs. 2 C.civ. ebenso versagt werden, wenn der Anspruch stellende Partner PaCS-Pflichten verletzt hat. Art. 207 Abs. 2 C.civ. stimmt mit § 1579 Nr. 5 BGB überein, denn in beiden Fäl-len geht es um die Nichterfüllung von Unterhaltspflichten. Die Dauer des PaCS oder das Vorliegen eines Verbrechens oder schweren Vergehens des Anspruch stellenden Partners gegen den Anspruchsgegner hat beim PaCS dagegen keine Auswirkungen auf die Zusprechung eines Unterhaltsanspruches.

Die vielfachen Unterschiede, die sich bei dem Vergleich des Getrenntlebendenunterhalts der Lebenspartner untereinander aus § 12 LPartG und der PaCS-Partner untereinander aus Art. 515-4 Abs. 1 C.civ. gezeigt haben, machen einerseits deutlich, dass dem deutschen Gesetzgeber das Fortbestehen der Lebenspartnerschaft wichtiger war als dem französischen Gesetzgeber der Bestand des PaCS. Denn dadurch, dass der deutsche Gesetzgeber den Lebenspartnern bei Getrenntleben in hohem Umfang Unterhaltspflichten untereinander auferlegt hat und durch den Anspruch auf Aufstockungsunterhalt dem finanziell schwächer gestellten Lebenspartner eine „Lebensstandardgarantie" gewährt, kann verhindert werden, dass sich die Lebenspartner unbesonnen auseinanderleben, und ermöglicht es eher, dass die Partner wieder zusammenfinden. Dies ist darauf zurückzuführen, dass jeder Lebenspartner auch bei Getrenntleben ein Leben auf ähnlichem Niveau wie während des Zusammenlebens weiterführen kann und somit kein so großer Bruch zwischen den Partnern entsteht. Außerdem wird so ein eventueller Groll des wirtschaftlich schwächeren Partners gegen den anderen Partner nicht weiter verstärkt.[1615] Bei Getrenntleben der PaCS-Partner kann ein Partner demgegenüber mit einem geringeren Unterhaltsanspruch abgefunden werden oder bei eigenem Einkommen – auch wenn dieses sehr niedrig ist – überhaupt keinen Unterhaltsanspruch haben. Dies kann eventuell die Kluft zwischen den zerstrittenen PaCS-Partnern noch vergrößern.

Andererseits machen die Unterschiede, die bei dem Vergleich der Unterhaltspflichten zu Tage getreten sind, deutlich, dass die Bindungen der Lebenspartner aneinander viel stärker sind als die von PaCS-Partnern.

Der unterschiedlich starke Wille des deutschen und des französischen Gesetzgebers, die Beziehung der Lebenspartner bzw. PaCS-Partner zu schützen und unterschiedlich starke Bindungen der Lebens- und PaCS-Partner aneinander zu erzeugen, lässt sich wiederum darauf zurückführen, dass beide Gesetzgeber mit der Einführung der Lebenspartnerschaft und dem PaCS unterschiedliche Ziele verfolgt haben. Während der deutsche Gesetzgeber beabsichtigte, mit dem Lebenspartnerschaftsgesetz eine Regelung für Homosexuelle nahe an denen für die Ehe zu schaffen, die die Lebenspartner wie Ehegatten aneinander bindet, wollte der französische Gesetzgeber mit dem PaCS allen nichtehelichen Lebensgemeinschaften – ganz gleich welchen Geschlechts – die Möglichkeit geben, sich aneinander zu binden, ohne sich jedoch so weitgehend wie bei Ehegatten zu verpflichten.[1616] Des-

[1615] Meyer/Mittelstädt, LPartG, S. 57.

[1616] Bericht Nr. 1097, eingereicht v. Jean-Pierre Michel bei der Ass. Nat. am 23.9.1998, S. 8.

wegen kommt den PaCS-Partnern durch die Normen zum PaCS nur ein ganz begrenzter Schutz[1617] durch minimale Unterhaltsansprüche zu, die nur in einer Notsituation greifen und nur auf das Notwendigste beschränkt sind.
Der Getrenntlebendenunterhalt aus § 12 LPartG gewährt Lebenspartnern einen weitgehenden Schutz. Für den Fall, dass ein Lebenspartner bedürftig ist, kann sich dieser Partner auf die Leistung eines Unterhalts durch den anderen Partner verlassen. Er braucht auch nicht zu befürchten, dass sein Lebensniveau nach der Trennung der Partner drastisch absinkt, denn das Maß des Unterhaltsanspruches richtet sich nach den Lebensverhältnissen während der Lebenspartnerschaft.
Da die gegenseitige materielle Unterstützungspflicht der PaCS-Partner untereinander gemäß Art. 515-4 Abs. 2 C.civ. nicht dazu dient, den Lebensstandard des finanziell schwächeren Partners nach der Trennung an das Lebensniveau während der Partnerschaft anzugleichen, kann dies demgegenüber bewirken, dass es zu einem abrupten Absinken des Lebensniveaus eines PaCS-Partners nach der Trennung kommen kann. Zwar erhält der wirtschaftlich schwächere PaCS-Partner in Bezug auf das Maß des Unterhaltsanspruches einen geringeren Schutz als ein Lebenspartner in dem entsprechenden Fall. Einem bedürftigen PaCS-Partner kommt aber zumindest dadurch ein verlässlicher und ausreichender Schutz zu, dass er sich im Falle seiner Bedürftigkeit auf einen Unterhaltsanspruch verlassen kann und nach der Trennung nicht auf einen Anspruch auf Sozialhilfe angewiesen ist.
Im Hinblick auf das Rechtsschutzbedürfnis eines finanziell von seinem PaCS-Partner abhängigen Partners ist aber zu beanstanden, dass die Übergangsfristen im französischen Recht von der Beendigungserklärung bis zur tatsächlichen Beendigung des PaCS weitaus kürzer bemessen sind als die von Lebenspartnern.[1618] Die Möglichkeit bei gegenseitigem Einvernehmen der PaCS-Partner, den PaCS sofort (Art. 515-7 Abs. 7 Nr. 1 C.civ.), und bei einseitigem Wunsch der Beendigung nach Ablauf einer dreimonatigen Frist (Art. 515-7 Abs. 7 Nr. 2 C.civ.) zu beenden, führt dazu, dass der Trennungsunterhalt nur einen kurzen Zeitraum gewährt wird. Die Zeitspanne von drei Monaten gewährt dem während des PaCS nicht berufstätigen PaCS-Partner nicht genügend Zeit, um eine neue Erwerbstätigkeit zu finden. Außerdem ist die Frist zu kurz bemessen, um sich auf das Leben ohne die Unterstützung des anderen einstellen zu können. Ein PaCS-Partner kann somit von dem anderen regelrecht „verstoßen“ werden. Diese kurze Beendigungsfrist bietet dem finanziell schwächeren PaCS-Partner keinen ausreichenden Schutz.

[1617] Bericht Nr. 1097, eingereicht v. Jean-Pierre Michel bei der Ass. Nat. am 23.9.1998, S. 8.
[1618] Während bei der Lebenspartnerschaft eine 18- oder 36-monatige Frist eingehalten werden muss, besteht bei PaCS-Partner entweder keine Frist oder eine Frist von drei Monaten.

## § 2 Vergleich der Unterhaltspflichten der Lebenspartner und PaCS-Partner untereinander nach der Beendigung von Lebenspartnerschaft und PaCS sowie der Schadensersatzpflichten wegen der Beendigung von Lebenspartnerschaft und PaCS

### I. Die Unterhaltspflicht der Lebenspartner nach Beendigung der Lebenspartnerschaft und die Schadensersatzpflicht wegen rechtsmissbräuchlicher Beendigung der Lebenspartnerschaft

#### 1. Der Unterhaltsanspruch nach Aufhebung der Lebenspartnerschaft

Aus Gründen der nachpartnerschaftlichen Solidarität kann ein Lebenspartner zur Gewährung von Unterhalt an den anderen verpflichtet sein, wenn der andere Lebenspartner nach Aufhebung der Lebenspartnerschaft nicht selbst für seinen Unterhalt sorgen kann (§ 16 Abs. 1 LPartG).[1619]

Für den nachpartnerschaftlichen Unterhaltsanspruch gilt allerdings nach § 16 Abs. 1 LPartG – wie bei Ehegatten, das Prinzip der Eigenverantwortlichkeit: Grundsätzlich ist jeder Partner nach Aufhebung der Lebenspartnerschaft gehalten, selbst für seinen Unterhalt zu sorgen.[1620]

##### a. Voraussetzungen des Unterhaltsanspruches

Voraussetzung des Unterhaltsanspruches aus § 16 LPartG ist die Bedürftigkeit des Anspruchsstellers und die Leistungsfähigkeit des Anspruchsgegners.

##### aa. Bedürftigkeit des Anspruchsstellers

Der Anspruch stellende Lebenspartner ist gemäß § 16 LPartG bedürftig, wenn er nicht selbst für sich sorgen kann, d.h. wenn der ehemalige Lebenspartner seinen Unterhalt nicht aus eigenem Vermögen oder eigenen Einkünften bestreiten kann.[1621]

##### aaa. Einkünfte aus der Anlage von Vermögen

Ein Unterhaltsanspruch ist ausgeschlossen, wenn der Anspruch stellende Partner über eigenes Vermögen verfügt, aus dessen Anlage oder Verwertung er sich selbst unterhalten kann.[1622] Dass § 16 LPartG in Bezug auf die Verwertung des eigenen Vermögens zur Befriedigung des Unterhaltsbedürfnisses schweigt und in § 16 LPartG ebenfalls nicht auf § 1577 Abs. 3 BGB verwiesen wird, der die Verwertung des Vermögensstammes im Eherecht regelt, ist unschädlich; denn es handelt sich um ein allgemeines Prinzip des Unterhaltsrechts, dass das Vermögen des

---

[1619] Rauscher, FamR, S. 509; Dorsel, RNotZ 2001, S. 151, 153; Detloff, NJW 2001, S. 2598, 2603; Weinreich, FuR 2001, S. 481, 483; v. Koppenfels-Spies, FPR 2003, S. 5, 9; Schwab, FamR, Rn. 902; Hk-LPartG/Kemper, § 16 LPartG, Rn. 7; Schlüter, FamR, Rn. 490.

[1620] Mayer, ZEV 2001, S. 169, 174; Palandt/Brudermüler, § 16 LPartG, Rn. 1; Schlüter, FamR, Rn. 490; Kaiser, JZ 2001, S. 617, 621.

[1621] Muscheler, LPartG, Rn. 261; Welling, RNotZ 2002, S. 249, 258; Schlüter, FamR, Rn. 490; Büttner, in: Schwab (Hrsg.), Die eingetragene Lebenspartnerschaft, S. 221, 235.

[1622] Hk-LPartG/Kemper, § 16 LPartG, Rn. 38.

Unterhaltsgläubigers berücksichtigt werden muss.[1623] Eigenes Vermögen ist für den eigenen Unterhaltsbedarf folglich grundsätzlich einzusetzen, bevor der ehemalige Lebenspartner in Anspruch genommen werden darf (§ 1577 Abs. 3 BGB).[1624] Gleichwohl ist einem unterhaltsbegehrenden Ex-Partner aus seinem Vermögen ein „Notgroschen" als Reserve für unvorgesehene Zwischenfälle zu belassen. Dieser „Notgroschen" darf allerdings den Betrag eines Monatsunterhalts nicht übersteigen.[1625] Darüber hinaus kann gemäß § 1577 Abs. 3 BGB von einer Verwertungspflicht abgesehen werden, wenn sie unwirtschaftlich und grob unbillig wäre. Dies ist unter Abwägung der beiderseitigen wirtschaftlichen Verhältnisse zu ermitteln; beispielsweise kann es nicht zumutbar sein, Familiengegenstände zu veräußern, die sich seit langer Zeit im Familienbesitz befinden.[1626]

**bbb. Einkünfte aus zumutbarer Erwerbstätigkeit**

Einkünfte aus einer zumutbaren Erwerbstätigkeit verhindern ebenfalls die Entstehung des Unterhaltsanspruches aus § 16 LPartG.[1627] Zur Bestimmung der Zumutbarkeit einer Erwerbstätigkeit werden – anders als im nachehelichen Unterhaltsrecht – nicht bestimmte Unterhaltstatbestände einzeln aufgezählt und durch eine positive Härteklausel (§ 1576 BGB) ergänzt, jenseits derer kein Unterhaltsanspruch besteht, sondern der Gesetzgeber hat sich einer Generalklausel bedient, nach der es für einen Unterhaltsanspruch pauschal darauf ankommt, ob der Lebenspartner nicht selbst für seinen Unterhalt sorgen kann.[1628]

Eine Erwerbstätigkeit kann von einem ehemaligen Lebenspartner nicht verlangt werden, wenn – entgegen dem Leitbild einer beiderseitigen Erwerbstätigkeit der Lebenspartner – eine wirtschaftliche Abhängigkeit des einen Partners von dem anderen besteht.[1629] Tatbestände, die der Annahme der wirtschaftlichen Selbständigkeit von Lebenspartnern nach Aufhebung ihrer Partnerschaft entgegenstehen können, sind nach der Gesetzesbegründung allerdings nur in Ausnahmefällen zu erwarten.[1630]

Als Beispiele für Gründe, bei deren Vorliegen die Ausübung einer Erwerbstätigkeit einem Lebenspartner unzumutbar sein kann, werden das Alter, Krankheit oder ein Gebrechen genannt. Dabei handelt es sich jedoch nicht um eine abschließende Aufzählung von Gründen, was durch das Wort „insbesondere" verdeutlichet

---

1623 Kaiser, JZ 2001, S. 617, 622; Muscheler, LPartG, Rn. 264; Hk-LPartG/Kemper, § 16 LPartG, Rn. 38.

1624 Muscheler, LPartG. Rn. 264.

1625 Büttner, in: Schwab (Hrsg.), Die eingetragene Lebenspartnerschaft, S. 221, 235; Hk-LPartG/Kemper, § 16 LPartG, Rn. 40.

1626 Hk-LPartG/Kemper, § 16 LPartG, Rn. 38.

1627 Schwab, FamR, Rn. 902; Hk-LPartG/Kemper, § 16 LPartG, Rn. 6.

1628 Mayer, ZEV 2001, S. 169, 174; Rauscher, FamR, S. 510; Meyer/Mittelstädt, LPartG, S. 63; Schlüter, FamR, Rn. 490; Schwab, FamR, Rn. 902; v. Koppenfels-Spies, FPR 2003, S. 5, 9; Welling, RNotZ 2002, S. 249, 258; Palandt/Brudermüller, § 16 LPartG, Rn. 2; Büttner, in: Schwab (Hrsg.), Die eingetragene Lebenspartnerschaft, S. 221, 230; Hk-LPartG/Kemper, § 16 LPartG, Rn. 6.

1629 Palandt/Brudermüller, § 16 LPartG, Rn. 2.

1630 BT-Drucks. 14/3751, S. 42.

wird.[1631] In Betracht kommen grundsätzlich alle Gründe, aus denen auch im Eherecht ein Anspruch auf Nachscheidungsunterhalt folgt.[1632]

**1) Unzumutbarkeit einer Erwerbstätigkeit wegen Betreuung eines Kindes**

Ein Betreuungsunterhalt ist mangels rechtlicher Zuordnung des Kindes zum anderen Lebenspartner prinzipiell ausgeschlossen.[1633] Unter bestimmten Umständen kann die Betreuung eines Kindes für die Beurteilung der Unzumutbarkeit einer eigenen Erwerbstätigkeit allerdings von Bedeutung sein, wenn ein Kind das Leben in der Lebenspartnerschaft in hohem Maße geprägt hat.[1634] Dabei kommen beispielsweise Fälle in Betracht, in denen sich der Betreuende eines nicht gemeinschaftlichen Kindes auf einen besonderen Vertrauenstatbestand berufen kann, den der Unterhaltspflichtige mitgeschaffen hat, z.B. wenn es sich um ein Pflegekind handelt, dessen Aufnahme in die Lebenspartnerschaft auf einer gemeinsamen Entscheidung beruhte[1635], oder wenn ein Partner ein Kind adoptiert hat, das dann faktisch – wenn auch nicht rechtlich – Kind „der Lebenspartner" sein sollte.[1636]

**2) Unzumutbarkeit einer Erwerbstätigkeit wegen Alters, Krankheit oder Gebrechen**

Hohes Alter sowie Krankheit oder ein Gebrechen können ebenfalls Gründe für die Unzumutbarkeit einer eigenen Erwerbstätigkeit eines ehemaligen Lebenspartners sein. Hinsichtlich des Alters gelten für die Lebenspartnerschaft dieselben Maßstäbe, die für Ehegatten zu § 1571 BGB entwickelt worden sind, sodass die Altersgrenze in der Regel bei 65 Jahren liegt.[1637] In Bezug auf die Unzumutbarkeit einer eigenen Erwerbstätigkeit wegen Krankheit oder eines Gebrechens kann ebenso auf die Rechtsprechung zu § 1572 BGB zurückgegriffen werden.[1638] Danach ist eine Erwerbstätigkeit z.B. unzumutbar, wenn die Krankheit oder das Gebrechen zur Arbeitsunfähigkeit des Partners führt.[1639]

---

[1631] Detloff, NJW 2001, S. 2598, 2603; Rauscher, FamR, S. 509; v. Koppenfels-Spies, FPR 2003, S. 5, 9; Kaiser, JZ 2001, S. 618, 622; Muscheler, LPartG, Rn. 262; Dorsel, RNotZ 2001, S. 151, 153; Welling, RNotZ 2002, S. 249, 258.

[1632] Hk-LPartG/Kemper, § 16 LPartG, Rn. 6; Welling, RNotZ 2002, S. 249, 258.

[1633] Palandt/Brudermüller, § 16 LPartG, Rn. 6; Detloff, NJW 2001, S. 2598, 2603; Kaiser, JZ 2001, S. 617, 622.

[1634] Kemper, FPR 2001, S. 449, 456; Weinreich, FuR 2001, S. 481, 483; Büttner, in: Schwab (Hrsg.), Die eingetragene Lebenspartnerschaft, S. 221, 232.

[1635] Welling, RNotZ 2002, S. 249, 259. Brudermüller, in: Palandt/Brudermüller, § 16 LPartG, Rn. 6, stützt den Anspruch auf § 1570 BGB analog. Für Ehegatten wird ein Unterhaltsanspruch wegen Betreuung eines Pflegekindes gemäß § 1576 BGB zugebilligt: BGH, FamRZ 1984, S. 361; OLG Hamm, FamRZ 1996, S. 1417; vgl. auch: OLG Düsseldorf, FamRZ 1999, S. 1274.

[1636] Kemper, FPR 2001, S. 449, 456; v. Koppenfels-Spies, FPR 2003, S. 5, 9.

[1637] Büttner, in: Schwab (Hrsg.), Die eingetragene Lebenspartnerschaft, S. 221, 232; Palandt/Brudermüller, § 16 LPartG, Rn. 7.

[1638] Palandt/Brudermüller, § 16 LPartG, Rn. 6; Büttner, in: Schwab (Hrsg.), Die eingetragene Lebenspartnerschaft, S. 221, 233.

[1639] Hk-LPartG/Kemper, § 16 LPartG, Rn. 18.

### 3) Unterhalt bis zur Erlangung einer angemessenen Erwerbstätigkeit

Ein Unterhaltsanspruch bis zur Erlangung einer angemessenen Erwerbstätigkeit – wie ihn § 1573 BGB für geschiedene Ehegatten vorsieht – besteht bei der Lebenspartnerschaft grundsätzlich nicht.[1640] Da auch § 1574 Abs. 2 BGB, der eine Definition einer angemessenen Erwerbstätigkeit enthält, bei der Lebenspartnerschaft keine entsprechende Anwendung findet, kann sich der bedürftige Partner nicht darauf berufen, nur eine nach den partnerschaftlichen Lebensverhältnissen angemessene Tätigkeit auszuüben.[1641] Einem Krankenpfleger, der 20 Jahre lang mit dem Chefarzt zusammengewohnt hat, ist es beispielsweise zuzumuten, wieder als Krankenpfleger zu arbeiten.[1642] Aus Billigkeitsgründen ist der ehemalige Lebenspartner allerdings nur gehalten, eine Erwerbstätigkeit anzunehmen, die ihm nach seinen persönlichen Verhältnissen, d.h. nach seiner Ausbildung, seinen Fähigkeiten, dem Lebensalter und dem Gesundheitszustand zumutbar ist.[1643] Ist eine Erwerbstätigkeit dem ehemaligen Lebenspartner nach den persönlichen Verhältnissen nicht zumutbar und kann er deswegen von dem anderen nachpartnerschaftlichen Unterhalt verlangen, dann müssen zur Vermeidung einer Besserstellung von Lebenspartnern gegenüber Ehegatten ebenfalls die Einschränkungen des § 1573 Abs. 4 und 5 BGB entsprechend angewandt werden.[1644] Danach kann der Unterhaltsanspruch bis zur Erlangung einer nach den persönlichen Verhältnissen angemessenen Erwerbstätigkeit zeitlich begrenzt werden.

### 4) Unzumutbarkeit einer Erwerbstätigkeit wegen Aus-, Fortbildung oder Umschulung

Eine Erwerbstätigkeit kann von dem früheren Lebenspartner auch dann nicht erwartet werden, wenn er sich in einer Aus- oder Fortbildung befindet, die er ursprünglich wegen der Eingehung der Lebenspartnerschaft nicht aufgenommen oder abgebrochen hatte.[1645] Die Aus- oder Fortbildung muss allerdings erwarten lassen, dass durch den erlernten Beruf der Unterhalt nachhaltig gesichert ist.[1646]

### 5) Einsatzzeitpunkte

Während bei der Ehe ein nachehelicher Unterhaltsanspruch nur besteht, wenn die Voraussetzungen eines der Unterhaltstatbestände in bestimmten gesetzlich festge-

---

[1640] Detloff, NJW 2001, S. 2598, 2603; Meyer/Mittelstädt, LPartG, S. 63; Grziwotz, DNotZ 2001, S. 280, 296; Palandt/Brudermüller, § 16 LPartG, Rn. 7; Kaiser, JZ 2001, S. 618, 622; Muscheler, LPartG, Rn. 262; a.A. Hk-LPartG/Kemper, § 16 Rn. 8.

[1641] Grziwotz, DNotZ 2001, S. 280, 296; Welling, RNotZ 2002, S. 249, 259; Kaiser, JZ 2001, S. 617, 622; a.A. Hk-LPartG/Kemper, § 16 Rn. 8.

[1642] A.A. Hk-LPartG/Kemper, § 16 Rn. 10.

[1643] Palandt/Brudermüller, § 16 LPartG, Rn. 7; Büttner, in: Schwab (Hrsg.), Die eingetragene Lebenspartnerschaft, S. 221, 233; Welling, RNotZ 2002, S. 249, 259; Grziwotz, DNotZ 2001, S. 280, 296; a.A. Kaiser, JZ 2001, S. 617, 622, nach der ein Lebenspartner auch eine Erwerbstätigkeit annehmen muss, die nicht seiner Ausbildung entspricht.

[1644] Büttner, in: Schwab (Hrsg.), Die eingetragene Lebenspartnerschaft, S. 221, 233; Palandt/Brudermüller, § 16 LPartG, Rn. 7.

[1645] Schlüter, FamR, Rn. 490; Kemper, FPR 2001, S. 449, 456; Kaiser, JZ 2001, S. 617, 622.

[1646] Hk-LPartG/Kemper, § 16 LPartG, Rn. 21.

setzten Zeitpunkten, wie z.B. im Zeitpunkt der Scheidung, vorliegen, sieht § 16 LPartG keine Einsatzzeitpunkte für den nachpartnerschaftlichen Unterhaltsanspruch vor.[1647]

Daraus wird von einigen geschlossen, dass kein zeitlicher Zusammenhang zwischen der Aufhebung der Lebenspartnerschaft und der Bedürftigkeit des Anspruchstellers bestehen muss.[1648] Ein nachpartnerschaftlicher Unterhaltsanspruch könne auch noch geltend gemacht werden, wenn der ehemalige Lebenspartner zehn Jahre nach Aufhebung der Lebenspartnerschaft so krank werde, dass eine Erwerbstätigkeit von ihm nicht mehr erwartet werden könne.[1649]

Von anderen wird als Einsatzzeitpunkt der Zeitpunkt der Auflösung der Lebenspartnerschaft verlangt.[1650] Dies wird damit begründet, dass nachpartnerschaftliche Unterhaltsansprüche nur den Charakter von ausnahmsweise eingreifenden Billigkeitsnormen hätten.[1651] Deswegen könne im nachpartnerschaftlichen Unterhaltsrecht nicht mehr gewährt werden als im nachehelichen Unterhaltsrecht, bei dem eine nacheheliche Unterhaltspflicht gerade nicht nach zehn Jahren wieder aufleben könne.[1652]

Eine nachpartnerschaftliche Unterhaltspflicht – unabhängig von dem Zeitpunkt der Beendigung der Lebenspartnerschaft – die vollkommen unkontrollierbar in nicht absehbarer Zeit wieder aufleben kann, stellt eine solche Privilegierung der Lebenspartnerschaft gegenüber der Ehe dar, dass sie nicht dem Willen des Gesetzgebers entsprechen kann. Der Gesetzgeber wollte die Lebenspartnerschaft der Ehe gerade nicht völlig gleichstellen oder sie gar gegenüber der Ehe bevorzugen. Im Rahmen einer wertausfüllenden Auslegung ist davon auszugehen, dass ein nachpartnerschaftlicher Unterhaltsanspruch auch ohne Erwähnung bestimmter Einsatzzeitpunkte nicht weitergehender als im nachehelichen Unterhaltsrecht gewährt werden soll. Ein nachpartnerschaftlicher Unterhaltsanspruch kann somit nur zugebilligt werden, wenn die Voraussetzungen des § 16 LPartG im Zeitpunkt der Aufhebung der Lebenspartnerschaft gegeben sind.

---

1647 Battes, FuR 2002, S. 113, 118; Welling, RNotZ 2002, S. 249, 259; Mayer, ZEV 2001, S. 169, 174; Palandt/Brudermüller, § 16 LPartG, Rn. 2; Meyer/Mittelstädt, LPartG, S. 63; Büttner, in: Schwab (Hrsg.), Die eingetragene Lebenspartnerschaft, S. 221, 231; Schwab, FamRZ 2001, S. 385, 392; Rauscher, FamR, S. 510; Weinreich, FuR 2001, S. 481, 483; Muscheler, LPartG, Rn. 262.

1648 Muscheler, LPartG, Rn. 262; so auch Schwab, FamRZ 2001, S. 385, 392, jedoch kritisch dazu.

1649 Schwab, FamRZ 2001, S. 385, 392; Muscheler, LPartG, Rn. 262.

1650 Weinreich, FuR 2001, S. 481, 484; Büttner, in: Schwab (Hrsg.), Die eingetragene Lebenspartnerschaft, S. 221, 231; Rauscher, FamR, S. 509.

1651 Büttner, in: Schwab (Hrsg.), Die eingetragene Lebenspartnerschaft, S. 221, 231; Rauscher, FamR, S. 509; Weinreich, FuR 2001, S. 481, 484.

1652 Meyer/Mittelstädt, LPartG, S. 63; Palandt/Brudermüller, § 16 LPartG, Rn. 2; Weinreich, FuR 2001, S. 481, 484; Büttner, in: Schwab (Hrsg.), Die eingetragene Lebenspartnerschaft, S. 221, 231.

**6) Aufstockungsunterhalt**

In § 16 LPartG wird nicht auf § 1573 Abs. 2 BGB Bezug genommen, sodass kein Anspruch auf Aufstockungsunterhalt bestehen kann.[1653] § 16 LPartG entfällt bereits als Anspruchsgrundlage, wenn eine Erwerbstätigkeit ausgeübt wird, da diese Vorschrift nur in Betracht kommt, „soweit und solange" eine Erwerbstätigkeit nicht erwartet werden kann.[1654] Ist einem ehemaligen Lebenspartner eine eigene Erwerbstätigkeit zumutbar, liegt sein Einkommen aber weit unterhalb eines hypothetischen Unterhaltsanspruches, steht ihm folglich kein Anspruch auf Unterhalt in Höhe der Differenz zu.

**bb. Leistungsfähigkeit des Anspruchsgegners**

Weitere Voraussetzung des Unterhaltsanspruches aus § 16 LPartG ist die Leistungsfähigkeit des Anspruchsgegners (§ 16 Abs. 2 LPartG i.V.m. § 1581 BGB).[1655] Ihm muss der Betrag belassen werden, dessen er zur Deckung des eigenen Unterhalts bedarf.[1656]

**b. Umfang des Unterhaltsanspruches**

**aa. Lebensbedarf**

Die Unterhaltspflicht umfasst den gesamten Lebensbedarf des Berechtigten (§ 16 Abs. 2 S. 2 LPartG i.V.m. § 1578 Abs. 1 S. 4 BGB).[1657] Zum gesamten Lebensbedarf gehören die allgemeinen Ausgaben für Essen, Kleidung, Wohnung, etc.[1658] Durch die Verweisung auf § 1578 Abs. 2 BGB gehören zum Lebensbedarf ebenfalls die Kosten einer angemessenen Krankenversicherung[1659] sowie die Kosten einer Alters- und Invalidenversicherung (§ 16 Abs. 2 S. 2 LPartG i.V.m. § 1578 Abs. 3 BGB).[1660] Der nachpartnerschaftliche Unterhaltsanspruch kann unter Umständen sogar weiter gehen als der nacheheliche Unterhaltsanspruch, da im Eherecht nur für bestimmte Unterhaltstatbeständen, wie z.B. die §§ 1570 bis 1573 sowie für § 1576 BGB, ein Altersvorsorgeunterhalt besteht.[1661]

---

1653 Mayer, ZEV 2001, S. 169, 174; Muscheler, LPartG, Rn. 262; Welling, RNotZ 2002, S. 249, 259; Büttner, in: Schwab (Hrsg.), Die eingetragene Lebenspartnerschaft, S. 221, 234; Weinreich, FuR 2001, S. 481, 483; Palandt/Brudermüller, § 16 LPartG, Rn. 8.

1654 Welling, RNotZ 2002, S. 249, 259; Palandt/Brudermüller, § 16 LPartG, Rn. 8; Büttner, in: Schwab (Hrsg.), Die eingetragene Lebenspartnerschaft, S. 221, 234.

1655 Muscheler, LPartG, Rn. 262; Schlüter, FamR, Rn. 490; Palandt/Brudermüller, § 16 LPartG, Rn. 10; Kaiser, JZ 2001, S. 617, 621.

1656 Schlüter, FamR, Rn. 490; Palandt/Brudermüller, § 16 LPartG, Rn. 10.

1657 Schwab, FamRZ 2001, S. 385, 392; Welling, RNotZ 2002, S. 249, 259; Hk-LPartG/Kemper, § 16 LPartG, Rn. 46.

1658 Hk-LPartG/Kemper, § 16 LPartG, Rn. 46.

1659 Schwab, FamRZ 2001, S. 385, 392; Hk-LPartG/Kemper, § 16 LPartG, Rn. 62.

1660 Weinreich, FuR 2001, S. 481, 483; Palandt/Brudermüller, § 16 LPartG, Rn. 9; Hk-LPartG/Kemper, § 16 LPartG, Rn. 65; Welling, RNotZ 2002, S. 249, 260; Schwab, FamRZ 2001, S. 385, 392; Büttner, in: Schwab (Hrsg.), Die eingetragene Lebenspartnerschaft, S. 221, 234.

1661 Palandt/Brudermüller, § 16 LPartG, Rn. 10; Büttner, in: Schwab (Hrsg.), Die eingetragene Lebenspartnerschaft, S. 221, 234. Im Eherecht besteht gemäß § 1578 Abs. 3 BGB kein Alters-

**bb. Maß des Unterhaltsanspruches**

Das Maß des Unterhaltsanspruches richtet sich gemäß § 16 Abs. 1 LPartG grundsätzlich nach den Lebensverhältnissen während der Lebenspartnerschaft.[1662] Gemäß § 16 LPartG i.V.m. § 1578 Abs. 1 S. 2, 1. Hs. BGB kann die Bemessung des Unterhaltsanspruches nach den partnerschaftlichen Lebensverhältnissen zeitlich begrenzt und danach auf den angemessenen Lebensbedarf abgestellt werden.[1663] Dies gilt insbesondere, wenn die andauernde Bemessung des Unterhaltsanspruches nach den lebenspartnerschaftlichen Lebensverhältnissen unter Berücksichtigung der Dauer der Partnerschaft sowie der Gestaltung der Haushaltsführung und Erwerbstätigkeit unbillig wäre.[1664]

**dd. Art der Unterhaltsgewährung**

Der nachpartnerschaftliche Unterhalt ist durch Zahlung einer monatlichen Geldrente zu gewähren (§ 16 Abs. 2 LPartG i.V.m. § 1585 BGB).[1665]

**c. Billigkeitskorrektur**

Durch die Verweisung in § 16 Abs. 2 LPartG auf § 1579 BGB kann ein nachpartnerschaftlicher Unterhaltsanspruch auch versagt, herabgesetzt oder zeitlich begrenzt werden, wenn einer der in § 1579 Nr. 1-7 BGB aufgezählten Tatbestände vorliegt.[1666]

Soweit die Bindungen zwischen den Lebenspartnern mit denen zwischen Ehegatten vergleichbar sind, können die zum ehelichen Unterhalt entwickelten Kriterien herangezogen werden.[1667] So wird beispielsweise die Frage, ob sich der Berechtigte mit seinem Verhalten über schwerwiegende Vermögensinteressen des Verpflichteten hinweggesetzt hat, für die Lebenspartnerschaft nicht anders zu beurteilen sein.[1668] Beim Tatbestand des § 1579 Nr. 6 BGB kommt es bei der Beurteilung des Merkmals eines offensichtlich schwerwiegenden, eindeutig bei einem Lebenspartner liegenden Fehlverhaltens gegenüber dem Verpflichteten darauf an, ob bei der Lebenspartnerschaft eine Verpflichtung zu einer exklusiven Sexualität

---

vorsorgeunterhalt für die Unterhaltstatbestände der Arbeitslosigkeit des § 1574 BGB oder bei Aus-, Fortbildung oder Umschulung nach § 1575 BGB.

1662 Schlüter, FamR, Rn. 490; Schwab, FamRZ 2001, S. 385, 392; Schwab, FamR, Rn. 903; Kaiser, JZ 2001, S. 618, 621; Büttner, in: Schwab (Hrsg.), Die eingetragene Lebenspartnerschaft, S. 221, 234; Weinreich, FuR 2001, S. 481, 483; Palandt/Brudermüller, § 16 LPartG, Rn. 9.

1663 Schwab, FamRZ, 2001, S. 385, 392.

1664 Hk-LPartG/Kemper, § 16 LPartG, Rn. 53; Büttner, in: Schwab (Hrsg.), Die eingetragene Lebenspartnerschaft, S. 221, 235; Schwab, FamRZ 2001, S. 385, 392.

1665 Kaiser, JZ 2001, S. 617, 621.

1666 Rauscher, FamR, S. 510; Büttner, in: Schwab (Hrsg.), Die eingetragene Lebenspartnerschaft, S. 221, 236; Schlüter, FamR, Rn. 490; Schwab, FamR, Rn. 903; Welling, RNotZ 2002, S. 249, 260.

1667 Palandt/Brudermüller, § 16 LPartG, Rn. 11; Büttner, in: Schwab (Hrsg.), Die eingetragene Lebenspartnerschaft, S. 221, 237.

1668 Büttner, in: Schwab (Hrsg.), Die eingetragene Lebenspartnerschaft, S. 221, 236.

angenommen wird.[1669] Grundsätzlich besteht zwar auch unter Lebenspartnern eine Treuepflicht[1670], jedoch wird man nicht von einem schwerwiegenden Fehlverhalten sprechen können, wenn den Partnern klar war und sie es hingenommen haben, dass sexuelle Kontakte auch zu anderen Personen aufgenommen werden würden.[1671]
Ob ein anderer, ebenso schwerwiegender Grund nach § 1579 Nr. 7 BGB vorliegt, wird bei Lebenspartnern im Einzelfall entschieden werden. Bei Ehegatten wird beispielsweise ein solcher ebenso schwerwiegender Grund angenommen, wenn ein ehemaliger Ehegatte fest mit einem neuen Partner zusammenwohnt.[1672] Bei gleichgeschlechtlichen Lebenspartnern wird es darauf ankommen, wie sich das Zusammenleben mit einem neuen Lebenspartner unter Zumutbarkeitsgesichtspunkten für den Verpflichteten auswirkt. Die Rechtsprechung zur objektiven Verwirkung bei zwei- bis dreijährigem festen Zusammenleben mit einem neuen Partner bei Ehegatten[1673] wird man auch auf den nachpartnerschaftlichen Unterhalt anwenden müssen.[1674]

### d. Vertragliche Regelung entsprechend § 1585 c BGB

Die nachpartnerschaftliche Unterhaltspflicht steht gemäß § 16 Abs. 2 S. 2 LPartG i.V.m. § 1585 c BGB zur Disposition der Lebenspartner.[1675] Auf den nachpartnerschaftlichen Unterhaltsanspruch kann folglich – im Gegensatz zum Unterhalt während der Lebenspartnerschaft gemäß § 5 LPartG und zum Getrenntlebendenunterhalt gemäß § 12 LPartG – wirksam verzichtet werden.[1676] Allerdings müssen dabei die Grenzen der Privatautonomie beachtet werden, die das BVerfG[1677] im Hinblick auf § 1585 c BGB entwickelt hat.[1678] Danach kann grundsätzlich nicht wirksam auf nachehelichen Unterhalt verzichtet werden, wenn § 138 BGB dem entgegensteht, z.B. wenn die Vereinbarung zu Lasten des Sozialhilfeträgers geschlossen wird.[1679]
Eine Verzichtsabrede ist gemäß § 1585 c BGB grundsätzlich formfrei möglich.[1680] Erfolgt die Vereinbarung über den Ausschluss des Aufhebungsunterhalts in Ver-

---

[1669] Ablehnend: Schwab, FamRZ 2001, S. 385, 390.
[1670] Hk-LPartG/Kemper, § 2 LPartG, Rn. 16.
[1671] Büttner, in: Schwab (Hrsg.), Die eingetragene Lebenspartnerschaft, S. 221, 237.
[1672] BGH FamRZ 1995, S. 540, 542; dazu Büttner, FamRZ 1996, S. 136, 140.
[1673] BGH FamRZ 1995, S. 540, 542; dazu Büttner, FamRZ 1996, S. 136, 140.
[1674] Palandt/Brudermüller, § 16 LPartG, Rn. 11; Büttner, in: Schwab (Hrsg.), Die eingetragene Lebenspartnerschaft, S. 221, 237.
[1675] Schwab, FamR, Rn. 904; Welling, RNotZ 2002, S. 249, 260; Büttner, in: Schwab (Hrsg.), Die eingetragene Lebenspartnerschaft, S. 221, 237.
[1676] Epple, BWNotZ 2001, S. 44, 46; Schwab, FamR, Rn. 902; Büttner, in: Schwab (Hrsg.), Die eingetragene Lebenspartnerschaft, S. 221, 238.
[1677] BVerfG, FamRZ 2001, S. 343 = NJW 2001, S. 957; Trimbach, NJ 2001, S. 399, 401; BVerfG FamRZ 2001, S. 343 = NJW 2001, S. 957; Niepmann, MDR 2001, S. 601.
[1678] Trimbach, NJ 2001, S. 399, 401.
[1679] Welling, RNotZ 2002, S. 249, 260; Müller, DNotZ 2001, S. 581, 585.
[1680] Dorsel, RNotZ 2001, S. 151, 153; Kaiser, JZ 2001, S. 618, 621; Müller, DNotZ 2001, S. 581, 585; Büttner, in: Schwab (Hrsg.), Die eingetragene Lebenspartnerschaft, S. 221, 237.

bindung mit vermögensrechtlichen Bestimmungen im Lebenspartnerschaftsvertrag, greift wegen des Regelungszusammenhangs insoweit die Form des § 7 Abs. 1 S. 2 LPartG, d.h. es ist die notarielle Beurkundung des Vertrages erforderlich.[1681]

**e. Erlöschen des Unterhaltsanspruches**

Der nachpartnerschaftliche Unterhaltsanspruch erlischt, wenn der Berechtigte eine Ehe eingeht oder eine neue Lebenspartnerschaft begründet (§ 16 Abs. 2 S. 1 LPartG).[1682] Der Tatbestand des Wiederauflebens des Unterhaltsanspruches gemäß § 1586 a BGB findet allerdings für die Lebenspartnerschaft keine Anwendung.[1683]

**f. Rangfolge der Unterhaltsberechtigten**

Abweichend vom nachehelichen Unterhalt ist das Rangverhältnis gelöst.[1684] Der unterhaltspflichtige Partner haftet grundsätzlich im Rang vor den Verwandten des bedürftigen Partners (§ 16 Abs. 2 S. 2 LPartG i.V.m. § 1584 S. 1 BGB).[1685]

Hat der Verpflichtete außer seinem geschiedenen Ehegatten noch anderen Personen Unterhalt zu leisten, geht der frühere Lebenspartner einem neuen Lebenspartner und den übrigen Verwandten im Sinne des § 1609 Abs. 2 BGB vor (§ 16 Abs. 3, 1. Hs. LPartG).[1686] Andere Unterhaltsberechtigte, insbesondere minderjährige Kinder und geschiedene oder neue Ehegatten, rangieren jedoch vor dem ehemaligen Lebenspartner (§ 16 Abs. 3 LPartG).[1687]

**2. Schadensersatzanspruch wegen rechtsmissbräuchlicher Beendigung der Lebenspartnerschaft oder wegen Verletzung des räumlich-gegenständlichen Bereichs der Lebenspartnerschaft**

Ein Schadensersatzanspruch dafür, dass eine Person von ihrem ehemaligen eingetragenen Lebenspartner in einer bedürftigen Lage verlassen wurde, die dieser mitverursacht hatte, ist im deutschen Deliktsrecht nach den §§ 823 ff. BGB nicht vorgesehen; dafür steht dem bedürftigen Lebenspartner – wie oben bereits erläutert – ein nachpartnerschaftlicher Unterhaltsanspruch gemäß § 16 LPartG zu.

Ein Schadensersatzanspruch aus § 823 Abs. 1 BGB gegen den Lebenspartnerschaftsbrecher und untreuen eingetragenen Lebenspartner wegen Verletzung der lebenspartnerschaftlichen Gemeinschaft oder eines Rechts auf ungestörtes Leben in der eingetragenen Lebenspartnerschaft ist abzulehnen.[1688] Ein solcher Schadens-

---

[1681] Müller, DNotZ 2001, S. 581, 585; Dorsel, RNotZ 2001, S. 151, 153; Kaiser, JZ 2001, S. 618, 621.

[1682] Schlüter, FamR, Rn. 491; Palandt/Brudermüller, § 16 LPartG, Rn. 14; Hk-LPartG/Kemper, § 16 LPartG, Rn. 166; Dorsel, RNotZ 2001, S. 151, 153; Schwab, FamR, Rn. 904; Büttner, in: Schwab (Hrsg.), Die eingetragene Lebenspartnerschaft, S. 221, 238.

[1683] Dorsel, RNotZ 2001, S. 151, 153; Hk-LPartG/Kemper, § 16 LPartG, Rn. 168.

[1684] Rauscher, FamR, S. 510.

[1685] Mayer, ZEV 2001, S. 169, 174; Schwab, FamR, Rn. 903.

[1686] Rauscher, FamR, S. 510; Dorsel, RNotZ 2001, S. 151, 153; Schwab, FamR, Rn. 903.

[1687] Dazu der Bericht des Rechtsausschusses: BT-Drucks. 14/4550, S. 18; Schwab, FamR, Rn. 903; Rauscher, FamR, S. 510; Dorsel, RNotZ 2001, S. 151, 153.

[1688] So auch: Wellenhofer-Klein, Die eingetragene Lebenspartnerschaft, S. 58; a.A. Hk-LPartG/Kemper, § 2 LPartG, Rn. 20.

ersatzanspruch wird vom BGH bereits für Ehegatten mit dem Argument verneint, dass der Bereich der Ehestörungen nicht dem deliktischen Rechtsgüterschutz zuzuordnen sei, weil er im Wesentlichen einen inneren Vorgang darstelle.[1689] Außerdem hat der BGH die Ablehnung von Ersatzansprüchen aus Delikt damit begründet, dass das Familienrecht die vermögensrechtlichen Folgen der Ehe abschließend regele.[1690] Da es sich bei der eingetragenen Lebenspartnerschaft um ein der Ehe sehr ähnliches familienrechtliches Institut handelt, kann hier nichts anderes gelten. Der BGH gewährt bei der Störung des „räumlich-gegenstandlichen Bereichs der Ehe“ Ansprüche aus § 823 Abs. 1 BGB auf Unterlassung und Beseitigung sowohl gegen den Ehegatten als auch gegen den Dritten.[1691] Diese Rechtsprechung ist allerdings nicht auf die Lebenspartnerschaft übertragbar, denn bei der Ehe lässt sich diese Rechtsprechung auf den besonderen Schutz der Ehe in Art. 6 Abs. 1 GG zurückführen.[1692] Außerdem besteht bei der eingetragenen Lebenspartnerschaft keine Pflicht zur lebenspartnerschaftlichen Treue.[1693]

Ein eingetragener Lebenspartner kann allerdings einen Schadensersatzanspruch aus § 826 BGB wegen sittenwidriger vorsätzlicher Schädigung gegen seinen eingetragenen Lebenspartner haben, wenn zur Störung der eingetragenen Lebenspartnerschaft ein weiteres sittenwidriges Verhalten des eingetragenen Lebenspartners hinzutritt. Bei Ehegatten wurde beispielsweise vom BGH dem arglosen Ehegatten gemäß § 826 BGB ein Ersatzanspruch für den verauslagten Unterhalt für sein vermeintliches Kind gewährt, weil seine Ehefrau ihn arglistig über die Abstammung des im Ehebruch erzeugten Kindes getäuscht hatte.[1694]

Fälle der arglistigen Täuschung und der bewussten sittenwidrigen Schädigung sind auch bei eingetragenen Lebenspartnern möglich und können zu einem Schadensersatzanspruch aus § 826 BGB führen.

---

[1689] BGHZ 23, 279; BGHZ 2, 222; BGH 57, 229; BGHZ 80, 235; Palandt/Thomas, § 823 BGB, Rn. 18; a.A. Gernhuber/Coester-Waltjen, FamR, § 17 III; Staudinger/Hübner/Voppel, § 1353 BGB, Rn. 116 ff.; Müko/Wacke, § 1353, Rn. 40.

[1690] BGHZ 23, 215 ff.

[1691] BGHZ 6, 0, 5 f.; BGHZ 34, 80 ff.

[1692] So auch: Wellenhofer-Klein, Die eingetragene Lebenspartnerschaft, S. 58; a.A. Hk-LPartG/Kemper, § 2 LPartG, Rn. 20.

[1693] Siehe oben: 1. Teil, § 3, III., 2., b.

[1694] NJW 1990, 706.

## II. Die Unterhaltspflicht der PaCS-Partner nach Beendigung des PaCS und die Schadensersatzpflicht wegen rechtsmissbräuchlicher Beendigung des PaCS

### 1. Der Unterhaltsanspruch und der Anspruch auf Ausgleichszahlung nach der Beendigung des PaCS

#### a. Gesetzlicher Unterhalts- oder Ausgleichsanspruch[1695]

Einen gesetzlichen Unterhaltsanspruch (pension alimentaire) wie beim Eherecht gibt es nach der Aufhebung des PaCS nicht.[1696] Ein ehemaliger PaCS-Partner, der sich nach der Beendigung des PaCS in einer bedürftigen Lage befindet, hat somit keinen Unterhaltsanspruch gegen seinen ehemaligen Partner.[1697] Haben die PaCS-Partner gemeinsame Kinder, so stehen zwar den Kindern Unterhaltsansprüche zu, nicht aber dem verlassenen Partner.[1698]

Es gibt nach der Beendigung des PaCS ebenfalls keinen Anspruch auf Ausgleichszahlung (prestation compensatoire).[1699] Der Partner, der den PaCS beendet, ist somit nicht verpflichtet, eine durch das Ende des PaCS bei dem verlassenen Partner etwaig eintretende Absenkung des Lebensstandards durch die Zahlung eines Geldbetrages zu kompensieren, so wie es Art. 270 C.civ. für Ehegatten in bestimmten Scheidungsfällen vorsieht.[1700]

---

[1695] Ein Ausgleichsanspruch (prestation compensatoire) kann dem unschuldig geschiedenen Ehegatten im französischen Recht nach einer Scheidung zustehen. Dieser Anspruch dient dazu eventuelle, durch die Scheidung bedingte Einbußen im Lebensniveau dieses ehemaligen Ehepartners auszugleichen. Dieser Ausgleichsanspruch hat nichts mit einem Anspruch auf Zugewinnausgleich zu tun; er dient vielmehr der Entschädigung eines ehemaligen Ehegatten für die Scheidung.

[1696] Dopffel/Kötz/Scherpe, in: Basedow/Hopt/Kötz/Dopffel (Hrsg.), Die Rechtstellung gleichgeschlechtlicher Lebensgemeinschaften, S. 394, 401; Bénabent, Droit civil, La famille, S. 282; Vivier, Le PaCS, S. 143; Molas, Dr. et partimoine 2000, Nr. 81, S. 87, 90.
Änderungsanträge zur Einführung einer „prestation compensatoire“ in das Gesetz zum PaCS, die während der Parlamentsdebatten bei der Entstehung des PaCS eingereicht wurden, sind alle abgelehnt worden (J.O. déb. Ass. Nat. v. 1.12.1998, S. 9872-9873).

[1697] Exkurs: Ein nachpartnerschaftlicher Unterhaltsanspruch kann allerdings im PaCS-Vertrag vereinbart werden. Eine solche Klausel übt keinen Druck auf den Partner aus, der sich trennen möchte, denn dieser hat sich freiwillig zu einer Unterhaltszahlung verpflichtet – ganz unabhängig von der Beendigung des PaCS. Diese Unterhaltszahlung muss jedoch auf einen bestimmten Zeitraum begrenzt sein, denn es gilt eine ewige Verpflichtung zu vermeiden. Für die nichteheliche Lebensgemeinschaft: Cass. 1re civ., 3.6.1998: Defrénois 1998, S. 1385, Anm. Massip.

[1698] De Percin, Le PaCS, S. 64.

[1699] Das französische Recht kennt eine Unterhaltspflicht nur bei der Scheidung wegen Auseinanderbrechens der ehelichen Gemeinschaft gemäß Art. 282 C.civ, denn in diesem Fall besteht die finanzielle Beistandspflicht (devoir de secours) auch nach der Scheidung fort (Art. 281 C.civ.). In allen anderen Scheidungsfällen kann – zur Sicherung des Familienfriedens – lediglich ein Anspruch auf eine einmalige Zahlung einer Ausgleichssumme zugesprochen werden (Art. 270 C.civ.).

[1700] Exkurs: Nicht zulässig ist allerdings eine vertragliche Vereinbarung einer Ausgleichsleistung für den Fall der einseitigen Beendigung des PaCS, da sie einer Vertragsstrafe (clause pénale) für den Fall der einseitigen Beendigung des PaCS gleichkommt und insofern das dem PaCS

### b. Exkurs: Unterhaltsanspruch durch Selbstverpflichtung

Da hinsichtlich möglicher Ansprüche zwischen den ehemaligen PaCS-Partnern nach Beendigung des PaCS die Rechtsprechung zur nichtehelichen Lebensgemeinschaft in den entsprechenden Fällen heranzuziehen ist[1701], kann einem ehemaligen PaCS-Partner unter Umständen ein Unterhaltsanspruch zustehen, wenn sich der andere Partner selbst zu einer Unterhaltszahlung verpflichtet hat oder er aus bestimmten Gründen auf die Unterhaltszahlung vertrauen darf.[1702]

Einen PaCS-Partner, der die Partnerschaft beendet, trifft eine Naturalobligation (obligation naturelle), die unmittelbare Zukunft seines ehemaligen PaCS-Partners zu sichern.[1703] Diese Verantwortung des finanziell besser gestellten Partners für den existentiellen Schutz des anderen ist als eine unerlässliche Grundforderung gedeihlichen Zusammenlebens im französischen Recht anerkannt.[1704] Diese Naturalobligation ist zwar nicht im Klagewege durchsetzbar[1705], sie kann sich jedoch dann in einen rechtlich einklagbaren Anspruch (obligation civile) umwandeln, wenn sich z.B. ein PaCS-Partner schriftlich zur Zahlung von Unterhalt an den anderen

---

immanente Recht beeinträchtigt, ihn einseitig auflösen zu können. Die Anordnung einer solchen Vertragstrafe verstößt gegen den Grundsatz, dass Dauerschuldverhältnisse immer kündbar sein müssen (Lemouland, JCP éd. N 2000, Nr. 9, S. 406, 410; Molas, Dr. et partimoine 2000, Nr. 81, S. 87, 90; Bénabent, Droit civil, La famille, S. 282; Chanteloup/Fauré, Conclure un PaCS, S. 190).

Davon unberührt bleibt jedoch die Möglichkeit der Partner, im PaCS-Vertrag einen im Vorhinein bezifferten Schadensersatzanspruch für den Fall festzulegen, dass ein Partner seine Pflichten aus dem Vertrag nicht erfüllt, er sich z.B. weigert, mit dem anderen Partner zusammenzuwohnen, oder er seiner materielle Unterstützungspflicht nicht nachkommt (Vivier, Le PaCS, S. 33; Chanteloup/Fauré, Conclure un PaCS, S. 202). Dabei handelt es sich nämlich nicht um einen Schadensersatz wegen Beendigung des PaCS – wie bei einer Vertragsstrafe, die dazu dienen soll, eine Beendigung des PaCS zu verhindern – sondern um einen Ersatz des Schadens, der durch die Nichterfüllung von Vertragspflichten entstanden ist.

Bezüglich aller vertraglichen Vereinbarungen zur Höhe des Schadensersatzes enthält Art. 1152 Abs. 2 C.civ. die Bestimmung, dass der Richter von Amts wegen die Höhe des Betrages abändern kann, wenn sie von den Parteien offensichtlich zu hoch oder zu niedrig festgesetzt wurde (Carbonnier, Droit civil, La famille, S. 331; Chanteloup/Fauré, Conclure un PaCS, S. 202).

[1701] Vivier, Le PaCS, S. 144; Bénabent, Droit civil, La famille, S. 282.

[1702] Lécuyer, in: Jestaz (Hrsg.), Regards civilistes sur la loi du 15. Novembre 1999 relative au concubinage et au pacte civil de solidarité, S. 101, 107; Monteillet-Gefroy, JCP éd. N 2001, Nr. 15-16, S. 744, 748; Bénabent, Droit civil, La famille, S. 282; Vivier, Le PaCS, S. 143. Mangels rechtlicher Einordnung als Unterhaltsanspruch stellt die Verweigerung der Zahlung dieser Unterhaltsrente kein Delikt im Sinne des Art. 227-3 Abs. 1 C.pén. wegen Verlassens der Familie ohne Unterhaltsleistung dar (Vivier, Le PaCS, S. 143).

[1703] Für Lebensgefährten: Röttgen, Die Rechtsstellung der Lebensgefährten bei Beendigung der eheähnlichen Gemeinschaft im französischen Recht, S. 53; Ohlenburger-Bauer, Die eheähnliche Gemeinschaft in Deutschland und Frankreich, S. 75; CA Paris, 7.10.1954: D. 1955, S. 100 = RTD civ. 1955, S. 355, Anm. Mazeaud.

[1704] Röttgen, Die Rechtsstellung der Lebensgefährten bei Beendigung der eheähnlichen Gemeinschaft im französischen Recht, S. 53.

[1705] Ohlenburger-Bauer, Die eheähnliche Gemeinschaft in Deutschland und Frankreich, S. 75.

verpflichtet hat[1706], oder er freiwillig – auch über das Ende der Beziehung hinaus – Zahlungen vornimmt, die dann – wie eine ohne Vorbehalt gezahlte Weihnachtsgratifikation im Arbeitsrecht – ab einer bestimmten Dauer zu einer rechtlichen Verpflichtung erwächst, auf die der hinterlassene PaCS-Partner vertrauen darf.[1707]

### 2. Schadensersatzanspruch aus Art. 515-7 Abs. 8 a.E. i.V.m. 1382 C.civ. wegen rechtsmissbräuchlicher Beendigung des PaCS (rupture fautive)

Nach der Beendigung des PaCS bestehen zwar keine Unterhaltspflichten der PaCS-Partner untereinander. Der Gesetzgeber hat in Art. 515-7 Abs. 8 C.civ. allerdings festgelegt, dass einem PaCS-Partner eventuell ein Schadensersatzanspruch zugesprochen werden kann, wenn er durch die Beendigung des PaCS einen Schaden erlitten hat (Art. 515-7 Abs. 8 a.E.).[1708]

Zwar gehört die jederzeitige Möglichkeit, den PaCS einseitig beenden zu können, ohne ein Verschulden des anderen Partners beweisen zu müssen, auf Grund seines Charakters als Dauerschuldverhältnis zu den Grundprinzipien des PaCS.[1709] Dies bedeutet jedoch keinesfalls, dass demjenigen, dem das Ende des PaCS aufgezwungen wurde, nicht auch ein Ersatz des Schadens zustehen kann, den er durch die Beendigung des PaCS erlitten hat.[1710] Auch der Conseil Constitutionnel hat in seiner Entscheidung vom 9. November 1999 in dem Entscheidungsgrund Nr. 62 ausdrücklich festgelegt, dass einem PaCS-Partner ein verfassungsrechtlich abgesicherter Anspruch auf Schadensersatz nach Art. 1382 C.civ. zusteht, wenn der andere PaCS-Partner die Auflösung des PaCS zu vertreten hat.[1711]

---

1706 Vivier, Le PaCS, S. 143. Beispielsweise hat sich ein Lebensgefährte, der in einem Brief zugesagt hat, einen Teil der Lebenshaltungskosten seiner ehemaligen Freundin und ihrer Kinder für einen festgelegten Zeitraum in Form einer Rentenzahlung zu übernehmen, wirksam ver-pflichtet (Cass. 1re civ., 3.6.1998 : Defénois 1998, S. 1387; vgl. Muller, D. 1986, chron., S. 328, 331). Dabei ist unerheblich, dass die Höhe der eingegangenen Verbindlichkeit nicht schriftlich festgehalten wurde, solange der Wille des Partners eindeutig und ernsthaft aus dem Schriftstück hervorgeht (Pillebout, Le PaCS, S. 63; für nichteheliche Lebensgemeinschaften: Muller, D. 1986, chron., S. 328, 331).

1707 CA Paris, 19.1.1977: JCP éd. N 1978, II, S. 258; vgl. auch: Cass. 1re civ., 3.6.1998, Defrénois 1998, S. 1385, Anm. Massip; Muller, D. 1986, chron., S. 328, 331; Vivier, Le PaCS, S. 144; Bénabent, Droit civil, La famille, S. 282.

1708 Lemouland, Le Dalloz 1999, Nr. 43, S. 483, 485; Bericht Nr. 1482 v. Jean-Pierre Michel, eingereicht bei der Ass. Nat. am 24.3.1999, S. 16. Dieser Hinweis auf einen Schadensersatzanspruch wurde erst später durch einen Änderungsantrag in das Gesetz zum PaCS eingeführt (Ferrand, in: Basedow/Hopt/Kötz/Dopffel (Hrsg.), Die Rechtsstellung gleichgeschlechtlicher Lebensgemeinschaften, S. 113, 137).

1709 Lemouland, JCP éd. N 2000, Nr. 9, S. 409, 410; Bénabent, Droit civil, La famille, S. 278; Mécary, Droit et homosexualité, S. 184; Malaurie, Dr. famille 1999, Nr. hors série, S. 30, 31; Lemouland, Le Dalloz 1999, Nr. 43, S. 483, 485; Courbe, Droit de la famille, S. 249; Monteillet-Gefroy, JCP éd. N 2001, Nr. 15-16, S. 744, 748.

1710 Bericht Nr. 1482 v. Jean-Pierre Michel, eingereicht bei der Ass. Nat. am 24.3.1999, S. 16; Molas, Droit et Partimoine 2000, Nr. 81, S. 87, 90; Mécary, Droit et homosexualité, S. 184.

1711 CC 99-419 DC, v. 9.11.1999, Entscheidungsgrund Nr. 62, 70; Vauvillé, Dr. et patrimoine 2001, Nr. 91, S. 26, 27; Hauser, DEuFamR 2000, S. 29, 30; Ferrand, FamRZ 2000, S. 517, 523; Molas, Dr. et partimoine 2000, Nr. 81, S. 87, 90; Chanteloup/Fauré, Conclure un PaCS, S. 202.

Freilich handelt es sich bei diesem Anspruch aus Art. 1382 C.civ. nicht um einen Schadensersatzanspruch, der extra für den PaCS geschaffen wurde. Er hängt also nicht untrennbar mit dem PaCS zusammen wie ein Unterhalts- oder ein Ausgleichsanspruch mit dem Ehescheidungsrecht. Vielmehr handelt es sich um einen Verweis auf einen allgemeinen Schadensersatzanspruch aus unerlaubter Handlung, der jeder Person zusteht, die durch die pflichtwidrige Handlung einer anderen Person einen Schaden erlitten hat.[1712]
Der Schadensersatzanspruch aus Art. 1382 C.civ. kann – im Falle des Vorliegens seiner strengen Tatbestandsvoraussetzungen – gleichwohl eine Art Entschädigung für die Beendigung des PaCS darstellen. Unter Umständen kann er auch die Unterstützung in einer mittellosen Lage zur Folge haben. Aus diesem Grund kann dieser Schadensersatzanspruch in seiner praktischen Konsequenz einem Unterhaltsanspruch gleichkommen.

### a. Voraussetzungen des Schadensersatzanspruches

Voraussetzung eines Schadensersatzanspruches aus Art. 1382 C.civ. ist ein schuldhaftes Handeln des Anspruchsgegners (faute), ein Schaden des Anspruchsstellers und die Kausalität zwischen schuldhaftem Verhalten und dem Schaden.[1713] Der Code civil enthält keine genauen Bestimmungen zu den Voraussetzungen an die „faute" oder zur Eingrenzung des verursachten Schadens. Bei dem französischen Deliktsrecht handelt es sich weitgehend um Richterrecht.[1714] Es bleibt somit der Rechtsprechung überlassen, wie sie die Fälle der schuldhaften Beendigung des PaCS bewerten wird.

### aa. Schuldhaftes Handeln (faute)

Ein Anspruch auf Schadensersatz aus Art. 1382 C.civ. setzt ein schuldhaftes Handeln (faute)[1715] des Anspruchsgegners voraus.[1716]

---

[1712] Dopffel/Kötz/Scherpe, in : Basedow/Hopt/Kötz/Dopffel (Hrsg.), Die Rechtsstellung gleichgeschlechtlicher Lebensgemeinschaften, S. 394, 401; Bericht Nr. 1482 v. Jean-Pierre Michel, eingereicht bei der Ass. Nat. am 24.3.1999, S. 16.
Durch den Hinweis in Art. 515-7 Abs. 8 C.civ. a.E., dass die Regelungen zum PaCS einen eventuellen Anspruch aus Art. 1382 C.civ. auf Ersatz des Schadens, der einem Partner durch die Beendigung des PaCS entstanden ist, unberührt lassen, wurde die Rechtsprechung zur nichtehelichen Lebensgemeinschaft, die bei einer rechtsmissbräuchlichen Trennung dem verlassenen Lebensgefährten seit langem einen Schadensersatz zugebilligt hat, gesetzlich institutionalisiert (De Percin, Le PaCS, S. 63; Cornu, Droit civil, La famille, S. 111; Molas, Dr. et patrimoine 2000, Nr. 81, S. 87, 90).

[1713] Röttgen, Die Rechtsstellung der Lebensgefährten bei Beendigung der eheähnlichen Gemeinschaft im französischen Recht, S. 11; Hübner/Constantinesco, Einführung in das französische Recht, S. 181.

[1714] Ferid/Sonnenberger, FrZR Bd. 2, Rn. 2 O 6; Röttgen, Die Rechtsstellung der Lebensgefährten bei Beendigung der eheähnlichen Gemeinschaft im französischen Recht, S. 11.

[1715] Im französischen Recht gibt es im Recht der unerlaubten Handlungen keine Unterscheidung zwischen zurechenbarer Handlung, Rechtswidrigkeit und Verschulden – wie im deutschen Recht –, sondern diese drei Voraussetzungen sind unter der „faute", als schuldhaftem Handeln zusam-mengefasst.

Nach einer Ansicht in der Literatur kann das schuldhafte Handeln allein darin liegen, dass ein Partner den PaCS einseitig auflöst.[1717] Ein Schaden entstehe bereits durch die Beendigung des PaCS an sich, nämlich dadurch, dass durch die Auflösung des PaCS der Anspruch auf gegenseitige materielle Unterstützung entfiele. Dagegen spreche auch nicht die Entscheidung des Conseil Constitutionnel, nach der ein schuldhaftes Verhalten insbesondere aus den Umständen der Beendigung des PaCS resultiere; denn die „Umstände der Beendigung" seien vom Conseil Constitutionnel nur als Beispiel für eine schuldhafte Handlung gedacht. Dies würde durch das Wort „insbesondere" verdeutlicht.[1718]

Gegen diese weite Auslegung wird jedoch zu Recht eingewandt, dass die einseitige Auflösung des PaCS den PaCS-Partnern durch das Gesetz unbeschränkt zusteht und die bloße Ausübung dieses Rechts allein kein schuldhaftes Verhalten begründen kann.[1719] Zudem kommt eine solche Interpretation im Ergebnis der Zusprechung eines Unterhalts- bzw. Ausgleichsanspruches nach Beendigung des PaCS gleich, der vom Gesetzgeber jedoch gerade nicht gesetzlich angeordnet wurde.[1720]

Die erforderliche schuldhafte Handlung ist somit nur gegeben, wenn die Beendigung des PaCS unter Umständen erfolgt, die das Verhalten des beendenden Partners als anstößig und daher als rechtsmissbräuchlich erscheinen lassen.[1721] Rechtsmissbräuchlich ist ein Verhalten nicht bereits dann, wenn der beendende Partner sich schlecht benommen oder er den anderen Partner bei der Auflösungserklärung

---

1716 Hübner/Constantinesco, Einführung in das französische Recht, S. 181; Monteillet-Gefroy, JCP éd. N 2001, Nr. 15-16, S. 744, 748; Sonnenberger/Autexier, Einführung in das französische Recht, S. 89; Ferid/Sonnenberger, FrZR, Bd. 2, Rn. 2 O 13; Savouré, Dr. et patrimoine 2000, Nr. 81, S. 58, 61; Vivier, Le PaCS, S. 144; Renault-Brahinsky, Droit de la famille, S. 39; Molas, Dr. et partimoine 2000, Nr. 81, S. 87, 90; Courbe, Droit de la famille, S. 249.

1717 Lécuyer, in: Regards civilistes sur la loi du 15 novembre 1999 relative au concubinage et au PaCS, Jestaz (Hrsg.), S. 101, 113.

1718 Lécuyer, in: Regards civilistes sur la loi du 15 novembre 1999 relative au concubinage et au PaCS, Jestaz (Hrsg.), S. 101, 113.

1719 Malaurie, Dr. famille 1999, Nr. hors série, S. 30, 31; Lemouland, Le Dalloz 1999, Nr. 43, S. 483, 485; Courbe, Droit de la famille, S. 249; Monteillet-Gefroy, JCP éd. N 2001, Nr. 15-16, S. 744, 748; Bénabent, Droit civil, La famille, S. 248, 278; Mécary, Droit et homosexualité, S. 185; Molas, Droit et Partimoine 2000, Nr. 81, S. 87, 90.

1720 Courbe, Droit de la famille, S. 249; Monteillet-Gefroy, JCP éd. N 2001, Nr. 15-16, S. 744, 748; Mécary, Droit et homosexualité, S. 185; Molas, Droit et Partimoine 2000, Nr. 81, S. 87, 90; Malaurie, Dr. famille 1999, Nr. hors série, S. 30, 31; Lemouland, Le Dalloz 1999, Nr. 43, S. 483, 485.

1721 CC 99-419 DC, v. 9. 11. 1999, Entscheidungsgrund Nr. 70; Schoettl, Les Petites affiches 1999, Nr. 239, S. 6, 17; Dopffel/Kötz/Scherpe, in: Basedow/Hopt/Kötz/Dopffel (Hrsg.), Die Rechtsstellung gleichgeschlechtlicher Lebensgemeinschaften, S. 394, 401; Lécuyer, in: Regards civilistes sur la loi du 15 novembre 1999 relative au concubinage et au pacte civil de solidarité, Jesatz (Hrsg.), S. 101, 113; De Percin, Le PaCS, S. 63; Lemouland, JCP éd. N 200l, Nr. 9, S. 406, 410; Bénabent, Droit civil, La famille, S. 278; Molas, Dr. et patrimoine 2000, Nr. 81, S. 87, 90; Chanteloup/Fauré, Conclure un PaCS, S. 203; Mécary, Droit et homosexualité, S. 184; Courbe, Droit de la famille, S. 249.

beschimpft hat.[1722] Es muss dem Partner, der den PaCS einseitig auflöst, vielmehr ein darüber hinausgehendes Fehlverhalten zur Last fallen. Dies ist beispielsweise der Fall, wenn die Beendigung des PaCS einen Verstoß gegen ungeschriebene Rechtssätze wie Gewohnheitsrecht, die Verkehrssitte oder Standesethik darstellt.[1723]

Nach Ansicht der Literatur[1724] und auch nach einem Bericht zum PaCS-Entwurf[1725] kann zur Bestimmung der Voraussetzungen an die „faute" die Rechtsprechung zur nichtehelichen Lebensgemeinschaft zu den Fällen der rechtsmissbräuchlichen Trennung herangezogen werden. Dabei lassen sich grob zwei Fallgruppen unterscheiden, die auch auf den PaCS übertragbar sind:[1726]

- Die „faute" ergibt sich aus der Situation des verlassenen Partners nach der Beendigung, nämlich dadurch, dass dieser in einer bedürftigen Lage hinterlassen wurde; jedoch müssen noch zusätzlich ganz besondere Umstände hinzukommen, die der beendende Partner zu vertreten hat und auf Grund derer das Hinterlassen des anderen Partners in einer mittellosen Lage als rechtsmissbräuchlich und verwerflich erscheint und somit ein Verstoß gegen die guten Sitten vorliegt[1727], oder
- die schuldhafte Handlung kann zum einen in der Art und Weise der Beendigung des PaCS liegen, d.h. in einem Fehlverhalten bei oder vor der Beendigung des PaCS, wie z.B. wenn der beendende Partner den verlassenen Partner getäuscht hat, die Beendigung eine Ehrverletzung darstellt[1728] oder die Beendigung als grobe Undankbarkeit zu werten ist, etc., und somit ebenfalls ein Verstoß gegen die guten Sitten oder gegen die Standesethik vorliegt.

**aaa. Schuldhafte Handlung durch die Beendigung des PaCS, wenn dadurch der verlassene Partner in einer bedürftigen Lage hinterlassen wurde**

In der Rechtsprechung zur nichtehelichen Lebensgemeinschaft wird auch ein Schadensersatzanspruch zugebilligt, wenn ein Partner durch die Beendigung der

---

[1722] CA Lyon 20.2.1996: Dr. famille 1997, 171, AnLecuyer; Malaurie, Dr. famille 1999, Nr. hors série, S. 30, 31.

[1723] Allgemein zu den Voraussetzungen an den Schadensersatzanspruch aus Art. 1382 C.civ.: Sonnenberger/Autexier, Einführung in das französische Recht, S. 89; Röttgen, Die Rechtsstellung der Lebensgefährten bei Beendigung der eheähnlichen Gemeinschaft im französischen Recht, S. 12.

[1724] De Percin, Le PaCS, S. 63; Cornu, Droit civil, La famille, S. 111; Molas, Dr. et patrimoine 2000, Nr. 81, S. 87, 90; Vivier, Le PaCS, S. 142; Chanteloup/Fauré, Conclure un PaCS, S. 203; Pillebout, Le PaCS, S. 97. Auch von Jean-Pierre Michel wurde bestätigt, dass die Rechtsprechung zum Schadensersatz wegen rechtsmissbräuchlicher Beendigung der nichtehelichen Lebensgemeinschaft auf den PaCS Anwendung finden soll (J.O. débat. Ass. Nat., v. 3.11.1998, S. 8005).

[1725] Bericht Nr. 1482 v. Jean-Pierre Michel, eingereicht bei der Ass. Nat. am 24.3.1999, S. 16.

[1726] De Percin, Le PaCS, S. 63.

[1727] Für die nichteheliche Lebensgemeinschaft: Ohlenburger-Bauer, Die eheähnliche Gemeinschaft in Deutschland und Frankreich, S. 75.

[1728] Für die nichteheliche Lebensgemeinschaft: Muller, D. 1986, chron., S. 328, 331; Ferid/Sonnenberger, FrZR Bd. 3, Rn. 4 B 60.

Lebensgemeinschaft in einer mittellosen Lage zurückgelassen wurde.[1729] Für einen Schadensersatzanspruch muss allerdings ein zusätzliches schuldhaftes Verhalten hinzukommen.
Die Rechtsprechung zur nichtehelichen Lebensgemeinschaft, die diesbezüglich auch auf den PaCS übertragbar ist[1730], hat nur in besonderen Härtefällen einen Schadensersatzanspruch zugesprochen, nämlich wenn die Trennung unter ganz verwerflichen Umständen erfolgt ist und deshalb das Zurücklassen des anderen Partners in einer mittellosen Lage als rechtsmissbräuchlich eingestuft wurde.[1731] Dabei wurde meist davon ausgegangen, dass der beendende nichteheliche Lebenspartner die Absicht hatte, den anderen Partner zu schädigen, oder dass die Trennung als grober Undank zu bewerten ist.[1732]
Eine ganz besondere Sachlage, in der die Beendigung des PaCS eine schuldhafte Handlung darstellt, wurde beispielsweise in dem Fall angenommen, in dem ein Mann und eine bereits mit einem anderen Mann verheiratete Frau eine nichteheliche Lebensgemeinschaft begonnen hatten. Mit dem Ziel, seine Freundin noch näher an sich zu binden und die Scheidung ihrer Ehe zu erzwingen, wurde eine Schwangerschaft herbeigeführt. Nach einer „unentschuldbaren Kehrtwendung" heiratete der Mann dann trotzdem eine andere Frau und ließ seine ehemalige Freundin schwanger und geschieden in einer für sie unlösbaren Situation (situation inextricable) sitzen.[1733]
Als schuldhaft wurde auch ein Verhalten eines Lebensgefährten eingestuft, der – obwohl er bereits verheiratet war – seine Geliebte überredete, zu ihm in eine fremde Stadt zu ziehen und ihr während des langjährigen Bestehens der nichtehelichen Lebensgemeinschaft die Ausübung ihres Berufes untersagte, damit sie für ihn den Haushalt führte. Nach der Beendigung der nichtehelichen Lebensgemeinschaft befand sich die Frau dann in einer mittellosen Lage.[1734]
In diesen Fällen, in denen ein Partner dem anderen die Ausübung einer eigenen Erwerbstätigkeit untersagt hatte, ist das Verschulden darin zu sehen, dass der eine Partner aus egoistischen Gründen eine finanzielle Abhängigkeit des anderen Partners zu ihm schafft oder verstärkt, welche erst dazu führt, dass sich der andere Partner nach der Beendigung der nichtehelichen Lebensgemeinschaft in einer hilf-

---

[1729] CA Paris, 4.1.1952, Receuil Sirey 1952, II, S. 85 ff.; Cass. 1re civ., 29.11.1977: Defrénois, 1978, Art. 31827, S. 1129; Gaz. Pal. 1978, I, S. 345, Anm. Massip; vgl. auch: Cass. 1re civ., 7.7.1998, Defrénois 1998, S. 1385.
[1730] De Percin, Le PaCS, S. 63; Pillebout, Le PaCS, S. 96.
[1731] CA Paris, 4.1.1952, Receuil Sirey, 1952, II, S. 85 ff.; Röttgen, Die Rechtsstellung der Lebensgefährten bei Beendigung der eheähnlichen Gemeinschaft im französischen Recht, S. 57; Ohlenburger-Bauer, Die eheähnliche Gemeinschaft in Deutschland und Frankreich, S. 72; Pillebout, Le PaCS, S. 98; de Percin, Le PaCS, S. 63; Bénabent, Droit civil, La famille, S. 301.
[1732] Muller, D. 1986, chron., S. 328, 331; Molas, Dr. et patrimoine 2000, Nr. 81, S. 87, 90; Bénabent, Droit civil, La famille, S. 301.
[1733] CA Paris, 4.1.1952, Receuil Sirey, 1952, II, S. 85 ff.; Ohlenburger-Bauer, Die eheähnliche Gemeinschaft in Deutschland und Frankreich, S. 75; Muller, D. 1986, chron., S. 328, 331.
[1734] Cass. 1re civ., 29.11.1977: Defrénois, 1978, Art. 31827, S. 1129 = Gaz. Pal. 1978, I, S. 345, Anm. Massip; vgl. auch: Cass. 1re civ., 7.7.1998, Defrénois 1998, S. 1385, Anm. Massip.

losen Lage befindet.[1735] Den sich trennenden Partner trifft vorliegend eine gewisse Verantwortung für den hilflosen Partner.
Für ein schuldhaftes Verhalten reicht es allerdings nicht aus, dass der berufstätige Partner die Abhängigkeit des anderen Partners akzeptiert und mit ansieht, wie sich der andere in eine Abhängigkeit begibt.[1736] Beispielsweise wurde eine Klage einer verlassenen Lebensgefährtin abgewiesen, weil die Gegenpartei beweisen konnte, dass der Mann seine Lebengefährtin niemals davon abgehalten hatte, eine gutbezahlte Stellung anzunehmen.[1737] Es muss somit dargetan werden, dass der eine Partner die berufliche Tätigkeit des anderen aktiv unterbunden hat und dass die wirtschaftliche Abhängigkeit des anderen von ihm beabsichtigt war.[1738] Anderenfalls kann sich ein PaCS-Partner nach der Beendigung des PaCS in einer hilflosen Lage befinden, ohne irgendwelche Ansprüche gegen seinen ehemaligen Partner zu haben.
Im ersten Moment erscheint die Übertragung dieser Rechtsprechung auf den PaCS als sehr rücksichtslos gegenüber den Interessen des in wirtschaftlich schwieriger Lage befindlichen verlassenen PaCS-Partners. Jedoch darf trotz aller Schutzbedürftigkeit des in mittelloser Lage hinterlassenen PaCS-Partners nicht außer Acht gelassen werden, dass der Gesetzgeber keinen Unterhaltsanspruch angeordnet hat und somit nur in Ausnahmefällen das Zurücklassen des Partners in einer bedürftigen Lage als Verschulden des beendenden Teils zu bewerten ist. Insbesondere in den Fällen, in denen der andere Partner der nunmehr bedürftigen Person untersagt hat, einer Erwerbstätigkeit nachzugehen, und daraus ihre bedürftige Lage resultiert, muss berücksichtigt werden, dass jeder PaCS-Partner die gleichen Rechte hat. Die PaCS-Partner können sich grundsätzlich frei entscheiden, ob sie einen Beruf ausüben oder nicht, zumal heutzutage auch die meisten Männer und Frauen über eine Berufsausbildung verfügen.[1739] Jeder Mensch ist für sich selbst verantwortlich und darf sich nicht auf den Schutz der Gerichte verlassen, dies gerade auch dann nicht, wenn er sich mit dem PaCS aufgrund der ihm innewohnenden einseitigen Beendigungsmöglichkeit für eine sehr unbeständige Bindung entschieden hat, die nach der Beendigung keinen rechtlichen Schutz mehr gewährt. Der PaCS kann den Partnern nicht den von ihnen begehrten Schutz bieten, da es zu seinen Grundprinzipien gehört, ihn einseitig auflösen zu können.[1740] Zwar bestehen während des PaCS Rechte und Pflichten der Partner untereinander, jedoch gibt es nach der Beendigung grundsätzlich keine Ansprüche eines Partners gegen den anderen.[1741] Schließt jemand einen PaCS ab, so muss er[1742] um den mangeln-

[1735] Muller, D. 1986, chron., S. 328, 331.
[1736] Muller, D. 1986, chron., S. 328, 331.
[1737] Civ. 1re civ., 18.7.1962, Bull.civ. I, Nr. 385, S. 332; Muller, D. 1986, chron., S. 328, 331.
[1738] Muller, D. 1986, chron., S. 328, 332.
[1739] Muller, D. 1986, chron., S. 328, 331.
[1740] Renault-Brahinsky, Droit de la famille, S. 24; Bénabent, Droit civil, La famille, S. 299.
[1741] Dopffel/Kötz/Scherpe, in: Basedow/Hopt/Kötz/Dopffel (Hrsg.), Die Rechtstellung gleichgeschlechtlicher Lebensgemeinschaften, S. 394, 401.
[1742] Es wird hier nur beispielhaft an einem männlichen Partner erläutert. Dies gilt natürlich auch für eine Partnerin.

den rechtlichen Schutz nach dessen Beendigung wissen. Auf ein langjähriges Bestehen kann nur begrenzt vertraut werden. Das Risiko, dass sich ein Partner zu Unrecht auf das langjährige Bestehen des PaCS verlässt, muss dieser Partner selbst tragen und kann es nicht dem sich trennenden Partner aufbürden. Dies ist insofern hart, da der Beamte der Geschäftsstelle des Amtsgerichtes, der die Begründung des PaCS zwischen den Partnern veranlasst, indem er den Abschluss des PaCS in das vorgesehene Register einträgt, nicht verpflichtet ist, die PaCS-Partner über ihre Rechte und Pflichten aufzuklären.[1743] Diesbezüglich wäre allerdings eine Belehrung über die Rechtswirkungen des PaCS durch den Beamten der Geschäftsstelle des Amtsgerichts dringend vonnöten.

Hat ein Partner es versäumt, Informationen einzuholen, und hat er sich gar ob seines Wissens von der geringen Bindung auf das langjährige Bestehen des PaCS gegenüber – mit der ihm innewohnenden materiellen Unterstützungspflicht des anderen Partners – verlassen, kann er sich nicht im Nachhinein auf eine Schutzpflicht des PaCS berufen, die dieser ihm gar nicht bieten kann. Deswegen ist von einem schuldhaften Verhalten des beendenden Partners grundsätzlich nur in Ausnahmefällen auszugehen.

Wurde ein PaCS-Partner allerdings von dem anderen Partner arglistig getäuscht, z.B. indem dieser ihm – entgegen seiner wahren Absicht – beteuert hat, er beabsichtige eine lebenslange Partnerschaft, oder hat der beendende Partner Druck auf den anderen ausgeübt oder ihm gedroht, sodass ein Partner nicht aus autonomen Gründen mit dem anderen zusammengeblieben ist, so endet die Pflicht zum selbstverantwortlichen Handeln.[1744]

Die strenge Beurteilungsweise des Verschuldens führt gerade bei homosexuellen Paaren zu großen Ungerechtigkeiten. Während heterosexuelle Paare tatsächlich eine alternative Möglichkeit haben, sich rechtlich stärker – als durch Abschluss eines PaCS – aneinander zu binden, z.B. indem sie eine Ehe eingehen, sind homosexuelle Paare zwar ebenfalls zu selbstverantwortlichem Handeln verpflichtet, hingegen steht ihnen die Möglichkeit zu heiraten nicht offen. Ein heterosexueller Partner kann auf eine Ehe drängen, sofern er einen stärkeren Schutz möchte. Lehnt der andere ab, muss er sich darüber im Klaren sein, dass dieser keine weitergehende Bindung und Verantwortung als die beim PaCS vorgesehene wünscht. In diesem Fall kann nicht nachher bei Gericht geltend gemacht werden, der PaCS müsse einen größeren Schutz bieten, denn das Fehlen eines lang andauernden Bindungswillens des anderen Partners war offensichtlich. Homosexuellen Paaren ist es jedoch verwehrt, einen stärkeren Schutz durch eine Ehe in Anspruch zu neh-men. Sie müssen sich mit dem geringen Schutz des PaCS zufrieden geben.

Die Diskriminierung von homosexuellen Paaren gegenüber heterosexuellen Paaren hinsichtlich der Möglichkeit, sich durch den Abschluß eines Rechtsinstituts weitgehend zu schützen, beruht auf der Grundentscheidung des französischen Gesetz-

---

[1743] Mécary, Droit et homosexualité, S. 169.

[1744] Cornu, Droit civil, La famille, S. 93; Bénabent, Droit civil, La famille, S. 302; Cass. 1re civ., 7.10.1957: D. 1958, S. 493, Anm. Savatier; Cass 1re civ., 29.11.1977: Gaz. Pal. 1978, I, S. 345, Anm. Massip.

gebers, diesen keine weitgehende Rechtsstellung – wie beispielsweise von Lebenspartnern in Deutschland – zuzubilligen. Deswegen kann die Entscheidung des Richters, ob ein Schadensersatzanspruch besteht, bei heterosexuellen PaCS-Partnern nicht anders ausfallen als bei homosexuellen Partnern.

**bbb. Schuldhafte Handlung durch die Art und Weise der Beendigung des PaCS**

Eine schuldhafte Handlung kann sich ebenfalls aus der Art und Weise der einseitigen Beendigung des PaCS ergeben, z.B. wenn dem Anspruchsgegner beim Beendigungsakt ein Fehlverhalten vorgehalten werden kann.[1745]

**1) Unerwartete Trennung (rupture brutale)**

Nach der Rechtsprechung zur nichtehelichen Lebensgemeinschaft wird ein schuldhaftes Verhalten, das als eine rechtsmissbräuchliche Beendigung qualifiziert werden kann, beispielsweise in einer plötzlichen, vollkommen unerwarteten Beendigung der Partnerschaft gesehen, wenn die Auflösung besonders rücksichtslos, z.B. ohne Vorwarnung oder ohne Gesprächsversuche, erfolgt.[1746]

Die einseitige Beendigung des PaCS als plötzlich und unerwartet zu bezeichnen und sie aus diesem Grunde als schuldhaftes Verhalten i.S.d. Art. 1382 C.civ. zu betrachten, wird beim PaCS jedoch schwieriger sein als bei der nichtehelichen Lebensgemeinschaft.[1747] Dies ist darauf zurückzuführen, dass bei der einseitigen Beendigung des PaCS sein tatsächliches Ende gemäß Art. 515-7 Abs. 7 Nr. 2 C.civ. erst nach Ablauf einer dreimonatigen Frist ab Zustellung der Beendigungserklärung an den verlassenen Partner eintritt, während die nichteheliche Lebensgemeinschaft sofort beendet werden kann. In diesem Beendigungsfall enden alle Rechtswirkungen des PaCS erst nach Ablauf einer Frist von drei Monaten; was dem verlassenen Partner gestattet, sich in diesen drei Monaten auf die kommende Situation einzustellen. Bei der Heranziehung der Rechtsprechung zur nichtehelichen Lebensgemeinschaft hinsichtlich der unerwarteten Trennung darf dieser rechtliche Unterschied nicht außer Acht gelassen werden. Das Ende des PaCS kann nach Ablauf einer dreimonatigen Frist nicht als unerwartet bezeichnet wer-den.[1748]

Anders stellt sich die Situation allerdings dar, wenn der PaCS durch die Eheschließung eines PaCS-Partners mit einer anderen Person beendet wird (Art. 515-7 Abs. 7 Nr. 3 C.civ.).[1749] Gerade eine solche einseitige Beendigung des PaCS durch die Heirat eines PaCS-Partners mit einer dritten Person kann für den hinterlassenen Partner völlig unerwartet kommen und insbesondere dann rücksichtslos sein, wenn der Partner, der eine Ehe eingeht, dem anderen nichts von seinen Heirats-

[1745] Molas, Dr. et patrimoine 2000, Nr. 81, S. 87, 90; Pillebout, Le PaCS, S. 97.

[1746] Cass. 1re civ. 20.6.1992, Bull.civ. I, Nr. 204, S. 137.

[1747] Chanteloup/Fauré, Conclure un PaCS, S. 203.

[1748] Bénabent, Droit civil, La famille, S. 278; Chanteloup/Fauré, Conclure un PaCS, S. 203; a.A. Pillebout, Le PaCS, S. 97, wonach die dreimonatige Wartefrist beim PaCS keinen Einfluss auf die Beurteilung der „brutalité" der Beendigung durch die Gerichte haben wird.

[1749] Chanteloup/Fauré, Conclure un PaCS, S. 203; Courbe, Droit de la famille, S. 247; Bénabent, Droit civil, La famille, S. 280.

plänen erzählt hat.[1750] Der PaCS endet nämlich in diesem Fall in dem Moment der Eheschließung, ohne dass für die Beendigung irgendwelche Formalitäten, wie z.B. die Einhaltung einer Kündigungsfrist, beachtet werden müssten oder sonst eine rechtliche Vorwarnung erforderlich wäre.[1751] Zwar muss der eine Partner den anderen gemäß Art. 515-7 Abs. 3 C.civ. im Wege der Zustellung darüber informieren, dass er eine Ehe eingeht; diese Mitteilung hat jedoch keinen Einfluss auf die Beendigung des PaCS. Die Benachrichtigung kann auch erst nach der Eheschließung erfolgen, denn bei der erforderlichen Zustellung der Benachrichtigung über die Eheschließung muss der Partner eine Kopie der Geburtsurkunde beifügen, auf der die Ehe mit der anderen Person bereits eingetragen ist. Dies bedeutet, dass der ehemalige PaCS-Partner in dem Zeitpunkt, in dem der andere Partner im Wege der Zustellung von der Heirat seines ehemaligen Partners erfährt, bereits verheiratet ist.[1752]

Da die Möglichkeit der einseitigen Auflösung des PaCS durch eine Eheschließung mit einer anderen Person allerdings auf der verfassungsrechtlich garantierten Freiheit beruht, jederzeit eine Ehe eingehen zu können,[1753] darf eine „faute" nicht allein in der Eheschließung gesehen werden, um die Eheschließungsfreiheit nicht zu beeinträchtigen.[1754] Um die einseitige Beendigung des PaCS durch eine Eheschließung mit einer anderen Person als rechtsmissbräuchlich einzustufen, müssen noch zusätzliche Umstände hinzukommen, die die sofortige Beendigung des PaCS durch die Eheschließung eines Partners mit einer anderen Person als besonders hart und rücksichtslos erscheinen lassen.[1755] Hat der heiratende Partner seinen PaCS-Partner beispielsweise nicht im Vorhinein über seine Heiratspläne infor-miert, und wird der andere Partner ganz unvorbereitet durch Zustellung mit dieser Nachricht konfrontiert, weil die Beziehung nach Ansicht eines Partners noch be-steht, und die PaCS-Partner z.B. noch eine gemeinsame Wohnung haben, so ist in der Beendigung des PaCS durch Eheschließung ein schuldhaftes Verhalten zu sehen, wenn der verlassene Partner durch den Schock über die Nachricht der Eheschließung einen seelischen Schaden erleidet.[1756] Anders ist der Fall jedoch zu beurteilen, wenn die PaCS-Partner bereits seit längerer Zeit getrennt leben und der eine Partner dem anderen nur noch nichts von seinem Heiratsvorhaben berichtet hatte. Ausschlaggebend sind also allein die Umstände des Einzelfalles.

---

[1750] Pillebout, Le PaCS, S. 97; Courbe, Droit de la famille, S. 247.
[1751] Chanteloup/Fauré, Conclure un PaCS, S. 203; Bénabent, Droit civil, La famille, S. 280.
[1752] Bénabent, Droit civil, La famille, S. 280; Courbe, Droit de la famille, S. 247; Chanteloup/Fauré, Conclure un PaCS, S. 194.
[1753] CC 99-419 DC, v. 9. 11. 1999, Entscheidungsgrund Nr. 62.
[1754] Chanteloup/Fauré, Conclure un PaCS, S. 203.
[1755] Lemouland, JCP éd. N 2000, Nr. 9, S. 406, 410; Courbe, Droit de la famille, S. 247; Bénabent, Droit civil, La famille, S. 280.
[1756] Vivier, Le PaCS, S. 144; Pillebout, Le PaCS, S. 97; a.A. Chanteloup/Fauré, Conclure un PaCS, S. 203. Nach denen besteht auch bei «rupture brutale» durch Eheschließung kein Schadensersatzanspruch. Ein Schadensersatzanspruch könne nur zugebilligt werden, wenn ein Partner davon absieht, den anderen gemäß Art. 515-7 Abs. 3 C.civ. formgerecht von seiner Eheschließung zu benachrichtigen oder die Anzeige zu spät erfolgt.

**2) Weitere Fälle, in denen ein vorwerfbares Verhalten in der Art und Weise der Beendigung des PaCS liegt**

Es existieren noch eine Vielzahl von weiteren Fällen, in denen einem Partner einer nichtehelichen Lebensgemeinschaft eine „faute" bei der Beendigung der Gemeinschaft vorgeworfen wird, die auch für den PaCS gelten können.[1757]

Ein schuldhaftes Verhalten eines Partners bei der Beendigung einer nichtehelichen Lebensgemeinschaft wurde beispielsweise von der Rechtsprechung feststellt, weil dieser lange Zeit eine Affäre mit einer anderen Frau verheimlicht hatte und er seine Lebensgefährtin für diese andere Frau am Vorabend ihres Examens verlassen hatte.[1758]

Eine schuldhafte Handlung verübt auch ein Partner, der sich trennt, wenn seine Beendigung des PaCS eine Ehrverletzung darstellt, z.B. wenn ein Partner den PaCS beendet, während die PaCS-Partnerin schwanger ist.[1759]

Es handelt sich jedoch nur um eine Aufzählung von Beispielen. Es sind unendlich viele Fälle denkbar, in denen die Art und Weise der Beendigung des PaCS als rechtsmissbräuchlich eingestuft werden kann. Diese Einschätzung bleibt den Gerichten unter Berücksichtigung der Umstände des Einzelfalles vorbehalten.

Mit der Beurteilung der „faute" bei der Beendigung des PaCS muss jedoch äußerst zurückhaltend verfahren werden. Nicht jedes Verhalten des einseitig beendenden PaCS-Partners sollte vorschnell als rechtsmissbräuchlich eingestuft werden. Obgleich bestimmte Verhaltensweisen für einen Teil sehr enttäuschend und verletzend sein können, gehören viele Dinge doch zum allgemeinen Lebensrisiko. Auch wenn die Rechtsprechung zur nichtehelichen Lebensgemeinschaft den Fall anders entschieden hat, gilt dies z.B. auch für den Fall, dass ein Partner seine Part-nerin am Vorabend ihres Examens verlässt, um sich seiner heimlichen Geliebten zu widmen.[1760] Natürlich sind solche egoistischen Handlungen von einem moralischen Standpunkt aus kritisierbar – ob daraus jedoch rechtlich ein Schmerzensgeldanspruch hergeleitet werden kann, muss genau überprüft werden und kann nur die Ausnahme darstellen.

Selbstverständlich kann man anführen, dass ein entsprechender Schadensersatzanspruch eine kleine Entschädigung für die fehlende Unterhalts- oder Ausgleichspflicht beim PaCS bietet, jedoch darf durch den Schadensersatzanspruch nicht indirekt eine Unterstützungs- oder Ausgleichspflicht nach Beendigung des PaCS eingeführt werden, die der Gesetzgeber nicht vorgesehen hat.

**bb. Schaden (dommage)**

Dem anspruchstellenden PaCS-Partner muss durch die Beendigung des PaCS ein Schaden entstanden sein (Art. 1382 C.civ.).[1761] Der Schaden kann ganz unter-

---

[1757] Courbe, Droit de la famille, S. 247; Bénabent, Droit civil, La famille, S. 280.

[1758] Pillebout, Le PaCS, S. 97; Monteillet-Gefroy, JCP éd. N 2001, Nr. 15-16, S. 744, 248.

[1759] So wurde für die nichteheliche Lebensgemeinschaft entschieden: Cass. 1re civ., 6.7.1976: Bull.civ. 1976, I, Nr. 248.

[1760] Dies gilt natürlich auch für den Fall, dass ein PaCS-Partner seinen PaCS-Partner, eine PaCS-Partnerin seine PaCS-Partnerin oder eine PaCS-Partnerin ihren PaCS-Partner verlässt.

[1761] Ferid/Sonnenberger, FrZR Bd. 2, Rn. 2 O 25.

schiedlich ausfallen, je nachdem welches Fehlverhalten zu dem Schaden geführt hat.
Der Schaden kann materieller Art sein, wenn ein Partner auf Veranlassung des anderen Partners seinen Beruf aufgegeben und dadurch nach der Beendigung des PaCS keine Mittel zur Verfügung hat, um sich selbst zu unterhalten.[1762] Der Schaden besteht in diesen Fällen in dem Verlust eines beständig geleisteten Unterhalts. Als Schaden sind ebenso der Verlust des Berufes und Umzugskosten anzusehen[1763], aber auch die Kosten für eine neue Wohnung oder neuen Hausrat.[1764]
Es kann sich ebenfalls um einen moralischen Schaden (préjudice moral) handeln, z.B., wenn die einseitige Beendigung des PaCS besonders rücksichtslos und plötzlich erfolgt ist (rupture brutale). Hat ein Partner durch die Beendigung des PaCS eine tiefe seelische Verletzung (déchirement) erlitten, z.B. wenn ein Partner eine Geliebte verheimlicht hat oder wenn ein Partner seine Partnerin für eine viel jüngere Geliebte verlässt und die verlassene PaCS-Partnerin nach der Trennung in Einsamkeit zurückgelassen wird, kann darin ebenfalls ein rechtlich relevanter immaterieller Schaden gesehen werden.

**cc. Kausalität zwischen schuldhaftem Verhalten und Schaden (lien de causalité)**

Weiterhin muss das vorwerfbare Verhalten des Partners, der den PaCS einseitig beendet, für den Schaden des Anspruch stellenden Partners kausal gewesen sein.[1765] In den Fällen der rechtsmissbräuchlichen Beendigung des PaCS rührt der Schaden gerade von der Beendigung des PaCS her. Die Kausalität von schuldhaftem Verhalten und Schaden wird somit in den Fällen der rechtsmissbräuchlichen Beendigung des PaCS unproblematisch zu bejahen sein.[1766]

**dd. Vertragliche Möglichkeiten der Beschränkung oder des Ausschlusses des Schadensersatzanspruchs aus Art. 1382 C.civ.**

Eine Klausel, durch die der Schadensersatzanspruch aus Art. 1382 C.civ. vollkommen ausgeschlossen wird, ist unwirksam.[1767] Dies hängt damit zusammen, dass nach Ansicht des Conseil Constitutionnel Art. 1382 C.civ. als Anspruchsgrundlage für eine Verschuldenshaftung verfassungsrechtlichen Charakter hat und deshalb vertraglich nicht abbedungen werden kann.[1768] Im Umkehrschluss muss die bloße Einschränkung der Haftung aus Art. 1382 C.civ. möglich sein.[1769]

---

1762 Molas, Dr. et patrimoine 2000, Nr. 81, S. 87, 90.
1763 Cass. 1re civ. , 29.11.1977, Gaz. Pal. 1978, I, S. 345.
1764 Röttgen, Die Rechtsstellung der Lebensgefährten bei Beendigung der eheähnlichen Gemeinschaft im französischen Recht, S. 51.
1765 Hübner/Constantinesco, Einführung in das französische Recht, S. 182.
1766 In dem vergleichbaren Fällen der nichtehelichen Lebensgemeinschaft und dem ähnlichen Fall des Schadensersatzanspruchs nach Art. 266 C.civ. bei der Ehe wird die Kausalität ebenfalls unproblematisch angenommen: Muller, D. 1986, chron., S. 328, 331.
1767 Ferid/Sonnenberger, FrZR Bd. 2, Rn. 2 O 17.
1768 CC 99-419 DC, v. 9. 11. 1999, Entscheidungsgrund Nr. 70; De Percin, Le PaCS, S. 63.
1769 Hauser, DEuFamR 2000, 30; Jacob, Die eingetragene Lebenspartnerschaft im Internationalen Privatrecht, S. 61; a.A. Chanteloup/Fauré, Conclure un PaCS, S. 205.

**b. Umfang des Schadensersatzanspruches**

Der Umfang des Schadensersatzanspruches richtet sich nach der Höhe des entstandenen Schadens.[1770] Aus diesem Grund kann dieser Schadensersatzanspruch ganz unterschiedlich zu bemessen sein, je nachdem, ob die „faute" in der Auflösung des PaCS an sich besteht oder ob das Fehlverhalten in der Art und Weise der Beendigung des PaCS liegt.

**aa. Umfang des Schadensersatzanspruches bei vorwerfbarem Verhalten durch Verlassen eines Partners in einer mittellosen Lage**

**aaa. Keine Schadensberechnung in Anlehnung an die Ausgleichsleistung (prestation compensatoire) bei der Ehe**

Wird der verlassene PaCS-Partner in einer bedürftigen Lage zurückgelassen, weil der andere Partner ihm während der Lebensgemeinschaft die Ausübung einer eigenen Erwerbstätigkeit untersagt hat, damit er sich um den Haushalt kümmern kann, dann liegt eine ähnliche Situation wie bei Ehegatten nach einer Scheidung vor, wenn die Aufgaben in der Ehe so verteilt waren, dass ein Ehegatte den Haus-halt führte, während der andere erwerbstätig war. In beiden Fällen kann sich der nichterwerbstätige Partner nach mehreren Jahren Ehe in einer mittellosen Lage befinden.

Dem nichtschuldigen[1771] Ehegatten wird nach der Scheidung eine Ausgleichsleistung (prestation compensatoire) zugebilligt, die nach Art. 270 C.civ. die mögliche Diskrepanz des Lebensstandards der beiden Ehegatten nach der Scheidung kompensieren soll.[1772] Diese Ausgleichsleistung kann sowohl in der einmaligen Zahlung eines hohen Geldbetrages oder – in Ausnahmefällen – in einer lebenslangen Geldrente bestehen. Es stellt sich folglich die Frage, ob bei der Bestimmung des Umfangs des Schadensersatzes aus Art. 1382 C.civ. auf den für die Ausgleichsleistung bei der Ehe geltenden Maßstab zurückgegriffen werden kann.[1773]

Gegen eine Zusprechung eines Schadensersatzanspruches in Höhe einer Ausgleichsleistung lässt sich grundsätzlich anführen, dass vom Gesetzgeber keine Ausgleichsleistung und keine Fortsetzung einer materiellen Unterstützungspflicht nach Beendigung des PaCS vorgesehen ist. Die Zubilligung eines Schadensersatzanspruches in Höhe einer Ausgleichsleistung führt praktisch zur Einführung einer Ausgleichsleistung auch beim PaCS.[1774] Es darf jedoch in keinem Fall durch die Zubilligung eines Schadensersatzanspruches in Höhe einer Ausgleichsleistung quasi „durch die Hintertür" eine Ausgleichsleistung eingeführt werden, die vom Gesetzgeber nicht beabsichtigt war.[1775]

---

[1770] Cass 2e civ., 1.7.1963: JCP 63, II, S. 13408, Anm. Esmein; D. 1963, S. 453, Anm. Molinier; Cass 2e civ., 9.7.1981: Bull.civ. II, Nr. 156, S. 101.

[1771] Im französischen Recht gibt es eine Scheidung wegen Verschuldens Art. 242-246 C.civ.

[1772] Bénabent, Droit civil, La famille, S. 210; Cornu, Droit civil, La famille, S. 564; Daste, Divorce, S. 274; Hugot/Pillebout, La prestation compensatoire et le divorce, S. 3.

[1773] Frage ebenfalls aufgeworfen von: Chanteloup/Fauré, Conclure un PaCS, S. 205.

[1774] De Percin, Le PaCS, S. 64; Vivier, Le PaCS, S. 143.

[1775] Vgl. die gescheiterten Änderungsanträge im Parlament: J.O. déb. Ass. Nat. v. 1.12.1998,

Dafür, dass der Gesetzgeber durch die ausdrückliche Erwähnung eines Schadensersatzanspruches in Art. 515-7 Abs. 8 C.civ. a.E. gleichwohl eine Art Ersatz für eine Ausgleichsleistung für den verlassenen Partner schaffen wollte, könnte allerdings sprechen, dass ein Schadensersatzanspruch aus Art. 1382 C.civ. auch ohne eine ausdrückliche Erwähnung in Art. 515-7 Abs. 8 a.E. C.civ. bestehen würde.[1776] Eine solche Absicht des Gesetzgebers ist allerdings zu bezweifeln. Bei der Ehe gibt es im Falle der Scheidung wegen Verschuldens gemäß Art. 266 C.civ. eben-falls einen dem Art. 515-7 Abs. 8 C.civ. a.E. vergleichbaren Anspruch auf Schadensersatz, der den „schuldigen" Ehegatte zum Ersatz des materiellen und immateriellen Schadens verpflichtet, welcher dem anderen durch die Scheidung der Ehe entstanden ist.[1777] Im Eherecht gibt es folglich nach der Scheidung die Möglichkeit der Zusprechung einer Ausgleichsleistung oder eines Unterhaltsanspruches – je nachdem, um was für einen Scheidungsfall es sich handelt. Darüber hinaus existiert aber noch ein davon unabhängiger Schadensersatz-anspruch aus Art. 266 C.civ. gegen den Ehegatten, dem ein alleiniges Verschulden zur Last fällt, wenn der nichtschuldige Ehegatte durch die Scheidung einen Schaden erlitten hat.[1778] Dieser Schadensersatzanspruch aus Art. 266 C.civ. wird sehr gering bemessen.[1779]

Die Ähnlichkeit des Schadensersatzanspruches aus Art. 1382 C.civ., der bei PaCS-Partnern wegen rechtsmissbräuchlicher Beendigung des PaCS zugesprochen wird, zu Art. 266 C.civ. lässt darauf schließen, dass der Gesetzgeber mit der ausdrücklichen Erwähnung eines Schadensersatzanspruches am Ende des Art. 515-7 Abs. 8 C.civ. keine Ausgleichsleitung unter dem Deckmantel eines Schadensersatzanspruches gewollt hat. Vielmehr beabsichtigte er lediglich eine Klarstellung, dass die Normen zum PaCS einen Schadensersatzanspruch wegen rechtsmissbräuchlicher Beendigung des PaCS, der gerade auch nichtehelichen Lebenspartnern bei rechtsmissbräuchlicher Trennung zugesprochen wird, nicht beeinträchtigen.[1780]

Auch der Sinn und Zweck des Art. 1382 C.civ. lässt sich gegen die Zubilligung eines Schadensersatzanspruches in der Höhe einer Ausgleichsleistung anführen. Nach Art. 1382 C.civ. soll der Schaden ersetzt werden, den der verlassene Partner durch die Beendigung erlitten hat. Keineswegs geht es aber um die Angleichung des Lebensstandards der Partner vor und nach der Beendigung des PaCS.[1781] Eine

S. 9872-9873.

[1776] Gesetzesentwurf zum PaCS Nr. 278 v. 7.7.1999.

[1777] Valot-Forest, Divorce, S. 171; Hugot/Pillebout, La prestation compensatoire et le divorce, S. 50.

[1778] Daste, Divorce, S. 293; Valot-Forest, Divorce, S. 171; Hugot/Pillebout, La prestation compensatoire et le divorce, S. 50.

[1779] Malaurie, Dr. Famille 1999, Nr. hors série, S. 30, 31.

[1780] Bericht Nr. 1482 v. Jean-Pierre Michel, eingereicht bei der Ass. Nat. am 24.3.1999, S. 16; Dopffel/Kötz/Scherpe, in: Basedow/Hopt/Kötz/Dopffel (Hrsg.), Die Rechtstellung gleichgeschlechtlicher Lebensgemeinschaften, S. 394, 401.

[1781] Chanteloup/Fauré, Conclure un PaCS, S. 205.

Ausgleichsleistung ist ganz speziell an die Ehe gebunden und kann nicht auf andere Rechtsinstitute übertragen werden.[1782]
Bei der Feststellung des Umfanges des Schadensersatzes kann somit grundsätzlich nicht auf den Maßstab der Ausgleichsleistung bei der Ehe zurückgegriffen werden.

**bbb. Umfang des Schadensersatzanspruches in Anlehnung an die Rechtsprechung zur nichtehelichen Lebensgemeinschaft**

Bezüglich des Umfangs des Schadensersatzes wegen rechtsmissbräuchlicher Beendigung des PaCS im Falle des Hinterlassens in einer mittellosen Lage werden sich die Gerichte an der Rechtsprechung zur nichtehelichen Lebensgemeinschaft orientieren.
Beispielsweise wurde ein Partner, der nach elf Jahren nichtehelicher Lebensgemeinschaft seine Partnerin plötzlich aus der gemeinsamen Wohnung verwiesen hat, zur Zahlung eines Schadensersatzanspruches in Höhe von umgerechnet 75.000 Euro verurteilt, da er der ehemaligen Partnerin während der Partnerschaft verboten hatte zu arbeiten.[1783]
Der Richter kann ebenfalls bestimmen, dass der Schadensersatz durch die Zahlung einer monatlichen Rente an den verlassenen Partner geleistet wird, wenn es die Umstände des Falles erfordern.[1784] Einer in mittelloser Lage hinterlassenen Geliebten wurde beispielsweise eine Versorgungsrente zugesprochen, da ihr eine Berufstätigkeit untersagt worden und sie nur für ihren Partner in eine fremde Stadt gezogen war.[1785] Die Zahlung einer solchen Geldrente nach Beendigung des PaCS stellt sich häufig als die der Situation des bedürftigen Partners am besten angepasste Lösung im Vergleich zu einer einmaligen Zahlung dar.[1786] In Einzelfällen kann ein solcher Schadensersatz somit praktisch wie ein Unterhalt wirken.[1787]
Allerdings wird es sich nur in ganz großen Ausnahmefällen um eine lebenslange Rente handeln. Ein Schadensersatzanspruch stellt grundsätzlich keine Hilfe dafür dar, dass der andere Partner bedürftig ist, sondern es geht um den Ersatz des Schadens, den ein Partner durch die Beendigung des PaCS erlitten hat. Hat ein Partner durch Ausübung von massivem Druck auf den anderen Partner verhindert, dass dieser einen Beruf ausübt und er selbständig für sich sorgen kann, liegt der zu ersetzende Schaden in dem Verlust des Arbeitsplatzes. In diesem Fall muss gegebenenfalls ein Unterhalt bis zur Erlangung einer neuen Erwerbstätigkeit gezahlt werden. Ein Schaden kann auch in dem Einkommensausfall während der Zeit des Bestehens des PaCS zu sehen sein. Allerdings ist zu berücksichtigen, dass der

---

1782 Bénabent, Droit civil, La famille, S. 279; Chanteloup/Fauré, Conclure un PaCS, S. 205.
1783 Cass. 1re civ., 7.4.1998, Defrénois 1998, S. 1385, Anm. Massip; Molas, Dr. et patrimoine 2000, Nr. 81, S. 87, 90; Vivier, Le PaCS, S. 143; Pillebout, Le PaCS, S. 98.
1784 Vivier, Le PaCS, S. 143.
1785 Cass. 1re civ., 29.11.1977: Defrénois, 1978, Art. 31827, S. 1129; Gaz. Pal. 1978, I, S. 345, Anm. Massip; Vivier, Le PaCS, S. 144.
1786 Dopffel/Kötz/Scherpe, in: Basedow/Hopt/Kötz/Dopffel (Hrsg.), Die Rechtsstellung gleichgeschlechtlicher Lebensgemeinschaften, S. 394, 401; Vivier, Le PaCS, S. 144.
1787 Dopffel/Kötz/Scherpe, in: Basedow/Hopt/Kötz/Dopffel (Hrsg.), Die Rechtsstellung gleichgeschlechtlicher Lebensgemeinschaften, S. 394, 401.

nichterwerbstätige Partner während des Bestehens des PaCS von dem anderen versorgt wurde, sodass dieser Betrag davon wieder abgezogen werden muss.

#### bb. Umfang des Schadensersatzanspruches, wenn das schuldhafte Verhalten in der Art und Weise der einseitigen Beendigung des PaCS liegt

Liegt das schuldhafte Verhalten in der Art und Weise der Beendigung des PaCS richtet sich der Umfang des Schadensersatzanspruchs nach dem Ausmaß des entstandenen Schadens.

In den Fällen, in denen die einseitige Beendigung des PaCS so unerwartet und rücksichtslos erfolgt, dass sie eine „rupture brutale“ darstellt, wird der seelische Schaden, der dem verlassenen Partner entstanden ist, durch die Zahlung eines einmaligen Schmerzensgeldes ausgeglichen. Ein Anspruch auf ein Schmerzensgeld kann ebenfalls dem Partner zugebilligt werden, der durch Unehrlichkeit und Betrügereien des anderen Partners, die mit der Beendigung des PaCS einhergegangen sind, eine tiefe Kränkung und Enttäuschung erlitten hat, sowie dem verlassenen Partner, für den die Beendigung des PaCS eine Ehrverletzung darstellt.[1788] Ein solcher Schmerzensgeldanspruch wird jedoch nicht sehr hoch anzusetzen sein. Einer ehemaligen Lebensgefährtin wurde beispielsweise ein Schadensersatzanspruch in Höhe von 1.500 Euro zugesprochen, weil ihr Lebensgefährte sich nach der Geburt des gemeinsamen Kindes nicht um sie gekümmert und sie finanziell nicht unterstützt hat, obwohl es sich um eine sehr lang andauernde Beziehung gehandelt hatte.[1789]

Die Art und den konkreten Umfang des Schadensersatzanspruches in diesen Fällen werden die Gerichte nach den Umständen des Einzelfalles beurteilen müssen.

### III. Vergleich der Pflichten der Lebenspartner und der PaCS-Partner nach Beendigung von Lebenspartnerschaft und PaCS

Während nach der Aufhebung der Lebenspartnerschaft einem Lebenspartner gegen seinen ehemaligen Partner ein Unterhaltsanspruch zustehen kann, bestehen nach der Beendigung des PaCS keine Unterhaltspflichten der Partner untereinander. Dagegen gibt es im deutschen Recht keinen Schadensersatzanspruch wegen rechtsmissbräuchlicher Beendigung der Lebenspartnerschaft, während ein PaCS-Partner einen solchen Schadensersatzanspruch geltend machen kann.

Der Schadensersatzanspruch aus Art. 1382 C.civ. wegen rechtsmissbräuchlicher Beendigung des PaCS kann in den Fällen, in denen er wegen Hinterlassenes in einer mittellosen Lage zugebilligt wird, faktisch wie ein Unterhaltsanspruch wirken, da er zu einer finanziellen Unterstützung des mittellosen Partners verpflichtet.

[1788] Pillebout, Le PaCS, S. 97; Monteillet-Gefroy, JCP éd. N 2001, Nr. 15-16, S. 744, 248.
[1789] Cass. 1re civ., 9.10.1984, Bull.civ. I, Nr. 250.

### 1. Vergleich des Unterhaltsanspruches aus § 16 LPartG mit dem Schadensersatzanspruch aus Art. 515-7 Abs. 8 a.E. i.V.m. Art. 1382 C.civ. in der Fallgruppe des Hinterlassens in einer mittellosen Lage

#### a. Vergleich

Bei dem Vergleich des Unterhaltsanspruches aus § 16 LPartG mit dem Schadensersatzanspruch aus Art. 515-7 Abs. 8 a.E. i.V.m. Art. 1382 C.civ. in der Fallgruppe des Hinterlassens in einer mittellosen Lage zeigen sich eine Vielzahl von Unterschieden, die auf die unterschiedliche Rechtsnatur eines Unterhalts- und eines Schadensersatzanspruches zurückzuführen sind.

Für einen Unterhaltsanspruch aus § 16 LPartG ist allein die Bedürftigkeit des Anspruchstellers Voraussetzung: Befindet sich ein Lebenspartner nach der Aufhebung der Lebenspartnerschaft in einer bedürftigen Lage, weil er z.B. schwer krank oder zu alt ist oder er Kinder zu betreuen hat, und er deswegen nicht selbst für sich sorgen kann, so steht ihm ein Anspruch auf finanzielle Unterstützung gegen seinen ehemaligen Lebenspartner zu. Da ein Unterhaltsanspruch von der Bedürftigkeit des Anspruchsstellers abhängt, besteht der Anspruch auch unabhängig davon, wer die Aufhebung der Lebenspartnerschaft beantragt oder wer die Lebenspartnerschaft beendet hat.

Der Anspruch auf Schadensersatz aus Art. 1382 C.civ. ist demgegenüber an ein zu beweisendes Verschulden des Anspruchsgegners gebunden. Der Schadensersatzanspruch aus Art. 515-7 Abs. 8 a.E. i.V.m. Art. 1382 C.civ. auf Grund Hinterlassens in einer mittellosen Lage wird nur gewährt, wenn ganz besonders verwerfliche Gründe vorliegen, welche die Beendigung des PaCS und die dadurch verursachte Bedürftigkeit des verlassenen Partners als rechtsmissbräuchlich erscheinen lassen. Dies wird – wie oben unter 2. Teil, § 2, II., 2., aaa. bereits beschrieben – nur ausnahmsweise in besonderen Härtefällen der Fall sein, in denen der beendende Partner den anderen bewusst ausgenutzt und dessen finanzielle Abhängigkeit absichtlich gefördert hat und die Beendigung des PaCS deswegen als Verstoß gegen Moral und Anstand angesehen werden muss. Solange den beendenden Partner kein Verschulden trifft, kann er den anderen in einer bedürftigen Lage verlassen, ohne dass ihn Hilfeleistungspflichten gegenüber diesem träfen.

Es kann auch vorkommen, dass der verlassende PaCS-Partner von dem anderen Partner während der Partnerschaft finanziell abhängig gewesen ist und sich trotzdem für die Beendigung des PaCS entschießt. Ihm steht dann mangels Pflichtverletzung durch den anderen Partner kein Schadensersatzanspruch wegen rechtsmissbräuchlicher Beendigung zu, denn ein Schadensersatzanspruch aus Art. 1382 C.civ. setzt die rechtsmissbräuchliche Beendigung des PaCS voraus. Der Schadensersatzanspruch aus unerlaubter Handlung kann somit nur der Person zustehen, die verlassen wurde, d.h. dem Partner, der den PaCS nicht selbst einseitig beendet hat.[1790] Anders als beim Unterhaltsanspruch nach deutschem Recht geht es bei dem

[1790] Nach der Ansicht von Chanteloup/Fauré kann zwar auch ein Verschulden darin bestehen, dass ein Partner durch Missachtung der Pflichten aus dem PaCS die Beendigung des PaCS durch

Schadensersatzanspruch aus Art. 1382 C.civ., der einem ehemaligen PaCS-Partner in einer mittellosen Lage zugebilligt werden kann, nicht primär um die Verantwortung eines Partners für das Wohl des anderen, sondern um die Wiedergutmachung eines Schadens, der durch eine schuldhafte Handlung des anderen Partners entstanden ist.
Ein weiterer Unterschied im Hinblick auf die Voraussetzungen des Unterhaltsanspruches aus § 16 LPartG und des Schadensersatzanspruches aus Art. 1381 C.civ. besteht darin, dass § 16 LPartG die Leistungsfähigkeit des Anspruchsgegners verlangt. Ihm muss also noch ein Minimum zum Leben bleiben, bevor ihn die Verpflichtung treffen kann, seinen ehemaligen Lebenspartner finanziell zu unterstützen. Ein Unterhaltsanspruch kommt nur zur Entstehung, wenn der Anspruchsgegner leistungsfähig ist. Ein Schadensersatzanspruch nach Art. 1382 C.civ. ist zwar bei Zahlungsunfähigkeit nicht durchsetzbar, kann aber ganz unabhängig von der Leistungsfähigkeit des anderen Partners existieren.
Der Umfang des Unterhaltsanspruches aus § 16 LPartG umfasst den gesamten Lebensbedarf eines Partners. Die Höhe eines Schadensersatzanspruches aus Art. 1382 C.civ. richtet sich demgegenüber grundsätzlich nach der Höhe des erlittenen Schadens, d.h. es werden z.B. die Kosten ersetzt, die ein Partner durch einen für den PaCS durchgeführten Umzug aufgebracht hat, oder die Kosten, die er für eine neue Wohnung oder neuen Hausrat benötigte.
Ein Schadensersatzanspruch aus Art. 1382 C.civ. kann aber auch in Form einer Unterhaltsrente gewährt werden; in diesem Fall entsteht ein Anspruch auf Unterhalt, der dem des § 16 LPartG prinzipiell vergleichbar ist, allerdings weniger weit geht: Der Unterhaltsanspruch im LPartG schließt den gesamten Bedarf ein, während von dem Schadensersatzanspruch im französischen Recht nur die zum Leben notwendigen Dinge wie Essen, Kleidung und Wohnung umfasst werden.
Außerdem gehören zu dem Unterhaltsanspruch aus § 16 LPartG auch die Kosten für eine angemessene Kranken-, Alters- oder Invalidenversicherung. Diese Kosten fallen demgegenüber nicht unter den Schadensersatzanspruch aus Art. 1382 C.civ.
Unterschiede ergeben sich auch im Hinblick auf das Maß des Unterhaltsanspruches aus § 16 LPartG und des Schadensersatzanspruches aus Art. 1382 C.civ. Während der Unterhaltsanspruch in einem Umfang besteht, der den Lebensverhältnissen zur Zeit des Bestehens der Lebenspartnerschaft entspricht (§ 16 LPartG Abs. 2 S. 2 i.V.m. § 1578 BGB), dient der Schadensersatzanspruch wegen rechtsmissbräuchlicher Beendigung des PaCS nicht dazu, den Lebensstandard des verlassenen Partners an das Lebensniveau während des PaCS anzugleichen. Es geht um einen Ersatz des Schadens, den ein Partner durch das Verschulden des anderen erlitten hat. Aus diesem Grund orientiert sich der Umfang des Schadensersatzes nicht an der finanziellen Situation des Anspruchsberechtigten, sondern an dem durch die Beendigung des PaCS erlittenen Schaden. Kann z.B. ein PaCS-Partner beweisen, dass er auf Drängen des anderen Partners auf ein Anstellungsangebot verzichtet hat, so kann der Schaden im Verlust des Einkommens bestehen, den

den anderen Partner verursacht hat (Chanteloup/Fauré, Conclure un PaCS, S. 204), diese Meinung ist jedoch abzulehnen, da der PaCS keine Beendigung wegen Verschuldens kennt.

diese Erwerbstätigkeit erzielt hätte. Sie hat jedoch nichts mit dem Einkommen des anderen Partners oder mit den Lebensverhältnissen während der PaCS-Partnerschaft zu tun.
Ein weiterer Unterschied besteht darin, dass ein Unterhaltsanspruch nach § 16 LPartG nur in einer monatlichen Unterhaltszahlung bestehen kann, während ein Schadensersatzanspruch sowohl durch Zahlung eines einmaligen Betrages als auch durch eine monatliche Versorgungsrente erbracht werden kann. In Einzelfällen wurde einem Lebensgefährten z.B. ein Schadensersatzanspruch in Höhe von 75.000 Euro zugesprochen, weil ihm der andere Partner verboten hatte zu arbeiten und er sich deshalb nach der Trennung in einer mittellosen Lage befand.[1791]
Unterschiede sind schließlich auch in zeitlicher Hinsicht zu verzeichnen. Während der Unterhaltsanspruch aus § 16 LPartG nicht auf einen bestimmten Zeitraum begrenzt ist und es sich auch um eine lebenslange Unterhaltsrente handeln kann, geht es bei dem Schadensersatzanspruch, der gemäß Art. 1382 C.civ. gewährt wird, um die Sicherung der unmittelbaren Zukunft des PaCS-Partners, grundsätzlich jedoch nicht um eine lebenslange Rente.[1792]
Die Tatsache, dass ein Unterhaltsanspruch aus Billigkeitsgründen ausgeschlossen werden kann, während dies bei dem Schadensersatzanspruch nicht der Fall ist, hängt damit zusammen, dass der Schadensersatzanspruch aus Art. 1382 C.civ. gerade ein pflichtwidriges Verhalten voraussetzt.
Auf einen Unterhaltsanspruch kann gemäß § 16 Abs. 2 S. 2 LPartG i.V.m. § 1585 c BGB verzichtet werden, es sei denn ein solcher Verzicht würde gegen die guten Sitten verstoßen.
Im Gegensatz dazu kann sich ein PaCS-Partner nicht dazu verpflichten, keinen Schadensersatzanspruch aus unerlaubter Handlung gemäß Art. 1382 C.civ. geltend zu machen, da es sich um zwingendes Recht handelt.[1793]
Ein weiterer Unterschied zwischen dem Unterhaltsanspruch aus § 16 LPartG und dem Schadensersatzanspruch aus Art. 1382 C.civ. besteht darin, dass es sich bei einem Unterhaltsanspruch um eine Pflicht handelt, die auf den familiären Bindungen der Lebenspartner beruht. Aus diesem Grund endet der Unterhaltsanspruch, wenn ein ehemaliger Lebenspartner eine Ehe eingeht oder erneut eine Lebenspartnerschaft begründet (§ 16 Abs. 2 S. 1 LPartG i.V.m. § 1586 Abs. 1 BGB), da nun eine andere Person die Verantwortung für den ehemaligen Lebenspartner übernimmt. Für einen Schadensersatzanspruch ist es indessen ohne Bedeutung, ob ein ehemaliger Partner eine neue Beziehung eingeht, heiratet oder einen neuen PaCS abschließt, denn es geht um den erlittenen Schaden und um ein Verschulden, jedoch nicht um eine lang andauernde Verantwortung eines Partners für den anderen. Wird der Schadensersatzanspruch allerdings in Form einer Unterhaltsrente

---

[1791] Cass. 1re civ., 7.4.1998, Defrénois 1998, S. 1385, Anm. Massip; Molas, Dr. et patrimoine 2000, Nr. 81, S. 87, 90; Vivier, Le PaCS, S. 143; Pillebout, Le PaCS, S. 98.
[1792] Für nichteheliche Lebensgemeinschaften: Röttgen, Die Rechtsstellung der Lebensgefährten bei Beendigung der eheähnlichen Gemeinschaft im französischen Recht, S. 53.
[1793] CC 99-419 DC, v. 9. 11 1999, Entscheidungsgrund Nr. 61.

gezahlt, so besteht diese Verpflichtung nur so lange fort, bis der ehemalige PaCS-Partner eine Anstellung gefunden hat.
Darüber hinaus besteht bei dem nachpartnerschaftlichen Unterhaltsanspruch nach § 16 LPartG ein Rangverhältnis der Unterhaltsgläubiger. Dabei gehen minderjähr-ige Kinder und geschiedene Ehegatten einem ehemaligen Lebenspartner vor (§ 16 Abs. 3 LPartG). Bei einem Schadensersatzanspruch gibt es kein solches Rangverhältnis.
Bei dem Vergleich des Unterhaltsanspruches aus § 16 LPartG mit dem Schadensersatzanspruch aus Art. 515-7 Abs. 8 C.civ. a.E. i.V.m. Art. 1382 C.civ. in der Fallgruppe des Hinterlassens in einer mittellosen Lage werden die grundlegenden Unterschiede zwischen dem Institut der Lebenspartnerschaft und dem PaCS deutlich. Die Tatsache, dass einem ehemaligen Lebenspartner bei Bedürftigkeit ein Unterhaltsanspruch gegen den anderen aus § 16 LPartG zusteht, zeigt, dass es sich bei der Lebenspartnerschaft um ein Solidarverhältnis der Partner auch über das Bestehen der Lebenspartnerschaft hinaus handelt. Dieses Solidarverhältnis besteht auf Lebenszeit, da einem ehemaligen Lebenspartner gegen den anderen im Falle seiner Bedürftigkeit im Zeitpunkt der Beendigung der Lebenspartnerschaft ein Anspruch auf eine lebenslange Unterhaltsrente zukommen kann.
Einem PaCS-Partner steht dagegen im Falle seiner Bedürftigkeit grundsätzlich kein Anspruch auf finanzielle Unterstützung zu, es sei denn, es liegt ein schuld-haftes Handeln des Anspruchsgegners vor. Beim PaCS enden im Moment seiner Beendigung grundsätzlich alle Rechte und Pflichten der PaCS-Partner.
Der Schadensersatzanspruch aus Art. 515-7 Abs. 8 a.E. i.V.m. Art. 1381 C.civ. steht in keinem Zusammenhang mit einer Beistands- oder Solidarpflicht; es handelt sich überhaupt nicht um eine besondere Pflicht aus dem PaCS, sondern um eine allgemeine Pflicht des französischen Zivilrechts, wonach jeder den Schaden zu ersetzen hat, den er einem anderen pflichtwidrig zugefügt hat.

**b. Gründe für die Unterschiede im deutschen und im französischen Recht hinsichtlich der Solidarität nach der Beendigung von Lebenspartnerschaft und PaCS**

Der grundlegende Unterschied zwischen der Lebenspartnerschaft und dem PaCS besteht darin, dass nach der Beendigung der Lebenspartnerschaft noch eine Solidarität der ehemaligen Lebenspartner untereinander besteht, während beim PaCS alle Rechte und Pflichten der Partner im Zeitpunkt der Beendigung des PaCS enden.[1794] Dieser Unterschied ist auf mehrere Ursachen zurückzuführen.
Zunächst wollte der deutsche Gesetzgeber das Risiko, dass ein Lebenspartner nach der Beendigung der Lebenspartnerschaft bedürftig oder ihm aus anderen Gründen eine Erwerbstätigkeit nicht zumutbar ist, dem anderen Lebenspartner aufbürden und nicht der Allgemeinheit. Die Unterhaltspflicht der Lebenspartner untereinander nach der Beendigung der Lebenspartnerschaft führt zu einer großen Ent-

[1794] Es handelt sich bei dem Schadensersatzanspruch nicht um eine Pflicht, siehe unter 2. Teil, § 2, III., 1., a., ee.

lastung der öffentlichen Haushalte von Sozialhilfezahlungen.[1795] Insgesamt war die Erleichterung der Staatskassen durch die Unterhaltspflichten der Lebenspartner untereinander auch wesentliches politisches Argument für die Einführung der Lebenspartnerschaft.[1796] Die finanzielle Entlastung des Fiskus durch Unterhaltspflichten der PaCS-Partner untereinander war hingegen kein ausdrücklicher Beweggrund des französischen Gesetzgebers für die Schaffung des PaCS.
Weiterhin lässt sich die Tatsache, dass der deutsche Gesetzgeber nach der Aufhebung der Lebenspartnerschaft Unterhaltspflichten der ehemaligen Lebenspartner untereinander vorgesehen hat, während dies nach der Beendigung des PaCS nicht der Fall ist, damit erklären, dass die Gesetzgeber Deutschlands und Frankreichs ganz unterschiedliche Rechtsinstitute schaffen wollten und auch geschaffen haben.
Während der deutsche Gesetzgeber ein Rechtsinstitut allein für gleichgeschlechtliche Paare geschaffen hat, das sich weitgehend an der Ehe orientiert und somit Unterhaltspflichten auch nach der Beendigung der Lebenspartnerschaft wie bei Ehegatten vorsieht[1797], hat der französische Gesetzgeber ein ganz neuartiges Institut für alle nichtehelichen Lebensgemeinschaften – ganz gleich welchen Geschlechts – zwischen der „schlichten Lebensgemeinschaft" (concubinage, union libre) und der Ehe geschaffen. Dieses neuartige Institut soll den Partnern eine institutionelle Anerkennung und damit verbunden grundlegenden Schutz verleihen, aber ihnen trotzdem sehr viel Freiheit gewähren.[1798] Die Handlungsfreiheit der Partner soll dadurch gewahrt werden, dass die Beendigung des Instituts recht einfach möglich ist und nach deren Beendigung keine Pflichten mehr unter den Partnern bestehen.[1799]
Die Homosexuellen in Deutschland, die Adressatenkreis der Lebenspartnerschaft sind, haben lange erfolglos für die Öffnung der Ehe auch für gleichgeschlechtliche Paare gekämpft. Sie wollten sich gerade z.B. durch Unterhaltspflichten wie Ehegatten aneinander binden.[1800] Der französische Gesetzgeber begründet seinen Willen, ein Rechtsinstitut weit unterhalb der Ehe zu schaffen, damit, dass dies den Wünschen und Bedürfnissen der nichtehelichen Lebensgemeinschaften entspreche.[1801] Insbesondere heterosexuelle Lebensgemeinschaften, die die überwiegende Zahl der PaCS-Partner darstellen würden, könnten zwar eine Ehe mit all

[1795] Dies bezweifelt Büttner, in: Schwab (Hrsg.), Die eingetragene Lebenspartnerschaft, S. 221, 222.
[1796] BT-Drucks. 3751, S. 2; Grziwotz, DNotZ 2001, S. 280, 295; Büttner, in: Schwab (Hrsg.), Die eingetragene Lebenspartnerschaft, S. 221, 222.
[1797] BT-Drucks. 14 /3751, S. 33.
[1798] Vgl. Le Monde 27.1.1999; Ferrand, in: Basedow/Hopt/Kötz/Dopffel (Hrsg.), Die Rechtsstellung gleichgeschlechtlicher Lebensgemeinschaften, S. 113, 116.
[1799] De Percin, Le PaCS, S. 7; Bericht Nr. 1097 v. Jean-Pierre Michel, eingereicht bei der Ass. Nat. am 23.9.1998, S. 8.
[1800] Homosexuelle haben sich im „Schwulenverband in Deutschland" (SVD) und dem Verband „Schwule Juristen" (DSJ) zusammengeschlossen und beispielsweise 1992 durch die „Aktion Standesamt" auf ihre Diskriminierung aufmerksam gemacht.
[1801] Bericht Nr. 1097 v. Jean-Pierre Michel, eingereicht bei der Ass. Nat. am 23.9.1998, S. 8.

ihren Rechten und Pflichten eingehen, sie lehnten dies jedoch ab.[1802] Auch Homosexuelle forderten in Frankreich, dass sich der PaCS von dem Institut der Ehe unterscheide.[1803] Sowohl hetero- als auch homosexuelle Paare wünschten sich also keine weitergehenden Solidarpflichten untereinander nach der Beendigung des PaCS. Deswegen wurde der PaCS als Vertrag und nicht als familienrechtliches Institut ausgestaltet. Für einen Vertrag ist es typisch, dass sich die Rechte und Pflichten der Vertragspartner auf die Zeit des Bestehens des Vertrages beschränken, nicht jedoch, dass Pflichten über das Ende des Vertrages hinaus gelten.

**c. Bewertung**

Im Hinblick auf die Befriedigung des Rechtsschutzbedürfnisses eines finanziell von dem anderen abhängigen Partners gibt die Tatsache, dass einem Lebenspartner nach der Beendigung der Lebenspartnerschaft im Falle seiner Bedürftigkeit ein Unterhaltsanspruch gegen seinen ehemaligen Lebenspartner zusteht, diesem die Sicherheit, dass er von seinem ehemaligen Partner finanziell aufgefangen wird, wenn ihm im Zeitpunkt der Beendigung der Lebenspartnerschaft eine eigene Erwerbstätigkeit aus bestimmten Gründen nicht zumutbar ist. Einem bedürftigen Lebenspartner kommt somit ein zuverlässiger Schutz zu.

Freilich hat in Deutschland jeder Bürger einen Anspruch auf Sozialhilfe, sodass dem bedürftigen Partner auch ohne die finanzielle Unterstützung des ehemaligen Partners in einer mittellosen Lage das Nötigste zum Leben vom Staat zukommen würde. Der Anspruch auf Sozialhilfe ist jedoch auf ein Existenzminimum beschränkt und kann somit gravierende Ungerechtigkeiten nicht beheben, die dadurch entstehen, dass es durch die Aufhebung der Lebenspartnerschaft zu einem starken Abfall des Lebensniveaus eines ehemaligen Partners nach der Beendigung der Lebenspartnerschaft im Vergleich zum Bestehen der Lebenspartnerschaft kommen kann. Das Maß des Umfangs des Unterhaltsanspruches bei der Lebenspartnerschaft orientiert sich hingegen an den Lebensverhältnissen während des Bestehens der Lebenspartnerschaft (§ 16 LPartG Abs. 2 S. 2 i.V.m. § 1578 BGB), sodass nach der Beendigung der Lebenspartnerschaft keine so große Diskrepanz zwischen dem Lebensniveau der ehemaligen Lebenspartner während der Lebenspartnerschaft und danach entsteht. Zwar kann es dadurch, dass der Unterhaltsanspruch aus § 16 LPartG keinen Anspruch auf Aufstockungsunterhalt vorsieht, zu Unterschieden der Lebensniveaus der beiden ehemaligen Lebenspartner kommen. In dem Falle, dass einem Partner eine Erwerbstätigkeit zumutbar ist, ist dies jedoch nicht unbillig, da sich dieser Partner aus eigener Kraft heraus eine ein-trächtigere Erwerbstätigkeit beschaffen kann. Der bedürftige Partner erhält mit dem

[1802] De Percin, Le PaCS, S. 8; Bericht Nr. 1097 v. Jean-Pierre Michel, eingereicht bei der Ass. Nat. am 23.9.1998, S. 8; Ferrand, in: Henrich (Hrsg.), Eheliche Gemeinschaft, Partnerschaft und Vermögen im europäischen Vergleich, S. 73 139.

[1803] Mécary/Leroy-Forgeot, Le PaCS, S. 48; Mécary, Droit et homosexualité, S. 158; Homosexuelle Paare wollten in Frankreich gerade nicht, dass das Rechtsinstitut eine sexuelle Konnotation hat, denn sie befürchteten Diskriminierungen, wenn ihre homosexuelle Neigungen publik würden.

Unterhaltsanspruch aus § 16 LPartG eine weitaus bessere Position als ein Sozialhilfeempfänger.
Beim PaCS muss zur Beurteilung des Rechtsschutzbedürfnisses des nach der Beendigung des PaCS in einer mittellosen Lage befindlichen Partners dagegen zwischen dem verlassenen Partner und dem beendenden Partner unterschieden werden. Das Fehlen einer nachpartnerschaftlichen Solidarität beim PaCS kann vor allem für den verlassenen PaCS-Partner zu Ungerechtigkeiten führen. Meist wird der berufstätige, wohlhabendere Partner den PaCS beenden, denn ein finanziell abhängiger PaCS-Partner wird sich nur in Ausnahmefällen selbst seines Anspruchs auf finanzielle Unterstützung berauben, indem er den PaCS beendet. Solange den beendenden Partner kein Verschulden trifft, kann er den anderen in einer bedürftigen Lage verlassen, ohne dass ihn Hilfeleistungspflichten gegenüber diesem träfen. Es spielt auch keine Rolle, dass beide PaCS-Partner möglicherweise jahrelang zusammengelebt haben und der verlassene Partner für den anderen den Haushalt geführt hat. Außerdem ist die Beendigung des PaCS auch relativ einfach einseitig möglich. Die Regelungen zum PaCS ziehen für den finanziell schwächeren PaCS-Partner Härten mit sich. Dies wird besonders in den Fällen deutlich, in denen ein PaCS-Partner jahrelang für den anderen den Haushalt geführt hat und beispielsweise die gemeinsamen Kinder großgezogen hat, während sich der andere seiner beruflichen Karriere widmen konnte. Wird der andere Partner nach langjährigem Zusammenleben von dem anderen verlassen und ist er nun zu alt oder zu krank, um sich erstmalig oder erneut in das Berufsleben zu integrieren, und kann er somit nicht selbst für sich sorgen, dann stehen diesem Partner keine Rechte gegenüber seinem ehemaligen Partner zu. Dem in mittelloser Lage hinterlassenen Partner kann zwar ein Schadensersatzanspruch aus Art. 1382 C.civ. gegen seinen ehemaligen PaCS-Partner zustehen, ein solcher Anspruch wird aber nur in Ausnahmefällen gewährt, da ein Verschulden des beendenden Partners bewiesen werden muss.
Ist der verlassende PaCS-Partner von dem anderen Partner während der Partnerschaft finanziell abhängig gewesen und entschließt er sich trotzdem für die Beendigung des PaCS, so erhält dieser Partner ebenfalls keinen Schutz durch den PaCS. Ihm steht nicht einmal ein Schadensersatzanspruch wegen rechtsmissbräuchlicher Beendigung zu, denn ein solcher Anspruch kann nur der Person zustehen, die verlassen wurde, d.h. der den PaCS nicht selbst einseitig beendet hat.
Auch bei der Beendigung des PaCS im gegenseitigen Einvernehmen kann die Beendigung des PaCS zu einschneidenden Konsequenzen für den finanziell abhängigen Partner führen; in diesen Fällen ist ein Schadensersatzanspruch ebenfalls nicht denkbar.
Immerhin wird ein bedürftiger Partner wie jeder französische Staatsbürger vom sozialen Netz aufgefangen, da er einen Anspruch auf Sozialhilfe (revenu minimum

d'insertion) hat.[1804] Durch diesen Anspruch auf Sozialhilfe wird allerdings nur ein gesetzlich festgesetztes absolutes Existenzminimum abgedeckt.[1805]
Unterschiede ergeben sich auch beim Umfang des Unterhaltsanspruches und des Schadensersatzanspruches. Für den Fall, dass die Voraussetzungen eines Schadensersatzanspruches aus Art. 1382 C.civ. vorliegen und ein Schadensersatzanspruch in einer monatlichen Unterhaltsrente gezahlt wird, richtet sich die Höhe dieser Unterhaltsrente nicht nach den Lebensverhältnissen während der PaCS-Partnerschaft, sondern die Unterhaltsrente ist auf das Notwendige zum Leben beschränkt. Dies kann zwar insofern nicht so schwerwiegend für diesen Partner sein, da der Unterhaltsanspruch bereits während des Getrenntlebens auf das Notwendige beschränkt war und es somit nicht zu einem so starken Abfall des Lebensniveaus kommt. Dies kann jedoch in Anbetracht dessen, dass der berufstätige PaCS-Partner durch die Haushaltsführung des anderen Partners einen materiellen Vorteil dadurch erlangt haben kann, dass ihm der andere den Rücken frei gehalten hat, zu gravierenden Ungerechtigkeiten führen.
Außerdem wird der Schadensersatzanspruch in Form einer Unterhaltsrente nur für einen sehr kurzen Zeitraum gezahlt, sodass das Schutzbedürfnis dieses Partners nicht gedeckt ist, während ein Unterhaltsanspruch aus § 16 LPartG ein Leben lang beansprucht werden kann.
Die Normen zum PaCS müssen dahingehend kritisiert werden, dass den abschließenden Partnern kein größerer Schutz als Lebensgefährten zukommt, wenn sie sich nach der Beendigung des PaCS in einer mittellosen Lage befinden.[1806]
Der fehlende Schutz durch den anderen Partner nach der Beendigung des PaCS trifft homosexuelle Paare in Frankreich besonders hart, da sie keine Alternative zum PaCS haben und ihnen nicht – wie heterosexuellen Paaren – die Möglichkeit zur Verfügung steht, eine Ehe einzugehen, um ihre Solidarität auch über das Bestehen des Instituts hinaus rechtlich zu festigen.[1807]
Aus der Perspektive einer modernen Lebensgemeinschaft, ganz egal ob es sich um ein homo- oder heterosexuelles Paar handelt, in der beide Partner berufstätig sind und keine Kinder haben, ist der PaCS freilich ideal, da den Partnern dadurch, dass nach seiner Beendigung keine Unterhaltspflichten mehr untereinander bestehen, sehr viel Flexibilität und Handlungsfreiheit gewährt wird. Mit dem PaCS wird ihnen ein genau ihren Bedürfnissen angepasstes Rechtsinstitut zur Verfügung gestellt, mit dem sie sich kurzfristig binden, aber auch schnell wieder voneinander lösen können, und bei dem sie keine lebenslange Verantwortung füreinander trifft, die sie gerade nicht wollen.
Meines Erachtens wäre es zur Vermeidung gravierender Ungerechtigkeiten trotzdem notwendig gewesen, auch nach der Beendigung des PaCS die Pflicht zur gegenseitigen materiellen Unterstützung weiter bestehen zu lassen. Eventuell hätte

---

[1804] Die Sozialhilfe wurde in Frankreich durch Art. 2 des Gesetzes Nr. 88-1088 v. 1.12.1988 zum „revenue minimum d'instertion" eingeführt.
[1805] Der Betrag wurde für das Jahr 2003 bei einer Einzelperson auf 405,62 Euro festgesetzt.
[1806] So auch: Malaurie, Dr. Famille 1999, Nr. hors série, S. 30, 31.
[1807] Ferrand, in: Basedow/Hopt/Kötz/Dopffel (Hrsg.), Die Rechtstellung gleichgeschlechtlicher Lebensgemeinschaften, S. 113, 116.

man einen beschränkenden Zusatz wie „nur aus Billigkeitsgründen" oder „zur Vermeidung schwerer Härten" in die entsprechende Norm einfügen können. Eine solche Normierung einer Unterhaltspflicht wäre auch nicht in einen Konflikt mit dem französischen Verfassungsrecht geraten, da mangels Anordnung einer „prestation compensatoire" und dem begrenzenden Zusatz „aus Billigkeitsgründen" noch ein notwendiger Abstand zur Ehe aufrecht erhalten worden wäre.[1808] Zwar wäre den PaCS-Partnern dadurch ein wenig Freiheit genommen worden. Da es sich nur um eine Unterstützungspflicht in Notfällen gehandelt hätte, wäre eine solche Lösung sowohl den Ansprüchen an Freiheit und Flexibilität der PaCS-Partner als auch dem Rechtsschutzbedürfnis des unter Umständen bedürftigen Partners gerecht geworden. Dies hätte zu mehr Rechtssicherheit für den wirtschaft-lich schwächeren PaCS-Partner geführt und ihn weitgehender geschützt als ein Schadensersatzanspruch aus Art. 1382 C.civ.

Es wäre wünschenswert gewesen, wenn sich der französische Gesetzgeber bei der Schaffung der Normen zum PaCS mehr am Gerechtigkeitsempfinden orientiert hätte als an seiner Ideologie, einen Abstand zur Ehe aufrecht erhalten zu wollen.

Der deutsche Gesetzgeber hat für eingetragene Lebenspartner mit § 16 LPartG eine humanere und gerechtere Lösung gefunden, da bei Bedürftigkeit einem ehemaligen Lebenspartner ein Unterhaltsanspruch gegen den anderen zusteht. Der Tatsache, dass beide Lebenspartner grundsätzlich voneinander wirtschaftlich unabhängig sind und ein Partner nach der Beendigung der Lebenspartnerschaft nur ausnahmsweise bedürftig sein wird, wird dadurch Rechnung getragen, dass ein Unterhaltsanspruch nur gegeben ist, wenn der andere nicht selbst für sich sorgen kann und nicht grundsätzlich ein Unterhaltsanspruch besteht. Außerdem ist einem Lebenspartner eine Erwerbstätigkeit zumutbar, die nicht den wirtschaftlichen Verhältnissen während der Lebenspartnerschaft entspricht, sodass die Solidarität der Lebenspartner im Gegensatz zu deutschen Ehegatten eingeschränkt ist.

### 2. Schmerzensgeldanspruch für immaterielle Schäden des verlassenen Partners durch einseitige Beendigung des jeweiligen Rechtsinstituts

Ein weiterer Unterschied zwischen dem deutschen und dem französischen Recht besteht darin, dass es in Frankreich gemäß Art. 1382 C.civ. einen Schmerzensgeldanspruch für seelische Verletzungen geben kann, die dem verlassenen PaCS-Partner durch die Beendigung des PaCS zugefügt worden sind. Einen solchen Schmerzensgeldanspruch für enttäuschte Liebesgefühle gibt es im deutschen Recht nicht.

#### a. Anspruch auf Schmerzensgeld wegen unerwarteter Beendigung von Lebenspartnerschaft und PaCS

Im französischen Recht kann dem verlassenen PaCS-Partner ein Schmerzensgeldanspruch gemäß Art. 1382 C.civ. gegen seinen ehemaligen PaCS-Partner zustehen, wenn die Beendigung durch den anderen Partner sehr unerwartet erfolgte, er z.B. mit einer dritten Person eine Ehe eingeht und der PaCS dadurch ohne den Ablauf

[1808] Zu den verfassungsrechtlichen Beschränkungen, die sich auf den ganzen PaCS beziehen, unter Teil 2 § 3: Hintergründe der Unterschiede zwischen Lebenspartnerschaft und PaCS.

von Übergangsfristen beendet wird (Art. 515-7 Abs. 3 C.civ.) und er dem anderen seine Heiratspläne verheimlicht hatte und dieser dadurch einen seelischen Schaden erlitten hat.
Wenn die Lebenspartnerschaft ohne den Ablauf von Fristen beendet wird[1809], so steht dem verlassenen Lebenspartner nach deutschem Deliktsrecht kein Schmerzensgeldanspruch zu, auch wenn er durch die unter Umständen rücksichtslose Auflösung der Lebenspartnerschaft einen immateriellen Schaden erlitten hat.

**b. Anspruch auf Schmerzensgeld auf Grund einer Ehrverletzung oder einer sonstigen seelischen Verletzung**

Weiterhin kann nach französischem Recht ein Schmerzensgeldanspruch gemäß Art. 1382 C.civ. zugebilligt werden, wenn die Beendigung des PaCS den anderen Partner in seiner Ehre verletzt hat. Als eine solche Ehrverletzung wird es z.B. angesehen, wenn ein PaCS-Partner den PaCS beendet, obwohl die PaCS-Partnerin von ihm schwanger ist, oder ein PaCS-Partner den anderen angelogen, ihn arglistig getäuscht oder eine Geliebte bzw. einen Geliebten über Jahre verheimlich hat.[1810]
Ein Schadensersatzanspruch aus § 823 Abs. 1 BGB gegen den Lebenspartnerschaftsbrecher und untreuen eingetragenen Lebenspartner wegen Verletzung der lebenspartnerschaftlichen Gemeinschaft oder eines Rechts auf ungestörtes Leben in der eingetragenen Lebenspartnerschaft gibt es nicht.[1811]
Ein eingetragener Lebenspartner kann allerdings einen Schadensersatzanspruch aus § 826 BGB wegen sittenwidriger vorsätzlicher Schädigung gegen seinen Lebenspartner haben. Dies ist allerdings nicht der Fall, wenn es um verletzte Liebesgefühle geht, da es bei der eingetragenen Lebenspartnerschaft keine Treuepflicht gibt.

**c. Begründung für die Unterschiede im deutschen und im französischen Recht hinsichtlich des Bestehens eines Schmerzensgeldanspruches für seelische Verletzungen**

Der Unterschied, dass einem Lebenspartner gegen seinen ehemaligen Partner kein Schmerzensgeldanspruch für erlittene moralische Schäden zusteht, die ihm allein durch die Aufhebung der Lebenspartnerschaft zugefügt wurden, während ein PaCS-Partner gemäß Art. 1382 C.civ. einen entsprechenden Schmerzensgeldanspruch gegen seinen ehemaligen PaCS-Partner haben kann, beruht auf der in diesen Fällen unterschiedlichen Rechtsprechung in Deutschland und Frankreich.
Ein Schmerzensgeldanspruch setzt im deutschen Recht einen deliktischen Anspruch voraus. Ein deliktischer Schadenseratzanspruch aus § 823 Abs. 1 BGB wird bei Untreue bereits bei Ehegatten von der Rechtsprechung verneint, so gilt dies erst recht bei der eingetragenen Lebenspartnerschaft, bei der gar keine gesetz-liche

1809 Durch Eheschließung eines Lebenspartners mit einer dritten Person; BVerfGE 105, S. 313, 343; Meyer/Mittelstädt, LPartG, S. 37; Weinreich, FuR 2001, S. 481, 481; Schwab, FamRZ 2001, S. 385, 389; Muscheler, LPartG, Rn. 146; Palandt/Brudermüller, § 1 LPartG, Rn. 6.
1810 Cass. 1re civ., 6.7.1976: Bull.civ. 1976, I, Nr. 248.
1811 So auch: Wellenhofer-Klein, Die eingetragene Lebenspartnerschaft, S. 58; a.A. Hk-LPartG/Kemper, § 2 LPartG, Rn. 20.

Treuepflicht besteht. Da es an einem deliktischen Schadensersatzanspruch mangelt, ist auch ein Schmerzensgeldanspruch gemäß § 253 BGB i.V.m. dem deliktischen Anspruch nicht gegeben.
Allerdings kann unter den strengen Voraussetzungen des § 826 BGB, bei vorsätzlicher sittenwidriger Schädigung, auch ein vermögensrechtlicher Schadensersatzanspruch und auch ein Schmerzensgeldanspruch bestehen. Dies gilt aber wiederum nicht für verletzte Liebesgefühle, da das Lebenspartnerschaftsgesetz keine Treuepflicht unter Lebenspartnern vorsieht.
Nach der französischen Rechtsprechung werden dem Geschädigten demgegenüber auch immaterielle Schäden, wie verletzte Liebesgefühle ersetzt.[1812]
Dass die Franzosen großen Wert auf Schmerzensgeldansprüche für verletzte persönliche Gefühle legen, zeigt sich zudem daran, dass sich ein solcher Schmerzensgeldanspruch für seelische Wunden auch im französischen Eherecht in Art. 266 C.civ. findet. Ein solcher Schmerzensgeldanspruch kann einem geschiedenen Ehegatten neben einem Ausgleichsanspruch (prestation compensatoire) oder einem Unterhaltsanspruch zustehen, wenn dem verlassenen Ehegatten, den kein Verschulden trifft, durch die Scheidung ein materieller oder immaterieller Schaden entstanden ist. Ein Schmerzensgeldanspruch wurde beispielsweise einer Ehefrau zugebilligt, die von ihrem Ehemann mit mehreren Kindern für eine viel jüngere Geliebte verlassen wurde.[1813]
Die Tatsache, dass es im deutschen Recht keinen Schmerzensgeldanspruch für seelische Verletzungen, die beispielsweise durch die sofortige Aufhebung der Lebenspartnerschaft durch Eheschließung eines Lebenspartners mit einer dritten Person verursacht wurden, gibt, erscheint deswegen nicht unbillig, da seelische Verletzungen, die dadurch entstehen, dass sich Paare trennen können, zum allgemeinen Lebensrisiko gehören.

### 3. Zwischenergebnis des Vergleichs der Rechte und Pflichten nach der Beendigung von Lebenspartnerschaft und PaCS

Bei dem Vergleich des Unterhaltsrechts bei der Lebenspartnerschaft und beim PaCS wird der Unterschied zwischen den beiden Instituten der Lebenspartnerschaft als familienrechtlichem Institut und dem PaCS als bloßem Vertrag ganz deutlich.
Während der PaCS vor allem seinen Schwerpunkt der Rechte und Pflichten während des Bestehens des PaCS sieht, geht die Solidarität der Lebenspartner über das Bestehen der Lebenspartnerschaft hinaus.

## § 3 Hintergründe der Unterschiede zwischen Lebenspartnerschaft und PaCS

Während sich der deutsche Gesetzgeber bei Schaffung der eingetragenen Lebenspartnerschaft für gleichgeschlechtliche Paare weitgehend an der Ehe orientierte, hat

[1812] Sonnenberger/Autexier, Einführung in das französische Recht, S. 139; Röttgen, Die Rechtsstellung der Lebensgefährten bei Beendigung der eheähnlichen Gemeinschaft im französischen Recht, S. 13; Hübner/Constantinesco, Einführung in das französische Recht, S. 183.
[1813] Daste, Divorce, S. 291; Valot-Forest, Divorce, S. 173.

der französische Gesetzgeber zu einer grundlegenden Neukonzeption des rechtlichen Status nichtehelicher Lebensformen angesetzt, die außerehelichen Verbindungen jeder Gestalt – ob als hetero- oder homosexuelle Lebensgemeinschaft – eine umfassende Sonderstellung zwischen der „schlichten Lebensgemeinschaft“ (concubinage, union libre) und der Ehe einräumt.
Der deutsche Gesetzgeber hat bis auf vereinzelte Ausnahmen im Lebenspartnerschaftsgesetz die Eheregelungen abgeschrieben oder auf sie verwiesen.
Unter Lebenspartnern besteht wie bei Ehegatten eine Beistands- und eine Verantwortungsgemeinschaft, das Namensrecht und auch sonstige Rechte, wie z.B. Zeugnisverweigerungsrechte, Ausländer- und Staatsangehörigkeitsrechte, werden Lebenspartnern wie Ehegatten zugebilligt. Ausnahmen bestehen lediglich hinsichtlich der Pflicht zur häuslichen und zur Sexualgemeinschaft. Außerdem steht Lebenspartnern im Gegensatz zu Ehegatten kein gemeinsames Adoptionsrecht zu, und es bestehen Einschränkungen in Bezug auf das gemeinsame Sorgerecht für Kinder nur eines Lebenspartners. Darüber hinaus wird ein Lebenspartner nicht Ehegatte, sondern Familienangehöriger.
Auch in Bezug auf die vermögensrechtlichen Wirkungen des Abschlusses einer Lebenspartnerschaft und einer Ehe stimmen die Normen des Lebenspartnerschaftsgesetzes mit denen der Ehe weitgehend überein. Bei Zusammen- und bei Getrenntleben sowie nach der Beendigung der Lebenspartnerschaft bestehen ähnliche Unterhaltspflichten der Lebenspartner untereinander wie bei Ehegatten. Der Gesetzgeber hat lediglich ein anderes Regel- und Ausnahmeverhältnis vorgesehen, sodass einem ehemaligen Lebenspartner eher eine eigene Erwerbstätigkeit zur Deckung des eigenen Unterhalts zumutbar sein kann als einem Ehegatten. Weiterhin bestehen Unterschiede in Bezug auf die Altersvorsorge der Lebenspartner, denn weder vom Unterhaltsanspruch bei Zusammenleben noch bei Getrenntleben werden die Kosten für eine Altersvorsorge umfasst. Außerdem fehlt es im LPartG an einem Versorgungsausgleich nach der Aufhebung der Lebenspartnerschaft.
Zwar gibt es bei der Lebenspartnerschaft keinen gesetzlichen Güterstand der Ausgleichsgemeinschaft[1814] wie bei Ehegatten, sondern die Lebenspartner müssen vor der Begründung der Lebenspartnerschaft eine Vermögensstand wählen. Da allerdings der Güterstand der Ausgleichsgemeinschaft der einzige Güterstand ist, der ohne gebührenpflichtige notarielle Beurkundung festgelegt werden kann, wird dies auch unter Lebenspartnern der meistbestimmte Güterstand sein. In Bezug auf den Haftungsmaßstab und die gesamtschuldnerische Haftung der Lebenspartner für Schulden für den täglichen Lebensbedarf bestehen ebenfalls keine Unterschiede zum Eherecht. Lebenspartner sind überdies, obgleich es keinen gesetzlichen Güterstand der Ausgleichsgemeinschaft gibt, denselben Verfügungsbeschränkungen ausgesetzt wie Ehegatten. Hinsichtlich des Erbrechts und des Eintrittsrechts des überlebenden Lebenspartners in das Mietverhältnis gibt es nur marginale Abweichungen zum Eherecht. Bezüglich des Sozialversicherungsrechts, des Hausrats und der Wohnungsverteilung bei Getrenntleben oder nach der Aufhebung bestehen keine Unterschiede zur Ehe.

[1814] Entspricht der Zugewinngemeinschaft.

Allerdings fehlen die steuerliche Privilegierung im unterhaltsrechtlichen und im erbrechtlichen Bereich, wie sie für Ehegatten vorgesehen sind. Unterschiede bestehen auch dadurch, dass die Lebenspartnerschaft nicht geschieden, sondern nach Ablauf bestimmter Fristen aufgehoben wird. Darüber hinaus erfordert eine Scheidung im Gegensatz zur Aufhebung der Lebenspartnerschaft ein Scheitern der Ehe und den Eintritt des Getrenntlebens. Weiterhin sieht das Scheidungsrecht Härteklauseln vor, die es im LPartG nicht gibt. Gegebenenfalls kann eine Aufhebung der Lebenspartnerschaft auch schwieriger sein als eine Ehescheidung, da bei einseitigem Beendigungswunsch keine positive Feststellung der Zerrüttung der Gemeinschaft verlangt werden kann, sondern immer der Ablauf einer 36-monatigen Frist erforderlich ist.
Trotz geringfügiger Abweichungen des Lebenspartnerschaftsgesetzes von den Eheregelungen ist also insgesamt eine sehr starke Nähe zur Ehe zu verzeichnen.
Die Normen zum PaCS weichen demgegenüber sehr weit vom französischen Eherecht ab. Beim PaCS handelt es sich nicht – wie bei der Ehe – um ein familienrechtliches Institut, sondern um einen bloßen Vertrag zwischen den Partnern.
Was das Personenrecht zwischen den PaCS-Partnern anbetrifft, sind einige Abweichungen zur französischen Ehe zu verzeichnen. Den PaCS-Partnern steht weder das Recht zu, gemeinsam ein Kind zu adoptieren, noch überhaupt die Möglichkeit, ein gemeinsames Sorgerecht für ein Kind nur eines PaCS-Partners zu erlangen. Auch hat der PaCS keinen Einfluss auf das Verwandtschaftsverhältnis der Partner: PaCS-Partner sind weder Familienangehörige noch haben sie wie Ehegatten Vorteile im Ausländer- oder Staatsangehörigkeitsgesetz.
In vermögensrechtlicher Hinsicht zeigen sich ebenfalls große Unterschiede des PaCS zum Eherecht. Zwar wird PaCS-Partnern während des Zusammenlebens eine Beitragspflicht zu den „ehelichen Lasten" auferlegt, die weitgehend dem Art. 214 C.civ. des Eherechts entspricht, jedoch existieren bei Getrenntleben viel geringere Solidarpflichten der PaCS-Partner untereinander als bei Ehegatten. In Hinsicht auf den Vermögensstand bestehen ebenfalls große Abweichungen zur Ehe.
Was das Erbrecht anbelangt, ist bereits ein französischer Ehegatte weitaus schlechter gestellt als ein deutscher Ehegatte, da ihm nur subsidiär nach nahen Verwandten ein Erbrecht zusteht. Deswegen ist auch nicht verwunderlich, dass einem überlebenden PaCS-Partner überhaupt kein Erbrecht gewährt wird. Im Steuerrecht erhalten PaCS-Partner im Gegensatz zu Lebenspartnern zwar gewisse Steuervergünstigungen in unterhalts- und erbrechtlicher Hinsicht. Diese weichen aber sehr stark von den entsprechenden steuerrechtlichen Regelungen bei französischen Ehegatten ab, z.B. dadurch, dass die Steuervergünstigungen erst nach dreijährigem Bestehen des PaCS eintreten, während sie bei Ehegatten sofort geltend gemacht werden können.
Die größten Unterschiede zwischen dem PaCS und der französischen Ehe ergeben sich allerdings daraus, dass es viel einfacher ist, den PaCS aufzulösen als eine Ehe zu scheiden. Der PaCS kann im Gegensatz zur Ehescheidung ohne gerichtliches Urteil beendet werden. Bei gegenseitigem Einverständnis ist die Beendigung des PaCS sogar ohne Ablauf von Fristen möglich, während eine Scheidung selbst bei Einigkeit der Ehegatten eines langwierigen richterlichen Überprüfungsprozesses

bedarf. Auch bei einseitigem Beendigungswunsch kann die Beendigung des PaCS nach Ablauf einer dreimonatigen Wartefrist erreicht werden, während eine einseitig verlangte Ehescheidung nur bei Einverständnis des anderen Ehegatten, bei nachgewiesenem Verschulden des anderen Ehegatten oder bei festgestellter Zerrüttung und sechsjähriger tatsächlicher Trennung erzielt werden kann. Außerdem bestehen nach der Beendigung des PaCS keine Unterhalts- oder Ausgleichspflichten der PaCS-Parter untereinander, während dies bei Ehegatten der Fall ist.
Bei der Lebenspartnerschaft handelt es sich um ein auf Lebenszeit angelegtes Solidarverhältnis mit eheähnlichen Solidarpflichten nach der Beendigung der Lebenspartnerschaft. Der PaCS hingegen begründet nur grundlegende Rechte und Pflichten der Partner während des Bestehens des PaCS. Jedoch besteht keine Solidarität über das Ende des PaCS hinaus.
Die Tatsache, dass der Gesetzgeber Deutschlands und Frankreichs mit der Lebenspartnerschaft und dem PaCS so unterschiedliche Rechtsinstitute in Bezug auf den Adressatenkreis und die Nähe des Instituts zu den jeweiligen Ehereglungen geschaffen hat, lässt sich zum einen darauf zurückführen, dass beide Gesetzgeber teilweise unterschiedliche Ziele verfolgt haben. Zum anderen ist diese andere Herangehensweise aber auch auf Besonderheiten im deutschen und im französischen Verfassungsrecht zurückzuführen.
Dem deutschen Gesetzgeber ging es mit Einführung der eingetragenen Lebenspartnerschaft allein um die Aufhebung der Diskriminierung gleichgeschlechtlicher Lebenspartnerschaften und die Behebung der Rechtlosstellung gleichgeschlechtlicher Partner.[1815] Der französische Gesetzgeber bezweckte hingegen primär, allen nichtehelichen Lebensgemeinschaften – ob homo- oder heterosexuell – eine rechtliche Anerkennung zu verschaffen.[1816] Der französische Gesetzgeber beabsichtigte es zwar auch, die Toleranz gegenüber homosexuellen Paaren zu steigern, er strebte es jedoch keinesfalls an, den homosexuellen Paaren sehr weitgehende Rechte zuzubilligen. Im Zeitpunkt der größten Debatten um den PaCS, im Jahre 1998, hatte überhaupt keine politische Partei, geschweige denn ein Abgeordneter der Assemblée nationale oder ein Senator, den Willen, die Öffnung der Ehe für Homosexuelle oder die Schaffung eines anderen Rechtsinstituts für gleichgeschlechtliche Paare nahe an der Ehe zu unterstützen oder durchzusetzen.[1817]
Der deutsche Gesetzgeber war der Auffassung, dass er sein alleiniges Ziel, die Diskriminierung von gleichgeschlechtlichen Paaren zu beenden, am besten erreichen könne, wenn er diesen ein Rechtsinstitut zur Verfügung stellt, das sich weitgehend an der Ehe orientiert.[1818]
Der französische Gesetzgeber war demgegenüber der Meinung, dass er seine beiden Ziele, einerseits die Diskriminierungen von Homosexuellen zu beenden und zudem die große Anzahl von heterosexuellen nichtehelichen Lebensgemein-

[1815] BT-Drucks. 14/3751, S. 33.
[1816] De Percin, Le PaCS, S. 7; Mécary, Droit et homosexualité, S. 156; Bericht Nr. 1097 von Jean-Pierre Michel, eingereicht bei der Ass. Nat. am 23.9.1998, S. 7.
[1817] Bach-Ignasse, in: Borillo (Hrsg.), Homosexualités et droit, S. 122, 127.
[1818] BT-Drucks. 14 /3751, S. 33.

schaften rechtlich anzuerkennen, am besten dadurch erreichen könne, indem er ein ganz neuartiges Institut für alle nichtehelichen Lebensgemeinschaften, ganz gleich welchen Geschlechts, zwischen der „schlichten Lebensgemeinschaft“ (concubinage, union libre) und der Ehe schafft.
Die unterschiedlichen Zielsetzungen des deutschen und des französischen Gesetzgebers lassen sich auf die anderen moralischen und sittlichen Wertungen in Deutschland und Frankreich in Bezug auf homosexuelle Lebensgemeinschaften zurückführen.
In der deutschen Gesellschaft war im Zeitpunkt der Schaffung des Lebenspartnerschaftsgesetzes die Akzeptanz von homosexuellen Paaren wesentlich weiter fortgeschritten als in Frankreich. In den 1990er Jahren hatte sich in Deutschland das Gefühl verstärkt, dass es sich bei einer homosexuellen Lebensgemeinschaft um etwas Normales handelt.[1819] Die Anerkennung gleichgeschlechtlicher Paare war so weit gediehen, dass die Zustimmung zur Schaffung eines Rechtsinstituts für gleichgeschlechtliche Paare nahe an der Ehe in der allgemeinen Öffentlichkeit im Jahre 1992 bei 30 Prozent und 2001 bei 60 Prozent lag.[1820] Dieser überwiegende Wille der Bevölkerung hatte auch Auswirkungen auf die Zielsetzungen des Gesetzgebers, denn durch die Bundestagswahlen im Jahre 1998 kam eine Rot/Grüne Bundesregierung an die Macht, die bereits im Wahlkampf dargetan hatte, dass die Aufhebung der Diskriminierung von Homosexuellen ein Ziel ihrer Regierungszeit sein werde. Zwar gab es auch in Deutschland von den konservativen Parteien, von vielen Stimmen in der Literatur und auch aus einigen Teilen der Bevölkerung, großen Widerstand gegen die Schaffung eines Rechtsinstituts für gleichgeschlechtliche Paare nahe an der Ehe. Dieser Protest beruhte jedoch weniger auf mangelnder Toleranz gegenüber homosexuell orientierten Menschen, sondern auf der Befürchtung, dass durch die Schaffung von Rechtsnormen für gleichgeschlechtliche Paare nahe an der Ehe das verfassungsrechtlich geschützte Institut der Ehe Schaden nehmen könne.[1821]
Anders war die Lage dagegen in Frankreich. Obgleich in Frankreich die Toleranz gegenüber homosexuellen Lebensgemeinschaften in den letzten Jahrzehnten leicht zugenommen hatte – während in 1975 nur 24 Prozent der Befragten Homosexualität als akzeptable Lebensform erachteten, waren es 1996 bereits 67 Prozent der Befragten[1822] – war der Schritt von der Toleranz zur Akzeptanz durch das Hervorbringen eines Rechtsinstituts allein für homosexuelle Partnerschaften oder der Zubilligung von weitgehenden Rechten an Homosexuelle in Frankreich undenkbar,

[1819] Muscheler, LPartG, Rn. 6.
[1820] Blumenthal, Stellungnahme, S. 96 f.
[1821] Braun, JuS 2003, S. 21, 23; Henrich, in Badura/Scholz, S. 239; Scholz/Uhle NJW 2000, S. 393, 397; Diederichsen, NJW 2000, S. 1843; Tettinger, JZ 2002, S. 1146, 1150; Kirchhof, FPR 2001, S. 436, 437; Krings, ZRP 2000, S. 409, 411; Schlüter, FF 2000, S. 76, 81; Burgi, Der Staat 2000, S. 487, 502.
[1822] Bericht Nr. 1097 von Jean-Pierre Michel, eingereicht bei der Ass. Nat. v. 23.9.1998, S. 9, entsprechend einer Umfrage des IFOP.

wie die zahlreichen Proteste und Demonstrationen von PaCS-Gegnern unter Beweis stellen.[1823]
In Frankreich herrschte bei der Diskussion um die Verbesserung der Rechstellung homosexueller Paare eine sehr polemische und aggressive Stimmung. Es war nicht nur undenkbar, homosexuellen Paaren eheähnliche Rechte zuzubilligen. Es gab sogar Stimmen in der Literatur, die dafür plädiert haben, homo- und heterosexuelle nichteheliche Lebensgemeinschaften ungleich zu behandeln.[1824]
Diese unterschiedlichen moralischen und sittlichen Wertungen in Deutschland und Frankreich in Bezug auf die Intensität des Willens, homosexuellen Paaren Rechte zubilligen zu wollen, haben ihren Ursprung in den Besonderheiten der religiösen Einstellungen in beiden Ländern. Insbesondere hatte die unterschiedlich starke Ausprägung des Katholizismus und des Protestantismus in der deutschen und in der französischen Bevölkerung Einfluss auf die moralischen und sittlichen Wertungen im Hinblick auf den Willen, homosexuellen Paaren Rechte zuerkennen zu wollen, da beide Religionen ganz unterschiedliche sozialethische Positionen gegenüber gleichgeschlechtlichen Beziehungen einnehmen.
Die katholische Lehre bewertet die homosexuelle Veranlagung als negativ (Rom 1986, Nr. 3)[1825], da sie einen Verstoß gegen das natürliche Gesetz darstelle (KatKK Nr. 2357)[1826] und durch sie das Leben und die Wohlfahrt einer großen Zahl von Menschen ernsthaft bedroht werde.[1827] Homosexualität sei ein Verhalten, für das niemand ein irgendwie geartetes Recht in Anspruch nehmen könne. Bei der Beurteilung der homosexuellen Neigung beruft sich die katholische Kirche auf das Urteil der Bibel, die Homosexualität „als schlimme Abirrung" bezeichne (KatKK Nr. 2347).[1828] Nach einem Papier des Kardinal Joseph Ratzinger, dem Chef der vatikanischen Glaubenskongregation, vom 31.7.2003 haben katholische Politiker in aller Welt „die sittliche Pflicht" gegen Gesetze anzukämpfen, die homosexuelle mit heterosexuellen Paaren gleichstellen.[1829]
Der liberale europäische Protestantismus hat demgegenüber mit der rechtlichen Anerkennung gleichgeschlechtlicher Partnerschaften wesentlich geringere Probleme. Gleichgeschlechtliche Partnerschaften seien als Beziehung zwischen zwei Menschen ebenfalls durch Vertrauen, Verlässlichkeit und Dauer gekennzeich-

---

[1823] Vivier, Le PaCS, S. 10.
[1824] Ferrand, FamRZ 2000, S. 217, 521; Dopffel/Kötz/Scherpe, in: Basedow/Hopt/Kötz/Dopffel (Hrsg.), Die Rechtstellung gleichgeschlechtlicher Lebensgemeinschaften, S. 394, 421; Vivier, Le PaCS, S. 11.
[1825] Heinz, in: Basedow/Hopt/Kötz/Dopffel (Hrsg.), Die Rechtstellung gleichgeschlechtlicher Lebensgemeinschaften, S. 278, 280.
[1826] Heinz, in: Basedow/Hopt/Kötz/Dopffel (Hrsg.), Die Rechtstellung gleichgeschlechtlicher Lebensgemeinschaften, S. 278, 282.
[1827] Heinz, in: Basedow/Hopt/Kötz/Dopffel (Hrsg.), Die Rechtstellung gleichgeschlechtlicher Lebensgemeinschaften, S. 278, 282.
[1828] Heinz, in: Basedow/Hopt/Kötz/Dopffel (Hrsg.), Die Rechtstellung gleichgeschlechtlicher Lebensgemeinschaften, S. 278, 282.
[1829] Ratzinger, Kongregation für die Glaubenslehre vom 31.7.2003; vgl. auch: Der Spiegel 32/2003, S. 20.

net.[1830] Die Evangelische Kirche Deutschlands (EKD) hat in ihrer Orientierungshilfe des Rates der EKD zum Thema „Homosexualität und Kirche“ geäußert, dass es ethisch nicht mehr zu verantworten sei, Homosexuelle zu diskriminieren.[1831] Die EDK entschuldigte sich ausdrücklich für das Homosexuellen in der Vergan-genheit auch gerade im Umfeld der Kirche angetane Unrecht und Leid.[1832] Zum Schutz und zur Unterstützung gleichgeschlechtlicher Lebensgemeinschaften sei es sogar notwenig, rechtliche Regelungen für das dauerhafte Zusammenleben Homosexueller zu treffen[1833], diese müssten jedoch Unterschiede zur Ehe aufrechterhalten.[1834]

Dadurch, dass es sich in Deutschland um ein gemischt konfessionelles Land handelt, in dem 32 Prozent der Bevölkerung der katholischen[1835] und 33 Prozent der evangelischen Kirche angehören[1836], konnte die katholische Haltung, die – wie vorhergehend erläutert – einer homosexuellen Beziehung sehr skeptisch gegenüber steht, keinen so großen Einfluss auf die Meinungsbildung des Gesetzgebers hinsichtlich der Schaffung von Rechtsnormen für gleichgeschlechtliche Partnerschaften nehmen.

Frankreich ist demgegenüber ein sehr katholisches Land. Allein 80 Prozent der Bevölkerung gehören der katholische Konfession an.[1837] Dass die katholische Kirche eine homosexuelle Beziehung als unmoralisch bezeichnet[1838], hat sicherlich auch dazu beigetragen, dass es in Frankreich zu keinen Erwägungen gekommen ist, ein Gesetz für homosexuelle Paare nahe an der Ehe zu schaffen. Zwar gilt in Frankreich der Grundsatz der Trennung von Kirche und Staat (laicité), jedoch handelt es sich um eine repräsentative Demokratie, bei der die Abgeordneten die Meinung des Volkes repräsentieren, sodass die Lehren des Katholizismus jedenfalls mittelbar die Zielsetzungen des Gesetzgebers beeinflussen.

Dafür, dass die jeweilige Konfessionsangehörigkeit der überwiegenden Bevölkerung in den jeweiligen Ländern Auswirkungen auf die Zielsetzungen der Gesetzgeber und damit auf die Schaffung von gesetzlichen Normen für homosexuelle Paare hatte, spricht auch der Blick auf einige andere europäischer Länder, die homosexuellen Paaren Rechte zugebilligt haben. Beispielsweise wurden in Ländern wie Italien, Spanien, Irland und Ungarn, in denen der Anteil der Katholiken bei ca. 90 Prozent liegt, bis heute nur sehr spärliche Reglungen für homosexuelle

---

[1830] Keil, in: Keil/Haspel (Hrsg.), Gleichgeschlechtliche Lebensgemeinschaften in sozialethischer Perspektive, S. 201, 215.

[1831] Kirchenamt der EKD (Hrsg.), Mit Spannungen leben, S. 14.

[1832] Keil, in: Keil/Haspel (Hrsg.), Gleichgeschlechtliche Lebensgemeinschaften in sozialethischer Perspektive, S. 202, 218.

[1833] Vgl. Kirchenleitung der EKiR (Hrsg.), „Sexualität und Lebensformen“ sowie „Trauung und Segnung“, S. 95 ff.

[1834] Keil, in: Keil/Haspel (Hrsg.), Gleichgeschlechtliche Lebensgemeinschaften in sozialethischer Perspektive, S. 202, 218.

[1835] Der Spiegel 32/2003, S. 22.

[1836] www.staatenderwelt.de.

[1837] Der Spiegel 32/2003, S. 22.

[1838] Erklärung der französischen Bischöfe v. 16.9.1998.

Paare geschaffen.[1839] Ganz anders ist es hingegen in den Niederlanden und den skandinavischen Ländern, in denen die Lutheraner ein großes Gegengewicht darstellen. In diesen Ländern werden homosexuellen Paaren sehr weitreichende Rechte zugebilligt.[1840]
In der französischen juristischen Literatur zum PaCS wird als weiterer Grund dafür, dass der französische Gesetzgeber gleichgeschlechtlichen Partnern keine weitergehenden Rechte zubilligen wollte, angeführt, dass der Gesetzgeber auch auf die vielen muslimischen Bürger in Frankreich Rücksicht nehmen wollte, nach deren Glauben Homosexualität sehr kritisch betrachtet wird.[1841] Durch die Gewährung von eheähnlichen Rechten an Homosexuelle, fürchtete der Gesetzgeber, werde die Integration der Moslems in Frankreich behindert.[1842] In Frankreich gibt es auf Grund der historischen Nähe zu Nordafrika ca. 7 Prozent, d.h. 5 Millionen Muslime; dabei handelt es sich um die größte muslimische Gemeinschaft in Europa.[1843] Diese kommen meist aus Algerien, Marokko und Tunesien, also aus ehemaligen französischen Kolonien.[1844]
In Deutschland leben dagegen lediglich 3,7 Prozent Muslime.[1845] Bei den Muslimen in Deutschland handelt es sich größtenteils um Türken[1846], die in ihrer Glaubensausübung wesentlich moderater und weltoffener als die Muslime aus Nordafrika sind. Deswegen war in Deutschland kein so weitgehender Widerstand der Muslime zu erwarten.
Der fehlende Wille, sich primär um die Verbesserung der Rechtstellung von homosexuellen Paaren zu bemühen, lässt sich in Frankreich darüber hinaus auch mit dem südländischen Charakter der Franzosen und den tiefen Ängsten erklären, die mit diesem Thema verbunden sind.[1847]
Auf Grund dieser großen Widerstände in der Bevölkerung gegen die Zubilligung von weitreichenden Rechten an gleichgeschlechtliche Paare war in Frankreich die Schaffung einer Regelung sowohl für hetero- als auch für homosexuelle nicht-

---

[1839] In diesen Ländern besteht ein ganz überwiegender Anteil an Katholiken: Italien über 90 Prozent, Spanien 85 Prozent, Irland ebenfalls über 90 Prozent.
Näher zu den gesetzlichen Rege-lungen siehe vorne unter 1. Teil, § 1 und die jeweiligen Länderberichte in: Basedow/Hopt/Kötz/Dopffel (Hrsg.), Die Rechtstellung gleichgeschlechtlicher Lebensgemeinschaften.
[1840] In den skandinavischen Ländern, die homosexuellen Paaren sehr offen gegenüber stehen, sind die überwiegende Mehrheit der Bürger Lutheraner: Island 93 Prozent, Dänemark 90 Prozent, Niederlande und Deutschland 34 Prozent.
[1841] Der Direktor der Moschee von Paris hat sich vor dem Gesetzgebungsausschuss beispielsweise gegen ein Rechtsinstitut für homosexuelle Paare ausgesprochen: Bericht Nr. 258, eingereicht von Patrice Gélard beim Senat, S. 195.
[1842] Vivier, Le PaCS, S. 13.
[1843] Der Spiegel, 15/2003, S. 172.
[1844] www.frankreich-experte.de
[1845] www.bundesamtfürstatistik.de
[1846] Von den 8, 9 Prozent Ausländern in Deutschland stammen 25 Prozent aus der EU, 28 Prozent aus der Türkei und der übrige Teil aus anderen Staaten der Welt.
www.bundesamtfürstatistik.de.
[1847] Ferrand, in: Basedow/Hopt/Kötz/Dopffel (Hrsg.), Die Rechtstellung gleichgeschlechtlicher Lebensgemeinschaften, S. 112, 116.

eheliche Lebensgemeinschaften so verlockend: Dadurch kam man den Forderungen der homosexuellen Lobbies entgegen, während gleichzeitig die Anerkennung von homosexuellen Paaren gegenüber den Kritikern ein wenig relativiert wurde. Mit der Schaffung eines Rechtsinstitutes allein für homosexuelle Paare wären diesen viel offensichtlicher Rechte und Pflichten zugebilligt worden; ein solches Gesetz wäre politisch nicht durchsetzbar gewesen.[1848]
Jedoch haben noch andere Gründe dazu beigetragen, dass der deutsche und der französische Gesetzgeber so unterschiedliche Regelungen für nichteheliche Lebensgemeinschaften geschaffen hat.
Während der deutsche Gesetzgeber nicht durch Verfassungsrecht daran gehindert war, ein Rechtsinstitut allein für homosexuelle Paare nahe an der Ehe zu schaffen[1849], hätte in Frankreich die Schaffung eines eigenen Instituts nur für homosexuelle Paare – unabhängig vom Regelungsinhalt – gegen Art. 1 der Erklärung der Menschen- und Bürgerrechte von 1789 (Déclaration des droits de l'Homme et du Citoyen) verstoßen.[1850] In Frankreich wird gemäß republikanischer Tradition der Gleichheitsgrundsatz des Art. 1 der Erklärung der Menschen- und Bürgerrechte von 1789 im Lichte des Prinzips des Universalismus ausgelegt.[1851] Nach dem Grundsatz des Universalismus (universalisme) genießen alle noch so verschiedenartigen Individuen dieselben Rechte, die jedem Einzelnen als Mensch zuerkannt werden.[1852] Diese Theorie, die auf das Gedankengut der Aufklärung unter „Voltaire" und „Montesquieu" zurückgeht,[1853] widersetzt sich einer Unterscheidung der Bürger nach ihren besonderen Eigenschaften.[1854] Eine ausdrückliche gesetzliche Zubilligung von Rechten an bestimmte Personenkreise auf Grund der Zugehörigkeit zu einer bestimmten Gruppe würde einen Verstoß gegen die Deklaration von 1789 darstellen, die noch heute geltendes Recht ist. Deswegen konnte nach Ansicht des französischen Gesetzgebers auch kein Gesetz allein für Homosexuelle geschaffen werden, in dem Homosexuellen auf Grund ihrer Zugehörigkeit zu der Gruppe der Homosexuellen Rechte zugebilligt würden.[1855] Nur in Ausnahmefällen kann es gesetzliche Regelungen für bestimmte Personengruppen geben, allerdings nur zum Zwecke der Normierung von Diskriminierungsverboten, z.B. bei Fragen der Gleichberechtigung von Mann und Frau, der Gleichheit aller ethnischen Bevölkerungsgruppen, etc.[1856]

---

[1848] Ferrand, in: Basedow/Hopt/Kötz/Dopffel (Hrsg.), Die Rechtstellung gleichgeschlechtlicher Lebensgemeinschaften, S. 113, 116.
[1849] BVerfGE, 105, 313 ff.
[1850] Bericht Nr. 1097 v. Jean-Pierre Michel, eingereicht bei der Ass. Nat. am 23.9.1998, S. 8.
[1851] Hübner/Constantinesco, Einführung in das französische Recht, S. 64; Bericht Nr. 1097 v. Jean-Pierre Michel, eingereicht bei der Ass. Nat. am 23.9.1998, S. 8.
[1852] Dillenschneider, Le PaCS, Analyse d'une décision, S. 19; Hübner/Constantinesco, Einführung in das französische Recht, S. 64.
[1853] Hübner/Constantinesco, Einführung in das französische Recht, S. 64.
[1854] Dillenschneider, Le PaCS, Analyse d'une décision, S. 19.
[1855] Bericht Nr. 1097 v. Jean-Pierre Michel, eingereicht bei der Ass. Nat. am 23.9.1998, S. 8.
[1856] Dillenschneider, Le PaCS, Analyse d'une décision, S. 19.

Bei konsequenter Anwendung der Theorie vom Universalismus wäre es allerdings zulässig gewesen, die Ehe auch für Homosexuelle zu öffnen, denn dann hätten tatsächlich alle Menschen in Frankreich dieselben Rechte gehabt.[1857] Eine „Homoehe“ ging dem Gesetzgeber dann aber wohl doch zu weit. Überdies wäre eine „Homoehe“ auch aus politischen Gründen zum Scheitern verurteilt gewesen.[1858]
Der Gesetzgeber hat das Absehen von der Schaffung eines Rechtsinstituts allein für Homosexuelle auch damit begründet, dass ein solches Gesetz den Schutz des Privatlebens dieser Personen hätte gefährden können; denn durch den Abschluss eines Instituts für Homosexuelle wären die sexuellen Präferenzen der Parteien offenbart worden, die den Staat nichts angingen.[1859] Dies würde durch die Schaffung eines PaCS verhindert, der sowohl homo- als auch heterosexuellen Paaren offen stünde.[1860] In Frankreich konnte somit auch aus verfassungsrechtlichen Gründen kein Rechtsinstitut nur für Homosexuelle geschaffen werden.
Aber auch die Entscheidung des deutschen Gesetzgebers, ein Rechtsinstitut allein für homosexuelle Paare, und des französischen Gesetzgebers, eine Regelung sowohl für homo- als auch für heterosexuelle Paare zu schaffen, schränkte jeweils ihre gesetzgeberischen Möglichkeiten in Bezug auf die Nähe oder den Abstand der Regelung zum jeweiligen Eherecht enorm ein.
Da es in Frankreich für heterosexuelle Paare die Möglichkeit gibt, unter drei verschiedenen rechtlichen Formen des Zusammenlebens – der Ehe, dem Abschluss eines PaCS und dem Konkubinat – zu wählen, hatte dies allein aus logischen Gründen zwingend zur Folge, dass beim PaCS Regelungen weit unterhalb der Ehe geschaffen werden mussten; denn dadurch, dass heterosexuelle Paare bereits die Möglichkeit zur Eingehung einer Ehe haben, ist eine weitere Normierung für heterosexuelle Paare nahe an der Ehe überflüssig geworden. Insbesondere durch die einfache Möglichkeit, den PaCS zu beenden, und durch mangelnde Solidarpflichten nach der Beendigung des PaCS setzt sich der PaCS von der Ehe ab.
Es hatte aber auch wieder verfassungsrechtliche Gründe, dass sich in Deutschland das Institut der Lebenspartnerschaft für gleichgeschlechtliche Paare nahe an der Ehe und in Frankreich der PaCS für homo- und heterosexuelle Paare weit unterhalb der Ehe bewegen mussten.
Der deutsche Gesetzgeber wollte einen Konflikt mit dem Gleichheitsgrundsatz des Art. 3 Abs. 1 GG vermeiden. Die Einführung eines Rechtsinstituts nur für homosexuelle Paare weit unterhalb der Ehe, zu dem heterosexuelle Paare keinen Zugang gehabt hätten, hätte eine Ungleichbehandlung von homo- und heterosexuellen Paaren dargestellt, die verfassungsrechtlich nicht gerechtfertigt gewesen wäre.[1861]

[1857] So auch Lochak, in: Borillo (Hrsg.), Homosexualités et droit, S. 45, 51.
[1858] Mécary, Droit et homosexualité, S. 113.
[1859] Bericht Nr. 1097 v. Jean-Pierre Michel, eingereicht bei der Ass. Nat. am 23.9.1998, S. 8.
[1860] Bericht Nr. 1097 v. Jean-Pierre Michel, eingereicht bei der Ass. Nat. am 23.9.1998, S. 8.
[1861] Sachs, JR 2001, S. 45, 49; Scholz/Uhle, NJW 2001, S. 393, 399; Krings, ZRP 2000, S. 409, 414.

Zwar besteht auch nach der jetzigen Rechtslage dadurch, dass die Lebenspartnerschaft gewisse Unterschiede zur Ehe aufweist[1862] und das Institut der eingetragenen Lebenspartnerschaft trotzdem nicht für heterosexuelle Paare geöffnet ist, eine Ungleichbehandlung von heterosexuellen im Vergleich zu homosexuellen Paaren i.S.d. Art. 3 Abs. 1 GG. Diese Ungleichbehandlung ist verfassungsrechtlich aber dadurch gerechtfertigt, dass heterosexuellen Paaren die Ehe offen steht. Heterosexuelle können deswegen auf die Ehe verwiesen werden, weil sie im Gegensatz zu homosexuellen Paaren Kinder bekommen können und somit ein solch schwerwiegender Unterschied zwischen beiden Vergleichgruppen vorliegt, dass die Ungleichbehandlung gerechtfertigt ist.[1863]
Würde eine Regelung allein für homosexuelle Paare jedoch, z.B. durch fehlende Unterhaltspflichten nach der Beendigung der Lebenspartnerschaft, stark von der Ehe abweichen, könnte diese Ungleichbehandlung nicht mehr mit dem Hinweis auf die verschiedengeschlechtlichen Paaren offen stehende Ehe negiert werden, da die eingetragene Lebenspartnerschaft ein von der Ehe grundsätzlich verschiedenes Rechtsinstitut sui generis würde. Der Unterschied, dass heterosexuelle Paare im Gegensatz zu homosexuellen Paaren Kinder bekommen können, kann nur einen sachlichen Grund für eine Ungleichbehandlung darstellen, wenn es sich noch um ein ähnliches Institut, mit vergleichbaren Rechten und Pflichten, nicht jedoch wenn es sich mangels Unterhaltspflichten nach der Beendigung des Instituts um ein vollkommen anderes Institut handelt.
Auch in Frankreich hat es verfassungsrechtliche Gründe, dass sich ein Rechtsinstitut für hetero- und homosexuelle Paare weitgehend von der Ehe unterscheiden muss. Ein Institut für homo-, aber vor allem für heterosexuelle Paare, nahe an der Ehe, z.B. durch eine scheidungsähnliche Beendigung des Instituts oder durch die Einführung von Unterhaltspflichten nach der Beendigung des PaCS, hätte als Angriff auf das Institut der republikanischen Ehe und somit als Verstoß gegen Art. 1 der Verfassung vom 4. Oktober 1958 gewertet werden können.
Nach Art. 1 der Verfassung vom 4. Oktober 1958 ist Frankreich ein unteilbares, nichtkonfessionsgebundenes (laic), demokratisches und soziales Land.[1864] Das zivilrechtliche Institut der Ehe – im Gegensatz zur kirchlichen Ehe – ist Ausfluss des Prinzips der Trennung von Kirche und Staat und steht deshalb unter dem Schutz der Verfassung. Aus diesem Grund stellt es einen Verstoß gegen das Prinzip der Laizität dar, wenn Regelungen geschaffen werden, die der zivilrechtlichen Ehe schaden könnten.[1865] Beispielsweise wird davon ausgegangen, dass das Rechtsinstitut der Ehe dadurch tangiert werde, wenn ein neues, mit der Ehe konkurrierendes familienrechtliches Institut geschaffen würde.[1866] Ein solches Kon-

[1862] Z.B. dadurch, dass es bei der Lebenspartnerschaft keinen gesetzlichen Güterstand der Ausgleichsgemeinschaft entsprechend dem ehelichen Güterstand der Zugewinngemeinschaft gibt, unterschiedliche Voraussetzungen an die Aufhebung der Lebenspartnerschaft gestellt werden als an die Scheidung einer Ehe und, dass Unterschiede im Steuerrecht bestehen, etc.
[1863] BVerfGE 105, S. 313 ff.
[1864] Piastra, Le Dalloz 2000, Nr. 13, S. 203, 204.
[1865] Molfessis, JCP éd. N 2000, Nr. 6, S. 270, 277; Piastra, Le Dalloz 2000, Nr. 13, S. 203, 204.
[1866] Piastra, Le Dalloz 2000, Nr. 13, S. 203, 204.

kurrenzinstitut ist aus französischer Sicht jedoch so lange nicht gegeben, wie es sich um ein Institut wie beim PaCS für Homo- und Heterosexuelle weit unterhalb der Ehe handelt. Hätten sich die Regelungen zum PaCS nahe an der Ehe orientiert, dann stünden heterosexuellen Paaren zwei „Ehen" zur Verfügung. Ein solches Konkurrenzinstitut zur Ehe hätte der Ehe schaden können.
Der deutsche Gesetzgeber versuchte bei der Schaffung der eingetragenen Lebenspartnerschaft eine Gratwanderung: Er bemühte sich einerseits, das dem von großen Teilen der Literatur propagierten Abstandsgebot aus Art. 6 Abs. 1 GG, das vom Bundesverfassungsgericht abgelehnt worden ist[1867], einzuhalten und andererseits einem Verstoß gegen Art. 3 Abs. 1 GG zu entgehen, der vorgelegen hätte, wenn sich die Lebenspartnerschaft zu weit von der Ehe abgesetzt hätte; denn dann hätte es verfassungsrechtlich nicht mehr gerechtfertigt werden können, dass heterosexuellen Paaren der Zugang zur Lebenspartnerschaft verwehrt geblieben wäre.
Der französische Gesetzgeber hat demgegenüber eine Regelungsvariante gewählt, die in Deutschland wegen Art. 6 Abs. 1 GG auf Widerstand hätte stoßen können. Denn in Frankreich wird heterosexuellen Paaren die Möglichkeit gegeben, unter drei verschieden rechtlichen Formen des Zusammenlebens zu wählen: der Ehe, dem Abschluss eines PaCS und dem Konkubinat. Diese Wahlmöglichkeit für heterosexuelle Paare würde in Deutschland große Zweifel an der Verfassungsmäßigkeit eines solchen Instituts aufkommen lassen.
Zwar ist es grundsätzlich verfassungsrechtlich nicht zu beanstanden, überhaupt Regelungen für nichteheliche Lebensgemeinschaften einzuführen, da aus Art. 6 GG nicht folgt, dass die Ehe die einzige rechtmäßige Form des Zusammenleben darstellt.[1868] Darüber hinaus ist der Gesetzgeber nicht gehindert, nichteheliche Paare bei einzelnen Vergünstigungen mit Eheleuten gleichzustellen.[1869] Jedoch ist die Schaffung von Normierungen der nichtehelichen Lebensgemeinschaft nur innerhalb der verfassungsrechtlichen Grenzen möglich.[1870] Eine derartige Ausweichungsmöglichkeit für heterosexuelle Paare würde die Ehe als verfassungsrechtlich besonders geschütztes Gut unterminieren, da sie heterosexuellen Paare mangels weitreichender Pflichten eine attraktivere Lebensform zur Verfügung gestellt hätte, sodass ein Verstoß gegen Art. 6 GG hätte angenommen werden können.[1871] Ein Wahlrecht für heterosexuelle Paare in Deutschland zwischen der Ehe und einem Institut wie dem PaCS, d.h. deutlich unterhalb der Ehe, z.B. ohne Unterhaltspflichten über das Bestehen des Instituts hinaus, hätte daher einen Verstoß gegen Art. 6 GG dargestellt.[1872]
Die Franzosen gelangen allerdings nicht in einen solchen Konflikt mit der Verfassung. Zwar darf in Frankreich nach dem Verfassungsrecht ebenfalls kein Konkur-

1867 BVerGE 105, S. 113.
1868 Schwenzer, JZ 1988, S. 781, 782; v.Münch/Kunig-Coester-Waltjen, Art. 6 Rn. 7; Schlüter FF, 2000, S. 76, 80; Dreier-Gröschner, Art. 6 GG, Rn. 29.
1869 E. v. Münch, ZRP 1988, S. 327; Schlüter FF 2000, S. 76, 80.
1870 E. v. Münch, ZRP 1988, S. 327.
1871 Schlüter, DEuFamR 2000, S. 16.
1872 Doppfel/Kötz/Scherpe, in: Basedow/Hopt/Kötz/Dopffel (Hrsg.), Die Rechtstellung gleichgeschlechtlicher Lebensgemeinschaften, S. 394, 422.

renzinstitut zur Ehe geschaffen werden, ein solches Konkurrenzinstitut wird jedoch nur in einer Regelungsvariante gesehen, die nahe an der Ehe orientiert ist.[1873] Sowohl der deutsche als auch der französische Gesetzgeber war somit weitgehend in seiner Wahl der Ausgestaltung der rechtlichen Regelung für nichteheliche Lebensgemeinschaften aus politischen und verfassungsrechtlichen Gründen eingeschränkt.

## 3. Teil: Schlussbetrachtung

### § 1 Grundthesen

Der deutsche Gesetzgeber hat mit der Einführung des Rechtsinstituts der eingetragenen Lebenspartnerschaft sein Ziel, die Diskriminierungen von homosexuellen Paaren zu beenden, weitgehend erreicht.

Die Erreichung dieses Ziels war am besten durch die Schaffung eines Rechtsinstituts allein für homosexuelle Paare nahe an der Ehe möglich. Freilich bestehen immer noch Unterschiede zwischen Lebenspartnerschaft und Ehe, beispielsweise im Hinblick auf die fehlende steuerliche Privilegierung im unterhalts- oder im erbrechtlichen Bereich.[1874] Dies ändert jedoch nichts daran, dass die Schaffung dieses Gesetzes einen sehr großen Schritt hin zur Liberalisierung von homosexuellen Beziehungen darstellt und somit zu mehr Gerechtigkeit in diesem Land geführt hat.

Nicht nur wurden durch die Zubilligung von eheähnlichen Rechten an gleichgeschlechtliche Paare Ungleichbehandlungen, denen gleichgeschlechtliche Paare im Vergleich zu heterosexuellen Paaren lange Zeit ausgesetzt waren, praktisch aufgehoben. Mit der Einführung eines Rechtsinstituts für homosexuelle Paare nahe an der Ehe, welches vom Bundesverfassungsgericht abgesegnet wurde, vollzieht sich auch immer ein psychologischer Wandel in den Köpfen der Bürger. Zwar wird ein homosexuelles Verhältnis von einem überwiegenden Teil der Bevölkerung nicht mehr als sittlich anstößig betrachtet, doch verstärkt die gesetzliche Zubilligung von eheähnlichen Rechten die vollständige Akzeptanz von Homosexuellen in der Gesellschaft.

Zu bedauern ist allerdings, dass der deutsche Gesetzgeber nicht – wie etwa in den skandinavischen Ländern geschehen – rechtstechnisch insgesamt auf die Eheregelungen verwiesen und nur vereinzelte Ausnahmen von der Ehe, beispielsweise im Adoptionsrecht oder Kindschaftsrecht, etc. geschaffen hat. Diese Vorgehensweise hätte zu einer vollständigen Gleichstellung von homo- und heterosexuellen Paaren geführt. Außerdem hätten beträchtliche Widersprüche, insbesondere im Unterhaltsrecht, vermieden werden können, die dadurch entstanden sind, dass auf Grund des Willens, ein vermeintliches Abstandsgebot zur Ehe einzuhalten, die Eheregelungen einfach abgeschrieben und fast willkürlich Ausnahmen von den Eheregelungen gemacht wurden.

---

[1873] CC 99-419 DC, v. 9.11.1999, Entscheidungsgrund Nr. 59.

[1874] Siehe oben unter 1. Teil, § 3, IV., 1., d.

Diese Kritik muss aber unter dem Hintergrund gesehen werden, dass sich der deutsche Gesetzgeber im Rahmen der verfassungsrechtlichen Vorgaben des Art. 6 Abs. 1 GG halten wollte. Im Zeitpunkt der Schaffung der eingetragenen Lebenspartnerschaft, im Jahre 2001, wurde von großen Teilen der Literatur aus Art. 6 Abs. 1 GG ein Abstandsgebot abgeleitet. Dieses besagt, dass andere Formen des Zusammenlebens nicht wie die Ehe behandelt werden dürfen. Ein solches Abstandsgebot ist zwar ein Jahr später vom Bundesverfassungsgericht abgelehnt worden, dies war allerdings im Zeitpunkt der Entstehung der Lebenspartnerschaftsgesetzes noch nicht absehbar.[1875]
Ein Gesamtverweis auf die Eheregelungen wäre auch auf Grund des Zustimmungserfordernisses des Bundesrates z.B. zu den steuer- und verfahrensrechtlichen Regelungen kaum durchsetzbar gewesen. Dies zeigt sich auch dadurch, dass es im Vermittlungsausschuss bis heute zu keiner Einigung über das LPartErgG gekommen ist. In Anbetracht dieser Tatsache ist es folglich zu be-grüßen, dass wenigstens der nicht zustimmungsbedürftige Teil des ursprünglichen Gesetzesentwurfes in Kraft getreten ist, sodass es zur Entstehung des Rechtsinstituts der eingetragenen Lebenspartnerschaft gekommen ist. Damit ist Deutschland einen sehr großer Schritt zu mehr Fairness und Menschlichkeit gegangen.
Diese positive Wirkung ist unabhängig davon, wie viele homosexuelle Paare tatsächlich eine Lebenspartnerschaft abschließen werden. Denn es geht darum, die Diskriminierungen, denen Homosexuelle auch im täglichen Leben ausgesetzt sind, zu verringern und ihnen die Möglichkeit zu geben, sich durch eine Lebenspartnerschaft weitgehend aneinander zu binden, somit ihrer Beziehung einen rechtlichen Rahmen zu geben und dadurch den erforderlichen Schutz zu erhalten.
Insgesamt ist das Lebenspartnerschaftsgesetz als erster großer Schritt zur völligen Gleichstellung von hetero- und homosexuellen Paaren zu sehen. Es hat mithin den Weg dahin geebnet, dass homosexuellen Paaren nunmehr möglicherweise weitergehendere Rechte zugebilligt werden können. In diese Richtung geht das „Gesetz zur Überarbeitung des Lebenspartnerschaftsrechts“, das am 2. Juli 2004 zur ersten Lesung in den Bundestag eingebracht worden ist.[1876] In diesem Gesetz werden eingetragene Lebenspartner, Ehegatten noch näher gestellt. Beispielsweise wird das Unterhaltsrecht der Lebenspartner dem der Ehegatten angeglichen, ein Versorgungsausgleich wird eingeführt, auch die Stiefkindadoption ist vorgesehen.
Da der französische Gesetzgeber nur partiell das Ziel hatte, die Diskriminierung von homosexuellen Paaren zu beheben und ihnen auch gar nicht so weitgehende Rechte wie Ehegatten zubilligen wollte, muss die Vorgehensweise in Frankreich dementsprechend unter einem anderen Blickwinkel betrachtet werden.
In Bezug auf das Teilziel des französischen Gesetzgebers, Ungleichbehandlungen von homosexuellen Paaren in Frankreich zu lindern, hatte die Schaffung eines Rechtsinstituts sowohl für homo- als auch für heterosexuelle Paare bedauerlicher-

[1875] Mehr dazu unter 1. Teil, § 2, II., 1., d.
[1876] BT-Drucks. 15/3445.

weise zwangsläufig zur Folge, dass dies auf Kosten der Zubilligung von Rechten gegenüber homosexuellen Paaren gegangen ist.[1877]
Speziell durch die Möglichkeit, den PaCS ohne besondere Voraussetzungen einseitig beenden zu können, und durch das Fehlen von Unterhaltspflichten nach der Beendigung des PaCS werden PaCS-Partner nicht viel weitgehender geschützt als nichteheliche Lebensgemeinschaften. Dies hat zur Folge, dass homosexuelle Paare im Vergleich zu heterosexuellen Paaren in Frankreich immer noch benachteiligt werden, da ihnen nicht die Möglichkeit zusteht, sich wie heterosexuelle Paare weitgehend z.B. durch eine Ehe oder ein entsprechendes Institut aneinander zu binden.
Trotzdem muss man feststellen, dass die Einführung des PaCS in Frankreich – trotz Zubilligung wesentlich geringerer Rechte an Homosexuelle als in Deutschland – eine positive Wirkung für homosexuelle Paare hat. Nach langjähriger Diskriminierung war die Einführung des PaCS in Frankreich ein Tabubruch, der zumindest einen Schritt hin zur Gleichberechtigung von homo- und heterosexuellen Paaren darstellt. Insbesondere wurden homo- und heterosexuelle nichteheliche Lebensgemeinschaften durch die Einführung einer gesetzlichen Definition der nichtehelichen Lebensgemeinschaft rechtlich gleichgestellt.
Natürlich werden homosexuellen Paaren in Frankreich aus deutscher Sicht keine ausreichenden Rechte zugestanden, da ihr Schutz hinter dem von Ehegatten weit zurückbleibt. Obgleich ein Rechtsinstitut nur für homosexuelle Paare aus verfassungsrechtlichen Gründen in Frankreich nicht möglich gewesen wäre[1878], hätte der französische Gesetzgeber homosexuellen Paaren dadurch mehr Rechte zukommen lassen können, dass er die Ehe auch für gleichgeschlechtliche Paare geöffnet hätte. Hier liegen allerdings Wertungsaporien vor, die es dem Betrachter verbieten zu sagen, dass die deutsche Lösung besser ist als die französische; denn die Schaffung eines Rechtsinstituts für gleichgeschlechtliche Paare nahe an der Ehe ist besonders durch starke moralische und sittliche Wertungen geprägt, die ihren Ursprung in der religiösen Einstellung und den Traditionen der Franzosen haben, die von denen in Deutschland abweichen.[1879]
Im Hinblick auf das zweite Ziel des französischen Gesetzgebers, allen nichtehelichen Lebensgemeinschaften, insbesondere heterosexuellen Paaren, die sich gerade nicht so weitgehend wie Ehegatten binden wollen, eine rechtliche Anerkennung zukommen zu lassen, hat der Gesetzgeber ebenfalls sein Ziel erreicht hat. Die Möglichkeit des Abschlusses des PaCS beendet eine jahrhundertelange Tradi-tion des französischen Gesetzgebers, die auf den Ausspruch von Napoleon zurück-geht: „Lebensgefährten ignorieren das Gesetz also ignoriert das Gesetz sie."[1880] Der französische Gesetzgeber hat ein Rechtsinstitut geschaffen, das den Partnern während des Bestehens des PaCS grundlegende Rechte zubilligt, z.B. im Steuer- und Beamtenrecht, und ihnen die finanziellen Unterstützungspflichten aufbürdet,

[1877] Vgl. 2. Teil, § 3 und 1. Teil § 2.
[1878] Vgl. unter 2. Teil § 3.
[1879] Vgl. unter 2. Teil § 3.
[1880] Vgl. unter 1. Teil § 4.

die für ein gedeihliches Zusammenleben erforderlich sind. Auch im Falle des Todes eines PaCS-Partners steht ihnen ein gewisser Schutz im Hinblick auf das Mietrecht an der mit dem verstorbenen Partner gemeinsam bewohnten Wohnung und auch im Sozialversicherungsrecht zu. Allerdings ist die Beendigung sehr leicht möglich, und nach der Beendigung des PaCS bestehen keinerlei Solidar-pflichten der Partner untereinander mehr.
Ein solches Institut entspricht dem Willen vieler moderner Paare. Während des Zusammenlebens, d.h. in „guten Zeiten", erlangen sie so viele Rechte wie möglich. Sie profitieren von steuer- und beamtenrechtlichen Vorteilen. Sie sind jedoch nicht bereit, für den Partner in „schlechten Zeiten" Verantwortung zu tragen. Damit hat sich der französische Gesetzgeber ganz an dem modernen Trend orientiert, dass immer mehr Menschen die umfassende Bindung durch eine Ehe als antiquiert ansehen und dass es immer mehr Scheidungen in Frankreich gibt.
Grundsätzlich ist es freilich eine sehr innovative Idee, ein ganz neuartiges familienrechtliches Rechtsinstitut für alle nichtehelichen Lebensgemeinschaften, ganz egal welchen Geschlechts, zu schaffen, das sich weitgehend von der Ehe unterscheidet und den Partnern zwar bei deren Zusammenleben einen grundlegenden Schutz gewährt, aber eine recht einfache Beendigungsmöglichkeit vorsieht. Zuzugeben ist, dass sowohl im deutschen als auch im französischen Recht viele gesetzliche Eheregelungen überholt scheinen, da sie auf eine Hausfrau- bzw. Hausmannehe zugeschnitten sind, wie z.B. § 1357 BGB oder der gesetzliche Güterstand der Zugewinngemeinschaft im deutschen Recht oder die Scheidung im französischen Recht, die sehr schwierig zu erreichen und mit sehr hohen Kosten verbunden ist.[1881] Die Realität entspricht heute nicht mehr diesem gesetzlichen „Normalfall", da in vielen Ehen beide Partner berufstätig sind und keine traditionelle Arbeitsteilung vorgesehen haben. Für Paare, bei denen beide Partner berufstätig sind, ist der PaCS sehr praktisch, da er sehr leicht begründet und ebenso leicht beendet werden kann, was dem Bedürfnis nach Flexibilität und Mobilität in der modernen Gesellschaft entgegenkommt.
Allerdings birgt eine solche „Ehe light" die Gefahr, dass die Tendenz dahin, dass immer weniger Menschen bereit sind, auch in schlechten Zeiten noch füreinander Verantwortung zu tragen, und die Menschen in der Gesellschaft immer individualistischer werden, noch verstärkt wird, da ihnen durch den PaCS eine attraktivere Lebensform angeboten wird als die Ehe. Dies kann dazu führen, dass sich immer weniger Menschen für eine Ehe entscheiden und Solidarpflichten füreinander übernehmen wollen.
Zwar muss sich besonders im Familienrecht das Recht den gesellschaftlichen Entwicklungen anpassen, es darf nicht statisch sein und den Bürgern Moralvorschriften aufoktroyieren, die nicht ihren Bedürfnissen entsprechen. Anderenfalls wäre es gar nicht zur Schaffung des Rechtsinstituts der eingetragen Lebenspartnerschaft oder des PaCS gekommen, und die Ehe wäre immer noch die einzige Mög-

[1881] Siehe die derzeitigen Gesetzesentwürfe zur grundlegenden Reform des französischen Scheidungsrechts insbesondere den Bericht von François Colcombet v. 10.10.2001 und den Gesetzesentwurf Nr. 12 (2001/02) von Nicolas About.

lichkeit, einer zwischenmenschlichen Beziehung einen rechtlichen Rahmen zu geben. Allerdings darf die Notwendigkeit einer an den aktuellen Entwicklungen orientierten Gesetzgebung nicht dazu führen, dass ein sozial nicht ausgewogenes Gesetz geschaffen wird, wie dies durch den PaCS geschehen ist, da ein Partner den anderen nach langem Zusammenleben ohne Unterstützung zurücklassen kann.

Es bleibt abzuwarten, welche konkreten Auswirkungen der PaCS auf die französische Gesellschaft haben wird und ob der PaCS das Eheschließungsverhalten in Frankreich beeinflussen wird.

Trotz der vorgebrachten Kritik an den Regelungen zum PaCS kann man sich trotzdem die Frage stellen, ob eine gesetzliche Definition der nichtehelichen Lebensgemeinschaft wie in Frankreich in Art. 515-8 C.civ. auch in Deutschland angebracht gewesen wäre, sodass an das bloße faktische Bestehen einer nichtehelichen Lebensgemeinschaft – ganz gleich welchen Geschlechts – bestimmte Rechte und Pflichten der Partner hätte geknüpft werden können. Dies wurde von einigen Autoren empfohlen.[1882] Eine solche Lösung ist allerdings abzulehnen, denn dies beeinträchtigt nichteheliche Lebensgemeinschaften in ihrer Handlungs-freiheit, da sie sich gerade nicht für eine rechtliche Bindung entschieden haben.

In Deutschland besteht zudem gar kein Bedarf für eine gesetzliche Regelung heterosexueller Partnerschaften: Der Rechtsprechung ist es weithin gelungen, auch ohne ein Handeln des Gesetzgebers zu einer im Grundsatz konsistenten Beurteilung der sich ergebenen Rechtsfragen zu finden.[1883] Die für die „nichteheliche Lebensgemeinschaft“ von der Rechtsprechung entwickelten Regelungen tragen den Problemen ausreichend Rechnung.[1884] Auch der 57. Deutsche Juristentag hatte die weitere Rechtsentwicklung der nichtehelichen Lebensgemeinschaft weniger in die Hand des Reformgesetzgebers als in die der Rechtsprechung legen wollen, da die Rechtsprechung von ihrer einzelfallbezogenen Erfassungs- und Regelungsmöglichkeit her geeigneter erschiene, den unterschiedlichen Intensitätsstufen nichtehelicher Lebensgemeinschaften Rechnung zu tragen.[1885] Darüber hinaus steht es aber den Partnern offen, durch Eingehung der Ehe oder einer gleichgeschlechtlichen Lebenspartnerschaft sämtliche Ehe- oder Lebenspartnerschaftswirkungen für sich in Anspruch zu nehmen, sodass eine Befassung des Gesetzgebers weithin als entbehrlich erscheint.[1886]

---

[1882] Z.B. Muscheler, LPartG, Rn. 292.

[1883] So auch: Röthel, ZRP 1999, S. 511, 511; Doppfel/Kötz/Scherpe, in: Basedow/Hopt/Kötz/Dopffel (Hrsg.), Die Rechtstellung gleichgeschlechtlicher Lebensgemein-schaften, S. 394, 422; Muscheler, LPartG, S. 29.

[1884] Dem Partner einer nichtehelichen Lebensgemeinschaft steht in entsprechender Anwendung des § 569 Abs. 1 BGB n.F. genauso wie Ehegatten ein Eintrittsrecht in den Mietvertrag nach dem Tode des Mieters zu. Zu § 569 a BGB a.F.: OLG Saarbrücken, NJW 1991, S. 1760; LG Hamburg, WuM 1989, S. 304; LG Berlin, NJW-RR 1990, S. 1041. Gleichermaßen hat sich der BGH schon dafür ausgesprochen, dass der Inhaber eines dinglichen Wohnrechts seinen nichtehelichen Lebensgefährten gestützt auf § 1093 Abs. 2 BGB in die Wohnung aufnehmen kann (BGH NJW 1982, S. 1968 = FamRZ 1982, S. 774).

[1885] Schmidt-Aßmann, Referat zum 57. DJT, Bd. II 1988, S. 37.

[1886] So auch: Röthel, ZRP 1999, S. 511, 512.

## § 2 Einzelergebnisse

Die Ergebnisse der vorstehenden Untersuchung lassen sich wie folgt zusammenfassen:

1. Die Unterhaltspflicht der Lebenspartner gemäß § 5 LPartG entspricht im Wesentlichen der Unterhaltspflicht von Ehegatten aus § 1360 S. 1 BGB. Im Gegensatz zu der Unterhaltspflicht bei Ehegatten erstreckt sich die Unterhaltspflicht aus § 5 LPartG allerdings nicht auf die Bedürfnisse von Kindern, die im gemeinsamen Haushalt der Lebenspartner leben, weil sie z.B. von einem Partner adoptiert worden sind oder aus einer vorhergehenden Beziehung eines Partners stammen. Die Unterhaltspflicht aus § 5 LPartG ist nur auf die Bedürfnisse der Lebenspartner bezogen (siehe unter 2. Teil, § 1, I., 1., b., aa.).[1887]

2. Getrenntleben der Lebenspartner als Voraussetzung des Unterhaltsanspruchs aus § 12 LPartG liegt dann vor, wenn die häusliche Gemeinschaft der Lebens-partner nicht oder nicht mehr besteht und ein Lebenspartner sie erkennbar nicht herstellen will, weil er die Lebenspartnerschaft ablehnt (siehe unter 2. Teil, § 1, I., 2., a., bb.).[1888]

3. Bei Lebenspartnern besteht hinsichtlich der Zumutbarkeit einer eigenen Erwerbstätigkeit zur Ermittlung der Bedürftigkeit des Anspruchsstellers gemäß § 12 Abs. 1 S. 2 LPartG ein anderes Grundsatz-/Ausnahmeprinzip als bei der Ehe. Während bei der Lebenspartnerschaft jeder Lebenspartner nach der Trennung grundsätzlich selbst für seinen Unterhalt aufkommen muss und dies nur in Ausnahmefällen nicht von ihm verlangt werden kann (§ 12 Abs. 1 S. 2 LPartG), ist es bei der Ehe umgekehrt: Der nicht erwerbstätige Ehegatte ist grundsätzlich nicht verpflichtet, seinen Unterhalt selbst zu verdienen, er kann nur in Ausnahmefällen darauf verwiesen werden, wenn dies nach seinen persönlichen Verhältnissen erwartet werden kann § 1361 Abs. 2 BGB (siehe unter 2. Teil., § 1, I., 2., a., cc.).[1889]

4. Bei getrennt lebenden Lebenspartnern besteht gemäß § 12 LPartG kein Anspruch auf Altersvorsorgeunterhalt für die Zeit ab Rechtshängigkeit des Aufhebungsverfahrens bis zur Aufhebung der Lebenspartnerschaft. Im Eherecht ist hingegen ein solcher Anspruch auf Vorsorgeunterhalt zwischen Rechtshängigkeit des Scheidungsverfahrens und Scheidung der Ehe gemäß § 1361 Abs. 1 S. 2 BGB vorgesehen (siehe unter 2. Teil., § 1, I., 2., b., aa.).[1890]

5. § 12 Abs. 2 S. 1 LPartG ist dahingehend auszulegen, dass der Getrenntlebendenunterhaltanspruch aus § 12 LPartG entgegen dem Gesetzeswortlaut, der von bloßer Unbilligkeit spricht, wie § 16 LPartG erst bei grober Unbilligkeit zu versagen ist (siehe unter 2. Teil., § 1, I., 2., f.).[1891]

---

[1887] Siehe S. 242.
[1888] Siehe S. 248 ff.
[1889] Siehe S. 251 f.
[1890] Siehe S. 254 ff.
[1891] Siehe S. 261 ff.

Die in § 1579 Nr. 1-7 BGB geregelten Fälle, in denen ein Unterhaltsanspruch unbillig sein kann, können als Anhaltspunkte für das Vorliegen einer Unbilligkeit im Sinne von § 12 Abs. 2 S. 1 LPartG dienen (siehe unter 2. Teil., § 1, I., 2., f.).[1892]

6. Grundsätzlich sollen die PaCS-Partner Inhalt und Umfang der gegenseitigen materiellen Unterstützung aus Art. 515-4 Abs. 1 C.civ. selbst im PaCS-Vertrag festlegen. Insbesondere eine Abrede im PaCS-Vertrag bezüglich einer finanziellen Unterstützung bei Getrenntleben der Partner ist sehr sinnvoll, da die Unterstützung bei Getrenntleben anders ausfallen wird als bei Zusammenleben der Partner (siehe unter 2. Teil., § 1, II., 1., b., aa/bb.).[1893]

7. Treffen PaCS-Partner keine Vereinbarung zur gegenseitigen materiellen Unterstützung, wird die Pflicht aus Art. 515-4 Abs. 1 C.civ. durch die Gerichte bestimmt (siehe unter 2. Teil., § 1, II., 2., a.).[1894]

8. Die Pflicht der PaCS-Partner zur gegenseitigen materiellen Unterstützung aus Art. 515-4 Abs. 1 C.civ. stimmt bei Zusammenleben der PaCS-Partner weitgehend mit der Pflicht der Ehegatten zur Tragung der ehelichen Lasten aus Art. 214 C.civ. überein. Die Kosten für die Erziehung von Kindern gehören – im Gegensatz zum Eherecht – jedoch nicht zu der Pflicht aus Art. 515-4 Abs. 1 C.civ., denn der PaCS ist ein von Kindern unabhängiger Vertrag (siehe unter 2. Teil., § 1, II., 2., a., aa., ccc.).[1895]

9. Ein Anspruch auf gegenseitige materielle Unterstützung bei Zusammenleben der PaCS-Partner kann – wie bei der entsprechenden Pflicht bei Ehegatten – auch für die Vergangenheit geltend gemacht werden (siehe unter 2. Teil., § 1, II., 2., a., bb.).[1896]

10. Bei Getrenntleben der PaCS-Partner kann die Pflicht zur gegenseitigen materiellen Unterstützung aus Art. 515-4 Abs. 1 C.civ. in Form einer Unterhaltspflicht bestehen (siehe unter 2. Teil., § 1, II., 2., b., bb., aaa.).[1897]

11. Voraussetzung des Anspruchs auf finanzielle Unterstützung gemäß Art. 515-4 Abs. 1 C.civ. bei Getrenntleben der PaCS-Partner ist – im Gegensatz zu getrennt lebenden Ehegatten – eine finanzielle Notlage des anspruchsstellenden PaCS-Partners. Ein Anspruch auf Aufstockungsunterhalt besteht ungleich zum Eherecht nicht, da es bei Zumutbarkeit einer eigenen Erwerbstätigkeit bereits an der Voraussetzung der tatsächlichen Bedürftigkeit fehlt (siehe unter 2. Teil., § 1, II., 2., b., cc., aaa.).[1898]

12. Eine eigene Erwerbstätigkeit ist einem PaCS-Partner nur in Ausnahmefällen nicht zumutbar (siehe unter 2. Teil., § 1, II., 2., b., cc., aaa.).[1899]

13. Der Umfang der materiellen Hilfeleistungspflicht aus Art. 515-4 Abs. 1 C.civ. bei Getrenntleben der PaCS-Partner dient - anders als im Eherecht - nicht der An-

[1892] Siehe S. 267.
[1893] Siehe S. 268 ff.
[1894] Siehe S. 278 ff.
[1895] Siehe S. 274.
[1896] Siehe S. 276
[1897] Siehe S. 278.
[1898] Siehe S. 285.
[1899] Siehe S. 285.

gleichung des Lebensniveaus des wirtschaftlich schwächeren PaCS-Partners an das des wirtschaftlich stärkeren Partners, sondern sie ist auf das Notwendige zum Leben beschränkt (siehe unter 2. Teil., § 1, II., 2., b., dd.).[1900]

14. Der Unterhaltsanspruch aus Art. 515-4 Abs. 1 C.civ. bei Getrenntleben der PaCS-Partner kann – im Gegensatz zu der entsprechenden Pflicht bei Ehegatten aus Art. 214 C.civ. – bei groben Pflichtverletzungen des Unterhalt begehrenden Partners gegenüber dem Anspruchsgegner versagt oder herabgesetzt werden (siehe unter 2. Teil., § 1, II., 2., b., ee.).[1901]

15. Getrenntlebendenunterhalt aus Art. 515-4 C.civ. kann nicht für die Vergangenheit geltend gemacht werden (siehe unter 2. Teil., § 1, II., 2., b., ff.).[1902]

16. Beim Vergleich des Unterhaltsanspruchs der Lebenpartner und der PaCS-Partner untereinander ist festzustellen, dass sowohl Lebenspartner als auch PaCS-Partner die nähere Ausgestaltung ihrer Unterhaltspflicht vertraglich regeln können. Während Lebenspartner nur innerhalb des gesetzlich zulässigen Spielraums der Angemessenheit von dem gesetzlichen Umfang der Unterhaltspflicht aus § 5 und § 12 LPartG abweichen können, steht PaCS-Partnern indes hinsichtlich der Pflicht zur gegenseitigen materiellen Unterstützung eine viel weitgehendere Vertragsfreiheit als Lebenspartnern zu. Sie können die finanzielle Unterstützungspflicht sowohl bei Zusammenleben als auch bei Getrenntleben auf eine ganz marginale beschränken. Es ist ihnen nur nicht gestattet, die materielle Unterstützungspflicht komplett auszuschließen (siehe unter 2. Teil., § 1, III., 1.).[1903]

17. Bei Zusammenleben von Lebens- und PaCS-Partnern haben der deutsche und der französische Gesetzgeber die finanzielle Unterstützungspflicht der Partner untereinander in Inhalt und Umfang sehr ähnlich geregelt (siehe unter 2. Teil., § 1, III., 2., a.).[1904]

Bei der Lebenspartnerschaft und beim PaCS richtet sich die Höhe des zu leistenden Unterhalts bei Zusammenleben der Partner nach ihren Lebensverhält-nissen (siehe unter 2. Teil., § 1, III., 2., a.).[1905]

18. Es bestehen lediglich vereinzelte Unterschiede zwischen dem Umfang der Unterhaltspflicht aus § 5 LPartG und dem aus Art. 515-4 Abs. 1 C.civ. bei Zusammenleben der PaCS-Partner, wie z.B. dass der Prozesskostenvorschuss, der bei der Lebenspartnerschaft zum Unterhalt, nicht jedoch beim PaCS, dazu gehört oder die Kosten für die Ausbildung, die ebenfalls vom Unterhalt von Lebenspartnern, nicht jedoch vom Unterhalt bei PaCS-Partnern umfasst werden, und dass beim PaCS – im Gegensatz zur Lebenspartnerschaft – auch Unterhalt für die Vergangenheit geltend gemacht werden kann (siehe unter 2. Teil., § 1, III., 2., a.).[1906]

19. Während im deutschen Recht bei der Lebenspartnerschaft einem Lebenspartner bei Getrenntleben gemäß § 12 LPartG ein Anspruch auf Aufstockungs-

---

1900 Siehe S. 287 ff.
1901 Siehe S. 290 ff.
1902 Siehe S. 292.
1903 Siehe S. 294 ff.
1904 Siehe S. 298 ff.
1905 Siehe S. 299.
1906 Siehe S. 299 f.

unterhalt zustehen kann, ist in Frankreich kein Anspruch auf Aufstockungsunterhalt bei getrennt lebenden PaCS-Partnern vorgesehen. Das Unterhaltsrecht bei Getrenntleben von PaCS-Partnern stellt nur einen Schutz in einer Notsituation dar (siehe unter 2. Teil., III., § 1, 2., b.).[1907]

20. Während in Deutschland bei Getrenntleben der Lebenspartner einem Partner unter Umständen auch nach den wirtschaftlichen Verhältnissen in der Lebenspartnerschaft eine Erwerbstätigkeit nicht zugemutet werden kann, muss ein PaCS-Partner auch erwerbstätig sein, wenn dies nicht den wirtschaftlichen Verhältnissen während der PaCS-Partnerschaft entspricht. Allerdings können sich die Gerichte bezüglich des Unterhalts beim PaCS an Art. 272 C.civ. des Eherechts orientieren, wonach beispielsweise die Dauer des PaCS sowie die Zeit, die bei einem heterosexuellen Paar bereits für die Kindererziehung aufgewandt wurde, oder der Ausbildungsstand des verlassenen PaCS-Partners in Betracht gezogen werden soll. Die Beurteilung erfolgt jedoch – im Gegensatz zum Eherecht – immer unter dem Gesichtspunkt, dass die Bindungen der Partner gering sind und somit eine Erwerbstätigkeit meist zumutbar ist (siehe unter 2. Teil., § 1, III., 2., b.).[1908]

21. Während der Unterhaltsanspruch bei getrennt lebenden Lebenspartnern gemäß § 12 LPartG dem Lebensniveau zur Zeit der Partnerschaft entspricht, ist die Unterstützungspflicht bei getrennt lebenden PaCS-Partern auf das Nötigste beschränkt (siehe unter 2. Teil., § 1, III., 2., b.).[1909]

22. Die grobe Verletzung von Unterhaltspflichten führt im Falle der Heranziehung des § 1579 Nr. 5 BGB auf § 12 Abs. 2 S. 1 LPartG zum Ausschluss des Getrenntlebendenunterhaltsanspruches aus § 12 LPartG. Ein Getrenntlebendenunterhaltsanspruch aus Art. 515-4 C.civ. kann einem PaCS-Partner gemäß Art. 207 Abs. 2 C.civ. ebenfalls versagt werden, wenn er Pflichten aus dem PaCS-Vertrag verletzt hat (siehe unter 2. Teil., § 1, III., 2., b.).[1910]

23. Im deutschen Recht werden beim nachpartnerschaftlichen Unterhaltsanspruch aus § 16 LPartG zur Bestimmung der Zumutbarkeit einer eigenen Erwerbstätigkeit – anders als im nachehelichen Unterhaltsrecht – nicht bestimmte Unterhaltstatbestände einzeln aufgezählt, jenseits derer kein Unterhaltsanspruch besteht, sondern der Gesetzgeber hat sich einer Generalklausel bedient, nach der es für den Unterhaltsanspruch pauschal darauf ankommt, dass der Lebenspartner nicht selbst für sich sorgen kann (siehe unter 2. Teil., § 2, I., 1., a., aa., bbb.).[1911]

24. Eine Erwerbstätigkeit kann einem Lebenspartner grundsätzlich aus denselben Gründen unzumutbar sein, wie geschiedenen Ehegatten, insbesondere auch, wenn er ein Kind betreut, welches das Leben in der Lebenspartnerschaft in hohem Maße geprägt hat (siehe unter 2. Teil., § 2, I., 1., a., aa., bbb., 1)).[1912]

25. Ein Anspruch auf Unterhalt bis zur Erlangung einer angemessenen Erwerbstätigkeit, wie ihn § 1573 BGB für geschiedene Ehegatten vorsieht, besteht bei der

[1907] Siehe S. 301 f.
[1908] Siehe S. 302.
[1909] Siehe S. 302 f.
[1910] Siehe S. 303 f.
[1911] Siehe S. 309.
[1912] Siehe S. 310.

Lebenspartnerschaft nicht, da der bedürftige Partner sich nicht darauf berufen kann, nur eine nach den partnerschaftlichen Lebensverhältnissen angemessene Erwerbstätigkeit aufzunehmen. Aus Billigkeitsgründen ist ein ehemaliger Lebenspartner allerdings nur gehalten, eine nach seinen persönliche Verhältnissen angemessene Tätigkeit auszuüben (siehe unter 2. Teil., § 2, I., 1., a., aa., bbb., 3)).[1913]

26. Es kann einem ehemaligen Lebenspartner ebenfalls ein Unterhaltsanspruch aus § 16 LPartG zustehen, wenn er sich in einer Aus-, Fortbildung oder Umschulung befindet, die er ursprünglich wegen der Eingehung der Lebenspartnerschaft nicht aufgenommen oder abgebrochen hatte (siehe unter 2. Teil., § 2, I., 1., a., aa., bbb., 4)).[1914]

27. Ein nachpartnerschaftlicher Unterhaltsanspruch kann nur zugebilligt werden, wenn die Voraussetzungen des § 16 LPartG im Zeitpunkt der Aufhebung der Lebenspartnerschaft gegeben sind. Die Zubilligung des nachpartnerschaftlichen Unterhaltsanspruchs unabhängig von Einsatzzeitpunkten für das Vorliegen der Bedürftigkeit würde zu einer uferlosen Haftung der Lebenspartner führen (siehe unter 2. Teil., § 2, I., 1., a., aa., bbb., 5)).[1915] Lebenspartner haben gemäß § 16 LPartG – im Gegensatz zu Ehegatten – keinen Anspruch auf Aufstockungsunterhalt (siehe unter 2. Teil., § 2, I., 1., a., aa., bbb., 6)).[1916]

28. Die Unterhaltspflicht aus § 16 LPartG i.V.m. § 1578 Abs. 1 S. 4 BGB umfasst den gesamten Lebensbedarf des Berechtigten. Das Maß des Unterhaltsanspruchs richtet sich nach den Lebensverhältnissen während der Lebenspartnerschaft (siehe unter 2. Teil., § 2, I., 1., b., aa.).[1917]

29. Andere Unterhaltsberechtigte, insbesondere minderjährige Kinder und geschiedene oder neue Ehegatten rangieren vor dem ehemaligen Lebenspartner (§ 16 Abs. 3 LPartG) (siehe unter 2. Teil., § 2, I., 1., f.).[1918]

30. Im französischen Recht besteht kein Unterhaltsanspruch der PaCS-Partner untereinander nach der Beendigung des PaCS (siehe unter 2. Teil., § 2, II., 1., a.).[1919]

31. Einen Schmerzensgeldanspruch für seelische Verletzungen, die durch die Beendigung der Lebenspartnerschaft verursacht wurden, gibt es im deutschen Recht nicht (siehe unter 2. Teil., § 2, I., 2.).[1920]

Einem PaCS-Partner kann demgegenüber gemäß Art. 1382 C.civ. ein Schadensersatzanspruch zugesprochen werden, wenn die Beendigung des PaCS durch den anderen Partner rechtsmissbräuchlich ist und ihm durch die Beendigung ein Schaden entstanden ist (siehe unter 2. Teil., § 2, II., 2.).[1921]

---

1913 Siehe S. 311.
1914 Siehe S. 312.
1915 Siehe S. 312.
1916 Siehe S. 313.
1917 Siehe S. 314.
1918 Siehe S. 317.
1919 Siehe S. 319.
1920 Siehe S. 320.
1921 Siehe S. 321 ff.

32. Die einseitige Beendigung des PaCS ist insgesamt nur in Ausnahmefällen als rechtsmissbräuchlich einzustufen (siehe unter 2. Teil., § 2, II., 2., a., aa., aaa. und bbb., 2)).[1922]
33. Die Rechtsmissbräuchlichkeit der einseitigen Beendigung des PaCS kann sich zum einen daraus ergeben, dass sich der verlassene Partner nach der Beendigung des PaCS ohne die finanzielle Unterstützung des anderen in einer mittellosen Lage befindet. Hinzukommen muss allerdings noch, dass der beendende Partner die mittelose Lage des anderen zu vertreten hat. Zum anderen kann sich die Rechtsmissbräuchlichkeit der Beendigung des PaCS auch aus der Art und Weise der Beendigung des PaCS ergeben (siehe unter 2. Teil., § 2, II., 2., a., aa., aaa.).[1923]
34. Ersetzt wird gemäß Art. 1382 C.civ. sowohl ein materieller Schaden als auch ein immaterieller Schaden, der dem verlassenen PaCS-Partner durch die Beendigung entstanden ist (siehe unter 2. Teil., § 2, II., 2., b).[1924]
35. Wird ein Schadensersatzanspruch aus Art. 1382 C.civ. zugebilligt, weil ein Partner den anderen in einer mittellosen Lage verlassen hat, dann kann bei der Festsetzung der Höhe des Schadensersatzanspruchs nicht auf den Maßstab der Ausgleichsleistung (prestation compensatoire) aus dem Eherecht zurückgegriffen werden. Die Gerichte werden sich vielmehr an der Rechtsprechung zur rechtsmissbräuchlichen Trennung der nichtehelichen Lebensgemeinschaft orientieren (siehe unter 2. Teil., § 2, II., 2., b., aa., aaa.).[1925]
36. Bei der Lebenspartnerschaft handelt es sich wegen der nachpartnerschaftlichen Unterhaltspflicht aus § 16 LPartG um ein Solidarverhältnis der Partner auch über das Bestehen der Lebenspartnerschaft hinaus. Beim PaCS hingegen geht die Solidarität der Partner nicht über das Ende des PaCS hinaus, da im Moment der Beendigung des PaCS alle Rechte und Pflichten der PaCS-Partner enden (siehe unter 2. Teil., § 2, III., 1., a.).[1926]
37. Liegen nach französischem Recht die Voraussetzungen für einen Schadensersatzanspruch aus Art. 1382 C.civ. vor und wird eine Unterhaltsrente zugesprochen, dann deckt sie nur das zum Leben Notwendige ab, und richtet sich nicht – wie dies im deutschen Recht bei einem Unterhaltsanspruch aus § 16 LPartG der Fall ist – nach den Lebensverhältnissen der PaCS-Partner während der Partnerschaft (siehe unter 2. Teil., § 2, III., 1., a.).[1927]
38. Der deutsche Gesetzgeber hat mit Einführung der eingetragenen Lebenspartnerschaft sein Ziel, die Diskriminierungen von homosexuellen Paaren zu beenden, weitgehend erreicht. Die Schaffung eines Rechtsinstituts allein für homosexuelle Paare nahe an der Ehe hat zu mehr Gerechtigkeit und Menschlichkeit in Deutschland geführt, da die Ungleichbehandlung von homosexuellen Paaren stark verringert wurde (siehe unter 3. Teil., § 1).[1928]

---

1922 Siehe S. 326, 332.
1923 Siehe S. 326 ff.
1924 Siehe S. 335 ff.
1925 Siehe S. 335 ff.
1926 Siehe S. 339.
1927 Siehe S. 340 f.
1928 Siehe S. 367.

39. Zu bedauern ist, dass der deutsche Gesetzgeber nicht – wie in den skandinavischen Ländern – rechtstechnisch insgesamt auf die Eheregelungen verwiesen und nur einige Ausnahmen von der Ehe geregelt hat, z.B. im Adoptionsrecht oder im Kindschaftsrecht (siehe unter 3. Teil., § 1).[1929]

40. Zu begrüßen ist allerdings, dass in Deutschland kein Rechtsinstitut für homo- und heterosexuelle Paare weit unterhalb der Ehe geschaffen wurde. Zum einen besteht in Deutschland kein Bedarf an einer gesetzlichen Regelung für heterosexuelle nichteheliche Lebensgemeinschaften, da Heterosexuelle die Ehe schließen können, und wo sie dies nicht tun, einige gesetzliche und richterrechtliche Regelungen für hinreichenden Schutz der eheähnlichen Gemeinschaft sorgen. Zum anderen birgt eine solche „Ehe light" die Gefahr, dass die Tendenz dahin, dass immer weniger Menschen bereit sind – wie bei der Ehe – füreinander Verantwor-tung zu tragen, und die Menschen in der Gesellschaft immer individualistischer werden, noch verstärkt wird (siehe unter 3. Teil., § 1).[1930]

41. Frankreich ist mit der Schaffung des PaCS – trotz Zubilligung wesentlich geringerer Rechte an homosexuelle Paare als in Deutschland – einen erheblichen Schritt zur Gleichberechtigung von homo- und heterosexuellen Paaren in Frankreich gegangen. Der französische Gesetzgeber hat somit sein Teilziel, Ungleichbehandlungen von homosexuellen Paaren zu lindern, ebenfalls erreicht (siehe unter 3. Teil., § 1).[1931]

42. Mit Einführung des PaCS wird den Franzosen eine rechtliche Möglichkeit zur Verfügung gestellt durch Registrierung ihres PaCS-Vertrages, bestimmte grundlegende Rechte in Anspruch zu nehmen. Gleichzeitig wird ihnen aber durch die einfache Möglichkeit, den PaCS zu beenden, sehr viel Freiheit und Flexibilität gewährt. Dies entspricht ebenfalls dem erklärten Zweck des französischen Gesetzgebers (siehe unter 3. Teil., § 1).[1932]

---

[1929] Siehe S. 367.
[1930] Siehe S. 370 f.
[1931] Siehe S. 369 f.
[1932] Siehe S. 370.

**Schlußwort**

Durch die Einführung des Rechtsinstituts der eingetragenen Lebenspartnerschaft für homosexuelle Paare wurde in Deutschland ein sehr großer Schritt in Richtung der Gleichberechtigung homosexueller Lebensgemeinschaften erreicht. Dieser Schritt war angesichts der schweren Diskriminierungen, denen homosexuelle Paare in der deutsche Geschichte ausgesetzt waren, erforderlich und lange über-fällig. In Frankreich hat die Schaffung des PaCS-Vertrages und die Einbringung einer Definition für nichteheliche Lebensgemeinschaften einen Durchbruch in das langjährige Tabuthema Homosexualität gebracht und ermöglicht es, dass gleichgeschlechtliche Paare in größerer Sicherheit und Freiheit zusammenleben und sich zu ihrer Liebe in der Öffentlichkeit bekennen können.

Es besteht kein Zweifel daran, dass der Staat ein Interesse daran hat, heterosexuelle Paare im Hinblick auf ihre „Keimzellenfunktion“ zum Zwecke des Erhaltes des Staates zu schützen und ganz unabhängig von der Ehe zu fördern. Dies spricht jedoch nicht dagegen, homosexuellen Paaren, die diese Funktion nicht erfüllen können, weitreichende Rechte zuzubilligen.

Die Tolerierung einer Minderheit ist nicht ausreichend. Die Akzeptanz durch Schaffung von Rechtsnormen, durch die sich homosexuelle Paare ähnlich wie Ehegatten aneinander binden können, ist der einzige Weg, große Ungerechtigkeiten zu vermeiden.

**Literaturverzeichnis**


Alleaume, Christophe — Solidarité contre solidarité. Etude comparative des avantages respectivs du mariage et du PaCS au regard du droit de crédit, D. 2000. chron, S. 450 ff.

Arendt-Rojahn, Veronika — Aufenthaltstatus im Ausländerrecht nach dem Lebenspartnerschaftsgesetz, FPR 2001, S. 464 ff.

Bach-Ignasse, Gérard — Familles et homosexualités, S. 122 ff., in: Borillo, Daniel (Hrsg.), Homosexualités et droit, Paris 1998.

Basedow, Jürgen/ Hopt, Klaus/ Kötz, Hein/ Dopffel, Peter (Hrsg.) — Die Rechtsstellung gleichgeschlechtlicher Lebensgemeinschaften, Tübingen 2000.

Battes, Robert — Probleme bei der Anwendung des Gesetzes über Eingetragene Lebenspartnerschaften, Teil 1, FuR 2002, S. 49 ff.,Teil 2, FuR 2002, S. 113 ff.

Baur, François/ Mattijssen, Astrid — Ehe und Adoptionsrecht für Lesben und Schwule in den Niederlanden, AJP/PJA 2001, S. 292 ff.

Beck, Volker — Die verfassungsrechtliche Begründung der Eingetragenen Lebenspartnerschaft, NJW 2001, S. 1894 ff.

Becker, Michael — Das Gesetz über die gesetzliche Lebensgemeinschaft in Belgien, MittRhNotK 2000, S. 155 ff.

Beignier, Bernard — La pratique: le PaCS en questions – Aspects civils, Dr. famille 1999, Nr. hors série, S. 31 ff.

Beignier, Bernard — Pacte civil de solidarité et indivision: Visite aux enfers, Défrénois 2000, S. 620 ff.

| | |
|---|---|
| Beignier, Bernard | Le droit des personnes à l'épreuve du PaCS, S. 65 ff., in: Jestaz, Philippe (Hrsg.), Regards civilistes sur la loi du 15 novembre 1999 relative au concubinage et au PaCS, Paris 2002. |
| Beignier, Bernard | A propos du concubinage homosexuel, D. 1998, S. 215 ff. |
| Beignier, Bernard/ Combret, Jaques/ Fouquet, Alain | Pacte civil de solidarité, formule de convention, Dr. famille 2000, chron., Nr. 4, S. 7 ff. |
| Belot, Philippe de | Concubinage, PaCS et...Louage, Revue Administrer 2000, Nr. 323, S. 11 ff. |
| Bénabent, Alain | Droit civil, La famille, 10. Aufl., Paris 2001. |
| Bergerfurth, Bruno | Auflösung der eingetragenen Lebenspartnerschaft, FF 2001, S. 113 ff. |
| Birg, Herwig | Die demographische Zeitenwende, 2. Aufl., München 2002. |
| Blacher, Philippe/ Seube, Jean-Baptiste | Le PaCS à l'épreuve de la Constitution, RD publ. 2000, Nr. 1, S. 203 ff. |
| Blumenthal, Axel | Öffentliche Anhörung des Rechtsauschusses des Deutschen Bundestages am 19. September 2000 – Stellungnahme zu den Vorlagen auf den Drucksachen 14/3751 und 14/1259, in: Protokoll des Rechtsausschusses 14/59, S. 96 ff., zit. als: Blumenthal, Stellungnahme. |
| Bogdan, Michael | Internationale Aspekte der schwedischen Gesetzesnovelle über die Adoption von Kindern durch eingetragene Lebenspartner, IPrax 2002, S. 534 ff. |
| Böhmer, Christof | Sind noch alle Eheverbote zeitgemäß?, StAZ 1991, 125 ff. |
| Borillo, Daniel | Le Pacte civil de solidarité, une reconnaissance timide des unions de même sexe, AJP/PJA 2001, S. 299 ff. |

Borillo, Daniel (Hrsg.) — Homosexualités et droit, Paris 1998.

Brandhuber, Rupert — Begründung einer Lebenspartnerschaft, Beizubringende Unterlagen, Lebenspartnerschaftsname, Lebenspartnerschaftsbuch, MittBayNot 2001, Sonderheft Lebenspartnerschaften, S. 11 ff.

Braun, Johann — Gleichgeschlechtliche Partnerschaft und Ehe, ZRP 2001, S. 14 ff.

Braun, Johann — Ein neues familienrechtliches Institut, JZ 2002, S. 23 ff.

Braun, Johann — Das Lebenspartnerschaftsgesetz auf dem Prüfstand – BVerfG NJW 2002, 2543, JuS 2003, S. 21 ff.

Brox, Hans — Erbrecht, 18. Aufl., München 2000.

Brox, Hans/ Walker, Wolf-Dietrich — Allgemeines Schuldrecht, 29. Aufl., München 2003, zit. als: Brox/Walker, Allg. SchuldR.

Bruns, Manfred — Art 6 I GG und gesetzliche Regelungen für gleichgeschlechtliche Lebensgemeinschaften, ZRP 1996, S. 6 ff.

Bruns, Manfred/ Beck, Volker — Das Eheverbot bei Gleichgeschlechtlichkeit, MDR 1991, S. 832 ff.

Bruns, Manfred/ Kemper, Rainer (Hrsg.) — LPartG, Handkommentar, 1. Aufl., Baden-Baden 2001, zit. als: Hk-LPartG/Bearbeiter.

Burgi, Martin — Schützt das Grundgesetz die Ehe vor der Konkurrenz anderer Lebensgemeinschaften, Der Staat 2000, S. 487 ff.

Büttner, Helmut — Unterhaltsrecht der eingetragenen Lebenspartnerschaft, S. 222 ff., in: Schwab, Dieter (Hrsg.), Die eingetragene Lebenspartnerschaft, Bielefeld 2002.

Cabrillac, Rémy — Libres propos sur le PaCS, D. 1999, chron., S. 71 ff.

| | |
|---|---|
| Cabrillac, Rémy | Les réformes du droit de la famille et le PaCS, Dr. famille 2000, Nr. 6, S. 4 ff. |
| Campenhausen, Axel von | Verfassungsgarantie und sozialer Wandel – Das Beispiel von Ehe und Familie, VVDStRL 45 (1987), S. 7 ff. |
| Carbonnier, Jean | Droit civil, Tome 2/La Famille, 16. Aufl., Paris 1993. |
| Catala, Pierre | Synthèse – critique de la raison médiatique, Dr. famille 1999, Nr. hors série, S. 63 ff. |
| Chanteloup, Hélène/ Fauré, Jean | Conclure un PACS, 1. Aufl., Paris 2001. |
| Charlin, Jaques | La fameuse indivision de l'article 515-5 du code civil, JCP éd. N 2000, Nr. 51-52, S. 1851 ff. |
| Cornu, Gérard | Droit civil, La famille, 7. Aufl., Paris 2001. |
| Courbe, Patrick | Droit de la famille, 2. Aufl., Paris 2001. |
| Darmon, Arlette | Cas pratique: PaCS et stratégie patrimoniale, Dr. et patrimoine 2000, Nr. 81, S. 102 ff. |
| Daste, Adeline | Divorce, Séparations de corps et de fait, 16. Aufl., Paris 2001, zit. als: Daste, Divorce. |
| Delrue, Karin Susanne | Eingetragene Lebenspartnerschaft: Unterhalt – Finanzen – Erbrecht, 2. Aufl., Regensburg, Berlin 2002, zit. als: Delrue, Eingetragene Lebenspartnerschaft. |
| Detloff, Nina | Die Eingetragene Lebenspartnerschaft – ein neues familienrechtliches Institut, NJW 2001, S. 2598 ff. |
| Dickhuth-Harrach, Hans-Jürgen von | Erbrecht und Erbrechtsgestaltung eingetragener Lebenspartner, S. 248 ff., in: Schwab, Dieter (Hrsg.), Die eingetragene Lebenspartnerschaft, Bielefeld 2002. |

Die Katholische Kirche (Hrsg.) — Rom 1986: Schreiben der Kongregation für die Glaubenslehre an die Bischöfe der katholischen Kirche über die Seelsorge für homosexuelle Personen vom 30.10.1986, zit. als: Rom 1986.

Diederichsen, Uwe — Homosexuelle – von Gesetzes wegen?, NJW 2000, S. 1841 ff.

Dietlein, Johannes — Der Schutz nichtehelicher Lebensgemeinschaften in den Verfassungen und Verfassungsentwürfen der neuen Länder, DtZ 1993, S. 136 ff.

Dietz, Andreas — Anmerkungen zum Lebenspartnerschaftsgesetz aus ausländerrechtlicher Sicht, InfAuslR 2001, S. 269 ff.

Dillenschneider, Lucy — Le PaCS – Analyse d'une décision, Mémoire présenté pour l'obtention du Diplôme d'études approfondies de Sciences Administratives (DEA), Université de Panthéon-Assas (Paris II), September 1999.

Dopffel,Peter/ Kötz,Hein/ Scherpe, Jens — Rechtsvergleichende Gesamtwürdigung und Empfehlungen, S. 394 ff., in: Basedow, Jürgen/Hopt, Klaus/Kötz, Hein/Dopffel, Peter (Hrsg.), Die Rechtsstellung gleichgeschlechtlicher Lebensgemeinschaften, Tübingen 2000.

Dopffel, Peter/ Scherpe, Jens — Gleichgeschlechtliche Lebensgemeinschaften im Recht der nordischen Länder, S. 7 ff., in: Basedow, Jürgen/Hopt, Klaus/Kötz, Hein/Dopffel, Peter (Hrsg.), Die Rechtsstellung gleichgeschlechtlicher Lebensgemeinschaften, Tübingen 2000.

Dorsel, Christoph — Grundzüge des neuen Lebenspartnerschaftsgesetzes, RNotZ 2001, S. 151 ff.

Douet, Frédéric — Les apports du Pacte civil de Solidarité sur la situation fiscale des concubins ou les charmes fiscaux discrets du Pacte civil de Solidarité, Dr. famille 1999, Nr. hors-série, S. 37 ff.

Drago, Guillaume — La Constitution en réserves, Dr. famille 1999, Nr. hors série, S. 46 ff.

Dreier, Horst (Hrsg.) — Grundgesetzkommentar, Band I, Artikel 1-19, 1. Aufl., Tübingen 1996, zit. als: Dreier/Bearbeiter.

Eggen, Bernd — Gleichgeschlechtliche Lebensgemeinschaften – Kontinuität im Wandel intimer und familialer Lebensformen, FPR 2001, S. 444 ff.

Epple, Dieter — Lebenspartnerschaft gleichgeschlechtlicher Paare – Stand der gesetzlichen Regelungen und rechtsgeschäftlichen Regelungen, BWNotZ 2001, S. 44 ff.

Erman, Walter (Hrsg.) — Handkommentar zum Bürgerlichen Gesetzbuch, 2. Band, 9. Aufl., Münster 2000, zit. als: Erman/Bearbeiter.

Eschenbruch, Klaus (Hrsg.) — Der Unterhaltsprozess, Praxishandbuch des materiellen und prozessualen Unterhaltsrechts, 3. Aufl., Neuwied, Kriftel 2002, zit. als: Eschenbruch/Bearbeiter, Der Unterhaltsprozess.

Eue, Jens — Erbrechtliche Zweifelsfragen des Gesetzes zur Beendigung der Diskriminierung gleichgeschlechtlicher Gemeinschaften, S. 242 ff., in: Schwab, Dieter (Hrsg.), Die eingetragene Lebenspartnerschaft, Bielefeld 2002.

Eutedjian, Claudine — Le commerçant partenaire d'un pacte civil de solidarité, Dr. et patrimoine 2000, Nr. 81, S. 75 ff.

Eyrich, Heinz — Nichteheliche Lebensgemeinschaft – eine Aufgabe für den Gesetzgeber?, ZRP 1990, S. 139 ff.

| | |
|---|---|
| Ferid, Murad/ Sonnenberger, Hans-Jürgen | Das französische Zivilrecht, Bd. 3, Familienrecht, Erbrecht, 2. Aufl. Heidelberg 1987, zit. als: Ferid-Sonnenberger, FrZR Bd. 3. |
| Ferid, Murad/ Sonnenberger, Hans-Jürgen | Das französische Zivilrecht, Bd. 2, Schuldrecht: Die einzelnen Schuldverhältnisse, Sachenrecht, 2. Aufl., Heidelberg 1986, zit. als: Ferid-Sonnenberger, FrZR Bd. 2. |
| Ferrand, Frédérique | Das französische Gesetz über den pacte civil de solidarité, FamRZ 2000, S. 517 ff. |
| Ferrand, Frédérique | Eheliche Gemeinschaft, Partnerschaft und Vermögen im französischen Recht, S. 73 ff., in: Henrich, Dieter (Hrsg.), Eheliche Gemeinschaft, Partnerschaft und Vermögen im europäischen Vergleich, Bielefeld 1999. |
| Ferrand, Frédérique | Die Rechtsstellung gleichgeschlechtlicher Partnerschaften in Frankreich, S. 113 ff., in: Basedow, Jürgen/Hopt, Klaus/Kötz, Hein/Dopffel, Peter (Hrsg.), Die Rechtsstellung gleichgeschlechtlicher Lebensgemeinschaften, Tübingen 2000. |
| Finger, Peter | Trennung und „Scheidung" der Partner nach dem Entwurf eines Gesetzes über die eingetragene Lebenspartnerschaft, FPR 2000, S. 291 ff. |
| Finger, Peter | Die registrierte Lebenspartnerschaft – Überblick über die Neuregelung und kritische Bestandsaufnahme, MDR 2001, S. 201 ff. |
| Finger, Peter | Lebenspartnerschaft und Wohnung, WuM 2000, S. 462 ff. |
| Finger, Peter | Verfahrensrecht in der Lebenspartnerschaft, FPR 2001, S. 460 ff. |
| Finke, Fritz | Unterhaltsrecht in der anwaltlichen Praxis, Bonn 2000, zit. als: Finke, UnterhaltsR. |

Flour, Yvonne — Brèves remarques sur l'indivision entre partenaires d'un pacte civil de solidarité, Gaz. Pal. 1999, Doctrine, Nr. 64, S. 2 ff.

Forder, Caroline — National Report on Spain, in: Forder, Caroline (Hrsg.), Civil Law Aspects of Emerging Forms of Registered Partnership, Den Haag 1999, zit. als: Forder, National report on Spain.

Forder, Caroline — National Report on France, in: Forder, Caroline (Hrsg.), Civil Law Aspects of Emerging Forms of Registered Partnership, Den Haag 1999, zit. als: Forder, National report on France.

Fountoulakis, Christina — Eingetragene Partnerschaften in Deutschland – ein Konflikt mit Art. 6 Abs. 1 des Grundsgesetzes?, AJP/PJA 2001, S. 307 ff.

Freeman, Michael — United Kindom Law and the Gay with Special Reference to Gay Marriages, S. 173 ff., in: Basedow, Jürgen/Hopt, Klaus/Kötz, Hein/Dopffel, Peter (Hrsg.), Die Rechtsstellung gleichgeschlechtlicher Lebensgemeinschaften, Tübingen 2000.

Freytag, Christiane — Lebenspartnerschaftsgesetz, Eheschutz und Differenzierungsverbot, DÖV 2002, S. 445 ff.

Friauf, Karl Heinrich — Verfassungsgarantie und sozialer Wandel – das Beispiel von Ehe und Familie, NJW 1986, S. 2595 ff.

Fulchiron, Hugues — Le PaCS et le droit des étrangers, Dr. famille 1999, Nr. hors série, S. 44 ff.

Fulchiron, Hugues — Les présomptions d'indivision et de communauté dans le couple, Défrénois 2001, S. 947 ff.

Gattegno, Patrice — Droit pénal spécial, 4. Aufl., Paris 2001.

Gaudu, François — A propos du «contrat d´union civile» critique d'un profane, D. 1998, chron., S. 19 ff.

Gernhuber, Joachim/ Coester-Waltjen, Dagmar — Lehrbuch des Familienrechts, 4. Aufl., München 1994, zit. als: Gernhuber/Coester-Waltjen, FamR.

Giesen, Dieter — Familienrecht, 2. Aufl., Tübingen 1997, zit. als: Giesen, FamR.

Göppinger, Horst/ Wax, Peter — Unterhaltsrecht, 8. Aufl., Bielefeld 2003, zit. als: Göppinger/Wax/Bearbeiter, UnterhaltsR.

Grib, Susanne — Die gleichgeschlechtliche Partnerschaft im nordischen und deutschen Recht, Dissertation, Kiel 1995.

Groot, Gerhard-René de / Haase, Annemette — Entwicklungen im niederländischen Familienrecht, StAZ 1998, S. 165 ff.

Groslière, Jean-Claude — La réforme du divorce - Loi du 11 juillet 1975 et décret d'application du 5 décembre 1975, Paris 1976, zit. als: Groslière, La réforme du divorce 1975.

Grziwotz, Herbert — Die Lebenspartnerschaft zweier Personen gleichen Geschlechts, DNotZ 2001, S. 280 ff.

Grziwotz, Herbert — Möglichkeiten der Vertragsgestaltung nach dem LPartG, FPR 2001, S. 466 ff.

Grziwotz, Herbert — Erbrechtliche Gestaltungen bei gleichgeschlechtlichen Paaren, ZEV 2002, S. 55 ff.

Haumer, Tobias — Taschengeld unter Ehegatten – Ein Anspruch ohne Grundlage, FamRZ 1996, S. 193 ff.

Hauser, Jean — Nichteheliche Lebensgemeinschaft in Frankreich: Der „Pacte Civil de Solidarité" (PACS) nach dem Gesetz Nr. 99-944 vom 15. November 1999, DEuFamR 2000, S. 29 ff.

Hauser, Jean — Les communautés taisibles, D. 1997, chron., S. 255 ff.

Hauser, Jean — Pacte civil de solidarité. Statut civil des partenaires, JCP éd. N 2000, Nr. 9, S. 411 ff.

Hauser, Jean — Aujourd'hui et demain, le PaCS, RJPF 1999, Nr. 8, S. 6 ff.

Hauser, Jean — Le pacte civil de solidarité est-il un contrat consensuel ou un contrat solennel?, Défrénois 2001, S. 673 ff.

Hauser, Jean — Personnes et droits de la famille, Jurisprudence française en matière de droit civil, RTD civ. (2) April - Juni 1995, S. 323 ff.

Heinz, Hanspeter — Zu gesetzlichen Regelungen gleichgeschlechtlicher Lebensgemeinschaften Forschungsbericht über die Haltung der katholischen Kirche, in: Basedow/Hopt/Kötz/Dopffel (Hrsg.), Die Rechtsstellung gleichgeschlechtlicher Lebensgemeinschaften, Tübingen 2000.

Henrich, Dieter — Stellungnahme zur Anhörung des Rechtsausschusses zum Entwurf eines Gesetzes zur Einführung des Rechts auf Eheschließung für Personen gleichen Geschlechts – Drucks. 13/2728 – am Mittwoch, dem 14. Mai 1997, S. 22 ff., zit. als: Henrich, Stellungsnahme.

Henrich, Dieter — Wege und Verfahren des Verfassungslebens, S. 239 ff., in: Badura, Peter, /Scholz, Rupert (Hrsg.), Wertentscheidungen im Wertewandel: Betrachtungen zu Art. 6 Abs. 1 GG, Festschrift für Peter Lerche zum 65. Geburtstag, München 1993, zit. als: Henrich, in: Badura/Scholz (Hrsg.), FS für Peter Lerche.

Henrich, Dieter (Hrsg.) — Eheliche Gemeinschaft, Partnerschaft und Vermögen im europäischen Vergleich, Bielefeld 1999.

Hesse, Konrad — Grundzüge des Verfassungsrechts der Bundesrepublik Deutschland, 20. Aufl., Heidelberg 1995.

Heun, Stefanie — Gleichgeschlechtliche Ehen in rechtsvergleichender Sicht unter besonderer Berücksichtigung der Rechtslage in den USA, in Kanada und in Australien, Dissertation, Berlin 1999, zit. als: Gleichgeschlechtliche Ehen in rechtsvergleichender Sicht: USA, Kanada und Australien.

Hohloch, Gerhard — Familienrecht, 1. Aufl., Stuttgart, München, Hannover, Berlin, Weimar, Dresden 2002, zit. als: Hohloch, FamR.

Holzhauer, Heinz — Aktuelles Familienrecht vor rechtsgeschichtlichem Hintergrund, JZ 2000, S. 1076 ff.

Hoppenz, Rainer — Familiensachen, Kommentar anhand der Rechtsprechung des Bundesgerichtshofes 6. Aufl., Heidelberg 1998, zit. als: Hoppenz.

Hübner, Ulrich / Constantinseco, Vlad — Einführung in das französische Recht, 2. Aufl., Köln/Straßburg 2001.

Hugot, Jean/ Pillebout, Jean-François — La prestation compensatoire et le divorce, Loi du 30 Juin 2000, 1. Aufl., Paris 2000.

Jakob, Dominique — Die eingetragene Lebenspartnerschaft im Internationalen Privatrecht, Dissertation, Köln 2002.

Jamin, Christophe/ Revet, Thierry — Législation francaise en matière de droit privé, 1er octobre - 31. décembre 1999, RTD civ. 2000, Nr. 1, S. 171 ff.

Jarass, Hans/ Pieroth, Bodo — Grundgesetz für die Bundesrepublik Deutschland, Kommentar, 6. Aufl., München 2002, zit. als: Jarass/Pieroth/Bearbeiter.

Jauernig, Othmar — Bürgerliches Gesetzbuch, 10. Aufl., München 2003, zit. als: Jauernig/Bearbeiter.

| | |
|---|---|
| Jessel-Holst, Christa | Ansätze für eine rechtliche Regelung der gleichgeschlechtlichen Lebensgemeinschaften in Ungarn, S. 167 ff., in: Basedow, Jürgen/Hopt, Klaus/Kötz, Hein/Dopffel, Peter (Hrsg.), Die Rechtsstellung gleichgeschlechtlicher Lebensgemeinschaften, Tübingen 2000. |
| Jestaz, Philippe (Hrsg.) | Regards civilistes sur la loi du 15 novembre 1999 relative au concubinage et au PaCS, Paris 2002. |
| Kaiser, Dagmar | „Entpartnerung" – Aufhebung der eingetragenen Lebenspartnerschaft gleichgeschlechtlicher Partner, S. 279 ff., in: Schwab, Dieter (Hrsg.), Die eingetragene Lebenspartnerschaft, Bielefeld 2002. |
| Kaiser, Dagmar | Das Lebenspartnerschaftsgesetz, JZ 2001, S. 617 ff. |
| Kalthoener, Elmar/ Büttner, Helmut | Die Entwicklungen des Unterhaltsrechts seit Inkrafttreten des Unterhaltsänderungsgesetzes (1.4.1986) bis Ende 1989, NJW 1989, S. 801 ff. |
| Kalthoener, Elmar/ Büttner, Helmut | Die Entwicklung des Unterhaltsrechts bis Mitte 1992, NJW 1992, S. 2996 ff. |
| Kalthoener, Elmar/Büttner, Helmut/Niepmann, Birgit | Die Rechtsprechung zur Höhe des Unterhalts, 7. Aufl., München 2000, zit. als: Kaltenhoer/Büttner/Niepmann, UnterhaltsR. |
| Katholische Kirche Deutschlands (Hrsg.) | Kathechismus der Katholischen Kirche, München 1993, zit. als: KatKK. |
| Keil, Siegfried | Zur rechtlichen Anerkennung gleichgeschlechtlicher Lebensgemeinschaften aus der Perspektive evangelischer Theologie und Kirche in Europa, S. 201 ff., in: Keil, Siegfried/Haspel, Michael (Hrsg.), Gleichgeschlechtliche Lebensgemeinschaften in sozialethischer Perspektive, Neukirchen-Vluyn 2000. |

| | |
|---|---|
| Kemper, Rainer | Rechtsanwendungsprobleme bei der Eingetragenen Lebenspartnerschaft, FF 2001, S. 156 ff. |
| Kemper, Rainer | Ehe und Eingetragene Lebenspartnerschaft – Übereinstimmungen, Ähnlichkeiten und Abweichungen in den Regelungen der beiden für dauerhafte Lebensbeziehungen gedachten Rechtsinstitute, FPR 2001, S. 449 ff. |
| Kemper, Rainer | Die Lebenspartnerschaft in der Entwicklung, FPR 2003, S. 1 ff. |
| Kingreen, Thorsten | Das Grundrecht von Ehe und Familie (Art. 6 I GG), Jura 1997, S. 401 ff. |
| Kingreen, Thorsten | Die verfassungsrechtliche Stellung der nichtehelichen Lebensgemeinschaften im Spannungsfeld zwischen Freiheits- und Gleichheitsrechten, Dissertation, Berlin 1994/95. |
| Kirchenamt der Evangelischen Kirche in Deutschland (Hrsg.) | Mit Spannungen leben. Eine Orientierungshilfe des Rates der Evangelischen Kirche in Deutschland zum Thema „Homosexualität und Kirche“, (EKD-Texte 57), Hannover 1996, zit. als: Kirchenamt der EKD (Hrsg.), Mit Spannungen leben. |
| Kirchenleitung der Evangelischen Kirche im Rheinland (Hrsg.) | „Sexualität und Lebensformen“ sowie „Trauung und Segnung“, Diskussionspapiere für die Gemeinden und Kirchenkreise (April 1996), 2. Aufl., Düsseldorf 1996. |
| Kirchhof, Paul | Lebenspartnerschaftsgesetz und Grundgesetz, FPR 2001, S. 436 ff. |
| Klein, Anne | Für die Verfassungskonformität des Lebenspartnerschaftsgesetzes, FPR 2001, S. 434 ff. |
| Koppenfels-Spies, Katharina von | Voraussetzungen und Folgen der Aufhebung der Lebenspartnerschaft, FPR 2003, S. 5 ff. |

Krause, Thomas — Vermögenszuordnung unter eingetragenen Lebenspartnern, FPR 2003, S. 11 ff.

Krings, Günter — Die „eingetragene Lebenspartnerschaft“ für gleichgeschlechtliche Paare, ZRP 2000, S. 409 ff.

Krings, Günter — Verfassungsrechtliche Vorgaben für eine rechtliche Ordnung nichtehelicher Lebensgemeinschaften, FPR 2001, S. 7 ff.

Lange, Hermann — Ehevertrag und Güterrechtsregister, FamRZ 1964, S. 546 ff.

Langenfeld, Gerrit — Der Vertrag der eingetragenen Lebenspartnerschaft, ZEV 2002, S. 8 ff.

Lecheler, Helmut — Der Schutz der Familie – Fehlentwicklungen bei der Konkretisierung eines Grundrechts, FamRZ 1979, S. 1 ff.

Lecuyer, Hervé — Le pacte civil sans solidarité, Dr. famille 2000, S. 4 ff.

Lecuyer, Hervé — Les dissolutions du pacte civil de solidarité, S. 101 ff., in: Jestaz, Philippe (Hrsg.), Regards civilistes sur la loi du 15 novembre 1999 relative au concubinage et au pacte civil de solidarité, Paris 2002.

Leipold, Dieter — Die neue Lebenspartnerschaft aus erbrechtlicher Sicht, insbesondere bei zusätzlicher Eheschließung, ZEV 2001, S. 218 ff.

Lemouland, Jean-Jaques — Présentation de la loi Nr. 99-944 du 15 novembre 1999 relative au pacte civil de solidarité, Le Dalloz 1999, chron., Nr. 43, S. 483 ff.

Lemouland, Jean-Jaques — Formation et dissolution du pacte civil de solidarité, JCP éd. N 2001, Nr. 9, S. 406 ff.

Leroy-Forgeot, Flora — Histoire juridique de l’homosexualité en Europe, Paris 1997, zit. als: Leroy-Forgeot, Histoire

Lieb, Manfred — Empfiehlt es sich, die rechtlichen Fragen der nichtehelichen Lebensgemeinschaft gesetzlich zu regeln?, Gutachten A für den 57. Deutschen Juristentag, München 1988.

Lindon, Raymond/ Bénabent, Alain — Le droit du divorce, Paris 1984.

Lipp, Volker — Rechtsprobleme bei der Begründung einer Lebenspartnerschaft, StAZ 2002, S. 354 ff.

Lochak, Daniel — Egalités et différences, réflexions sur l'universalité de la rêgle de droit, S. 45 ff., in: Borillo, Daniel (Hrsg.), Homosexualités et droit, Paris 1998.

Löhnig, Martin — Veränderungen im Recht der Wohnraummiete durch das Lebenspartnerschaftsgesetz, S. 302 ff., in: Schwab, Dieter (Hrsg.), Die eingetragene Lebenspartnerschaft, Bielefeld 2002.

Louven, Klaus — Eheverbot für gleichgeschlechtliche Paare, ZRP 1993, S. 12 ff.

Malaurie, Philippe — Un statut légal du concubinage? – CUC, PIC, PaCS et autres avatars du mariage, Défrénois 1998, Nr. 13-14, S. 871 ff.

Malaurie, Philippe — Sur le PaCS, Dr. famille 1999, Nr. hors série, S. 31 ff.

Malaurie, Philippe — Les régimes matrimoniaux, 4. Aufl., Paris 1999

Mangoldt, Hermann von/ Klein, Friedrich/ Starck, Christian (Hrsg.) — Das Bonner Grundgesetz, Band 1, Präambel, Art. 1-19, 4. Aufl., München 1999, zit. als: v.Mangoldt/Klein/Starck/Bearbeiter.

Martin, Didier — De la solidarité dans le PaCS, S. 117 ff., in: Jestaz, Philippe (Hrsg.), Regards civilistes sur la loi du 15 novembre 1999 relative au concubinage et au pacte civil de solidarité, Paris 2002.

Marty, Gabriel/ Raynaud, Pierre — Droit civil, Les biens, 3. Aufl., Paris 1995.

Maunz, Theodor/ Dürig, Günter — Grundgesetzkommentar, Band I, Art. 1-11, 41. Ergänzungslieferung, München 2003, zit. als: Maunz/Dürig/Bearbeiter.

Mayer, Norbert — Das Gesetz zur Beendigung der Diskriminierung gleichgeschlechtlicher Gemeinschaften: Lebenspartnerschaften, ZEV 2001, S. 169 ff.

Mécary, Caroline — Droit et homosexualité, Paris 2000.

Mécary, Caroline/ Leroy-Forgeot, Flora — Le PACS, 2. Aufl., Paris 2001.

Meireis, Rolf — Verwaltungsaufgaben nach dem Lebenspartnerschaftsgesetz, StAZ 2001, S. 161 ff.

Meyer, Thomas — Mietrechtsverhältnisse von Partnerschaften, NZM 2001, S. 829 ff.

Meyer, Thomas/ Mittelstädt, Andrea — Das Lebenspartnerschaftsgesetz, Kommentierte Darstellung anhand von Materialien, Bundesanzeiger Jahrgang 53, Nr. 176 a, Köln 2001, zit. als: Meyer/Mittelstädt, LPartG.

Miegel, Meinhard — Die deformierte Gesellschaft, 5. Aufl., Berlin, München 2002.

Molas, Jean-Francois — La rupture de pacte civil de solidarité, Dr. et patrimoine 2000, Nr. 81, S. 87 ff.

Molfessis, Nicolas — Pacte civil de solidarité – La réécriture de la loi relative au PaCS par le Conseil Constitutionnel, JCP éd. N 2000, Nr. 6, S. 270 ff.

Monassir, Bernard — Le mariage sur mesure, Dr. et patrimoine 2000, Nr. 81, S. 54 ff.

Monéger, Francoise — Pacte civil de solidarité – aspects sociaux, JCP éd. N 2000, Nr. 10, S. 452 ff.

| | |
|---|---|
| Monteillet-Gefroy, Mélanie | Le notaire et le contentieux du PACS, JCP éd. N 2001, Nr. 15-16, S. 744 ff. |
| Motzer, Stefan | Die neueste Entwicklung von Gesetzgebung und Rechtsprechung auf dem Gebiet von Sorgerecht und Umgangsrecht, FamRZ 2001, S. 1034 ff. |
| Moutouh, Hugues | La question de la reconnaissance du couple homosexuel, D. 1998, chron., S. 369 ff. |
| Müller, Christian | Unterhaltsrecht, 2. Aufl., Baden-Baden 2000, zit. als: Müller, UnterhaltsR. |
| Müller, Gabriele | Partnerschaftsverträge nach dem Lebenspartnerschaftsgesetz (LPartG) – Hinweis zur Vertragsgestaltung, DNotZ 2001, S. 581 ff. |
| Muller, Michèle | L'indemnisation du concubin abandonné sans ressources, Le Dalloz 1986, chron., S. 328 ff. |
| Müller-Freienfels, Wolfram | Rechtsfolgen nichtehelicher Gemeinschaften und Eheschließungsrecht, S. 737 ff., in: Lange, Hermann/Nörr, Knut Wolfgang/Westermann, Harm (Hrsg.), Festschrift für Joachim Gernhuber zum 70. Geburtstag, Tübingen 1993, zit. als: Müller-Freienfels, in: Lange/Nörr/Westermann (Hrsg.), FS für Joachim Gernhuber. |
| Münch, Ingo von | Antidiskriminierungsgesetz – notwendig oder überflüssig?, NJW 1999, S. 260 ff. |
| Münch, Ingo von (Begr.)/ Kunig, Philip (Hrsg.) | Grundgesetz-Kommentar, Band 1, Präambel bis Art. 19, 5. Aufl., München 2000, zit. als: v.Münch/Kunig/Bearbeiter. |
| Murat, Pierre | Vers la famille homosexuelle par adoption, Dr. famille 2000, Nr. 4, chron., S. 4 ff. |
| Muscheler, Karlheinz | Das Recht der eingetragenen Lebenspartnerschaft: Begründung – Rechtsfolgen – Aufhebung – faktische Partnerschaft, Berlin 2001, zit. als: Muscheler, LPartG. |

Nave-Herz, Rosemarie — Die nichteheliche Lebensgemeinschaft – eine soziologische Analyse, FPR 2001, S. 3 ff.

Niepmann, Birgit — Aktuelle Entwicklungen im Familienrecht – im Anschluss an MDR 2000, S. 613 ff., MDR 2001, S. 601 ff.

Ohlenburger-Bauer, Karin — Die eheähnliche Gemeinschaft – Eine vergleichende Betrachtung ihrer Rechtslage und Rechtswirkungen in Frankreich und Deutschland, Dissertation, Köln 1977.

Olsen-Ring, Line/ Ring, Gerhard — Die registrierte (Lebens-)Partnerschaft im Recht der skandinavischen Staaten, KJ 1999, 366 ff.

Ott, Sieghart — Die Begriffe „Ehe und Familie“ in Art. 6 I GG, NJW 1998, S. 117 ff.

Palandt, Otto (Begr.) — Kommentar zum Bürgerlichen Gesetzbuch, 62. Aufl., München 2003, zit. als: Palandt/Bearbeiter.

Pauly, Walter — Sperrwirkungen des verfassungsrechtlichen Ehebegriffs, NJW 1997, S. 1955 ff.

Pawlowski, Hans-Martin — Abschied von der „bürgerlichen Ehe“? – Ist der Schutz der Ehe durch den Staat noch zeitgemäß?, DEuFamR 2000, S. 19 ff.

Pawlowski, Hans-Martin — Kurzbeitrag zur Einführung gesetzlicher Regelungen für eingetragene gleichgeschlechtliche Lebenspartnerschaften, JZ 2000, S. 765 ff.

Percin, Laurence de — Le PaCS, Paris 2001.

Peschel-Gutzeit, Lore — Gesetzliche Regelung eingetragener Lebenspartnerschaften, FPR 2000, S. 167 ff.

Philippe, Catherine — Le devoir de secours de l’assistance entre époux - Essai sur l’entraide conjugale, Dissertation, Paris 1981.

| | |
|---|---|
| Piastra, Raphael | Loi relative au PaCS, Le Dalloz 2000, Nr. 13, S. 203 ff. |
| Pieroth, Bodo/ Kingreen, Thorsten | Funktionen des Ehegrundrechts am Beispiel des Lebenspartnerschaftsgesetzes, KV 2002, S. 219 ff. |
| Pillebout, Jean-François | Le Pacte Cilvil de Solidarité, 2. Aufl., Paris 2002. |
| Pintens, Walter | Partnerschaft im belgischen und niederländischen Recht, FamRZ 2000, S. 69 ff. |
| Post, Carel | Zur neueren Entwicklungen im niederländischen Eherecht: Registrierte Partnerschaft und Öffnung der Ehe für gleichgeschlechtliche Paare, StAZ 2002, S. 335 ff. |
| Ratzinger, Joseph | Kongregation für die Glaubenslehre der katholischen Kirche: Verantwortung für die öffentliche Moral – Anmerkung zur gesetzlichen Nicht-Diskriminierung von Homosexuellen, vom 31.7.2003, unter: www.nuntiatur.at/doku/Glaubenslehre.htm, 19.8.2003, zit. als: Ratzinger, Kongregation für die Glaubenslehre vom 31.7.2003. |
| Rauscher, Thomas | Familienrecht, Heidelberg 2001, zit. als: Rauscher, FamR. |
| Rebmann, Kurt/ Säcker, Franz Jürgen/ Rixecker, Roland, (Hrsg.) | Münchener Kommentar zum BGB, Band 7, Familienrecht I, §§ 1297-1588 BGB, 4. Aufl., München 2000, zit. als: MüKo/Bearbeiter. |
| Rellermeyer, Klaus | Die eingetragene Lebenspartnerschaft, Rpfleger 2001, S. 381 ff. |
| Renault-Brahinsky, Corinne | Droit de la famille – Concubinage, PaCS et Mariage, Divorce, Filiation, 4. Aufl., Paris 2001. |
| Revet, Thierry | Commentaire de la loi du 15 novembre 1999, RTD. civ. 2000, S. 173 ff. |

Rieger, Gregor — Das Vermögensrecht der eingetragenen Lebenspartnerschaft, S. 186 ff., in: Schwab (Hrsg.), Die Eingetragene Lebenspartnerschaft, Bielefeld 2002.

Ring, Gerhard/ Olsen-Ring, Line — Dänemarks Vorreiterrolle bei der Etablierung des Instituts einer registrierten (Lebens-) Partnerschaft in Europa, KJ 1999, S. 366 ff.

Ring, Gerhardt/ Olsen-Ring, Line — Einführung in das Skandinavische Recht, ZRP 1999, S. 459 ff.

Risse, Jörg — Der verfassungsrechtliche Schutz der Homosexualität, Dissertation, Heidelberg 1998.

Robbers, Gerhard — Eingetragene Lebenspartnerschaften, JZ 2001, S. 779 ff.

Röthel, Anne — Nichteheliche Lebensgemeinschaften - Neue Rechtsfragen und Regelungsaufgaben im In- und Ausland, ZRP 1999, S. 511 ff.

Röttgen, Gisela — Die Rechtsstellung der Lebensgefährten bei der Beendigung der eheähnlichen Gemeinschaft im französischen Recht, Dissertation, Bonn 1980.

Rubbellin-Devichi, Jaqueline — Présentation de la loi adoptée le 13 octobre 1999 relative au Pacte Civil de Solidarité (PaCS), JCP éd. G 1999, Nr. 43, S. 1909 ff.

Sachs, Michael — Rechtsförmliche Lebenspartnerschaften für Menschen gleichen Geschlechts – Verfassungsgebot oder Verfassungsverstoß?, JR 2001, S. 45 ff.

Sachs, Michael — Grundgesetz Kommentar, 3. Aufl., München 2003, zit. als: Sachs/Bearbeiter.

Saint Amand-Hassani, Sylvie — Le PaCS: adoption, filiation, libéralités, acquisitions à tire onéreux, Dr. et patrimoine 2000, Nr. 81, S. 63 ff.

| | |
|---|---|
| Saint-Hilaire, Delmas | Le pacte civil de solidarité – Aspects fiscaux, JCP éd. N 2000, Nr. 10, S. 458 ff. |
| Sander, Dirk | Soziologische Erkenntnisse zum Eheschließungsverhalten, DEuFamR 1999, S. 16 ff. |
| Savouré, Bertrand | Le PaCS: propositions d'interprétation, Dr. et patrimoine 2000, Nr. 81, S. 58 ff. |
| Scherpe, Jens | Zehn Jahre registrierte Partnerschaft in Dänemark, DEuFamR 2000, S. 32 ff. |
| Schick, Rupert/ Kahlenberg, Friedrich (Hrsg.) | Der Parlamentarische Rat 1948-1949, Akten und Protokolle, Bd. 5/II, Ausschuss für Grundsatzfragen, 2. Aufl., Boppard am Rhein 1993. |
| Schimmel, Roland | Eheschließungen gleichgeschlechtlicher Paare, Dissertation, Berlin 1996. |
| Schlenker, Susanne | Die Stellung gleichgeschlechtlicher Lebensgemeinschaften in Spanien und in spanischen Teilrechtsordnungen, S. 145 ff., in: Basedow, Jürgen/Hopt, Klaus/Kötz, Hein/Dopffel, Peter (Hrsg.), Die Rechtsstellung gleichgeschlechtlicher Lebensgemeinschaften, Tübingen 2000. |
| Schlüter, Wilfried | Die gesetzliche Regelung von außerehelichen Partnerschaften gleichen und verschiedenen Geschlechts, FF 2000, S. 76 ff. |
| Schlüter, Wilfried | Familienrecht, 8. Aufl., Heidelberg 1998, zit. als: Schlüter, FamR. |
| Schlüter, Wilfried/ Heckes, Jasmin/ Stommel, Sonja | Die gesetzliche Regelung von außerehelichen Partnerschaften gleichen oder verschiedenen Geschlechts im Ausland und die deutschen Reformvorhaben, DEuFamR 2000, S. 1 ff. |

Schmidt-Aßmann, Ulrike — Referat zum 57. deutschen Juristentag, S. 9 ff. in: Ständige Deputation des deutschen Juristentages (Hrsg.), Verhandlungen des 57. deutschen Juristentages, Bd. II (Sitzungsberichte), München 1988.

Schmidt-Bleibtreu, Bruno/ Klein, Franz — Kommentar zum Grundgesetz, 9. Aufl., Neuwied, Kriftel 1999, zit. als: Schmidt-Bleibtreu/Klein/Bearbeiter.

Schoettl, Jean-Eric — Le pacte civil des solidarité à L'épreuve du contrôle de constitutionalité, Les Petites affiches 1999, Nr. 239, S. 6 ff.

Scholz, Rainer — Die nichteheliche Lebensgemeinschaft – ein Problem für den Gesetzgeber?, ZRP 1981, S. 225 ff.

Scholz, Rupert/ Uhle, Arnd — Eingetragene Lebenspartnerschaft und Grundgesetz, NJW 2001, S. 393 ff.

Schomburg, Gerhard — Die kindschaftsrechtlichen Regelungen des Lebenspartnerschaftsgesetzes, Kind-Prax 2001, S. 103 ff.

Schreiber, Christiane — Erfahrungen mit Lebenspartnerschaften am Beispiel Frankreichs, FPR 2001, S. 442 ff.

Schultz, Marianne — La chronologie du débat, Revue Esprit Oktober 1997, S. 188 ff.

Schumacher, Klaus — Zum gesetzlichen Regelungsbedarf für nichteheliche Lebensgemeinschaften, FamRZ 1994, S. 857 ff.

Schwab, Dieter — Familienrecht, 9. Aufl., München 1999, zit. als: Schwab, FamR.

Schwab, Dieter — Eingetragene Lebenspartnerschaft, FamRZ 2001, 385 ff.

Schwab, Dieter — Öffentliche Anhörung des Rechtsauschusses des Deutschen Bundestages am 19. September 2000 - Stellungnahme zu den Vorlagen auf den Drucksachen 14/3751 und 14/1259, in: Protokoll des Rechtsausschusses 14/59, S. 45 ff., zit. als: Schwab, Stellungnahme.

Schwab, Dieter (Hrsg.) — Handbuch des Scheidungsrechts, 4. Aufl., München 2000, zit. als: Schwab Hdb. d. Scheidungsrechts.

Schwab, Dieter (Hrsg.) — Die eingetragene Lebenspartnerschaft, Bielefeld 2002.

Schwenzer, Ingeborg — Gesetzliche Regelung der Rechtsprobleme nichtehelicher Lebensgemeinschaften?, JZ 1988, S. 781 ff.

Sonnenberger, Hans Jürgen/ Autexier, Christian — Einführung in das französische Recht, 3. Aufl., Heidelberg 2000.

Staudinger, Julius von — Kommentar zum Bürgerlichen Gesetzbuch, 4. Buch: Familienrecht, Einleitung zu § 1297-1362 BGB, 13. Bearbeitung, Berlin 2000, zit. als: Staudinger/Bearbeiter.

Steiner, Eva — The spirit of new French registered partnership law – promoting autonomy and pluralism or weakening marriage, Child and Family Law Quarterly 2000, Volume 12, Nr. 1, S. 1 ff.

Strick, Kerstin — Gleichgeschlechtliche Partnerschaft – Vom Straftatbestand zum Status?, DEuFamR 2000, S. 82 ff.

Stüber, Stephan — Gleichstellung homosexueller Lebenspartnerschaften als „Eingetragene Lebenspartnerschaft“ mit der Ehe verfassungsgemäß?, KJ 2001, S. 594 ff.

Süß, Rembert — Notarieller Gestaltungsbedarf bei Eingetragenen Lebenspartnerschaften mit Ausländern, DNotZ 2001, S. 168 ff.

Taquet, François — PaCS et sécurité sociale…premières réflexions, Gaz. Pal. 2000, Nr. 205, S. 10 ff.

Terré, François — Histoire d'une loi, Dr. famille 1999, Nr. hors série, S. 28 ff.

Tettinger, Peter — Der grundgesetzlich gewährleistete besondere Schutz von Ehe und Familie, S. 117 ff. in: Krautscheidt, Joseph (Hrsg.), Ehe und Familie unter veränderten gesellschaftlichen Rahmenbedingungen, Essener Gespräche zum Thema Staat und Kirche, Band 35, Münster 2001.

Tettinger, Peter — Kein Ruhmesblatt für die Verfassung, JZ 2002, S. 1146 ff.

Theimer, Clemens — Hausratsaufteilung zwischen nichtehelichen Lebenspartnern in Mittel- und Nordeuropa, ZRP 1995, S. 266 ff.

Théry, Irène — Couple, filiation,et parenté aujourd'hui – Le droit face aux mutations de la famille et de la vie privée, Bericht für das Ministerium für Arbeit und Solidarität und das Justizministerium, Paris 1998.

Théry, Irène — Le contrat d'union sociale en question, Revue Esprit Oktober 1997, S. 159 ff.

Todtenhaupt Puttfarken, Marina — Unterhalt in unvollständigen Familien in Frankreich, S. 375 ff., in: Dopffel, Peter/Buchhofer, Bernd (Hrsg.), Unterhaltsrecht in Europa, Tübingen 1983.

Trimbach, Herbert — Das Lebenspartnerschaftsgesetz, NJ 2001, S. 399 ff.

Trimbach, Herbert/ Webert, Annette — Ist die Homo-Ehe noch verfassungswidrig?, NJ 1998, S. 63 ff.

Valot-Forest, Martine — Divorce, questions d'argent, Paris 2000, zit. als: Valot-Forest, Divorce.

| | |
|---|---|
| Vasseaux, Joelle/ Vauvillé, Frédéric | Le PaCS: premières difficultés pratiques, RJPF 2000, Nr. 5, S. 6 ff. |
| Vauvillé, Frédéric | La fin du pacte civil de solidarité, Dr. et patrimoine 2001, Nr. 91, S. 26 ff. |
| Véron, Michel | Droit pénal spécial, 8. Aufl., Paris 2001. |
| Verschaegen, Bea | Nichteheliche Partnerschaft – Eine rechtsvergleichende Einführung, FamRZ 2000, S. 65 ff. |
| Verschaegen, Bea | Gleichgeschlechtliche Beziehungen im Spiegel des Rechts, DEuFamR 2000, S. 64 ff. |
| Verschaegen, Bea | „Neues" Familienrecht?, Das Standesamt 1995, S. 225 ff. |
| Verschraegen, Bea | Gleichgeschlechtliche „Ehen", Wien 1994, zit. als: Verschraegen, Gleichgeschlechtliche Ehen. |
| Villa-Nys, Marie-Cécile | Réflexions sur le devenir de l'obligation de fidélité dans le droit civil de la famille, Dr. et patrimoine 2000, Nr. 85, S. 88 ff. |
| Vivier, Jean-Loup | Le Pacte Civil de Solidarité – Un nouveau contrat, Paris 2001. |
| Wacke, Andreas | Französische und deutsche Scheidungsrechtsreform in vergleichender Sicht, FamRZ 1978, S. 217 ff. |
| Wacke, Andreas | Die Registrierung homosexueller Partnerschaften in Dänemark, FamRZ 1990, S. 347 ff |
| Weill, Alex/Terré, François | Droit civil, Les personnes, La famille, Les incapacités, 5. Aufl., Paris 1993, zit. als: Weill/Terré, La famille. |
| Weinreich, Gerd | Das Lebenspartnerschaftsgesetz (LPartG), FuR 2001, S. 481 ff. |

| | |
|---|---|
| Wellenhofer-Klein, Marina | Die eingetragene Lebenspartnerschaft, München 2003, zit. als: Wellenhofer-Klein, Die eingetragene Lebenspartnerschaft. |
| Welling, Susanna | Ausgewählte Fragen des Vermögens- und Erbrechts bei eingetragenen Lebenspartnerschaften, RNotZ 2002, S. 249 ff. |
| Willutzki, Siegfried | Die Zulässigkeit der gleichgeschlechtlichen Eheschließung, MDR 1993, S. 116 ff. |
| Zielger, Eberhard/ Mäuerle, Karl-Heinz | Familienrecht, 2. Aufl., Baden-Baden 2001, zit. als: Ziegler/Mäuerle, FamR. |
| Zippelius, Reinhold | Verfassungsgarantie und sozialer Wandel – Das Beispiel von Ehe und Familie, DÖV 1986, S. 805 ff. |
| Zwißler, Finn | Vorhandene gesetzliche Regelungen für nichteheliche Lebenspartner, FPR 2001, S. 15 ff. |

**STUDIEN ZUM VERGLEICHENDEN UND INTERNATIONALEN RECHT**

Herausgeber: Bernd von Hoffmann, Erik Jayme und Heinz-Peter Mansel

Band 1 Ferdinand Henke: Die Datenschutzkonvention des Europarates. 1986.

Band 2 Peter Czermak: Der express trust im internationalen Privatrecht. 1986.

Band 3 Peter Kindler: Der Ausgleichsanspruch des Handelsvertreters im deutsch-italienischen Warenverkehr. Eine rechtsvergleichende und kollisionsrechtliche Untersuchung. 1987.

Band 4 Wilhelm Denzer: Stellung und Bedeutung des Engineers in den FIDIC-Bauvertragsbedingungen. 1988.

Band 5 Marijan-Maximilian Lederer: Die internationale Enteignung von Mitgliedschaftsrechten unter besonderer Berücksichtigung der französischen Enteignungen 1982. 1989.

Band 6 Rainer Esser: Klagen gegen ausländische Staaten. 1990.

Band 7 Chang Jae-Ok: Auf dem Weg zu einer Materialisierung des Immateriellen ? Personen-, Persönlichkeitsschutz und Geldersatz des immateriellen Schadens in rechtsvergleichender Hinsicht am Beispiel des koreanischen und japanischen Zivilrechts unter besonderer Berücksichtigung des deutschen Rechts. 1990.

Band 8 Paul-Frank Weise: Lex mercatoria. Materielles Recht vor der internationalen Handelsschiedsgerichtbarkeit.1990.

Band 9 Werner Born: Der Auftrittsvertrag für Musikgruppen im Bereich der Rock- und Popmusik. 1990.

Band 10 Ralf Erich Jürgens: IPR und Verfassung in Italien und in der Bundesrepublik Deutschland. 1990.

Band 11 Rainer Gildeggen: Internationale Schieds- und Schiedsverfahrensvereinbarungen in Allgemeinen Geschäftsbedingungen vor deutschen Gerichten. 1991.

Band 12 Klaus Grabinski: Die kollisionsrechtliche Behandlung des Durchgriffs bei rechtlich verselbständigten Unternehmen in privater oder öffentlicher Hand. 1991.

Band 13 Dieter Stummel: Konkurs und Integration. Konventionsrechtliche Wege zur Bewältigung grenzüberschreitender Insolvenzverfahren. 1991.

Band 14 Joachim Güntzer: Die Rechtsstellung des Geschäftsführers im spanischen Aktienrecht. Die Neuregelung des spanischen Aktienrechts nach dem Beitritt Spaniens zur EG. 1991.

Band 15 Sabine Isenburg-Epple: Die Berücksichtigung ausländischer Rechtshängigkeit nach dem Europäischen Gerichtsstands- und Vollstreckungsübereinkommen vom 27.9.1968. Untersuchungen zum Anwendungsbereich von Art. 21 EuGVÜ unter schwerpunktmäßiger Behandlung der Frage nach der Bestimmung eines europäischen Streitgegenstandsbegriffs. 1992.

Band 16 Ulrich Nickl: Die Qualifikation der culpa in contrahendo im Internationalen Privatrecht. 1992.

Band 17 Theo Rauh: Leistungserschwerungen im Schuldvertrag. Eine rechtsvergleichende Untersuchung des englischen, US-amerikanischen, französischen und deutschen Rechts unter besonderer Berücksichtigung der gerichtlichen Praxis. 1992.

Band 18 Bernadette Chaussade-Klein: Vorvertragliche "obligation de renseignements" im französichen Recht. 1992.

Band 19 Josef Sievers: Verbraucherschutz gegen unlautere Vertragsbedingungen im französischen Recht. Vom Code civil zum "Code de la consommation" – die Entstehung eines Sonderprivatrechts für Verbraucher. 1993.

Band 20 Achim Schäfer: Grenzüberschreitende Kreditsicherung an Grundstücken, unter besonderer Berücksichtigung des deutschen und italienischen Rechts. 1993.

Band 21 Eugenio Hernández-Breton: Internationale Gerichtsstandsklauseln in Allgemeinen Geschäftsbedingungen. Unter besonderer Berücksichtigung des deutsch-südamerikanischen Rechtsverkehrs (dargestellt am Beispiel Argentinien, Brasilien und Venezuela). 1993.

Band 22 Ingo Reng: Unterhaltsansprüche aufgrund nichtehelicher Lebensgemeinschaft – Internationales Privatrecht und ausländisches materielles Recht. 1994.

Band 23 Stefanie Roloff: Die Geltendmachung ausländischer öffentlicher Ansprüche im Inland. 1994.

Band 24 Katharina Ludwig: Der Vertragsschluß nach UN-Kaufrecht im Spannungsverhältnis von Common Law und Civil Law. Dargestellt auf der Grundlage der Rechtsordnungen Englands und Deutschlands. 1994.

Band 25 Malte Diesselhorst: Mehrparteienschiedsverfahren. Internationale Schiedsverfahren unter Beteiligung von mehr als zwei Parteien. 1994.

Band 26 Manfred Kost: Konsensprobleme im internationalen Schuldvertragsrecht. 1995.

Band 27 Wolff-Heinrich Fleischer: Das italienische Wettbewerbsrecht und die Probleme des selektiven Parfümvertriebs unter Berücksichtigung der Rechtslage in Frankreich und Deutschland. 1995.

Band 28 Angelika Fuchs: Lateinamerikanische Devisenkontrollen in der internationalen Schuldenkrise und Art. VIII Abschn. 2 b) IWF-Abkommen. 1995.

Band 29 Jacques Matthias Aull: Der Geltungsanspruch des EuGVÜ: "Binnensachverhalte" und Internationales Zivilverfahrensrecht in der Europäischen Union. Zur Auslegung von Art. 17 Abs. 1 S. 1 EuGVÜ. 1996.

Band 30 Hartmut Ost: EVÜ und fact doctrine. Konflikte zwischen europäischer IPR-Vereinheitlichung und der Stellung ausländischen Rechts im angelsächsischen Zivilprozeß. 1996.

Band 31 Stefan Wagner: Die Testierfähigkeit im Internationalen Privatrecht. 1996.

Band 32 Wolfgang Jakob Hau: Positive Kompetenzkonflikte im Internationalen Zivilprozeßrecht. Überlegungen zur Bewältigung von *multi-fora disputes*. 1996.

Band 33 Markus Schütz: UN-Kaufrecht und *Culpa in contrahendo*. 1996.

Band 34 Volker Geyrhalter: Das Lösungsrecht des gutgläubigen Erwerbers. Ein "vergessener" Kompromiß und die Auswirkungen auf das heutige deutsche Recht unter besonderer Berücksichtigung des internationalen Sachenrechts. 1996.

Band 35 Andreas Kramer: Abwicklungsstörungen bei Kaufverträgen. Die Lieferung vertragswidriger Sachen im deutschen und italienischen Recht. 1996.

Band 36 Petra Krings: Erfüllungsmodalitäten im internationalen Schuldvertragsrecht. 1997.

Band 37 Tonja Gaibler: Der rechtsgeschäftliche Irrtum im französischen Recht. 1997.

Band 38 Dirk Otto: Rechtsspaltung im indischen Erbrecht. Bedeutung und Auswirkungen auf deutsch-indische Nachlaßfälle. 1997.

Band 39 Gregor W. Decku: Zwischen Vertrag und Delikt. Grenzfälle vertraglicher und deliktischer Haftung dargestellt am Beispiel der Berufs- und Expertenhaftung zum Schutze des Vermögens Dritter im deutschen und englischen Recht. 1997.

Band 40 Ulrike Höpping: Auswirkungen der Warenverkehrsfreiheit auf das IPR unter besonderer Berücksichtigung des Internationalen Produkthaftungsrechts und des Internationalen Vertragsrechts. 1997.

Band 41 Andreas Bartosch: Die vermögensrechtlichen Beziehungen der Ehegatten bei bestehender Ehe im englischen Recht – Eigentum, Besitz, Schuldvertrag. 1997.

Band 42 Helene Boriths Müller: Die Umsetzung der europäischen Übereinkommen von Rom und Brüssel in das Recht der Mitgliedstaaten. Dargestellt am Beispiel Deutschlands und Dänemarks. 1997.

Band 43 Bernd von Hoffmann / Myong-Chang Hwang (eds.): The Public Concept of Land Ownership. Reports and Discussions of a German-Korean Symposium held in Seoul on October 7-9, 1996. 1997.

Band 44 Oliver Heeder: Fraus legis. Eine rechtsvergleichende Untersuchung über den Vorbehalt der Gesetzesumgehung in Deutschland, Österreich, der Schweiz, Frankreich und Belgien unter besonderer Berücksichtigung des Internationalen Privatrechts. 1998.

Band 45 Heinrich Schütt: Deliktstyp und Internationales Privatrecht. Dargestellt an grenzüberschreitenden Problemen der Arzthaftung. 1998.

Band 46 Axel Steiner: Die stillschweigende Rechtswahl im Prozeß im System der subjektiven Anknüpfungen im deutschen Internationalen Privatrecht. 1998.

Band 47 Martina Schulz: Der Eigentumsvorbehalt in europäischen Rechtsordnungen. Rechtsvergleichende Untersuchung des deutschen, englischen und französischen Rechts unter besonderer Berücksichtigung von Erweiterungen und Verlängerungen. 1998.

Band 48 Karin Dreher: Die Rechtswahl im internationalen Erbrecht. Unter besonderer Berücksichtigung des italienischen IPR-Reformgesetzes N. 218 vom 31. Mai 1995. 1999.

Band 49 Giuliano Gabrielli: Das Verhältnis zwischen der Anfechtung wegen Eigenschaftsirrtums und den Gewährleistungsansprüchen im deutschen, österreichischen und italienischen Recht. 1999.

Band 50 Bernd von Hoffmann / Myong-Chan Hwang (eds.): Developments in Land Law. Reports and Discussions of a German-Korean Symposium held in Berlin and Trier on July 21-24, 1997. 1999.

Band 51 Volker Heidbüchel: Das UNCITRAL-Übereinkommen über unabhängige Garantien und Standby Letters of Credit. Vergleiche mit den Richtlinien der Internationalen Handelskammer, dem deutschen, englischen und US-amerikanischen Recht. 1999.

Band 52 Jan Christoph Nordmeyer: Pflichtteilsansprüche und Wiedervereinigung. Eine systematische Analyse der Ausgleichsansprüche nach BGB-Pflichtteilsrecht unter besonderer Berücksichtigung der durch den Wiedervereinigungsprozeß eingetretenen Wertveränderungen. 1999.

Band 53 Bettina Linder: Vertragsabschluß beim grenzüberschreitenden Verbraucherleasing. 1999.

Band 54 Almontasser Fetih: Die zivilrechtliche Haftung bei Vertragsverhandlungen. Eine rechtsvergleichende Studie zum deutschen, französischen, ägyptischen und islamischen Recht. 2000.

Band 55 Sona Rajani: Die Geltung und Anwendung des Gemeinschaftsrechts im Vereinigten Königreich von Großbritannien und Nordirland. Der Grundsatz der Parlamentssouveränität im Wandel. 2000.

Band 56 Joachim Kayser: Gegenmaßnahmen im Außenwirtschaftsrecht und das System des europäischen Kollisionsrechts. Eine Analyse der EU-Abwehrverordnung gegen die Auswirkungen extraterritorialer Rechtserstreckung eines Drittlandes. 2001.

Band 57 Albrecht Conrad: Qualifikationsfragen des Trust im Europäischen Zivilprozeßrecht. 2001.

Band 58 Bernd Borgmann: Die Entsendung von Arbeitnehmern in der Europäischen Gemeinschaft. Wechselwirkungen zwischen Kollisionsrecht, Grundfreiheiten und Spezialgesetzen. 2001.

Band 59 Aleksandar Jaksic: Arbitration and Human Rights. 2002.

Band 60 Islamisches und arabisches Recht als Problem der Rechtsanwendung. Symposium zu Ehren von Professor Emeritus Dr. iur. Omaia Elwan. Veranstaltet vom Institut für ausländisches und internationales Privat- und Wirtschaftsrecht der Universität Heidelberg und der Gesellschaft für Arabisches und Islamisches Recht e.V. Herausgegeben von Herbert Kronke, Gert Reinhart und Nika Witteborg. 2001.

Band 61 Patrick Fiedler: Stabilisierungsklauseln und materielle Verweisung im internationalen Vertragsrecht. 2001.

Band 62 Werner Mangold: Die Abtretung im Europäischen Kollisionsrecht. Unter besonderer Berücksichtigung des spanischen Rechts. 2001.

Band 63 Eike Dirk Eschenfelder: Beweiserhebung im Ausland und ihre Verwertung im inländischen Zivilprozess. Zur Bedeutung des US-amerikanischen discovery-Verfahrens für das deutsche Erkenntnisverfahren. 2002.

Band 64 Bernd Ehle: Wege zu einer Kohärenz der Rechtsquellen im Europäischen Kollisionsrecht der Verbraucherverträge. 2002.

Band 65 Heiko Lehmkuhl: Das Nacherfüllungsrecht des Verkäufers im UN-Kaufrecht. 2002.

Band 66 Jochen Nikolaus Schlotter: Erbrechtliche Probleme in der Société Privée Européenne. IPR-Harmonisierung im einheitlichen Europäischen Rechtsraum. 2002.

Band 67 Konrad Ost: Doppelrelevante Tatsachen im Internationalen Zivilverfahrensrecht. Zur Prüfung der internationalen Zuständigkeit bei den Gerichtsständen des Erfüllungsortes und der unerlaubten Handlung. 2002.

Band 68 Tobias Bosch: Die Durchbrechungen des Gesamtstatuts im internationalen Ehegüterrecht. Unter besonderer Berücksichtigung deutsch-französischer Rechtsfälle. 2002.

Band 69 Ursula Philipp: Form im amerikanischen Erbrecht. Zwischen Formalismus und harmless error. 2002.

Band 70 Christian Stefan Wolf: Der Begriff der wesentlich engeren Verbindung im Internationalen Sachenrecht. 2002.

Band 71 André Fomferek: Der Schutz des Vermögens Minderjähriger. Ein Vergleich des deutschen und des englischen Rechts unter Berücksichtigung des schottischen und irischen Rechts. 2002.

Band 72 nicht erschienen

Band 73 Markus Dreißigacker: Sprachenfreiheit im Verbrauchervertragsrecht. Der Verbraucher im Spannungsfeld zwischen kultureller Identität und Privatautonomie. 2002.

Band 74 Vassiliki Myller-Igknay: Auskunftsansprüche im griechischen Zivilrecht. Auswirkungen im deutsch-griechischen Rechtsverkehr sowie im deutschen internationalen Privat- und Verfahrensrecht. 2003

Band 75 Stefan Bruinier: Der Einfluss der Grundfreiheiten auf das Internationale Privatrecht. 2003.

Band 76 Nika Witteborg: Das gemeinsame Sorgerecht nichtverheirateter Eltern. Eine Untersuchung im soziologischen, rechtsgeschichtlichen, verfassungsrechtlichen, rechtsvergleichenden und internationalen Kontext. 2003.

Band 77 Peter Stankewitsch: Entscheidungsnormen im IPR als Wirksamkeitsvoraussetzungen der Rechtswahl. 2003.

Band 78 Jan Wilhelm Ritter: Euro-Einführung und IPR unter besonderer Berücksichtigung nachehelicher Unterhaltsverträge. Eine Untersuchung mit Blick auf das deutsche, französische und schweizerische Recht. 2003.

Band 79 Wolf Richard Herkner: Die Grenzen der Rechtswahl im internationalen Deliktsrecht. 2003.

Band 80 Ira Ditandy: Internationale Zuständigkeit. Neuregelung durch die LOPJ 1985. Vergleich mit dem europäischen Vorbild und Auswirkungen auf das spanische internationale Zivilverfahrensrecht. 2003.

Band 81 Andrea Verena Schefold: Werbung im Internet und das deutsche Internationale Privatrecht. 2004.

Band 82 Klaus Herkenrath: Die Umsetzung der Richtlinie 93/13/EWG über missbräuliche Klauseln in Verbraucherverträgen in Deutschland, dem Vereinigten Königreich, Frankreich und Italien. Auswirkungen nationaler Umsetzungstechniken auf dem Harmonisierungserfolg. 2003.

Band 83 Alexander Thünken: Das kollisionsrechtliche Herkunftslandprinzip. 2003.

Band 84 Barbara v. Daumiller: Die Rechtswahl im italienischen internationalen Erbrecht: und ihre Auswirkungen im deutsch-italienischen Rechtsverkehr. 2003.

Band 85 Robert Mödl: Macht, Verantwortlichkeit und Zurechnung im Konzern. Eine rechtsvergleichende Untersuchung auf der Grundlage des deutschen, spanischen und US-amerikanischen Rechts. 2003.

Band 86 Ursula Kerpen: Das Internationale Privatrecht der Persönlichkeitsrechtsverletzungen. Eine Untersuchung auf rechtsvergleichender Grundlage. 2003.

Band 87 Barbara Ploeckl: Umgangsrechtsstreitigkeiten im deutsch-französischen Rechtsverkehr. Bestehende internationale und nationale Regelungen und der geplante *europäische Besuchstitel*. 2003.

Band 88 Katrin Wannemacher: Die Außenkompetenzen der EG im Bereich des Internationalen Zivilverfahrensrechts. Der räumliche Anwendungsbereich des Art. 65 EGV am Beispiel der EuGVO und der EheVO. 2003.

Band 89 Maren B. Eilinghoff: Das Kollisionsrecht der ungerechtfertigten Bereicherung nach dem IPR-Reformgesetz von 1999. 2004.

Band 90 Patrick Niehr: Die zivilprozessuale Dokumentenvorlegung im deutsch-englischen Rechtshilfeverkehr nach der deutschen und der englischen Prozessrechtsreform. 2004.

Band 91 Anna Christina Gördes: Internationale Zuständigkeit, Anerkennung und Vollstreckung von Entscheidungen über die elterliche Verantwortung. Die VO(EG) Nr. 1347/2000, ihre geplanten Änderungen und das Verhältnis beider zum Minderjährigen- und Kinderschutzabkommen. 2004.

Band 92 Martin Rädler: Rechtsbehelfe des Käufers eines Unternehmens oder einer unternehmerischen Beteiligung gegen den Verkäufer im deutschen und französischen Recht. 2004.

Band 93 Marc-Yngve Dietrich: Rechtsstellung und Beteiligung der Gläubiger im französischen Insolvenzverfahren. 2004.

Band 94 Katia Niemann: Die rechtsgeschäftliche und organschaftliche Stellvertretung und deren kollisionsrechtliche Einordnung. Deutschland und England im Vergleich. 2004.

Band 95 Daniel Ludwig: Neuregelungen des deutschen Internationalen Insolvenzverfahrensrechts. Eine Untersuchung unter vergleichender Heranziehung der Europäischen Insolvenzverordnung. 2004.

Band 96 Cordelia Faulenbach: Der gemeinschaftsrechtliche Vorbehalt im europäischen Wettbewerbsrecht. Die Herkunftslandanknüpfung der E-Commerce-Richtlinie unter dem Einfluss der Grundfreiheiten. 2004.

Band 97 Ulf Dörner: Der Vertragsgerichtsstand nach dem Protokoll von Buenos Aires. 2004.

Band 98 Martin Schmidhuber: Verhaltenskodizes im nationalen und grenzüberschreitenden elektronischen Geschäftsverkehr. Zur Frage der Integration der Selbstregulierung durch Private in die staatliche Rechtsordnung. 2004.

Band 99 Florian Kienle: Die fehlerhafte Banküberweisung im internationalen Rechtsverkehr. Unter besonderer Berücksichtigung des Artikels 4A US Uniform Commercial Code. 2004.

Band 100 Thomas Alexander Brandt: Die Adoption durch eingetragene Lebenspartner im internationalen Privat- und Verfahrensrecht. 2004.

Band 101 Florian Pulkowski: Subunternehmer und Internationales Privatrecht. Der Subunternehmer als Quasi-Verbraucher im Europäischen Kollisionsrecht. 2004.

Band 102 Ulrich Becker: Grundrechtsschutz bei der Anerkennung und Vollstreckbarerklärung im europäischen Zivilverfahrensrecht. Bestimmung der Grenzen für die Einführung eines europäischen Vollstreckungstitels. 2004.

Band 103 Thomas Badelt: Aufrechnung und internationale Zuständigkeit unter besonderer Berücksichtigung des deutsch-spanischen Rechtsverkehrs. 2005.

Band 104 Florian D. Wagner: Vorvertragliche Aufklärungspflichten im internationalen Franchising. Zur Harmonisierung von Delikts- und Vertragsstatut im internationalen Privatrecht unter besonderer Berücksichtigung der Franchise-Gesetzgebung des US-Bundesstaates Kalifornien. 2005.

Band 105 Vera Heine: Die Umsetzung der *EG-Richtlinie über missbräuchliche Klauseln in Verbraucherverträgen* im englischen und deutschen Recht. 2005.

Band 106 Alexander Franz: Überregionale Effektentransaktionen und anwendbares Recht. Eine kollisionsrechtliche Untersuchung unter besonderer Berücksichtigung der Vorschrift des § 17 a DepotG. 2005.

Band 107 Hanna-Maria Uhlenbrock: Gesetzliche Regelungen für nichteheliche Lebensgemeinschaften in Deutschland und Frankreich. Ein Vergleich des Unterhaltsrechts bei der eingetragenen Lebenspartnerschaft und beim Pacte civil de Solidarité. 2005.

www.peterlang.de

FSC
www.fsc.org
MIX
Papier | Fördert
gute Waldnutzung
FSC® C083411

Kolibri 360 GmbH
Ferdinand-Jühlke-Straße 7
99095 Erfurt, Deutschland
produktsicherheit@kolibri360.de

Druck:
CPI Druckdienstleistungen GmbH
im Auftrag der
Kolibri 360 GmbH
Ferdinand-Jühlke-Str. 7
99095 Erfurt